MANAGEMENT THEORIES
OF THE
GLOBAL STANDARD

世界標準の
経営理論

早稲田大学大学院・ビジネススクール 教授
入山章栄

ダイヤモンド社

本書の注意事項

◉

- 本書に登場する経営学関連の学者については、一部で敬称・肩書を表記しているが、原則として本書を通じて省略している。

- 世界の経営学界では、論文、著書の引用数を調べるにあたりWeb of Scienceを利用するのも一般的だが、本書ではビジネスパーソンが検索することを考え、グーグル・スカラーの引用数を記載している。

- 「実証研究例」の図表内などでは、論文名の表記を省略した箇所がある。論文の執筆者や年度、学術誌の情報を記載しているので、詳細を知りたい方はグーグル・スカラーなどで検索していただきたい。

- 本書を通じて、筆者が独自に作成した図表に関しては、出所の表記を省略している。

- 企業名については、初出のみ正式名称での表記を基本としつつ、略称が一般的な会社については、一部略称で表記している。

『世界標準の経営理論』を
手にされた方へ

　これは「世界で標準となっている経営理論」を可能なかぎり網羅・体系的に、そしてわかりやすくまとめて皆さんに紹介する、世界初の書籍である。

　欧米（近年はアジアなどを含む）を中心とする世界の経営学では、複雑なビジネス・経営・組織のメカニズムを解き明かすために、「経営理論」（management theories）が発展してきた。その膨大な検証の蓄積から、「ビジネスの真理に肉薄している可能性が高い」として生き残ってきた「標準理論」とでも言うべきものが、約30ある。まさに世界最高レベルの経営学者の、英知の結集である。その大半をわかりやすく紹介・解説するのが、本書の目的だ。このような本はこれまで、この世のどこにも存在しなかった（その理由は序章で述べている）。

　本書は2つの大きな特徴を持っている。第1に、多くのビジネスパーソン、経営者、起業家、大学生や大学院生、そして研究者まで、かなり広範な方々を想定読者においていることだ。この本は、世界中の経営理論を網羅的に解説した初めての本であり、それぞれの方々にふさわしい、それぞれの読み方がある。

　まず、何より読んでいただきたいのがビジネスパーソンである。本書は、かなりビジネスパーソンを意識して書かれている。筆者は2013年に米国から帰国して以来、様々なビジネスパーソン・経営者と交流してきた。その経験の中で、本書の必要性を痛感してきたのだ。

　序章で詳しく述べるが、ビジネスパーソンが経営理論を「思考の軸」とすることが、これからの時代に重要な武器となり得るというのが本書を貫く主張だ。

　これからのビジネス環境は不確実性がさらに高くなり、さらに複雑になり、状況は刻々と変わる。すなわち「正解のない時代」になる。この環境下で「これは正解だ」と安易に思考を止めることほど、恐ろしいものはない。したがって、こ

i

の「正解のない世界」で意思決定をして前進するには、誰もが考え続けなければならない。

そのためには、（それが正解というわけではないが）考えるための「軸・羅針盤」が必要だ。それは皆さんが尊敬する上司の言葉でもいいし、著名経営者の格言でもいいし、何十年も厳しい世界で生き抜いてきた名経営者なら自身の経験知が軸になるだろう。しかしこのような軸は、誰もが簡単に、体系的に持てるわけではない。

それに対して世界標準の経営理論は、世界中でビジネスを長いあいだ研究してきた経営学者の英知の集大成であり、したがって「ビジネス・経営の真理法則」に肉薄している可能性が高い。それを理解することで、ご自身の考えをさらに深め、広げ、考え続けるための「思考の軸」にしていただきたいのである。

ビジネスパーソンに加えて筆者が想定している読者は経営学（あるいは他の社会科学分野）の研究者、シンクタンクの調査員、コンサルタントの方々などであり、そのような方々に手引き書・ガイドブックとして使っていただくことだ。本書はアカデミックな厳密性という意味でも、かなり質の高い情報を提供していると自負している。研究者が読むにも、ご自身の知らない分野のガイドブックとして十分に資するはずだ。

その背景として、まず本書はMBAではなく、あくまでPh.D.（博士）課程向けの題材を扱っていることがある。筆者の米ピッツバーグ大学のPh.D.プログラム時代の経験や、その後で勤めたニューヨーク州立大学バッファロー校時代の経験が本書の支えになっていることは間違いない。加えて本書を作成するにあたっては、国際的な学界で活躍する様々な経営学者の知的な助力を仰ぎ、彼らのPh.D.のシラバス（履修要項）も参考にしている。

さらに、本書は理論だけを言いっぱなしにするのではなく、その汎用性を検証する実証研究の紹介も行っている。実際、多くの章で、理論を検証した過去の有力な実証研究のリストをつけている。ぜひ研究・調査の参考にしていただきたい。

そして最後の大事な想定読者が、経営学に関心のある学部生、研究者志望の大学院生、そして社会人大学院生の皆さんだ。このような方々には、世界初の網羅的な「経営理論の教科書」として、ぜひ傍に置いていただきたい。

本書は世界の主要な経営理論を初めてほぼ完全に体系化して、可能な限りわかりやすく解説し、経営学を学ぶ学生の「教科書」として十分な質と量を担保した。経営・ビジネスとは結局は、人や（人が織りなす）組織を探求する学問である。そして現代の経営学は、「そもそも人・組織はどうものを考え、どう行動するのか」の根本原理を、経済学、心理学、社会学という他の3つの学問分野から応用して使っている。本書ではこれを「理論ディシプリン」と呼ぶ。

　結果として、この3つのディシプリンをまたいで体系的に教科書を書くことは研究者にも難しく、これまでこのような本がなかったのだ。他方で本書は（序章で述べる筆者の特殊な背景で）、これを実現できた。本書が1冊あれば、ほぼすべての範囲にわたった経営理論の全体像と子細を、体系的に学べるはずだ。

　本書の第2の特徴は、「どこから読んでもいい」「すべてを読まなくてもいい」ことだ。本書はその目的ゆえに、どうしても分厚くなってしまった。

　しかし、本書は各章が独立して書かれており、どの章から読んでいただいても構わない。自分の知りたい理論の章だけを読んでも、十分に知見が得られる構造になっている。

　ちなみに筆者のお勧めは、目次の直後にある「ビジネス現象と理論のマトリックス」を見て、「戦略」「イノベーション」「人事」「アントレプレナーシップ」「ガバナンス」などのビジネス現象面から、ご自身の関心があるものを選び、それに関わる理論をマトリックス表から見つけて読む方法だ。また、その助けとして第5部「ビジネス現象と理論のマトリックス」編から読み始めるのもいいだろう。

　学生の方には網羅的に読むこともお薦めするが、ビジネスパーソンの方などは、いくつか気になる章を読んで自分が共感・納得できる理論を一つでも見つけたら、それだけを何度も読んでご自身の考えを深めてもいいはずだ。

　筆者は、この本が学生、研究者、そして多くのビジネスパーソンの手に届くことを強く願っている。経営理論は皆さんの知見となり、議論のベースとなり、何より皆さんの思考を深め、解放させる「軸」となるはずだ。ぜひ本書から、ご自身の思考の軸となる理論を見つけていただきたい。

　では、いよいよ本文に入ろう。序章では「そもそも経営理論とは何か」、そして「なぜいまこそビジネスに経営理論が必要なのか」について解説しよう。

世界標準の経営理論
CONTENTS

『世界標準の経営理論』を手にされた方へ | i

序 章　経営理論とは何か
いまこそビジネスに経営理論が求められる、3つの理由 | 2

| column1 | 理論とフレームワークの違い | 17
| column2 | 世界の経営学のトップ学術誌 | 24

第1部
経済学ディシプリンの経営理論 | 27

第 1 章　SCP理論
「ポーターの戦略」の根底にあるものは何か | 34

第 2 章　SCP理論をベースにした戦略フレームワーク
ポーターのフレームワークを覚えるよりも大切なこと | 50

第 3 章　リソース・ベースト・ビュー（RBV）
バーニーの理論をようやく使えるものにしたのは誰か | 66

第 4 章　SCP対RBV、および競争の型
ポーター vs. バーニー論争に決着はついている | 85

第 5 章　情報の経済学①
「悪貨が良貨を駆逐する」のはビジネスの本質である | 95

第 6 章　情報の経済学②（エージェンシー理論）
人が合理的だからこそ、組織の問題は起きる | 114

第 7 章　取引費用理論（TCE）
100年前も現在も、企業のあり方は「取引コスト」で決まる | 133

第 8 章　ゲーム理論 ①
この世のかなりの部分はゲーム理論で説明できる | 151

第 9 章　ゲーム理論 ②
我々は人を「無償」で信じるか、
それとも「合理的な計算」で信じるか | 167

第 10 章　リアル・オプション理論
不確実性を恐れない状況は、みずからの手でつくり出せる | 180

第**2**部

マクロ心理学ディシプリンの経営理論|199

第**11**章　カーネギー学派の企業行動理論（BTF）
　　　　経営理論は名経営者の教訓を裏付ける|204
　　　　|column|　アッパーエシュロン理論|221

第**12**章　知の探索・知の深化の理論①
　　　　「両利き」を目指すことこそ、経営の本質である|223

第**13**章　知の探索・知の深化の理論②
　　　　「両利き」は戦略、組織、人材、
　　　　経営者のすべてにおいて求められる|235
　　　　|column|　その他のレベルの「両利き」の研究|249

第**14**章　組織の記憶の理論
　　　　日本企業が「組織の記憶力」を取り戻す術は何か|251

第**15**章　組織の知識創造理論（SECIモデル）
　　　　これからの時代こそ、「野中理論」が圧倒的に必要になる|269
　　　　|column|　ナレッジ・ベースト・ビュー|282

第**16**章　認知心理学ベースの進化理論
　　　　組織の成長は「進化するルーティン」で決まる|285

第**17**章　ダイナミック・ケイパビリティ理論
　　　　企業が変わる力は組織に宿るのか、個人に宿るのか|300

第**3**部

ミクロ心理学ディシプリンの経営理論|315

第**18**章　リーダーシップの理論
　　　　半世紀を超える研究が行き着いた「リーダーシップの境地」|320
　　　　|column|　その他のリーダーシップ視点|339

第**19**章　モチベーションの理論
　　　　半世紀を超えてたどり着いた新時代のモチベーションとは|341

第 20 章 認知バイアスの理論
認知の歪みは、組織で乗り越える|359
|column| マインドフルネス|371

第 21 章 意思決定の理論
意思決定の未来は、「直感」にある|376

第 22 章 感情の理論
感情のメカニズムを理解してこそ、組織は動き出す|397

第 23 章 センスメイキング理論
「未来はつくり出せる」は、けっして妄信ではない|416

第4部
社会学ディシプリンの経営理論|433

第 24 章 エンベデッドネス理論
ソーシャルネットワークの本質はいまも昔も変わらない|439

第 25 章 「弱いつながりの強さ」理論
弱いつながりこそが、革新を引き起こす|455

第 26 章 ストラクチャル・ホール理論
「越境人材」が世界を変える、そのメカニズムとは|479

第 27 章 ソーシャルキャピタル理論
リアルとデジタルのネットワークで働く、真逆の力|499

第 28 章 社会学ベースの制度理論
「常識という幻想」に従うか、活用するか、それとも塗り替えるか|518

第 29 章 資源依存理論
小企業が大企業を抑え、飛躍する「パワー」のメカニズム|537
|column| 産業連関表|547

第 30 章 組織エコロジー理論
変化の時代にこそ不可欠な「超長期」の時間軸|556

第 31 章 エコロジーベースの進化理論
生態系の相互作用が、企業進化を加速する|574

第 32 章 レッドクイーン理論
競争が激化する世界で、競争すべきは競争相手ではない|590

第5部
ビジネス現象と理論のマトリックス |607

第 33 章　戦略とイノベーションと経営理論
　　　　近未来に戦略とイノベーションは融合し、理論も重層化する |611

第 34 章　組織行動・人事と経営理論
　　　　これから人事がさらに面白くなる、5つの背景 |627

第 35 章　企業ガバナンスと経営理論
　　　　あるべきガバナンスを考え抜く時代に、必要な理論は何か |643
　　　　| column | 企業倫理と経営理論 |661

第 36 章　グローバル経営と経営理論
　　　　「国境」の本質を見直すことが、グローバル経営の未来を映し出す |668

第 37 章　アントレプレナーシップと経営理論
　　　　アントレ領域が拡張する未来に、起業家をどう育てるべきか |686
　　　　| column | 起業家の個性・特性に関する実証研究 |703

第 38 章　企業組織のあり方と経営理論
　　　　「5つのドライビングフォース」が示す、未来の企業組織の姿 |705

第 39 章　ビジネスと経営理論
　　　　現代の経営理論はビジネスを説明できない |722

第6部
経営理論の組み立て方・実証の仕方 |739

第 40 章　経営理論の組み立て方
　　　　ロジックの賢人ほど、「人とは何か」を突き詰める |742
　　　　| column | さらに知っておくべき理論構築のチェックポイント |759

第 41 章　世界標準の実証分析
　　　　ビジネスの実証分析は想像以上に身近で、とてつもなく深い |764

終　章　経営理論のさらなる視座
　　　　経営理論こそが、あなたの思考を解放する |783

『世界標準の経営理論』を読んでくださった方へ |798

ビジネス現象と理論のマトリックス

部・章・理論			現象 戦略
第1部 ディシプリンの経営理論 経済学	第1章	SCP理論（SCP）	✓
	第2章	SCP理論をベースにした戦略フレームワーク	✓
	第3章	リソース・ベースト・ビュー（RBV）	✓
	第4章	SCP対RBV、および競争の型	✓
	第5章	情報の経済学①（information economics）	
	第6章	情報の経済学②（エージェンシー理論）（agency theory）	
	第7章	取引費用理論（TCE）	
	第8章	ゲーム理論①（game theory）	✓
	第9章	ゲーム理論②（game theory）	✓
	第10章	リアル・オプション理論（real options theory）	✓
第2部 ディシプリンの経営理論 マクロ心理学	第11章	カーネギー学派の企業行動理論（BTF）	
	第12章	知の探索・知の深化の理論①（exploration and exploitation）	
	第13章	知の探索・知の深化の理論②（exploration and exploitation）	
	第14章	組織の記憶の理論（SMM & TMS）	
	第15章	組織の知識創造理論（SECIモデル）	
	第16章	認知心理学ベースの進化理論　（evolutionary theory）	
	第17章	ダイナミック・ケイパビリティ理論（dynamic capabilities）	✓
第3部 ディシプリンの経営理論 ミクロ心理学	第18章	リーダーシップの理論（leadership theories）	
	第19章	モチベーションの理論（motivation theories）	
	第20章	認知バイアスの理論（cognitive bias）	
	第21章	意思決定の理論（decision making）	✓
	第22章	感情の理論（emotion theories）	
	第23章	センスメイキング理論（sensemaking）	
第4部 ディシプリンの経営理論 社会学	第24章	エンベデッドネス理論（embeddedness）	
	第25章	「弱いつながりの強さ」理論（weak ties）	
	第26章	ストラクチャル・ホール理論（structural holes）	
	第27章	ソーシャルキャピタル理論（social capitals）	
	第28章	社会学ベースの制度理論（institutional theory）	
	第29章	資源依存理論（resource dependence theory）	✓
	第30章	組織エコロジー理論（organizational ecology）	✓
	第31章	エコロジーベースの進化理論（evolutionary theory）	
	第32章	レッドクイーン理論（red queen theory）	✓

※チェックマークがついているものは、現象と理論の相性のよい組み合わせである。
※現象の項目（戦略～ビジネス）は、第5部の章タイトルと対応している。
※この図表はおおまかな傾向を示したものであり、より細分化された現象をもとに、関心のある理論を探したい方は、第5部
　「ビジネス現象と理論のマトリックス」編の各章にあるマトリックスを参照されたい。

イノベーション	組織行動と人事	ガバナンス	グローバル経営	アントレプレナーシップ	企業組織の在り方	ビジネス
			✓		✓	
✓						
		✓	✓			
	✓	✓	✓			
		✓	✓		✓	
			✓	✓		
✓			✓		✓	
✓				✓		
✓				✓		
✓						
✓				✓		
✓						
✓						
✓	✓		✓	✓		
	✓					
	✓					
	✓			✓		
	✓					
✓	✓		✓	✓	✓	
			✓	✓	✓	
✓				✓		
✓				✓		
		✓			✓	
✓			✓	✓		
		✓	✓			
✓				✓		
✓						
✓						

序章

経営理論とは何か

いまこそビジネスに経営理論が求められる、3つの理由

理論とはHow、When、Whyに応えること

本章では「そもそも経営理論の目的は何か」を踏まえた上で、「なぜこれから
のビジネスにおいて、経営理論を理解することが有用なのか」について解説する。

したがって、特に本章はビジネスパーソンをかなり意識して書いている。ビジ
ネスパーソンで経営理論の意義を知りたい方はぜひ読んでいただきたい。他方で、
学生・研究者の方にとっても、「（学術的な意味での）理論の目的」「経営理論の
3ディシプリンの背景」などを解説しているので、参考になる部分は多いはずだ。

そもそも理論（theory）とは何だろうか。実は理論とは何かについて、学術
的な意味で、経営学者の間の定義は固まっていない。

これにはいきなり驚かれる方もいるかもしれない。しかし実際にそうなのであ
る。「理論の定義」は場合によっては科学哲学に立ち返る深い問題で、いまでも
学者間で論争が続いているのだ。経営理論のトップ学術誌である『アカデミー・
オブ・マネジメント・レビュー』（AMR）と、同じく主要学術誌である『アドミ
ニストレイティブ・サイエンス・クォータリー』（ASQ）は、それぞれ1989年
と1995年に「経営理論とは何か」というテーマで特集を組んでいるくらいだ[注1]。

このように定義こそ曖昧な経営理論だが、一方で「理論は何のためのものか」
すなわち「理論の目的」については、学者のコンセンサスがほぼ取れている。こ
こでは先のAMRの1989年特集号に掲載された、コーネル大学のサミュエル・

注1）とはいえ理論を構成する要素や理論のつくり方について、学者の大まかなコンセンサスはある。それらに関心
のある方は、第40章で詳しく解説しているのでそちらをお読みいただきたい。

2　　序章

バチャラクの論文の一部を抜粋しよう[注2]。

"The primary goal of a theory is to answer the questions of how, when, and why, unlike the goal of description, which is to answer the question of what." (Bacharach, 1989, pp.498.)

「理論の主な目的は、『何が』（what）を叙述するものではなく、『どのように』（how）『いつ』（when）そして『なぜ』（why）に応えることである」（筆者訳）

このように、理論とは「経営・ビジネスのhow、when、whyに応えること」を目指すものである。

まずhowとは、「X→Y」のような因果関係のことだ。例えば、第3章で解説する主要経営理論の一つ、リソース・ベースト・ビュー（RBV）には、「企業の経営資源に価値があり稀少なら（X）、その企業は競争優位を獲得する（Y）」という有名な命題がある。これは「XがYに影響を与え」、しかも「Xが高まればYも高まるので、その関係はプラス」ということだ。このような関係を示すのがhowに応えることだ。

whenは、「その理論が通用する範囲」のことだ[注3]。専門用語では「バウンダリー・コンディション」（boundary condition）という。例えば、ある理論は大手企業に当てはまっても、スタートアップ企業のことは説明できないかもしれない。欧米で通用する理論が、アジアで当てはまらないこともあるかもしれない。ここで大事なのは、「だから欧米の理論は日本に役立たない」と短絡的に考えることではなく、理論が持つ仮定・条件から、その適用範囲を明確にすることだ。これがwhenに応えることである。

そして何より重要なのが、理論はwhyに応えるものであることだ。「X→Y」のような因果関係を示しても、「なぜそうなのか」が説明されなければ、それは理論ではない。そしてビジネスは人や（人から成る）組織が行うものだから、そのためには「人・組織は本質的にどのように行動するか」の基本原理がなければ、因果関係は論理的・整合的に説明できない。

注2) Bacharach, S.B. 1989. "Organizational Theories: Some Criteria for Evaluation," *Academy of Management Review*, Vol. 14, pp.496-515.

注3) ここでのwhenとは、学者の視点でどのような時に理論を当てはめるか、という意味である。

さらに言えば、これらの理論から得られた命題・仮説が「本当に真理に近いのか」を検証していく作業も必要だ。それを「実証分析」（empirical analysis）という。社会科学の一部である経営学は、「科学」を目指している。科学の主要目的は、「真理の探究」にある。それは物理学などの自然科学と変わらない。すなわち、「なるべく多くの企業、経営者、従業員、ビジネスパーソン、組織などに、普遍的に当てはまりうる、ビジネスの真理法則（how、when、why）」を見つけたいのだ。少なくとも、世界の経営学はそうなっている。

したがって世界の経営学は、「一社だけ、一人だけに当てはまる法則」には関心がない。例えばトヨタ自動車がいくら素晴らしくても、そこで得られた「トヨタの法則」がトヨタだけにしか当てはまらないのなら意味がない。「経営の神様」である稲盛和夫氏の名言も、それが稲盛氏だけにしか当てはまらないのでは意味がない。

したがって経営学では様々な企業データ、経営者のデータ、質問票調査、心理実験、事例調査、コンピュータ・シミュレーションなどの実証分析を通じて、その理論が現実のビジネスの真理に本当に肉薄しているのかを検証するのだ。この理論と実証の緊張関係が科学の基本であり、そして本書で紹介する「世界標準の経営理論」は、この実証研究の検証をくぐり抜けてきた理論といえる[注4]。

ではここまでの議論を前提に、「なぜビジネスパーソンに、いまこそ経営理論が必要か」を解説しよう。筆者は、大きく3つの理由があると考えている。それは経営理論の「説得性」「汎用性」「不変性」である。

理由1：Whyの「説明」「納得」がなければ、人は動かないから

第1に、経営理論はビジネスのwhy（なぜそうなるのか）に、一つの切り口から明快な説明を与えるからだ。結果、理論は人を説得・納得させうる。whyに納得しなければ、人は動かない。

現実のビジネスは非常に複雑だ。色々な要素が絡み合い、色々な人が関わっている。一つのビジネス課題は時に複雑すぎて、「正解」などないかもしれない。

注4）実証分析の手法や進め方については、第41章に詳しく書かれている。

しかし厄介なのは、この複雑で不確実で、正解がないかもしれない世界で、ビジネスパーソンの皆さんは「意思決定」をして前進しなければならないことだ。

意思決定は、M&Aや投資判断などの大きなものだけではない。部下との付き合い方、人脈の広げ方、他部署との交流の仕方、顧客とのコミュニケーション、新企画を進めるか、そして会社を辞めるか辞めないかに至るまで、我々は常に意思決定をしている。「正解のない中で意思決定をして前進する」のが、これからのビジネスパーソンにとって最大の課題であり、したがってより良い意思決定をするためには、人は永久に考え続けなければならない。

そしてその際に経営理論は、ビジネスパーソンの考えを深め、広げるための「思考の軸」となりうる。なぜなら理論とは、複雑なビジネスや組織のメカニズムに、正解というわけではないが、ある特定の人間の行動を前提にして「なぜそうなるのか（why）」という、一つの「切り口」、すなわち説明を与えてくれるからだ。理論とは、複雑な事象をある角度から切り取る、鋭利なナイフなのだ。

結果、経営理論の切り口があれば、複雑なビジネス課題を一つの角度から鋭く説明することができ、whyに応えることができる。繰り返しだが、それは課題・事象をある角度から切ったものだから、事象全体の正解そのものではない。しかし、切り口がなければ思考は深まらない。経営理論という切り口があれば、それを軸にして自身の思考を深め、広げ、あるいは他者と同じ軸を使うことで議論を深く共有することができる[注5]。

そして経営理論によって説明が与えられ、人が納得・腹落ちすれば、それは人の「行動」を促す。人は腹落ちしなければ、行動しない。

現代は、新しいビジネス課題が次々に出てくる時代だ。「ダイバーシティ」「ガバナンス改革」「SDGs」「イノベーション」などは、その筆頭だ。

一方、これらの課題に対して、「なぜそれに取り組む必要があるのか」が腹落ちしないままになっているビジネスパーソンや企業は多い。「世間の風潮だから」「他社がやっているから」と言われても、人は納得しない。経営者の中には、ご自身が進めたい会社の戦略が部下になかなか理解されない経験をお持ちの方も多

注5）筆者はこれまで多くの講演で、例えば企業イノベーションを促すための思考の軸となる経営理論（例えば第12章・第13章で解説する「知の探索・知の深化の理論」）について話してきた。そして講演が終わると多くの方から、「スッキリしました！」という反応をよくいただく。これはイノベーション不足に悩む日本企業の方々が、「なぜ当社は新しいことができないのか」の本質的なメカニズムについて説明を聞くことで、納得・腹落ちするからだろう。そこで腹落ちすれば、次に自社で取るべきステップを具体化できるはずだ。

いだろう。それは、自身の深い考えが経験知から来るものなので、十分に言語化されていないからだ。

しかし、そこに経営理論があれば、それは「その課題をなぜ進めなければならないのか」「なぜこの方針が重要なのか」のwhyに、一つの切れ味の良い説明を与える。結果として、周囲に説明がしやすくなり、彼ら・彼女らを納得・腹落ちさせ、行動につき動かせるのだ。経営理論は、もはや机上のためだけにあるのではない。むしろ行動のためにあるのだ。

理由2：「理論ドリブンの思考」の方が、
　　　　圧倒的に汎用性が高いから

ビジネスパーソンが経営理論を学ぶべき第2の大きな理由は、その圧倒的な「汎用性」にある。そしてこれが本書と、他のいわゆるMBA本や多くのビジネス書とを分かつ、決定的な違いでもある。

本書を読む上で重要なのが、「現象」と「理論」の区別だ。現象とは言うまでもなく、「M&A」「競争戦略」「人材評価」「ガバナンス」など、実際のビジネスの様々な事象・課題である。一方の理論とは、その事象を鋭利に切り取る、思考の軸・ナイフのようなものだ。

実は経営学者には、「理論を思考の出発点にするタイプ」と「現象を思考の出発点にするタイプ」がいる。例えば第3章で登場する、RBVを確立した世界的な経営学者ジェイ・バーニーは、「理論ドリブン」（theory-driven）な思考法を持つ代表ではないだろうか。

他方、現実のビジネス事象そのものに興味があって、すでにできあがった理論をそこに応用する「現象ドリブン」（phenomenon-driven）の学者も多い。第2章で紹介するトロント大学のアニータ・マクガハンなどはそのタイプかもしれない。ちなみに筆者も、研究者として自分は現象ドリブン寄りだと自覚している[注6]。

では、既存の経営学の教科書・経営書はどちらだろうか。**図表1**は、米国の

注6）筆者の理解では、経営学の学術誌にも「理論ドリブン」の研究重視のものと、「現象ドリブン」の研究も受け入れるものがある。前者の代表は『アカデミー・オブ・マネジメント・ジャーナル』で、同誌に掲載される論文は必ず優れた理論貢献がなければならない。他方で『ストラテジック・マネジメント・ジャーナル』なら、重要なビジネス現象を分析すれば、理論貢献が多少弱くても論文が掲載される可能性がある。

注7）Grant, R. M. *Contemporary Strategy Analysis*, 6th edition, Wiley-Blackwell, 2007.（邦訳『グラント　現代戦略分析』中央経済社、2008年）

|図表1| 代表的なMBA教科書の目次

第1部	序論
第1章	戦略の概念

第2部	事業環境分析
第2章	目標、価値および業績
第3章	産業分析──基本原理
第4章	産業分析と競争分析に関する補足
第5章	経営資源と能力の分析
第6章	組織の構造と経営システム

第3部	競争戦略の分析
第7章	競争優位の本質と源泉
第8章	コスト戦略
第9章	差別化戦略

第4部	多様な産業での競争戦略
第10章	産業発展と戦略変化
第11章	技術に基礎を置く産業と革新の管理
第12章	成熟産業での競争優位

第5部	企業戦略
第13章	垂直統合と企業の事業領域
第14章	グローバル戦略と多国籍企業
第15章	多角化戦略
第16章	多角化企業の経営
第17章	戦略的経営の現在の傾向

出所：Robert M. Grant, *Contemporary Strategy Analysis*, 6th edition, Wiley-Blackwell, 2007. をもとに筆者作成。

MBAで使われる代表的な経営戦略論の教科書である、ロバート・グラントの著書の章立てをまとめたものだ[注7]。

　この教科書は、第1部のイントロダクションの後は、第2部が事業環境分析、第3部と第4部がポジショニングなどの「競争戦略」、第5部が多角化・垂直統合などの「企業戦略」と続いている。完全な現象ドリブンの構成だ。

　実は、これはグラントの教科書に限らない。筆者の知る限り、現存するほぼすべての経営学の教科書は現象ドリブンで構成されている。書店に並ぶほとんどの経営書・ビジネス書・MBA本もそうだろう。

　おそらくこの現象ドリブンの構成は、教科書の作成者（多くはビジネススクールの教員）が、ビジネスパーソン向けに「わかりやすくする」ために用いているのだろう。しかし、こういった本の価値も理解した上であえて言えば、この現象ドリブンの構成は実は逆効果ではないかと筆者は考えている。

買収プレミアムを説明する4つの理論

　その理由を、買収プレミアムを例に取って説明しよう。「買収プレミアム」とは、企業買収（M&A）において、買収する側の企業（買収企業）が買収金を払う時に、買収される企業（被買収企業）の市場価値に上乗せする額の割合のことだ。

　例えば、2014年にサントリーホールディングスが米アルコール業界大手のビームを、160億ドル（約1.7兆円）で買収した。ビームのその直前の企業価値

総額は130億ドル前後だったので、サントリーはビームの株主に約25％のプレミアムを上乗せして、同社株を買い取ったことになる。ちなみに、米国の企業買収プレミアムの平均は30～40％程度なので、（他の事情は一定とすると）25％はそれほど高いわけではない。逆に、もしある企業が60％や80％の買収プレミアムを払っているなら、その企業は「高値づかみ」をしている可能性がある。

　ではどのような時に、企業は高値づかみをしがちなのか。経営学では、この買収プレミアムを説明できる理論が、少なくとも4つあるのだ。

第1の理論　例えば、第5章で紹介する「情報の経済学」の理論に基づく説明がある。M&Aの交渉では、買収企業が被買収企業を「査定」するデューデリジェンスを行う。しかし現実にはデューデリジェンスをしても、被買収企業の本当の価値は簡単にわかるものではない。被買収企業は、自分に不利な情報を隠したがるからだ。

　このように「買収企業が被買収企業の真の価値を読み切れない時は、『高値づかみ』のリスクを避けるために、買収企業が合理的なら、支払額を抑えがちなはず」というのが、「情報の経済学」の理論的な帰結になる。ちなみにこの点を実証分析したのはウィスコンシン大学のラッセル・コフが1999年に『オーガニゼーション・サイエンス』に発表した論文で、仮説を支持する結果が得られている[注8]。

第2の理論　第2の説明は、第6章で紹介する「エージェンシー理論」を使って、買収する側の企業のガバナンス（企業統治）に注目するものだ。同理論では、経営者は株主と違う動機でM&Aに走る可能性に注目する。例えば、株主側は利益率を重視した企業運営を経営者にしてほしくても、経営者側は「とにかく自社を早く成長させたい」と考えるかもしれない。もしそうなら、経営者はたとえ巨額の買収額が自社の利益を毀損しても、高値での買収に走る恐れがある。そして、その企業に大口の「物言う株主」や社外取締役がいなければ、ガバナンスとしてこの経営者の暴走を抑えるのは難しくなる。

注8) Coff, R. W. 1999. "How Buyers Cope with Uncertainty when Acquiring Firms in Knowledge-Intensive Industries: Caveat Emptor," *Organization Science*, Vol.10, pp.144-161.

第3の理論 さらに、そもそも経営者には「高値づかみをしやすい心理状況の人」と、そうでない人がいるかもしれない。これは心理学的な説明だ。例えば、「自身への評価が高い経営者ほど、M&Aで高値づかみをしがち」な傾向を明らかにしたのは、ペンシルバニア大学のドナルド・ハンブリックらが1997年に『アドミニストレイティブ・サイエンス・クォータリー』（ASQ）に発表した論文である[注9]。この論文では、米国企業のCEOのデータを使った統計分析から、メディア露出が多かったり、多額の報酬を得ているCEOが率いたりする企業ほど、買収プレミアムを高く払いがちなことを明らかにしている。

第4の理論 経営者の意思決定は、周囲にいる人たちからも影響を受ける。これは社会学ベースの、「ソーシャルネットワーク理論」の視点だ。例えば米国の場合は社外取締役の登用が盛んだから、経営者は自社の社外取締役の助言に影響を受けうる。この点を検証したのが、スタンフォード大学のパメラ・ハウンスチャイルドらが2002年にASQに発表した論文だ[注10]。

　ある企業の取締役会に他企業の取締役が参加することを、ボード・インターロックという。ハウンスチャイルドらは、このボード・インターロックのデータから統計分析を行い、「ボード・インターロック相手の企業群が高値・低値の多様な買収プレミアムを払った経験があるほど、当該企業の経営陣は、その相手企業群の（取締役）の経験・言葉からM&Aの厳しさを学び、結果として自社のM&Aで慎重に安いプレミアムを払う」という理論仮説を支持する結果を得ている。

　このように買収プレミアムという現象一つを取っても、少なくとも4つの理論で説明できるのだ。これは、買収プレミアムだけのことではない。ほぼすべてのビジネス現象は、複数の経営理論で説明が可能だ。例えば「企業間提携（アライアンス）」なら、取引費用理論、ネットワーク理論、資源依存理論、組織学習理論、「新規ビジネスの創出」なら、知の探索・知の深化の理論、組織の記憶理論、知

注9）Hayward, M. L. A. & Hambrick, D. C. 1997. "Explaining the Premiums Paid for Large Acquisitions: Evidence of CEO Hubris," *Administrative Science Quarterly*, Vol. 42, pp. 103-127.

注10）Beckman, C. M. & Haunschild, P. R. 2002. "Network Learning: The Effects of Partners' Heterogeneity of Experience on Corporate Acquisitions," *Administrative Science Quarterly*, Vol.47, pp. 92-124.

| 図表2 | 理論ドリブンと現象ドリブン

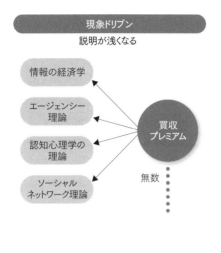
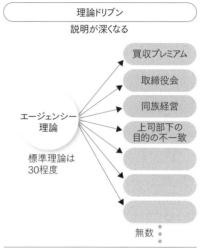

一つの事象に対しては複数の理論で説明ができる。事象は無数にあるので、結果として説明が総花的で浅くなる。

理論が、様々な事象を切り取り、思考の軸となる。覚えておくべき標準理論は30程度で事足りる。結果、一つひとつの理論を深く理解・納得し、それを無数の事象に当てはめることができる。

識創造理論、ストラクチャル・ホール理論、そして「取締役会のメンバー構成」なら、ネットワーク理論、組織学習理論、RBV、資源依存理論……といった具合だ。

目指すべきは理論ドリブンによる「知の往復」

　ここまで来れば、既存の経営学の教科書や経営書の課題が、理解いただけたのではないだろうか。**図表2**をご覧いただきたい。図表2の左側が示すようにこれらの書籍のほぼすべては現象ドリブンの構成で、「現象→複数の理論」というベクトルで書かれている。すなわち、一つの事象を取り上げて「この事象は、あの理論でも、この理論でも、あっちの理論でも、はたまたこんな理論でも説明できます」と書かれているのだ。当然、それぞれの理論的な説明（＝why）は薄くなり、読者の理解は浅くなり、納得もできない。

　何より、ビジネス現象の種類はあまりにも多い。先に触れたグラントの教科書は17章立てで、各章の中がさらに多くの事象に細分化されている。M&A一つを

取っても、プレミアムの議論もあれば、買収先の選定、企業間のシナジー効果、契約交渉、買収手段、統合プロセスなど、そのトピックは尽きない。トピックごとに複数の理論があったら、とうてい覚え切れるものではない。一般に、経営学の教科書に「総花的」な印象があるのは、このためだ。

他方、本書が目指しているのは、それとはまったく逆のベクトルだ。

すなわち「世界標準の経営理論」を、その根本・本質から説明することで、それらを理解いただき、皆さんを取り巻く、ありとあらゆるビジネス事象の理解・洞察・予測のための「思考の軸」にしてほしいのだ。それらを説明する主要理論の数は、本書で紹介する30程度である。この程度なら忙しいビジネスパーソンでも、なんとか学習は可能だろう。

そして一つの理論を理解・腹落ちできれば、それを思考の軸にして様々なビジネス現象の本質を切り取ることができる。例えば、エージェンシー理論(第6章)を根本から学べば、それを先のように買収プレミアムに応用できるし、あるいは取締役会のあり方、同族経営のあり方など、ガバナンスを考える上でも、さらには上司部下の関係を考える上でも軸にもなる。第12・13章では「知の探索・知の深化の理論」を解説するが、それを思考の軸にすれば、企業が今後どうすれば変化してイノベーションを進めていけるか、その様々な施策に応用できるはずだ(第13章で様々な応用例を紹介している)。

それどころか、学者では思いつかない「理論→現象」の応用を、皆さんが思いつくことも十分にありうるだろう。特定のビジネス現象に詳しいのは、学者ではなくビジネスパーソンなのだから。

このように「理論→現象」の思考軸で経営学を学ぶことこそ、はるかに効率的で、応用可能性も圧倒的に広がるのだ。日々ビジネス事象に取り囲まれているビジネスパーソンの思考は、当然ながら現象ドリブンだ。その皆さんが逆に理論ドリブンの思考軸も持てば、まさに双方向のベクトルによる理論と現象の「知の往復」が可能となる。それこそが、皆さんの「ビジネスを一段も二段も深く、そして圧倒的に広く考える力」となるはずなのだ。

理由3：経営理論の説明力は、時代を超えて不変だから

最後にもう一つ、経営理論がビジネスパーソンの思考の軸として有用たる理由

を述べよう。それは「理論は古びない」ということだ。よく「経営学は後追いの学問にすぎない」といわれることがある。現実のビジネスの方がはるかに動きと変化が速く、経営学はそれを後付けでしか説明できない、という批判だ。

しかし、待っていただきたい。これは本当にそうだろうか。例えば第5章で紹介する「情報の経済学」の始祖といえるのは経済学者のジョージ・アカロフだが、彼がその論文を発表したのは、いまから約50年前の1970年だ。そして21世紀の現在でも同理論は少しずつ進化しながら、ビジネス現象を説明する「標準理論」として多方面で使われている。先述した買収プレミアムの第1の理論が、まさにそれだ。

垂直統合、アウトソーシング、アライアンス、スタートアップ企業の国際化、ビジネス契約書のあり方などを理解する上で、いまでも圧倒的に重要なのは第7章で紹介する「取引費用理論」だ。そして、同理論の始祖といえるロナルド・コースが論文を発表したのは、なんと1937年だ。

ソーシャルネットワーク理論の白眉といえる第25章の「『弱いつながりの強さ』理論」は、スタンフォード大学のマーク・グラノヴェッターが1973年に発表した論文で提示された。そしてそれから約半世紀後の現在、この理論を活用しているのは、フェイスブックのデータアナリストである。

第27章で解説するソーシャルキャピタルは、1988年にシカゴ大学のジェームズ・コールマンが提示したものだ。この理論は、現在世界的な潮流となっているグラミン銀行などの「ソーシャルファイナンス」分野の説明に使われる。何よりこの理論は、ブロックチェーン技術の本質をとらえている。筆者は2018年にブロックチェーンに関する講演を行ったが、そこで活用したのはソーシャルキャピタル理論だ。

いったいどこが「経営学は後追いの学問」なのだろうか。何十年も前に確立されている経営理論が、いまだに現在の先端のビジネス事象を次々と説明する主要理論として使われているのだ。

もうおわかりと思うが、「経営学は後追い」という批判は、従来の現象ドリブンにとらわれているから出てくるのだ。たしかに「現象としてのビジネス」は、新しいものが次々と出てくる。それらには流行りすたりがある。いま流行のクラウドソーシングやSNSも、そのうちなくなって新しい現象が出てくるのかもしれない。

しかし、理論は古びない。理論は、組織と人間の行動・意思決定の本質を、根本原理から説明し、そこにwhyの思考の軸を与えるからだ。ビジネス事象が時代とともに変わっても、それを行うのはいつも人間と組織だ。だからこそ「理論ドリブン」の考えを身につければ、それはこれから20年、30年にわたって「理論と現象の知の往復」をするための思考の軸になるのだ。おそらく、本書で紹介する経営理論の多くは、我々が死ぬまでの間は古びないだろう。

このように、①ビジネスパーソンに説明の軸を与え、説得性を高めて行動につなげ、②汎用性が高く無数の事象に応用でき、そして③時代を超えて不変、なのが世界標準の経営理論なのだ。だからこそ筆者は、この経営学者の英知の結集である理論の数々を、学者だけの財産として留めておくべきではないと考えている。これからの時代は、ビジネスパーソンにこそ、経営理論を思考の軸とする価値があるのだ。

本書を貫く3つのディシプリン

とはいえ経営学そのものは、歴史の浅い学問分野である。よって経営学自体は、人・組織の行動原理に関して、独自の理論基盤を持っていない。しかし、ビジネス・経営とは人や（人から成る）組織が行うものだ。したがって世界標準の経営学では、よりはっきりと「人・組織は本質的にこう考え、こう行動するものである」ということにしっかりとした基盤を持った、3つの「理論ディシプリン」とでも呼べるものを応用しているのだ。それが、経済学、心理学、社会学である（図表3）。

まず、第1部で紹介するのは、「経済学ディシプリンの経営理論」の数々だ。経済学ディシプリンは、「人は合理的な意思決定をする」という仮定に基づく。もちろん人は常に合理的とは限らないが、他方で「たいていの人は、それなりに合理的」なのも確かだ。経済学は「人はそれなりに合理的」という仮定をもとに、複雑な戦略や組織の行動に対して精緻で整合的な説明を行うディシプリンだ。第1章では、マイケル・ポーターの『競争の戦略』の基礎ともなっている、経済学ディシプリンの「SCP理論」を取り上げる。

第3章で取り扱う有名な「リソース・ベースト・ビュー」も、基礎は経済学にある。第7章で紹介する「取引費用理論」（transaction cost theory）を発展さ

| 図表3 | 理論ディシプリン

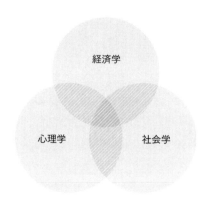

せたオリバー・ウィリアムソンが2009年にノーベル経済学賞を受賞した時は、経営学者の間でも大きな話題となった。

　次に第2部、第3部で解説するのは、心理学ディシプリンだ。心理学ディシプリンでは、「人は(古典的な経済学が仮定するほどには)合理的な行動を取らない」という原理に基礎を置く。人には非合理な感情もあるし、認知にも限界がある。それらが人の行動や組織のあり方に影響を及ぼす、と考えるのだ。

　なかでも、第2部の「マクロ心理学ディシプリンの経営理論」で紹介するのは、1978年にノーベル経済学賞を受賞したハーバート・サイモンの研究を基礎とする認知心理学から応用された理論の数々だ。これらの理論は、現代のイノベーション研究や組織学習の研究の発展に、圧倒的な貢献をしている。

　そして第3部では、「ミクロ心理学ディシプリンの経営理論」を取り上げる。マクロ心理学が組織を一つの単位としてとらえるのに対し、ミクロ心理学では、個人、チームなど、組織内のより細かい単位の行動メカニズムを分析する。したがってリーダーシップ、感情、モチベーション、意思決定などが主要トピックになる。

　そして第4部では、「社会学ディシプリンの経営理論」を紹介する。日本では知られていないが、海外では社会学の科学的な発展が、急速な勢いで進んでいる。近年は、世界最高峰の総合科学誌である『サイエンス』に社会学ベースの論文が載るほどだ。その知見が、経営学に応用されているのである。会社や組織は一つの「社会」だからだ。

社会学ディシプリンは、人と人の間（あるいは組織と組織の間）の「社会的な関係性」に関心を持つ。社会学が現代の経営理論に与えた影響はとても大きい。これまでに「『弱いつながりの強さ』理論（第25章）」「ストラクチャル・ホール理論」（第26章）、「社会学ベースの制度理論」（第28章）などを用いた研究が、主要学術誌で数多く発表されている。SNSの台頭もあり、現代は世界中でつながりが加速している。社会学ディシプリン理論の有用性が、今後もますます高まっていくことは間違いない。

本書ではさらに、第5部「ビジネス現象と理論のマトリックス」編を設けた。第1部から第4部までは徹底して理論にこだわるが、他方で、多くのビジネスパーソンの問題意識が「ビジネス現象」から始まるのも事実だ。実は、現象と理論の間には相性のいいものと、そうでないものがある。そこで第5部では、現象と理論の交差点（マトリックス）を提示し、相性のいい現象と理論の関係を紹介している。戦略、イノベーション、M&A、人事、グローバル経営、ガバナンスなどの「現象」から入りたい方は、まず第5部から読み始めるのもいいだろう。

いずれにせよこれらの理由で、本書は世界でも稀に見る内容・構成となった。皆さんそれぞれが、それぞれの使い方をしていただきたい。学生の皆さんは経営学の知識を体系的に得るための教科書として、研究者はガイダンスとして、そしてビジネスパーソンにとっては、whyに説明を与え、それを軸として思考を深め、広げ、行動につなげていただきたい。

なぜ本書の執筆が可能なのか

最後に、皆さんも興味があるであろう疑問に答えよう。なぜ、このような本がこれまで存在しなかったのだろうか。

実は、答えは簡単だ。優れた学術成果を上げるため、経営学者は一つのディシプリンに徹底的に精通する必要があるからだ。例えば、経済学ディシプリンに精通しているマイケル・ポーターが、認知心理学をもとに研究したという話は聞かない。「知識創造理論」（第15章）で世界的に高名な野中郁次郎は、当初はカリフォルニア大学バークレー校で認知心理学を勉強していた。その野中が経済学ディシプリンの論文を書いたことも、当然ない。

当たり前だが、一人の学者がその研究キャリアを成功させていくには、特定の

ディシプリンにこだわり続ける必要がある。だからこそ、経営理論家として大成するのである。逆に言えばこういった方々だからこそ、3つのディシプリンにまたがった体系的な教科書を書くのは、むしろ難しいのだ。

では逆に、ポーターや野中より学者としてはるかに未熟な筆者が、なぜ3つのディシプリンにまたがった本書が書けるのか。それは、第1に筆者の「たまたま偶然のキャリア」による。筆者は、日本の大学・大学院では経済学を勉強していた。経済学ディシプリンにはそれなりの肌感覚を持っている。早稲田大学ビジネススクールで、現在担当している科目の一つも経済学だ。

そしてその後、筆者は「経営学」博士を取るために米ピッツバーグ大学に進学したのだが、そこは社会学ディシプリンに非常に強いところだったのだ。実際、筆者が同校の指導教官と最初に書いた論文は、社会学ディシプリンのエンベデッドネス理論（第24章）を応用したものだ。

さらに、筆者の学んだピッツバーグ大学は、徒歩5分の距離に名門のカーネギーメロン大学がある。両校は単位交換をしており、筆者はそこでもPh.D.（博士）の授業を受講した。そしてカーネギーメロン大学はハーバート・サイモンが在籍していたくらいで、認知心理学の総本山のようなところだったのだ。このように、筆者はたまたまの偶然で、3つのディシプリンを学んできたのである。このようなキャリア背景に加え、筆者の節操のない性格がそれを加速させ、たまたま3つのディシプリンを広く知っているだけなのだ。これは経営学者の中でも、なかなか稀有なパターンのはずだ。

ちなみに、これは経営学の研究者として成功するには、最悪のパターンだ。学者として成功するには、一つのディシプリンに特化する方がはるかに効果的だからだ。ポーターも、野中も同じ理論ディシプリンにこだわり続けたからこそ、いまの名声がある。筆者は「経営学者としては最悪のパターン」だからこそ、初めて「3つのディシプリンにまたがって体系的に経営理論を紹介できる」ということなのだ。これが筆者にとって幸運なのか不幸なのかは、まだわからない。

column 1

理論とフレームワークの違い

フレームワークは理論ではない

　ここで、本書はあくまで「経営理論」にこだわっていることを、改めて強調しておきたい。

　皆さんの中にも、経営学というとまずはハーバード大学のマイケル・ポーターによる、いわゆる「ポーターの戦略論」を思い浮かべる方は多いのではないだろうか。ポーターの『競争の戦略』を読まれたことのある方もいるかもしれない。

　しかし、一般に知られる「ポーターの戦略論」は、実は経営理論ではない。『競争の戦略』や、経営学の教科書に載っている「ファイブ・フォース」「バリューチェーン」は、あくまでフレームワークである。よく知られた「SWOT分析」「BCGマトリックス」「ブルー・オーシャン戦略」も、理論ではなくフレームワークだ。「イノベーションのジレンマ」もフレームワークに近いだろう。

　筆者は、「従来の経営学の教科書やビジネス本は、『理論』と『フレームワーク』を混乱して使ってきた」という問題意識を強く持っている。それが、ビジネスパーソンの経営学への理解を妨げてきた一因かもしれない。では、理論とフレームワークは何が違うのか。

　まず、理論とは何かについては、本文で「学術的な意味で、経営学専門の定義は固まっていない」と述べた。しかし他方で、理論の目的は「経営・ビジネスのhow, when, whyに応えること」とも述べた。特に重要なのはwhyであり、経済学、心理学、社会学のいずれかの人間・組織の思考・行動の根本原理から、「なぜそうなるのか」を説明するのが理論の目的だ。

何が「理論でない」のか

　では、逆に「理論ではない」のはどういうものか。これを考えると、理論とフレームワークの違いも明らかになる。

　そしてこの問いに、直接答える論文がある。本文でも紹介したASQの1995年特集号に掲載された、スタンフォード大学の著名経営学者ロバート・サットンらの論文で、タイトルもまさに"What Theory Is Not"（理論でないものは何か）という[注1]。これはいまでも米ビジネススクールのPh.D.（博士）課程で広く参照される論文だ。筆者も、ピッツバーグ大学とカーネギーメロン大学の両方のPh.D.の授業で読むことを指示された。以下は、この論文の導入部から

17

の抜粋である。

"Though there is conflict about what theory is and should be, there is more consensus about what theory is not. We consider five features of a scholarly article that, while important in their own right, do not constitute theory." (Sutton &Staw, 1995, p.372.)

「何が理論か（理論であるべきか）」についてはいまだに（学者間で）論争があるが、他方で「何が理論でないか」については、より広いコンセンサスが取れている。我々は「理論を含んでいない」論文の5つの特徴を検討する。（筆者意訳）

その5つの特徴は以下のようなものだ。

❶参考文献や引用の羅列は、理論ではない　研究論文では自説を強調するために、「この現象は、有名な～理論で説明できる」などと書くことがある。しかしこれはただの文献の参照であり、現象のメカニズムについて論理的な説明がされていない。すなわちwhyに応えていないから、理論ではない。

❷データを記述しただけでは、理論ではない　例えば、「日本の上場企業の6%が女性を社外取締役として登用している」と述べることは、ある状況をデータで具体的に述べている（whatには応えている）が、howやwhyには応えていない。したがって理論ではない。

❸概念の説明は、理論ではない　経営学では「競争優位」「ソーシャルキャピタル」などの概念（constructという）が頻繁に使われる。しかし「競争優位とは何か」をいくら明確に定義しても、それはwhatに応えているだけである。例えば「どのような要因が競争優位を高めるか」(how)、「それはなぜか」(why)などに応えていなければ、理論ではない。

❹図表は、理論ではない　例えば、コンサルタントなどがよく使う「2×2の4分割図」などは、事象や概念を整理するだけで（整理という意味では意義があ

注1) Sutton,R. I. & Staw,B. M. 1995. "What Theory Is Not," *Administrative Science Quarterly*, Vol. 40, pp. 371-384.

るが）、whyやhowには応えていない。

❺命題や仮説だけでは、理論でない　理論分析を行うと、その結果として「経営の真理法則かもしれない」概念と概念の因果関係が導かれる。これを命題（proposition）あるいは理論仮説（theoretical hypothesis）という。経営学の実証研究では、この命題が普遍的に多く企業・個人に当てはまるかを、統計分析などを使って検証する。しかしこれは「X→Y」の関係（how）を示しただけであり、「なぜそういえるのか」（why）まで説明されなければ、それだけでは完成した理論ではない。

　ちなみにこれらのポイントは、経営学の論文を書く学生、あるいはビジネスの研究報告書を書かれる方にも、ぜひご理解いただきたい。なぜなら筆者のこれまでの経験では、多くの学生論文やビジネス研究レポートで、上記のような「理論でないもの」が堂々と「〜理論」と称されているからだ。

　そして、このサットン論文の基準を当てはめると、ビジネス本で紹介されるフレームワークが、ほぼすべて理論でないことがわかるだろう。例えば「企業の強み・弱み、事業環境の脅威・機会」を「2×2の4分割図」で表すSWOTは④に該当する。SWOTは経営環境を整理するという意味で、whatには応えてくれるかもしれない。BCGマトリックスも同様だ。しかし、「脅威にさらされた企業は、結果どうなるのか」「なぜ、それが弱みといえるのか」といった本質的な問いには応えてくれない。how、when、whyに論理的・整合的に応えてくれない限り、それは理論ではないのだ。

経営学が実務に貢献するルートは2つ

　とはいえ、フレームワークの一部が「経営理論から落とし込まれる」ことで生み出されてきたのも事実だ（ただし、ごく一部である）。**図表1**をご覧いただきたい。これは、「経営理論」「フレームワーク」「現実の経営分析・意思決定」の関係をまとめたものである。図が示すように、経営学の知見は、実際のビジネスパーソンに、2つのルートから貢献しうる。

　その出発点は、いずれも理論だ。世界の主要ビジネススクールの教授の大部分は博士号を持った経営学者であり、彼らの仕事は研究を通じて「経営学の知」を発展させることにある。その大きな成果の一つが、経営理論だ。本文で述べたように、世界標準の経営学では科学性が重視されている。科学の目的とは、分野を問わず「真理の探究」にある。社会科学の一分野である経営学でも、学

図表1 経営理論が実務に貢献しうる3つのルート

者は「ビジネスの真理法則」を探求しようとしている。そのために他の科学分野と同様に、理論が生み出され、それが実証研究を通じて検証される。

しかし理論そのものは抽象的で、実務で使いやすいとは限らない。だからMBAなどの実践向けのために、理論を使いやすいフレームワークに落とし込む場合がある。これが「第1ルート」だ。その代表例が、ポーターの『競争の戦略』で紹介される「ファイブ・フォース」「ジェネリック戦略」だ。同書は経営学の「SCP理論」をフレームワークに落とし込んで紹介したことで、世界的ベストセラーとなった。本書でもこの理由で、第2章でポーターのフレームワークだけは紹介する。

しかしこの第1ルートは、残念ながらポーター以降、ほぼまったく発展していない。学者が生み出してきた理論の数に比べて、そこから「フレームワークまで落とし込まれた理論」の数は圧倒的に少なく、ごくごく一部であるのが現状だ。なぜなら、特に欧米の経営学界では基本的に「学術論文」を書かないと出世できないので、実務家のために理論をフレームワーク化するような「実務論文」を書くインセンティブが学者に乏しいからだ[注2]。

注2)　余談だが、ポーターはその意味で極めて例外的といえる。実はポーターは約40年の学者キャリアのなかで学術業績（＝査読論文）の数はわずか7本しかない。これは欧米のトップ経営学者のなかでも例外的に少ない。「イノベーションのジレンマ」で高名なクレイトン・クリステンセンも学術業績は多くない。これは、ポーター、クリステンセンのように「学術業績が少なくても、書籍などを通じて実業界へ貢献する」ことを評価軸に組み込んでいるハーバード・ビジネススクールの特殊性が、大きく影響している（他の主要大学はそうなっていない）。残念ながら大部分の経営学者はポーターではないし、ハーバードにいるわけでもないので、フレームワークへの落とし込みに関心がない。筆者は、「経営学の知」を発展させるために査読論文による学者の研究競争は絶対に必要だ、という立場を取っている。しかし、他方でフレームワークへの落とし込みが乏しいのは、現在の学術研究だけを重んじる経営学の課題だとも考えている。

MBAの教科書は混乱している

そしてここまでの議論を前提にすると、既存のMBAの教科書が読みにくい理由もわかってくる。多くのMBAの教科書は、フレームワークと理論（の浅い解説）がごちゃ混ぜになっているのだ。

図表2をご覧いただきたい。先の議論を踏まえると、理論とフレームワークは、以下の5つのタイプに分けられる。

タイプ1 まず、「経営理論とは関連のないフレームワーク」がある。先のSWOTやBCGマトリックスが代表例だ。これらはコンサルタント等が、その実務経験を通じて生み出したものが大部分だ。これらの多くは分類・整理をしているだけなので、whyには応えない。

タイプ2 「経営理論から落とし込まれたフレームワーク」である。先ほどから

|図表2| **経営理論とフレームワークの整理**

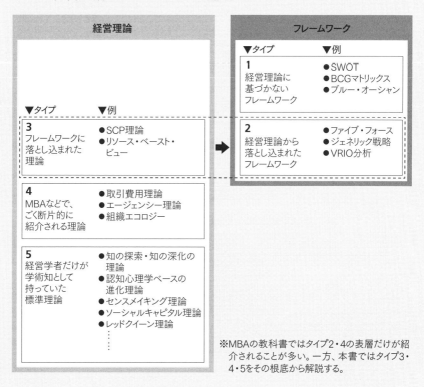

述べているように、SCP理論から落とし込まれたファイブ・フォースやジェネリック戦略がその代表例だ。このタイプの問題は、フレームワークだけ提示されても、背景の理論がないと「なぜそう言えるのか」のwhyの納得感が弱いことだ。

タイプ3 タイプ2との対応で、「フレームワークのもとになっている経営理論」がある。SCPがその代表であり、RBVやリアル・オプション理論なども一部フレームワーク化が試みられている。これらを知ればwhyがわかるので、タイプ2のフレームワークの意義も理解できる。しかし問題は、必ずしもMBAの教科書ではタイプ3に説明が割かれないことだ。加えて、先にも述べたように、そもそもフレームワークまで落とし込まれた理論の数は著しく少ない。

タイプ4 実は、フレームワークに落とし込まれていないが、MBAの教科書で断片的に、一部の経営理論が紹介されることもある。例えば「取引費用理論」は垂直統合戦略を説明する時に重要な理論であり、MBAの教科書で紹介されることもある。これらはwhyに応えるものだ。ただし問題は、本文で述べたように多くの教科書は「現象ドリブン」なので、理論の説明は非常に浅くなりがちなことだ。したがって理論への納得感がないままになる。

タイプ5 そして実は、経営学者の間では「学術的に確立された理論」とされているにもかかわらず、フレームワークに落とし込まれず、MBAの教科書やビジネス本で紹介されることのないままの理論が、この世にとても多く存在するのだ。これらはwhyに応えるが、ビジネスパーソンの目に触れることがこれまでほぼなかった（本書では、その主要なものをほぼすべて紹介する）。

このうち一般のビジネス本で紹介されるのは、タイプ1がほとんどだろう。しかし、これは経営学の対象範囲ではない。加えて厄介なのは、MBAで使われる経営学（例えば経営戦略論）の教科書では、タイプ2とタイプ4だけを中心に、しかも両方を混在して紹介していることだ。

例えばファイブ・フォースやジェネリック戦略といったフレームワークは、MBAの経営戦略論の教科書には必ず載っている。それはフレームワークそのものの有用性もあるかもしれないが、加えて「SCPというきちんとした経営理論から落とし込まれたもの」（＝タイプ2）という裏付けがあるからだ。

しかし先ほど述べたように、「SCP→ファイブ・フォース」のようにきれい

に落とし込まれる例は極めて少ない。したがって教科書の残りの部分は、経営学者が理論をそのまま紹介することになる。逆にこの理由で、理論の紹介の方は断片的・表層的なことがほとんどだ。例えば、グラントの教科書では「取引費用理論」には3ページしか割かれていない。「組織エコロジー理論」はわずか2ページだ。

　要するに、「確立されたフレームワーク」と「実に中途半端な理論の紹介」がごちゃ混ぜに掲載されているのが、現代の大部分のMBAの教科書なのである。実は一般に「経営学書」といわれるものにも、読者への説明なしに両者を混同しているものは非常に多い。一方で、whyに応えるための経営理論の一つひとつを基本原理から丁寧に、深く説明することはほとんどない。

経営理論をビジネスパーソンに直接届け、Whyの腹落ちを目指す

　これで本書の意義が、さらに明らかになったのではないだろうか。図表1で言えば、本書が目指すのは第2ルートだ。つまり図表2の左側、すなわち、世界の最先端で経営学者たちが発展させてきた「経営理論」のうち、「標準」といえるものを約30選び抜いて、それを体系的に、基本原理から丁寧にわかりやすく紹介することだ。第2章などの例外を除き、フレームワークは本書ではほぼ紹介しない。フレームワークはwhyに応えないので、思考の軸にならないからだ。むしろ、whyを考えずに闇雲にフレームワークだけを当てはめることは、ビジネスパーソンの思考を閉じ込めることになりかねない、とすら筆者は考えている。

　したがって本書の作成にあたって筆者が参考にしたのは、筆者自身が米国のPh.D.で学んだ時のシラバス（履修要項）の数々や、現地で教員としてPh.D.の授業に関わった際のシラバスである。さらに言えば、筆者は本書の執筆にあたって国際的な学界で活躍する経営学者からも、Ph.D.のシラバスを取り寄せて参考にしている。それらには世界の学界で重視されている経営理論と、それを提示・検証した大量の論文リストがあるからだ。MBAの教科書は一切参考にしていない。

　結果として本書では、世界標準の経営理論が十分にカバーできていると自負している。終章では、その検証も試みているので、関心のある方はお読みいただきたい。

column 2

世界の経営学のトップ学術誌

学術誌にはランク付けがある

　本書では様々な経営理論の論文や、理論を検証する実証研究論文を数多く紹介する。ここで皆さんが関心あるのは、「その論文の質が担保されているのか」ということだろう。世界の経営学では、このような論文が掲載される学術誌（ジャーナル）の間に、いわゆる「序列・格付け」がある。

　世界的に見ると経営学の学術誌の数は非常に多く、レベルも玉石混交だ。誰もが論文を掲載したがる（しかし掲載はとても難しい）トップ学術誌から、筆者も認識できていないものまで数多くある。学術誌の間でも、少しでも序列の上に行こうとする激しい競争が国際的に行われているのだ（したがって、世界標準の経営学術誌はすべて英語で書かれている）。

　その競争の結果、世界の経営学でも最高峰に位置する学術誌が大まかに9つある。それを研究者は「Aジャーナル」と呼ぶ。はっきり言えば、世界のトップ校にいる学者の人生は、このAジャーナルに論文を何本載せられるかでほぼ決まってしまう。野球選手が打率や勝利数でキャリアを決められるのと同じだ。

　とはいえAジャーナルの選定に公式な認証機関があるわけではなく、それは学者のコンセンサスによるものだ。欧米では任意にAジャーナルの基準を設け、ウェブページに公表している大学も多い（その基準で教員の昇進・採用・解任を決めるためだ）。以下の9誌は、筆者がニューヨーク州立大学バッファロー校に在籍していた当時の同校の戦略部門、および組織行動論部門のAジャーナルである。筆者の認識では、この9誌が世界的に（少なくとも北米や欧州、中国・香港・シンガポールのトップ校では）「Aジャーナル」と見られているということで、学者のコンセンサスはほぼ得られているはずだ。

Academy of Management Review (AMR)
アカデミー・オブ・マネジメト・レビュー
──Aジャーナル唯一の、経営理論の専門誌。

Academy of Management Journal (AMJ)
アカデミー・オブ・マネジメト・ジャーナル
──経営学Aジャーナルの看板的存在。

Strategic Management Journal (SMJ)
ストラテジック・マネジメント・ジャーナル
──戦略論の最高峰誌。同じく看板的存在。

Organization Science (OS)
オーガニゼーション・サイエンス
──イノベーション・組織学習に特に強い。

Journal of Applied Psychology (JAP)
ジャーナル・オブ・アプライド・サイコロジー
──組織行動論、人的資源論専門の最高峰誌。ミクロ心理学を使った論文が多く掲載される。

Management Science (MS)
マネジメント・サイエンス
──経済学ベースの理論や、高度なデータ分析と相性が良い。経済学者が論文を掲載することもある。

Administrative Science Quarterly (ASQ)
アドミニストレイティブ・サイエンス・クォータリー
──多くの経営学者が「最難関」と位置付ける学術誌。ただし理論が心理学・社会学ベースに偏るなど、クセもある。

Journal of International Business Studies (JIBS)
ジャーナル・オブ・インターナショナル・ビジネス・スタディーズ
──国際経営論の最高峰誌。

Journal of Business Venturing (JBV)
ジャーナル・オブ・ビジネス・ベンチャリング
──アントレプレナーシップ研究の最高峰誌。最近のアントレブームでAに指定する大学が出てきた。ただし、大学・学者によっては異論もある。

　大まかに言えば（JBVは異論もあるかもしれないが）、この9誌がAジャーナルと考えていただきたい。本書で紹介する論文の大部分も、ここから選ばれている。

「Aジャーナル」以外の学術誌の価値とは

　ここで3点、重要なポイントを付記しておく。

　第1に、もちろん経営学の学術誌は、Aジャーナルだけではないことだ。例えばJournal of Managementや欧州で特に評価の高いJournal of Management Studiesも最近は存在感を高めている。これら「Aマイナス」クラスの学術誌も含めて、世界の主要経営学・経済学のトップ学術誌50本を合わせたのが、欧州のフィナンシャル・タイムズが中心となって選定する「50 Journals」と呼ばれるものだ。このリストはネットで検索すれば、すぐに誰でも見ることができる。関心のある方は確認されるといいだろう（ただし、経営学の論文と経済学の学術誌、「A」と「Aマイナス」の論文が混ざっているので、注意されたい）。

　第2に、経営学でもトップクラスの学者の中には、上記9誌以外の「ディシプリン・ジャーナル」（discipline journal）に論文を投稿する者もいる。序章で

述べたように、世界の経営理論は、経済学、心理学、社会学のいずれかのディシプリンを応用している。したがって、その理論ディシプリンを突き詰めようとする学者は、帰結として経営学よりも、各ディシプリンの専門誌に投稿することがあるのだ。例えば第1章では、マイケル・ポーターが1977年に経済学のトップ学術誌である『クォータリー・ジャーナル・オブ・エコノミクス』に発表した論文を紹介している（この場合、1977年当時は経営学の学術誌がそもそも存在しなかった、という背景もあるかもしれない）。第4部では、『アメリカン・ジャーナル・オブ・ソシオロジー』などの社会学ディシプリンの学術誌に掲載された論文を何本も紹介している。なお、この傾向については、第41章でも改めて解説している。

　そして第3に、これらのトップ学術誌に『ハーバード・ビジネス・レビュー』(HBR)が入らないことだ。HBRや『スローン・マネジメント・レビュー』(SMR)などの雑誌は、あくまで実務家向けのものであり、学術的な研究成果を追求して発表するところではない。もちろんHBRやSMRには経営学者が論文を掲載することもあるが、その場合も、他の学術誌のために研究したものを実務家向けにアレンジしていることも多い。したがってHBRに論文を載せても、学術的な研究成果とはみなされないのである。

　もちろん、筆者はHBRを読んでも意味がないと言いたいのではない。むしろその逆で、学術的な知見を実務家向けに柔らかく書き直してくれているわけだから、HBRは（本書と並んで）、経営学の知見を我々の身近なものにしてくれるという意味で、特にビジネスパーソンの方々には、やはりぜひ手に取っていただきたい雑誌であることは間違いない。

第 **1** 部

経済学ディシプリンの
経営理論

| 第 1 章 | SCP理論　P.34

| 第 2 章 | SCP理論をベースにした戦略フレームワーク　P.50

| 第 3 章 | リソース・ベースト・ビュー（RBV）　P.66

| 第 4 章 | SCP対RBV、および競争の型　P.85

| 第 5 章 | 情報の経済学①　P.95

| 第 6 章 | 情報の経済学②（エージェンシー理論）　P.114

| 第 7 章 | 取引費用理論（TCE）　P.133

| 第 8 章 | ゲーム理論①　P.151

| 第 9 章 | ゲーム理論②　P.167

| 第10章 | リアル・オプション理論　P.180

合理性をもとに、戦略・組織の本質に切り込む

　第1部では経済学（economics）を基盤とする世界標準の経営理論、すなわち「経済学ディシプリンの経営理論」の数々を解説する。「社会科学の女王」と呼ばれる経済学だが、経営学へ与えた影響も極めて大きい。1980年代に確立された競争戦略論（competitive strategy）の原点にあるのは、経済学だ。著書『競争の戦略』で世界的に有名なハーバード大学のマイケル・ポーターらが提示した経営学のSCP理論や、ジェイ・バーニーらによって確立されたリソース・ベスト・ビューも、その源流は経済学にある。いわゆる「MBA本」「経営戦略本」でよく最初に紹介される2大戦略フレームワークの基礎は、経済学ディシプリンの理論なのだ。

　加えて、経済学で発展した「ゲーム理論」「組織の経済学」の理論も、現代の経営学に様々に応用されている。なかでも「組織の経済学」の諸理論は、それまでブラックボックス化されていた企業内部の組織メカニズムを、精緻に解き明かす道筋を与えてきた。

　古典的な経済学の前提は、「人の合理性」にある。合理性と聞くと、皆さんの中には「お金を重視する人」「容赦なくリストラする企業」といったイメージを持つ方もいるかもしれない。しかし、経済学で前提とされる合理性は、けっしてそのような冷徹な側面だけを描くものではない。世界的に高名な経済学者である東京大学の神取道宏の『ミクロ経済学の力』では、合理的行動を以下のように定義している[注1]。

　　　　各人は、自分にとって可能な行動の中で最も好ましいものを取る（神取、2014、
　　　　p2）

　このように、人が与えられた条件の中で自分にとっていちばん好ましいものを選べば、それで「合理的」なのである。このように考えれば、すべての人がいつ

注1）神取道宏『ミクロ経済学の力』（日本評論社、2014年）

28　│第1部│経済学ディシプリンの経営理論│

も100%合理的とは限らないが、とはいえ人はそれなりには合理的なことも、確かなはずだ。

例えば味がまったく同じで、具材のトッピングも量も同じで、家からの距離も店の雰囲気も同じピザ屋が2軒あり、片方のピザが1枚1500円でもう片方が900円なら、大抵の人は900円の店に行くだろう。なぜなら、大抵の人はそれなりに合理的だからである。

したがって経済学では「人で構成される企業も、それなりに合理的に意思決定をするはずだ」と考える。合理性の前提を貫くことで、経済学者は数学表記を使えるようになり（例えば合理性を前提にすると微分法が使えるようになる）、結果として他の社会科学分野と比べて圧倒的に論理的に厳密で、緻密で、首尾一貫した理論表記ができるようになったのだ。

経済学の理論そのものについては、すでに様々な経済学の教科書が巷にあるので、それらをご覧いただきたい。本書では経済学の前提に触れながらも、あくまで「経済学をベースにした経営理論」を解説する。経営学では、経済学ディシプリンの理論も英語・日本語などの自然言語で表現することが多いので、本書も自然言語（すなわち日本語）で解説する。難しい数式表現は一切出てこない。わかりやすく解説するので、ぜひ読み進めてほしい。

筆者の理解では、経済学ディシプリンの世界標準の経営理論は、大きく以下の4つのグループにわかれる。

競争戦略の理論

先ほども述べたように、ポーター、バーニーのフレームワークなど「MBA本」「経営戦略本」の最初に出てくる競争戦略フレームワークの背景の理論は、経済学がベースになっている。序章のコラム1でも述べたように、このようなMBA本やビジネス書ではフレームワークだけがテクニック的に提示されることが多い。他方で本書では、その背景にある理論から丁寧に解説することで、皆さんに理論そのものの「why」から理解・腹落ちしていただくことを目指す。その方が、ビジネスの「思考の軸」としてはるかに意味があると筆者は考えるからだ。

第1章 | SCP理論 | structure-conduct-performance (SCP) theory, IO theory

　経営学のSCP理論は、有名な「マイケル・ポーターの競争戦略」の基盤である。その源流は「経済学のSCP」にあり、それは端的にいえば「構造的に儲かる業界と、儲からない業界の違い」を説明する。例えば米国なら、医薬業界・飲料業界は安定して儲かり、航空業界は慢性的に儲かりにくい。その理由を説明するのだ。そしてそれを産業レベルから「戦略グループレベル」へ昇華させ、企業が競争優位を生み出すメカニズムを説明するのが、ポーターの（経営学の）SCPである。さらにいえば同理論は、グーグル、アマゾン、フェイスブックに代表される現代のプラットフォーマーの競争優位さえ説明しうる。現代でもその意義は大きいのだ。

第2章 | SCP理論をベースにした戦略フレームワーク

　本書は経営理論を解説するのが主目的だが、唯一この章だけは、SCP理論から落とし込まれた競争戦略論の「フレームワーク」を解説する。すなわち「ファイブ・フォース」「ジェネリック戦略」など、いわゆるMBAの花形フレームワークだ。とはいえ、あえて本章を設けた理由は、巷のMBA本であまりにもフレームワークだけがテクニック的に紹介されることにある。本章では、その基盤であるSCPとの関連性を深く解説する。細かいフレームワークを暗記するより、理論の思考の軸から「要はこういうことだ」という感覚を備えていただく方が、はるかに意味があると筆者は考えるからだ。

第3章 | リソース・ベースト・ビュー（RBV） | resource based view (RBV)

　SCPと並ぶ競争戦略論の基本理論が、RBVである。SCPが製品・サービス市場での戦略に思考の軸を与えるのに対し、RBVは企業内部の経営資源に着目する。現代の経営学研究ではSCPよりRBVの方が頻繁に応用されていると言ってよく、その学術的な影響力は極めて大きい。しかしこの理論も、MBA本では「VRIO」というフレームワークだけが紹介されることが多い。本章ではそうではなく、基盤の理論から丁寧に解説する。そして本章最後では、RBVの含意を持ちながら比較的有効と筆者が考えるフレームワークを、サウスウエスト航空の事例を使いながら解説しよう。

第4章｜SCP対RBV、および競争の型

　SCPとRBVは競争戦略の基本理論であり、両者はある意味で裏表の関係にある。したがって以前から、「両理論のどちらがより重要か」という疑問について、論争が行われてきた。しかし本章が主張したいのは、現代の経営学ではそのような論争がそもそも不毛であり、むしろ両者をどのように整理するかが重要、ということだ。

　なかでも筆者が提示したいのは、「競争の型」という視点だ。そもそもそれぞれの業界では、競争の型に違いがある。したがって、そこでとるべき戦略も異なるはずなのだ。筆者は、いま伝統的な日本企業がグローバル競争で苦戦している背景には、この「競争の型」と「戦略」のズレがあるのではないかと考えている。両者の関係を思考の軸として理解し、自社の戦略のあり方を考えていただきたい。

組織の経済学

　1980年代から経済学で発展を始め、経営学にも90年代以降に急速な勢いで流入しているのが、「組織の経済学」（organizational economics）の理論の数々である。組織の経済学は、SCPやRBVの基礎である古典的なミクロ経済学の持つ仮定のいくつかを取り外し、より現実的な視点を持たせることで、複雑な組織内外のメカニズムを解き明かす。現代の経営学研究でも、経済学ベースの理論を使った研究は、ほとんどが組織の経済学に基づいている。本書では、特に経営学で重視される3つの理論を解説する。

第5章｜情報の経済学①｜information economics

　古典的な経済学が持つ仮定の一つに、「完備情報」がある。市場のあらゆるプレーヤーが同じ情報を持っている仮想状況のことだ。しかし、現実にはそのような状況が常に成立するとは限らず、製品・サービスの質や企業内情報などを、特定の限られたプレーヤーだけが持つことはよくある。これを「情報の非対称性」（information asymmetry）と呼ぶ。情報の非対称性を理論に取り込むと、ビジネスの様々な諸問題が切れ味よく説明できるのだ。

　情報の経済学の理論は「なぜ中古車の価格は低下しがちなのか」「なぜ失業が存在するのか」「なぜM&Aは、うまくいかないのか」「C2Cオンラインマーケッ

トビジネスの課題は何か」「メルカリはそれをどう解消しているのか」など、様々なビジネス課題のメカニズムを説明し、その対処法にも視座を与えるのだ。

第6章｜情報の経済学②（エージェンシー理論）｜agency theory

経済学でのエージェンシー理論は、情報の経済学の一分野と位置付けられる。他方で経営学の場合、エージェンシー理論はその有用性・汎用性からも独立した理論のように扱われている。そこで本書でもあえて1章分を割きたい。

なかでもエージェンシー理論の影響力が強いのが、企業のコーポレートガバナンス（企業統治）だ。ガバナンスを与える上で、同理論の理解は必須といえる。加えて、欠同理論は組織管理、管理会計、M&A、各種ファイナンス施策などの、本質的なメカニズムも鋭く説明する。これらに関心がある方には、一読をお勧めしたい。

第7章｜取引費用理論（TCE）｜transaction cost theory

現代の経営学において圧倒的に影響力が大きく、応用範囲が広いのが取引費用理論だ。同理論は一言でいえば、「組織の存在意義・存在範囲」の一端を解き明かす。ビジネスは「市場取引」とそこに存在する「組織」で成り立つ。では、両者の境界線はどこにあるのか。取引費用理論はこれを鋭く説明するのだ。

結果として同理論は、古くは黎明期のGMのサプライヤー買収に始まり、現代でも様々な「企業のあるべき存在範囲」に思考の軸を与える。「なぜ最近はアクティビストファンドがソニーやGEに事業分割を求めるのか」「なぜ最近はウーバーやエアビーアンドビーのように、スタートアップ企業が急速にグローバル化できるのか」「なぜインドのタタ財閥やインドネシアのサリム財閥のように、新興市場では財閥グループが多いのか」……そのような企業の存在範囲の様々な疑問を解き明かすのが取引費用理論なのだ。

ゲーム理論

第8章・第9章｜ゲーム理論｜game theory

ゲーム理論は、現代の経済学において必須の理論記述の「道具立て・ツール」である。大胆に言えば、現代のミクロ経済学の理論ツールといえばその大部分が

ゲーム理論のこととすら言っていいかもしれない。先に紹介した組織の経済学の3つの理論も、本来はゲーム理論を使って記述される。ゲーム理論の応用範囲はあまりにも広いが、本書では特に競争戦略への応用を解説する。「なぜ半導体産業は常に過当競争に陥るのか」「なぜ宅配便業界は手数料の価格戦争に陥ったのか」「では逆に、なぜ米国のシリアル業界は価格競争に陥らないで済んでいるのか」などの具体例を説明しながら、ゲーム理論のエッセンスを体得していただきたい。

リアル・オプション

第10章│**リアル・オプション理論**│real option theory

　経済学ディシプリンの中で、最も近年になって注目され始めたのが、リアル・オプション理論だ。同理論はファイナンスのオプション取引に原点がある。そのロジックをビジネスの戦略意思決定に応用することに、多くの経営学者が注目しているのだ。同理論のキーワードは「不確実性」(uncertainty)である。不確実性はマイナスにとらえられがちだが、リアル・オプション理論によれば、同時に不確実性をうまく活かせば大きなチャンスにもなりうるのだ。本章ではウォルマートのメキシコ事業進出戦略などを題材にしながら、不確実性がさらに高まるであろうこれからの世界で知っておくべき同理論を解説する。

　ではいよいよ、経済学ディシプリンの経営理論の解説に入っていこう。

| 第 1 章 | structure-conduct-performance (SCP) theory, IO theory

SCP理論

「ポーターの戦略」の根底にあるものは何か

SCP理論とポーターの戦略フレームワーク

本章では、SCP理論を解説する。SCPとは "structure-conduct-performance"（構造−遂行−業績）の略称だ。同理論はその源流が経済学の産業組織論（industrial organization）にあることから "IO Theory" とも呼ばれるが、本書ではSCPの呼称を使う[注1]。

1970・80年代に、経済学で発展したSCPを「経営学のSCP」へと昇華させたのが、ハーバード大学のマイケル・ポーターである。SCPの名は知らなくても、彼の代表作である『競争の戦略』を読んだことのある方はいるはずだ。SCPは「ポーターの競争戦略」の基礎になっている。MBAの経営戦略の教科書でポーターの競争戦略が紹介されないことはありえない。例えば米国のMBAプログラムで使う定番の教科書、ロバート・グラントの*Contemporary Strategy Analysis*では全17章のうち4章分が、ポーターのフレームワークに費やされている（序章図表1を参照）。

しかし、序章コラム1で述べたように、MBAの教科書で主に紹介されるのは「理論から落とし込まれたフレームワーク」だ。SCPそのものを解説した教科書は、筆者の知る限り存在しない。本章では、理論の方を根本から解説する。

注1）正確には、産業構造と利潤の関係を静学モデルで分析する古典的な分野を "old IO"、ゲーム理論等を駆使して企業間のダイナミックな相互依存関係を分析する分野を "new IO" と呼ぶ。現在の産業組織論は new IO中心だが、経営学のSCPへ昇華したのはold IOであることから、本書はold IOを中心に議論を進める。

34 第 1 部 経済学ディシプリンの経営理論

儲かる業界、儲からない業界

　まず**図表1**を見てみよう。これは先のグラントの教科書に載っているデータで、1999年から2002年までの米国主要産業の株主資本利益率（ROE）の中位値を並べたものだ。

　図表からは、産業ごとに収益性に大きな差があることがわかる。例えば米国で同期間にROEが最も高かったのは製薬業で、中位値は26・8％に上っている。食品産業が22.8％でそれに続く。医薬品・医療機器と金融もROEは高い。他方で情報通信産業のROEは3.5％だし、航空産業に至ってはマイナス34.8％である（これは2001年9月のアメリカ同時多発テロの影響もあるかもしれないが、後で述べるように米国内線航空産業の収益性は慢性的に低い）。

　この図表は重要な示唆を与えてくれる。それは「この世には儲かる産業と、儲からない産業がある」という厳然たる事実だ。そしてSCPが第1に教えてくれるのは、その理由である。

　ところで、実際のビジネスで「業界が今後儲かるか、儲からないか」を見通すには、まず需要動向を分析することが多いのではないだろうか。筆者が民間シンクタンク時代に自動車メーカーを担当していた経験でも、例えば「アジア自動車業界の見通し」で最初に行うのは、今後5〜20年のタイやインドネシアの自動車販売台数を予測することだった。

　ビジネスにおいて需要予測は当然重要だ。しかし「市場の成長性が高いから、企業の利益率も高い」とは限らない。例えば、図表1にあるように2000年前後の米国半導体や情報通信産業の利益率は低く、逆に食品産業の利益率は高かった。しかし、前者と比べれば後者の市場成長率は鈍かったはず[注2]。産業の収益性は、需要の伸びだけでは説明できないのだ。むしろ大事なのは、「その産業がそもそも儲かる構造になっているかどうか」なのである。そのメカニズムを体系化したのが、SCPなのだ。

注2）U.S. Department of Commerce（米国商務省）のデータに基づく筆者の計算では、1999年から2002年の米国「食品・飲料およびタバコ製品」（SIC〈米国産業標準分類〉2桁ベース）の名目GDP平均成長率は2.7％だった。

図表1 米国主要産業の株主資本利益率（ROE）
（1999〜2002年の中位値）

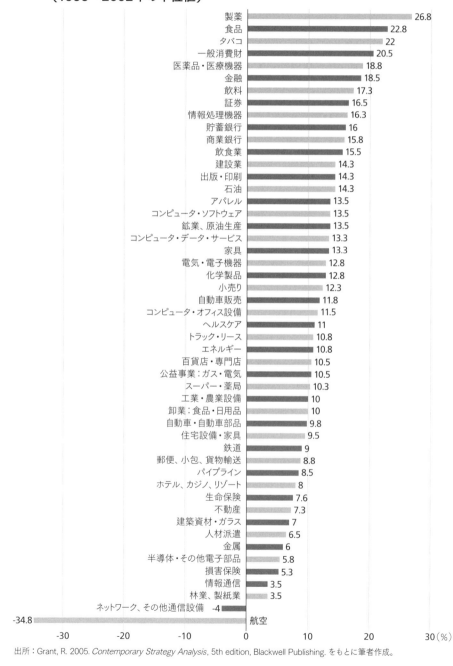

出所：Grant, R. 2005. *Contemporary Strategy Analysis*, 5th edition, Blackwell Publishing. をもとに筆者作成。

すべては完全競争から始まる

　SCPは経済学を基盤に持つ。したがって「経営学のSCP」を理解するにも、経済学の基礎からアプローチするのが近道だ。経済学と聞くと複雑な数式をイメージして、抵抗感のある方もいるかもしれない。しかしSCPを理解するだけなら、大学1年で学ぶミクロ経済学のいちばん簡単な基礎だけで十分だ。

　まず重要なのが、経済学の「完全競争」（perfect competition）という概念である。完全競争はおおまかに以下の3つの条件を満たす市場（＝産業）の状態と考えていただきたい。

条件1──市場に無数の小さな企業がいて、どの企業も市場価格に影響を与えられない。

条件2──その市場に他企業が新しく参入する際の障壁（コスト）がない。その市場から撤退する障壁もない。

条件3──企業の提供する製品・サービスが、同業他社と同質である。すなわち、差別化がされていない。

　なお、本章ではこの3条件だけを議論するが、正確には以下の2つも完全競争の条件である。この2条件は、第3章の「リソース・ベースト・ビュー」や第5章の「情報の経済学①」で、それぞれ再登場する。

条件4──製品・サービスをつくるための経営資源（技術・人材など）が他企業にコストなく移動できる。例えば、ある技術が企業Aから企業Bに流出したり、人材が企業Cから企業Dに障害なく移動したりできる。

条件5──ある企業の製品・サービスの完全な情報を、顧客・同業他社が持っている。

　加えて第1部冒頭で述べたように、経済学ディシプリンはそもそも「企業・消費者が合理的な意思決定を行う」という大前提があることも、改めて強調しておこう。

さてこの5条件を見て、皆さんは「こんな産業は現実にありえない」と思われるのではないだろうか。もちろんその通りなのだが、しかしこれから説明するように、「ありえないほど極端」だからこそ、論理のベンチマークになるのである。

完全競争は、まったく儲からない

　ここからは条件1・2・3に議論を絞る。この3条件から導かれる完全競争の重要な帰結は、「企業の超過利潤がゼロになる」ということだ。「超過利潤」というのは、「企業が何とか事業を続けていける『必要ギリギリの儲け』を上回る部分」のことである。すなわち、超過利潤がゼロとは「企業が何とかギリギリやっていけるだけの利益しか上げられていない」状態だ。

　そのメカニズムは以下の通りだ。例えば、ある産業の企業が超過利潤を上げている（＝儲かっている）と、その超過利潤を求めて他業界の企業やスタートアップ企業が参入してくるはずだ。条件2にあるように、完全競争では参入コストがかからないのだから、儲かっている産業に参入するのは合理的な判断だ。

　しかしこの産業は、多くの企業が参入しても皆同じ製品をつくっている（＝条件3）。各企業は製品特性で勝負できないので、ライバルに勝つには価格を下げるしかない。しかも各企業は小さく、市場価格をコントロールできない（＝条件1）。結果として、完全競争下では徹底した価格競争のみが行われ、「すべての企業がギリギリでやっていけるだけの利益しか上げられない」水準まで市場価格が下がっていくのだ。

　完全競争に近い産業の代表例は、米国内線航空産業だ。同産業は1978年に大幅な規制緩和が実施されて以来、企業の参入が相次いだ（＝条件2に近づいた）。結果としていまでも100以上の航空会社がひしめき合って競争している（＝条件1に近い）。航空ビジネスは機内サービスの質等で差はあるが、ビジネスモデルの抜本的な差別化は難しい。結果として、米国の消費者はエクスペディアなどの旅行ウェブサイトで航空料金を徹底的に比較して、いちばん安いフライトを取る傾向がある（＝条件3に近い）。このように構造が完全競争に近いからこそ、米国内線航空業界は利益率が慢性的に低くなるのだ。

| 図表2 | 独占市場の状況

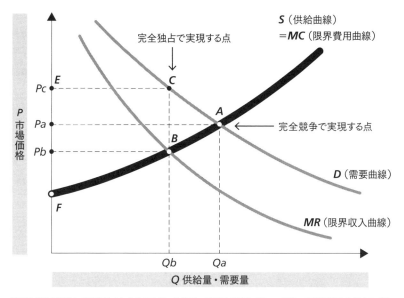

※市場が完全競争から完全独占に向かうほど、供給量・需要量が減り（$Qa → Qb$）、市場価格は上昇する（$Pa → Pc$）。

完全競争の対極にある「独占」

　そしてこの完全競争の条件1・2・3の真逆を満たすのが、「完全独占」である。すなわち、業界に1社だけが存在して価格をコントロールし（＝条件1の逆）、他企業が参入できない状態である（＝条件2の逆）。1社しかいなければ、そもそも差別化もない（＝条件3が無効）。

　図表2を見ていただきたい。これはミクロ経済学の教科書によく載っている図表を筆者がアレンジしたものだ。まず右下がりの線Dは、いわゆる消費者の「需要曲線」だ。市場価格が下がるほど消費者の需要は増えるから、その関係は右下がりになる。線Sは企業の限界費用曲線（＝ここでは供給曲線と同じと考えてよい）と呼ばれるものだ。

　まず完全競争の場合、企業は市場価格に影響を及ぼせないので（＝条件1）、市場の価格メカニズムが完全に働き、最終的に市場の供給量（＝生産量）と需要量はQaで一致する。したがって点Aが実現し、市場価格はPaとなる。これはよ

く知られた「需要と供給の一致の法則」で、この場合、企業の超過利潤はゼロとなる。

　他方で完全独占だと、状況はまったく異なる。独占企業は生産量も価格も自分でコントロールできる。したがって、独占企業が合理的なら、自社の超過利潤を最大にする生産量と価格を設定するはずだ。そして、その生産量は「限界費用」と「限界収入」が一致する点Bに対応するQbとなる。なぜそうなるかの詳細な説明は経済学の教科書に譲るが、直感的には「合理的な企業は、『収入と費用の差（＝利潤)』が最大になるところで生産する」と考えていただければよい[注3]。

　さて、独占企業にとって最適な生産量がQbだとしても、この企業は価格を供給曲線上のPbに設定する必要はない。なぜなら、独占企業は自社製品の価格（＝1社しかいないのでこれは市場価格でもある）を自在にコントロールできるからだ。したがって独占企業が合理的なら、設定する価格はPcになる。なぜなら需要曲線が示すように、消費者は供給量がQbなら、Pcまでの価格を受け入れてくれるからだ。

　このように完全独占の場合は、完全競争と比べて①供給量・需要量が減り（$Qa→Qb$）、②市場価格が上昇する（$Pa→Pc$）。買える量が減って価格が上がるのだから、消費者には望ましくない事態だ。他方で、③独占企業は大幅な超過利潤を得ることができる。図表2の台形ECBFを生産者余剰というが、これが最大になっている。独占の時、企業は超過利潤を最大化できるのだ。

　この「完全独占による市場支配力の行使」は、多くの国の競争法（独占禁止法）

注3）数学に馴染みのある読者のために、以下でこのポイントを簡単な数学を使って説明する。まず、独占企業の利益は、

　　$\Pi = P(Q) \times Q - C(Q)$ ……（式1）

と表せる。ここでΠは独占企業の利益、$P(Q) \times Q$は独占企業の総収入（価格×売上量）、$C(Q)$は費用である。ここで$P(Q)$、$C(Q)$とは、PとCがそれぞれQの関数（価格と費用が生産量に影響を受ける）ということだ。ここで合理的な独占企業は自社利益を最大化するわけだが、数学的にはそれは（式1）をQで微分してイコール・ゼロとすることと同じである。$P(Q) \times Q$のQについての微分が限界収入（MR）で、$C(Q)$のQについての微分が限界費用（MC）なので、$MR-MC=0$すなわち$MR=MC$となる。すなわち、図表2でMRとMCが一致する点Bに対応するQbまで生産するのが合理的なのだ。

　ここで理解していただきたいのは、完全競争の場合は$P(Q)$がPに置き換わることだ。すなわち、完全競争では企業が市場価格をコントロールできない（条件1）ので、PがQに影響を受けない。この場合、（式1）の$P(Q)$をPに置き換えると、

　　$\Pi = P \times Q - C(Q)$ ……（式2）

となる。これをQで微分してイコール・ゼロとすると$P-MC=0$すなわち$P=MC$となる。つまり完全競争では市場価格と限界費用が一致する。このように数学的に言えば、独占と完全競争の違いは「PがQに影響を受けるか、受けないか（$P(Q)$か、Pか）」の違いといえる。

40　│第1部　経済学ディシプリンの経営理論│

で違反となっている。したがって、図表2に示されたのとまったく同じ状況が起きることは、そうそうない。とはいえ「独占に近い産業」が現実に存在するのも事実だ。例えば、パソコンのオペレーティング・システム（OS）業界は米マイクロソフトが一時期独占に近い状況にあったために、それが消費者の不利益につながるとして、米国連邦地裁からOS部門とアプリケーション部門の分割を命令されたことがある[注4]。

あなたの業界も「完全競争」と「完全独占」の間のどこかにある

　このように完全競争も完全独占も、あくまで理論的な仮想状況にすぎない。しかし大事なのは、この2つを両極とすることで、皆さんの業界が程度論としてどの辺りにいるかを測る物差しができたことなのだ。

　図表3を見ていただきたい。このスペクトラムは、本章で皆さんにいちばん覚えていただきたいものだ。これこそがSCPのエッセンスだからだ。先に述べたように、米国内線航空業界は、多くの他業界と比べれば完全競争に近い。他方でパソコンのOS業界は完全独占に近い。皆さんの業界も、この完全競争と完全独占の間のどこかに必ず存在する。ポイントは「程度としてどちらに近いか」である。

　ここまで来れば、完全競争を理解する重要性が理解できたのではないか。SCPの骨子とは、「完全競争から離れている業界ほど（=すなわち独占に近い業界ほど）、

図表3 完全競争と完全独占のスペクトラム

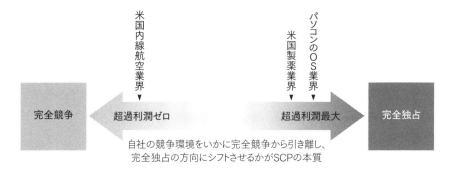

注4）2001年に米国連邦高裁が判決を差し戻し、その後和解。

安定して収益性が高い（＝すなわち構造的に儲かる業界である」ということなの
だ。あるいは「企業にとって重要なのは、自社の競争環境をなるべく完全競争か
ら引き離し、独占に近づけるための手を打つこと」ともいってよい。

寡占はなぜ儲かるのか

　この前提を踏まえて、さらなる解説に入ろう。ここで覚えていただきたい名前
が、カリフォルニア大学バークレー校（UCバークレー）教授のジョー・ベイン、
ハーバード大学教授のリチャード・ケイブス、そしてマイケル・ポーターである。
　余談だが、この3人は言わば師弟のような関係にある。ケイブスはハーバード
大学でPh.D.（博士）を取得した後、学者としてのキャリアをUCバークレーで
スタートさせ、そこで当時「経済学のSCP」を発展させていたベインと共同研
究を行っている。その後ハーバードに戻ったケイブスの薫陶を受けたのが、ポー
ターだった。
　まず、ベインによる「経済学のSCP」から始めよう。これまで述べたように、「あ
る産業が完全競争から離れるほど（＝独占に近づくほど）企業の収益率は高まる」
というのがSCPの根本だ。「独占に近い」とは、少数の企業に売上げが集中して
いるということである。これは「寡占」と呼ばれる状況だ。
「寡占は独占と違い、少数でもライバル企業が同じ産業にいるのだから、複数社
で競争すれば各企業の収益性は低下するのではないか」と考える方もいるだろう。
たしかにその可能性はあるのだが、それに対してベインは、「寡占産業では企業
数が少ないので、1社の行動が他社の行動に影響を及ぼしやすい」という点に注
目する。
　例えば、A、B、Cの3社だけが市場を占有している産業で、A社が製品価格を
大幅に引き下げたら、B社とC社も対抗するために価格を引き下げるのが一つの
「合理的な判断」になる。するとA社はB社・C社に対抗するため追加で価格を下
げるだろう。そして、それはB社・C社のさらなる値下げにつながる。この状況
が進みすぎると、業界は「極度の価格競争」に陥ってしまう。しかし逆に言えば、
この状況を見通したA社が十分に合理的なら、「価格を引き下げない方が賢明」
と判断するはずだ。B社とC社も同様だ。結果として、合理的なA社、B社、C社
とも価格を引き下げないので、業界は価格競争に陥らず安定した収益を保つこと

42　｜第1部｜経済学ディシプリンの経営理論｜

ができる（小さい企業が無数に存在する完全競争では、1社の行動が他社に影響を及ぼさないので、この状況は実現しない）[注5]。

　もちろんこの行動は、競争法の範囲内で行われなければならない。しかし、この「暗黙の共謀」（tacit collusion）で特徴づけられる業界は現実に多くある。食品関係業界はその特徴が顕著かもしれない。例えば大手4社の寡占状況にある日本のビール業界では長年大幅な値下げ競争が起きず、結果的に各社の収益性は比較的安定していた。米国のシリアル業界も同様だ。コーラ業界はペプシとコカ・コーラの2強が、互いに価格競争を仕掛けないことで高い収益性を保っている。

　この仮説を実証して「経済学のSCP」を切り開いたのが、ベインが51年に経済学の学術誌『クォータリー・ジャーナル・オブ・エコノミクス』（QJE）に発表した論文だ[注6]。この研究では36年から40年の米国42産業のデータを使い、寡占度が高い市場ほど、企業の平均利益率が高くなる傾向が示されている。

ベインの参入障壁の視点

　では、どのような業界が寡占になりやすいのだろうか。様々な要因があるが、なかでもベインが注目したのが、先ほどの条件2の逆、すなわち「参入障壁」である。業界に参入する障壁（コスト）が高ければ、既存企業は超過利潤を占有できる[注7]。参入障壁には、規制など制度的なものも含まれる。例えば、日本では銀行などの認可事業は安定して収益性が高くなりがちだ。そして、この制度要因に加えてSCPで重視されるのが、「規模の経済」（economies of scale）いわゆる「スケールメリット」だ。

　規模の経済で特徴づけられる産業は、生産量が増えるほど平均費用が下がる。**図表4**がそのイメージだ。この業界では、つくればつくるほどコスト競争力が増

注5）本章はold IOを紹介しているが、その後のnew IOではゲーム理論等を使って、このような企業行動の相互依存関係を精緻に分析し、多くの知見が得られている。例えば寡占状況であっても、一度価格競争に陥ると企業は超過利潤がゼロになるまで価格を引き下げる可能性もよく知られている（ベルトラン・パラドックスという）。ベルトラン・パラドックスについては、第8章で詳しく解説している。

注6）Bain, J. S. 1951. "Relation of Profit Rate to Industry Concentration: American Manufacturing, 1936-1940," *Quarterly Journal of Economics*, Vol.65, pp.293-324.

注7）ベインはこの視点をまとめて、1956年に*Barriers to New Competition*, Harvard University Press. を出版している。

図表4 規模の経済および最小効率規模

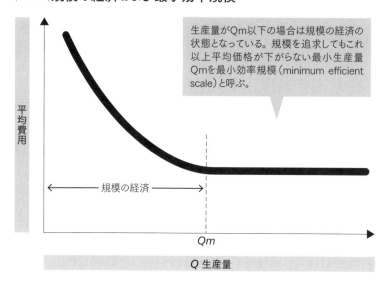

生産量がQm以下の場合は規模の経済の状態となっている。規模を追求してもこれ以上平均価格が下がらない最小生産量Qmを最小効率規模(minimum efficient scale)と呼ぶ。

すので、大規模企業ほど超過利潤を得やすい。すると、それを求めて、他業界の企業やスタートアップ企業がこの産業への参入を検討するはずだ。しかし、この産業で既存企業と競争するには、同じ低水準の平均費用を実現する大規模生産(図表4のQm以上の生産量)をいっきに達成しなければならない。それは大きな費用・リスクを伴うから、合理的な他企業やスタートアップ企業はなかなか参入に踏み切れない。したがって、規模の経済が強く働く産業は、実質的に参入障壁が高く、独占・寡占に近づくのである。

例えば大規模な固定費が必要な業界では、この効果が顕著なことが知られている。固定費が大きい場合、生産量を大幅に増やさないと平均費用が十分に下がらないからだ。したがって石油化学などの装置産業は、一般に参入障壁が高い。新薬一つつくるのに平均200億円のR&D費用が必要とされる製薬業も、参入は難しい。図表1に示したように、米国の製薬業は利益率が安定して高いが、それにはこの構造的背景がある。

このように経済学のSCPは、完全競争の条件2(＝参入コストがゼロ)の「逆条件」に着目している。参入障壁が高い業界ほど(＝条件2の逆)、既存企業が価格支配力を持てるので(＝条件1の逆)、安定して超過利潤を得られるのだ。

ケイブスとポーターの「企業グループ」の視点

ベインがQJEに論文を発表してから26年後の1977年、ケイブスとポーターが同じQJEに共同論文を発表した[8]。そしてこの論文こそが、それまで経済学で探究されてきたSCPを「経営学のSCP」に昇華させる契機となった。「ポーターの競争戦略」の幕開けとなった論文ともいえる。実際、いまでも欧米の経営学博士課程でこの論文が読まれることは多い。

ケイブスとポーターは「ベインが主張してきた『業界の参入障壁』だけでは企業の収益率を説明するには不十分」と主張した。代わって彼らが提示したのは、「そもそも参入障壁は産業だけにあるのではない。一産業のなかにも『企業間の移動障壁』がある。それを理解しないと本質を見誤る」というものだった。

ケイブスとポーターによると、業界内の「移動障壁」は企業それぞれの特性によって規定される。すなわち同じ業界のなかでも、製品ラインアップ・進出地域・費用構造などで似ている企業と似ていない企業があり、似た企業同士を一つの「グループ」と考えると、同じ産業でも特性の異なる企業グループが複数存在することになる。そしてあるグループの企業が、特性の違う別グループに参入するのは難しい（移動障壁が高い）。**図表5**はそのイメージを図化したものだ。

日本の国内自動車製造業を取り上げよう。この業界にも、企業同士のグループは存在する。例えば「軽自動車メーカー」と「乗用車メーカー」は別のグループだろう。両グループの間の移動障壁も高そうだ。カルロス・ゴーン氏がCEOに就任する前の日産自動車は軽自動車に進出していなかったし、他方で国内販売の9割以上を軽自動車が占めるスズキは、乗用車セグメントに長らく本格参入してこなかった。BMWやダイムラー（メルセデス・ベンツ）などの「ラグジュアリー車メーカー」と「大衆車メーカー」も違うグループだろう。

このように「『産業』というのはあくまで制度的に定義されたもので、その参入障壁を考えるだけでは企業の収益性は説明できない」というのが、ケイブスとポーターの主張だ。同じ産業にも企業特性ごとにグループがあり、企業収益にとっ

注8) Caves,R. E. & Porter,M. E. 1977."From Entry Barriers to Mobility Barriers," *Quarterly Journal of Economics*, Vol.91, pp241-261.

図表5 ベインの参入障壁とポーターの移動障壁

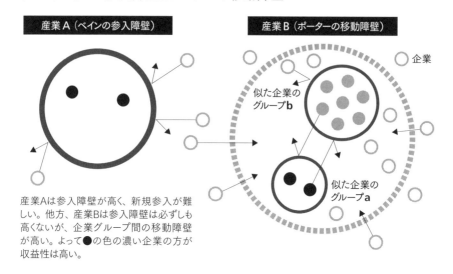

産業Aは参入障壁が高く、新規参入が難しい。他方、産業Bは参入障壁は必ずしも高くないが、企業グループ間の移動障壁が高い。よって●の色の濃い企業の方が収益性は高い。

てより本質的なのはそのグループ間の移動障壁だ、ということなのである。

「ポーターの競争戦略」の起源

　さて、そうだとすれば、高い超過利潤を得たい企業に重要な戦略は、「自社のグループの特性を、なるべく他グループと似せない」ことになる。さらに言えば、「自社のグループの企業数は少ない方が、そのグループが独占状況に近づくから超過利潤が高まる」ともいえる。

　これこそが「経営学のSCP」の重要なポイント、すなわち、「差別化戦略の重視」につながるのだ。「似せないこと」は「差別化すること」と同義だ。ポーターの競争戦略では差別化戦略が常に重視されるが、その源流はここにあるのだ。そして、これは完全競争の条件3（＝企業の同質性）の真逆でもある。よくビジネスでも差別化戦略は議論される。実際多くの企業が、技術、機能、デザイン、ブランドなど様々な手段で差別化に成功している。現代なら例えば、アップル、スターバックス、良品計画、コマツ、ファナックなどがその代表だろう。SCPからみれば、それは可能な限り自社の周囲の競争環境（グループ）を完全競争から遠ざけて、独占に近づけていることにほかならないのだ（図表3参照）。

このように、まずベインを中心とする経済学のSCPは、儲かる競争環境の仕組みを「産業の高い参入障壁（＝条件2の逆）→少数企業による産業支配（＝条件1の逆）」というロジックに求めた。これに対してケイブスとポーターは、「企業レベルでの戦略的な差別化（＝条件3の逆）→企業グループ間の高い移動障壁（＝条件2の逆）→少数の企業がグループを支配（＝条件1の逆）」というロジックを提示したのだ。

ベインによる経済学のSCPも、ポーター式のSCPも、根底にあるのは「いかにして競争環境を完全競争から乖離させるか」であることに変わりはない。違いは、その出発点をどこに置くか、ということなのだ。経済学のSCPが産業構造を中心に考えていたのに対し、それを企業グループレベルまで解き放ち、だからこそ「差別化戦略のような企業の競争戦略が重要」という地平を切り開いたのが、ポーターによる経営学のSCPなのである。経営学においてポーターの競争戦略は、競争戦略論という新しい分野を切り開いた一大革命であり、それは彼の著書や様々な経営本を通じて多くのビジネスパーソンに伝わった。その源流はここまで解説したSCPであり、その端緒となった彼らの1977年のQJE論文にあるのだ。

さて、このポーターとケイブスのQJE論文が発表されてから、すでに40年以上が経過している。では、このSCPの基本主張は21世紀の現代では色あせたものになってしまっているのだろうか。ここからは私見になるが、筆者はそうは考えない。むしろ、SCPの基礎メカニズムを理解しておくことの重要性は、現在の方がはるかに高まっているのではないだろうか。例えばそれは、現在世界で隆盛を極めるプラットフォームビジネスのメカニズムが、まさにSCPの主張と整合的だからだ。最後にこの点に触れよう。

プラットフォーマーが生み出す、新時代の「独占」

現代のインターネット社会で隆盛を極めているのが、プラットフォーマー企業であることは論を待たないだろう。いわゆるGAFAと呼ばれるグーグル、アマゾン、フェイスブック、アップルといった世界の時価総額ランキングの上位を占める企業はいずれもプラットフォーマーだし、それに続くウーバーやエアビーアンドビーもそうである。中国のアリババ、テンセントもしかりだ。

そしてこれらプラットフォーマー企業が圧倒的に収益をあげられるメカニズムは、SCPと極めて整合的だ。なぜなら、各社とも、検索システム、EC、SNS、メッセンジャーアプリなどそれぞれの分野で、独占的な地位を得ているからだ。独占に近いからこそ収益性が高い（あるいは「高くなる」と投資家が評価している）のだ。

フェイスブックを例に取ろう。同社がなぜSNSで独占に近い状況を築けているかといえば、その背景にある「ネットワーク効果」（network effect）を理解することが重要だ。ネットワーク効果とは、「ユーザーにとって、他の多くの人が同じ製品・サービスを使うほど、自身もそれを使う効用が高まる」特性のことだ。我々がなぜフェイスブックを使うかといえば、その最大の理由は「他の多くの人が使っているから」にほかならない。いかにフェイスブックのユーザー体験やインターフェイスが優れていても（差別化ができていても）、そこに自分の友人や知り合いが多く参加していなければ、使う意味がない。

逆に言えば、ひとたび一定数がフェイスブックを使い出すと、「みんなが使っているから」と言うだけの理由で、さらに多くの人がフェイスブックを使い始めるのだ。するとユーザーがさらに増えるので、そのさらに拡大したメリットを求めて、またさらに多くの人がフェイスブックに集まる、そして、またさらに多くの人が集まれば、そのメリットを求めてまたまたさらに多くの人が集まる……という雪だるま式のメカニズムが働くのだ。

結果としてSNSでは、ティッピング・ポイントを超えて利用者数が増えだすと、参加者数が自然に増え続け、やがてほぼ独占状況に至る。そしていったんこの独占状況を実現すると、それは簡単には揺るがない。結果、そのプラットフォーマー企業が超過利潤を獲得し続けるのだ。

ネットワーク効果の要素は、グーグルにも、アリババにも、テンセントにも、マイクロソフトのビジネスにもある。インターネットが圧倒的に普及し、世界中の人々がつながるようになった世界で「プラットフォーム型ビジネス」が一人勝ちの状況をつくりやすい背景は、実はこのメカニズムがあるからなのだ。マイクロソフトも長い間ウィンドウズがパソコンのOS市場を独占しているが、これもそれが理由だ。アマゾンやアリババがECプラットフォームで圧倒的に強いのもそうだ。

そしてこのネットワーク効果の帰結は、「独占に近づく方が望ましい」という

SCPと整合する。ただし、ポーター＝ケイブスの主張との違いは、ティッピング・ポイントを超えた後は、差別化戦略ではなくこのネットワーク効果で独占に向かうことだ。

　裏を返せば、ネットワーク効果で自然に独占を得ているフェイスブックにSNSで真っ向勝負してもなかなか勝ち目はない。したがってSCPを基準に考えるなら、同じSNSでもフェイスブックとは違うグループをつくり（＝大幅な差別化を図り）、そのグループ内で新しい独占を図っていくのが望ましい、ということになるだろう。ティックトックや数年前に流行ったスナップチャット、フェイスブックに買収されてしまったが現在も人気の高いインスタグラムなどは、それを狙ったビジネスといえる。

　このように、SCPのエッセンスはすべて「完全競争と完全独占のスペクトラム」に集約されている。自社の周りの競争環境を少しでも独占に近づけた企業が安定して高い超過利潤をあげられる、ということなのだ。差別化やネットワーク効果はその手段にすぎない。SCPの説明力と重要性は、時代を超えてなおも高いのだ。「ポーターの戦略」の名は、これほど知られているにもかかわらず、「なぜ(why)差別化戦略が重要なのか」「なぜ業界構造分析が重要なのか」などには、腹落ちできる説明がなされないことが多い。これらの主張の背景には、すべてSCPがあるのだ。本章を通じて、理論としてのSCPを皆さんの思考の軸としていただきたい。

|第2章|

SCP理論をベースにした戦略フレームワーク

ポーターのフレームワークを覚えるよりも大切なこと

SCP理論とフレームワーク

　前章では、経済学ディシプリンのSCP理論を解説した。そこで強調したのは「完全競争と完全独占という2つの『市場の極』をベンチマークとして考える」ことの重要性だ。一般に完全競争は非常に儲かりにくく、独占は儲かりやすいので、「企業は様々な手段で周囲の競争環境を完全競争から引き離し、独占に近づけていくべき」というのがそのエッセンスだった。その手段としてポーターが主張したのが差別化戦略であり、またプラットフォーマー企業はネットワーク効果で競争環境を独占化していることを解説した。

　さて、本書の最初にSCPを紹介したことには理由がある。それは、SCPこそが最もきれいに「フレームワークに落とし込まれた理論」だからだ。これはポーターの極めて大きな功績といえる。だからこそ、序章コラム1で述べたようにMBAの教科書は、「ポーターの競争戦略」だらけなのだ。

　本書は理論を紹介することが目的だが、本章だけは特別に、ポーターのSCPフレームワークのポイントを解説しよう。その代表は、「ファイブ・フォース」「戦略グループ」「ジェネリック戦略」だ。

SCPフレームワーク①：ファイブ・フォース

　ファイブ・フォースは産業分析のフレームワークだ。ファイブ・フォースは欧米のMBAでは必ず習う。その骨子は、「産業の収益性は、5つのフォース（脅威）で規定される」というものだ。フォースが強い産業は「完全競争」に近づくので収益性が低く、フォースが弱いほど「独占・寡占」に近づいて収益性は高くなる。

50　│第1部│経済学ディシプリンの経営理論│

第1章では、完全競争に近く構造的に収益の低い産業の例として、米国内線航空産業を取り上げた。今回はそれをファイブ・フォースに当てはめて解説しよう。

フォース1 **潜在的な新規参入企業（force of potential entrants）**：参入障壁が低いと、既存企業が高い収益を上げても新たに企業が参入してそれを奪おうとする。

　米国内線航空産業は1978年に規制緩和が行われ、参入障壁が大幅に低下した。結果として新規参入企業が相次ぎ、各社の収益性は大きく低下した（＝フォース1が強くなった）。

フォース2 **競合関係（force of rivalry）**：企業の「競合度合い」が熾烈な産業ほど、収益性は低下する。例えば、小さな企業が数多くひしめき合っている産業、差別化が難しく価格競争しかできない産業では、競合度合いが高まる。

　米国内線航空産業では、現在も100以上の航空会社がひしめき合っている。また、国内線は飛行時間が短く、国際線で求められる「快適なビジネスクラス」や「豪華な機内食」が必要ないので、差別化が難しい（＝フォース2が強い）。

フォース3 **顧客の交渉力（force of buyer）**：顧客が自社製品から他社製品に乗り換えやすい産業ほど、顧客側の交渉力が強くなるので収益性が低下する。

　米国では、特定の国内線航空会社にロイヤルティを持つ利用者は少ない。また最近の顧客はプライスラインやエクスペディアといったウェブサイトで徹底した価格比較を行い、安いフライトを選ぶ傾向にある（＝フォース3が強い）。

フォース4 **売り手の交渉力（force of supplier）**：自社が売り手（サプライヤー、ベンダーなど）を選べない立場にいる時、売り手側の交渉力が強くなり収益性は低下する。

　例えば機体の購入先の選択肢は、ボーイング、エアバス、ボンバルディアなど少数企業に限られる（＝フォース4が強い）。

フォース5 **代替製品の存在（force of substitutes）**：「コーヒーにとっての紅茶」のような代替品が豊富な産業ほど、収益性は低下する。

　米国は鉄道網こそ発達していないが、無料の高速道路が充実しており、ガソリ

| 図表1 | ファイブ・フォース

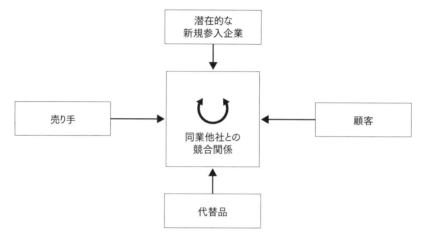

出所:マイケル E. ポーター『新訂　競争の戦略』ダイヤモンド社、1982年をもとに筆者作成。

ンの価格も安い。そのため、自動車が飛行機を代替する移動手段となっている(＝フォース5が強い)。

図表1はMBAの教科書に必ず掲載されるファイブ・フォースのイメージ図だ。余談だが、ポーターの競争戦略がこれほど広まった理由の一つは、彼のこの「フレームワークを図化する能力」によるところも大きい、と筆者は考えている。文章は忘れても、図のイメージは人の記憶に留まりやすいものだ。他にも「バリューチェーン」の図も、ポーターが考案したものが世界中で使われている。

ファイブ・フォースの正しい使い方

さらにMBAの教科書では、フォースの強さを実際に分析するためのチェック項目を紹介することも多い。図表2はその例だ。MBAの授業では、産業の定性情報や、企業集中度を示す「上位3社集中度」「ハーフィンダール指数」などの定量データを分析しながら、こういったチェック項目に沿って、その産業のファイブ・フォースを評価する術を学ぶことになる[注1]。

同分析のさらなる子細については、MBA向け教科書などを読んでいただくこ

とにして、ここでは留意点を2つ述べたい。

　第1のポイントは、ファイブ・フォースは産業構造・収益性の現状分析だけでなく、将来の予測に使うと有用性が増すことだ。特にITの進展・グローバル化といった、経済社会・技術の変化が産業の今後に与える影響は、フォースに分解して考えると整理しやすい。例えば、ITのさらなる進展は、製品・サービスの比較を容易にするので「顧客の交渉力」を強める（フォース3を強める）。その一方で、その産業で多額のIT投資が必要な場合、それは参入障壁になっていく（フォース1を弱める）かもしれない、といった具合だ。

　第2のポイントは、ファイブ・フォース分析を複数の階層・レベルで行う重要性だ。実際、同分析の結果は「どこまでを自社の競争環境とするか」で大きく異なる。例えば鉄鋼なら、競争環境を「日本の高炉産業」に絞れば、そこは日本製鉄、JFEスチールなど上位4社の寡占状況なのでフォースは全体的に弱くなる。しかし「世界の高炉産業」を競争環境ととらえれば、世界の上位10社のシェアを足しても、3割に留まる。そのため「競合関係」「顧客の交渉力」などのフォースは強くなる。他方で今度は競争環境を「高度な亜鉛メッキ鋼板をつくる産業」に絞れば、フォースは弱くなるだろう。大事なことは、「だからファイブ・フォースは役に立たない」と短絡的に考えるのではなく、この前提を理解した上で、複数のレベルで分析することだ。そうすれば自社の競争環境について、より深い分析ができるはずだ。

SCPフレームワーク②：戦略グループ

　戦略グループ(strategic group)は、前章のケイブス＝ポーターの「企業グループ」そのものである。すなわち自社と同業他社を、製品セグメント構造などをもとにグループ化することだ。

注1) 上位3社集中度（CR3）は、当該市場の上位3社の市場シェア（％）を累計したものである（4社の場合はCR4となる）。最大100までを取り、数値が大きいほどその市場の集中度は高い。ハーフィンダール指数(HHI)は、当該市場におけるすべての企業の市場シェア（％）をそれぞれ2乗してから累計した値である。最大1万までを取り、数値が大きいほどその市場の集中度は高い。CR3やHHIは、「競合関係」のフォースを定量評価する時によく用いられる。また売り手先の市場や買い手先の市場の集中度を分析して、それぞれの「交渉力」のフォースを評価する際にも用いられる。日本については、例えば公正取引委員会が計算したCR3やHHIのデータがあり、同委員会のウェブサイトから誰でもダウンロードできる。

| 図表2 | ファイブ・フォース分析のチェック項目

フォース1 潜在的な新規参入企業 Force of Potential Entrants 新たな企業の参入の可能性を高め、結果として当該産業の収益性を低める要因・検討項目	フォース2 企業間の競合度合い Force of Rivalry 企業間の競合度合いを高め、結果として当該産業の収益性を低める要因・検討項目
●規模の経済が小さい。	●企業の集中度が低い。
●購入の意思決定をする際に、評判やブランドが重視されない。	●産業の成長率が低い。
●新規参入企業が小売りの流通網に容易にアクセスできる。	●企業間に目立ったコストの差がない。
	●余剰生産能力がある。
●新規参入企業が原材料を容易に入手できる。	●製品差別化ができていない。
●新規参入企業が技術やノウハウを容易に手に入れられる。	●顧客のブランド・ロイヤルティが低い。
	●顧客注文のロットが小さい。
	●撤退障壁が高い。
●ネットワーク効果による優位性がない。	●稼働率に対するコストの反応度が高い。

出所：Besanko, D. 2009. *Economics of Strategy, 5th edition*, John Wiley & Sons Inc. より筆者が一部の項目を抜粋の上掲載。

　図表3は、ロバート・グラントのMBAの教科書 *Contemporary Strategy Analysis* に載っている自動車業界の例だ。グループ化により、「どの企業が自社にとって直接のライバルか」「どのグループが優位か（移動障壁が高いか）」などを分析していくのだ。

SCPフレームワーク③：ジェネリック戦略

　ジェネリック戦略（generic strategy）は、自社が業界内で取っている「ポジショニング」を検討するフレームワークだ。ジェネリックは「包括的な」という意味である。もちろん実際の戦略分析はもっと細かい次元で行われるが、しかし大別すれば、それらは「コスト主導戦略」（cost leadership strategy）と「差別化戦略」（differentiation strategy）に分類できる。突き詰めればこの2種類の包括的な分類でとらえられるので、ジェネリック戦略と呼ばれる。前者はその名の通りコスト優位性を追求して、低価格品を提供して市場シェア拡大を図ったり、利益率を高めたりする戦略だ。後者は、他社と異なる製品・サービスの提供を追求する戦略である。これに加えて「幅広い顧客を対象」と「ニッチな顧客層

フォース3　顧客の交渉力
Force of Buyer

買い手の交渉力を高め、結果として当該産業の収益性を低める要因・検討項目

- 買い手の当該産業の製品に対するスイッチング・コストが低い。
- 買い手の産業の市場集中度が高い。
- 買い手にとって、当該産業の製品の購入量が大きな割合を占めない。
- 買い手が代替となる商品を容易に見つけられる。
- 当該産業の企業が、特定の買い手との取引のための何らかの投資を行う傾向にある。
- 買い手の、当該産業の製品に対する需要の価格弾力性が高い。

フォース4　売り手の交渉力
Force of Supplier

サプライヤーの交渉力を高め、結果として当該産業の収益性を低める要因・検討項目

- サプライヤー業界の市場集中度が高い。
- サプライヤーの取引量に占める当該産業の製品の割合が少ない。
- サプライヤーの提供する製品について代替品がない。

フォース5　代替製品の脅威
Force of Substitutes

代替製品の存在感を高め、結果として当該産業の収益性を低める要因・検討項目

- 緊密な代替品がある。

を対象」という軸を入れることもある。

　通常、MBAの戦略論の教科書はジェネリック戦略にかなりの紙幅を割く。ここでは、逆に一般のMBAの教科書には書かれていない、2つのポイントだけを議論しよう。

ポイント1　どちらを選択すべきか

　ジェネリック戦略の核心は、「ではコスト主導戦略と差別化戦略のどちらを追求すべきか」ということだろう。しかしMBAの教科書では、それぞれのプラス面とマイナス面が解説されるだけで、その答えは曖昧なことがほとんどだ。とはいえ、ジェネリック戦略がSCPから落とし込まれていることを踏まえれば、答えは明らかではないだろうか。すなわち前章でも強調したように、「自社の競争環境を完全競争から離し、独占に近づける戦略」が望ましいのだ。

　その目的を達成しやすいのは、他の条件を一定にすれば、明らかに差別化戦略だ。完全競争とは、企業同士が同じ製品・サービスを提供する状態だ（前章の完全競争の条件1）。逆に言えば、自社製品・サービスが差別化されているほど、競争環境は完全競争から離れていき、その収益性は高まりやすくなる。

図表3 自動車業界の戦略グループ

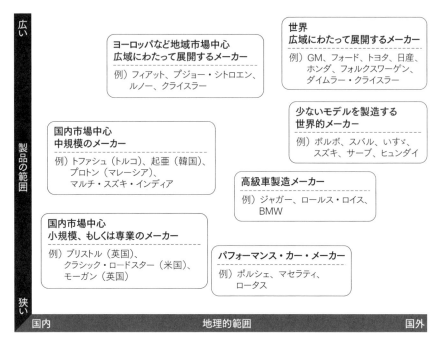

出所：Grant, R M., 2005. *Contemporary Strategy Analysis*, 5th edition, Blackwell Publishing. をもとに筆者作成。なお、この情報はグラントの教科書出版時のものであり、現状を必ずしも表さない。

　冒頭で述べたように、「戦略グループ」でも同じことがいえる。グループ間の移動障壁が高い方が収益を守れるのだから、自社は同業他社と異なる製品を提供すべきということになる。

　「ファイブ・フォース」からも同じ結論が得られる。差別化はフォースを弱めるからだ。例えば自社製品がうまく差別化できれば、他社と真正面から価格勝負をしないで済むし（＝フォース2が弱まる）、差別化によりロイヤルティを持った顧客は、他社製品や代替製品に容易に移らない（＝フォース3と5が弱まる）。

　一方、コスト主導戦略を追求すると、ライバルとの価格競争に陥りがちだ。それは競争環境を完全競争に近づけるので、基本的に望ましくない。しかしながら、もしその企業が圧倒的なコスト優位を持って、他社を押さえ込んで市場シェアを大きく取れるなら、競争環境はむしろ独占の方向に向かうことになる。すなわち、「他の条件を一定とすれば差別化戦略が望ましい」が、「コストで圧倒的に勝てる

条件が揃っている時に限り、コスト主導戦略も追求する価値がある」というのがSCPの含意になる。

その代表例は米国のウォルマート・ストアーズだ。同社は長い間、巨大な流通・ITシステムを活用して「規模の経済」を実現し、コスト主導戦略を追求してきた。先に述べたように、規模の経済は参入障壁を高める。さらに同社は、米国の地方部を中心に出店している。地方部には大手ライバル企業が少ないので、低価格戦略によって独占的ポジションが容易に取れる。地方であれば土地代も安く、巨大な流通センターも容易につくれる。

このように、ウォルマートのコスト主導戦略は、「地方中心の出店」「大規模な流通システム」といった仕組みと一貫性があるから成功してきた。逆に言えば、「このぐらい一貫した条件が揃わない限り、コスト主導戦略は安易に追求してはならない」ともいえるだろう。

ポイント2 両立できるのか

ジェネリック戦略のもう一つの疑問は、「コスト主導戦略と差別化戦略は、同時に追求できるのか」ということだろう。そして、「それは大変難しい」というのが理論的な回答になる。そもそも両者は真逆の関係にあるのだから、これは当然だ。

しかし例外もある。長い間好調を続けていた時のサムスン電子の半導体事業などはそうかもしれない。DRAMなどの半導体には集積度が18〜24カ月で倍増していくとする「ムーアの法則」がある。そのたびに半導体メーカーは、新世代製品を開発するため大規模投資を行う。サムスンは大規模投資を率先して行うことで、新世代製品を最初に市場に投入し、差別化を図って高い値付けをしてきた。

他方でムーアの法則により、1世代、2世代前の半導体は値崩れしやすい。しかしサムスンはこの旧世代市場では、むしろ競合他社よりさらにコストを抑えて、利幅は薄くても幅広く市場シェアを取ってきた。先行投資をしている分、技術蓄積もあるので、コストも下げられるのだ。

すなわち同社は、新世代半導体で差別化戦略を取り、旧世代半導体でコスト主導戦略を取ってきたのだ。この「両取り戦略」は、ムーアの法則という半導体の特殊性があるから成立している。逆に言えば、このような特殊条件がない業界では、やはり両取り戦略は難しいといえるだろう。

57

さて、ここまでSCPのフレームワークについてと解説してきたが、実はここで強調したいのは、これらフレームワークの子細を覚えることではない。その背景にあるSCP理論をきちんと理解して、「思考の軸」をつくる有用性の方だ。

ファイブ・フォースを細かく覚える必要はない

実際にSCPフレームワークを企業・産業分析に応用してみると、簡単にいかないことは非常に多い。例えば、図表2で示したチェック項目のどれを重視すべきなのかは、業界の状況で大きく異なる。業界によっては、教科書に載っていない重要項目もあるだろう。

では、以下のように考えたらどうだろうか。結局、ファイブ・フォースはSCP理論から落とし込まれたものなのだから、「（フォースの強い）完全競争に近づくほど収益性は下がり、（フォースの弱い）独占・寡占に近づくほど収益性は高まる」という基本は変わらない。したがって、前章で紹介した完全競争の3条件（とその真逆の独占の条件）さえ理解しておけば、産業分析・予測に行き詰まった時には、常にこの基本に立ち返ればよいのだ。

ジェネリック戦略も同様だ。ポーターの競争戦略が差別化を重視するのは、差別化戦略の方が「競争環境を完全競争から遠ざける」からにほかならない。戦略グループも、要は「自社のいるグループを独占に近づけるべき」と言っているにすぎない。

このように、フレームワークの子細を覚えるよりも、その根底にあるSCP理論（すなわち前章の内容）を理解して「思考の軸」を磨く方が、結果的には、より様々な業界・企業の分析に対応できると筆者は考える。要は、「完全競争と独占のスペクトラムの中で、いかに自分の競争環境（＝産業、戦略グループ）を完全競争から引き離し、独占に近づけるか」がSCPのすべての根幹であり、そこで注視すべきは、前章で紹介した「完全競争の3条件をいかに崩すか」なのである。

さて、ここまでSCPのフレームワークを紹介してきたが、重要なのはここからだ。実は、近年の経営学研究からは、SCPの有効性を疑問視し、それを超える知見が次々と出て来ているのだ。以降は、その主要なポイントを紹介していこう。

SCPを超えて①：収益性は産業構造だけで決まるのか

　まずファイブ・フォースから考えてみよう。これは産業収益性を規定する構造要因のフレームワークだ。すなわち「この世には、構造的に儲かる産業と儲からない産業がある」ということだ。もしこれが正しいなら、「企業の収益性は所属する産業に大きく影響される」といえる。これは本当だろうか。

　実はこの問いに対しては、統計分析を用いた実証研究が、これまで数多く行われてきた。その契機となったのが、マサチューセッツ工科大学の経済学者リチャード・シュマレンジーが1985年に『アメリカン・エコノミック・レビュー』に発表した論文だ[注2]。シュマレンジーは企業業績の要因を測定するために、Components of Variance（COV）という統計手法を応用した。簡単に言えば「大規模サンプルをもとに、企業収益のばらつき（分散）の要因を分解する手法」である。

　1975年の米国企業1775社の資産利益率（ROA）データをもとにCOVを使ってシュマレンジーが得た結果は、当時の経営学者には衝撃的なものだった。彼の分析は利益率のばらつきの約20％だけを説明できたが、「その20％のほぼすべてが産業属性の効果で規定される」という結果になったからである。これが正しいのなら、企業の収益性は「どの産業にいるか」ですべて決まることになる。まさにファイブ・フォースの重要性を支持する結果だ。しかしその後、この結果に異議を唱える研究が、経営学者から続々と出てきたのだ。

　その先駆けとなったのが、カリフォルニア大学ロサンゼルス校のリチャード・ルメルトだ。彼が1991年に『ストラテジック・マネジメント・ジャーナル』（SMJ）に発表した論文は、まさにタイトルも"How Much Does Industry Matter?"（産業効果はどのくらい重要か）というものだった[注3]。ルメルトはCOV手法を精緻化し、1974年から77年の複数年データを使い（シュマレンジーは1975年の単年データだった）、観測数を6931に拡張して再分析した。その結果、シュマレンジーが20％しか説明できなかった企業利益率のばらつきを、ルメルトは63％も説明でき、うち産業効果はわずか2割で残りの8割は企業固有の効果という結

注2) Schmalensee, R. 1985. "Do Markets Differ Much?" *American Economic Review*, Vol.75, pp.341-351.

注3) Rumelt, R. P. 1991. "How Much Does Industry Matter?" *Strategic Management Journal*, Vol.12, pp. 167-185.

果を得たのである。まさにシュマレンジーと真っ向から対立する結果である。

さらにこの論争に、ポーターが参戦する。彼がカナダ・トロント大学のアニータ・マクガハンと1997年にSMJに発表した研究では、1985年から1991年の米企業約5万8000の大規模サンプルでCOV分析を行った[注4]。その結果、この分析では企業利益率のばらつきの約50%を説明できて、その内訳は産業効果が4割で企業固有の効果は6割となった。2人が2002年に『マネジメント・サイエンス』に発表した論文でも同様の結果が得られている。これは、「産業効果も企業固有の効果も大事」という結論になるから、ファイブ・フォースだけでなく、戦略グループやジェネリック戦略も提唱するポーターの主張と整合する。

日本においては、青山学院大学の福井義高と慶應義塾大学の牛島辰男が2011年に『ジャーナル・オブ・ジャパニーズ・アンド・インターナショナル・エコノミーズ』に発表した論文がある[注5]。同研究では1998年から2003年までの日本企業データ（観測数約3万4000）についてCOV分析を行っている。この研究では企業利益率のばらつきの70%弱を説明できて、内訳は企業効果が7割を超え、産業効果は1割にも満たないという結果になっている。

図表4はこれらの結果をまとめたものだ。産業属性が企業の収益率に影響を及ぼすことは間違いない。しかし、その影響を過大評価しないことも重要なのだ。

SCPの「戦略グループ」の行き詰まり

産業構造が収益性の主因でないのなら、「戦略グループ」はどうだろうか。SCPからは、「同じ業界内でも、違う戦略グループにいる企業同士は収益性が大きく異なり（儲かるグループと、儲からないグループが出てくる）、他方で同じグループ内の企業の収益率は近づく」という予想ができる。

この点も、経営学では大量の実証研究が行われてきた。そして多くの研究で、戦略グループの予想に反する結果が出ているのだ。例えば、INSEAD（欧州経

注4) McGahan, A. M. & Porter, M. E. 1997. "How Much Does Industry Matter, Really?" *Strategic Management Journal*, Vol.18, pp.15-30.

注5) Fukui, Y. & Ushijima,T. 2011. "What Drives the Profitability of Japanese Multi-business Corporations? A Variance Components Analysis," *Journal of the Japanese and International Economies*, Vol.25, pp.1-11.

|図表4| 企業収益性の説明要素の分解

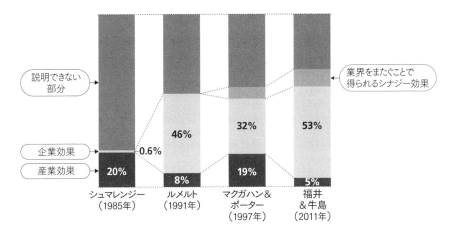

営大学院）のカレル・クールとパデュー大学のダン・シェンデールが1987年にMSに発表した論文では、米国製薬企業22社の1963年から82年までの時系列データを使った統計分析から、「戦略グループ間の収益率は統計的に有意な違いがなく、他方で同グループ内の企業の収益率はばらばら」という結果を得ている[注6]。その後も、戦略グループの予想を支持しない研究と支持する研究は混在し、学者間のコンセンサスは得られていない。

このようにSCPの戦略グループが行き詰まってきたなかで、経営学ではまったく新しい戦略グループの考え方が1990年代から台頭してきている。むしろ、世界の経営学でいま「戦略グループ」というと、この新しい考えを指す方が多いかもしれない。それは認知・社会心理学を応用した「心理的な戦略グループ」である。

SCPを超えて②：心理的な戦略グループ

言われてみれば当たり前なのだが、「同業他社のどれをライバルと見なすか」は、

注6) Cool,K. O. & Schendel,D. 1987. "Strategic Group Formation and Performance: The Case of the U.S. Pharmaceutical Industry, 1963-1982," *Management Science*, Vol.33, pp.1069-1207.

経営者・経営幹部の心理的な側面に左右される。

　例えば、アリゾナ州立大学のロンダ・リーガーとイリノイ大学のアン・ハフが1993年にSMJに発表した実証研究は、シカゴに本拠を置く銀行6行のCEOを含む経営幹部23人に、「自行のライバルといえる銀行はどこだと思うか」という主観調査を行っている[注7]。そのデータからクラスター分析を行ったところ、複数の「心理的な戦略グループ」が得られ、しかもそのグループ間の収益率が有意に異なる一方で、同じ心理的グループ内の企業は収益性が似通ったものになった。すなわちSCPの戦略グループで予見されたことが、心理的なグループのデータを使うと支持されたのだ。

　このように、現在の経営学では経営者の戦略グループの認知・心理こそが、企業の戦略や業績に影響を及ぼすという研究が進められている。ミシガン州立大学のジェリー・マクナマラたち3人が2002年にSMJに発表した論文では、全米131の銀行の幹部421人を対象に分析を行い、自社の「戦略グループ」により多くのライバル企業を入れた経営幹部のいる企業ほど、収益率が高くなるという結果を得ている[注8]。こういった会社ほど潜在的なライバルを見落とさないからだ。

　これらの結果は、従来の客観的な指標を頼りにした「戦略グループ」分析だけでは、説明力が十分ではない可能性を示している。このような心理面が企業の戦略・業績に与える影響については、本書の第2・3部で詳しく紹介していく。

SCPを超えて③：一時的な競争優位

　最後はジェネリック戦略だ。なぜジェネリック戦略が重要かと言えば、それは「企業の『持続的な競争優位』の獲得につながる」と考えられているからだ。持続的な競争優位とは「競合他社と比べて、高い業績を長い間（例えば10年くらい）安定して上げる」ことだ。例えば、差別化戦略によって他グループとの移動障壁を高められれば、その企業は高い収益を安定して出すことができる。コスト競争戦略で競争環境を独占に近づけた場合も同様だ。**図表5**の上段がそのイメージで

注7）Reger,R. K. & Huff,A. S. 1993. "Strategic Groups: A Cognitive Perspective," *Strategic Management Journal*, Vol.14, pp.103-123.

注8）McNamara, G. M. et al., 2002. "Examining the Effect of Complexity in Strategic Group Knowledge Structures on Firm Performance," *Strategic Management Journal*, Vol.23, pp.153-170.

図表5 一時的な競争優位のイメージ

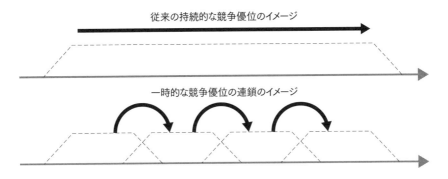

ある。

ところが、近年の実証研究からは、この持続的な競争優位という前提そのものが、現代のビジネスに当てはまらない可能性が指摘されている。例えば、テキサス大学のティモシー・ルエフリとチューレーン大学のロバート・ウィギンズが2000年前後に発表した一連の実証研究では、米国の6772社を使った統計分析から、「①米国では持続的な競争優位を実現できている企業は全体のわずか2～5％しかない」ことを明らかにしている[注9]。

さらに重要なのは、「②業績が落ちかけても、すぐに新しい手を打って業績を回復できる企業が増えている」ことを、ルエフリたちが明らかにしたことだ。図表5の下段が、そのイメージである。これは経営学では「一時的な競争優位」(temporal advantage)と呼ばれる。すなわち、いまの時代に勝っている企業は、SCPが前提としていた「持続的な競争優位」ではなく、「一時的な競争優位を連鎖して獲得している企業である」という指摘なのだ[注10]。

なぜ現代の企業は競争優位を持続できないのかといえば、それはやはり、規制緩和、グローバル化、ITの発展などにより、以前より著しく競争が激しくなっ

注9) Wiggins, R. R. & Ruefli,T. W. 2002. "Sustained Competitive Advantage: Temporal Dynamics and the Incidence and Persistence of Superior Economic Performance," *Organization Science*, Vol.13, pp.81-105. や Wiggins, R. R. & Ruefli,T. W. 2005."Schumpeter's Ghost: Is Hypercompetition Making the Best of Times Shorter?" *Strategic Management Journal*, Vol.26, pp.887-911.、Wiggins, R. R. & Ruefli, T. W. 2003."Industry, Corporate, and Segment Effects and Business Performance: A Non-parametric Approach," *Strategic Management Journal*, Vol.24, pp.861-879.

注10) 詳しくはリタ・マグレイス『競争優位の終焉』（日本経済新聞出版社、2014年）を参照。

ているからだろう。経営学では、これをハイパーコンペティションという。すなわち、ジェネリック戦略の前提だった「一度ユニークなポジションを築けば、ある程度安定して高い業績が上げられる」という考えが、業界によってはそもそも通用しなくなってきている可能性があるのだ。

このハイパーコンペティション時代の競争戦略を分析するために、SCPに代わる（あるいはSCPを補う）考えも提示され始めている。例えば本書の第3部の第17章で紹介するダイナミック・ケイパビリティなどは、その代表だろう。

SCPフレームワークの限界の背景

結局SCPの限界とは何なのだろうか。以下、筆者の見解を2点述べたい。

第1に、SCPはそもそも「安定」と「予見性」を前提としていることだ。SCPは古典的な経済学に立脚しており、「市場構造を規定する条件が与えられれば、市場は最終的に均衡状態になる」という前提がある。

例えば前章でも述べたように、前章冒頭の完全競争の条件1〜3がそろうなら、「需要と供給が一致し、市場価格が落ち着くところが均衡となる」と予見できる。ベインやポーターは、「企業が参入障壁や移動障壁をうまく築けば、それをもとに市場が均衡し、企業は安定して収益を上げられる」と主張したのだ。したがって、「企業はうまく差別化をすれば、安定して収益が上げられる」と考えられた。

しかし、もしその業界がハイパーコンペティションにあるなら、状況はまったく異なる。そこでは市場を規定する参入・移動の条件がめまぐるしく変わり、均衡が定まりにくい。結果として、競争環境の方向性が極めて予見しにくい。すなわち、不確実性が高い世界だ。そのような世界では、「安定」と「予見性」を前提にしていたSCPモデルは、通用しにくくなる可能性があるのだ。

第2に、SCPは人の認知面に入り込まない。第1部冒頭で述べたように、古典的な経済学の前提は「人間は合理的で、認知バイアスに影響されない」と考えるからだ。この前提は経済学の整合性の高い論理構築に欠かせないが、他方でそれは戦略グループのように意思決定者の認知・心理面が強く影響する時には、齟齬を来すかもしれない。

このように、SCPフレームワークの「限界」は、理論の前提が持つ制約から来ている。先ほど筆者は「SCPフレームワークの応用には、背景の理論を理解

64　｜第1部｜経済学ディシプリンの経営理論｜

することが有用」と主張したが、「限界」もそれは同じで、理論から理解しないとフレームワークの限界もわからないのだ。フレームワークの暗記だけしていると、その前提条件もわからないから、結局はフレームワークに振り回されて、やがて「使えない」ということになりかねない。

　だからこそ、皆さんには理論を理解して、「思考の軸」としていただきたいのである。本章で少しでもその意図が伝わったのなら幸いである。

第2章｜SCP理論をベースにした戦略フレームワーク

第**3**章 resource based view (RBV)

リソース・ベースト・ビュー（RBV）

バーニーの理論を
ようやく使えるものにしたのは誰か

そもそもRBVとは何か

　本章では、前章、前々章で解説したSCP理論と並んでビジネススクールの授業で必ず紹介される、リソース・ベースト・ビュー（resource based view：以下RBV）を解説する。SCP同様、この理論もビジネススクールでは、その表層だけが語られることがほとんどだ。そこで今回は、経営理論としてのRBVを成立過程からひも解き、実務への応用可能性までを議論する。なおRBVは日本語で「資源ベース理論」などと訳すこともあるが、海外では「RBV」の略称を使うことが多いので、本書もこれを採用する。

　SCP同様に、RBVももともとは経済学ディシプリンの理論だ。**図表1**を見ていただきたい。これは経済学で生産関数と呼ばれるもので、企業の製品・サービス（以下アウトプット）と経営資源（以下リソース）の関係を示している。企業は常に何らかのリソースを投入し、そこからアウトプットを生み出す。SCPはアウトプット側の構造・戦略を分析するから、図表1の縦軸に焦点を当てている。逆に、横軸に着目するのがRBVだ。

　企業リソースの代表例は、人材、技術、知識、ブランドなどだろう[注1]。日本の製造業が高い競争力を誇ってきた背景には、勤勉な人材・優れた技術といったリ

注1）やや専門的になるが、筆者の認識では、標準的な経済学では「技術はリソースではなく、生産関数の形状に対応する」ととらえることが多い。図表1で言えば、図内の曲線の形状がそれに当たる。他方、経営学では技術はリソースの一部と考える。すなわち図表1の横軸である。これは、経済学と比べて経営学の方が技術を所与として考えず、その変化や向上メカニズムに強い関心があるからかもしれない。では経営学にとって「図表1の曲線には何が相当するかは」は難しいところだが、本章後半で述べるケイパビリティがそれに近いといえるだろう。

66 │ 第1部│経済学ディシプリンの経営理論│

図表1 企業のリソースとアウトプットの関係

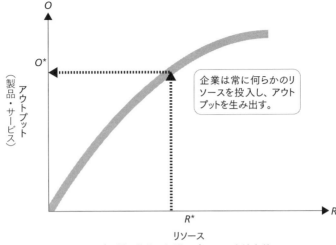

ソースがあったことは言うまでもない。化粧品などの消費材ビジネスは、ブランド価値を高めることが売上げに直結する。他にも、企業の立地条件、工場施設、財務資源、サポート企業との関係、等もリソースの一種だ。

RBVを語る上で重要なのが、現ユタ大学教授のジェイ・バーニーが1991年に『ジャーナル・オブ・マネジメント』(JOM)に発表した論文だ[注2]。グーグル・スカラーで確認した同論文の被引用数は6万7000件を超える。前々章で紹介したSCPの重要文献であるリチャード・ケイブスとマイケル・ポーターの1977年論文でさえ、被引用数は約3000件にすぎない。バーニーの1991年論文は、世界で最も読まれている経営学の論文かもしれない。

しかしあえて大胆に言えば、この論文は際立って斬新な考えを打ち立てたわけではない。それ以前にも企業リソースに注目した論考は、数多くあったからだ。バーニーの1991年論文の最大の貢献は「それまで散発的に議論されていた企業リソースの複数の視点を、一つの理論としてまとめ上げたことにある」というの

注2) Barney, J. B. 1991."Firm Resources and Sustained Competitive Advantage," *Journal of Management*, Vol.17, pp.99-120.

が筆者の理解だ。したがって、RBVを深く理解するには1991年以前の論考に遡らなくてはならない。

RBVの起源となる4つの論文

本章ではなかでも以下の4本を紹介する[注3]。特に2本目から4本目は米国の経営大学院のPh.D.（博士）過程でも読まれることが多い。

❶ペンローズ（1959年）

企業リソースの重要性を初めて示した論考の一つは、経済学者のエディス・ペンローズが1959年に発表した *The Theory of the Growth of the Firm* だ[注4]。同書は企業成長の原動力を、企業リソースに求めている。ペンローズによると、企業は経験を通じて、人材・技術などのリソースを活用する術を学ぶことで成長する。逆にリソースの不足は、企業成長の足かせともなる。

これはいまでは当たり前に聞こえる話だが、均衡分析など静学的な視点が主流だった当時の経済学で、企業のダイナミックな変化に注目したペンローズは異彩を放っていた[注5]。しかし彼女の主張はRBV誕生の直接のきっかけとはならず、その成立には四半世紀を待たねばならなかった。

注3) 本章では4本の論文に絞るが、他にも企業リソースの視点を発展させた論考は多くある。例えば、Rubin, P. H. 1973. "The Expansion of Firms," *Journal of Political Economy*, Vol.81, pp.936-949. や Lippman, S.A. & Rumelt, R. P. 1982. "Uncertain Imitability: An Analysis of Interfirm Differences in Efficiency Under Competition," *Bell Journal of Economics*, Vol.13, pp.418-438. そして Rumelt, R. P. 1984. "Toward a Strategic Theory of the Firm," *Competitive Strategic Management*, Vol.26, pp.556-570. などだ。さらに「見えない資産」（invisible assets）を打ち出したItami, H. 1987. *Mobilizing invisible assets*, Harvard University Press.やコア・コンピタンス経営を主張した Hamel, G. & Prahalad, C.K. 1994. *Competing for the Future*, Harvard Business Review Press.（邦訳『コア・コンピタンス経営』日本経済新聞社、2001年）も重要。特に後者2本はBarney（1991）と並んで企業リソースの重要性を説いて実務家にも大きな影響を与えてきた。他方で、本章の焦点であるBarney（1991）の命題により直接結び付いているのは、本文で紹介する4本だと筆者は理解している。

注4)『企業成長の理論［第3版］』（ダイヤモンド社、2010年）

注5) ペンローズがRBVに与えた影響については、Rugman,A. M. & Verbeke, A. 2002. "Edith Penroses's Contribution to the Resource-Based View of Strategic Management," *Strategic Management Journal*, Vol.23, pp.769-780. を参照。

第1部｜経済学ディシプリンの経営理論

❷ワーナーフェルト（1984年）

経営学のRBV時代の幕を開けたのは、現マサチューセッツ工科大学のバーガー・ワーナーフェルトが1984年に『ストラテジック・マネジメント・ジャーナル』（SMJ）に発表した論文だ[注6]。タイトルもまさに"A Resource-Based View of the Firm"という。

ここで、第1章で議論した「完全競争の条件」を思い出していただきたい。完全競争とは、「企業がまったく超過利潤を得られない（＝儲からない）」市場・競争環境のことだ。その成立条件は、以下のようなものだった。

条件1──市場に無数の小さな企業がいて、どの企業も市場価格に影響を与えられない。

条件2──その市場に他企業が新しく参入する際の障壁（コスト）がない。その市場から撤退する障壁もない。

条件3──企業の提供する製品・サービスが、同業他社と同質である。すなわち、差別化がされていない。

詳細な説明は第1章で述べたが、ベインやポーターの発展させたSCPは、これら3条件を逆手に取ったものだ。すなわち「3条件が崩れるほど、競争環境は完全競争から離れて独占に近づき、企業は超過利潤を高められる」と考える。例えばSCPでは差別化戦略が重視されるが、それは条件3を崩すことにほかならない。

さて第1章では、完全競争には加えて第4の条件があることも述べた。

条件4──製品・サービスをつくるための経営資源（技術・人材など）が他企業にコストなく移動できる。例えば、ある技術が企業Aから企業Bに流出したり、人材が企業Cから企業Dに障害なく移動したりできる。

前々章では深掘りしなかったが、この条件4も完全競争には欠かせない。企業

注6) Wernerfelt, B. 1984. "A Resource-Based View of the Firm," *Strategic Management Journal*, Vol.5, pp.171-180.

はリソースなしにはアウトプットがつくれないからだ。例えば、上の条件3が示すように複数企業のアウトプットが同質になるには、いずれの企業も同じリソースを持っていなければならない[注7]。もし企業がそれぞれ異なるリソースを持ち、それらが企業間で移動しないなら（＝条件4が成立しないなら）、両者は同じアウトプットをつくれない（＝条件3が成立しない）。

SCPが条件4を考慮しなかったのに対し、ワーナーフェルトはこの条件に注目した。すなわち、「企業はリソースを独占していれば（＝条件4を崩せば）、アウトプット側を独占したのと同じように超過利潤を高められる」と主張したのだ。SCPの基本論理を、リソース側に持ち込んだのである。図表1にたちかえれば、ベイン、ケイブス、ポーターが縦軸で使っていた論理を、横軸に持ち込んだのだ。

❸バーニー（1986年）

実はバーニーもその2年後に、ワーナーフェルトと似た論理で、リソースの独占化が企業に超過利潤をもたらすという趣旨の論文を『マネジメント・サイエンス』（MS）に発表している[注8]。しかし、ワーナーフェルトが「アウトプット側でも、リソース側でも、完全競争の条件を崩すことで超過利潤が高まるのは同じ」と述べたのに対し、バーニーは積極的にリソース側の重要性を強調した。「企業はリソースなしにはアウトプットがつくれないのだから、まずはリソース側を独占すべき」というのがバーニーの主張だ。

❹ディエリックス＝クール（1989年）

ワーナーフェルトとバーニーが「リソースの独占」に注目したのに対し、「リソースの模倣困難性」に着目したのが、INSEAD（欧州経営大学院）のインゲマル・ディエリックスとカレル・クールだ。彼らが1989年にMSに発表した論文は、「企業がリソースを一時的に独占できても、それを他社に模倣されたらその価値は長続きしない。リソースは他社が模倣しにくいものでなければならない」という主

注7）より正確には、このポイントは必ずしもそうとは限らないかもしれない。企業同士が異なるリソースを持っていても、結果として同じアウトプットをつくる可能性があるかもしれないからだ。これを「等結果性」（equifinality）といい、経営学でも議論が行われているが、本章の中心トピックではないので割愛する。詳しくは、例えば、注12で紹介するPriem & Butler（2001）等を参照。

注8）Barney, J. B. 1986. "Strategic Factor Markets: Expectations, Luck, and Business Strategy," *Management Science*, Vol.32, pp.1223-1370.

張を展開した[注9]。

　ここでディエリックスたちが画期的だったのは、「リソースの組み合わせ」に着目したことだ。通常、企業は人材・技術・ブランドなど複数のリソースを持ち、それらを組み合わせることでビジネスを行っている。大事なのはその一つひとつの価値よりも、その組み合わせ方にある、と考えるのだ。そして、その組み合わされたリソース群が以下のような条件を持つ時、ライバルの模倣は困難になる。

①蓄積経緯の独自性（historical uniqueness）：企業が時間をかけて組み合わせて蓄積したリソース群ほど、その企業独自のものとなるので模倣されにくい。

②因果曖昧性（causal ambiguity）：因果関係が複雑なリソースの組み合わせほど、「そのなかで何がいちばん大事なのか」「価値を出す根本の原因は何か」がはっきりしないので、他社は模倣しにくい。

③社会的複雑性（social complexity）：リソースが複雑な人間関係・社会的関係に依拠することだ。例えば、企業内の複雑な人と人の関係、企業文化、顧客やサプライヤーへの評判、などのリソースがこの特性を持ちうる。社会的複雑性が高いほど、他社がそのリソースを活用したり、扱ったりすることが難しくなる。

　一例としてアップルの「デザイン力」を考えてみよう。アップルにとってそのデザイン力が長い間、高い業績の源泉の一つであったことは、皆さんにも賛同いただけるだろう。

　そのアップルが2011年に、韓国のサムスン電子を相手に、世界中で訴訟を起こしたことがある。同社のスマートフォンGALAXYのデザインが「iPhoneのデザインに酷似している」というのが理由だった。そしてこの訴訟の最中に世界中で話題になったのが、2012年7月のイギリス高等法院でコリン・ブリス判事が、「GALAXYは（表面上似せようとしていても）、アップル製品のデザインが持つ控えめで究極のシンプルさはない。アップル製品ほどクールでない」という理由で、アップルの提訴を退けたことだ。

　このユニークな判決理由は、アップルの「クールなデザインを生み出す力」の

注9) Dierickx,I. & Cool, K.1989. "Asset Stock Accumulation and Sustainability of Competitive Advantage," *Management Science*, Vol.35, pp.1504-1511.

模倣困難性を象徴する事例といえる。実際、同社のデザイン力は、模倣困難性の条件によく当てはまる。例えば、同社では「デザインとはいわゆるプロダクトデザインだけでなく、『あらゆる顧客との接点のデザイン』を指す」とされる。アップルストアやアップルミュージックのデザインはその代表だ。すなわち同社のデザイン力は製品開発部門だけでなく、会社全体に埋め込まれ、複雑な人と人、組織と組織の関係性の中で、時間をかけて蓄積されてきたものなのだ。したがってそれは複雑で、因果関係もわかりにくい。仮に当時、同社のデザイン担当の上級副社長を長らく務めたジョナサン・アイブ一人をライバル企業がヘッドハントしても、アップルのデザイン力そのものは模倣できなかっただろう。

バーニーの論文（1991年）の骨子

この流れのなかで、いよいよバーニーが1991年に"Firm Resources and Sustained Competitive Advantage"というタイトルの論文を発表した。余談だが、序章コラム2でも述べたように、この論文が発表されたJOMは間違いなく優れた学術誌なのだが、本書で度々出てくる経営理論のナンバーワン学術誌『アカデミー・オブ・マネジメント・レビュー』や、戦略論のSMJなどと比べると、やや格下と見なされる学術誌なのだ。そこに、後に世界中の経営学者がこぞって引用することになる論文が掲載された、というのも興味深い。

このバーニーの1991年論文は世界で最も有名な経営学論文の一つなので、やや詳しく解説しよう。

同論文は、第1章で取り上げたベインやポーターらのSCPの有用性は認めながらも、それだけでは企業の競争力を説明するには不十分と主張する。なぜなら、製品市場・サービス市場の不完全性にのみ注目したSCPは、企業リソースについて十分な注意を払っていないからだ。

バーニーがこの論文でまず提示した前提は、①企業リソースの異質性（resource heterogeneity）と、②企業リソースの不完全移動性（resource immobility）だ。前者は、企業はそれぞれ異なるリソースを持ちうる、ということである。例えば、A社とB社がそれぞれ違った能力の人材を持ちうる、異なる技術を持ちうる、などだ。そして後者の前提は、そういったリソースは企業の間で完全には移動しえない、ということだ。これらの前提が、先のワーナーフェルトの1984年論文や、

72　｜　第1部　経済学ディシプリンの経営理論　｜

バーニー自身の1986年論文を背景にしていることは明らかだろう。

　さらにバーニーは踏み込んで、「従来のSCPはこのリソースの異質性と不完全移動性の前提について曖昧であるがゆえに、理論として十分でない」とも主張する。例えば、従来の（ベインなどが確立した）経済学のSCPでは、「企業は何らかの手段で障壁を築くことで、他社の参入を阻むことができる」と主張されていた。また、ポーターらの経営学のSCPでは、「企業は差別化を通じて産業内でグループをつくり、グループ間に移動障壁ができるのでそれが競争優位につながる」と主張した（詳しくは第1章を参照）。

　しかしバーニーに言わせると、これらの主張の背後にはリソースの異質性と不完全移動性の前提が必要で、それがなければこれらの主張は成立しえないのだ。例えば、仮にA社が参入障壁を築いてB社がその産業に入れなくても、もしA社とB社が完全に同じリソースを持っていたり、あるいはA社のリソース（例えば優秀な人材、優れた技術など）がB社に完全に漏洩されたりするなら、B社は産業の外でA社とまったく同じことが理論上できるはずである。

　差別化によるグループ形成も同様で、企業は他社と異なるリソースを持ち、それが他社には完全には移らないからこそ、企業間で差別化が可能なはずだ。このように、「SCPの成立には、そもそもリソースの異質性と不完全移動性が不可欠の前提であり、それを見過ごしているSCPは十分ではない。むしろ企業リソース側に注目することの方が順番としては先なはずだ」ということをバーニーの論文は示唆するのだ。

　この仮定をもとにバーニーは、企業リソースと「持続的な競争優位」（sustained competitive advantage）の関係について有名な関係性を打ち立てた。前章でも触れたが、競争優位とは「他社にはできない価値創造戦略を起こす力」のことであり、それが持続的ということは、「その力がある程度の間、続けられる」ということだ。こう書くと抽象的だが、ここでは直感的に「長い間（例えば10年くらい）、ライバルよりも高い業績を出せる力」と考えていただければよい[注10]。

　そしてバーニーによると、まず「競争優位」を実現しうる企業リソースの条件は、①価値があり（valuable）、②稀少な（rare）ことである。例えば②の方は、先のリソースの異質性という前提があるから導き出されることは言うまでもない。企業間で持つリソースが異なりうるからこそ、ある企業が持つリソースが稀少たりうる。

さらに言えば、その競争優位は持続的である必要がある。バーニーによると、そのために必要なリソースの条件は模倣困難（inimitable）で、代替が難しい（non-substitutable）ことだ。そして特に模倣困難性に必要な条件は、先のディエリックス＝クールの1989年論文で登場した「蓄積経緯の独自性」「因果曖昧性」「社会的複雑性」である。

図表2は、バーニーの1991年論文に掲載されている図を、筆者が少しだけ加工したものだ。この図が、まさにバーニーのRBVのエッセンスである。同論文ではこれらの主張を命題でまとめていないが、あえて筆者がこれらの主張を日本語の命題でまとめれば、以下のようになるはずだ。

命題1──企業リソースに価値があり（valuable）、稀少な（rare）時、その企業は競争優位を実現する。

命題2──さらにそのリソースが、模倣困難（inimitable）で、代替が難しい（non-substitutable）時、その企業は持続的な競争優位を実現する。この時リソースの模倣困難性は、蓄積経緯の独自性、因果曖昧性、社会的複雑性で特徴づけられる。

このように、過去の企業リソースに関する様々な論文の知見を競争優位と結び付けて、企業リソースの異質性と不完全移動性という2つの前提のもとに、それらの関係性をこれら2つの命題でまとめ切ってしまったことに、稀代の経営理論家であるバーニーの真骨頂があるのだ。

注10）競争優位の持続性について正確には、同論文でバーニーは以下のように述べている。"A competitive advantage is sustained only if it continues to exist after efforts to duplicate that advantage have ceased. In this sense, this definition of sustained advantage is an equilibrium definition." (Barney 1991, p102)「競争優位が持続的であることということは、その競争優位を（他社等が）奪おうとする努力が消えている状態のことを指す。すなわち、持続的優位性のこの論文での定義は、（経済学でいう）均衡状態のことである（筆者意訳）」と定義している。直感的にいえば、「ある企業の競争優位が確立されていて、ライバル企業もそれを奪えないという状態が持続している」というイメージである。

74 ｜ 第1部 経済学ディシプリンの経営理論 ｜

|図表2|RBVのエッセンス

出所：Barney, J. B. 1991."Firm Resources and Sustained Competitive Advantage," *Journal of Management*, Vol.17, p.112. をもとに筆者作成。

RBVの現実妥当性

　バーニーの1991年論文をもって、RBVは一つの完成を見たと言ってよい。そしてこの頃から、RBVの妥当性を検証する実証研究が次々と発表されるようになった。その多くは、企業レベルのデータを使って、企業リソースと業績の関係を統計分析するものだ。**図表3**に主な実証研究の一部をまとめたので、参考にしていただきたい。

　比較的最近なら、米ビラノバ大学のスコット・ニューバートが2007年にSMJに発表した論文が、RBVの実証研究を包括的にレビューしている[注11]。ニューバートはそれまでに発表された55本の実証論文から549の分析モデルを精査し、うち292モデル（53%）が「RBVを支持する結果」を得ていることを示した。しかし逆に言えば、この結果は半分の実証モデルはRBVを支持しなかったことを意味する。実際、ニューバートもこの結果を受けて"it (RBV) has only received marginal support."（RBVはかろうじてしか支持できない）と結論づけている。

　すなわちRBVは一定の説明力はあるが、それだけでは不完全なのだ。実際、

注11) Newbert, S. L. 2007. "Empirical Research on the Resource-Based View of the Firm:An Assessment and Suggestions for Future Research," *Strategic Management Journal*, Vol.28, pp.121-146.

|図表3|掲載されたRBVの実証研究例

	筆者 (論文掲載年)	掲載された 学術誌※1	調査対象
1	Hall (1992)	SMJ	英企業95社(1987〜1990年)
2	Henderson & Cockburn (1994)	SMJ	製薬企業10社が行った3120の新薬開発プログラム(1975〜1988年)
3	Miller & Shamsie (1996)	AMJ	米ハリウッド・スタジオ (1936〜1965年)
4	Hitt et al. (2001)	AMJ	米法律事務所93社 (1987〜1991年)
5	Roberts & Dowling (2002)	SMJ	米企業540社(1984〜1998年)
6	Mishina et al. (2004)	SMJ	米メーカー112社
7	Ray et al. (2004)	SMJ	米保険会社104社
8	Song et al. (2005)	SMJ	1990〜1997年に米国内で設立された合弁企業466社
9	Newbert (2007)	SMJ	RBVに関する55の研究
10	Crook et al. (2008)	SMJ	RBVに関する125の研究
11	Newbert (2008)	SMJ	ナノテクノロジー企業117社(2003〜2004年)
12	Ployhart et al. (2011)	AMJ	米フランチャイズ型レストラン238店舗
13	Shaw et al. (2013)	SMJ	調査1:米国内の320のスーパーマーケット店舗、調査2:韓国企業454社

※1 学術誌の略称と正式名称は下記の通り。
AMJ:*Academy of Management Journal*　　SMJ:*Strategic Management Journal*
※2 「質問票」とは、企業等に質問票を送って調査するサーベイ分析から得たデータのこと。「アーカイバルデータ」とはデータベース会社などが整理した企業データのこと。

現在でもRBVへの批判は後を絶たない。その何が問題なのか。ここから先は、RBVが持つ課題を、①理論としての不完全性、②実務への応用の難しさ、の順に議論していこう。

RBVは問題だらけ

経営理論としてのRBVには、様々な課題がある。ここでは、テキサス大学アーリントン校のリチャード・プリムと香港理工大学のジョン・バトラーが、2001

76 | 第1部 | 経済学ディシプリンの経営理論 |

データ[※2]	主な分析結果
質問票	特許、ノウハウなどの「見えざるリソース」と企業の競争優位の間に関係性がある。
質問票、アーカイバル・データ、その他	コンポーネント・コンピテンスとアーキテクチュアル・コンピテンスは新薬開発に関する特許数と正の関係を持つ。
アーカイバル・データ	安定した環境ではプロパティ・ベースのリソースが、不安定な環境では知識ベースのリソースが利益率・市場シェアと正の関係を持つ。
アーカイバル・データ	人的リソースは利益率と負の関係を持つが、一定値を超えると正の関係に転じる。
アーカイバル・データ	企業のレピュテーションは利益率と正の関係を持つ。
アーカイバル・データ	市場拡大ロジックと人的リソースの交差変数、製品拡大ロジックと財務リソースの交差変数が、売上成長率と正の関係を持つ。
質問票	一部のタイプのリソースだけが、財務パフォーマンスと正の関係を持つ。
質問票	企業の技術関連能力は技術変化の激しい環境で、パフォーマンスと正の関係を持つ。
-	対象になった研究分析のうち53%がリソースとパフォーマンス/競争優位の間の正の関係を支持している。
-	バーニー（1991）の命題の基準を満たす企業リソースの変数とパフォーマンスは高い正の相関を持つ。
質問票	リソースの稀少性は競争優位を介して利益率と正の関係を持つ。
質問票	人的リソースは、店舗の生産性と正の関係を持つ。
調査1：質問票 調査2：質問票、アーカイバル・データ	人的リソースの喪失は従業員パフォーマンスと負の関係を持つが、一定値を超えると負の影響が低下していく。

年に『アカデミー・オブ・マネジメント・レビュー』（AMR）に掲載した論文をもとに、3つの課題を議論しよう[注12]。

課題1：RBVは同義反復

この論文でプリムとバトラーは「RBVはそもそも論理的に破綻している」と

注12) Priem, R. L. & Butler, J. E. 2001."Is the Resource-Based 'View' a Useful Perspective for Strategic Management Research?," *Academy of Management Review*, Vol.26, pp.22-40.

いう強烈な主張を展開している。先のバーニーの1991年論文から導かれる命題1を再掲しよう。

命題1──企業リソースに価値があり、稀少な時、その企業は競争優位を実現する。

さて、先ほど述べたように、この命題にある「競争優位」は「他社にはできない価値創造戦略を起こす力」と定義される。これを少し言い換えて命題に入れてみると、以下のようになる。

命題1──価値があり稀少なリソースを持つ企業は、価値があって稀少な戦略を
　　　　　行う力を実現する。

これでは、主語と述語の両方に「価値」「稀少」という言葉が入り、論理学でいう「トートロジー」（同義反復）に近い状態になってしまう。「若い人は、若々しい」と言っているのと大差ない。哲学者のカール・ポパーが述べるように、科学的命題とは反証可能でなければならない[注13]。「バーニーの命題1は同義反復だから反証ができず、したがって科学的な論理命題として成立していない」と、プリムとバトラーは批判したのだ。2001年のAMRではこの点をめぐってプリム＝バトラーとバーニーの間で激論が交わされたが、筆者の知る限り決着はついていない。

課題2：RBVは部分均衡

次にプリム＝バトラーは、「RBVはアウトプット側を無視しすぎである」という批判を展開した。

以下の例を考えよう。ある日本メーカーが国内で高機能テレビを製造販売して成功しているとする。この場合、この企業の技術者（リソース）に「価値がある」とすれば、それは日本で高機能テレビが売れているからにほかならない。しかし、このメーカーがインドなどの新興市場に進出すればどうなるか。通常新興市場で

注13）例えば「価値があり稀少なリソースを持つ企業は、M&Aを行いがちである」という命題なら、「そのようなリソースを持っていても、M&Aを行わない企業」が存在する可能性があるので、反証可能となる。なお、同義反復については第39章も参照。

78 ｜ 第1部 ｜ 経済学ディシプリンの経営理論 ｜

の売れ筋は、高機能テレビよりも、安価な普及型テレビであることが多い。だとすれば、新興市場のニーズに応えるための「価値あるリソース」は、現地のマーケティングに長けた人材や現地代理店とパイプのある人材になるはずだ。相対的に、技術者の価値は落ちてしまう。

　この例は、「価値があるリソース」というのは、アウトプット市場に大きく左右されることを物語っている。言われてみれば当たり前の話だが、しかしRBVはこの側面を十分に考慮できていない。経済学では、リソース側とアウトプット側のように複数の市場の関係性を整合的に分析することを「一般均衡分析」という。逆に言えば、RBVは「部分均衡」のままであり、これでは不十分だという批判だ。

課題3：RBVはブラックボックス

　さらに、プリム＝バトラー含め多くの経営学者が「RBVのブラックボックス化」を批判している。RBVは突き詰めれば「リソース→競争優位」という、実に単純な因果関係を述べているにすぎない。しかし、実際に企業に求められるのは「そういったリソースをどのように選び、組み合わせ、活用していくか」のはずだ。

　この問いに答えるため、近年の経営学者は「リソースを組み合わせて、活用する企業の能力」として「ケイパビリティ」（capability）という概念を打ち立てている。そしてこの概念はRBVがそもそも基礎としていた経済学ディシプリンを超えて、いまでは心理学的なディシプリンをもとに発達しつつあるのだ。第2部では、「組織学習（第12章）」「ルーティン（第16章）」「ダイナミック・ケイパビリティ（第17章）」といった、ケイパビリティに関連する知見を紹介していく。

なぜRBVは実務で使えないのか

　次に、「RBVの実務への応用の難しさ」について、私論も交えて議論しよう。筆者はこれまでのビジネススクールでの教育経験から、「RBVは実務への示唆が出しにくく、ビジネススクールで教えにくい」という印象を持っている。周りの実務家にも、「RBVの主張はわかるけど、ビジネスには使えない」という意見は多い。なぜRBVは使いづらいのか。筆者は2つの課題があると考えている。

課題4：RBVはフレームワークが貧弱

まず、RBVはフレームワーク化が十分に進んでいない。

序章コラム1で述べたように、経営理論は実際のビジネスに2つのルートで貢献しうる。一つは、ビジネスパーソンが経営理論そのものを学んで「思考の軸」を磨くルートだ。本書の狙いはこちらにある。他方で、理論をビジネスで使いやすくするために「フレームワーク化」するルートもある。SCPからフレームワーク化された「ファイブ・フォース」「ジェネリック戦略」がその代表例であることも序章コラム1で述べた。

ではRBVはどのくらいフレームワーク化されているのだろうか。この点を検証するため、米国のビジネススクールで読まれている（MBA・学部生向けの）経営戦略論の代表的な教科書5冊から、企業リソース関連のフレームワークを抽出した。うち1冊はバーニー自身が執筆した教科書だ。

図表4は、その結果をまとめたものである。整理してみると、RBV関連のフレームワーク（らしきもの）は、以下の3種類に分けられる。

❶リソースの分類 どの教科書も、企業リソースには多様な種類があって、それごとの特徴を理解する重要性を述べている。しかしこれ自体は、RBVの理論と直接関係はない。

❷各リソースの評価 複数の教科書で紹介されているのが、そのリソースに価値があるか（valuable）、稀少か（rare）、模倣困難か（inimitable）等で評価する「VRIOフレームワーク」だ[注14]。これは先の命題1と命題2に基づいているから、RBVから落とし込まれたフレームワークといえる。しかしこれも、すべての教科書で使われているわけではない。

❸企業リソースの特定 すべての教科書が「バリューチェーン分析」を提案している。これは企業の機能を価値創出（バリューチェーン）の流れに沿って分け、どこに自社の強みがあるかを検討するフレームワークだ。しかしこれも、RBVの理論と直接関係はない。

注14）Oは "Organization" の頭文字で、組織がそのリソースを支えるようになっているか、等を評価する。

|図表4| RBV関連のフレームワーク・考え方

主要著者名と各教科書名	グラント Grant,R.2005. Contemporary Strategy Analysis.	ヒット Hitt,M.A.2016. Strategic Management: Concepts and Cases: Competitiveness and Globalization.	ロサーメル Rothaermel,F.T.2018. Strategic Management, 3rd Edition.	バーニー Barney,J. 2010. Gaining and Sustaining Competitive Advantage 14th edirion.
リソースの分類	有形資源、 無形資源、 人的資源	有形資源、 無形資源	有形資源、 無形資源	財務資源、 物的資源、 人的資源、 組織資源
リソースの 評価フレームワーク	耐久性、 可搬性、 再現性	VRIO	VRIO	VRIO
リソースの 特定フレームワーク	バリューチェーン	バリューチェーン	バリューチェーン	バリューチェーン

　このように、SCPにとってのファイブ・フォースのような、「理論からきれいに落とし込まれたフレームワーク」がRBVには乏しいのだ。

課題5：RBVはメッセージ性が弱い

　さらに筆者は、RBVはメッセージ性が弱いと認識している。

　海外の経営学者の間では、よく理論や研究を評価する時に"prescriptive"（処方的）という言葉が使われる。直感的に言えば、「企業はこうすべき」という明快なメッセージが得られるか、ということだ。SCPは少なからず処方性がある。厳しい競争環境にいる企業には、「差別化戦略でフォースを弱め、競争環境を完全競争から遠ざけるべき」などと明快に提言できるからだ。

　他方RBVは、「企業は価値があって、稀少で、他社から模倣されにくいリソースを持つべき」と言っているが、これでは具体的に何をすべきかわからない。知りたいのは、「ではリソースの価値を高めるにはどうすべきか」「リソースを模倣困難にするにはどうすべきか」といった、より踏み込んだ処方箋のはずだ。RBVはこの踏み込みが弱いのだ。

　とはいうものの、筆者は個人的に一つだけ、「これは処方性がある」と認識しているRBV関連のフレームワークがあるので、最後に私見も交えながらそれを紹介しよう。

アクティビティ・システム

図表5を見ていただきたい。サウスウエスト航空は米国の代表的なLCCだ。アクティビティ・システムとは、企業のビジネスの行動（アクティビティ）のつながりを図示するフレームワークだ。

図表5を見ると、サウスウエストでは様々なアクティビティが、互いに密接に関連していることがわかる。まず同社は、米国内でも中小規模都市間をつなぐ短中距離飛行に特化している。さらに同社は中型のボーイング737だけを使っているが、これは短中距離飛行しか行わない同社の戦略にマッチしている（線1）。同じ機体しか買わないのだから、購入時のディスカウントも期待できる（線2）。

さらに同社は、パイロットを含め従業員のトレーニングを徹底することで知られる。そして使用機体が1種類しかないことは、トレーニングの効率化に寄与する（線3）。結果として、同社のターンオーバー（空港に着陸してから再出発するまでの時間）は平均15分で済み、これは業界内で頭抜けて短い（線4）。したがって、1機の飛行機で1日に他社より多くのフライトを運行できるので（線5）、これはパイロット1人当たりのフライト数の増加にも寄与する。したがって同社はパイロット数を抑えて、人件費を抑制できる（線6）。

さらに同社は機内食を提供しないことで費用を抑えているが（線7）、これは、ターンオーバーのさらなる短縮化にも貢献する（線8）。そして何より、短中距離飛行だけに注力しているからこそ、機内食なしで済むのだ（線9）。

米国ではこれまでデルタ航空、ユナイテッド航空、USエアウェイズなど、多くの既存の米国航空会社が、サウスウエストのやり方を模倣しようとして、ことごとく失敗してきた。しかしこの理由は、図表5を見れば納得いくだろう。これだけアクティビティが複雑に絡み合っていたら、その模倣は困難なのだ。すなわち、サウスウエスト航空のアクティビティ・システムは、「社会的複雑性」と「因果曖昧性」が高い。当然このシステムは一朝一夕ではできないから、「蓄積経緯の独自性」も強くなる。まさに、先のバーニーのRBVの命題2を満たしているのだ。このように、RBVから落とし込まれたフレームワークではないものの、アクティビティ・システムはRBVと親和性が高いといえるだろう。

さらに、アクティビティ・システムはメッセージ性・処方性が強い。なぜなら、

82　│第1部│経済学ディシプリンの経営理論│

図表5 | サウスウエスト航空のアクティビティ・システム

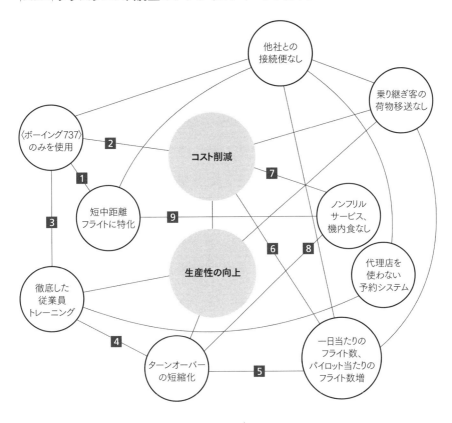

「ライバルからの模倣を困難にするには、複雑で一貫性のあるアクティビティ・システムを築くべき」と明快に言えるからだ。現実には、サウスウエストのような完成されたアクティビティ・システムを持つ企業は多くない。したがって、実際に企業のアクティビティ・システムを描いて、それを「より一貫性を持たせて、模倣困難にするにはどうすればよいか」を考察することは有用だ。

このRBVと親和性の高いアクティビティ・システムを考案したのは誰だろうか。それはバーニーではない。実は1996年に『ハーバード・ビジネス・レビュー』に「戦略の本質」という論文を発表したマイケル・ポーターなのである[注15]。

また、ポーターに戻る

筆者は、ポーターとバーニーの優劣をつけたいわけではない。これは両教授の個性の違いといえる。本章の冒頭でバーニーの1991年論文の引用数が6万7000件を超えると述べたように、現在の経営学研究にRBVが与えた影響は計り知れない。他方でRBVが「使いづらい」「実務への示唆が出しづらい」と批判されてきたことも確かだ。

一方、ポーターのSCPが現代の経営学研究に及ぼした影響は、RBVほどには大きくないかもしれない。同様に冒頭で紹介したケイブスとポーターの1977年論文の引用数がそれを端的に示している。しかし、「使えるフレームワーク」を提示して、MBAの教科書でいまでも支配的なのは、むしろSCPの方なのだ。実は先に出てきた「バリューチェーン」フレームワークも、ポーターが『競争の戦略』で提示したものが最もよく知られている。

ポーターはその後コンサルティング会社であるモニター・グループを創設し、近年もCSV（共通価値の創造）など現実のビジネスへの貢献を意識したフレームワークを提示している。他方、バーニーは世界最大の経営戦略論の学会「ストラテジック・マネジメント・ソサエティ」の会長を務める（現在は退任）など、「経営学者の頂点」に立っている。SCPとRBVの評価の違いは、そのまま両者の歩みの違いに表れているのかもしれない。

注15）この論文のなかでポーターは、「一貫したアクティビティ・システムのある企業は価値を創造しやすい」と述べるだけで、模倣困難性には言及していない。Porter, M.E. 1996. "What Is Strategy?," *Harvard Business Review*, Vol.74, pp.61-78.（邦訳「[新訳] 戦略の本質」DIAMONDハーバード・ビジネス・レビュー2011年6月号）。

84 第１部 経済学ディシプリンの経営理論

第4章

SCP対RBV、および競争の型

ポーター vs. バーニー論争に決着はついている

重要なのはSCPか、RBVか

第1章から前章まで、競争戦略の代表理論であるSCP理論とRBVを紹介してきた[注1]。

両理論は共に経済学の視点から来ており、どちらも「完全競争から、独占の方向に自社の競争環境・強みを持っていくことが望ましい」とする点では共通している。しかし、前者はそのために製品・サービス市場でのポジショニングや業界構造を考えるのに対し、後者はその製品・サービスを生み出すための経営資源（リソース）に注目する。その意味では、表裏のような関係にあるとも言える。

さて、第1章から前章までを読み通した方の中には、以下の疑問に思い当たる方が多いのではないだろうか。それは、「結局のところ、SCPとRBVのどちらが重要なのか」という問いである。

この問いは、日本でも以前から議論されている。例えば、いまから20年近く前の2001年に『DIAMONDハーバード・ビジネス・レビュー』（DHBR）が、まさにこの疑問をテーマとした特集を組んで話題を呼んだ。

執筆陣には、当のポーターとバーニーや、スタンフォード大学のスター教授キャスリーン・アイゼンハートらが並んだ。実は当時20代で経営学に関心を持ち出した筆者が同誌を初めて買ったのもこの号で、興味深く読んだのをいまでも覚えている。ではそれから20年近くたった現在、この問いにどのような答えが出ているか解説していこう。

とはいうものの、実は現在の筆者はこの問いそのものに違和感を覚えている。

注1) 競争戦略論の定義・範疇については、序章を参照。

先のDHBR特集号を読んでから2年後に、筆者は米国のPh.D.（博士）課程に留学し、以来10年間米国で経営学を学び研究してきた。そのなかで、この「SCPか、RBVか」「ポーターか、バーニーか」という議論は、一度もしたことがないのだ。Ph.D.の授業でもこの話題は出なかったし、この問いに答える論文を読んだこともない。念のために、米国時代の研究者仲間にこの点を尋ねてみたが、「SCPとRBVの優劣？ そんな古い議論（classical debate）は、もう誰もしていないよね」という答えが返ってきた。

なぜ"classical debate"なのか。理由は簡単だ。もう経営学では決着がついているからだ。本章では、その決着を2つの側面から議論しよう。第1の点は極めてシンプルだ。それは「SCPもRBVも、両方大事」というものだ。

決着1：両方とも重要

言われてみれば、これほど当たり前の答えもない。企業の戦略にとって、顧客に接する「表側」の製品・サービスの戦略は重要だし、他方で人材・技術・ブランドなど「裏側」の経営資源を充実させることも重要なはずだ。

第2章を読んだ方は、そこで紹介したCOVという定量分析を使った一連の研究を思い出していただきたい。COVは、「企業の収益性はどの要素で説明できるか」を定量的に計測する手法だった。そして近年の多くの研究では、産業属性の効果（＝どの産業に属しているか）と、企業固有の効果のどちらもが、収益性に貢献することが示されている。例えば、ポーターとカナダ・トロント大学のアニータ・マクガハンが1997年に『ストラテジック・マネジメント・ジャーナル』に発表した研究では、1985年から1991年の米国企業約5万8000のサンプルでCOV分析を行い、説明できる企業利益率のばらつきのうち産業属性効果が4割で、企業固有の効果は6割となっている[注2]。

第1章で述べたように、ジョー・ベインらが発展させた「経済学のSCP」やポーターの「ファイブ・フォース分析」の背景には、「産業属性が収益性に影響を与える」という考えがある。他方で、RBVは個別企業の経営資源に注目している

注2）McGahan, A. M. & Porter,M. E. 1997."How Much Does Industry Matter, Really?" *Strategic Management Journal*, Vol.18, pp.15-30.

から、「企業固有の特性が収益性に貢献する」という考えに基づいている（第2章で紹介したポーターの「ジェネリック戦略」も、企業効果の重要性を示唆している）。

さらに第3章で紹介したように、企業リソースが業績に及ぼす影響についても統計分析を使って多くの実証研究が行われ、その約半数はRBVを支持する結果となっている。これらを総括すると、「SCP的な要因とRBV的な要因の両方が収益性に寄与する」というのが、現在の経営学者の総論なのはほぼ間違いない。

さて、「両方が大事」というある意味当たり前の結論が第1の決着とすると、より重要なのは第2の決着の方だ。それは「SCPとRBVは、そもそも前提としている『競争の型』が異なる」というものだ。両理論はどちらも重要だが、その「程度」は企業の置かれる競争環境によって異なる。そしてその違いを明確にしたのは、実は当のバーニーだ。彼が有名な1991年論文を発表する5年前、1986年に『アカデミー・オブ・マネジメント・レビュー』（AMR）に発表した論文なのである。

決着2：そもそも「競争の型」が異なる

バーニーは1986年にAMRに"Types of Competition and the Theory of Strategy"というタイトルの論文を発表した。この論文は彼の1991年の論文ほどは知られていないかもしれない。しかし、筆者はこの論文の意味はとても大きく、特にビジネスパーソンへの示唆が大きいと考えているので、あえて紙幅を割いて、私論も展開しながら紹介したい。

本論文でバーニーは「企業の競争には3種類の型がある」と述べている[注3]。まず、そのうち2つを解説しよう。

❶IO型の競争（IO competition）

経済学の産業組織論（industrial organization）に基づく競争の概念を、バーニーは「IO型の競争」と呼ぶ。これは、産業・競争環境の構造要因が競争に影

注3）より正確には、Barney, J.B. 1986. "Types of Competition and the Theory of Strategy: Toward an Integrative Framework," *Academy of Management Review*, Vol.11, pp.791-800. は各理論の概念的な区分をしているだけで、「現実の産業・業界においてどの競争の型が強いかの濃淡が異なる」ことを明示的に述べているわけではない。しかしこの点は、現実の業界間の違いを見れば明らかであろう。

響を及ぼす状況を指す。IO型の競争では、競争環境が完全競争から乖離するほど、そこにいる企業の収益性が高まる。

　したがってここで有効な戦略は、環境の構造そのものを変えることだ。すなわち、参入障壁を築いたり、差別化で企業グループ間の移動障壁を高めたりすることである。これは第1章、第2章で紹介したSCP戦略そのものであり、したがってSCPは、IO型の特性を持つ競争環境によくフィットするのだ。

　例えば、米国のシリアル業界やコーラ業界は、長きにわたってIO型の競争に近かったといえるだろう。この業界の大手既存企業は、多額の広告費を支出し、小売業者と密接な関係を築いて店頭の棚スペースを占有するなどして、新規企業に対する参入障壁を引き上げて寡占状態を保ってきた。化学産業なら、例えば1970年代初頭にデュポンはチタニウム・ダイオキサイド市場への新規参入を阻むために、あえて過剰投資を行ってきたといわれる。これも典型的なIO型競争における戦略といえる。

❷チェンバレン型の競争（chamberlainian competition）

　第2の競争のタイプは、チェンバレン型である。1930〜1950年代に活躍したハーバード大学の経済学者エドワード・チェンバレンが提示した、いわゆる独占的競争（monopolistic competition）モデルに基づいた競争の考え方だ。

　このモデルは、製品・サービスが企業ごとに差別化されている状況を、所与として組み込んでいるのが特徴だ。他方で産業への参入障壁はないので、新規参入企業も差別化された製品・サービスを持って参入できる。したがって、企業同士は、差別化されながらも厳しい競争をすることになり、結果として各企業は超過利潤がゼロにはならないものの、完全独占よりははるかに収益性が低くなる（超過利潤、完全独占などについては、第1章を参照）。

　チェンバレン型競争はIO型競争と共通点が多い。というよりも、経済学的には独占的競争はそもそも産業組織論の一部であり、先に述べたように完全競争と独占の間に位置付けられる状態ともいえる。しかし、それでも両者は「その強調するポイントが違う」というのがバーニーの主張だ。

　先に述べたように、IO型の競争は、市場構造・競争構造に障壁をつくって「ライバルとの厳しい競争を避ける」ことに主眼を置く。差別化はその一手段である。他方でチェンバレン型では、そもそもすべての企業がある程度差別化されている

のは前提であり、問題はその厳しい競争のなかでどのように「勝つ差別化」をするか、ということになる。そしてチェンバレンやバーニーによれば、そのために重要なのは企業の持つ技術、知識、ブランド、人材などのリソースなのだ。まさにRBVの主張である。すなわちRBVと相性がよいのはチェンバレン型の競争なのだ。

図表1は、ペンシルバニア大学のウィトールド・ヘニスツとメリーランド大学のベネット・ゼルナーが2012年に『アカデミー・オブ・マネジメント・パースペクティブ』に掲載した論文の表をもとにまとめたものだ。

このようにSCPとRBVの有効性は、事業環境がどのような「競争の型」かによって異なる、と考えられるのだ。

「日本企業に戦略はない」は本当か

ここで興味深い逸話を紹介しよう。それは著名経営学者であるマギル大学のヘンリー・ミンツバーグが、世界的ベストセラーである『戦略サファリ』で引き起こしたマイケル・ポーターへの批判だ。

ポーターは1996年に『ハーバード・ビジネス・レビュー』に発表した論文のなかで、"Japanese Companies Rarely Have Strategies"(ほとんどの日本企業に戦略がない)という題名のコラムを設けて、現場のオペレーショナル・エクセレンスだけに頼る日本企業に懐疑的な視点を投げかけている[注4]。ポーターの目からすると、日本企業は戦略というものを持っていないようなのだ。

これに対してミンツバーグは、トヨタ自動車のように世界的に成功している日本企業を引き合いに出して、「日本には業績の高い企業がいくつもあるのに、なぜポーターは日本企業に戦略がないと言うのか」と批判する。「トヨタはポーターに戦略のイロハを教えてやるべきだ」とまで書いているのだ[注5・6]。

注4)邦訳「[新訳] 戦略の本質」DIAMONDハーバード・ビジネス・レビュー2011年6月号。

注5)『戦略サファリ』(東洋経済新報社、2012年)より抜粋。

注6)余談だが、筆者は2014年10月にマドリードで行われた経営戦略論の最大の学会であるストラテジック・マネジメント・ソサエティの年次総会に参加した。この大会でミンツバーグは、実務家に大きな影響を及ぼした経営学者に贈られる、C. K. Prahalad Distinguished Scholar-Practioner Awardを受賞した。その記念講演を筆者も聴いたのだが、そこでもやはりミンツバーグがポーターの戦略論を批判していたのが印象的だった。ちなみにこの表彰イベントでミンツバーグを紹介する役を果たしたのは、バーニーだった。

| 図表1 | 3つの競争の型

	IO型	チェンバレン型	シュンペーター型
基盤の モデル・考え方	完全競争、完全独占	独占的競争	イノベーション等
概要	産業の参入障壁や企業グループ間の移動障壁が企業の収益性に影響する。企業にはこれらの障壁を高めて「ライバルとの直接競争を避ける」戦略が求められる。規模の経済による参入阻止戦略や、差別化戦略がその代表例である。	企業が差別化された製品・サービスを持って競争することは所与の条件であり、他方で産業への参入障壁は低い状態。企業は差別化をしながらもライバルと厳しい競争を強いられる。その差別化の源泉となりうる経営資源が重要となる。	経営環境の変化が激しく、将来が予見しにくい状態。したがって、安定時なら収益に貢献しうる産業構造・移動障壁・経営資源などについての不確実性が高く、SCPやRBVに基づく戦略が通用しにくい。
フィットする 経営理論	SCP等	RBV等	ダイナミック・ケイパビリティ、知の探索・知の深化等
主要な 関連文献	Bain (1956) Caves & Porter (1977) Porter (1980)	Chamberlain (1933) Robinson (1933) Penrose (1959) Wernerfelt (1984) Barney (1991)	Schumpeter (1934) Schumpeter (1950) Nelson & Winter (1982) Teece et al. (1997)

出所：Henisz, W. J. & Zelner, B. A. 2012. "Strategy and Competition in the Market and Nonmarket Arenas," *Academy of Management Perspectives*, Vol.26, p.41. などを参考に筆者作成。

　ポーターは日本企業に戦略がないと言い、ミンツバーグはあると言う。しかし、皆さんには両者にこのような齟齬が出る背景が、すでにおわかりではないだろうか。2人が前提としている「競争の型」がそもそも異なっているのだ。

　たしかに以前の日本企業には、IO型の競争環境で、SCP戦略を取るような企業、つまりポーター的な意味での戦略は希薄だったかもしれない。むしろ「自社の技術力・人材力を磨いていけば、製品は自然に売れる」という考え方の企業も多かった。これは極めてRBV的な考え方といえる。

　実際、これまで優れた技術力・製品開発力等で世界的に注目されてきた日本企業は、自動車メーカーや家電メーカー等、国内でも競争が激しく（日本には8社も乗用車メーカーがある）、国際競争にも早い時期からさらされてきた。しかもこのような業界では、多くの企業の間で製品・サービスが差別化されている。すなわち、チェンバレン型の競争に近い。チェンバレン型に近いから「技術力」「人材力」のような、RBV的な説明が説得力を持つのだ。

　その意味では、ミンツバーグが言うように、日本企業にもある意味戦略があっ

たといえるかもしれない（もしRBVを戦略というのなら、だが）。反対に、戦略的に参入障壁を高めたり、移動障壁を築いたりしたこと（＝ポジショニング）で国際的に成功した企業は少なく、したがって、SCP重視のポーターが「日本企業に戦略がない」と言うのも、ある意味当然なのである。

❸シュンペーター型の競争（schumpeterian competition）

さてバーニーの1986年論文は、IO型、チェンバレン型に続く第3の競争の型を提示している。それを「シュンペーター型の競争」という。イノベーションの父とも呼ばれた20世紀前半の大経済学者ジョセフ・シュンペーターの名前はご存じの方も多いだろう。

シュンペーター型の競争と、それ以外の2つの競争との違いは何か。それは「不確実性の高さ」あるいはそれに基づく「予測のしにくさ」だ。

そもそも我々は、なぜこれほどビジネス・経営に悩むのか。それは我々が将来を完全に予測できないからにほかならない。もし将来が完全に予測できるなら、すべてはその予測通りに行えばよいのだから、戦略も計画も立てる必要がない。しかし人間には完全な予測は不可能で、だからこそ、その不確実な将来の道標として戦略、計画、経営者のビジョンが必要となる。

しかし不確実性にも「程度」がある。もし不確実性がそれほど高くなく、将来の事業環境や自社の長期的な強みにある程度予測が立つなら、企業はそれをもとに戦略を立てられる。IO型とチェンバレン型はこの視点に基づいている（図表1）。例えば「高い広告支出や小売りとの緊密な関係により参入障壁を築けば、新規企業は参入してこない」「複雑なアクティビティ・システムを持てば同業他社は模倣できないから、高い業績を安定して上げられる」などと予測できるわけだ[注7]。

しかし、すべての事業環境がこのような状態にあるわけではない。この世には、技術的、制度的、経済的な理由などで、不確実性が非常に高い業界がある。そしてこの不安定な業界では、予測が立てにくい。

現在のIT業界の多くはそのような状況にある。例えば国内SNS一つを取っても、2000年代はミクシィが覇権を握っていたが、いまはLINE、ツイッター、インスタグラム、フェイスブックが中心だ。さらに言えば、LINEやツイッターが5

注7）アクティビティ・システムについては第3章を参照。

年後もSNSで支配的かを予見することすら難しい。あまりにも技術革新のスピードが早く、またそれに合わせて顧客のニーズも急速に変わるため、将来を予測するのが非常に難しいのだ。まさにシュンペーター型の競争の典型である。

したがって、このシュンペーター型の競争で必要なのは、事前に練られた精緻な戦略・計画よりも、むしろ「試行錯誤をして、色々なアイデアを試し、環境の変化に柔軟に対応する」企業の力になるはずだ。これは経営学で言えば、「知の探索・知の深化（第12・13章）」「ダイナミック・ケイパビリティ（第17章）」といった考え方だ。これらの理論は第2部で説明する。

競争環境を見分けよ

ここまで読んでいただければ、「競争の型」を理解することがいかに重要か、おわかりではないだろうか。違う型の環境では違う戦略が求められ、それらは違う経営理論で説明されるのだ。

図表2は、競争の型と、そこで求められる戦略・理論のマッチングを示したものだ。念のためだが、各業界がこのようにきれいに3つの型のどれかに区分されるとは限らない。現実には複数の「型」を内包する場合も多いだろう。しかし、他産業と比較した程度論として、相対的にどの型が強いかは俯瞰できる。

例えば筆者の私見では、MaaS（mobility as a service：サービスとしての移動）などで大変革の足音が忍び寄る自動車業界だが、2019年の時点ではまだ既存の（少なくとも国内の）自動車製造ビジネスの競争はチェンバレン型に近い。日本の自動車メーカーが優れた技術力・開発力で高い競争力を持つのは、それがチェンバレン型の競争とマッチしているからだ。飲料業界・装置産業の多くはいまでもIO型に近いから、SCPに基づく戦略が有効となりうる。

他方、以前の日本の家電業界は、オペレーショナル・エクセレンスによる技術・サービス優位がそのまま競争力につながっていたので、チェンバレン型に近かった。しかし、いま重要な新興市場では、顧客の多くが望むのは、高品質製品よりも普及品であり、そこでは低価格品を大規模な広告・販促で売るのが重要だ。したがって、グローバル市場では、競争はIO型に移行してきているといえるのだ。結果、逆にハイエンドな製品はむしろシュンペーター型が強まっている可能性が高い。一方で、RBV的なオペレーショナル・エクセレンスだけで勝負してきた

図表2 競争の型と戦略の関係

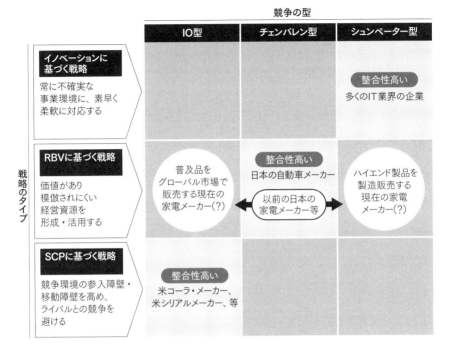

日本の家電事業は戦略と競争の型がズレてしまっているのである。

さらに、先に述べたようにIT業界はシュンペーター型だから、「リーン・スタートアップ」のような、SCPとは真逆の考え方が重視される[注8]。逆に、同じことをIO型の業界にいる企業がそっくり真似するのは危険といえる。多くのビジネス書の「成功物語」では、この競争の型の峻別がないまま、表面上の行動・戦略だけが語られることが実に多い。

必要なのは「鷹の目」

ここで当然ながら、皆さんの関心は「自分の業界はどの型の競争が中心なのか」ということだろう。それを知るための一つの方法は、大規模統計から各業界がど

注8）エリック・リース『リーン・スタートアップ』（日経BP社、2012年）

の型に近いかを定量評価することだ。例えば第2章では、SCPフレームワークが通用しにくくなっている背景として、米国の多くの業界では（SCPが想定する）「持続的な競争優位」を獲得しにくくなっていることが統計分析から明らかになっている、と述べた。米国では少なからぬ業界で競争がシュンペーター型に移ってきていることが、大規模データ分析によりわかってきているのだ。

　しかし、実際にこのように事業環境を統計分析するのは専門知識が必要で、それは多くの場合、経営学者の仕事だ[注9]。そして残念ながら、日本についてそのような定量研究はいまだ乏しい。

　では、ビジネスパーソンが自社戦略を考える上ではどうすべきか。現時点で筆者が言えるのは、いわゆる「鷹の目」を持つことだ。すなわち、自分のいる業界だけでなく、より多くの他業界を幅広く俯瞰して、自社を取り巻く環境はどの型の競争に近いのか（近くなっていくのか）を比較検討・予測することだ。もちろん、「どの業界も不確実性は高まっている」ということかもしれないが、それでも業界での濃淡は大きい。IT業界と飲料業界の不確実性が同じであるわけがない。そして競争の型が違えば、求められる経営理論も、戦略も異なるのだ。

　第1章からここまで、経済学ディシプリンの理論の中でも競争戦略の根幹をなすSCPとRBVを解説してきた。しかしあえて大胆に言えば、現代の世界標準の経営学で研究者がこぞって使うという意味で主役を張っている経済学ディシプリン理論は、実はこの2つではない。SCPやRBVが依拠する古典的な経済学ではなく、より現実に近い仮定に基づき、複雑な組織の真理を解き明かす理論が台頭しているのだ。その一連の理論を「組織の経済学」と呼ぶ。次章から第7章までは、組織の経済学の諸理論を解説しよう。

注9) 経営学における事業環境の定量化については、Dess, G. G. & Beard, D. W. 1984. "Dimensions of Organizational Task Environments," *Administrative Science Quarterly*, Vol.29, pp.52-73.、Folta,T. B. & O'Brien, J. P. 2004. "Entry in the Presence of Dueling Options," *Strategic Management Journal*, Vol.25, pp.121-138. を参照。競争優位の持続性の定量化については、第2章で紹介したWiggins, R. R. & Ruefli, T. W. 2002. "Sustained Competitive Advantage: Temporal Dynamics and the Incidence and Persistence of Superior Economic Performance," *Organization Science*, Vol.13, pp.81-105.や Wiggins, R. R. & Ruefli, T. W. 2005. "Schumpeter's Ghost: Is Hypercompetition Making the Best of Times Shorter?" *Strategic Management Journal*, Vol.26, pp.887-911.、Wiggins, R. R. & Ruefli,T. W. 2003. "Industry, Corporate, and Segment Effects and Business Performance: A Non-parametric Approach," *Strategic Management Journal*, Vol.24, pp.861-879. を参照。

第 **5** 章 information economics

情報の経済学①

「悪貨が良貨を駆逐する」のは
ビジネスの本質である

組織の経済学とは

　本章から「経済学ディシプリン」の中盤、「組織の経済学」（organizational economics）に入る。

　組織の経済学を学ぶことは、現代の経営学で不可欠である。米国の経営学の Ph.D.（博士）プログラムで、組織の経済学に触れないことはありえない。同時に、これらはビジネスパーソンが自社のあり方を考える上でも、重要な「思考の軸」になる。例えば、スタンフォード大学ビジネススクールの教授陣には組織の経済学を専門とする学者が何人もいて、彼らの書いたテキストがMBA授業で使用されている[注1]。

　経済学ディシプリンの前章までは、主に「市場」に焦点を当て、そこから導かれるSCP理論やリソース・ベースト・ビュー（RBV）を解説した。完全競争市場では企業は儲からず、独占市場に近づくほど企業は超過利潤を得られる。したがって「完全競争市場が成立するための『4条件』をいかに崩していくか」が、SCP・RBVの根底にあった[注2]。

　他方で前章までは、「組織」「組織・市場を構成する個人」への深い洞察は行われなかった。組織が抱える構造問題の本質は何か、組織・個人がビジネス取引で

注1）Milgrom, P. & Roberts, J. 1992. *Economics, Organization, and Management*, Prentice Hall, 同書以外にビジネスパーソン向けに組織の経済学を包括的に記した著書はほとんどないというのが筆者の認識だ。同書は日本でも『組織の経済学』（NTT出版、1997年）という名で刊行されている。初学者が組織の経済学の大枠をつかむための本としては、本書以外に伊藤秀史『ひたすら読むエコノミクス』（有斐閣、2012年）を推薦したい。

注2）完全競争の4条件については、第3章を参照。

直面する課題は何か、そもそも企業組織はなぜ存在するのか……このような
SCP・RBVでは説明できない深い疑問に答えるのが、組織の経済学である。

この分野は1980年代頃から経済学者がゲーム理論という数理ツールを応用し
始めたことで飛躍的に発展し始めた（ゲーム理論は、第8章・9章で解説する。
ただし、本書での組織の経済学やゲーム理論は、数学を使わずに日本語で解説す
る）。経済学ディシプリンの仮定する「人はおおむね合理的に意思決定をする」
という前提を崩さないまま、組織の複雑なメカニズムを次々に解き明かすように
なったのだ。本書はその知見をわかりやすく説明し、読者の皆さんが腹落ちする
ことを目指す[注3]。

本書では、なかでも経営理論として昇華しつつある「情報の経済学」（第5章）、
「エージェンシー理論」（第6章）、「取引費用理論」（第7章）を、順に紹介する[注4]。
これらの理論は、前章まで依拠してきた古典的な経済学が仮定する人間の意思決
定の条件を、より現実に近づけるために2つの面で修正することが出発点になる。

第1に、組織・人のビジネス取引・やりとりにおける「情報の非対称性」（詳
しくは後述）を出発点にするのが、前者2つの理論である。特に、取引・やりと
りの前に起きる問題を扱うのが情報の経済学で、実際に取引・やりとりが始まっ
た後の問題を扱うのがエージェンシー理論だ。第2の修正点は、人の意思決定に
「限定された合理性」（詳しくは第7章で紹介）を持ち込むことである。これによっ
て「組織とは何か」の本質に迫るのが、取引費用理論である。

出発点は、やはり完全競争を崩すことから

先にも述べたように、前章までのSCP・RBVは、経済学のベンチマークであ
る「完全競争の4条件」からの乖離が根底にあった。そして今回紹介する「情報
の経済学」も完全競争の条件が出発点である。しかしここでは、これまでの4条
件ではなく、「第5の条件」に着目する。第1章でも軽く触れたその条件は、以下
のようなものだ。

注3）経営学では、経済学で発展してきた組織の経済学の知見を基礎としながら、自然言語を用いて理論記述
　　することが多い。

注4）第1部冒頭でも述べたが、経済学では次章のエージェンシー理論を情報の経済学の一部ととらえられている
　　が、経営学では両者を別に議論することも多いので、本書もそのような構成をとっている。

条件5──ある企業の製品・サービスの完全な情報を、顧客・同業他社が持っている。

　この条件は「完備情報」（complete information）と呼ばれる。本書ではここまで注目してこなかったが、完全競争が成立する上では重要な条件[注5]だ。

　例えば、皆さんがテレビを買おうと家電量販店へ行くとしよう。そこでは高級品メーカーA社の新品のテレビが20万円で売られており、同じサイズのB社のテレビは10万円で売られている。さらに、皆さんは「一般にA社製品の方がB社製品よりも質が高い」という情報を持っている。また、画質・音質・録画機能などのスペックも提示されているので、それらを比較しながらA社のテレビはB社のテレビよりも10万円高い価値があるか検討できる。さらに、その量販店の提示価格が妥当かどうかも、近所の別の店と比較すればよい。すなわち、その製品の特性・店の情報を消費者がほぼ完全に手に入れられる、完備情報に近い状態だ。

　しかしこのような状況は、現実のビジネス取引の多くに当てはまるとは限らない。実際のビジネスでは、提供される製品・サービスの質や取引相手の情報が完全にわからないことも多いからだ。するとどのような事態が起きるのか、これを有名な「アカロフのレモン市場」の例を使って説明しよう。

アカロフのレモン市場

　2001年、3人の経済学者が同時にノーベル賞を受賞した。コロンビア大学のジョセフ・スティグリッツ、ニューヨーク大学のマイケル・スペンス、そしてカリフォルニア大学バークレー校のジョージ・アカロフである。3人とも情報の経済学の発展に多大な貢献をしたことが受賞理由だった。

　「アカロフのレモン市場」とは、アカロフが1970年に経済学術誌『クォータリー・ジャーナル・オブ・エコノミクス』に発表した論文で紹介した、いまでもよく使われる例である[注6]。レモンとは、英語の俗称で中古車のことだ。

　中古車と新車の決定的な違いは何だろうか。それは、出荷直後の新車と違って、

注5）あくまで「完備情報」（complete information）と呼び、「完全情報」（perfect information）とは呼ばないことに注意されたい。

中古車は「その正確な品質情報が、買う側にわからない」ことにある。中古車は
それまで別の誰かが乗っていたのだから、故障歴・事故歴があるかもしれない。
あるいはエンジンが古くなって傷んでいるかもしれない。同じ車種・経年の中古
車でも、1台1台「本当の価値」は異なり、それは買い手にわからないのだ。

　他方で売り主、すなわち中古車ディーラーの営業マンは、当然ながらその中古
車の「本当の価値」を知っている。もちろん一部の情報は買い手に開示するかも
しれないが、すべての情報を開示する必要はない。このように、買い手・売り手
の取引プレーヤーのどちらか一方だけが偏在的に特定の情報を持ち、もう一方が
持たない状況を「情報の非対称性」（information asymmetry）と呼ぶ。完全
競争の条件5が成立していない状態だ。この時、営業マンだけが知っている中古
車の本当の状態・価値のことを「私的情報」（private information）と呼ぶ。

　ここで、まず私的情報を持つ営業マンの「合理的な行動」を考えよう。例えば、
ある中古車が外からは見えない故障を抱えていて本当は100万円の価値しかない
のに、その情報を買い手が知る術がなかったらどうなるだろうか。営業マンが合
理的なら、その情報は隠しつつ、より高い値段（例えば150万円）を買い手に提
示するはずだ。このような行為を「虚偽表示」（misrepresentation）という。

　他方で買い手は、そもそも営業マンが情報を隠しているかどうかもわからない。
しかし大事なのは、買い手が「これは中古車であり、したがって営業マンが情報
を隠しながら本当の価値より高い売り値を提示する可能性がある」のは知ってい
ることだ。だとすれば、買い手が合理的である限り、150万円という営業マンの
提示価格を容易には信じないだろう。むしろ「少なくとも150万円のはずがない」
と考えて、ディスカウント（例えば120万円）を求めるはずだ（**図表1**を参照）。

注6) Akerlof, G. A. 1970. "The Market for 'Lemons': Quality Uncertainty and the Market Mechanism," *Quarterly Journal of Economics*, Vol.84, pp.488-500. なお後述するスティグリッツ等が発展させたスクリーニングの原点論文としてはStiglitz, J. E. 1975."The Theory of 'Screening,' Education, and the Distribution of Income," *American Economic Review*, Vol.65, pp.283-300. を、スペンス等が発展させたシグナリングの原点論文としてはSpence, M. 1973. "Job Market Signaling," *Quarterly Journal of Economic*, Vol.87, pp.355-374. を参照。情報の経済学全体については、Stiglitz, J. E. 2000. "The Contributions of the Economics of Information to Twentieth Century Economics," *Quarterly Journal of Economics*, Vol.115, pp.1441-1478. が包括的なサーベイをしている。

図表1 アカロフのレモン（中古車）市場

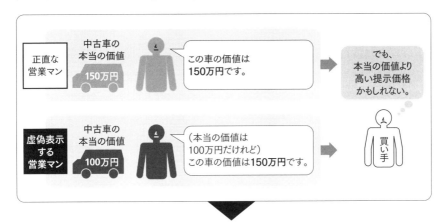

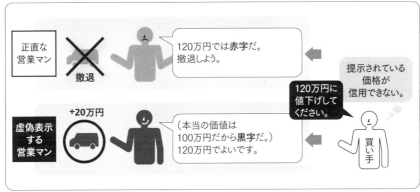

本当に150万円の価値がある質の高い車の売り手（正直な営業マン）は市場からいなくなり、質の悪い車を虚偽表示する売り手だけが残りがちになる。

アドバース・セレクション

アドバース・セレクションとは何か

　やっかいなのは、このディスカウントがどのような中古車取引でも起こりうることだ。もしかすると、この世には正直な営業マンがいて、その人は150万円の価値がある中古車をそのまま150万円で売ろうとしているかもしれない。しかし買い手側は、それが本当に150万円に値するかわからず、この正直な営業マンの提示額を鵜呑みにできない。150万円の価値を持つ中古車の営業マンも、本当は

100万円の価値しかない中古車の営業マンも、どちらも同じように「この車は150万円の価値がある」と言うからだ。結果として、いずれの場合でも買い手はディスカウントを求めざるをえない。

この場合、本当に150万円の価値がある車を売りたい（正直な）営業マンは、120万円に値下げしては儲からないので、取引をしないことになる。結果、正直な営業マンは市場からいなくなり、本来100万円の価値しかない車を虚偽表示して売ろうとする営業マンだけが残る。まさに「悪貨が良貨を駆逐する」のである。

以上が情報の経済学における、最も基本的かつ中心的な問題である。ビジネスの現実に近づけるために完全競争の条件5を崩す（＝情報の非対称性を取り入れる）と、私的情報を持つプレーヤーが虚偽表示するインセンティブが生じる。結果として、虚偽表示をするプレーヤーだけが市場に残りがちになる。これを「アドバース・セレクション」（adverse selection：逆淘汰・逆選択）と呼ぶ。

これは多くのビジネス取引で起こりうる深刻な問題といえる。虚偽表示をする質の悪い製品・サービスを持った売り手だけが市場に残りがちなのは、質のいいものを適正な値段で手に入れたい買い手には明らかに損失だ。結果、買い手は市場に参加する魅力がなくなり、本来なら成立するはずの市場取引が成立しなくなることもある（経済学では「薄い市場」〔thin market〕と呼ぶ）。

アドバース・セレクションは売り手にも問題である。特に虚偽表示をしないプレーヤー（先の例なら、正直な営業マン）は、せっかく自分がよいものを適正価格で売ろうとしても、買い手に信じてもらえないからだ。SCP・RBVでは完全競争の4条件を崩すことで企業は超過利潤を得られたが、完全競争の第5の条件（完備情報）が崩れることは、むしろ多くのビジネス・プレーヤーに不利益を被らせるのだ。そしてやっかいなことに、この問題は現実のビジネスのあらゆるところに潜んでいるのである。

ビジネスにつきまとうアドバース・セレクション

ここでは、よく引き合いに出されるアドバース・セレクションの例を4つ紹介しよう。

❶ 就職市場

　就職市場は、情報の非対称性が生じる典型だ。採用する側の企業にとっては、志望者の「本当の能力」「真面目さ」は実際に働いてもらうまでわからない。逆に志望者は自身の本当の能力・性格を知っている（私的情報を持っている）。企業はこの非対称性を解消するために面接を繰り返すわけだが、それでも弁が立つ志望者なら自分の能力・性格を過剰に脚色（＝虚偽表示）するかもしれない。

　そうであれば先と同じ論理で、企業は志望者へよい就労条件を提示できない。他方で本当に能力がある志望者はそれでは満足しないから、その会社に就職しないだろう。このように就職市場は本質的にアドバース・セレクション問題を抱えており、薄い市場になりやすい。すなわち失業が発生するのだ。

❷ 保険など、買い手が私的情報を持つ場合

　これまでの例では、売る側・就職を志望する（＝自分を売り込む）側が私的情報を持っていた。他方で、「買う側」が私的情報を持つこともある。

　その代表例は保険だ。例えば、この世には「注意深くて自動車事故を起こしにくい人」と「不注意で事故を起こしやすい人」がいる。しかし、その人が本当に注意深いかどうかは当人にしかわからないのだから、保険会社は完全には把握できない。この場合は、自動車保険に入る側（＝買う側）が、当人が注意深いかどうかという点について私的情報を持っているのだ。

　ここでやっかいなのは、「自分は不注意で事故を起こしやすい」とわかっている人ほど保険に入りたがることだ。しかし保険会社はどの加入希望者が本当に不注意かはわからないので、結果としてすべての人に高い保険料を設定せざるをえない。すると「注意深いので事故を起こしにくい」と自分でわかっている人にとっては割高となりその人は保険を買わないので、結果として不注意な人だけが保険に入ることになりかねない。

❸ 融資・投資

　金融業はそのものが、アドバース・セレクションに囲まれた業界といえる。例えば銀行融資なら、銀行側がどんなに与信調査をしても、融資先企業の内状を完全には把握できない。他方で本当は経営状態が悪くて資金に困っている企業ほど、「当社の経営には問題がないので融資してほしい」と主張しがちだ。

❹企業買収（M&A）

企業買収では、買収する側の企業がアドバース・セレクションに直面する。買収対象として売り込まれる企業は、社内に問題を抱えていることも多い。他方でこのような企業は、なるべくよい条件で買収してもらうために、デューデリジェンス（審査）の過程でも自社の不都合な内部情報を隠すかもしれない。

このように、情報の非対称性とそれに伴うアドバース・セレクションは、ビジネスの至るところでつきまとう本質的な問題である。だからこそ情報の経済学はいまや純粋な経済学の枠組みを超え、ファイナンス・会計学・組織論などビジネススクールのあらゆる領域で研究され、教えられているのだ。

アドバース・セレクションの理解は、さらに重要になる

筆者は、アドバース・セレクションを理解することは今後のビジネスでいっそう重要になると考えている。実際、世界の経営学でも2000年代に入って応用研究が急速に進み始めた印象だ（**図表2を参照**）。アドバース・セレクション問題がビジネスの様々な局面でさらに顕在化する可能性が高く、そのメカニズムと解消法の理解が求められるからだろう。

第1に、近年盛り上がりを見せてきた起業ブームである。KDDIや楽天などに代表される既存の大企業がスタートアップ企業に投資したり、大企業とスタートアップ企業の協業が試みられたりするようになってきた。しかし、スタートアップ企業は若くて非上場なので（情報開示義務がないので）、その実態（私的情報）が外から見えにくい。結果として、大企業はスタートアップ企業と協業したくても、なかなかその1歩が踏み出せない。

スタートアップ企業側も、エグジット（資金回収）の一手段として大企業に買収されることを検討するかもしれない。しかしアドバース・セレクション問題のために、外部企業になかなかその価値を信じてもらえない。実際、INSEAD（欧州経営大学院）のローレンス・カプロンとカナダのヨーク大学のジュンチン・シェンらが2007年に『ストラテジック・マネジメント・ジャーナル』（SMJ）に発表した論文では、1988年から1992年の世界各国企業のM&Aデータを使った統計分析により、社齢が若い非上場企業やハイテク業界にいる非上場企業は特に、上

場企業と比べて買収対象になりにくいことを明らかにしている[注7]。

　第2に、今後も国際的なビジネス活動が進展することだ。自国と言語や文化的・制度的背景が異なる国でビジネスを行えば、現地ビジネス・パートナーの私的情報を把握するのは難しい。オランダのグローニンゲン大学のデシスラバ・ディコバら3人が2010年に『ジャーナル・オブ・インターナショナル・ビジネス・スタディーズ』に発表した論文では、世界で1981年から2001年に行われた2389のクロスボーダーの企業買収データを使った統計分析から、買収企業と被買収企業の国の間に制度的な違いがあるほど、その企業買収案件は最終的に完遂に至らなかったり、あるいは完遂までに時間がかかったりすることが明らかにされている[注8]。制度的な違いから生じるアドバース・セレクション問題により買収交渉・手続きが難航するのである。

アドバース・セレクションを巧みに解消する企業とは

　第3に、インターネットビジネスの発展だ。ネットビジネスには2つの面がある。まず、ネットビジネスの発展は、いままでつながっていなかった企業・人をつなげることで新たな取引を生んでいる。しかし、新たにつながったプレーヤー同士が互いに「顔の見えない」ネット上で取引をするのだから、当然情報の非対称性は大きく、アドバース・セレクションも生じやすい。一時は多くのC2C系のネット取引でトラブルがあったが、その背景にはこれがある。

　他方で、成功しているネット企業の多くは、アドバース・セレクションを巧みに解消しようとしているのも事実だ。日本を代表するスタートアップ企業であるメルカリは、その一例だ。同社はネット上でC2Cのフリーマーケット市場を提供するビジネスを展開している。ネット上で顔が見えない人同士が「中古品」の取引をするのだから、アドバース・セレクションが生じやすい典型だ。しかし、同社のサービスでは買い手・売り手の過去の取引評価が、誰にでも見えるように

注7) Capron, L. & Shen, Jung-Chin. 2007. "Acquisitions of Private vs. Public Firms: Private Information, Target Selection, and Acquirer Returns,"*Strategic Management Journal*, Vol.28, pp.891-911. および図表2参照。

注8) Dikova,D. et al., 2010."Cross-border Acquisition Abandonment and Completion: The Effect of Institutional Differences and Organizational Learning in the International Business Service Industry, 1981-2001," *Journal of International Business Studies*, Vol.41, pp.223-245. および図表2参照。

|図表2| 情報の非対称性に関する経営学の実証研究例

	筆者 (論文掲載年)	掲載された 学術誌※	研究テーマのタイプ	研究対象	情報の非対称性を 高める要因
1	Roth & O'Donnell (1996)	AMJ	情報の非対称性の 背景と影響	国際間の企業経営	本社と海外子会社の国の間の文 化的距離
2	Reuer & Koza (2000)	SMJ	情報の非対称性の 背景と影響	合弁事業	出資企業同士、あるいは出資企 業と合弁事業の間の事業の違い
3	Capron & Shen (2007)	SMJ	情報の非対称性の 背景と影響	企業買収	被買収企業が非上場であること
4	Dikova et al. (2010)	JIBS	情報の非対称性の 背景と影響	国際間の企業買収	被買収企業と買収企業の国の間 の制度的距離
5	Reuer & Lahiri (2014)	OS	情報の非対称性の 背景と影響	R&D提携	企業間の地理的距離
6	Balakrishnan & Koza (1993)	JEBO	企業買収でアドバ ース・セレクション問 題を解消する戦術	合弁事業	企業間の事業の違い
7	Coff (1999)	OS	企業買収でアドバ ース・セレクション問 題を解消する戦術	買収プレミアム	被買収企業と買収企業の間の互 いが持つ知識の違い
8	Reuer et al. (2004)	JIBS	企業買収でアドバ ース・セレクション問 題を解消する戦術	買収金の支払い方 法	被買収企業と買収企業の業種の 違い、等
9	Reuer & Shen (2004)	JEBO	企業買収でアドバ ース・セレクション問 題を解消する戦術	買収されることを前 提としての株式市 場公開(IPO)	当該産業における企業間の地理 的距離の分散
10	Heeley et al. (2007)	AMJ	企業の情報公開 (ディスクロージャー)	株式市場公開 (IPO)	当該産業において企業の持つ特 許の価値が明らかかどうか
11	Zhang et al. (2009)	SMJ	シグナリング	財務報告書におけ るCEOの認証	─
12	Gao et al. (2010)	MS	シグナリング	企業の認証(ISO 9001)取得	企業の多角化度合い、等
13	Reuer & Tong (2010)	OS	シグナリング	株式市場公開 (IPO)後の企業の 資本提携	IPO直後であることによる、不透明 性
14	Montiel et al. (2012)	SMJ	シグナリング	企業の認証取得 (ISO14001)	事業が立地する州の汚職度
15	Ozmel et al. (2013)	AMJ	シグナリング	スタートアップ企業 の事業提携	スタートアップ企業であることによる 不透明性

※学術誌の略称と正式名称は下記の通り。
AMJ：*Academy of Management Journal*　JEBO：*Journal of Economics Behavior and Organizaiton*
OS：*Organization Science*　SMJ：*Strategic Management Journal*

統計分析での調査対象	主な分析結果
科学計測機器産業、医療機器産業におけるグローバル企業の海外子会社100社	・本社と海外子会社の立地する国の間の文化的距離が離れているほど、海外子会社ではインセンティブ・ベースの報酬体系が導入される。
米国上場企業による297の合弁事業（1985～1995年）	・出資企業同士、あるいは出資企業と合弁事業の間に事業の違いがあるほど、合弁事業アナウンス時に市場は好意的に反応する。
92の企業買収（被買収企業の内訳：52の上場企業、40の非上場企業）（1988～1992年）	・非上場企業が①買収企業と異なる事業をしている、②ハイテク産業にいる、③若い企業である時ほど、（上場企業と比べて）買収されにくい。
サービス産業における2389の国際間買収（1981～2001年）	・被買収企業と買収企業の国の間の制度的距離が離れるほど、アナウンスされた後でその買収が実際に完遂される確率は下がり、買収完遂までにかかる時間も長くなる。
半導体デザイン企業263社の米国内で行われたR&D提携（1991～2002年）	・企業間の地理的距離が離れるほど、R&D提携が行われる確率が下がる。
米国内で行われた64の合弁事業と165の企業買収（1974～1977年）	・合弁では、両企業間の事業が異なるほど、合弁事業アナウンス時に市場が好意的に反応する。 ・逆に企業買収では、買収企業と被買収企業の事業が異なるほど、買収アナウンス時に市場が非好意的に反応する。
米企業による218の買収（1998～1999年）	・買収企業と被買収企業が持つ知識が異なるほど、買収プレミアムは低下し、キャッシュでの支払い比率が高まり、買収交渉時間が長くなる。
米企業による1325の国際的買収（1995～1998年）	・買収企業が被買収企業と異なる事業をしているほど、買収時に条件付き支払いをする確率が高まる。 ・買収企業の国際買収経験が豊富なほど、買収時に条件付き支払いをする確率が下がる。
事業を買収された米製造業820社（1996～1999年）	・当該企業の企業間の地理的距離の分散が大きかったり、当該産業のR&D／売上比率が高いほど、非上場企業はIPOを実施してから買収される。
IPOを行った米製造業1413社（1981～1998年）	・特許がもたらす価値が明らかな産業では、企業が特許を多く保有しても、IPO上昇比率はそれほど上昇しない（事前の設定株価が正確に評価される）。
米上場企業419社（2002年）	・CEOが自社株取得をしていたり、他社に外部取締役として参加している場合、そのCEOのいる企業の財務報告書におけるCEO認証に対して、市場は好意的に反応する。
インドITサービス企業66社（1997～2001年）	・企業の多角化度合いが高い場合、その企業が認証（ISO9001）を持っているほど輸出額が高まる。
IPO後に資本提携を行った米企業278社（1991～1998年）	・IPO直後の企業が、①IPO以前に多く企業内提携（アライアンス）を持っていたり、②IPO引き受け銀行の評判が高かったり、③メディアに注目されている場合、その将来の成長オプション価値が高いと、早いタイミングで他企業と資本提携ができる。
メキシコにおける自動車サプライヤーの433の工場施設（1998～2004年）	・政府部門の汚職に関する指数が高い州に位置する工場施設ほど、ISO14001を取得する確率が高まる。
米バイオ産業におけるスタートアップ企業239社と既存企業156社の間の事業提携（1980～2003年）	・スタートアップ企業に投資するベンチャーキャピタル企業のステータスが高いほど、そのスタートアップ企業が他企業と事業提携を組める可能性が高まる。

JIBS：*Journal of International Business Studies*　MS：*Management Science*

| 図表3 | 企業買収（M&A）において、買収する側の企業が
アドバース・セレクション問題を軽減する戦術例

	オーナーシップによる 軽減法 Ownership Solutions	契約・買収額の 支払い方法による解消法 Contractual Solutions	「IPO待ち」をする 解消法 Market Solutions
概要	被買収企業候補の私的情報が十分に見えない場合は、完全買収ではなく出資比率を低下させたり、合弁事業を選択してリスクを低減させる。	被買収企業候補の私的情報が十分に見えない場合は、支払額の一部を事後的な被買収企業のパフォーマンスなどに比して支払うアーン・アウト条項などを契約につける。	被買収企業候補の私的情報が十分に見えない場合は、その企業がIPOをして、透明性が高まってから、買収するかどうかを判断する。
具体例	1988年の米ワールプールによる蘭フィリップスの欧州白物家電事業買収の際には、ワールプールは同事業の不透明さから、買収よりも合弁事業を選択した。	2004年に日本電気（NEC）がアビームコンサルティングを傘下に収めた際や、富士通が北米の情報サービス会社を買収した際に、アーン・アウト方式を使用。	2002年にペイパルがIPOを実施したが、同年内にイーベイが同社を買収した。
関係する 実証研究	Balakrishnan & Koza (1993)、Reuer & Koza (2000) など（図表2）	Reuer et al. (2004) など（図表2）	Reuer & Shen (2004) など（図表2）

出所：Reuer, J. J., 2005. "Avoiding Lemons in M&A Deals," *MITSloan Management Review*, Vol.46, pp.15-17. を
もとに筆者作成。なお、論文は図表2を参照。

なっているので、取引相手がどれだけ信頼できるかの判断材料になる。

　さらに特徴的なのは取引システムだ。同社のサービスでは、売買が成立すると、まず買い手の支払金はメルカリがいったん預かる仕組みになっている。支払金がメルカリに預けられたことがわかってから売り手が商品を送り、そして買い手がその商品を受け取って状態を確認してから売り手をサイト上で「評価」し、それを受けて売り手も買い手のことを「評価」してから（互いに情報の非対称性がなくなってから）、初めて代金が売り手に払われるのである。このようにネット上の取引では、運営企業がネット技術を使ってどのようにアドバース・セレクションを解消するかが、成功のカギの一つなのだ。

　最後に、企業買収の高まりである。日本の企業買収は年々加速しており、クロスボーダーのM&Aも増加傾向にある。しかし、先に述べたようにM&Aは本質的にアドバース・セレクション問題を伴い、しかもクロスボーダーならその問題は深刻化する。2014年に第一三共が（2008年に買収した）インドの製薬企業のランバクシー・ラボラトリーズを売却した件や、2014年にLIXILが買収した

|図表4|アドバース・セレクションの解消手段に関する応用研究

	経済学関連での応用	経営学での応用
スクリーニング	研究が進んでいる。 〈応用例〉 ・保険 ・クーポン券	研究が進んでいない。
シグナリング	研究が進んでいる。 〈応用例〉 ・学歴 ・広告	研究が進んでいる。 〈応用例〉 ・企業の認証取得 ・スタートアップ企業への著名ベンチャーキャピタルの投資 ・CEOの自社株保有
その他	企業の情報開示（コーポレート・ディスクロージャー）など、多様な領域で研究が進んでいる。	企業買収（M&A）においてアドバース・セレクションを軽減する戦術の研究が進んでいる（図表3を参照）。

注）濃いグレーの部分は、本文で応用事例を紹介している部分。なお、上の状況は本書執筆時のもの。

ドイツの水栓金具大手グローエの中国系子会社に、後になって不正会計が発覚して大きな問題になった件などは、その代表例である。

企業買収におけるアドバース・セレクションの対処法については、経営学で実証研究が蓄積しつつある。同分野の第一人者である米国のパデュー大学のジェフリー・ロイヤーが2004年に『スローン・マネジメント・レビュー』に掲載した実務家向けの論考では、過去の学術研究の知見をまとめて、買収する側の企業が検討すべき3つの視点をまとめている（**図表3**を参照）。

メルカリや企業買収の例のように、現実の企業は様々な手法を使ってアドバース・セレクションを解消しようとしている。しかしそれは取引や業界の状況に応じた個別の戦術である。それに対して、より本質的・普遍的に応用できるアドバース・セレクションを解消するための理論として、経済学では特に代表的な2つが提示されている。それは「スクリーニング」と「シグナリング」だ。

これから述べるように、私たちが普段何気なく取っているビジネス行動のなかには、実はスクリーニングやシグナリングの役割を果たしているものがいくつも潜んでいる。逆に言えば、皆さんがその「何気なく取っている行動」を理論の視点で見直すことが重要なのだ（**図表4**を参照）。

第5章 情報の経済学①

私的情報を持たないプレーヤーの対処法：スクリーニング

まずスクリーニングから説明する。これは「私的情報を持っていない（すなわち相手が私的情報を持っている）プレーヤー」がとりうる対処法を理論化したものだ。

先の保険の例を考えてみよう。保険では、買い手は「自分が不注意かどうか」知っているが、保険会社はそれがわからない。結果として事故を起こしやすい人ばかりが保険を買う可能性があるのが問題だった。保険会社にこのアドバース・セレクションを解消する術はあるのだろうか。

実はスクリーニングの視点からは、極めて単純なことが解消法となる。それは①保険料は安いが事故になった時の補償額も安い保険と、②保険料は高いが補償額も高い保険、の2つの商品を用意するだけなのだ。なぜなら2種類の保険商品があれば、「自分は事故を起こしやすい」（補償金を受け取る可能性が高い）と知っている加入希望者は、加入額が多少高くても補償額の大きい保険を自然に選ぶし、「事故を起こしにくい」と知っている加入希望者は、安い保険を自然に選ぶからだ。こうすれば保険会社は前者からは高い保険料を取りつつ、後者も逃さないで済む。

小売業やファーストフードで使われるクーポン券にも、同様の効果がある。この世にはハンバーガーを「少しでも安く食べたい」という客層と、「ハンバーガー程度なら価格は気にしない」客層が混在している。前者の例は、節約志向のファミリー層などで、後者の例は、会社帰りの懐に余裕のある独身ビジネスパーソンなどだろうか。したがってファーストフード店は客それぞれに違った価格を提示できればいいのだが、顧客それぞれの「ハンバーガーへの価格意識」は当人にしかわからない私的情報だから、それは不可能だ。

しかし、クーポンを使うとこの情報の非対称性はいっきに解消できる。なぜなら、価格に敏感なファミリー層は普段から新聞折り込みやアプリでのクーポン情報をマメにチェックしていて、それを持って食べに来るからだ。言うなれば、顧客が勝手に自分でクーポン払いという「値下げ」をしているのと同じだ。他方で仕事帰りの独身ビジネスパーソンは、クーポンなど気にせずにそのままの価格でハンバーガーを食べるだろう。これは、顧客の方が「高い価格」をみずから選んでいるようなものだ。

このように複数種類の商品を提示したり、クーポン券を提供したりするなど「顧客に選択肢を与える」ことで、顧客が勝手にみずからの私的情報に基づいた行動を取ってアドバース・セレクションが解消されるメカニズムを、スクリーニングと呼ぶ。先のノーベル賞受賞学者のなかでも、スティグリッツが保険の事例などを使って発展に貢献した理論である。

実は、スクリーニングは経済学で様々な事例での研究が進んでいるが、経営学ではその応用が十分に進んでいない。しかし、経営学の範疇であるビジネス取引にも、スクリーニング機能を持つ企業行動は潜んでいるはずで、これはフロンティアの研究課題といえるだろう。皆さんも応用例を考えてみてはいかがだろうか。

私的情報を持つプレーヤーの対処法：シグナリング

一方、経営学で近年急速に応用研究が進み始めたのがシグナリングである。先のマイケル・スペンスが発展に大きく貢献した理論視点だ。

スクリーニングとは逆に、シグナリングは私的情報を持つプレーヤーのための理論だ。私的情報を持つ側の問題は「自分の情報が本当だと相手に信じてもらえない」ことなのはすでに述べた。就職市場の例なら、「虚偽表示をする可能性がある別の志望者がいるために、自分の『高い能力・真面目な性格』が就職したい企業側に信じてもらえないこと」がそれに当たる。ここでシグナリングとは、相手に理解されにくい私的情報の代わりとなる「わかりやすく顕在化したシグナル」を外部に送ることで、情報の非対称性を解消しようとするメカニズムである。

就職市場での代表的なシグナルは、志望者の「学歴」だ。志望者の能力・性格のような私的情報は企業が把握できないが、その人の学歴ならだれにでもわかる。そして一般によい大学に入るには、人はそれなりに優秀でなければならないし、真面目に勉強しなければならない。この理由で、情報の非対称性に直面する企業が「優秀で真面目な人」を選別するために学歴をシグナルにするのは、合理的な判断といえる。

企業の場合はどうだろうか。先にも述べたように、私的情報を持つ企業は、投資・融資の審査で不利になる可能性がある。あるいはスタートアップ企業が大企業と協業したくても、情報の非対称性が高ければそれは難しい。このような背景があるからこそ、会計の世界ではコーポレート・ディスクロージャー（情報開示）

が大きなテーマとなっている[注9]。

　他方で経営学では、私的情報を持つ企業が「戦略的に外部にシグナリングする」可能性について、研究が進み始めている。

　例えば企業の認証取得は、典型的なシグナリング行為だ。認証は、外から見えにくい企業の「質」のシグナルとなる。ヨーク大学のブライアン・ハステッドら3人が2012年にSMJに発表した研究では、メキシコの433の自動車工場施設のデータから、企業＝政府間の汚職問題が深刻な地域に立地する工場ほど、環境関連認証であるISO14001を取得する確率が高まることを明らかにしている[注10]。政府＝企業の汚職が深刻な地域では、企業が環境問題に努力しても外部のステークホルダーに信じてもらえない（情報の非対称性が高い）ので、誰にでも見えるシグナルとして認証が必要なのだ。

　また、スタートアップ企業が著名なベンチャーキャピタル（VC）企業に投資してもらうことも、その企業が「信頼に値する」という外部へのシグナルになりうる。先のロイヤーがハーバード大学のランジェイ・ギュラーティらと2013年に『アカデミー・オブ・マネジメント・ジャーナル』に発表した論文では、米国のバイオ・ベンチャー239社のデータを使った統計分析から、ステータスの高いVC企業から投資を受けている企業ほど他企業との資本提携を行いやすくなる、という結果を得ている[注11]。

　ここで注意すべきは、シグナルには必ず「裏づけ」がなければならないことだ。企業が就職志望者の高い学歴をシグナルとして見なすのは、「その大学は入るのが難しく、そこに合格したということは、その人に学力と真面目さがある証拠」と裏づけられるからだ。逆に、その大学が「学力と真面目さ」以外の条件で受験者を多く合格させるようになれば、シグナルの裏づけは弱くなる。

　例えば興味深いことに、最近は日本の大手企業人事担当者が、就職志望者の出身大学だけでなく、出身高校を重視するようになっているという[注12]。それは、有

注9）会計学分野のコーポレート・ディスクロージャー研究については、Healy,P. M. & Palepu, K. G. 2001. "Information Asymmetry, Corporate Disclosure, and the Capital Markets: A Review of the Empirical Disclosure Literature," *Journal of Accounting and Economics*, Vol.31, pp.405-440. を参照。

注10）Montiel,I. et al., 2012."Using Private Management Standard Certification to Reduce Information Asymmetries in Corrupt Environments," *Strategic Management Journal*, vol.33,pp.1103–1113. および図表2参照。

注11）Ozmel,U.et al., 2013. "Signals across Multiple Networks: How Venture Capital and Alliance Networks Affect Interorganizational Collaboration," *Academy of Management Journal*, Vol.56, pp.852-866. および図表2参照。

名私立大学などが筆記試験以外の方法でも学生を入学させるようになり、筆記試験で裏づけられていた学生の「学力と真面目さ」というシグナル効果が弱まっているからかもしれない。同様に、どの企業でも簡単に取れる認証はシグナルになりえないし、優れたVC企業から出資を受けるのも、それが大変だからシグナルになるのだ。

　さて最後にもう1点、経営学で主張される重要なポイントを紹介しよう。ここまで筆者は、情報の非対称性を「問題」として、ネガティブに扱ってきた。しかし情報の非対称性が常に望ましくないかというと、必ずしもそうとも限らないのだ。

情報の非対称性はチャンスになりうる

　先に紹介したカプロン＝シェンのSMJ論文に戻ろう。同論文は、企業買収において、非上場企業と上場企業のどちらが買収されやすいかを分析したものだった。実はこれに加えて、カプロンたちは（買収企業の株価変化で計算した）買収パフォーマンスも統計分析している。その結果、「上場企業よりも非上場企業を対象に買収した方が、買収パフォーマンスが高まる」という結果を得ているのだ。

　これは興味深い結果ではないだろうか。いままでの議論から言えば、非上場企業は情報の非対称性が高いのだから、それを買収したらパフォーマンスは悪くなると考えるのが自然だからだ。なぜこのような結果が得られるのだろうか。

　上場企業から考えよう。上場企業は一般に（非上場企業よりも）情報が公開されている。ポイントは、これが他企業・投資家・メディア・顧客など、すべての外部ステークホルダーに公開されていることだ。逆に言えば、「この情報は外部の誰でも知っているのだから、稀少価値がない」ともいえる。仮にある企業がこの上場企業を買収しても、そこには誰もが知らないような稀少で価値がある情報はほとんど残っていないことになる。

　他方で非上場企業の情報は、外部の誰もがよくわからない。しかし逆に言えば、もし何らかの理由で、ある企業だけがその非上場企業内部の私的情報を評価できるなら、その企業は非上場企業の私的情報を独占していることになる。稀少で価値ある情報だ。結果、他企業に先駆けて、その非上場企業を「買い」と判断でき

注12）『プレジデントファミリー』2010年11月号。

111

る可能性がある。

　この考えより、カプロン＝シェンは以下のように論理立てた。まず他の条件を一定とすれば、非上場企業は情報の非対称性が高いから、上場企業と比べて買収ターゲットとして望ましくない。しかし、ある企業Aがそれでも非上場企業を買収したということは、企業Aはその非上場企業や関連業界への「目利き力」が他社より高く、その本当の価値を見抜いたことになる。したがって企業Aは、価値を見抜けなかった他社を出し抜いて、非上場企業の経営資源を独占できる。

　他方、上場企業の情報の多くは誰にでも公開されているため、そのような企業を買収しても、ライバルを出し抜く「上澄み効果」は薄い。したがって、目利きによって非上場企業を買収できれば、上場企業の買収に比べてパフォーマンスが高まるという結果になるのだ[注13]。

　すなわち、情報の非対称性は実はチャンスでもあるのだ。ある企業の情報の非対称性が高いということは、「その企業の私的情報は外部の誰にもわからない」ということだ。しかし逆にその理由で、自社だけがその企業の私的情報を見抜く「目利き」ができれば、その情報はむしろ価値があって稀少なものとなり、ライバルを出し抜くチャンスになる。

情報の非対称性を味方につけよ

　企業の目利き力はどのようにして高められるのだろうか。経営学でよく主張されるのは、経験による学習である。このカプロン＝シェンの実証研究でも、買収する側の企業が過去に（同じ業界で行った）買収案件の数が分析に使われている。

　日本においてM&Aの目利き力のある経営者の筆頭は、間違いなく日本電産の永守重信氏だろう。同氏は日本の経営者には珍しく、多くの企業買収を次々と実現して日本電産の価値を高め、成功して来た。しかし、そのアプローチは「変わっ

注13) 同様の含意を持つ研究に、Laamanen, T. 2007. "On The Role of Acquisition Premium in Acquisition Research," *Strategic Management Journal*, Vol.28, pp.1359-1369 がある。同研究は1989〜1999年の米ハイテク・セクターにおける458の企業買収データを使った統計分析より、被買収企業のR＆D／企業価値比率（通常、R＆D投資額が多い企業ほど実態が外部から見えにくいので、これは情報の非対称性の代理変数として使われる）が高い企業が買収される時ほど、その企業に高い買収プレミアムが払われる、という結果を示している。情報の非対称性が高い企業を買収できる企業は、その内部の目利きができてライバルを出し抜いてその企業の本当の価値がわかっているので、その分高額なプレミアムを払うというロジックである。

ている」と言われることも多い。なぜなら永守氏は、あえて規模が小さく、業績
も悪い会社を狙って長い間買収を続けてきたことで有名だからだ。

　しかし、ここまでの議論を踏まえれば、永守氏の戦略はカプロン＝シェンのロ
ジックと極めて整合的なことがおわかりだろう。通常、小さくて業績の悪い会社
は、私的情報を多く持っている可能性が高く、普通の会社は買ってはいけない案
件だ。しかし、同社はモーター製造関連業界での企業買収を繰り返しているから、
業界内での目利き力が圧倒的に高い。そして、永守氏自身が必ず買収対象企業の
現場に行って、外からは見えない社風などの私的情報をつかむプロセスを繰り返
し、その経験値を上げている[注14]。永守氏は、その力を持って私的情報を持つ企
業の「本当の価値」を見抜き、他社を出し抜いているのだ。

　このように情報の非対称性はアドバース・セレクション問題を引き起こすとい
うマイナスの側面も大きいが、そこを乗り切れる経営者・企業には大きなチャン
スでもある。先に述べたように、これからもグローバル化、IT化など様々な理
由で、情報の非対称性が高い時代は続く。この時代に情報の非対称を味方につけ
られるか否かが、ビジネスの成否を分ける一因になるといえるのだろう。

注14）『日経ヴェリタス』2015年1月11日号。

第6章 | agency theory

情報の経済学②（エージェンシー理論）

人が合理的だからこそ、組織の問題は起きる

モラルハザード問題

　前章は、組織の経済学の最初の理論として「情報の経済学」を取り上げ、情報の非対称性に起因するアドバース・セレクション問題について議論した。前章で述べたように組織の経済学は、古典的な経済学の持つ「人間についての仮定」を崩すことが出発点だ。前章と本章では、すべてのプレーヤーが同じ情報を持つという完備情報の仮定を崩し、「情報の非対称性」を取り入れる。人間についての仮定をより現実に近づけることで、複雑な企業組織の問題に肉薄できるのだ。

　アドバース・セレクションとは、実際のビジネス取引前からプレーヤー間に情報の非対称性が発生し、結果として本来望ましいはずの取引ができなくなることだった。その例として中古車の取引や、保険ビジネス、就職活動などを取り上げ、これらの取引ではアドバース・セレクション問題によっていかに取引が「薄く」なっているかを解説した。

　それに対して、取引が成立した後に組織で生じる問題を説明するのが、エージェンシー理論である[注1]。

　前章同様、本章でもまず保険ビジネスを取り上げよう。例えば、Aさんは注意深く運転するので自動車事故を起こしにくく、Bさんは不注意で事故を起こしやすいとする。しかし、誰が注意深くて、誰が注意深くないかは、本人しか知らないこと（私的情報）なので、保険会社は「誰が事故を起こしやすいか」がわからない（情報の非対称性）。

注1）第1部冒頭および第5章でも述べたが、より正確にはエージェンシー理論も情報の経済学の一部なのだが、経営学では同理論は特に重視されてあたかも独立した理論のように扱われているので、本章で独立して取り上げることにする。

114 ｜ 第1部 経済学ディシプリンの経営理論 ｜

したがって保険会社は、AさんにもBさんにも同じように高い保険料を提示せざるをえない。結果、保険料に納得しないAさんは保険に加入せず、本来なら保険会社にとって望ましくないBさんだけが保険に加入するというのが、アドバース・セレクション問題の骨子だった。

さてここからが本論である。中古車取引と保険取引には、大きな違いがある。前者は中古車売買が成立すれば、そこでプレーヤー間の取引関係は終わりだが、後者は取引成立後も関係が続くことだ。そこで仮に、保険会社がアドバース・セレクションを乗り越えて、AさんにもBさんにも保険を購入してもらったとしよう。すると、保険会社はさらなる問題に直面する。なぜなら、もともとは注意深かったAさんだが、保険に入った後は「以前ほど注意深く行動しなくていい」と考えるインセンティブ（動機づけ）が出てくるからだ。

そもそもAさんが注意深かったのは、保険がなかったからだ。しかし一度保険に入れば事故を起こしても損失がカバーされるため、Aさんが以前ほど注意深く運転しなくなるのはある意味「合理的」だ。保険会社にとって優良顧客だったはずのAさんが、保険に入ったがゆえに優良顧客でなくなるのだ。もともと注意深くなかったBさんが保険に入れば、さらに注意深くなくなるのは言うまでもない。

これが保険ビジネスのもう一つの問題である。これをモラルハザード問題（あるいはエージェンシー問題）という。このモラルハザードのメカニズムとその対処法を考えるのが、エージェンシー理論の主目的だ[注2]。

同理論は、プリンシパル＝エージェント理論とも呼ばれる。多くのビジネス行為は、経済主体（プリンシパル）が特定行為を代理人（エージェント）に依頼して、代わりに行動してもらっているととらえられる。例えば自動車保険なら、加入者に注意深くあってほしい保険会社（プリンシパル）が、「注意深く運転する」という行為を加入者（エージェント）に依頼していると解釈できる。

モラルハザードが高まる条件は2つある。1つ目はプリンシパルとエージェントの間の「目的の不一致」（interest misalignment）だ。これは、両者の目指すところ・利害関係の乖離を指す。例えば、保険会社は加入者に「注意深く運転してほしい」のに、加入者の方は保険に入ったがゆえに「注意深くなくなる」のがそれに当たる。2つ目は、前章と同様に「情報の非対称性」だ。保険会社は加入者の日々の行動を、逐一把握できないからだ。

プリンシパルとエージェントの間で「目的の不一致」と「情報の非対称性」が

高まると、エージェントがプリンシパルにとって不利益な行動を取りがちになる。保険加入者の注意深く運転するインセンティブが弱まって、自動車事故を起こす確率が高まるのはその典型だ。モラルと聞くとあたかも倫理的な問題に聞こえるが、これは人間の合理的な判断の帰結としてとらえられるのである。

企業組織はすべてモラルハザード問題を持つ

企業組織は、プリンシパル＝エージェント関係の固まりと言っていい。組織を取り巻く様々な立場の人々が時にプリンシパルとなり、時にエージェントとなる。そして両者の間に「目的の不一致」「情報の非対称性」が存在し、モラルハザードが生じている。**図表1**はその一端を示したものである。モラルハザードの解明と対処法の探究は、経済学、ファイナンス、管理会計、そして経営学における大きな研究テーマになっている。なかでも2つの柱となっているのが、①部下（従業員）の管理・監督問題と、②コーポレートガバナンス（企業統治）だ。

部下（従業員）の管理問題は、人事経済学や管理会計分野で膨大な研究が行われている[注3]。この分野は一般に、上司・管理職をプリンシパル、部下をエージェ

注2）同理論は「実証主義者によるエージェンシー理論」（positivist agency theory）と「プリンシパル＝エージェント関係分析」（principal-agent research）に分けて整理する見方もある。前者はコーポレートガバナンスなど企業の所有構造を主な対象とし、（古典的な研究では）必ずしも数理的なアプローチを取らない。この潮流の代表的な古典論文には、Berle, A. & Means, G. 1932. *The Modern Corporation and Private Property*, Routledge. や Fama, E. & Jensen,M. 1983. "Separation of Ownership and Control," *Journal of Law and Economics*, Vol.26, pp.301-325. 、Jensen,M. & Meckling, W. 1976. "Theory of the Firm: Managerial Behavior, Agency Costs, and Ownership Structure," *Journal of Financial Economics*, Vol.3, pp.305-306. などがある。後者の潮流は、より一般的なプリンシパル＝エージェント関係のモデル化を目指すもので、ゲーム理論を使った精緻な理論分析が行われる。分析対象も本章で紹介する従業員管理に加えて、弁護士と顧客の関係、バイヤー＝サプライヤー関係など多岐にわたる。経済学分野での代表的な古典論文には Harris, M. & Raviv, A. 1978. "Some Results on Incentive Contracts with Application to Education and Employment, Health Insurance, and Law Enforcement," *American Economic Review*, Vol.68, pp.20-30. 、Holmstrom, B. 1979. "Moral Hazard and Observability," *Bell Journal of Economics*, Vol.10, pp.74-91. などがある。管理会計分野の代表的な論文には Demski, J. & Feltham, G. 1978. "Economic Incentives in Budgetary Control Systems," *Accounting Review*, Vol.53, pp.336-359. がある。なお、経営学分野におけるエージェンシー理論の代表的なサーベイ論文には Eisenhardt, K. 1989. "Agency Theory: An Assessment and Review," *Academy of Management Review*, Vol.14, pp.57-74. がある。近年の経営学者によるサーベイには Mahoney, J. 2004. *Economic Foundation of Strategy*, SAGE Publications. がある。

注3）エージェンシー理論を応用した日本企業のコーポレートガバナンス研究についての文献は多くある。例えば、近年出版されたなかには、宮島英昭編著『日本の企業統治』（東洋経済新報社、2011年）がある。また、日本企業の人事制度について述べたものには都留康、久保克行、阿部正浩『日本企業の人事改革』（東洋経済新報社、2005年）、大湾秀雄『日本の人事を科学する』（日本経済新聞出版社、2017年）がある。

116 ｜ 第 1 部 ｜ 経済学ディシプリンの経営理論 ｜

図表1 エージェンシー問題は企業組織に重層的に潜む

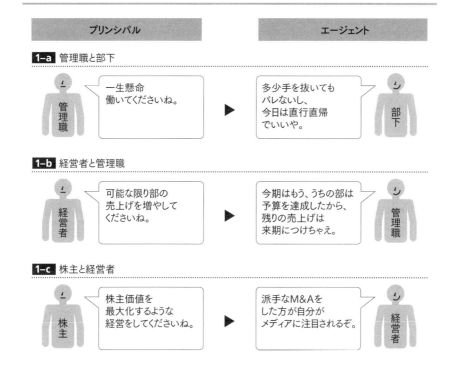

ントと見なす（図表1-a）。例えば管理職である部長は、部署の目標を達成するために部下に「一生懸命に働いてほしい」ので、その「懸命に働く」という行為を部下に依頼していると解釈できる。しかし、その部下が常に懸命に働くとは限らない。むしろ安定した企業にいれば、手を抜きたがる部下も多いだろう（＝利害の不一致）。「外出先から直帰する」などと言って、出先でサボる部下もいるかもしれない。しかし部長は、なかなか部下一人ひとりの行動を把握できない（＝情報の非対称性）。

ここで視点を変えて、社長・CEOなどの経営者をプリンシパルと見なしてみよう。すると今度は、先の部長がエージェントになる。経営者は自社の収益を高めるために、部長の率いる部署に可能な限り高い成績を上げてほしいはずだ。す

なわち「可能な限り高い成績を上げる」という行為を部長に依頼していることになる。しかし部長は、例えば年度内の予算を達成したらその期はもう無理をせず、今期売り上げられる案件をわざと来期に回すかもしれない。プリンシパルである経営者にとって、これはモラルハザードだ（図表1-b）。

さらに複雑なことに、いまの例でプリンシパルだった経営者でさえ、視点を変えればエージェントになる。この場合のプリンシパルは、株主だ。

プリンシパル＝エージェント関係は、株式会社の本質

企業とは誰のものだろうか。もちろん「顧客のもの」「従業員のもの」「社会のもの」といった意見もあっていいが、この世が資本主義で株式会社制度を持つ以上、株主も企業（株式会社）の所有者の一部であることには異論がないだろう。

他方で、株式会社制度には「所有と経営の分離」という原則がある。企業の所有者である株主は、通常みずからはその運営に関わらない。実際に運営するのは経営者だ。すなわちエージェンシー理論の視点からは、株主はプリンシパルであり、経営者がエージェントなのだ。しかし、経営者が株主の期待通りに企業運営をするとは限らない。

なぜなら株主と経営者は、置かれた立場によってその目指すところが異なりがちだからだ（目的の不一致）。**図表2**は、両者の立場・目的の一般的な違いをまとめたものだ。そして、株主は経営者の行動を完全に把握できない（情報の非対称性：図表1-c）。

このようにプリンシパル＝エージェント関係は、株式会社制度の本質として内在するのだ。この問題はハーバード大学教授の経済学者マイケル・ジェンセン等の研究を契機として、1970年代後半から経済学（特にファイナンス分野）と経営学で膨大な研究が行われてきた。この会社制度の株主＝経営陣間のモラルハザードを分析し、解消を目指すのがコーポレートガバナンスである。現代のコーポレートガバナンスを考える上で、エージェンシー理論が最も必要不可欠な理論であり続けて来たことは、疑いない（さらに関心のある方は、第35章もお読みいただきたい）。

以下では、コーポレートガバナンス分野でよく議論されるモラルハザード問題を4つ紹介しよう。

| 図表2 | 一般的な株主と経営者の目的・関心の違い（目的の不一致）

	株主	経営者
リスク選好	リスク回避的でない	リスク回避的
目指す目的	企業価値（株価）の最大化と、それにつながる収益性の高さ	企業の成長など、収益率以外の目的も目指しがち

モラルハザード問題① 大胆な戦略が取れない経営者

　一般に経営者は、株主よりもリスクを恐れがちだ(学術用語で「リスク回避的」という)。株主は複数企業の株をポートフォリオとして持っていることが多く、ある企業がリスクの高い戦略を取って失敗しても、トータルの損失は限定的だ。しかし経営者の方は、リスクの高い戦略を取って失敗すれば、それは自身の失職につながりうる。結果として経営者は、株主が期待するような大胆な戦略を取りにくいのだ（この点は、第21章で詳しく説明している）。

　この傾向が顕著なのが、日本企業ではないだろうか。特に従来の日本企業ではプロパー社長が内部昇進の延長で、2年2期などの決まった短い期間で経営を担うことが多かった。すると自身の任期を無難に終えたいという、リスク回避性の強いインセンティブが発生しがちだ。これは、多少リスクを取ってでも大胆な戦略を打って企業価値を高めてほしい株主との間に、「目的の不一致」を引き起こす。「日本企業は大胆な戦略が打てない」という批判は以前からよくされるが、それはモラルハザード問題として説明できるのだ。

モラルハザード問題② 利益より企業規模を重視する経営陣

　「利益か、成長か」というよくあるテーマも、モラルハザードとして説明できる。通常、プリンシパルである株主は、株価の最大化を期待するから、経営者・経営幹部（エージェント）に高い利益を上げることを求める。しかし、経営者は利益よりも、多少無理をしても企業の成長を重視しがちになる。なぜなら利益を重視すれば、時として人員整理・自身の給与カットなども検討しなければならないからだ。人間は痛みが伴う決断は避けたいものだ。

他方で企業の成長（規模拡大）を目指す限りは、人員削減も必要ないし、自身の給与カットも必要ない。さらに「名声を確立する」「経営者としての挑戦心を満足させる」といった理由で、規模拡大を重視する経営者もいるだろう。このような経営者は、株主が望まない拡大投資・企業買収（M&A）に走りがちになる（目的の不一致）。

　この傾向は、経営陣が自由に使えるキャッシュフローが潤沢にある時に、特に顕著になる（「キャッシュフロー仮説」と呼ばれる）。1980年代に米国のゼネラルモーターズ（GM）、IBM、イーストマン・コダックなどの経営陣が、それまでに生み出したキャッシュフローを不必要な投資に回してその後経営不振に陥ったのが典型といわれる。バブル期に日本企業がゴルフ場やリゾート施設への過剰投資に走ったのも同様だろう。

　経営学では、パデュー大学のトーマス・ブラッシュらが2000年に『ストラテジック・マネジメント・ジャーナル』に発表した論文で、1988年から1995年の米国企業のデータ（観測数1570）を使った統計分析を行い、このキャッシュフロー仮説を支持する結果を得ている[注4]。

モラルハザード問題③　経営者の報酬

　経営者は、自身の報酬を業績以上に高額に設定する可能性がある。あまりにも高額な報酬は企業価値を毀損するので、株主にとっては望ましくない（目的の不一致）。しかしながら、多くの株主はなかなかその状況を制御できない。

　実際、米国では経営者の報酬は企業収益以上のペースで増大していたようだ。ハーバード大学のルシアン・ベブチャクらが2005年に『オックスフォード・レビュー・エコノミック・ポリシー』に掲載した研究では[注5]、1993年から2003年までの米国上場企業各社における経営陣上位5人の報酬合計を分析し、その企業利益に対する比率は1990年代序盤に4.8%だったのが、2000年代序盤には10.3%にまで上昇したことを明らかにしている[注6]。

注4) Brush, T. H. et al., 2000. "The Free Cash Flow Hypothesis for Sales Growth and Firm Performance," *Strategic Management Journal*, Vol.21, pp.455-472.

注5) Bebchuk, L. & Grinstein, N. Y. 2005. "The Growth of Executive Pay," *Oxford Review of Economic Policy*, Vol.21, pp.283-303.

モラルハザード問題④ 企業スキャンダル

　問題③の極端なケースが、粉飾決算などの企業スキャンダルだ。経営者は自身の評判や地位を守りたいために、企業業績を粉飾するインセンティブがある。プリンシパルである株主は正確な業績が知りたいわけだが（目的の不一致）、公表された業績が本当かどうかはなかなか判断できない（情報の非対称性）。米国会計検査院によると、1997年から2002年の間に同院の指摘によって企業が会計報告の再提出を言い渡された件数は919件に上る[注7]。日本でも粉飾決算などスキャンダルは後を絶たないが、これらはかなりの部分がエージェンシー理論によるモラルハザード問題として説明できるのだ。

精神論的な解決法からの脱却を目指せ

　このようにエージェンシー理論は、企業組織に起こる様々な問題を説明しうる。**図表3**では、経営学におけるモラルハザード問題の主な研究トピックと、代表的な実証研究をリストアップした。経済学・ファイナンス・管理会計まで視野を広げれば、トピック数はこれよりはるかに多くなる。

　繰り返しだが、エージェンシー理論はけっして倫理的・精神論的な議論はしていないことに注意していただきたい。「仕事に手を抜く」「スキャンダル」「経営者の報酬」と聞くと、どうしても倫理問題のような印象を受けるし、実際にビジネス誌などではそう書かれがちだ。しかし、これらはあくまで「情報の非対称性」と「目的の不一致」による、エージェントの合理的な行動の帰結として生じるのだ（**図表4**を参照）。

　したがってエージェンシー理論の視点からは、ただ精神論的な解決策を叫ぶのではなく、その問題の根源である「情報の非対称性」「目的の不一致」を解消する組織デザインとルールをつくることが、何より重要だ。本章では、なかでも同理論で重視される「モニタリング」と「インセンティブ」を紹介する。

注6）他方でCEOの報酬は必ずしもモラルハザードで肥大化しているわけではない、という指摘もある。例えばGabaix, X. & Landier, A. 2008. "Why Has CEO Pay Increased So Much?," *Quarterly Journal of Economics*, Vol.123, pp.49-100. は、近年の米国企業CEOの報酬変化は企業の大きさ（企業価値）の変化で説明できると主張している。

注7）Harris, J. & Bromiley, P. 2007. "Incentives to Cheat: The Influence of Executive Compensation and Firm Performance on Financial Misrepresentation," *Organization Science*, Vol.18, pp.350-367. よりの情報。

|図表3| 経営学におけるエージェンシー理論の応用研究テーマと、代表的な実証研究例

テーマ	トピック	主なプリンシパル	主なエージェント
部下・従業員の管理		経営者・上司	従業員・部下
企業統治	過剰投資等による株主価値の毀損	株主	経営者・経営幹部
企業統治	企業倫理	株主	経営者・経営幹部
企業統治	後継CEOの指名	株主	経営者（CEO）
企業統治	経営者・経営幹部の給与	株主	経営者・経営幹部
企業統治	R&D投資とイノベーション	株主	経営者・経営幹部
企業統治	同族企業	創業家などの株主	経営者・経営幹部
アライアンス		株主	経営者・経営幹部
フランチャイジング		企業の本部	直営店・フランチャイジー
M&A（企業買収）	経営陣による不必要な企業買収	株主	経営者・経営幹部
M&A（企業買収）	投資銀行	買収企業	投資銀行
多国籍企業		本社	海外子会社

※学術誌の略称と正式名称は下記の通り。
AMJ：*Academy of Management Journal*　ASQ：*Administrative Science Quarterly*
OS：*Organization Science*　SMJ：*Strategic Management Journal*

モニタリングによる解消法

　モニタリングとは、その名のごとくプリシパルがエージェントを監視（モニター）する仕組みを組織に取り入れて、「情報の非対称性」の解消を目指すものだ。従業員・部下の管理なら、例えば上司が部下に1週間の業務内容を報告させて、

主なエージェンシー問題	代表的な実証研究（論文掲載年、学術誌※）
部下が仕事の手を抜く、努力しない。	Stroh et al. (1996, AMJ) Deckop et al. (1999, AMJ) Shaw et al. (2000, SMJ) Cadsby et al. (2007, AMJ) Loughry & Tosi (2008, OS)
経営陣が過剰な投資に走るなど、株主価値を毀損する行動を取る。	Wright et al. (1996, AMJ) Brush et al. (2000, SMJ) Dalton et al. (2003, AMJ)
経営陣が業績を粉飾する。	Abrahamson & Park (1994, AMJ) Zhang et al. (2008, AMJ)
現CEOが自身に都合のいい人物を後継CEOに選定する。	Zhang (2008, SMJ)
経営者・経営幹部が高額の報酬を受け取る。	Tosi & Gomez-Mejia (1989, ASQ) Nyberg et al. (2010, AMJ) Wowak et al. (2011, AMJ)
経営陣が必要なR&D投資を行わなくなる。	Lee & O'Neel (2003, AMJ) He & Wang (2009, AMJ)
主要株主と経営者が同族だと、エージェンシー問題が軽減される。	Schulze et al. (2001, OS) Gomez-Mejia et al. (2001, AMJ) Anderson & Reeb (2004, ASQ) Miller et al. (2010, SMJ)
経営陣が、事業提携を多く組みがちになる。	Reuer & Ragozzino (2006, SMJ)
フランチャイジーは、直営店よりもインセンティブ・メカニズムが働きやすい。他方で、本部との情報の非対称性は高まる。	Barthelemy (2011, JBV)
経営陣が、不必要な企業買収に走ったり、高い買収額を払いがちになる。	Kroll et al. (2008, SMJ) Goranova et al. (2010, SMJ)
投資銀行が買収の成功報酬を上げるために、不必要に買収金額を高める。	Arthus et al. (2008, AMJ)
海外子会社が、本社の指示通りの行動を取らない。	O'Donell (2000, SMJ) Bjorkman et al. (2004, JIBS) Brock et al. (2008, JIBS)

JBV：*Journal of Business Venturing*　JIBS：*Journal of International Business Studies*

その行動をチェックすることがそれに当たる。銀行では行員が不祥事を起こさないように、検査部門による抜き打ち検査が行われる。最近はバス・電車などの公共交通にドライブレコーダーの導入が進んでいるが、これも運転手へのモニタリングといえる。

　コーポレートガバナンスにも、多様なモニタリング手段がある。本章では特に代表的な2つを紹介する。

図表4 エージェンシー理論の枠組み

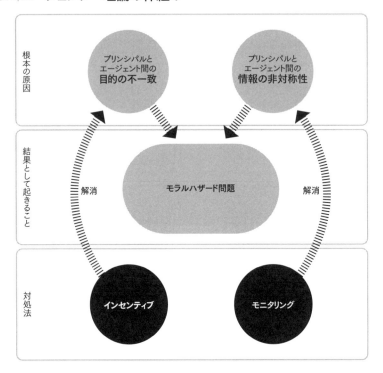

「物言う株主」によるモニタリング

　大株主（ブロック・ホルダーと呼ばれる）など発言権のあるプリンシパルが、取締役会に人を送り込むことは、典型的なモニタリングである。例えば、スタートアップ企業に投資したベンチャーキャピタルが、取締役会に人を送り込むのがそうだ。ベンチャーキャピタルはファンドを組んで企業に投資することが多いから、ファンドの投資家にスタートアップ企業に投下した資金が適切に運用されているかを説明する義務があるからだ。

　また、いわゆる上場企業に対する「物言う株主」も、モニタリングに積極的な大口株主の一例である。日本でも、一時期スティール・パートナーズなどの機関投資家が「物言う株主」として話題になった。

　他にも、例えば2015年2月に、米国資産運用会社サード・ポイントのダニエル・ローブ氏が、電気機器メーカーのファナック経営陣に自社株買いを要求した。こ

れも（ローブ氏の主張が正しいかどうかはともかく）、売上高営業利益率が40％
以上と高収益の割に内部留保が多いことが、プリンシパルであるローブ氏の目か
らはファナック経営陣が利益を株主に還元していないという意味で、モラルハ
ザードとして映ったと推測できる。

社外取締役・監査役の導入

　企業が外部から取締役・監査役を受け入れることも、モニタリングの一種であ
る。社外取締役は株主ではないが、それでも外部の目が入ることで企業の透明性
が高まり、株主（プリンシパル）に対する情報の非対称性の解消が期待できる。

　日本でも、社外取締役を受け入れる企業は急増している。特に現在の日本政府
は企業ガバナンスの透明化を重視しており、2015年に開始されたコーポレート
ガバナンス・コードでは、社外取締役が一人もいない上場企業は、その理由を定
時株主総会で説明しなければならなくなった。この変更を受けてか、従来は社外
取締役に消極的だったキヤノンやトヨタ自動車なども、相次いで社外取締役を導
入した。

　2018年には東証一部上場企業のうち、社外取締役を2名以上選任している企
業が9割を超えた[注8]。この法改正による政府の狙いは、企業のモラルハザード解
消にあるのだ。

インセンティブによる解消法

　プリンシパル＝エージェント間の「情報の非対称性」の解消を目指すのがモニ
タリングだったのに対して、「目的の不一致」の解消を目指すのがインセンティ
ブによる解消法である。

　本書では前章からここまで、「インセンティブ」という言葉の定義を明らかに
しないまま使ってきた。しかしこの意味合いをつかむことは、エージェンシー理
論を理解する上で重要だ。

　インセンティブは日本語では「誘因」と訳される。あるいは「ある条件下で、

注8）『日本経済新聞』2019年5月11日。また、「上場企業は社外取締役を2人以上選任すべき」という趣旨のコー
　　ポレートガバナンス・コードは、2015年から政府により適用された。なお、2019年には上場企業などに社外
　　取締役の設置を義務づける会社法改正案が閣議で決定された。

125

プレーヤーが持つ特定行動への動機づけ」「やる気を起こさせるもの」と理解していただきたい。インセンティブによる解消法とは、それまでプリンシパルと目的の不一致があったエージェントに、プリンシパルと同じ目的を達成する（やる気を起こさせる）組織デザイン・ルールを与えることだ。

いちばんわかりやすいのは、従業員・部下の管理への「業績連動型の報酬」の導入だ。先にも述べたように、上司（プリンシパル）は部下（エージェント）に懸命に働いてほしいが、部下が懸命に働くとは限らない。しかし、部下の給与が歩合制になって自身の業務成績と連動するなら、部下には懸命に働くインセンティブが出てくる。

コーポレートガバナンスの場合は、経営者が業績連動型の報酬を受けることや、ストックオプションの付与がインセンティブの代表的な手段である。ストックオプションとは、「数年後に自社の株価があるレベルまで達すれば、その株を（あらかじめ決められた低い金額で）購入できる」権利のことだ。ストックオプションを持つ経営者は自社の株価を増大させるインセンティブを持つので、プリンシパルである株主と利害の一致が期待できる。日本でもストックオプション制度は普及しており、現在は東証一部上場企業の32.0%、東証マザーズ上場企業の85.5%が同制度を何らかの形で取り入れている[注9]。

エージェンシー問題の解消法は、万能ではない

しかし、このような解消法が常に機能するかというと、そうとも限らない。むしろ近年の研究からは、その一様な導入は難しく、副作用をもたらしかねないという主張も提示されている。以下、主要な論点をかいつまんで説明する。

従業員のモニタリング・コスト
従業員・部下の行動を逐一チェックするのはコストも時間もかかるので、なかなか完全なモニタリングは導入できない。例えば、先のように銀行では検査部門による支店への抜き打ち検査が行われるが、なぜ「抜き打ち」なのかといえば、すべての金融取引に検査を行うとコストがあまりにも膨大になるからだ。結果と

注9）東京証券取引所『コーポレートガバナンス白書2019』

して限定された回数による、不完全なモニタリング（検査）しかできない。

大株主モニタリングの限界

ファイナンス分野でよく指摘されるのが、小規模株主によるフリーライダー（ただ乗り）問題だ。大株主が経営者の行動をモニタリングする一方で、個人投資家など小規模株主にはそのようなことができない。しかしこれは逆に言えば、大株主がコストをかけて実施するモニタリング行為に小規模株主が「ただ乗り」し、前者から後者へ利益が移転していると解釈できる。そして大株主がその問題を重視すれば、自身がモニタリングをするインセンティブが弱まる可能性がある。

一方でその逆に、大株主がその地位を利用して、少数株主から利益を奪う場合もある。大株主は多数の議決権を持つし、場合によっては取締役を投資先企業の経営陣に送ることもできるからだ。結果として大株主が自社だけに有利で、少数株主の利益をむしろ損なうような行動をとる可能性もある[注10]。

機能しない社外取締役モニタリング

社外取締役の問題は、そもそもその社外取締役が経営者の知り合い・身内から選ばれる可能性だ。特に日本では経営者が取締役会の議長を兼任する場合が多く、経営者に「甘い」社外取締役が選ばれやすい。例えば2012年に発覚したオリンパスの粉飾決算問題では、粉飾決算に関連する買収を決定した時点で同社に3人の社外取締役がいたにもかかわらず、買収決定の抑制に有効に機能しなかったといわれている。

業績連動型のインセンティブ報酬の難しさ①

従業員管理のための業績連動型の報酬は、営業成績のような数値化できる業績指標を持っていない従業員（例：財務部、法務部、総務部の社員）には適用しにくい。さらに言えば、営業担当の社員も営業成績だけで企業に貢献しているわけではない。彼らは顧客との対話を通じて情報収集をするなどマーケティング的な

注10）ファイナンス分野で大量に研究が行われている。代表的な論文に La Porta, R. et al., 1998. "Law and Finance," *Journal of Political Economy*, Vol.106, pp.1113-1155. がある。なお、この点については第35章で、親子上場の問題を引き合いに出して別途議論しているので、関心のある方はそちらもお読みいただきたい。

機能も果たしているし、顧客からのクレーム処理機能も持っている。業績連動制がこのような数字に表れない成果を取り込めないなら、その仕組みは機能しにくい（学術的には「マルチタスク問題」という）[注11]。

業績連動型のインセンティブ報酬の難しさ②

　一般に、企業の従業員は報酬の大きな変動を好まない。従業員にはそれぞれ生活があって、食費、住宅ローン、教育費など毎月ほぼ一定して払わなければならない支出があるからだ。報酬に対して、リスク回避的なのである。さらに、業績が本人の努力に完全比例しないことも問題だ。営業成績は景気に影響を受けるし、そもそも会社が出す製品・サービスに魅力がなければ、いくら営業ががんばっても売れるものではない。

　このように自身の責任ではない理由で営業成績が不安定化する場合は、リスクを避けたがる従業員への業績連動型報酬は機能しにくい。カナダのグエルフ大学、ブラム・キャズビーらが2007年に『アカデミー・オブ・マネジメント・ジャーナル』（AMJ）に発表した論文では、115人を使った実証研究から、実績連動型のインセンティブを与えられた人ほど全般的に作業生産性が高まるが、しかしこの関係は、人がリスク回避的なほど逆作用することを明らかにしている[注12]。

ストックオプションによるインセンティブの副作用

　経営者へのストックオプション付与には、「経営者が粉飾決算をするインセンティブが高まる」という副作用がある。モラルハザード問題の①や②を解消するために取り入れたはずの仕組みが、逆にモラルハザード問題④を助長するのだ。

　特にこの問題は、企業の実際の株価が「オプション権を行使できる基準株価」を下回っている時に起きやすい。株価がその基準を超えない限り経営者はオプション権を行使できないから、何とかして株価を高めたいために粉飾に走るのである。メリーランド大学のケン・スミスらが2008年にAMJに発表した論文では、1996年から2001年の米国225企業のデータを使った統計分析から、この主張を支持する結果を得ている[注13]。

注11）詳しくは、注3で紹介した大湾（2017）などを参照。

注12）Cadsby, C. B. et al., 2007. "Sorting and Incentive Effects of Pay-for-Performance: An Experimental Investigation," *Academy of Management Journal*, Vol.50, pp.387-405.

このように企業組織の抱える問題は複雑で、モラルハザード解消の施策を検討する際には、その難しさや副作用も慎重に考慮する必要がある。しかし逆に言えば、問題が複雑だからこそ、まずその「思考の軸」としてエージェンシー理論を理解しておくことが、ビジネスパーソンには重要なのだ。

部下の監督問題、リスクの取れない経営者、過剰投資、企業スキャンダルなど、企業組織のあらゆる問題の根底には、プリンシパル＝エージェント関係とモラルハザードがある。したがって、ビジネスパーソンが組織の問題に直面したら、「誰がこの問題のプリンシパルで、誰がエージェントなのか」「何が目的の不一致になっているのか」「情報の非対称性の原因は何か」「目的の不一致を解消するインセンティブの仕組みはないか」などを考えることが、有効な思考の出発点になるはずだ。

さて、本章ではここまで企業スキャンダルなど、やや後ろ向きの話題が多かった。そこで最後に、エージェンシー理論を応用した前向きな視座を提示したい。それは「同族企業をうまく活用してエージェンシー問題を解消することが、日本のこれからのビジネス活性化につながるのではないか」という筆者の私見である。

日本でいちばん業績がよい、企業統治のパターンとは

ここでは、同族企業を「創業家が大口の株主で、その創業家一族から経営陣に人が送られている企業」と定義しよう。日本企業の多くが同族であることはよく知られている。後で紹介するメロトラの研究によると、2000年時点で日本の上場企業の3分の1が同族企業となっている[注14]。

同族企業が多いのは、日本だけではない。ハーバード大学のラファエル・ラ・ポルタら3人が1999年に『ジャーナル・オブ・ファイナンス』（JOF）に発表した研究では、世界27カ国の上場企業540社の所有構造を調べ、うち3分の1に当たる162社で、創業家が20％以上の株式を保有していることを明らかにしている[注15]。

注13）Smith, K. G. et al., 2008. "CEOs on the Edge: Earnings Manipulation and Stock-Based Incentive Misalignment," *Academy of Management Journal*, Vol.51, pp.241-258.

注14）同族企業研究を包括的にサーベイした近年の日本語論文には、入山章栄、山野井順一「世界の同族企業研究の潮流」（『組織科学』2014年）がある。

注15）La Porta, R. et al., 1999. "Corporate Ownership Around the World," *Journal of Finance*, Vol.54, pp.471-517.

例えばアルゼンチン、スウェーデン、ベルギー、香港などでその傾向が目立つ。うち約3分の2では、創業家が経営陣に人を送り込んでいる。

そしてその多くの実証研究で、同族企業の方が非同族企業より業績が高くなる、という傾向が示されているのだ。例えばアメリカン大学のロナルド・アンダーソンらが2003年にJOFに発表した論文では、1992年から1999年の間に米国S＆P500にリストされた企業403社を分析し、うち3割を占める同族企業の方が、非同族企業よりもROA（総資産利益率）が高くなる傾向を示している[注16]。

オランダ、エラスムス大学のマルク・ファン・エッセンらが2015年に『コーポレートガバナンス・アン・インターナショナル・レビュー』に発表した論文[注17]では、米国企業を分析した55本の実証研究をまとめたメタアナリシスより、「同族企業の方が非同族企業よりも業績がよい」という総合的な結論を得ている[注18]。

同様の傾向は、日本でも見られる。カナダ、アルバータ大学のビカス・メロトラが京都産業大学准教授の沈政郁らと2013年に『ジャーナル・オブ・フィナンシャル・エコノミクス』に発表した論文では、1961年から2000年までの日本の上場企業の所有・経営構造を精査して研究を行った結果、やはり同族企業は非同族企業よりもROAなどの業績が高いことを明らかにしている[注19]。

この論文で、メロトラたちはさらに興味深い結果を提示している。実は、日本の同族企業のなかで特に業績がよいのは、「経営者が婿養子の場合」だというのだ。彼らの統計分析では、日本で婿養子が経営する同族企業は、①血のつながった創業家一族出身者が経営をする同族企業よりROAが0.56％ポイント高くなり、②創業家でもない外部者が経営をする非同族企業よりROAが0.90％ポイント、成

注16) Anderson,R. C. & Reeb,D. M. 2003. "Founding-Family Ownership and Firm Performance: Evidence from the S&P 500," *Journal of Finance*, Vol.58, pp.1301-1328.

注17) Essen, M. van. et al., 2015. "How does Family Control Influence Firm Strategy and Performance? A Meta-Analysis of US Publicly Listed Firms," *Corporate Governance: An International Review*, Vol.23, pp.3-24.

注18) 「創業家の関与は業績にマイナス」と主張する研究もある。例えば Villalonga, B. et al., 2006. "How Do Family Ownership, Control and Management Affect Firm Value?," *Journal of Financial Economics*, Vol.80, pp.385-417. を参照。Gomez-Mejia,L. R. et al. 2011. "The Bind That Ties: Socioemotional Wealth Preservation in Family Firms," *Academy of Management Annals*, Vol.5, pp.653-707. は過去の文献をサーベイした総括として「同族性が業績に与える影響について、研究者の間で決着はついていない」と述べている。

注19) Mehrotra, V. et al., 2013. "Adoptive Expectations: Rising Sons in Japanese Family Firms," *Journal of Financial Economics*, Vol.108, pp.840-854.

長率が0.50％ポイント高いという結果を得ている。すなわち日本で最も業績が高い企業統治のパターンは、「婿養子を迎えた同族企業」なのである。

この興味深い結果はある程度エージェンシー理論で説明できる、と筆者は考える。まず、同族企業は創業家が大株主なので、創業家から経営者が出るということは「所有と経営の一致」を意味する。株式会社制度の基本は「所有と経営の分離」だが、逆に言えば、それによってモラルハザードが起きる。他方、同族企業は主要株主（プリンシパル）と経営者（エージェント）が一枚岩で、両者がビジョンを共有しているので「目的の不一致」がない。

ここで図表2に戻っていただきたい。同族企業では、この両者の溝がきれいに埋まることがわかるだろう。まず、日本企業の問題の一つは、リスク回避的な内部昇進のプロパー社長が、大胆な戦略を打てないことだった。しかし、同族企業の経営者はプリンシパルである創業家と一枚岩で、同じビジョンを持ち、しかも創業家出身なので大胆な戦略を打っても解任リスクが小さい。したがって経営者がリスク回避的でなくなり、大胆な戦略が打ちやすい。

さらに言えば、創業家には企業を自身の「家族」と重ねる人も多い。そうであれば企業（＝家族）に期待することは短期的な株価上昇だけではなく、長い目で見た永続的な繁栄になる[20]。したがって、同族企業の経営者は創業家（プリンシパル）に支えられ、ブレのない戦略を打てるのだ。

もちろん、同族企業にはネガティブな面もある。とりわけ深刻なのは、創業家から選ばれる経営者の能力が高いとは限らないことだ。社内外にもっと優秀な人材がいるのに、創業家出身という理由だけで登用されては企業にマイナスだ。

しかし、婿養子ならこの問題も解消できる。婿養子には時間をかけて企業の外部・内部から選び抜かれた人が迎えられるので、資質の劣る人材を経営陣に登用するリスクは小さい。しかも経営者候補が婿養子として創業家に入ることは、創業家出身者と同様に婿養子の目線が創業家（プリンシパル）と一体になるということだ。したがって、やはりプリンシパル（主要株主の創業家）とエージェント（経営者）の「目的の不一致」が解消され、婿養子経営者はブレのない戦略が打ちやすい。

注20）Long-term Orientationという。例えばMiller, I. & Miller,D. 2006."Why Do Some Family Businesses Out-compete? Governance, Long-term Orientations, and Sustainable Capability," *Entrepreneurship Theory and Practice*, Vol.30, pp.731-746. を参照。

組織メカニズムの理解に、エージェンシー理論は欠かせない

　このように婿養子の仕組みは、外部から優れた経営者候補を採ることでエージェンシー理論の「いいとこ取り」となっており、それが業績の高さの背景なのではないか、と筆者は考えている。婿養子は前近代的な仕組みでもあるので、筆者はこれを推奨したいわけではない。ポイントは、エージェンシー理論を「思考の軸」とすれば、婿養子経営の強さに説明がつくということだ。

　実際、婿養子経営者に限らず、いま日本で大胆な戦略変換を行って注目されている経営者には、同族企業の創業家出身者が意外なほど多い。星野リゾートの星野佳路氏、ユニ・チャームの高原豪久氏、ロート製薬の山田邦雄氏はその典型だ。婿養子ならアシックスの尾山基氏や、松井証券の松井道夫氏もそうだ。

　日本では「同族」と聞くと、それだけでウェットな印象を持たれがちだ。しかし、冷静に統計分析を行えばむしろその業績は悪くなく、理論で切ればエージェンシー理論の主張と整合的なのだ。筆者は、人の倫理的・情緒的な視点を否定するものではない。しかし組織の問題を理解する上で、「人の合理性を前提にした組織メカニズムの考察」はやはり欠かせないのだ。エージェンシー理論ほど、それを知らしめてくれる経営理論もほかにない。

132 ｜ 第1部 ｜ 経済学ディシプリンの経営理論 ｜

第7章 transaction cost theory

取引費用理論（TCE）

100年前も現在も、企業のあり方は「取引コスト」で決まる

限定された合理性

　前章、前々章と、組織の経済学を代表する理論として「情報の経済学」「エージェンシー理論」を紹介した。両理論とも、古典的な経済学が仮定しなかった情報の非対称性を取り込み、組織内外を取り巻く問題とその解決法を説明するものだ。

　今回は組織の経済学の最後として、取引費用理論（transaction cost theoryあるいはtransaction cost economics：以下TCE）を紹介する[注1]。TCEは、第3章で紹介したリソース・ベースト・ビューと並び、近代経営学に最も影響力を持つ理論といえるだろう。後で紹介するように、同理論を応用した経営学の実証研究は膨大な数に及び、応用できるテーマも多岐にわたる[注2]。

　TCEの発展に貢献した研究者は多くいるが、その代名詞はシカゴ大学のロナルド・コースとカリフォルニア大学バークレー校のオリバー・ウィリアムソンだ。

注1）組織の経済学に関する参考書は第5章注1を参照。

注2）現在の組織の経済学では、TCEと関連した理論として資産権理論（property rights theory：PRT）が発展している。TCEが取引ガバナンスに着目するのに対し、PRTでは複数のプレーヤーがともに投資する資産から事後的に残余権（residual rights）が発生した時のプレーヤー間の衝突と、それを踏まえての事前の資産権の配分に焦点が当たる。PRTは経済学で発展しており、近年は経営学でも応用が始まっている。しかし、この動きはまだ端緒についたばかりであることから、本書ではTCEのみを取り扱うことにした。PRTについては、例えばマサチューセッツ工科大学の経済学者ベント・ホルムストロムの一連の研究を参考にされたい。TCEとPRTの違いについて経済学者が著した論文には Gibbons,R. 2005. "Four Formal (izable) Theories of the Firm?" *Journal of Economic Behavior & Organization*, Vol.58, pp.200-245. がある。経営学者が両者の違いを著したものには、Mahoney, J. T. 2004. *Economic Foudations of Strategy*, SAGE Publications. に加えて、Kim, J. and Mahoney, J. T. 2005. "Property Rights Theory, Transaction Costs Theory, and Agency Theory: An Organizational Economics Approach to Strategic Management," *Managerial and Decision Economics*, Vol.26, pp.223-242. がある。

前者は1991年、後者は2009年にノーベル経済学賞を受賞している[注3]。ウィリアムソンはTCEについて、著書で以下のように述べている[注4]。

(TCE focuses on) transactions and the costs that attend completing transactions by one institutional mode rather than another. (Williamson, 1975, pp.1-2.)
　（取引費用理論の分析対象は）、ある制度的な形態（mode）下で行われる取引とそこで発生するコストである。（筆者訳）

　この一文にあるように、TCEが説明する対象はビジネスの「取引」である。取引で発生する「コスト」を、最小化する形態・ガバナンスを見いだすのがその目的であり、後で述べるように企業・組織をその一形態ととらえるのだ（本章では「企業」と「組織」はほぼ同義であり、以降は主に「企業」を使う）。抽象的な一文であるが、本章を読み進めればこの意味は理解いただける。
　さて、情報の経済学やエージェンシー理論同様に、TCEも古典的な経済学が無視してきた人についての仮定を取り込むことが出発点だ。しかしTCEで取り込むのは情報の非対称性ではない。ここで重要なのは、「限定された合理性」である（**図表1**を参照）。
　限定された合理性（bounded rationality）とは、人間が合理的でなくなることを意味するのではない。TCEは経済学ディシプリンであり、「人が合理的に意思決定する」前提そのものは変わらない。これは、「人の将来を見通す認知力には限界があり、人はその限られた将来予見力の範囲内で合理的に意思決定を行う」という意味である。
　人は、常に将来のことを考えながら意思決定を行う。しかし実際に「将来何が起きるか」をすべて見通すことは難しい。あれやこれやと想像しても、いざ蓋を開けると、想定できなかった「不測の事態」が起きるものだ[注5]。

注3）コースの著作の中では、本文でも紹介する Coase, R. 1937. *The Nature of the Firm*, Economia. があまりにも有名だ。他にコースの代表的著書として、Coase, R.1988. *The Firm, the Market, and the Law*, University of Chicago Press.を挙げておく。ウィリアムソンの著書には、Williamson,O.E. 1975. *Markets and Hierarchy*, Free Press. や Williamson, O. E. 1985. *The Economic Institutions of Capitalism*, Free Press.、Williamson, O. E. 1996. *The Mechanisms of the Governance*, Oxford Univ Press. がある。
注4）Williamson, O. E. 1975. *Markets and Hierarchy*, Free Press.

|図表1| 「組織の経済学」の3大理論の全体像

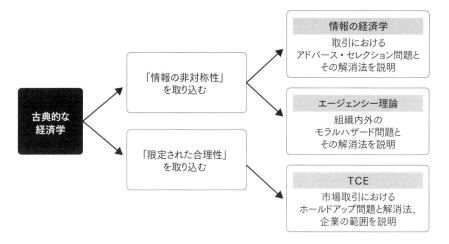

ビジネスでこれが深刻になるのは、取引とそれに付随する契約策定だ。契約書には「将来～のようなことが起きたら、甲は～をし、乙は～をする」といった条文ばかりが書いてある。まさに将来の不測の事態を防ぐ文言のオンパレードだ。

しかし現実のビジネスは、契約書に記載される以上に複雑で、想定外のことが起こりうる。いまから約100年前の米自動車メーカーのゼネラルモーターズ（GM）と部品メーカーのフィッシャーボディの取引事例で、これを説明しよう。TCEの解説でよく引き合いに出される例である[注6]。

GM vs. フィッシャーボディ

1919年、GMはすでに米国を代表する自動車メーカーだった。当時の自動車産業は、木製部品を組み合わせて車体をつくる「オープンな車体製造」から、1

注5）このように「限定された合理性」は人間の認知に焦点を当てており、したがってそのルーツは、ハーバート・サイモンらが発展させた認知心理学にある。サイモンの理論は本書第2部で紹介していくが、このように他の学術分野で生み出された「人間についての仮定」を取り込むことで、経済学も発展しているのである。

注6）ここではKlein, B. 1988. "Vertical Integration as Organizational Ownership: The Fisher Body-General Motors Relationship Revisited," *Journal of Law, Economics, and Organization*, Vol.4, pp.199-213.より主要なポイントを抜粋し、筆者なりの言葉で紹介している。この事例は同論文で紹介されて以来、TCEの説明に頻繁に使われる。

枚の鉄板をプレスする「クローズドな車体製造」への移行期にあった。プレス製造には、多額の設備投資が必要になる。そこで、GMは当時有力サプライヤーだったフィッシャーボディに、プレス設備の導入とクローズドな車体の製造を依頼した。

しかし、多大な費用のかかるプレス設備の導入を、フィッシャーボディが簡単に受けるはずがない。そこでGMは「フィッシャーボディが設備投資をしてくれたら、今後10年は車体を同社以外からは受注しない」という専売契約を結んだ。結果、フィッシャーボディは設備を導入し、同社によるクローズドな車体のGMへの供給が始まった。

ここで「不測の事態」が起こる。まず、その後数年の間に、米国内の自動車需要が想像できなかったほど急激に伸びたのだ。さらにその需要の大半は、従来の木製自動車ではなく、プレス技術が必要な「クローズドな鉄鋼車体」の自動車だったのである。

この想定外の市場の伸びを受け、GMはフィッシャーボディにクローズドな車体の大量発注を申し出た。そして大量発注をすれば規模の経済効果でコストダウンが可能だろうから、当然ながら車体価格の値下げも期待した。しかし実際には値下げは成立せず、GMはフィッシャーボディから高価な車体を購入し続けることになった。GMにとって非常に不満の大きい状況に陥ったのである。

なぜGMはフィッシャーボディに値下げを強制できなかったのか。それは、急激な需要変化での価格対応について、両社の間で明快な取り決めが契約でなされておらず、さらにGMがフィッシャーボディ以外に車体供給先を見つけられなかったことが大きい。

そもそも両社は10年の専売契約を結んでいるから、GMは車体供給元の変更が難しかった。しかしより深刻なのは、GMに必要な「クローズドな車体製造の技術・ノウハウ」が、すべてフィッシャーボディ側に蓄積されていたことである。したがって、仮にGMが違約金を払ってフィッシャーボディとの契約を破棄しても、GMは同社ほどに自社の求める技術を持ったサプライヤーを見つけられない。フィッシャーボディもそれはよくわかっているから、値付けにおいて「足下を見てきた」のである。

このGMが陥った状況を、経済学・経営学では「ホールドアップ問題」という。

ホールドアップ問題の要因とその帰結

　前々章の情報の経済学では「アドバース・セレクション」が、前章のエージェンシー理論では「モラルハザード」が、それぞれ企業の直面する問題だった。そして今回のTCEで企業が直面するのは、ホールドアップ問題である。TCEによると、以下の3つの条件と一つの大前提が、ホールドアップ問題を引き起こす要因となる。

❶不測事態の予見困難性（unforeseen contingencies）

　まず、「不測の事態」の予見の難しさである。先に述べたように、これは人間の合理性が限定的だから生じる。さらに言えば、ビジネスには将来が見通しやすい環境と見通しにくい環境があり、特に後者は不測事態の予見を難しくさせる[注7]。

　先の例なら、20世紀初頭の自動車産業は木製の車体から鉄製のクローズドな車体へという主要技術の転換期にあり、そもそも将来の見通しが難しい時期だった。GMもフィッシャーボディもこれほどクローズドな車体需要が急激に伸びるとは、契約時には想定できなかったのである。

❷取引の複雑性（complexity）

　取引の複雑さも影響する。先の例なら、GMもフィッシャーボディも、当時目新しく複雑なプレス技術を使った車体開発・製造・取引において、将来の不測事態を見通した契約を結べなかった。したがって、いざ需要が急伸した時に、契約に縛られないフィッシャーボディがGMの足下を見る事態になったのである。

❸資産特殊性（asset specificity）

　さらに、非常に重要なのが資産特殊性だ。これは2社のビジネス関係において、一方の企業のビジネスに不可欠な「特殊な資産・技術・ノウハウ・経営資源」などが、もう一方の企業に蓄積されることを指す。先の例なら、GMにとって不可

注7）ウィリアムソンは一連の著作の中で、unforeseen contingencies（不測事態の予見困難性）とほぼ同義でuncertainty（不確実性）という言葉を使っている。しかし、本書では第10章で紹介するリアル・オプション理論でuncertaintyの概念を使うため、区別を明確にする意味でunforeseen contingenciesを使うことにする。

欠な「クローズドな車体をつくるプレス技術・ノウハウ」が、フィッシャーボディに蓄積されていったことがそれに当たる。結果、急激な需要変化に対して、GMは過度に同社に依存せざるをえなくなり、フィッシャーボディは交渉上有利になっていったのだ。

ビジネスでは、「特定の取引相手にのみ有用な、特殊な資産・技術・知識・立地」などがあることは多い。皆さんの中にも、「自社のビジネスに必要な技術・ノウハウが外注先に溜まってしまい、結果として外注先が交渉上有利になった」という経験を持つ方もいるのではないだろうか。

ITアウトソーシングは、その典型だ。企業が社内システムをITベンダーに外注する時は、社内の様々な情報をベンダーに提供する必要がある。また、ITシステムはそのクライアント企業・事業部向けにカスタマイズされることも多く、中身は複雑で、クライアント企業だけでハンドリングできるものではない。結果、しばらく経ちクライアント企業がシステムを更新したい時にそのベンダーに見積もりを出してもらうと、前回よりもはるかに高い金額を要求されることがある。

驚いて他のベンダーに切り替えようとしても、すでに社内の重要情報が当該ベンダーに蓄積されているし、そのベンダーによってカスタマイズされた複雑なITシステムが組み込まれているから、結果そのベンダーに高い金額を払って再発注せざるを得なくなるのである。（広義の）経営学には、情報技術（IT）ビジネスを研究する management of information systems という一大分野がある。この分野の主要研究トピックは、ビジネスプロセス・アウトソーシング（BPO）などのITアウトソーシング戦略だが、その説明には大抵TCEが使われる。

図表2はこの資産特殊性（あるいは広範に「関係特殊性」〔relational specificity〕という）の例をまとめている。ぜひご自身のビジネス取引に当てはめて考えていただきたい[注8]。

注8）これら3条件に加えて、（ウィリアムソンを中心に発展した）以前のTCEでは「取引の連続性」（frequency）がホールドアップ問題を高める条件に入っていた。例えばGMとフィッシャーボディの例なら、もし取引が1回きりで済むなら（例えば1年で終わるなら）、GMはフィッシャーボディに足下を見られても多少我慢すればいいだけだが、この状況が今後も続きそうなこと（取引が連続しそうなこと）がGMにとってホールドアップをより深刻にさせたからである。しかし近年は、取引の連続性はむしろホールドアップの可能性を下げる効果があるとも主張されており、ウィリアムソンも最近の著作では、連続性をホールドアップの要件に挙げなくなってきている（Tadelis, S. & Williamson, O. E. 2012. *Transaction Cost Economics*, The Handbook of Organizational Economics, edit. by Robert Gibbons and John Roberts, Princeton University Press.を参照）。したがって、本章でも連続性をホールドアップの条件には含めない。

138 ｜ 第１部｜経済学ディシプリンの経営理論｜

|図表2| 資産特殊性の種類（Williamson〔1985〕より）

地理的な特殊性 Site Specificity	物的資産の特殊性 Physical Asset Specificity	人的資産の特殊性 Human Asset Specificity	特定用途の特殊性 Dedicated Assets
資産同士が近隣に立地することで、輸送効率を上げたり、在庫コストを最小化することができている状態	特定のビジネス目的のためにつくられた物的資産	特定のビジネス・企業に有用な人の能力	特定のビジネスのために開発されたその他の資産等
例：石油産業における掘削所、製油所、パイプラインの近接性	例：特定の顧客のための特殊な機械設備	例：メーカーにとって特別に必要な知識・ノウハウ・経験を持った技術者	例：特定顧客のためにカスタマイズされた製品・サービス

❹機会主義（opportunism）

　最後に、この3条件の背後にある大前提として、フィッシャーボディが、「取引相手の足下を見るような会社である」ということもある。このように相手を出し抜いてでも自分を利する行動を、「機会主義的な行動」（opportunistic behavior）と呼ぶ。

　ここで強調したいのは、機会主義的な行動はあくまで人・企業の合理的な意思決定として生じるもので、けっして善・悪といった倫理的な問題ではないことだ。経済学ディシプリンでは、人・企業は合理的に行動することが前提だ。

　したがって、先の3つの条件が揃えば、どの企業も「自社のために相手の足下を見る」可能性はある。少なくとも経済学ディシプリンでは、その可能性を前提に理論が組まれている。

　さて、ホールドアップ問題が生じている時（生じる可能性がある時）、企業はどうすべきだろうか。一つの賢明な判断は、当然ながら取引相手のビジネスを自社で内製化することだ。企業内部に取り込めば、ホールドアップ問題やそれを防ぐための大量の契約策定・交渉のコストが必要なくなるからだ。市場ベースの取引を企業に「内部化」（internalization）することで、取引にかかる様々なコストを解消することができる。

　その一手段として、取引相手を買収するという選択肢もある。実際、先の例で

はこれ以上フィッシャーボディにホールドアップされ続けることを深刻にとらえたGMが、1926年に同社を完全買収している[注9]。GMは市場取引を諦め、クローズドな車体製造を内部化する決断をしたのである。

これがTCEから得られる最も中心的で、かつ最も重要な命題である。すなわち、「市場でのビジネス取引において、①不測事態の予測困難性、②取引の複雑性、③資産特殊性、の3条件が高い時は、市場での『取引コスト』がかかりすぎるので、むしろ取引相手のビジネスを自社内に取り込んでコントロールすべき」ということなのだ。

TCEは「なぜ企業が存在するか」を説明する

ようやく冒頭のウィリアムソンの一文の意味が、おわかりいただけてきたのではないだろうか。

つまり、TCEの目的は「ビジネス取引における最適な取引形態・ガバナンスを見いだすこと」にあった。ここで言うガバナンスとは、第一義には「市場取引か、企業への内部化か」の選択のことである。その判断に重要なのが市場での取引コストなのだ。

もちろんビジネスでは、人件費・製造原価のような実際の「製造コスト」も重要だ。米企業がコールセンターをインドに外注するのは英語が話せて人件費が安い労働者が多くいるからだし、日本メーカーがアジア企業に製造を外注するのも似たような理由からだ。

他方で、そのような市場ベースの取引には、実はこれまで述べた取引コストが多大にかかっている可能性がある。先の3条件が高ければ、取引コストは製造原価の安さを相殺する以上にもなりうる。企業はそのバランスの中で「外注か・内製か」の最適な判断をすべき、ということなのだ。

そしてさらに、この議論を突き詰めると、TCEは「企業とは何か」ということまでを説明できる。図表3を見ていただきたい。バリューチェーン上において、企業には自社内で取り込む(内部化する)部分と、外部から調達したり顧客に売っ

注9) 注6で紹介したKlein(1988)によると、GMは契約当初からフィッシャーボディに60%の出資を行っていて、ホールドアップ問題が深刻化してから残りの40%を追加買収した、というのが正確な事実のようである。しかし、ホールドアップや垂直統合の本質的な議論を説明するには大きな影響はない、と筆者は理解している。

140 | 第1部 | 経済学ディシプリンの経営理論 |

図表3 取引コストが企業（ハイラーキー）の範囲を決める──製造業の事例

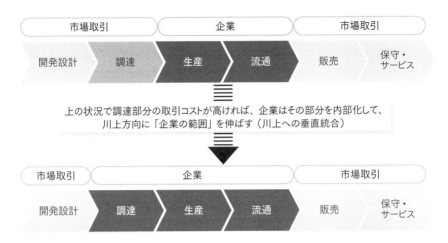

たりする市場取引の部分がある。この内部化された部分が、TCEで説明する「企業の範囲」になる。

　例えば、もし外注によって市場取引している図表3の「調達」部分の取引コストが、外注による原価減少等のメリットよりも大きい（外部化による取引コスト＞外部化による原価減のメリット）なら、その「調達」部分は企業に内部化した方が効率がいいことになる。この場合、「企業の範囲」は川上方向に伸びる（川上への垂直統合）。もしその逆（外部化による取引コスト＜外部化の原価減のメリット）なら、外注したままの方が効率がよいので、企業の範囲は変わらない。

　このようにTCEの視点からは、「企業の存在とは、市場における取引コストが高い部分を内部に取り込んだもの」となるのだ。この視点を提示したのが、冒頭で紹介したロナルド・コースだ。彼が1937年に発表した"The Nature of the Firm"という論文は、現代の経済学・経営学ではあまりにも有名である。

　従来の古典的な経済学、例えば第2章で紹介した完全競争では、「市場には無数の小さい生産者（企業）が存在する」と仮定されていた。すなわち古典的な経済学では企業の大きさは概念上「ゼロ」であり、したがって、そもそも「なぜ企業が存在するか」が説明できない。

　それに対して取引コストという概念を導入したTCEは、「市場の対極にいるのが、企業である」と主張したのである。なお、TCEではこの市場の対極の概念

のことをハイラーキー（あるいはヒエラルキー）と呼ぶ。本章でも以降はハイラーキーという表現を使っていく。

図表4は、TCEを応用した経営学研究の主要トピックをまとめ、代表的な実証研究をそれぞれ2～4本ずつだけ紹介したものだ。冒頭でも述べたようにTCEの応用範囲はあまりにも広く、この図表だけではとうていすべてをまとめ切れない。逆に言えば、TCEは現実への応用可能性が非常に広く大きい。ぜひ皆さんの「思考の軸」として活用していただきたい。

さて、ここで皆さんが気になるのは「はたして、TCEの考えに沿った企業戦略を取れば、本当に業績にプラスなのか」ということだろう。

この問いに対する研究成果を紹介するためには、「実証的理論」と「規範的理論」の違いを考慮する必要がある。

実証的か、規範的か

「実証」と「規範」の違いを理解することは、経営学において非常に重要だ。ビジネスパーソンにも両者を混同している方は多いので、ぜひ意識していただきたい。

詳しくは第40章コラムをお読みいただきたいが、実証的な理論とは、「ある現象のメカニズムそのもの」を説明する理論だ。「～という条件下では、企業は～のように行動する」といったものだ。他方で規範的な理論とは、企業・社会などの特定の対象にとって「～すべき」という、望ましい方向性を導き出す理論である。いわゆる「べき論」だ。

ではTCEはどうかといえば、規範的理論に近い。その「～すべき」の価値基準は、企業の立場から見た「取引の効率性」である。先のGMの例なら、フィッシャーボディのホールドアップによって取引コストがかかりすぎるのだから「市場で取引を続けるよりも、フィッシャーボディを買収してハイラーキーに内部化した方が効率がよいからそうすべき」という規範的な命題が導けるのだ。

こう考えると、TCEが本当に現実を説明するかを検証する時は、例えば「資産特殊性が高い時に、企業が実際に取引を内部化しているかどうか」を見るだけでは十分ではないことになる。それはあくまで実証的な視点にすぎないからだ。規範的なTCEの本質を検証するには、事後的な効率性・パフォーマンスを分析す

142 ｜ 第1部｜経済学ディシプリンの経営理論｜

ることが欠かせないのだ。

　この点を検証したのが、例えばワシントン大学のジャック・ニッカーソンや、トロント大学のブライアン・シルバーマンである。2人が2003年に『アドミニストレーティブ・サイエンス・クォータリー』に発表した論文では、米国のトラック輸送産業2552社を使った実証研究を行っている[注10]。

　米トラック輸送業では、企業がトラックの運転手を自社内ドライバーに頼ることもあれば、外部業者に委託することもある。典型的な「内製か、外注か」の決断だ。また、この業界では大型トラック輸送（Truckload Carriage：TL）よりも小型トラック輸送（Less-than-Truckload Carriage：LTL）の方が、資産特殊性が高い。LTLではいわゆるハブ・アンド・スポーク型の輸送システムが取られ、トラック輸送業者には専用ウェアハウスなどへの特殊な投資が求められるからだ。

　そこでニッカーソンとシルバーマンは、「ビジネスがLTL中心で（資産特殊性が高くて）、かつドライバーを内部化している企業」（＝TCEが勧める通りの行動を取る企業）と、逆に「LTL中心なのに外部ドライバーに頼っている企業」（＝TCEの勧めと逆の行動を取る企業）等を、統計分析の推計結果から判別した。さらに、その判別結果と各社のその後の業績との関係を分析して、やはり「TCEの勧める通りの行動」を取る企業の方が、事後的なROA（資産利益率）が高くなることを明らかにした。TCEの規範的な主張を、支持する結果となったのだ。

　経営学では、TCEを実証する研究は大量に蓄積されており、おおむねTCEを支持する結果が多く得られている。

　最近なら、2013年にテネシー大学のラッセル・クルックら4人が『アカデミー・オブ・マネジメント・パースペクティブ』に発表した論文で、過去に行われた143本のTCEの実証研究成果をまとめたメタアナリシスを行っている[注11]。結果、やはりTCEの勧める通りの取引ガバナンスを取る方が、おおむね企業の業績はよくなるという、総合的な結果を得ている。

注10) Nickerson,J. A. & Silverman,B. S. 2003. "Why Firms Want to Organize Efficiently and What Keeps Them from Doing So: Inappropriate Governance, Performance, and Adaptation in a Deregulated Industry," *Administrative Science Quarterly*, Vol.48, pp.433-465.

注11) Crook, R. T. et al., 2013."Organizing Around Transaction Costs: What Have We Learned and Where Do We Go From Here?" *Academy of Management Perspectives*, Vol.27, pp.63-79.

|図表4|TCEを応用した経営学の実証研究例

	研究トピック	筆者（論文掲載年）	掲載された学術誌※	調査対象
1	川上への垂直統合	Walker & Weber (1984)	ASQ	米自動車メーカーの60の部品の製造・取引
2	川上への垂直統合	Masten et al. (1989)	JEBO	クライスラー、フォード、GMの118の部品の製造・取引
3	川下への垂直統合	Klein (1990)	JMR	カナダの輸出企業375社
4	川上の（売り手との）取引関係	Dyer & Chu (2003)	OS	日米韓の自動車メーカー8社とそのサプライヤー関係344
5	川下の（買い手との）取引関係	Stump & Heide (1996)	JMR	化学メーカー164社
6	事業多角化	Bergh & Lawless (1998)	OS	フォーチュン500の製造業、サービス業164社（1985〜1992年）
7	事業多角化	Silverman (1999)	MS	米製造業344社（1981〜1985年）
8	アライアンス	Oxley (1997)	JLEO	米製造業の165のアライアンス（1980〜1989年）
9	アライアンス	Oxley & Sampson (2004)	SMJ	電気、通信機器企業の208の国際的R&Dアライアンス
10	M&Aとアライアンス	Villalonga & McGahan (2005)	SMJ	1990年のフォーチュン100にリストされた86企業が行った9276のM&A、アライアンス、事業売却（1990〜2000年）
11	企業の国際化	Hennert & Park (1994)	SMJ	日本の上場企業680社による米国進出
12	企業の国際化	Brouthers (2002)	JIBS	ユーロ圏の大企業105社
13	ITアウトソーシング	Ang & Straub (1998)	MISQ	米銀行243行のIT部門への質問票調査
14	ITアウトソーシング	Miranda & Kim (2006)	MISQ	米国214の都市政府に従事するIT部門マネジャーへの質問票調査
15	契約の策定	Poppo & Zender (2002)	OS	IT産業のエグゼクティブ285人への質問票調査
16	契約の策定	Argyres et al. (2007)	OS	ITサービス、コンピュータハードウェア産業の企業が締結した386の契約（1986〜1998年）
17	従業員の雇用方法	Masters & Miles (2002)	AMJ	米大手企業人事部門のエグゼクティブ76人への質問票調査
18	従業員の雇用方法	Nickerson & Silverman (2003)	ASQ	米トラック運送産業の2252企業（1980〜1991年）

※学術誌の略称と正式名称は下記の通り。
AMJ：*Academy of Management Journal*　　　　　　ASQ: *Administrative Science Quarterly*
JLEO: *Journal of Law, Economics, and Organization*　JMR: *Journal of Marketing Research*
OS：*Organization Science*　　　　　　　　　　　　SMJ：*Strategic Management Journal*

取引コストを高める主な要因	高い取引コストに対して理論上 予測される企業の対応
取引量の不確実性、部品の技術変化の頻度、将来技術改善が行われる確率、等	当該部品の外注よりも内製を選択
部品製造に必要なノウハウ・物的資産の特殊性	当該部品の内製比率を上昇
資産特殊性、海外輸出のうちの当該製品の取引量の比率、事業環境の不確実性	より取引をコントロールできる輸出販売チャネルを選択
資産特殊性（特定メーカーに特化した施設投資）、企業間の信頼関係	この研究は取引費用そのものを計測し、その要因を分析している
買い手の特殊な投資、技術の不確実性	買い手による売り手の監視強化
市場の不確実性（売上予測からの乖離）	事業売却により、多角化された事業ポートフォリオを再構築
企業の特許取得確率で見た技術資源	多角化のための新規事業参入
プロセスデザインなどノウハウ移転の困難性、複雑性（扱う製品、技術の範囲、地理的距離、参画する企業数で計測）	一方向アライアンスよりも双方向アライアンスを、さらにそれよりも資本注入型アライアンスを選択
企業間の競合度合い（製品市場の重複、地理的市場の重複）	契約ベースよりも、合弁でのアライアンスを選択
企業の技術資源、マーケティング資源、相手企業のROAの分散、特殊資産（当該産業におけるエンジニアの従業員比率）	アライアンスよりもM&Aを選択
地理特殊性（輸送コスト、関税の有無）、企業特殊性（R&D支出、広告支出）	現地での製造を選択
進出国の制度（法規制）、資産特殊性（R&D支出割合で計測）、進出国のリスク要因（自国への利益還流を阻まれるリスク、国粋主義リスク、政治経済のリスク）	参入モードとして合弁よりも完全子会社を選択
IT契約に関わる情報探索、交渉、監視（認知的な取引コスト）	ITアウトソーシングの度合いの低下
資産特殊性、不確実性、機会主義、限定合理性、部門の活動頻度	ITアウトソーシングの度合いの低下
契約の複雑性、資産特殊性（人的、物的特殊性、特殊ノウハウ）、従業員パフォーマンスの測定困難性	契約のカスタマイズ度の上昇、等
企業間の依存性、業界の知的財産の法的保護の欠如	詳細な契約の記述、契約のコンティンジェンシー条項などの導入、等
取引への特殊投資（訓練の必要性）、パフォーマンス評価の不確実性	外部労働者利用せず、内部の従業員を活用
大型トラックと小型輸送トラックの違い（後者はより特殊資産への投資を必要とする）	ドライバーの外注よりも内部調達を選択

JEBO: *Journal of Economics Behavior and Organizaiton*　　JIBS: *Journal of International Business Studies*
MISQ: *MIS Quarterly*　　MS: *Management Science*

ハイブリッド・ガバナンスに潜むトレードオフ

　さて、ここまではTCEによる「市場vs.ハイラーキー（企業）」という二者択一のガバナンス選択を述べてきたが、現実のビジネスにはその中間形態もある。市場と企業の混合という意味で、ハイブリッド・ガバナンスと呼ばれる。

　代表的なのは、企業間提携（アライアンス）関係だ。アライアンスは、複数の企業が互いに何らかの経済取引を行っているという意味では、市場取引の側面を持つ。一方で、複数社がそれぞれの経営資源を持ち寄って、一つの組織として共同作業をすることも多い。その意味ではハイラーキーの要素もある。

　さらに言えば、ハイブリッド・ガバナンスであるアライアンスにも、純粋市場に近いものからハイラーキーに近いものまで、濃淡がある。例えば技術ライセンシングは、契約をして技術のやりとりをするだけなので市場取引に近い。他方、共同R&Dでは、両社が様々な知識・技術を持ち寄って一つのチームとして共同作業をするから、ハイラーキーに近くなる。さらにハイラーキーに近いのは、複数社で資金を出し合って新しい会社をつくるタイプのアライアンスだ。すなわち合弁事業である。

　図表5は、横軸に純粋市場取引とハイラーキーを両極として、様々な取引ガバナンスを並べたものだ。横軸を右に行くほど、ハイラーキーに近づく。TCEの視点で言えば、①不測事態の予見不可能性、②取引の複雑性、③資産特殊性、が高まるほど、企業は右方向の取引ガバナンスを選択した方がよいことになる。

　縦軸は、上に行くほど取引コスト以外の費用（投下する資金・生産コスト・販管費など）を抑えられる。一般に、取引コストを抑えようとするほど、相手をコントロールする必要があるので、そのために投下する資金・生産コスト・販管費などがかかる。逆に合弁企業のように新しい組織をつくるよりは、技術ライセンシングの方がはるかに投下する資金はかからない。すなわち図表5にあるように、TCEの視点からは、「取引コストを抑えられるコントロール度合い」と「そのための様々な諸費用の出費」はトレードオフの関係にあり、企業はそのトレードオフの中で自社取引に最適なガバナンスを見つける必要があるのだ。

　このように、アライアンスを含めた多様なビジネス取引ガバナンスをTCEの視点で整理したのは、現トロント大学のジョアン・オクスリーが1997年に

146　第1部｜経済学ディシプリンの経営理論

図表5 様々な取引ガバナンスの関係

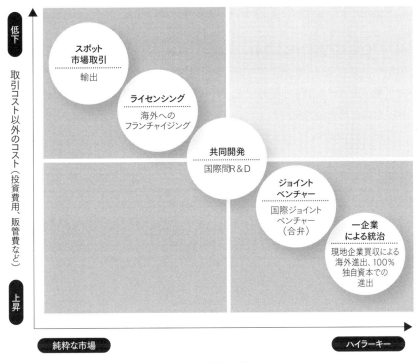

※それぞれの円の上部は一般的なガバナンス下部は企業の海外への進出モードを示す。

『ジャーナル・オブ・ロー・エコノミクス・アンド・オーガニゼーション』に発表した論文である[注12]。取引ガバナンス選択の研究は現代の企業戦略論の一大研究テーマとなっているが、その基本ロジックはまさにこれまで述べた通りであり、そして図表5にまとめた通りである。

　図表5を理解することは日本のビジネスパーソンにとっても今後さらに重要になると、筆者は考えている。なぜそういえるのか、2つの観点から説明しよう。

注12) Oxley, J. E. 1997. "Appropriability Hazards and Governance in Strategic Alliances: A Transaction Cost Approach," *Journal of Law, Economics, and Organization*, Vol.13, pp.387-409.

TCEから見る企業の国際化戦略

　第1の観点は、さらなる国際化の進展だ。実は図表5で示した取引ガバナンスの関係は、グローバル経営の研究でもよく応用される。なぜなら、この図はそのまま企業が海外に進出する際の「進出モードの選択」に当てはめられるからだ。

　例えば製造業の国際化で考えれば、輸出が図表5の左上に当たる。その一つ右下になるのが、現地パートナーとのライセンシング契約やフランチャイズ契約だ。さらに右下には、現地パートナーとの共同開発や資本を出し合う合弁事業が当てはまる。そしていちばん右下の完全なハイラーキーに対応するのが、現地企業の買収や自社による100％子会社設立での進出となる。

　実際、同じ企業でも進出国によって進出モードを変えることはよくある。米ウォルマート・ストアーズは、カナダ、イギリス、ドイツへは現地企業を買収して参入したが、メキシコ、中国、韓国への進出では、現地企業との合弁を選択した。「最適な海外進出モードの選択」は企業にとって非常に重要な意思決定であり、そして、それは経営学では、まずはTCEで説明されるのだ。グローバル経営論では、このような企業の海外進出のモード選択を説明する理論を、OLIという。第36章で詳しく解説しているので、関心のある方はそちらをご一読いただきたい。

　ではTCEから見て、「取引コストが高くなる進出国」はどこだろうか。それは、いわゆる新興市場と呼ばれる国々である可能性が高い。なぜなら新興市場には、司法制度が整っていないところが多いからだ。

　繰り返しだが、取引コストとは、契約でとらえ切れない不測の事態が生じる際のコストだった。では実際に不測の事態が起きて、契約・交渉でもめにもめた場合に我々がどうするかといえば、最終的には司直に判断を委ねるしかない。ところが新興市場では、司法システムが十分に機能しているとは限らない。

　例えばインドでは、そのリスクが高い可能性がある。同国は訴訟件数の多さと裁判官の不足から、第1審だけでも結審まで5年を超えることが多く、控訴・上告までなされると、裁判期間は20年以上に及ぶこともある。これだけ時間がかかれば、仮に勝訴しても、その裁判費用と人的・時間的な損失は甚大となる。さらに自社が有利なはずの裁判でも、訴訟相手の現地企業が裁判所と強いネットワークを持っていれば、こちらが敗訴する可能性もある。

実際、新興市場ではこのような事例は枚挙にいとまがない。例えば、スイス製薬大手のノバルティスが、自社が開発した抗がん剤「グリベック」の特許権をめぐってインドで7年越しの法廷闘争を行い、結局2013年に最高裁で敗訴するという事態に陥ったことがある。この裁判が不正と言いたいわけではないが、この判決で得をしたのはインド地場企業が多い後発（ジェネリック）薬品メーカーであったことも事実だ[注13]。

このように、新興市場では、司法システムが機能しにくいという意味で、先進国と比べて取引コストが圧倒的に高くなりうるのである。

日本企業がこれから進出していくのは、軒並み新興市場になるだろう。このような国々では、日本や先進国で想定していた以上に取引コストが上昇し、ホールドアップ問題が深刻化することをあらかじめ想定すべきだ。その対応として優秀な弁護士の確保なども当然重要だが、取引コストを内部化する進出モードの選択など、すなわち図表5の右方向を考える戦略的視点も重要になる。

世界的な取引コストの低下圧力が、企業のあり方を変える

第2の観点は、このように新興市場への進出では高い取引コストに気を配る必要がある一方で、世界的に見れば、全般的には市場の取引コストは間違いなく低下傾向にあることだ。その理由は言うまでもなく、ITの進展にある。ITにより、現代では様々な市場取引や契約が、国境を跨いで一瞬で行える。数十年前とは隔世の感だ。結果、市場全体での取引コストが大幅に低下し、それが組織（ハイラーキー）の範囲に大きな変革を迫っている、と筆者は理解している。その象徴的な現象を、最後に2つ紹介しよう。

第1に、ボーン・グローバル企業の台頭である。「生まれながら国際企業」と言う意味で、創業間もなく数年内にビジネスの世界展開を行うスタートアップ企業のことだ。いまならウーバーやエアビーアンドビーがその代表だし、日本発ならメルカリやユーザベースがその代表だろう。

スタートアップ企業のボーン・グローバル化は最近の現象だ。四半世紀前までは、企業の国際化とは非常に時間のかかるもので、通常は国内で十数年以上の実

注13）『日本経済新聞』2013年6月12日。

績をつくってから、ゆっくり海外に進出するのが常識だった。では、なぜ現代では立ち上がって間もない企業が国際化できるかと言うと、それはITの普及などで世界全体での取引コストが下がり、小さく若い企業でも取引コストを多くはかけずに国際的な市場取引を十分に行えるので、一気に国際化できるからだ。この点については、第36章で詳しく解説しているので、そちらをお読みいただきたい。

　第2に、巨大なグローバル・コングロマリット企業の解体プレッシャーの高まりである。その代表はGEだ。2017年にジェフリー・イメルトの跡をついで同社CEOに就任したジョン・フラナリーは、その6月にGEの実質上の解体と言う施策を発表した。GEの投資家の要求を受けての背景もあったと言われる（その後、フラナリーが退任したこともあり、2019年時点でGE解体案は宙に浮いたまま燻っている）。日本でなら、2013年に米ヘッジファンド、サード・ポイントのダニエル・ローブがソニーのエンターテイメント事業の分離上場を提案して話題になったが、これもコングロマリットビジネス解体への圧力といえる。

　なぜGEやソニーにコングロマリット解体・事業分離の圧力が強くなったかと言えば、これも世界中で取引コストが低下してきているからだと筆者は理解している。繰り返しだがTCEによれば、企業とは市場取引でコストがかかる部分を内部化した範囲のことだ。逆に言えば、市場の取引コストが下がったなら、内部化の必要がなくなってくるのだ。例えば「ソニーのエンタメ事業はむしろ独立した上場会社になって、ソニーの他事業部門と市場ベースで取引してしまった方が効率がいい」というロジックなのだ（逆に言えば、まだ取引費用が高い新興市場では、財閥内で複数事業を持った方が効率がよい。これがインドネシアなどの新興市場で財閥がまだ強い理由だ）。

　もちろん、筆者はフラナリーやローブの真意は知る由もない。しかし、世界的なコングロマリット解体プレッシャーの高まりの背景には、間違いなくこの世界的な取引費用の低下があるはずだ。このように、100年前のGMの生産外注から、現代企業のITアウトソーシング戦略、国際化戦略、新興市場戦略、さらにはボーン・グローバル企業やコングロマリット解体まで、TCEが説明できる応用範囲は極めて広い。企業・組織とは何か、の本質を考える上でもTCEは欠かせない。TCEが我々のビジネスを見通す「思考の軸」としていかに重要か、なぜこれほど経営学で重視されるのか、その理由が理解いただけたのではないだろうか。

150　│第1部│経済学ディシプリンの経営理論│

第8章 game theory ①

ゲーム理論①

この世のかなりの部分はゲーム理論で説明できる

そもそもゲーム理論とは何か

第1章から前章まで、経済学ディシプリンの様々な経営理論を解説してきた。近代経済学では、実はこれらの理論ほぼすべての背後に、「ゲーム理論」の存在がある。ゲーム理論はそれ自体一つの理論でもあるが、同時に経済学では一種の「数理的な言語ツール」になっており、この言語ツールを通じて様々な経済・ビジネス事象が記述されている。

例えば第5章から第7章で紹介した組織の経済学の諸理論は、経済学ではゲーム理論を使って記述される。マイケル・ポーターがSCP理論を築く基盤とした経済学の産業組織論は、その後ゲーム理論を取り入れることで飛躍的に発展し、そこから企業行動の詳細なメカニズムが次々と解明されている。その知見は、現在はマーケティング研究にも応用されており、いまや、欧米のマーケティング分野の学者の多くが、ゲーム理論を使う「経済学者」なのだ。

近代経済学におけるゲーム理論の存在は、圧倒的である。現在の応用ミクロ経済学はほぼすべてゲーム理論で記述されるといっても言いすぎではない[注1]。そしてゲーム理論の基礎は、ビジネスパーソンの「思考の軸」として極めて有用である。だからこそ、欧米の主要MBAプログラムでは、軒並みゲーム理論を教える科目があるのだろう。実際、筆者は以前、欧米某トップスクールMBAの競争戦略論の授業のシラバス（履修要項）を自分の授業の参考にしようと取り寄せたこ

注1）ゲーム理論については、非常に多くの参考文献・教科書が日本語でも書かれている。関心のある方は、色々な本を見比べてご自身に合うものを探していただきたい。筆者からは、梶井厚志・松井彰彦『ミクロ経済学 戦略的アプローチ』（日本評論社、2000年）を推薦しておく。同書はミクロ経済学の教科書の中でも、特にゲーム理論に力点を置いた構成になっている。他に、ビジネスに応用できるゲーム理論の基本的な考えを記した英語の参考書としてBesanko,D. et al.,2017. *Economics of Strategy*, 7th edition, John Wiley & Sons Inc. を紹介しておく。

151

とがあるが、その内容はほぼゲーム理論で埋め尽くされていた。

本章、そして次章では、特にゲーム理論の競争戦略への応用例を紹介したい。それを通じて、ゲーム理論のエッセンスの理解していただき、皆さんにゲーム理論を思考の軸として活用いただくことを目指す。

ゲーム理論とは、例えば「相手がある行動を取ったら、自分はどう行動するか」あるいは「自分がある行動を取ったら、それに対して相手はどう行動するか」といった、相手の行動を合理的に予想しながら、互いの意思決定・行動の相互依存関係メカニズムと、その帰結を分析するものだ。

よく考えれば、自身の意思決定・行動は、周りの人々の意思決定・行動にも影響を与えうる。逆もまたしかりだ。

ビジネスも同様だ。例えば競争戦略の中心理論であるSCPのフレームワークを紹介した第2章では、「企業はコスト優位・差別化のどちらかを追求するべき」と述べた。SCPはあくまで自社だけの視点で戦略をとらえたものだ。そこには「自社がコスト優位をもとに低価格戦略を取ったら、ライバル企業の価格戦略にはどのような影響を与えるか」といった視点は組み込まれない。

しかし現実には、自社の戦略はライバルに戦略変更を促すかもしれない。そして、その戦略変更はひるがえって自社の戦略にも影響しうる。このように互いの意思決定を「読み合った」結果として何が起きるかを考えるのが、競争戦略でのゲーム理論の中心課題である。

したがって、本書で紹介するようなゲーム理論の基礎の多くは、競争戦略においては、少数企業が市場を占有する「寡占市場」の分析に適用される。企業数が少なければ、自社の行動がライバルに影響を与えやすいからだ[注2]。もちろんすべての業界が寡占にあるわけではないが、特定商品・サービスに絞り込めば、ライバル企業の数は限定的なことが多いはずだ（「小売業界全体」だとライバルは多いが、「主要な大手コンビニ」といえば、セブン-イレブン、ファミリーマート、ローソンの3社に絞られる）。

本章では、寡占の中でも2社が市場の大半を占める「複占」（duopoly）での競争戦略に焦点を絞り、ゲーム理論を説明していこう。

注2）本章は寡占に焦点を当てるが、独占にもゲーム理論は応用される。一企業に独占されている市場でも、潜在的に参入を試みる企業が他にあれば、独占企業はその潜在参入企業の行動を読みながら参入を阻止する戦略を考えるだろうし、また潜在参入企業は独占企業の戦略を読みながら参入するかを決定するからだ。

152　｜第１部｜経済学ディシプリンの経営理論｜

クールノー競争

　ある半導体の特定分野の市場が、A社とB社の複占状態にあるとする。他に小規模メーカーもあるが、市場で支配力を発揮できるのはこの2社だけとする。そこで以下のようなゲームの状況を考えよう。

ゲーム1

　2020年にA社とB社が、2021年の生産計画を検討しているとする。両社の2020年の利益はそれぞれ15億ドルである。2021年は、両社ともに大きな方針として「増産」「現状維持」の2つの選択肢がある。このどちらを選ぶかが、両社にとって重要な意思決定である。

　この選択は2020年内に両社が決定し、一度決まったら変更できないものとする。両社は互いに相手がどちらを選択したか、2021年に実際に生産するまでわからない。このように、2社が生産量などの数量について意思決定する状況を「数量ゲーム」と呼ぶ。また、意思決定が同じタイミングで行われるので、これを「同時ゲーム」という。このように、数量ゲームと同時ゲームで特徴づけられる競争関係を、クールノー競争（Cournot competition）と呼ぶ。

　A社とB社にはそれぞれ2つの選択肢があるから、2020年の両社の戦略には、「2×2」で合計4つのシナリオ・結果が予測できる。**図表1**はそれをまとめたものだ。これをペイオフ・マトリックス（利得表）という。4つのシナリオは、以下の通りだ。

シナリオ1——両社とも2021年に「現状維持」を選べば、利益はともに前年と同じ15億ドルである。

シナリオ2——B社だけが「増産」した場合、市場は緩やかに拡大しているので同社は新たな顧客を獲得でき、利益は25億ドルまで増加する。他方、「現状維持」のA社の利益は15億ドルに留まる。

シナリオ3——逆にA社だけが「増産」すれば、同社の利益が25億ドルとなる。「現状維持」のB社の利益は15億ドルに留まる。

シナリオ4——A社とB社の両方が「増産」すると、緩やかな市場の伸びを超えて

|図表1|クールノー競争：現状維持か増産か①

単位：億ドル

	B社	
	現状維持	増産
A社 現状維持	シナリオ 1 Ⓐ 15　Ⓑ 15	シナリオ 2 Ⓐ 15　Ⓑ 25
A社 増産	シナリオ 3 Ⓐ 25　Ⓑ 15	シナリオ 4 Ⓐ 17　Ⓑ 17

供給超過となってしまい、市場の値崩れが起きて両者の利益はともに17億ドルに留まる。

　もちろん、ここで設定した利益は仮想例にすぎない。しかし、これは複占の数量競争で現実によくある状況だ。シナリオ1ならほぼ現状維持で、シナリオ2、3なら増産した方だけが得をして、シナリオ4だと過剰生産なので値崩れする、ということだ[注3]。

　本書で繰り返し述べているように、経済学には「企業が合理的に意思決定する」という大前提がある。ここで、両社はこの4つのシナリオがありうることと、そこでの各社の利得が図表1のようになることは知っているが、相手が「増産」「現状維持」のどちらを選ぶかはわからないとしよう。ではこのクールノー競争において、A社とB社が互いの戦略を「読み合った」上で合理的に意思決定をしたら、シナリオ1～4のどれが実現するだろうか。

ナッシュ均衡

　最初にA社の立場になってみよう。両者は同時ゲームを行っているので、A社

注3）注5では、簡単な数式を使ってクールノー競争の例を示している。

154　｜第1部｜経済学ディシプリンの経営理論｜

が考えるべきは、「B社の取りうる行動それぞれに対して、自社の最適な行動は何か」になる。

例えば、もしB社が増産するなら、その場合実現しうるのはシナリオ2か4のどちらかである。ここでもしA社が現状維持を選ぶなら、シナリオ2の方が実現するので、同社の利益は15億ドルになる。一方、A社が増産を選ぶとシナリオ4が実現し、同社の利益は17億ドルになる。ということは「17億ドル（増産）＞15億ドル（現状維持）」なので、A社は増産を選択する方が合理的である。

次に、もしB社が現状維持のままなら、シナリオ1か3のどちらかが実現しうる。この場合、A社が現状維持だと利益は15億ドル（シナリオ1）で、増産だと25億ドル（シナリオ3）なので、「25億ドル（増産）＞15億ドル（現状維持）」だから、やはりA社は増産を選択する。

すなわちこのゲームでは、「B社が増産する・しない」にかかわらず、A社は増産を選択するのが合理的となる。このように、相手の行動如何にかかわらず一つに絞り込める選択肢がある場合、それを支配戦略（dominant strategy）という。

今度はA社の取りうる行動を踏まえた上での、B社の意思決定を考えよう。

まず、仮にA社が増産するなら、実現しうるのはシナリオ3か4のどちらかだ。ここでB社も増産を選べば、その利益は17億ドルである（シナリオ4）。一方、現状維持を選べば、利益は15億ドル（シナリオ3）だ。したがって、この場合B社は増産するのが合理的である。

次にA社が現状維持を選ぶなら、実現しうるのはシナリオ1か2だ。ここでB社が増産を選べば利益は25億ドル（シナリオ2）で、現状維持なら利益は15億ドル（シナリオ1）だ。したがって、やはりここでもB社は増産を選ぶことになる。すなわちA社同様、B社も「相手の戦略にかかわらず、増産を選ぶのが合理的」という支配戦略を持っていることになる。

ここでA社・B社互いの「読み合いの結果」をまとめよう。といっても、この場合は簡単だ。なぜなら、両社とも「相手の動向にかかわらず、増産する」という支配戦略を持っているからだ。結果は、両社とも増産するシナリオ4が成立することになる。

このように同時ゲームは、「相手の行動を所与として、その行動の場合分けを行い、それをもとに自社の最適な戦略を探し出す」ことである。このようにして最終的に定まる結果（均衡）を、「ナッシュ均衡（nash equilibrium）」と呼ぶ[注4]。

プリンストン大学の数学者ジョン・ナッシュが中心となって、1950年前後に生み出された概念だ。

これから述べていくように、ナッシュ均衡こそがゲーム理論の基盤である。ナッシュ均衡は、経済学・経営学のみならず社会科学そのものを一変させたといえるだろう。ナッシュは1994年にノーベル経済学賞を受賞している。

ゲーム2

次のゲームに進もう。**図表2**を見ていただきたい。これも先ほどと同じ「数量ゲーム」で「同時ゲーム」（すなわちクールノー競争）だが、ペイオフ・マトリックスの値がゲーム1とは少し違っている。

今度は、A社の取りうる行動を踏まえての、B社の意思決定から先に考えよう。仮にA社が増産するなら（シナリオ3か4）、B社が現状維持を選べばその利益は8億ドルで（シナリオ3）、増産を選べば20億ドルである（シナリオ4）。したがってB社は増産を選ぶべき、ということになる。

次にA社が現状維持なら（シナリオ1か2）、B社も現状維持だとその利益は10億ドルで（シナリオ1）、増産だと25億ドルである（シナリオ2）。したがって、B社はやはり増産を選ぶ。すなわちゲーム1と同じく、B社は「増産」という支配戦略を持っている。

一方、A社の状況は異なる。もしB社が増産するなら（シナリオ2か4）、A社の利益は増産すれば20億ドルで（シナリオ4）、現状維持なら18億ドルだから（シナリオ2）、A社はやはり増産した方がいい。しかしB社が現状維持の場合は（シナリオ1か3）、A社の利益は増産すると18億ドルで（シナリオ3）、現状維持だと23億ドルなので（シナリオ1）、むしろ現状維持の方が高い利益を上げられる。

このように「B社が増産なら自社も増産だが、B社が現状維持なら自社も現状維持の方がよい」ので、A社のベストな戦略はB社の戦略に左右されることになる。A社は支配戦略を持っていないのだ。この場合のナッシュ均衡はどこだろうか。

ここでのポイントは、A社は支配戦略を持っていないが、他方で同社は「B社が増産という支配戦略を持つ」ことは知っていることだ。したがって「B社はいずれにせよ増産を選ぶ」ことを知っているA社には、合理的に考えればそもそも

注4）このケースは両社が支配戦略を持っているナッシュ均衡なので、「支配戦略均衡」と呼ぶこともある。

156 ｜ 第1部 ｜ 経済学ディシプリンの経営理論 ｜

図表2 | クールノー競争：現状維持か増産か②

シナリオ2と4しか残されていないのである。

ここでA社が増産すれば20億ドル（シナリオ4）で、現状維持なら18億ドル（シナリオ2）だから、A社は増産を選ぶことになる。したがって、ナッシュ均衡はシナリオ4である[5]。

クールノー競争の含意

これらの典型的なクールノー競争の例から得られるナッシュ均衡には、2つのポイントがある。

第1に、ナッシュ均衡は安定的ということだ。例えば、ゲーム1（図表1）の例

注5) 数学に抵抗感のない方のために、企業1と企業2の複占市場におけるクールノー競争を以下のような簡単な数式・数値例で示す。まず企業1・企業2の費用関数をそれぞれ$C_1=10Q_1$、$C_2=10Q_2$とする。Cは各社の費用、Qは生産量である。また、市場の（逆）需要関数を$P=100-(Q_1+Q_2)$とする。ここでPは市場価格を表す。この式のポイントは(Q_1+Q_2)となっていることだ。すなわち市場に2社あるので、市場価格に影響を与える生産量は2社の合計になる。この設定で、企業1の利潤関数は$Prof_1=PQ_1-C_1=(100-Q_1-Q_2)Q_1-10Q_1=90Q_1-Q_1^2-Q_1Q_2$となる。同様に、企業2の利潤関数は$Prof_2=PQ_2-C_2=(100-Q_1-Q_2)Q_2-10Q_2=90Q_2-Q_2^2-Q_1Q_2$となる。企業1の利益の生産量$Q_1$についての最大化条件（1階の条件）は$\partial Prof_1/\partial Q_1=90-2Q_1-Q_2=0$となり、これを置き換えると$Q_1=45-0.5Q_2$となる。これは企業1の生産量が企業2の生産量に依存（反応）するという意味で、反応関数と呼ばれる。企業2について同様の操作を行うと、企業2の反応関数は$Q_2=45-0.5Q_1$となる。この2つの反応関数の連立方程式を解くと$Q_1=Q_2=30$が得られる。すなわちこの例のクールノー均衡での2社の生産量は30である。これを各社の利潤関数に代入すると、各社の利益は$Prof_1=Prof_2=900$となる。

ならシナリオ4がナッシュ均衡となり、そこから両社の意思決定が他のシナリオに移ることはない。そもそも、両社ともに「増産」が支配戦略なので、それよりもよい選択肢がないからだ。

ゲーム2の場合は、たしかにA社には支配戦略がない。しかし、B社は増産という支配戦略を持っているのだから、A社の選択肢はシナリオ2と4しかなく、もし現状維持を選べば、増産よりも利益が低くなってしまう。結果、ナッシュ均衡はシナリオ4となり、そこから他のシナリオに移ることはない。

第2のポイントは、さらに重要だ。それは「この安定的なナッシュ均衡は、必ずしも両社にとって最善の状態ではない」ことである。

例えば、図表1のシナリオ2とシナリオ4（＝ナッシュ均衡）を比べてみよう。ここで注目すべきは、両企業の利益の合計だ。まずシナリオ4（ナッシュ均衡）での両社の利益合計は34億ドル（17億ドル＋17億ドル）である。一方、シナリオ2の両社の利益合計は40億ドル（15億ドル＋25億ドル）であり、実はシナリオ4より大きいのだ。

すなわち、例えば仮にA社とB社が結託して「2021年にB社は増産するが、A社は増産しない」と事前に決めれば、シナリオ2が実現するはずだ。そして25億ドルの利益を得たB社がA社に5億ドルの利益を供与すれば、両者の利益はともに20億ドルとなり、シナリオ4よりも両社とも利益を高めることができるのだ[注6]。

しかしながら、実際にはこのシナリオ2は実現しない。ナッシュ均衡になったのは、シナリオ4だった。なぜだろうか。それは、このクールノー競争では、両社は結託をしないことが条件だからだ。これを「非協力ゲーム」という。

そもそも生産量の結託は、競争法上違反であることが多い。両者が結託しないで、互いに「腹の読み合い」をしながらそれぞれに合理的な意思決定をする（非協力ゲームをする）と、本来は結託した場合の方が利益を高められるのに、そうではないシナリオ4がナッシュ均衡として実現してしまうのだ。

注6）注5で示したクールノー競争の数式・数値例では、企業1・企業2それぞれの利益は900だった。これに対して2社が結託するということは、2社があたかも一つの独占企業として振る舞うのと同じである。したがって1社独占の場合の企業の利潤関数を考えると、それは$Prof_m = PQ_m - C_m = (100 - Q_m) Q_m - 10Q_m = 90Q_m - Q_m^2$となる。ここで独占企業の利益の生産量$Q_m$についての最大化条件（1階の条件）は$\partial Prof_m / \partial Q_m = 90 - 2Q_m = 0$となり、これを置き換えると$Q_m = 45$となる。これを利潤関数に代入すると$Prof_m = 2025$が得られる。クールノー競争では2社の合計の利益は1800（＝900＋900）なので、結託（独占）した場合の方が、やはり利益が大きいことがわかる。

158 ｜ 第1部 ｜ 経済学ディシプリンの経営理論 ｜

この結論は、ビジネスパーソンに対して示唆を与える。実際のビジネスでも、このような非協力ゲームのクールノー競争の結果、結託できれば実現するはずの利益よりも、各社が低い利益しか上げられない事態が多くあるからだ。

　その典型がここまで見たような、寡占業界における過剰生産である。今回の例で用いられている半導体業界は、その典型だ。この業界では、DRAMなどの新世代の半導体への投資が行われるたびに過剰供給となり、結果として値崩れが起きる。各社ともこの問題をわかっていても、状況を変えられない。それは各社が同時ゲームで、非協力ゲームの数量競争を行っているからなのだ。そこで決まったナッシュ均衡は安定的であり、変わらないのである。

ベルトラン競争

　クールノー競争では、「増産か、現状維持か」といった数量面の決断が企業の関心事だった。しかしビジネスではもう一つの側面、すなわち価格戦略も重要だ。

　現実の企業は、生産量も価格も決めなければならない。しかし、そのどちらがより重要かは、業界・状況で異なる。ここからは、価格設定がより重要な戦略である状況を想定してみよう。

ゲーム3

　2020年に、A社とB社が2021年の自社製品の価格戦略を検討しているとしよう。両社の製品は十分には差別化されておらず、その価格が互いに影響し合うとする。また、両社とも一度価格を決めたら変更できず、相手の価格は2021年にならないとわからない（すなわち同時ゲーム）とする。このように「価格ゲーム」と「同時ゲーム」で特徴づけられる競争を、ベルトラン競争（Bertrand competition）と呼ぶ。

　ここで、2社には「前年と同じ価格を維持（現状維持）」「価格引き下げ」の2つの選択肢があるとする。この場合のペイオフ・マトリックスの4シナリオと各社の利益は以下の通りだとしよう。**図表3**も併せてご覧いただきたい。

シナリオ1——2021年に、両社とも「現状維持」を選べば、ともに利益は15億ドルである。

|図表3| ベルトラン競争：現状維持か価格引き下げか

- **シナリオ2**——B社だけが「価格引き下げ」をした場合、B社はA社の顧客の多くを奪うことができる。したがって、B社の利益は20億ドルまで拡大する。他方で「現状維持」のA社は顧客を奪われるので、利益は3億ドルまで低下する。
- **シナリオ3**——逆にA社だけが「価格引き下げ」をすれば、A社はB社から顧客の多くを奪えるので、同社の利益は20億ドルになる。「現状維持」のB社は顧客を奪われるので利益は5億ドルに低下する。
- **シナリオ4**——A社とB社の両方が「価格引き下げ」をすると、両社とも結局顧客の奪い合いになり、結果として互いに顧客数は変わらない。しかし価格は下がるので、両社とも利益だけがそれぞれ5億ドルと7億ドルに下がる。

さて、この場合のナッシュ均衡はどこになるだろうか。

A社の立場から考えよう。B社が価格引き下げを選んだ場合（シナリオ2か4）、A社が現状維持ならその利益は3億ドルで（シナリオ2）、価格引き下げなら5億ドルである（シナリオ4）。どちらも高い利益ではないが、それでも価格引き下げをする方がまだ合理的である。

次に、B社が現状維持のままだと（シナリオ1か3）、A社は価格を引き下げてB社の顧客を奪い利益を20億ドルに高められるので、価格引き下げの方が望ましい。

すなわち、A社はB社の動向如何にかかわらず、価格引き下げという支配戦略を持っている。

B社の場合はどうか。もしA社が価格を引き下げると（シナリオ3か4）、B社の利益は現状維持で5億ドル（シナリオ3）、価格引き下げで7億ドル（シナリオ4）なので、価格引き下げの方が望ましい。A社が現状維持の場合は、B社の利益は現状維持だと15億ドルで（シナリオ1）、価格引き下げだと20億ドル（シナリオ2）なので、やはり価格を引き下げた方が合理的である。

したがってA社同様に、B社も価格引き下げという支配戦略を持っている。結果として、ナッシュ均衡は両社が価格引き下げを選ぶシナリオ4となる[注7]。

ベルトラン・パラドックス

このように、典型的な非協力ゲームのベルトラン競争では、両社ともに価格を引き下げ、そして両社とも利益を失う状態が実現することが多い。いわゆる価格戦争に陥ってしまうのだ。

そして一般に、ベルトラン競争のナッシュ均衡における両社の利益は、クールノー競争のナッシュ均衡よりも低い。これは2つの理由による。

第1に、ベルトラン競争で重視されるのが価格戦略だからだ。価格を引き下げれば、相手の顧客を直接奪うことになる。したがって数量競争の場合よりも、直接相手の収益を押し下げることになる。逆に、相手が価格引き下げをしてきた時の自社のダメージも、数量競争より大きくなる。

第2は、非協力ゲームであることだ。もしA社とB社が結託してともに現状維持を選べば、シナリオ1が実現して両社ともシナリオ4よりはるかに高い利益を

注7）注5同様に、企業1と企業2の複占市場におけるベルトラン競争を以下のような簡単な数式・数値例で示す。企業1・企業2の費用関数をそれぞれ$30C_1 = 10Q_1$、$30C_2 = 10Q_2$とする。また、企業1の需要関数を$Q_1 = 100 - 10P_1 + 10P_2$とする。この式のポイントは、$-10P_1$なので企業1の製品価格（$P_1$）が下がると企業1の需要（$Q_1$）が増えるが、$+10P_2$なので、企業2の製品価格（$P_2$）が下がると、企業2に顧客が奪われて企業1の需要（Q_1）が減ることだ。同様に、企業2の需要関数は$Q_2 = 100 - 10P_2 + 10P_1$である。この設定で、企業1の利潤関数は$Prof_1 = P_1Q_1 - C_1 = P_1Q_1 - 10Q_1 = P_1(100 - 10P_1 + 10P_2) - 10(100 - 10P_1 + 10P_2) = 200P_1 - 10P_1^2 + 10P_1P_2 - 100P_2 - 1000$である。企業1の利益の価格$P_1$についての最大化条件（1階の条件）は$\Delta Prof_1 / \Delta P_1 = 200 - 20P_1 + 10P_2 = 0$となり、これを置き換えると$P_1 = 10 + 0.5P_2$となる。これは企業1の価格の企業2の価格に対する反応関数である。同様の操作を行うと企業2の反応関数は$P_2 = 10 + 0.5P_1$になる。この2つの反応関数の連立方程式を解くと$P_1 = P_2 = 20$となり、これがこのベルトラン競争における両社の設定する価格となる。

161

得ることができる。しかし、そのような行為は難しいし、そもそもそれは競争法違反である。結果として、両社は結託できないまま価格を下げざるをえないのだ。

さてここで、第1章のSCPのところで述べたことを思い出していただきたい（第1章を読まれていない方は、第1章の「寡占はなぜ儲かるのか」をご覧いただきたい）。

第1章では、無数の企業が価格競争を行う完全競争では、企業の超過利潤はゼロになる、という帰結を述べた。他方で、完全競争から乖離した、少数企業が市場を占有する寡占では、企業は超過利潤を高めやすい、とも述べた。SCPの視点からは、企業は寡占で利益を上げやすいはずなのだ。

ところが、寡占であっても今回のようにベルトラン競争をすると、両社の利益は著しく下がってしまうのだ。この状況がさらに極端だと、結局は完全競争と同じように、超過利潤がほぼゼロになることもありえる。

このように、本来は利益率が高いはずの寡占状態で、ベルトラン競争の結果として、完全競争と同じような水準まで利益率が下がっていくことを「ベルトラン・パラドックス」と呼ぶ。

ベルトラン・パラドックスは避けられるのか

中南米コスタリカのタバコ市場は、1990年代初頭までフィリップ モリスとブリティッシュ・アメリカ・タバコ（B・A・T）の実質的な複占状態にあり、両社は高い収益を誇っていた。

しかし、消費者の健康志向が高まって市場の伸びが停滞してきた1993年1月16日、突如フィリップ モリスが主力ブランドの「マルボロ」「ダービー」の価格を40％引き下げることを発表した[注8]。大胆な価格引き下げにより、B・A・Tの顧客を奪いにきたのだ。すると驚くべきことに、その同日にB・A・T社も主力ブランド「デルタ」を50％引き下げたのである。

両社のベルトラン競争はその後2年間続き、結果は不毛そのものに終わった。

顧客を奪い合った結果、2年後の1994年末の時点で両社の市場シェアは結局変わらず、しかし価格引き下げによりフィリップ モリスの収入は以前より800

注8）以下の事例は、注1で紹介したBesankoで紹介されていた事例を、筆者なりにまとめ直したものである。

162　│第1部│経済学ディシプリンの経営理論│

万ドル減少し、B・A・Tに至っては2000万ドルの減収となった。価格低下により同国のタバコの消費量自体は17％増加したにもかかわらず、である。

これはベルトラン・パラドックスの極端なケースだが、他にもベルトラン・パラドックスに近い状態の業界はこの世に少なくない。例えば、少し前までの日本の国内宅配便業界は、それに近かったかもしれない。

この業界は、ヤマト運輸と佐川急便の2社で市場の8割を取る寡占業界だ[注9]。しかも国内宅配市場はまだ成長中で、需給バランスの点からは、両社は値下げをする必要がない。それにもかかわらず、両社は長期にわたって宅配単価を下げる競争を続けたのだ。

例えば、ヤマト運輸の宅急便平均単価は2002年に710円だったものが、2013年には577円まで下落した[注10]。結果として、両社はかなりの収益を失ってきたといえる。同様に例えば牛丼レストラン業界なども、国内には大手3社しかないのに一時期は激しい価格競争をして、ベルトラン・パラドックスに陥っていた。

企業はどうすれば、ベルトラン・パラドックスを避けられるのだろうか。経済学者からは、いくつかの視点が提示されている。

第1は、十分な差別化だ。自社の製品・サービスが十分に差別化されていれば、ライバルの価格変更にもあまり影響を受けないで済むかもしれない。第1章のSCPフレームワークで差別化の重要性を述べたが、ベルトラン競争を避ける意味でも、やはり十分な差別化は重要といえる。

第2はビジネスの特性だ。特に多額の初期投資が必要なビジネスでは、「投資量」をもとにしたクールノー競争が行われやすい。例えば医薬産業では、各社とも新薬開発のために過剰とも思えるR&D投資を行うが、これもクールノー競争といえる。

しかし、ここで気をつけなければならないのは、先にも述べたようにクールノー競争では、そのナッシュ均衡の結果として市場が供給過剰になりうることだ。そして供給過剰下では、企業は価格競争（ベルトラン競争）に移らざるをえない。

本章で例として使ってきた半導体業界が、これに典型的に当てはまる。一般に半導体ビジネスでは、新世代半導体への投資で各社がクールノー競争を行い、結

注9）『日経ヴェリタス』2015年3月29日によると、2013年度の国内宅配便市場では、ヤマト運輸のシェアが46.3％、佐川急便のシェアが33.9％となっている。

注10）『日本経済新聞』2014年3月12日。

果として市場が供給過剰になって、その製品が旧世代品になる頃にはベルトラン競争が行われる。

　企業がベルトラン・パラドックスを避けうる第3の視点がある。しかしそれは次章で紹介することにして、本章では最後に別の重要なポイントを述べたい。

エスカレーターで立つのは、右か、左か

　図表4を見ていただきたい。これはいままでとまったく異なる例だが、やはりプレーヤーが同時ゲームの非協力ゲームを行っているのは同じである。したがって、結果としてナッシュ均衡が生じる。

ゲーム4

　赤の他人同士のAさんとBさんがエスカレーターに乗ろうとしている。ここで2人ともそれぞれ、「いかに周りに迷惑をかけない状態でエスカレーターに立つか」ということを考えているとしよう。するとシナリオは以下のようになる。

シナリオ1──もしAさんとBさんがともに右側に立ったら、左側にスペースができるので、急いでいる人はそこを通過できて、誰にも迷惑をかけない（両者ともプラス1ポイント）。

シナリオ4──もしAさんとBさんがともに左側に立ったら、右側にスペースができるので、急いでいる人はそこを通過できて、誰にも迷惑をかけない（両者ともプラス1ポイント）。

シナリオ2
シナリオ3──もしAさんが右側に、Bさんが左側に立ったら、エスカレーターにスペースができないので、急いでいる人が立ち止まらざるをえず、Aさん、Bさんとも周りに迷惑をかけて文句を言われる（両者ともマイナス1ポイント）。Aさんが左側に、Bさんが右側に立った場合も、同様である。

　まずAさんの立場から考えれば、Bさんが右側に立つなら、Aさんも右側を選ぶだろう（シナリオ1）。逆にBさんが左に立つなら、自分も左が望ましい（シナリオ4）。Aさんの意思決定はBさんの意思決定に依存するので、Aさんは支配戦

164 ｜ 第1部 ｜ 経済学ディシプリンの経営理論 ｜

| 図表4 | エスカレーターでどちら側に立つか

		B	
		右側に立つ	左側に立つ
A	右側に立つ	シナリオ 1 **A** +1　**B** +1	シナリオ 2 **A** -1　**B** -1
	左側に立つ	シナリオ 3 **A** -1　**B** -1	シナリオ 4 **A** +1　**B** +1

略を持っていないことになる。そしてBさんの方も、Aさんが右なら自分も右を
選び（シナリオ1）、Aさんが左なら自分も左を選ぶ（シナリオ4）ので、支配戦
略を持っていない。

　すなわちこのケースでは、両者とも支配戦略を持っていないのだ。そして実現
しうるシナリオは、1と4の2つである。すなわちこの場合は、この2つのシナリ
オのどちらもがナッシュ均衡になりうる。ナッシュ均衡は複数存在しえるのだ。
　そして、すでにお気づきかと思うが、シナリオ1は実際に大阪で起きているこ
とで、シナリオ4は東京で起きていることだ。つまり、「エスカレーターの右側
に立つか、左側に立つか」は、非協力の同時ゲームで決まるナッシュ均衡なのだ。

ゲーム理論は、社会の多くを説明しうる

　「なぜ東京は左側で、大阪は右側か」に合理的な理由はない。それは「単なる
偶然」である。
　ここでのポイントは、このエスカレーターの右側か左側に揃って並ぶという行
為は、我々の「相手の行動の読み合い」に基づいた合理的な意思決定の帰結とし
て、ナッシュ均衡として説明できることだ。そしてナッシュ均衡は、一度決まる
と安定して動かない。だから、東京ではいつまで経っても人々はエスカレーター

の左側に立ち、大阪では右側に立つのだ。

　我々のビジネス社会には、「なぜこんなことをするのだろうか」というような、その国特有の制度、慣行、不文律がある。そしてそれらは、変えたくてもなかなか変わらない。例えば日本なら、名刺交換などがそれに当たるかもしれない。世界中の他のどの国でもやらないのに、なぜ日本だけうやうやしく名刺を交換するかと言えば、それは「相手がうやうやしく名刺を出すなら、自分もそうしておこう」と、互いに「合理的に空気を読み合った」上でのナッシュ均衡だからである。

　他にも、なぜパソコンのキーボード配置が左上からABC順でなくQWEの順かというと、それもナッシュ均衡であると経済学では主張されている。このQWEは、別にABCでも、XYZでもかまわなかった。「単なる偶然」でQWEがナッシュ均衡として決まり、そして一度決まると安定的で変わらないのである。

　このように、我々の社会のあらゆる制度・因習・文化・不文律の多くは、実はゲーム理論のナッシュ均衡として説明できることを明らかにする分野を「制度の経済学」という。スタンフォード大学の高名な日本人経済学者である青木昌彦等が中心となって切り開いてきた分野だ[注11]。

　大胆に言えば、この世のだいたいのことはゲーム理論で説明がつくのかもしれない。人はかように合理的であり、その合理的な人間たちが織り成す社会を記述するのが、ゲーム理論なのだ。

注11）例えば青木昌彦他『経済システムの比較制度分析』（東京大学出版会、1996年）を参照。

第9章 game theory ②

ゲーム理論②

我々は人を「無償」で信じるか、それとも「合理的な計算」で信じるか

同時ゲームと逐次ゲーム

　本章も、前章から引き続きゲーム理論を解説する。前章でも述べたように、経営理論の基盤（ディシプリン）の一つである経済学では、ゲーム理論は一種の「数理的な言語ツール」となっている。本書で紹介する経済学ディシプリンの経営理論の多くも、経済学ではゲーム理論を使って記述される。

　しかし本章では、そういった言語ツールの側面よりも、ゲーム理論を企業の競争戦略に応用することで、そのエッセンスを理解いただき、皆さんに思考の軸として活用いただくことを目指す。

　本章はその後編である。前章に引き続き、主に2社だけが競争する寡占（複占）市場において、協力・結託をしないまま競合する両社の意思決定の読み合い（非協力ゲーム）とその帰結を、ゲーム理論を使って説明していこう。

　図表1は、競争戦略の主な非協力ゲームを整理したものだ。上半分が前章で紹介した同時ゲーム（simultaneous game）である。今回は下半分、すなわち2社が同時ではなく、順番に意思決定する状況を解説していく。これを逐次ゲーム（sequential game）と呼ぶ。

　同時ゲームと逐次ゲームの違いは、ジャンケンとチェスの違いと同じだ。プレーヤーが同時に手を出すジャンケンは、両者とも相手が何を出すかわからないまま、互いに読み合いをする。他方で、一方が先に駒を進め、その打ち手がわかってからもう一方が駒を動かすチェスは逐次ゲームである。

　実際のチェスではプレーヤーは何度も駒を動かす機会があるが、ここでは仮に各プレーヤーが1度しか駒を動かせないとしよう。この場合、後手プレーヤーは

167

|図表1|非協力ゲームの種類

	数量競争	価格競争
同時ゲーム	クールノー競争	ベルトラン競争
逐次ゲーム	数量競争における 逐次ゲーム	価格競争における 逐次ゲーム

非協力の同時ゲーム（図表の上半分）の競争で実現する均衡をナッシュ均衡という。

先手プレーヤーの駒の動きを知った上で、自分の手を打てる。しかしこれは逆に言えば、先手は「自分の打ち手に後手がどう反応するか」を予測した上で、先に駒を動かせるということでもある。この先手をリーダーと呼び、後手をフォロワーと呼ぶ。

では以下の例を考えてみよう。とは言っても、前章を読んでいない方や、内容がうろ覚えの方もいるだろうから、まずは前章で行った同時ゲームの簡単な復習から始めたい。前章の内容をよく覚えている方は、そのまま次の節「ゲーム2（逐次ゲーム：B社がリーダーの場合）」に進んでいただきたい。

復習：ゲーム1（同時ゲーム）

前章同様、2020年にA社とB社が2021年の生産計画を立てており、2021年に「増産するか、現状維持か」の意思決定を行っているとする。両社は2020年内にほぼ同じタイミングで意思決定し、結託できない。すなわち、これは価格よりも数量を軸とした「非協力」の「同時」ゲームであり、クールノー競争（Cournot competition）と呼ばれる。

両社の2021年の利益は、それぞれの意思決定の組み合わせにより、**図表2**のペイオフ・マトリックス（利得表）のようになるとする。ここで両社とも、相手が2021 年に「増産」「現状維持」のどちらを選ぶかはわからないが、利得状況が図表2のようになることはわかっているとする。

前章で述べたように、同時ゲームでは「合理的な各プレーヤーは相手の取りうる行動それぞれに対する自分の行動の利得を考え、自分に有利な意思決定をする」

図表2 現状維持か増産か❶

と考える注1。

この場合、まずB社は、A社の取りうる行動それぞれに対するB社の最適な戦略を考えるはずだ。まず、仮にA社が増産するなら（シナリオ3か4）、B社は現状維持よりも増産の方が利益が大きいので（10億ドル＜14億ドル）、B社は増産を選ぶ。

次にA社が現状維持でも（シナリオ1か2）、B社は現状維持よりも増産の方が利益が大きいので（16億ドル＜25億ドル）、B社は増産を選ぶはずだ。すなわちこのゲームでは、B社は増産に支配戦略（dominant strategy）を持っている。

これと同じことを今度はA社の視点でやってみると、どうだろうか。もしB社が増産するなら（シナリオ2か4）、A社はやはり増産した方がいい（18億ドル＜20億ドル）。しかしB社が現状維持の場合は（シナリオ1か3）、むしろ現状維持の方が望ましい（23億ドル＞18億ドル）。すなわちB社と異なり、A社は支配戦略を持っていない。

しかし、A社は「B社が増産という支配戦略を持つ」ことは知っている。したがってA社には、そもそもシナリオ2と4しか残されていない。両シナリオを比べれば、A社は増産が合理的だ（18億ドル＜20億ドル）。したがって、このゲームで

注1）図表2ではA社が増産する場合（シナリオ3と4）、B社が現状維持よりも増産を選ぶ方がA社の利益が高くなるので、厳密には常に両社の過剰生産によって両社とも利益が低下する状況を表しているわけではない。より典型的な過剰生産によって両社とも利益を失うケースは、前章のゲーム1がそれに当たる。

実現するシナリオは4になる。この非協力同時ゲームでの意思決定の読み合いで決まった結果のシナリオ4が、ナッシュ均衡（nash equilibrium）になる。

ここまでが復習だ。では今度は、同じ図表2のペイオフ・マトリックスを使って逐次ゲームを考えよう。

ゲーム２（逐次ゲーム：B社がリーダーの場合）

同じ図表2を改めてご覧いただきたい。今度はB社がリーダーで、A社がフォロワーの場合を考えよう。例えば2020年にB社が2021年の生産計画（増産か、現状維持か）を先に決定し、その決定を知ってからA社が生産計画を決めるとする。両社が結託するわけではないのでこれも「非協力ゲーム」だが、リーダーとフォロワーという意思決定に順番がついたのが同時ゲームとの違いである。

この逐次ゲームで意思決定の起点になるのは、先手のB社だ。「自社（B社）がある戦略を選んだら、A社はどのように反応するか」を予測しながら、先に自社の戦略を決められるからである。言い換えれば、B社はA社の反応を予測しながら、「自社に都合のいい方向にA社の意思決定を誘導できる」のだ。

では、B社の立場になってA社の反応を予測してみよう。といっても、このプロセスは、前章の同時ゲームと同じだ。

もしB社が増産するなら（図表2のシナリオ2か4）、A社の利益は現状維持なら18億ドルで、増産なら20億ドルだから、A社は増産した方がいい（シナリオ4）。しかしB社が現状維持の場合は（シナリオ1か3）、A社の利益は現状維持だと23億ドルで、増産だと18億ドルなので、むしろ現状維持の方が望ましい（シナリオ1）。

さてここで、先手を打てるB社が考えるべきは、シナリオ1と4のうち自社に都合がいい方に、A社を誘導することだ。B社の利益はシナリオ1なら16億ドル、シナリオ4なら14億ドルだから、シナリオ1に誘導するのが望ましい。したがって、B社は現状維持を選ぶことでA社にも現状維持を選ばせ、その結果シナリオ1が実現するのだ。

このように同じペイオフ・マトリックスを使っても、同時ゲームで実現するナッシュ均衡はシナリオ4で、B社がリーダーの逐次ゲームで実現するのはシナリオ1と、結果は異なる。ここでB社の両シナリオでの利益を比べると、同時ゲームで

170　│第１部│経済学ディシプリンの経営理論│

実現するシナリオ4より、逐次ゲームのシナリオ1の方が利益は高い[注2]。先手を打てるリーダーのB社は、同時ゲームの時より自社に有利な状況をつくりうるのだ[注3]。

　同時ゲームと逐次ゲームの違いがおわかりいただけただろうか。では次にここまでの考えを応用して、競争戦略へのさらなる示唆を考えよう。

ゲーム3 （同時ゲームと逐次ゲーム）

　図表3を見ていただきたい。これもA社とB社の生産計画だが、図表2とは少し利得状況を変えている。まず、これを非協力の同時ゲーム（クールノー競争）として考えてみよう。すなわち、2020年に両社が2021年の生産計画（増産か、現状維持か）を同時に決定するパターンである。

　同時ゲームの思考プロセスは先のゲーム1で示したので本文では繰り返さないが、この場合のナッシュ均衡はA社が「現状維持」を選び、B社が「増産」を選ぶシナリオ2になる（思考プロセスは[注4]を参照）。

　さてここで、皆さんにはA社の経営陣の立場になっていただきたい。このまま同時ゲームのクールノー競争を行えば、A社の利益は15億ドルである。しかし、これはA社にとって、4つのシナリオのうち2番目に儲からない状況だ。

注2）数学に抵抗感のない方のために、前章同様、企業1と企業2の複占市場における逐次ゲーム（数量競争）を以下の簡単な数式例で示す。ここでは企業1をリーダー、企業2をフォロワーとする。両社の費用関数はそれぞれ$C_1=10Q_1$、$C_2=10Q_2$とする。Cは各社の費用、Qは生産量である。また、市場の（逆）需要関数を$P_m=100-(Q_1+Q_2)$とする。(Q_1+Q_2)となっているのは、市場に2社いるので、市場価格に影響を与える生産量は2社の合計になるからだ。企業1の利潤関数は$Prof_1=P_mQ_1-C_1$、企業2の利潤関数は$Prof_2=P_mQ_2-C_2$となる。まずフォロワーの企業2は、リーダーの企業1が先に行う行動を踏まえて意思決定をするので、その利潤関数は$Prof_2=P_mQ_2-C_2=(100-Q_1-Q_2)Q_2-10Q_2=90Q_2-Q_2{}^2-Q_1Q_2$となる。したがって企業2の利益の生産量$Q_2$についての最大化条件（1階の条件）は$\partial Prof_2/\partial Q_2=90-2Q_2-Q_1=0$となり、これを置き換えると$Q_2=45-0.5Q_1$となる。これはフォロワーである企業2の生産量の、リーダーである企業1の生産量に対する反応関数（reaction function）である。さて、前回の同時ゲーム（クールノー競争）と逐次ゲームの最大の違いは、リーダーである企業1は、このフォロワー企業2の反応関数を所与として自社の最適な生産量を決められることだ。すなわち、企業1の利潤関数は$Prof_1=P_mQ_1-C_1=(100-Q_1-Q_2)Q_1-10Q_1$だが、この式の$Q_2$の部分に上の反応関数を代入することになる。すると$Prof_1=\{100-Q_1-(45-0.5Q_1)\}Q_1-10Q_1=45Q_1-0.5Q_1{}^2$となり、その最大化条件（1階の条件）は$\partial Prof_1/\partial Q_1=45-Q_1=0$となる。したがって企業1の生産量は$Q_1=45$であり、企業2の生産量はその反応関数より$Q_2=22.5$となる。そしてこの結果を企業1の利潤関数に代入すると、$Prof_1=1012.5$となる。前回の同時ゲームでも同じ費用関数、需要関数、利潤関数を用いたが、その時の企業1の利益は900だった。すなわち逐次ゲームでリーダーとなった企業1は、同時ゲームよりも高い利益を得られることになる。

注3）なお、リーダーは常に同時ゲームよりも利益を高められるわけではない。例えばこのペイオフ・マトリックスでA社がリーダーの場合は、実現するのはシナリオ4となり、これは同時ゲームのナッシュ均衡と同じである。しかしそれでも、一般に逐次ゲームのリーダーは同時ゲームより悪い状況に陥ることはない。

|図表3|現状維持か増産か❷

単位：億ドル

B社		
現状維持		**増産**
シナリオ 1		**シナリオ 2**
Ⓐ 20　Ⓑ 6		Ⓐ 15　Ⓑ 7
シナリオ 3		**シナリオ 4**
Ⓐ 17　Ⓑ 5		Ⓐ 12　Ⓑ 3

（A社：現状維持／増産）

　A社の経営幹部としては、少しでもこれより自社に有利なシナリオが実現できないか考えたくなるだろう。例えば、何らかの手段でシナリオ3が実現できるなら、A社の利益は17億ドルまで増加する。何とかしてシナリオ2ではなく、シナリオ3を実現する術はないだろうか。

　実は、これは不可能ではない。ポイントは時間軸である。両社はいま2020年にいて、翌2021年の生産計画を練っている。同時ゲームなので「互いに相手の生産計画がわかるのは、2021年になってから」という設定だった。

　しかし、もしA社が2020年内に「当社は2021年に絶対に増産する！」と宣言したらどうなるだろうか。実際の増産は2021年だが、B社にわかるように、先手を打って2020年内にアナウンスしてしまうのだ。

　A社が2021年に絶対に増産するなら、その宣言を聞いたB社にとってベストの戦略は、もはや増産ではない。A社が増産した場合、B社に残された選択肢は

注4）B社の視点から始める。仮にA社が増産するなら（シナリオ3か4）、B社が現状維持を選べばその利益は5億ドルで（シナリオ3）、増産を選べば3億ドルである（シナリオ4）。したがってB社は現状維持を選ぶべきである。次にA社が現状維持なら（シナリオ1か2）、B社も現状維持だとその利益は6億ドルで（シナリオ1）、増産だと7億ドルである（シナリオ2）。したがって今度は、B社は増産を選ぶのが合理的である。すなわちB社の戦略はA社の戦略に依存しており、支配戦略を持っていない。次にA社だが、B社が増産するなら（シナリオ2か4）、A社が現状維持を選べばその利益は15億ドルで（シナリオ2）、増産を選べば12億ドルである（シナリオ4）。したがってA社は現状維持を選ぶべきである。次にB社が現状維持なら（シナリオ1か3）、A社も現状維持だとその利益は20億ドルで（シナリオ1）、増産だと17億ドルである（シナリオ3）。すなわちA社は現状維持という支配戦略を持っている。したがって、A社はいずれにせよ現状維持を選ぶので、B社にはシナリオ1と2から最適な方を選ぶことになり、結果B社は増産を選んで、シナリオ2が実現し、これがナッシュ均衡となる。

172 ｜ 第 1 部 ｜ 経済学ディシプリンの経営理論 ｜

シナリオ3と4だけだからだ。もしここでB社が増産を選べば、シナリオ4が実現して利益はわずか3億ドルになってしまう。それなら、B社はせめて現状維持を選んで、5億ドルの利益を確保した方がいい。結果、A社が望んだシナリオ3が実現するのだ。

ここで起きたことは何だろうか。A社は、2020年に増産という「行為」そのものはしていない。しかし、来年は絶対に増産すると先に「宣言」することで、あたかも逐次ゲームのリーダーのような立場に立ったのである。先に宣言することで「同時ゲーム」を「逐次ゲーム」に変え、自社に有利な状況を生み出したのだ。ゲームのルールは、変えられるのだ。

ゲームのルールは変えられる

世界の航空機製造業は、長い間、米ボーイングと欧エアバスの2社が覇権を争ってきた。その両社が1980年代に検討を始めたのが、次世代の大型航空機の開発である。世界的に航空需要が拡大する中、これからは一度に多くの人が搭乗できる大型航空機の需要がさらに高まる、と両社はにらんだのだ。

そこで、当時すでに「747」という大型機を製造販売していたボーイングは、その次世代機であるコードネーム「747-X」の開発の検討を始めた。他方、エアバスも大型機の開発を検討し始めた。

ここでやっかいだったのは、この大型機の開発生産が図表3のような状況になる懸念もあったことだ。すなわち、仮にどちらか1社だけが大型旅客機を市場に投入する分には、その企業は確実に収益を高められる。しかし、もし両社ともが市場投入すると、むしろ供給過剰になる可能性だ。

このような中、大きなターニングポイントがあった。1996年4月にエアバスが次世代大型機の事業化調査に乗り出すと公表したのだ。さらに同社は、立て続けに開発費の30%から40%を共同開発企業に負担してもらう計画を公表し、また同年秋には計画を1年前倒しして次世代機の仕様を決定することも発表した。これによって、同社がこの大型機を開発・生産するのが間違いないことが、世界に知らしめられたのである。

これに対してボーイングは、1997年に747-Xの開発計画を中止したのだ。先にエアバスに間違いなく開発・生産をすると宣言されたことで、次世代大型機の

開発が「エアバスがリーダーの逐次ゲーム」となり、結果として先のB社のように「フォロワー」となってしまったボーイングは、撤退を余儀なくされたのだ。

こうして先手を打ったエアバスだけが大型機を開発し、完成したのが有名な「エアバス380」である。他方で、大型機開発から撤退したボーイングはその資金を中型機開発に向けることになり、そして生まれたのがあの「ボーイング787」（ドリームライナー）だといわれている。

逐次ゲームのリーダーになるための2つのポイント

この「先に宣言をすることで逐次ゲームの状況を生み出す」戦略には、重要なポイントが2つある。

第1に、その宣言が信用できるものであることだ。ゲーム3の例なら、A社が2020年に「来年は増産する」と言っても、それが口先だけで結局2021年に増産しない可能性が残るなら、それは信頼性の高い宣言とならない。B社がA社の宣言を信じなければ、逐次ゲームにならないのだ。

したがって、自分がリーダーの逐次ゲームの状況をつくり出したい時には、「この宣言は口から出任せではない」ことを、相手に徹底してわからせる必要がある。ゲーム3の例なら、A社は「来年は増産する」と宣言するだけでは不十分で、例えば設備投資のための大規模な銀行借り入れをすれば、それをもってB社にこれが「不退転の決意」であることを示せるかもしれない。

もちろん大規模な借り入れは、A社にはリスクでもある。しかしこのように、撤回できないリスクを取ることで、相手に「自分は絶対に引かない」ことをわからせる必要があるのだ。これを「戦略的コミットメント」（strategic commitment）という。

実際、エアバスは大型機開発の宣言の直後に開発費を関係企業に負担してもらうことを発表している。もしエアバスがこの開発案件を反古にすることがあれば、同社の名声は失墜し、場合によっては関係企業への違約金も支払わなければならなかったかもしれない。まさに不退転の宣言といえる。しかしだからこそ、ボーイングはこのエアバスの宣言を信じて撤退したのだ。

第2のポイントは、ではこの宣言する戦略は「増産」と「現状維持」のどちらがいいかということだ。そして結論から言えば、ゲーム3や航空機産業の例では、

174　｜第１部｜経済学ディシプリンの経営理論｜

これは「増産」の方であるべきだ。

例えば仮に、ゲーム3でA社が「現状維持」を宣言したらどうなるだろうか。この場合、B社に残された選択肢はシナリオ1と2だ。ここでB社が都合よく「現状維持」を選んでくれればシナリオ1が実現し、A社は20億ドルの利益を得られるわけだが、当然そうはならない。B社の利益はシナリオ1で6億ドル、シナリオ2で7億ドルだから、合理的なB社はむしろ増産を選び、シナリオ2が実現するだろう。結果、A社の利益は15億ドルにしかならない。

このように、一般に生産量などの「数量」を軸に競争する時は、現状維持よりも増産のような「強気の戦略」の方が、自社に有利になりやすい。なぜなら、先に増産という強気な手を打たれると、フォロワーであるライバル企業は「自社も増産してしまうと市場が過剰供給になる」ことがわかっているので、強気な戦略で返せないのだ。先のエアバスとボーイングの例もそうである。

これらの事例のように自社が取る選択（この場合、強気の戦略）に対して、相手が逆の選択肢（この場合、弱気の戦略）を取る時、「両社の戦略は代替的（strategic substitutes）」という。逆に言えば、「両社の戦略が代替的と予測が立つなら、自社がリーダーの逐次ゲームの状況をつくり出したい時は、『強気の戦略』を選ぶべき」ということだ。

他方で、フォロワーもリーダーと同じ方向の手を打つことが予測される時、「両社の戦略は補完的（strategic complements）」という[注5]。この場合、強気の戦略はむしろ裏目に出やすい。強気な手を打つと相手も強気で返してくるので、消耗戦になるからだ。

例えば価格を軸にした競争戦略は、補完的になりやすい。リーダーが強気に価格を下げたら、それによって顧客を奪われることを恐れるフォロワーも価格引き下げで返さざるをえず、結果両社とも利益を失うからだ。逆に言えば、「両社の戦略が補完的と予測が立つなら、逐次ゲームの状況をつくるには、価格維持などの『弱気な戦略』が有効」になる。

この関係をまとめたのが**図表4**である。カリフォルニア大学バークレー校のドリュー・フーデンバーグとトゥールーズ第一大学のジャン・ティロールが提示し

注5）「戦略的代替」「戦略的補完」については、Bulow,J. I. et al., 1985."Multimarket Oligopoly: Strategic Substitutes and Complements," *Journal of Political Economy*, Vol.93, pp.488-511. を参照。

図表4 | フーデンバーグ＝ティロールの分類法

	弱気の戦略 （現状維持など）	強気の戦略 （増産、価格低下など）
戦略が代替的 （主に数量競争）	相手に強気の戦略を 取られるので不利に	自社に望ましい 状況を生み出せる
戦略が補完的 （主に価格競争）	自社に望ましい 状況を生み出せる	消耗戦になりがち

たものだ（ティロールは2014年にノーベル経済学賞を受賞している）[注6]。

　さて、2章にわたって紹介してきたゲーム理論も、いよいよ最後のポイントだ。実はここまで述べなかったが、前章・本章と紹介してきたゲームには、必ずしも現実に当てはまらない「暗黙の前提」があるのだ。それ次第では、実はいままで述べてきたことが、すべてひっくり返る可能性さえある。

ベルトラン・パラドックスが起きない第3の条件

　図表5は、前章でも使ったものだ。2020年にA社とB社が2021年の「価格戦略」を立てている状況でのペイオフ・マトリックスだ。

　前章で述べたように、この状況で非協力の同時ゲームの価格競争（ベルトラン競争）を行うと、ナッシュ均衡はシナリオ4になる。すなわち両社とも価格を下げて相手から顧客を奪うのが支配戦略なので、価格競争が起きてしまい、両社とも大きく利益を失うベルトラン・パラドックスに陥ってしまう。

　しかし、この世には寡占状態の業界は多くある。前章で紹介した国内宅配便業界のようにベルトラン・パラドックスに陥る業界もあれば、逆に（第1章のSCP理論が予測するように）価格競争が起きずに企業が高い収益力を保ったままの寡

注6) Fudenberg,D. and Tirole, J. 1984. "The Fat-Cat Effect, the Puppy-Dog Ploy, and the Lean and Hungry Look," *American Economic Review*, Vol.74, pp.361-366.

176　　第1部｜経済学ディシプリンの経営理論｜

|図表5|ベルトラン競争：現状維持か価格引き下げか

単位：億ドル

		B社	
		現状維持	価格引き下げ
A社	現状維持	シナリオ1 Ⓐ 15　Ⓑ 15	シナリオ2 Ⓐ 3　Ⓑ 20
	価格引き下げ	シナリオ3 Ⓐ 20　Ⓑ 5	シナリオ4 Ⓐ 5　Ⓑ 7

占業界もある。なぜこのような差が出るのか。前章ではその理由として①十分な差別化の有無、②投資ステージの違いの2つを挙げた。

しかし、それ以上に重要な理由がある。それは、A社とB社がベルトラン・パラドックスに陥るのは、「両社のライバル関係が2021年で終わってしまう」という暗黙の仮定があったからなのだ。

実は、ここまで紹介して来たゲームにはすべて「1回きりのゲーム」という仮定があった。よく考えると図表5の例では、「2021年にA社もB社もベルトラン・パラドックスに陥ってそこでゲーム（＝両社の競合関係）は終了」というのが暗黙の仮定になっている。

しかし、現実にこれが当てはまるとは限らない。2022年もこの業界は寡占で両社はライバル同士である可能性は高く、2023年も、2024年も、ライバルであり続け、毎年互いの行動を読み合っての意思決定を繰り返す可能性がある。もしそうならこのゲームは1回きりのゲームではなく、むしろ「無限繰り返しゲーム」と呼ばれるものになる。

そうであれば、両社はベルトラン・パラドックスに陥る価格競争を無限に続けるだろうか。いや、むしろ両社が合理的であるほど、「無限に価格競争を続けて利益を落とし続けるのは不毛だし、相手もそう思っているはずだ」と考えるはずだ。その結果、両社は合理的な判断の帰結として、むしろ価格を下げなくなるのである。この帰結をフォーク定理（folk theorem）という。

米シリアル業界で起きた異変の結末

　フォーク定理の示す状況がいまも続く代表例は、米シリアル業界だ。この業界は1950年代から半世紀以上も、大手5社の寡占が続いている。しかも5社ともが長い間ROE30％超えという、驚くべき高収益率を保っている。この最大の理由は、5社がけっして価格競争に陥らないことにある。

　とはいえ実を言うと、この業界も一度だけ価格競争に陥った時期がある。1994年に業界2位のゼネラル・ミルズが価格を下げたのだ。その結果、他企業も価格低下に追随せざるをえず、結果的にはベルトラン・パラドックスに陥って、5社すべてが大きく利益率を下げることになった。

　例えば業界1位のケロッグの利益率は、1995年から1年間で8％ポイントも低下した。しかし2001年にゼネラル・ミルズが値下げを止めることを宣言すると、各社もそれに追随して不毛な価格戦争は終わり、各社ともに高い収益率を回復するに至ったのである。

　数十年も寡占状態が続けば、各社がこの状態を「無限繰り返しゲーム」と見なすのは当然だろう。だからこそ、各社はフォーク定理の示唆するように価格競争を行わずに、長期にわたって高い収益率を保ってきた。その中で市場シェアを奪いたい誘惑に負けたゼネラル・ミルズが価格引き下げ戦略を仕掛けたわけだが、逆にベルトラン・パラドックスの手痛いしっぺ返しを受けることになった。同社はこの経験を通じて「この競争環境で価格競争を仕掛けるのは、かえって非合理的である」と学び、価格戦略を元に戻したと解釈できる。

　大事なことは、この「無限繰り返しゲーム」もまた「非協力」ゲームだということだ。シリアル産業の例でも、各社はけっして「一緒に価格を上げよう」と明示的に結託しているわけではない。「価格を下げるのは合理的でないし、相手も下げないはずだ」と互いに合理的に読んでいるので、あたかも結託したかのように高価格を維持しているのである。

　実際、米連邦取引委員会は、これまで何度も米シリアル業界の「協調的に見える価格維持戦略」をカルテルではないかとやり玉に上げてきたが、そのたびにその証拠を見いだせないでいる。

　このように無限繰り返しゲームでは、これからも延々と続く関係を前提に、「互

178　│第１部│経済学ディシプリンの経営理論│

いに傷つけ合うのは合理的でないから、こちらも攻撃しないし、相手も攻撃しないだろう」という、言わば相手を合理的に信頼する状況が起きているのだ。

人を信頼する、とはどういうことか

皆さんの中にも、ビジネスで「人を信頼することが大切」という方は多いだろう。しかし、そもそも「人を信頼する」とはどういうことだろうか。

我々は「人間の心の中には見返りなしに『無償で人を信じる』部分がある」と考えがちだ。心理学や社会学でも、この「性善説の心のメカニズム」を主張する研究者も多い。しかし経済学のゲーム理論では、人の信頼は「無限繰り返しゲームをする人々が、自身と相手の損得を考えた上での合理的な判断の帰結として起きている」ととらえるのだ。

ある人と「これから長い付き合いになる」ということは、その人と無限繰り返しゲームを行うということだ。そうであれば、その人とはこれから何度も何度もつき合っていくのだから「相手も自分を裏切るのは合理的でないと考えるだろうし、自分も相手を裏切るのは合理的でない」と予測するのだ。

「信頼」は人の性善的な本質から生まれるのか、それとも無限繰り返しゲームの「計算」なのか——これは簡単に答えの出る問題ではない。実際、いまだに経営学・経済学でもこのテーマの研究は続いている[注7]。

いずれにせよ筆者が強調したいのは、ゲーム理論にはこのように人の心の奥底にまで、合理性という一つの角度から鋭くメスを入れる力がある、ということだ。

前章・本章と述べてきたように、「企業の競争戦略」「社会の慣習・制度の成立」、そして「相手を信じる」という人の心にまで、ゲーム理論は洞察を与えてくれる。本書で紹介できるのはあくまでゲーム理論の基礎であり、その奥はさらにさらに深い。とはいえ、なぜこれほどにゲーム理論が学者の間で普及し、そしてビジネスパーソンの「思考の軸」としても有用たりえるかを、感じ取っていただけたのなら幸いである。

注7) 例えば、行動経済学という分野では、人を使った心理実験を行うことで、信頼の醸成が「繰り返しゲームを前提とした合理的な判断の部分」なのか、それとも「無償で人を信頼する部分」が大きいのか、などについての研究が行われている。

第**10**章 | real option theory

リアル・オプション理論

不確実性を恐れない状況は、みずからの手でつくり出せる

リアル・オプション理論の背景

　本章は経済学ディシプリンの最後として、リアル・オプション理論を紹介する。

　リアル・オプションは、これまで紹介してきた他の経済学ディシプリンの理論と、やや風合いが異なる。これまでの理論は、伝統的なミクロ経済学の行動原理を基盤としていた。それに対してリアル・オプションは、金融工学のオプション取引に起源がある[注1]。

　ファイナンス分野では、1970年代からオプション投資の理論が発展してきた。その先駆けとなったのが、オプションの価格算定式を偏微分方程式で記述した「ブラック・ショールズ方程式」である。同方程式を開発したマイロン・ショールズとロバート・マートンは1997年にノーベル経済学賞を受賞している[注2]。

　金融工学のオプション理論に大きな転機が訪れたのは、1984年のことだ。それはマサチューセッツ工科大学(MIT)のスチュアート・マイヤーズが、『インターフェイシズ』という学術誌に1本の論文を掲載したことに始まる[注3]。同論文でマイヤーズは、オプションの基本ロジックは企業の事業投資にも応用できる、と主

注1) リアル・オプションについて包括的に紹介している代表的な経済学の専門書の代表格は、Dixit,A. K. & Pindyck,R. S. 1994.*Investment under Uncertainty*, Princeton Univ Press.である。また、これよりも読みやすいリアル・オプションを紹介する入門書として、マーサ・アムラム他『リアル・オプション』(東洋経済新報社、2001年)を推薦する。Copeland,T. & Antikarov, V. 2013. *Real Options, Revised Edition: A Practitioner's Guide*, Texere.などもよく読まれている。

注2) その翌年、彼らが経営に参画していたヘッジファンドLTCMがロシアへの投資に失敗して倒産したのも有名な逸話である。

注3) Myers, S. C. 1984 "Finace Theory and Financial Strategy," *Interfaces*, Vol.14, pp.126-137.

180 | 第1部 経済学ディシプリンの経営理論 |

張したのだ。この論文を契機として「事業評価・計画法のリアル・オプション」が、コーポレート・ファイナンスで一気に注目されるようになる。

そして1990年代に入ると、経営理論としてのリアル・オプションがいよいよ華開く。1990年代から2000年代にかけて、コロンビア大学のブルース・コグート、MITのエドワード・ボウマン、ペンシルバニア大学のイアン・マクミラン、コロラド大学ボウルダー校のジェフリー・ロイヤーといった錚々たる経営学者たちが、リアル・オプションを経営戦略に応用する論文を次々に発表したのだ。

「経営理論のリアル・オプション」は、ファイナンスのように精緻な数理モデルを必ずしも求めるわけではない。

経営学者たちは「オプションの基本ロジック」を応用して、従来説明できなかった企業行動のメカニズムや、あるべき戦略の姿を明らかにしたのだ。いまやリアル・オプションは、世界標準の経営理論として定着したと言ってよいだろう。

このように、リアル・オプションの歴史は①金融工学のオプション理論→②事業評価・計画法のリアル・オプション→③経営理論のリアル・オプション、という流れで発展してきた。①について関心のある方は、ファイナンスの専門書を当たっていただきたい。本章では②のエッセンスを紹介した上で、日本ではほとんど知られていない③について解説していく。

事業評価法・計画法としてのリアル・オプション

現在でも、事業評価の定番手法はDCF（ディスカウント・キャッシュフロー）法だ。DCF法では、将来その事業が生み出すであろうキャッシュフローにより、事業価値を評価する。これに対して、リアル・オプションが革命的だったのは、DCF法が十分に取り込めなかった「事業環境の不確実性」（uncertainty）を、事業評価に活かす術を提示したことにある。

例えば、ある日本メーカーが2020年に、新興市場のミャンマーでいま注目されているコーヒー事業を始めようとしており、現地にコーヒー液をインスタントにするための100万ドルの工場建設を検討しているとする。ここで必要なのは事業計画とその収益性評価であり、その定番手法がDCFである。

DCF法の子細はファイナンスの教科書に譲るが、おおまかに言えば、それは「将来その事業が生み出すキャッシュフローを、現在価値に直した上で合計し、その

キャッシュフロー合計から初期費用を含めたコストを差し引く」ことである。結果として得られたDCF法がプラスなら企業は事業に投資すべきだし、マイナスなら投資すべきでない、ということになる。

いずれにせよ、子細はここでは重要ではない。ポイントは、DCF法では「2020年の時点で将来の事業環境を予測して事業計画を立て、その予測を前提に将来キャッシュフローを計算する」ことにある。

先の例なら、ミャンマーのインスタントコーヒー市場（以下コーヒー市場）の将来成長率が事業評価の上で重要なはずだ。したがって「ミャンマーのコーヒー市場の今後10年の平均成長率は8%」といった予測値を設定し、それをもとにDCF法を計算することになる。「8%」は過去のトレンドから弾き出したり、あるいは調査会社のレポートを参考にしたりするかもしれない。

しかし「今後10年で平均8%成長」というのは、あくまで予測にすぎない。ミャンマーのような新興市場でこれからどのくらいの人がコーヒーを飲むようになるかは、容易に見通せないはずだ。不確実性が高いのだ。

図表1-aをご覧いただきたい。仮に、ミャンマーのコーヒー市場が図表で示されるように「今後10年で平均15%成長かもしれないが、逆に2%成長程度に留まる可能性もある」という不確実性の高い状態だとしよう。10年累計でこの差は大きい。15%成長なら市場は10年後に4倍になるが、2%なら1.5倍にも届かない。前者が実現すれば大儲けだが、後者なら大赤字である。

そして現実には、この不確実性の高い事業計画は却下されることがほとんどだ。

このような場合、15%と2%の間を取って8%ぐらいを予測値としておくことが多いだろう。むしろ「控えめな数値を置いた方が無難だ」として、5%ぐらいを設定するかもしれない。そしてこの数値に基づいて評価された事業の将来キャッシュフロー合計が100万ドルの工場費用等を差し引いてマイナスになれば、ミャンマー事業はいつまでも行われない。**図表2-a**は、それを示したものだ。

リアル・オプションと不確実性

対してリアル・オプションの事業計画・評価法では、この不確実性を「活かす」発想をする。そのエッセンスはシンプルだ。それは「当初計画よりも小さい初期費用で工場をつくって、とりあえず事業を始める」ことを考えるのだ。

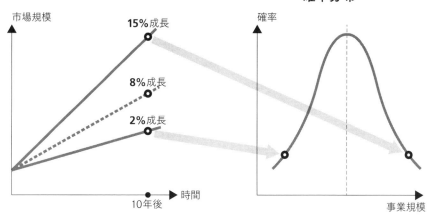

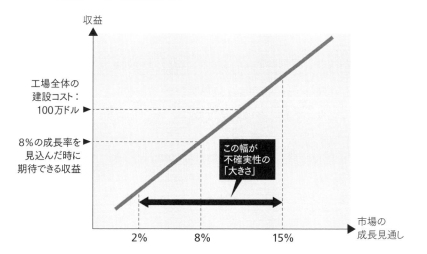

　例えば「最初の3年間は当初構想より4割規模の工場をつくって、とりあえず事業を始める」としよう。3年も現地で事業を行えば、現地市場の実際の成長性もそれなりにつかめてくるはずだ。不確実性が下がることが期待できるのだ。
　そして3年経って「やはり市場の成長性は高い」という確信を得たら、その時に限り「オプション」として取っておいた残り6割を増築すればよい。

逆に成長性が低いとわかれば（悪い意味で不確実性が下がったなら）事業を撤退すればよいし、その時でもまだ見通しがつかなければ（不確実性が高いままなら）そのまま小規模で事業を続ければよい。

このアプローチのメリットは4つある。**図表2-b**を併せてご覧いただきたい。

メリット❶ ダウンサイドの幅を抑える

まず「市場下ブレ（ダウンサイド）の際の大幅損失」を抑えることができる。市場成長率が「15%かもしれないし2%かもしれない」という状況で、いきなり100万ドルを工場建設に投資するのは、2%成長が実現してしまった時の損失があまりに大きい。

しかし、まずは4割の投資で事業を始めれば、3年後に「やはり2%成長しか見込めない」とわかっても、その時に「撤退するか、継続か」を選ぶことができる。仮に撤退しても、損失は4割で済む。

メリット❷ アップサイドのチャンスを逃さない

それ以上に重要なのが、この方が「上ブレ（アップサイド）のチャンス」を逃さないことだ。

この事例では、5%や8%の市場の成長予想を使ってDCFを計算しても事業評価はマイナスになり、そもそも投資が行われない。結果、もし市場がその後15%で伸びてしまった時に、みすみすチャンスを取り逃がすことになる。数年経ってようやく工場を建設しても、大幅な出遅れだ。

しかし、とりあえず4割規模でよいので最初からミャンマー事業を始めていれば、急成長した時の市場のチャンスを逃さないで済む。さらにこの場合は3年後に「生産規模を拡大するか、現在の規模を維持するか」も選択できる。市場の成長性に確信が持てた時に限り、残り6割を増築すればよい。

このように意図的に段階的な投資を組むと、3年後に「現状維持」「撤退」「追加の規模拡大」を選べる状況をつくり出せる。このうち「追加の規模拡大」の選択肢を、コール・オプション（call option）と呼ぶ。コール・オプションとは、金融工学では「ある企業の株価が一定値まで上昇した時に、その株をもともと決められていた価格で買える権利」のことである。その基本ロジックを事業投資に応用したのだ。後で実際に追加の規模拡大を行ったら、それはコール・オプショ

184 ｜ 第1部 ｜ 経済学ディシプリンの経営理論

図表2-b リアル・オプションの事業評価手法①

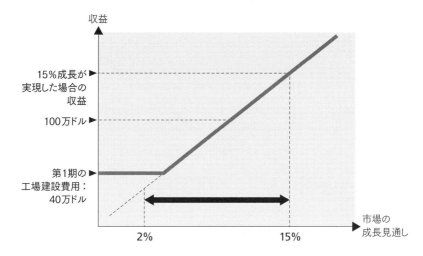

ンを行使(exercising call option)したことになる。

このように、リアル・オプションは金融工学のオプション同様、企業にとって「権利はあるが、義務ではない」のがポイントだ。だからこそ、戦略に柔軟性が生まれるのだ。この柔軟性の価値の総称を「オプション価値」(option value)と呼ぶ。

メリット❸ 不確実性が高いほど、オプション価値は増大する

リアル・オプションの含意で最も重要なのは、この3点目である。

図表2-cを見ていただきたい。これは、ミャンマーのコーヒー市場の平均成長率が「マイナス2％か20％か」のような、極端に不確実性が高いケースだ。DCF法を使う限り、この事業計画は間違いなく却下される。マイナス成長の可能性がある新規事業に投資する意思決定が行われるわけがない。

しかし、リアル・オプションでは逆になる。なぜなら小規模(例えば40万ドル)でとりあえず工場建設を行えば、20％成長が実現した時に「チャンスを逃さないで済む」リターンは、15％成長の時よりもはるかに大きいからだ。他方で、損失は変わらず40万ドルのままだ。

人間は、どうしても不確実性をネガティブにとらえがちだ。しかし図表1や図表2-cで示したように、不確実性が高いとは「上ブレのチャンスが大きい」とい

図表2-c　リアル・オプションの事業評価手法②

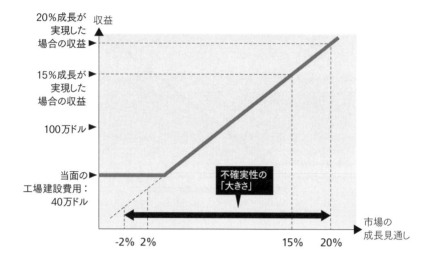

う意味でもある。段階投資によって下ブレの損失を一定に抑えてまずは投資すると、逆に不確実性が高いほど上ブレのチャンスが大きくなる。オプション価値が上昇するのだ。

メリット❹　学習効果

　最後に、学習効果の重要性も外せない。小規模でも、とにかくミャンマーでコーヒー事業を始めれば、市場の潜在性や顧客の嗜好が学べる。その経験を通じて、事業環境への不確実性も下がってくる。事業を始めなければ学習もできないので、不確実性も下がらない。

　これが「事業評価・計画法のリアル・オプション」の骨子である。リアル・オプションの神髄とは、「不確実性の高い状況で将来オプションを意図的につくり出し、逆に不確実性を活かす」ことだ。よく精神論で「不確実性を恐れるな」と言うが、その状況はみずからの戦略・投資デザインでつくり出せるのだ。

経営理論としてのリアル・オプション

　ではいよいよ、この原理を応用した「経営理論のリアル・オプション」を紹介

していこう。**図表3**は、経営学におけるリアル・オプション理論を応用した実証研究をまとめたものである。

　実は金融工学や事業評価法では、先に紹介した以外に様々な種類のオプションがあり、経営理論にも応用されている。とはいえ、根本の原理は先に紹介したものと変わらない。本章では、特に代表的な3つのオプションを紹介する。

コール・オプション（call option）

　先に紹介したオプションである。

　経営学では、特に企業買収（M&A）や合弁事業への応用が進んでいる。コロンビア大学のスター経営学者ブルース・コグートが1991年に『マネジメント・サイエンス』にこの趣旨の論文を発表して以来、多くの理論・実証研究が行われている[注4]。

　コグートは、「不確実性が高い時に、いきなり相手企業の株式をすべて買収するべきか」に注目した。オプション視点からは、「このような時こそ、まずは部分出資を行ったり、あるいは相手企業と合弁を組んだりして、事後的に不確実性が下がってから残りの株を買う『コール・オプション』型の戦略を取った方がよい」ということになる。

　これを実践する企業は、例えば米ウォルマート・ストアーズだ。同社が1991年に初めての海外事業としてメキシコに進出した時は、まず現地の小売り最大手であったシフラと合弁企業を設立した。

　その後メキシコでの経験を通じて、同国市場の見通しが明るいことがわかると、ウォルマートは1997年にシフラに合弁会社を吸収させた上で、シフラ本体の株を33.5％買収し、その後過半数まで買い増したのだ。典型的なコール・オプション型の戦略だ。同社は現在、メキシコの小売り最大手となっている。

スイッチング・オプション（switching option）

　複数の不確実性の高い市場に拠点を持つことで、投資ポートフォリオ全体のリスク・ヘッジをしながら、アップサイドを取る戦略である。経営学では、特に多

注4）Kogut,B.1991. "Joint Ventures and the Option to Expand and Acquire," *Management Science*, Vol.37, pp.19-33.

|図表3|リアル・オプション理論を応用した実証研究例

	筆者 (論文掲載年)	掲載された 学術誌※	オプションのタイプ	研究対象
1	Hurry et al.(1992)	SMJ	コール・オプション	ベンチャーキャピタル（VC）投資
2	Folta (1998)	SMJ	コール・オプション	資本提携と買収の選択
3	Reuer & Leiblein (2000)	AMJ	コール・オプション、スイッチング・オプション	企業の多国籍化と国際合弁事業（IJV）
4	Folta & Miller (2002)	SMJ	コール・オプション	提携パートナー企業の買収
5	Folta & O'Brien (2004)	SMJ	成長オプション、ウェイト・オプション	企業の新市場への参入確率
6	McGrath & Nerker (2004)	SMJ	コール・オプション	R&D投資
7	Vassolo et al. (2004)	SMJ	コール・オプション、プット・オプション	提携パートナー企業の買収
8	Kumar (2005)	SMJ	コール・オプション、プット・オプション	合弁相手企業を買収・売却することによる価値創造効果
9	Li (2008)	JBV	コール・オプション	VC企業から投資を受けているポートフォリオ企業が、次に投資を受けるまでの期間
10	Tong et al. (2008)	AMJ	コール・オプション	企業が持つIJVの数とオプション価値
11	Cuervo-Cazuura & Un (2010)	SMJ	コール・オプション	R&D投資の頻度
12	Reuer & Tong (2010)	OS	成長オプション	新規上場企業が上場してから最初に資本提携を行うまでの早さ
13	Alessandri et al. (2012)	SMJ	成長オプション	経営陣のインセンティブ構造と企業のオプション価値
14	Tong & Li (2013)	SMJ	コール・オプション	IJVにおけるコール・オプション権利の取得、過半以上の資本取得
15	Belderbos et al. (2014)	SMJ	スイッチング・オプション	企業の多国籍化によるダウンサイド・リスクの低下
16	Yang et al. (2014)	SMJ	コール・オプション、スイッチング・オプション	コーポレート・ベンチャーキャピタル（CVC）
17	Damaraju et al. (2015)	SMJ	プット・オプション	事業切り離し形態の選択（スピンオフ、売却、現状維持）
18	Klingebiel & Adner (2015)	AMJ	コール・オプション	製品イノベーションのポートフォリオにおける資源配分

※学術誌の略称と正式名称は下記の通り。
AMJ：*Academy of Management Journal*　JBV：*Journal of Business Venturing*　OS：*Organization Science*

サンプルとデータ	主な分析結果
日米それぞれ20社ずつのVC企業への質問票調査	日本のVC投資はポートフォリオ企業の技術の潜在的価値と正の関係を持ち、米国のVC投資はポートフォリオ企業の利益と正の関係を持つ。
米バイオテクノロジー企業による420の資本提携および買収	①自社と相手企業の主要事業が異なる場合、②相手企業の技術の不確実性が高い場合に、当該企業は買収よりも資本提携を選択する確率が高まる。
米製造業357社（1990〜1994年）	当該企業の多国籍化および進出先でのIJVの選択と、その企業の収益のダウンサイド・リスク（下ブレリスク）の間に有意な関係は見られない。
米R&D集約型産業における337の資本提携（1978〜1999年）	事業環境の不確実性が低下するほど、当該企業が提携パートナー企業を買収する確率が高まる。
米上場企業1万9354社の市場参入（1980〜1999年）	市場の不確実性が高まるほど市場参入確率は下がるが、極端に不確実生が高いとむしろ市場参入確率は上がる。
米医薬品業界の31企業の4万5757件の特許	当該企業の技術の潜在的な応用範囲が高いほど、その企業がある分野から2つ目の特許を得る確率が高まる。
米バイオ産業における、医薬品企業30社の計363の資本提携（1989〜1999年）	当該企業と提携パートナー企業の技術ポートフォリオが近いほど、前者が後者を買収する確率が高まる。
米国で合弁相手を買収もしくは売却した企業136社（1989〜1998年）	企業成長・市場でのシェア拡大を目的とした合弁相手の買収は、当該企業の価値創造と関係を持たない。他方、製品市場ポートフォリオの再構築を目的とした合弁相手の売却は、企業の価値創造と正の関係を持つ。
米VC3737企業とそのポートフォリオ企業1万5786社のペア（1975〜2005年）	市場の不確実性が高いほど、ポートフォリオ企業が次に投資を受けるまでに時間がかかる。
米上場企業293社（1989〜2000年）	当該企業がマイノリティ出資をするIJVを持つほど、その企業のオプション価値は高まる。
スペインの製造業785社（1990〜2002年）	企業の従業員のスキルが欠如しているほど、その企業は技術投資を行わなくなる。
米国の新規上場企業1107社（1991〜1998年）	新規上場企業のオプション価値が高いほど、その企業は上場してすぐに資本提携の対象となる。
米上場企業504社（1994〜2000年）	経営陣がストックオプションを持っているほど、その企業のオプション価値は高まる。
米企業を含んだ2社によるIJV135（1989〜2008年）	当該企業とIJVの事業補完性が高いほど、当該企業がそのIJVでコール・オプション権を持つ確率が高まる。
日本の上場企業のうち、海外で製造を行っているメーカー1010社（1985〜2006年）	企業のダウンサイド・リスクは、その企業の多国籍化が進み、さらに進出国間での労働コストの相関が低い時に低下する。
米上場企業189社のCVCポートフォリオ（1990〜2004年）	当該企業のCVCポートフォリオの産業多角化度合いが高いほど企業価値は下がるが、多角化度合いがあるレベルを超えるとむしろ企業価値は高くなる。
米上場企業による153のスピンオフとカーブアウト、230の事業売却、734の現状維持の間の選択（1980〜2003年）	事業環境の不確実性が高いほど、企業は事業のスピンオフや売却より、現状維持を選択する。
独企業436社への質問票調査	段階的資源配分（seaquential resource allocation）をすると、新製品の売上げが高まる。初期段階に低いコミットメントをして、その後の資源再配分を行うことは、新製品の売上げを高める。

SMJ：*Strategic Management Journal*

国籍企業の投資戦略への応用が進んでいる。

　例えば、リアル・オプションについて数多くの実証研究を発表しているコロラド大学ボウルダー校のジェフリー・ロイヤーとトニー・トンのコンビは、2007年に『ジャーナル・オブ・インターナショナル・ビジネス・スタディーズ』に発表した論文で、米国に本拠を置く147の多国籍企業のデータを用いて統計分析を行った。その結果、企業の多国籍化が進むほど、（スイッチング・オプションの価値が高まるので）企業利益のダウンサイド・リスクが低下する傾向を明らかにしている[5]。

撤退オプション（exit option）

　不確実性が高い時に「撤退をしやすくしておくオプション」のことだ。何らかの手段で、撤退をしやすいデザインを事前に組めれば、下ブレリスクを抑えながら上ブレのチャンスを取れるので、不確実性が高い事業にも投資しやすくなる（具体例は後述する）。

リアル・オプションは日本でさらに重要になる

　リアル・オプション理論は、日本で今後いっそう重要になると筆者は考えている。理由は2つだ。

　第1に、グローバル化・規制緩和・技術革新のスピード化などにより、日本の事業環境の不確実性が、さらに高まる可能性が高いからだ。実際この背景を受けてか、ビジネスパーソンの間でも「リアル・オプション的なビジネス思考」への注目は高まっているようだ。

　例えば2012年に、シリコンバレーの著名起業家エリック・リースの主張する「リーン・スタートアップ」（lean startup）が日本でも話題になったのは興味深い[6]。これは「不確実性の高い環境下では、とりあえず実用最小限の機能の製品

注5）Tong, T. W. & Reuer, J. J. 2007. "Real Options in Multinational Corporations: Organizational Challenges and Risk Implications," *Journal of International Business Studies*, Vol.38, pp.215-230. ただし同論文では、過度な多国籍化はむしろダウンサイド・リスクを上昇させる傾向も示している。多国籍化が行きすぎると、企業全体としての調整コストが多くかかり、スイッチング・オプションによるメリットを相殺するからだと説明している。

注6）エリック・リース『リーン・スタートアップ』（日経BP社、2012年）

190　｜第1部｜経済学ディシプリンの経営理論｜

をつくって売り、市場の反応を見て製品を変えながら再投入するサイクルを繰り返すべき」という主張だ。コール・オプションの発想に極めて近い。

　経営学者からも、リアル・オプション理論を基礎とした事業計画フレームワークが提案されている。

　序章コラム1で述べたが、経営理論の多くは、実務家のための「フレームワーク」として落とし込まれていない。本書でも第2章でSCP理論のフレームワークを紹介して以降は、満足にフレームワークを紹介できていない。しかしリアル・オプションだけは、経営学者によるフレームワーク化が多少だが進みつつある。

　コロンビア大学のリタ・マグレイスが提示する一連のフレームワークは、その筆頭だ。例えば、彼女は1995年にペンシルバニア大学のイアン・マクミランと、『ハーバード・ビジネス・レビュー』に「ディスカバリー・ドリブン・プランニング（discovery driven planning: DDP）という事業計画法を提案している[注7]。

　これは、「高い不確実性下での事業計画では、将来の市場規模・市場価格・顧客の嗜好などの『計画の前提』を先にすべて洗い出し、事業が始まって不確実性が下がったら、そのたびに前提を見直して計画を練り直す」というアプローチだ。事業計画での前提は、実際に事業が始まるといつのまにか「規定のもの」と考えられがちだ。DDPは「前提はあくまで前提にすぎないことを忘れてはならない」という事業計画法なのだ。根底は、リーン・スタートアップと同じといえる[注8]。

　日本でリアル・オプションが重要となるであろう第2の理由は、起業の活性化がさらに求められるからだ。起業は不確実性が高いので、その洞察にはリアル・オプションとの相性がいいのだ。

　この点に着目したのが、あのジェイ・バーニーだ。バーニーというと、第3章で紹介したリソース・ベースト・ビューの大御所と思われがちだが、彼はリアル・オプション理論にも高い関心を示してきた。

　例えば、バーニーが他の研究者2人と2007年に『アカデミー・オブ・マネジメント・レビュー』（AMR）に発表した論文では、「ある国で起業が活性化するかどうかは、その国の倒産法に影響される」という、興味深い主張を展開している[注9]。

注7）「未知の分野を制覇する仮説のマネジメント」DIAMONDハーバード・ビジネス1995年10-11月号。

注8）日本に、小川康氏が率いるインテグラートという会社がある。同氏はマクミランからオプションの事業計画法について直接薫陶を受け、それをソフトウェア・パッケージとして日本で開発・販売している。このように、リアル・オプションはソフトウェアにまで落とし込まれるほどに「ツール化」が進展した、稀有な経営理論といえるだろう。

バーニーは、この説明に「撤退オプション」を応用した。起業は不確実性が高いから、人々がその「下ブレのリスク」を恐れる限り、その国の起業は活性化しない。ここでいう下ブレのリスクとは、起業に失敗することによる金銭的なリスクや、倒産手続きの煩雑さなどだ。

逆に言えば、これは「事業に失敗しても起業家が多大な負債を負わないで済んだり、倒産手続きが簡素で済んだりすれば、撤退による金銭的・時間的・精神的なコストが小さくて済む」ということでもある。そして繰り返しだが、不確実性が高ければ成功した時のリターンも大きい。その企業が上場までたどりつければ、キャピタル・ゲインは計りしれない。

したがって、その国の倒産法が「失敗事業をたたみやすい」ようになっているほど、撤退オプションの価値が高まり、逆に人々に起業を促すはずなのだ。バーニーらが2011年に『ジャーナル・オブ・ビジネス・ベンチャリング』に発表した研究では、世界各国の19年間のデータを使って倒産法とその国の起業の活性度の関係について統計分析を行い、この仮説を支持する結果を得ている[注10]。

このようにリアル・オプションは「国の制度」へも応用できる、とバーニーは主張する。日本でも起業の活性化が求められるなら、その政策形成にはリアル・オプションの視点が有用かもしれない[注11]。

リアル・オプション戦略はいつ有効なのか

ここまでリアル・オプション理論の考え方、それに基づいた投資法や戦略の効能を述べてきた。しかし、リアル・オプションはけっして万能薬ではない。それどころか、その応用範囲はある一定の条件を満たした時に限るのだ。

注9) Barney, J. B. et al., 2007."Bankruptcy Law and Entrepreneurship Development: A Real Options Perspective," *Academy of Management Review*, Vol.32, pp.257-272.

注10) Barney,J. B. et al., 2011."How Do Bankruptcy Laws Affect Entrepreneurship Development Around the World?," *Journal of Business Venturing*, Vol.26, pp.505-520.

注11) これは私見だが、とはいえ日本の場合、起業活性化に必要なのは倒産法の見直しよりも、転職市場における「失敗キャリアの評価の見直し」だと筆者は認識している。実際、日本の倒産法は、比較的失敗事業をたたみやすくなっている。他方で、倒産は起業家に「失敗した」というレッテルを貼ることになり、大手・中堅企業を中心にそういった人材を獲得することに及び腰な部分があることの方が、課題のはずだ。伝統企業を飛び出して起業して「失敗」しても、多くの人が容易に次のキャリアを見つけられる（ダウンサイドの損失が小さい）なら、日本でもさらに起業が促されるはずだ。

したがってオプション的な戦略を検討する時には、事業環境やビジネス特性が、それらの条件を満たしているかを検討する必要がある。主な条件は以下の3つだ。

条件❶ 投資の不可逆性が高いこと

投資の不可逆性（irreversibility）とは、「いったん投下すると撤回できない」性質の投資を指す。典型例は、工場建設など巨額の固定費がかかるケースだ。企業買収も（株式は売却できるかもしれないが）、多くの人員や経営資源を買収事業に投下するのであれば、不可逆性は高くなる。

不可逆性が高いと、事業環境が下ブレした時に投下した資金・経営資源を取り返せないのでリスクが大きくなる。したがって、むしろリアル・オプション型の戦略が有用になるのだ。反対に投資の不可逆性が低ければ「結果がどうあれ、投下した分を事後的に取り戻せる」のだから、リアル・オプションの有用性は低い。

条件❷ オプション行使コストが低いこと

金融工学のオプション理論では、一度購入したオプション権の行使（exercise）にコストはかからない。しかし、ビジネスへの投資であるリアル・オプションでは、そうとも限らない。

実は、先述したウォルマートのシフラ買収の事例には裏話がある。ウォルマートは1997年に、シフラ本体を買収することを決めた（オプションの行使を決めた）。しかし、シフラは上場企業であったために、この買収に多額のプレミアムを上乗せするはめになったのだ。

その後のメキシコでの成功を踏まえれば、このオプション型の買収は失敗だったとはいえないだろう。しかしウォルマートが「オプション行使」のために払ったコストは、けっして小さくなかったことも事実だ。

実際、ウォルマートはこの手痛い経験で学習したようだ。同社が2002年に日本進出のために西友に部分出資をした際は、新株予約権方式で事後的に西友株を追加買収できる権利を得て、買収金額も事前に設定している。オプション行使のコストを下げるスキームを、事前に組んだのだ。

条件❸ 事業環境の不確実性が高いこと

この条件は、すでに繰り返し強調してきた。事業環境の不確実性が高い時にの

み、オプション価値は上昇するからだ。しかしここで強調したいのは、そのことではない。筆者が議論したいのは、「そもそも、我々が直面する『事業環境の不確実性』とはいったい何なのだろうか」ということだ。

不確実性は1種類ではない

本章のここまでは、「不確実性」を非常にシンプルな意味で使ってきた。それは図表1-bで示されるようなものだ。経済学での「不確実性」とは、このように「(市場成長率など) ある一定の指標が実現しうる、釣り鐘形の確率分布」として認識されている。

しかし、現実のビジネスで我々が直面する不確実性は、経済学が仮定するほどシンプルとは限らない。実際、経営学では「ビジネスにおける不確実性の種類分け」について、様々な研究が行われているのだ。ここでは、特にリアル・オプションを理解する上で有用な2つの種類分けを紹介する。

内生的か、外生的か

「外生的な不確実性」(exogenous uncertainty) とは、企業がみずからの努力では低下させることができないタイプの不確実性のことだ。

例えばM&Aにおいて、買収する側の企業が直面する不確実性が、ターゲット企業のいる市場の成長性・市場価格の将来動向だとしたら、その不確実性を自分たちの力だけで下げるのは難しい。新興市場投資における、現地の政情不安なども同様だ。このような外生的な不確実性が高い時には、リアル・オプション的な戦略・投資が有効になる。

他方で、買収する側の企業が直面する不確実性が、ターゲット企業の「技術レベル」だったらどうだろうか。この場合、買収する側の企業に必要なのは、段階投資などで「不確実性が下がるのを待つ」オプション型の戦略ではない。むしろ、ターゲット企業に人を積極的に送り込んで、徹底したデューデリジェンスを行うことのはずだ。そうすればみずからの力で不確実性を下げられるかもしれないからだ。このような「内生的な不確実性(endogenous uncertainty)に直面した場合は、オプション的な戦略は必ずしも有効ではない」のだ[注12]。

194 | 第1部 | 経済学ディシプリンの経営理論 |

不確実性の4つのレベル

もう一つの有用な種類分けは、メリーランド大学のヒュー・コートニーが提案したものだ。彼は1997年に『ハーバード・ビジネス・レビュー』に発表した論文で、「不確実性には4つのレベルがある」という主張を展開している。

図表4は、それをまとめたものだ。見ていただくとわかるように、コートニーは「リアル・オプションのロジックが有効なのは、レベル2の不確実性の時に限る」と主張する。すなわち「将来起きうる事業環境が、複数のシナリオだけで示せる」場合だ。例えば冒頭のミャンマーの例なら、将来の市場成長率が「2%（悲観シナリオ）か、8%（中間シナリオ）か、15%（楽観シナリオ）」と3つのシナリオになっていたから、オプション価値も計算しやすかった。

ちなみに筆者は、レベル2でのみ通用するのは「事業評価のリアル・オプション」のことだと理解している。対して「経営理論のリアル・オプション」は、それほど厳密な定量評価を求めないので、シナリオを少数に絞り込む必要は必ずしもない。したがって、レベル3の不確実性にも応用できるはずだ。実際、先のバーニーの研究で想定されている不確実性などは、このレベル3に近いといえる。

このように、オプション的な戦略を活用する上で我々に求められるのは「事業環境の不確実性をよく見抜き、不確実性のタイプを絞り込む力」なのだ。

さて、そうだとすると疑問が浮かぶ。この「事業環境の不確実性を見抜く力」は、この第1部でここまで学んできた、経済学ディシプリンの理論で身につくのだろうか。筆者はそう思わない。皆さんも同様ではないだろうか。

なぜなら「事業環境を見抜く力」とは、人・組織がいかに事業環境を「正確に認知できるか」にほかならないからだ。すなわち、これは経済学ではなく、認知心理学の領域といえるのだ。

そして心理学ディシプリンへ

第5章では、「情報の経済学」を扱った。そこでは、①M&Aにおいて被買収企

注12）この点についてはCuypers, I. RP & Martin, X. 2010. "What Makes and What Does Not Make a Real Option? A Study of Equity Shares in International Joint Ventures," *Journal of International Business Studies*, Vol.41, pp.47-69. を参照。

|図表4| **不確実性の4種類**

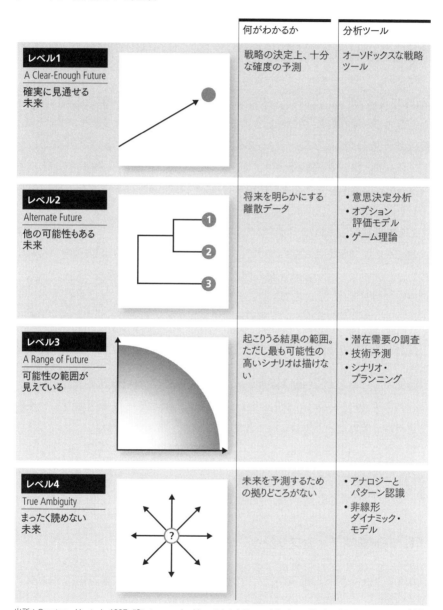

出所：Courtney. H. et al., 1997. "Strategy under Uncertainty," *Harvard Business Review*, Vol.75, pp.66-79.（邦訳「[新訳] 不確実性時代の戦略思考」DHBR2009年7月号）より引用。

業の内部情報が見えにくいこと（＝情報の非対称性）は買収企業にとって大きな
リスクであること、②他方で日本電産は、永守重信氏を中心とした「目利き力」
によって潜在性のある被買収候補企業を見抜き、情報の非対称性を逆手に取って
他社を出し抜いていることを述べた。

　しかし、よく考えれば「目利き力」とは、随分いい加減な言葉だ。「ではなぜ
日本電産は目利き力があるか」について、筆者は第5章でいっさい語っていない。

　語れるはずがない。なぜならそれは、経済学ディシプリンでは説明できないか
らだ。目利き力とはすなわち「人間の認知・認識の力」のことであり、したがっ
て認知心理学でなければ説明できない。

　実は経営学では、リアル・オプションと認知心理学を融合する試みが始まって
いる。パデュー大学のケント・ミラーが2002年に『ストラテジック・マネジメ
ント・ジャーナル』に発表した論文では、人や組織は認知に限界があるので、自
社の周りにあるオプションすべてに目が行き渡らないという設定の理論モデルが
展開されている[注13]。2008年に南フロリダ大学のマイケル・バーネットが『アカ
デミー・オブ・マネジメント・レビュー』に発表した論文も、似た議論をしてい
る[注14]。

　実証研究も出てきている。筆者がピッツバーグ大学のラヴィ・マドハヴァンと
2014年に『グローバル・ストラテジー・ジャーナル』に発表した論文では、市
場経験を積んだ企業ほど市場の不確実性を認知的に下げられるという理論説明か
ら、国際合弁事業における企業間の出資比率の変化（＝オプションの行使）を統
計分析している[注15]。

　経済学ディシプリンでは通常「所与」として与えられる「情報の非対称性」も
「事業環境の不確実性」も、すべて人と組織が認知するものだ。認知力の高低は
人によっても、組織によっても違う。それらが所与であるはずがない。

　筆者は、経済学ディシプリンがダメだと言っているのではない。経済学ディシ

注13) Folta, T. B. & Miller, K. D. 2002. "Real Options in Equity Partnership," *Strategic Management Journal*, Vol.23, pp.77-88.

注14) Barnett, M.L. 2008. "An Attention-Based View of Real Options Reasoning," *Academy of Management Review*, Vol.33, pp.606-628.

注15) Iriyama, A. and Madhavan, R. 2014. "Post-Formation Inter-Partner Equity Transfers in International Joint Ventures: The Role of Experience," *Global Strategy Journal*, Vol.4, pp.331-348.

プリンの理論をビジネスの「思考の軸」とするには、(認知)心理学による補完が不可欠ということだ(その逆もしかりである)。この補完は、ビジネスパーソンに決定的に重要だ。研究だけすればよい学者は自身の「ディシプリンの殻」にもこもって構わないだろうが、様々な現実に直面し意思決定を迫られるビジネスパーソンは、そうはいかないからだ。

だからこそ、本書は「経済学・心理学・社会学の全ディシプリンの経営理論を包括的に紹介する」という、世界初の試みをしているのだ。次の第2部では、「組織学習」「知識経営」「イノベーション」等の本質に切り込む、心理学ディシプリンの経営理論の数々を紹介していこう。

第**2**部

マクロ心理学ディシプリンの経営理論

| 第11章 | カーネギー学派の企業行動理論（BTF）　P.204

| 第12章 | 知の探索・知の深化の理論①　P.223

| 第13章 | 知の探索・知の深化の理論②　P.235

| 第14章 | 組織の記憶の理論　P.251

| 第15章 | 組織の知識創造理論（SECIモデル）　P.269

| 第16章 | 認知心理学ベースの進化理論　P.285

| 第17章 | ダイナミック・ケイパビリティ理論　P.300

人の認知を基礎に、組織の学習・変化・イノベーションに多大な視座を与える

　第2部と第3部では、心理学をベースにした世界標準の経営理論を解説する。人は、心理的な生き物である。したがって人の心理を基礎に、企業・組織・ビジネスのメカニズムを解き明かすアプローチには、皆さんも納得がいくだろう。実際、心理学ディシプリンからは多くの切れ味のよい経営理論が生まれ、実証分析での検証を通じて、既に豊富な知見が得られている。本書はなかでも代表的な理論を選び抜き、わかりやすく解説する。

　特にこの第2部では、「マクロ心理学ディシプリンの経営理論」を解説する。マクロ心理学というのは筆者の造語だ。「マクロ」とつけたのは、第2部で紹介される理論は、主に組織単位（＝経営学におけるマクロ）のメカニズムを説明するのに適しているからだ。なかでも高い説明力を持つ対象は、組織の変化、組織学習、そしてイノベーションだ。一方、第3部で扱う「ミクロ心理学ディシプリンの経営理論」は、リーダーシップ、モチベーション、感情、意思決定など、より個人単位の行動・意思決定に肉薄する理論である。

　マクロ心理学ディシプリン理論の多くでベースになるのは、認知心理学（認知科学）である。認知心理学は、人・組織の「周辺環境から情報を認識・収集して、それを処理し、アウトプットを生み出すプロセス」に着目する。ノーベル賞受賞者でもあるハーバート・サイモンを始祖として、1940年代から著しく発展してきた分野だ。その知見が、経営理論に応用されているのだ。

　いま世界中の企業の多くで求められているのが、組織の変化、学習、イノベーションであることは論を待たない。現代は環境変化が速く、変化に対応できない企業は淘汰される。他方で、これほど変化が叫ばれているにもかかわらず、多くの企業は変化を生み出せない。それはなぜなのか。変化、学習、イノベーションのために、組織は何をすればいいのか。そのような現代の必須テーマに鋭い思考の軸を与えるのが、認知心理学ベースの経営理論なのだ。

カーネギー学派の理論

認知心理学をベースにしながら組織メカニズムを解き明かす研究者の一大勢力を総称して、カーネギー学派と呼ぶ。先のサイモンやそれに続く研究者たちのことであり、彼らが発展させてきた理論群だ。

第11章│**カーネギー学派の企業行動理論**│behavioral theory of firm (BTF)

まず本章で、カーネギー学派の基本となる考え方を解説する。特に「限定された合理性」という前提や、「サーチ」といった概念は、第2部で紹介する他の多くの理論の基礎になる。その後で、いま多くの学者が再注目し、様々な応用研究が進む「企業行動理論」を解説する。筆者の理解では、この企業行動理論が与える示唆は、稲盛和夫氏、鈴木敏文氏、永守重信氏など、日本を代表する著名経営者の「教訓」をことごとく裏付けする。本章では、そのような経営理論の「思考の軸」としての価値も、改めて論じてみたい。

第12・第13章│**知の探索・知の深化の理論**│exploration and exploitation

あえて断言すれば、同理論は、現代経営学における「企業イノベーションの理論の核心」である。同理論を思考の軸として理解いただくことは、現代のビジネスパーソンに必須と筆者は考える。まずは第12章を読んで、企業がイノベーションを起こす根本的なメカニズムと、逆になぜイノベーションを起こせなくなるのかを理解いただきたい。そして第13章では、実際にイノベーションを起こすために企業に何が求められるのか、同理論を思考の軸としながら、筆者の私論も交えて議論していこう。

組織の記憶の理論と、組織の知識創造理論

第12章冒頭で「組織学習の循環プロセス」について図表を使って解説するが、それによると組織学習は「サーチ・知の探索」「組織の知の記憶」「組織の知の創造（獲得）」の3つのサブプロセスに分かれる。サーチや知の探索は第11章〜第13章で解説しているので、ここでは残り2つのサブプロセスを解説する。

第14章│**組織の記憶の理論**│shared mental model & transactive memory system

　獲得した知は、組織に記憶され、適切な時に引き出されなければならない。この組織の記憶の力が、近年の一部の日本企業で弱まってきているのではないか、というのが筆者の見立てだ。それはなぜか。それを理解するためにも必要なのが、組織の記憶の二大理論「シェアード・メンタル・モデル」と「トランザクティブ・メモリー・システムズ」だ。本章では、世界的なデザインファームIDEOや、IBMなどの事例を引き合いに出しながら両理論を解説する。

第15章│**組織の知識創造理論（SECIモデル）**│knowledge creation theory

　一橋大学の野中郁次郎名誉教授が90年代前半に提示したSECIモデルは、当時世界的に話題になった。そしてSECIモデルはこれからの時代にこそますます不可欠だ、と筆者は断言したい。それは同理論がイノベーション、デザイン思考、AIとの付き合い方などが求められる時代に、多大な示唆を与えるからだ。何より、SECIモデルは組織の知の創造プロセスを鋭利に、体系的に解き明かす、おそらくこの世で唯一の理論である。SECIモデルは認知心理学ベースの理論をはるかに超えた視点を提示するのだが、この背景もあり、あえて第2部で解説したい。本章は「世界一わかりやすい野中理論の解説」ではないかと、自負している。

組織の変化の理論

　組織学習やイノベーション同様に、多くの経営者・ビジネスパーソンにとっての重要課題が、組織の変化・進化である（言うまでもなく、「学習」「イノベーション」「変化・進化」は根底で同じような意味を持つ）。なぜ組織は時に変化し、時に変化できないのか。そのメカニズムを解き明かす理論も、カーネギー学派の影響を強く受ける。

第16章│**認知心理学ベースの進化理論**│evolutionary theory

　組織の進化のプロセスを切り取った進化理論は、世界の経営学では非常によく知られた理論だ。なかでも本章では、代表概念である「ルーティン」を取り上げる。ルーティンは、ビジネスの「現場」の進化メカニズムを明快に描き出す。デュポンや良品計画を引き合いに出しながら、なぜ現場は時に進化し、時に停滞する

202　│第2部│マクロ心理学ディシプリンの経営理論│

のかを解説していこう。

第17章│**ダイナミック・ケイパビリティ理論**│dynamic capabilities

いま、世界中の経営学者から熱い視線を受け、一方で彼らの頭を悩ませるのが、ダイナミック・ケイパビリティだ。端的にいえば、「急激な事業環境の変化に合わせて、企業が変化し続ける能力」を問う理論である。これは、多くの経営者が悩んでいることでもあるだろう。他方でその壮大な目的ゆえに、ダイナミック・ケイパビリティは経営理論としての確立が道半ばで、現在は大きく2つの視点が並存する。本章では両者を整理しながら、企業が大胆に変化し続ける力の本質を考えていこう。

それでは、マクロ心理学ディシプリンの経営理論の世界を、お楽しみいただきたい。

第11章 | behavioral theory of firm (BTF)

カーネギー学派の企業行動理論(BTF)

経営理論は名経営者の教訓を裏付ける

カーネギー学派とは

第2部冒頭で述べたように、第2部で解説するマクロ心理学ディシプリンの経営理論の多くは、認知心理学に基づく。企業イノベーション、クリエイティビティ、組織学習、組織変化などのメカニズムを、明快に解き明かす理論群だ。言うまでもなく現在の日本、あるいは世界中で課題なのが、イノベーションの創出や、企業の変化・進化である。世界の経営学では、それらの多くは認知心理学をもとにした、マクロ心理学の理論でひも解かれるのだ。

本章では、その出発点といえる「企業行動理論」(behavioral theory of firm：BTF) を解説する[注1]。同理論の歴史は古いが、近年になって再び経営学者の注目が高まり、現在も同理論をベースにした実証研究が次々と発表されている。次章では、現代イノベーション理論の核心といえる「知の探索・知の深化の理論」を解説するが、その前提としても目を通していただきたい（ただし本章をとばしても、次章以降は十分に理解できる）。

企業行動理論や、知の探索・知の深化の理論を総称して、カーネギー学派 (Carnegie School) と呼ぶ。この学派の牽引役となった3人が、ともに米カーネギーメロン大学 (Carnegie Melon University, CMU) の関係者だからだ[注2]。

注1) カーネギー学派および企業行動理論の包括的なレビューとしては、本文で紹介される3冊の本の他に、Argote, L. & Greve, H. R. 2007. "A Behavioral Theory of the Firm—40 Years and Counting: Introduction and Impact," *Organization Science*, Vol.18, pp.337-349. や、Gavetti,G. et al., 2007."Neo-Carnegie: The Carnegie School's Past, Present, and Reconstructing for the Future," *Organization Science*, Vol.18. pp.523-536.、Gavetti,G. et al.,2012. "The Behavioral Theory of the Firm: Assessment and Prospects," *Academy of Management Annals*, Vol.6, pp.1-40. 等を参照。

注2) 同校は以前、カーネギー工科大学と呼ばれており、1965年から正式にカーネギーメロン大学と呼ばれるようになった。

204 | 第2部 | マクロ心理学ディシプリンの経営理論 |

認知心理学理論の始祖は、CMU教授のハーバート・サイモンだ。サイモンは1978年にノーベル経済学賞を受賞している。彼の理論をさらに発展させたのが、CMUでサイモンと同僚だったジェームズ・マーチ（元スタンフォード大学名誉教授）であり、そしてマーチの共同研究者だったリチャード・サイアートだ。サイアートは後にCMUの学長も務めている。

1947年にサイモンが記した*Administrative Behavior*（邦訳『経営行動』）、1958年にマーチとサイモンが記した*Organizations*（邦訳『オーガニゼーションズ』）、1963年にサイアートとマーチが記した*A Behavioral Theory of the Firm*（邦訳『企業の行動論理』）の3冊は、カーネギー学派の金字塔だ[注3]。「限定された合理性」をもとにカーネギー学派の原点となったのがサイモンであり、そこに「サーチ」などの概念を加え、組織意思決定の体系的な理論モデルを提示したのが、マーチとサイモンだ。これらの内容をさらに洗練させて企業行動理論を確立したのが、サイアートとマーチである。3冊合計のグーグル・スカラーにおける引用件数は、約6万に上る。

本章でもこの3冊を引用しながら、カーネギー学派を解説する。

経済学への批判

カーネギー学派の根底には、経済学への批判がある（経済学ディシプリンの理論は第1部を参照）。経済学は市場メカニズムや社会全体の厚生を重視するあまり、『企業・組織の現実の意思決定メカニズム』を軽視してきた、という主張だ。

例えば第1部第3章で見たように、古典的な経済学では、企業は生産関数などの非常にシンプルな関数形として表現される。もちろん第1部で紹介したように、近年はゲーム理論や組織の経済学が発展し、経済学でも企業メカニズムの精緻な説明が行われている。しかしカーネギー学派にとって、それはけっして満足できるものではない。

その彼らの不満を理解するためにも、カーネギー学派の解説に入る前に、まず経済学における一般的な企業の意思決定の仮定を確認しよう。

注3）Simon,H.A.1974, *Administrative Behavior*, Macmillan.（邦訳『新版 経営行動』ダイヤモンド社、2009年）、March,J.G. & Simon,H.A.1958, *Organizations*, Wiley.（邦訳『オーガニゼーションズ　第2版』ダイヤモンド社、2014年）、Cyert,R. M. & March,J.G.1963, *A Behavioral Theory of the Firm*, Prentice Hall.（邦訳『企業の行動論理』ダイヤモンド社、1967年）

合理性（rationality）：経済学では、企業（あるいは企業の運営者）は合理的に意思決定すると仮定される。

　合理性については、第1部を通じて一貫して述べている。ほとんどの経済学理論は、人の合理的な意思決定を前提におく。人は常に合理的ではないが、「そこそこは合理的」なのも確かだからこの仮定はリーズナブル、と考えるからだ。経済学はこの合理性の仮定を取り込むことで、微分などの数学表記を可能にし、常に一貫したロジックで複雑な経済事象を精緻に破綻なく記述できるのである。
　しかし第1部では述べなかったが、実は経済学にはそれ以外にも、暗黙に以下のような前提がある。これらこそが、カーネギー学派が疑問視する点だ。以下の3つである。

認知の無限性（unlimited cognition）：古典的な経済学では、意思決定者は認知に限界がないと暗黙に仮定されている。例えば、意思決定者は企業が取りうる戦略的な選択肢（alternatives）を数多く、（理論上は無数に）見いだせる。また、それぞれの選択肢を取った際の顧客・ライバル企業の反応なども、事前に十分に見通せる。

最大化（profit maximization）：意思決定者は、多くの選択肢から自社の便益（一般には利益）を最大化するものを事前に一つに絞り込める。

プロセスを重視しない：意思決定者は、あたかも数学で答えを得るかのように、最適な選択肢を事前に瞬時に見つけられる。したがって、意思決定者が「時間をかけてより望ましい選択肢を、徐々に見つけていく」というプロセスは重視されない。

　経済学者からは細かい異論もあるかもしれないが、これらが（カーネギー学派から見た）経済学ディシプリンの特徴といえる。
　しかし、これらの仮定は現実ビジネスの意思決定をどこまで描けているのだろうか。第8・9章で紹介したゲーム理論を考えてみよう。そこで紹介した理論の設定は、「自社とライバル企業の行動の依存関係により、それぞれの利得がペイ

206 ｜ 第 2 部 ｜ マクロ心理学ディシプリンの経営理論 ｜

オフ・マトリックスとして描かれ、それをもとに互いの行動を読み合った結果、各企業が最適な意思決定を行う」というものだった。その意思決定は、ゲームのルールが「同時ゲームか、逐次ゲームか」「数量ゲームか、価格ゲームか」「1回きりのゲームか、無限繰り返しゲームか」でも大きく異なった。

　すなわちゲーム理論では、「自社がどのルールのゲームにいるか」「自社にはどのような選択肢があるか」「その際のペイオフ・マトリックスは」「ライバルの反応は」などを、意思決定者が事前にすべて把握しており、そしてまるで計算機で演算したかのように、唯一の最適な答えを瞬時に選び出すことができる、と暗黙に考えているのだ。

　事後的には、このような説明も可能かもしれない。しかし、厳しいビジネスの意思決定を行っているまさにその瞬間に、果たして我々はこのような情報処理を脳内で行っているのだろうか。

　この疑問こそが、カーネギー学派の出発点だ。

サイモンの「限定された合理性」

　認知心理学に基づくカーネギー学派を特徴づける最重要の前提、それは「限定された合理性」(bounded rationality) である。すべてはここから始まる。

　限定された合理性とは、「人は合理的に意思決定をするが、しかしその認知力・情報処理力には限界がある」というものだ。この点を突き詰めることで、カーネギー学派は経済学とまったく異なる視点を提供する。

　先にも述べたように、カーネギー学派を切り開いたサイモンの著作は、1947年に発表された*Administrative Behavior*だ。同書でサイモンが主張する意思決定の特性とは、以下のようなものである。

合理性（rationality）：実はカーネギー学派も、人の合理性を仮定するのは経済学と変わらない。人・組織は合理的であるがゆえに、与えられた条件下で自身にとって最適な選択肢を求める、と考える。

認知の限界性（limited cognition）：しかし、人・組織の認知には限界がある。したがって、意思決定者は自身が本来取りうる選択肢を、事前にすべては知りえ

ない。例えば、本当はこの世に自身が取りうる選択肢が100あるとしても、2～3か、せいぜい10ぐらいしか認知できず、その選択肢を取った結果がどうなるかも十分に見通せない。意思決定者は限られた認知の中で選択をして行動に移す、と考えるのだ。

サティスファイシング（satisficing）：経済学では、意思決定者が事前にすべての選択肢を知っており、その中から「自社利益を最大化する」（maximizing）唯一の選択肢が選べた。行動を起こす前に、一番望ましい解答がわかってしまうのだ。他方で、認知に限界のある人ができる合理的な意思決定とは、「現時点で認知できる選択肢の中から、とりあえず満足できるものを選んでおく」ことだ。これをサティスファイシングという。カーネギー学派では、限定された合理性を持つ人・組織が実際にできることは「最大化ではなく、サティスファイシング」と考えるのだ。

プロセスの重視：少ない選択肢から一つを選んだ意思決定者は、行動を起こす。その行動の結果、意思決定者の認知が広がり、新しい選択肢が見えてくる。それがいまより満足できるものなら、合理的な意思決定者はそちらに移るだろう。このようにカーネギー学派で想定される人・組織の意思決定は、「限られた選択肢」→「現時点でのとりあえず満足できる選択」→「実際の行動」→「行動することで認知が広がり、新しい選択肢が見える」→「より満足な選択」という、一連のプロセスとなる。

　図表1は、そのイメージを筆者が図化したものだ。一般に古典的な経済学では、「人は認知に制限がなく、したがって図上の四角い範囲（本当の世界）がすべて見通せる」と暗黙に仮定している。すべてを見通した上で、その四角全体のあらゆる選択肢から自分の効用・利益を最大化できるものを合理的に見つける、というわけだ。

　それに対して、人の認知には限界があると考えるカーネギー学派では、人は行動によって徐々に認知を外に広げると考える（後で述べるサーチや、次章で述べる「知の探索」がそれに当たる）。行動の結果として新しいことを知った人は認知の範囲を少し広げるので、それを頼りにまた行動範囲を広げ、またさらに認知

図表1 人の認知の限界

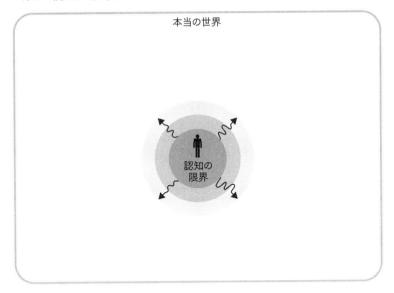

の範囲を広げていく、ととらえるのだ[注4]。

　この後者こそがカーネギー学派の原点であり、世界の経営学でイノベーション・組織学習をとらえる上での主要理論の、源流なのである。

ホンダ幹部は、米市場での勝ち方を事前に知っていたのか

　既に第1部を読んだ皆さんの中には経済学ディシプリンと比較して、カーネギー学派の方が「自分の肌感覚に合う」と感じる方もいるかもしれない。

　経済学ディシプリンと、カーネギー学派を対比させる興味深い事例として、本田技研工業（ホンダ）が米国に参入した際の事例を紹介してみよう。

　1960年代にホンダは米国のオートバイ市場に参入し、50ccの小型バイクで爆発的な売上げを達成した。それまで同市場を占有していた英国メーカーを駆逐して、1966年には米国市場全体の63％のシェアを獲得するまでに至ったのである。

注4） INSEAD（欧州経営大学院）のパニッシュ・プラナムらが2015年に『アカデミー・オブ・マネジメント・アナルズ』に掲載したカーネギー学派の理論のレビュー論文では、このような組織の行動原理をAdaptive Rationality（適応的な合理性）と称している。

このホンダの大成功を当時分析したのが、世界的なコンサルティングファーム、ボストン コンサルティング グループ(BCG)である。BCGの分析の結論は、「ホンダは、日本で大量生産を行ってスケール メリットを実現し、コスト・リーダーシップ戦略を追求し、米国の中産階級に低価格の小型オートバイという新しい市場セグメントを提供した」というものだった。経済学ディシプリンのSCP理論が提示するコスト・リーダーシップ戦略を、同社が事前に精緻に練り、計画的に、着実に実行したかのような結論だったのである。

しかし、実際のホンダの米国市場への進出は、事前に緻密に練られた戦略によるものではまったくなかった。『ジャパニーズ・マネジメント』を著したスタンフォード大学のリチャード・パスカルはその後ホンダ幹部に多くのインタビューを行ったが、彼らから得た回答は、「実際には当時、米国で何かとりあえずやってみようという以外に、特に戦略はありませんでした」というものだったのだ[注5]。

実は、ホンダは進出当初、250ccと350ccなどの米市場で普及していた大型バイクのセグメントを狙っていたのだ。当時のホンダ幹部の認識では、まさか「米国で50cc小型バイクが売れる」とは思いもしなかったのである。しかし同社の大型バイクは、米国人が乗るとその長距離・高スピード走行に耐えきれず、壊れる事件が頻発した。

一方で、米市場に進出したからこそ(=行動して認知の範囲を広げたからこそ)、ホンダには小型バイクという「選択肢」が見え始めたといえる。

例えば、同社のロサンゼルス支社のスタッフが営業などで社外に出ると、日本から持ってきた50cc小型バイクを現地の人が乗り回しているのを目にしたのだ。そこで次第に小型バイクの可能性に注目し、自社でも小型バイクを発売してみたところ、予想をはるかに超えて中産階級に受けて、大ヒットとなったのだ[注6]。

BCGの分析と、ホンダ経営幹部の実際の意思決定プロセスは、実に対照的だ。経済学的な視点を持ったBCGの分析は、事後的に整合性のある説明をするには向いている。しかし、実際の同社の経営幹部の意思決定・行動プロセスは、サイ

注5) Pascale,R. T. & Athos,A. G.1981,*The Art of Japanese Management*, Warner Books. (邦訳『ジャパニーズ・マネジメント』講談社、1981年)

注6) この逸話については、Pascale. T. 1984"Perspectives on Strategy: The Real Story Behind Honda's Success," *California Management Review*, Vol.26, pp.47-72、ヘンリー・ミンツバーグ他『戦略サファリ第2版』(東洋経済新報社、2012年)、清水勝彦『戦略の原点』(日経BP社、2007年) などを参考にしている。

モンが提示する方に近かったのではないだろうか。

筆者は「BCGや経済学が間違っている」と言いたいのではない。同じ事象を説明するのにも、2つのディシプリンで切り口がまったく違うということだ。そして、現実の組織の「生々しい意思決定プロセス」に肉薄することを目指すのが、カーネギー学派ということだ。結果として、これから紹介していくように、カーネギー学派の理論から出てくる命題・含意は、日本を代表するような経営者の教訓・名言と一致することが驚くほど多い。

マーチ＝サイモンの「サーチ」と「アスピレーション」

サイモンの*Administrative Behavior*から11年後の1958年、サイモンはマーチとの共著*Organizations*を発表する。2人はサイモンの前著を土台として、いくつか重要な概念を加え、組織意思決定の循環プロセスモデルを提示した。**図表2**がその概略図である。特に重要な概念は以下の2つだ。

サーチ（search）

サーチは、もともと認知が限られている組織（の意思決定者）が自身の認知の範囲を広げ、新たな選択肢を探す行動である。図表2の矢印③に示されるように、一般に組織は現状に対する満足度が低いほど、サーチを活発に行う。満足度が低ければ、「自分の認知はまだ狭く、この世にはもっと自分をサティスファイ（満足）させてくれる選択肢があるのではないか」と考えるのが、合理的だからだ。

他方で、組織は認知力に限界があるので、サーチは自身が直面している「認知の周辺」で行われがちになる。これをローカル・サーチ（local search）という。逆に言えば、この傾向を乗り越え、「より遠くの選択肢」をサーチしていくことが、企業の新しい知の創出、すなわちイノベーションにとって重要になってくる可能性がある。この点は、次章「知の探索・知の深化の理論」で詳しく解説する。

アスピレーション（aspiration）

アスピレーションとは、直感的に言えば「自社の将来の目標水準」のことだ。「自社を評価する基準・目線の高さ」と言ってもいい。

アスピレーションもまた、カーネギー学派の重要な概念だ。例えば利益率や成長

図表2 マーチ＝サイモンの組織意思決定の循環プロセス

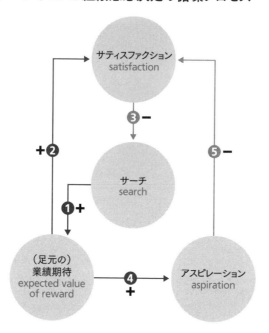

出所：J. Mahoney, *Economic Foundation of Strategy*, SAGE Publications, 2004. をもとに筆者作成。

率といった業績は、「15％」「3％」「マイナス7％」といったように、様々な数値で示される。他方で人間・組織は認知に限界があるから、それを評価する際は、何らかの基準をつくって「良かった」「悪かった」と単純化する傾向がある。したがって事前に目標・目線（アスピレーション）を立て、それを「超えられたか、否か」が基準となりがちだ。

　経営学では、アスピレーションは①企業の過去の業績の加重平均や、②同業他社の平均業績から計算されることが多い。自社の過去の業績がよければ「自分はもっとできるはず」という心理メカニズムが働くし、同業他社の業績がよければ「自分もそのくらいできるはず」という心理が働くので、将来への目線が高くなるからだ。

人・組織は合理的であるがゆえに、慢心する

　図表2は、図を左半分と右半分に分けると、わかりやすい。

　まず左半分だが、組織がサーチ行動を取れば、認知が広がって選択肢が増えるので、やがて業績も高まることが期待される（矢印①）。業績期待が高くなれば、それは企業のサティスファクション（満足度）を高めるだろう（矢印②）。

　しかしポイントは、先に述べたように組織は満足度が低いほどサーチをする傾向があることだ。逆に言えば、満足度が高まれば企業はサーチをしなくなるということでもある（矢印③）。もちろん実際には、組織にとってさらに満足できる選択肢がこの世には存在するはずだ。しかし、サーチ行動はコストも、時間も、認知的な負担もかかる。したがって企業は現状に満足してしまうほど、「これ以上のサーチは行わない方が合理的」と考えてしまうのだ。組織が合理的だからこそ、サーチが停滞するのである。

　直感的に言えば、このマーチ＝サイモンのモデルの左半分は、組織・意思決定者の心理に内在する「成功体験による慢心」を示しているといえるだろう。

　実際、著名経営者の中に「成功体験こそ最大のリスク」と述べる方は、実に多い。元セブン＆アイ・ホールディングスの会長で、日本にコンビニを持ち込んでセブン-イレブンを大発展させた鈴木敏文氏は、その代表だ。筆者は何年か前に鈴木氏の話を直に聞いたことがあるが、その時も同氏は「成功体験の怖さ」を力説されていた。実際、あるビジネス誌でも同氏は以下のように述べる[注7]。

　　成功体験が失敗のもとになる。成功はそのときに上手くいっているということであり、時代が変われば同じ手法ではダメだということ。

　ヤマト運輸の中興の祖で、宅急便ビジネスを開拓した小倉昌男氏も、著書で成功による慢心のリスクをひたすら強調している[注8]。

注7）『日経ビジネス』2015年10月5日号。

注8）小倉昌男『小倉昌男　経営学』（日経BP社、1999年）

経営者の過去の成功体験が、時代が変わって新しい仕事を始めるときに大きな妨げになる。(p.29)

このようにカーネギー学派の魅力の一つは、著名経営者が自身の経験から得た「教訓」とことごとく合致する法則を理論から提示することにある、と筆者は考える。著名経営者はこのような発言を自身の豊富な経験から引き出している。一方、同じことは、人間の意思決定プロセスに肉薄するカーネギー学派の「理論」からも説明できるのだ。

うまくいっている時に、目線を高く保てるか

次に、図表の右半分はどうか。まず、業績期待が高い組織はアスピレーション（目線）が高くなる可能性がある（矢印④）。先に述べたように、これまでのパフォーマンスがよければ、それだけ「当社はもっとできるはず」と考え、目線が高まるからだ。しかし、アスピレーションが高くなれば、今度はそれに自社の現実が追いつかなくなるので、現時点での相対的な満足度はむしろ下がる（矢印⑤）。そして満足度が下がると、今度は組織はさらなるサーチをするようになるので（矢印③）、それが業績期待向上に貢献する（矢印①）。

このように、マーチ＝サイモンのモデル右半分のポイントは、「企業にとって重要なのは、常にそのアスピレーション（目線）を高く保てるか」にある。業績期待が高まっても、それに合わせてさらにアスピレーションを上げなかったら、満足度が高いままになり、サーチをしなくなる。直感的に言えば、「うまくいっている時こそ、さらに目線を高くせよ」ということだ。そうすることで、モデル左半分で生じる「慢心」を乗り越え、さらに企業を成長させられるのだ。

そしてこれもまた、多くの著名経営者の「教訓」と合致するだろう。例えば2014年からサントリーホールディングスの社長を務める新浪剛史氏は、その就任記者会見で、前任の佐治信忠社長から地位を引き継いだ時の決意を、以下のように述べている[注9]。

注9)『日本経済新聞電子版』2014年7月1日。

佐治氏の持っている夢はでかい。その期待に応えられるか、大きな夢を実現できるか緊張している。ただ目線をあげないと企業は成長できない。

興味深い例は、サイバーエージェントの藤田晋氏だ。藤田氏は目線を上げるために、ご自身の交友関係を使っている。例えば藤田氏は以下のように語る[注10]。

三木谷（浩史・楽天社長）さんや堀江（貴文・元ライブドア社長）さん、熊谷（正寿・GMOインターネット社長）さんたちと昔から親しくさせていただいていますが、皆、当時から目線や意識が高かった。そういう方々と付き合っていると、早い話、「自分はまだまだ」と感じ、満足した気分にさせてもらえないのです。

先に述べたように、アスピレーションとは「自分のパフォーマンスが他者よりも悪い」時に上がる。逆に言えば、周囲が自分よりも大したことをやっていなければ、目線は上がらないのだ。その意味で藤田氏は、三木谷氏や熊谷氏のような、目線もパフォーマンスも自分より高い人達と交流することで、自身のアスピレーションを引き上げていると解釈できる。一見精神論のような「目線の高さ」の重要性は、経営学ではマーチ＝サイモンのモデル（図表2）の右半分で説明できるのだ。

サイアートとマーチの企業行動理論

サイモンが切り開き、マーチとサイモンで骨格が示されたカーネギー学派の基礎は、他の経営理論へと昇華することでさらに華開く。これらの子細は次章以降で紹介したい。

一方、ここまでの基礎を前提に、企業行動を体系的に説明する独自理論として昇華したのが、企業行動理論だ。学者の間では、"behavioral theory of firm"の略称をとってBTFと呼ばれる。BTFを最初に提示したのは、マーチとサイアートが1963年に発表した*A Behavioral Theory of the Firm*である。同書では、

注10）『日本経済新聞電子版』2014年5月28日。

|図表3| BTFの実証研究例

	筆者（年度）	掲載された学術誌※	分析対象・データ	分析の焦点（被説明変数、等）
1	Greve (1998)	ASQ	米国の160のラジオ放送局（1984～1992年）	革新的な新規ラジオフォーマットの採用
2	Greve (2003)	AMJ	日本の造船業11社（1971～1996年）	企業のR&D投資と新技術発表数
3	Miller & Chen (2004)	AMJ	米国の製造業（1991～2000年）	企業のリスク選好の結果としての、業績の不安定性
4	Baum et al. (2005)	ASQ	カナダの投資銀行83行の422のシンジケーション（1952～1990年）	投資銀行が新規のシンジケーション・パートナーを選ぶか、以前と同じパートナーを選ぶか
5	Audia & Greve (2006)	MS	東京と大阪の上場造船業11社（1974～1995年）	工場の拡張規模
6	Haleblian et al. (2006)	AMJ	米国銀行業界における買収2523件	企業の買収行動
7	Chen & Miller (2007)	SMJ	米国製造業（1980～2001年、観測数3万5970）	企業のR&D投資
8	Harris & Bromiley (2007)	OS	会計報告の修正を公表した米企業845社（1997～2002年）	企業の不正会計行為
9	Chen (2008)	OS	米国製造業（1980～2001年、観測数1万5171）	企業のR&D投資行動
10	Iyer & Miller (2008)	AMJ	米国製造業6302社の企業買収（1980～2000年）	企業買収のタイミング
11	Mishina et al. (2010)	AMJ	S&P500にリストされている製造業194社（1990～1999年）	大企業の違法行為
12	Vissa et al. (2010)	OS	インドの上場企業7288社（1988～2004年）	ビジネスグループ所属企業と非所属企業
13	Kim et al. (2011)	ASQ	米国銀行業界の買収878件（1994～2005年）	買収プレミアム
14	Chrisman & Patel (2012)	AMJ	S&P1500にリストされている企業964社（1998～2007年）	同族企業と非同族企業のR&D投資
15	Gaba & Joseph (2013)	OS	モバイル・デバイスのグローバル企業6社（2002～2008年）	事業部制組織における新製品の導入

※学術誌の略称と正式名称は下記の通り。
AMJ：*Academy of Management Journal*　　ASQ：*Administrative Science Quarterly*

企業行動メカニズムに関する様々な概念・命題が提示されている。**図表3**は、それらについての代表的な実証研究をまとめたものだ。本章では中心的なものだけ紹介する。

検証された主な仮説と発見

- ラジオ局の業績がアスピレーション・レベルに対して上昇すると、その局が革新的な新規ラジオ・フォーマットを採用する確率が低下する。

- 企業業績がアスピレーション・レベルを下回るとR&D投資率が増加する。
- 企業業績がアスピレーション・レベルを上回っている時に、さらに業績が向上すると新技術の発表数は減少する。
- 企業のスラックが増加すると、R&D投資率は上昇する。

- 企業が倒産の脅威にさらされていない場合、業績がアスピレーション・レベルを下回っているほど、（リスクのある戦略を取るので）業績の不安定性が拡大する。

- 投資銀行の業績がアスピレーション・レベルを下回っている時は、新規のシンジケーション・パートナーを選ぶ確率が高まる。

- 企業の業績がアスピレーション・レベル以下の場合、大規模な資源を保有している企業は工場の拡張規模が拡大する。

- 企業の過去の買収経験数、直前の買収の業績は、その企業がその後の買収をする確率を高める。
- 直前の高い買収業績は過去の買収経験数とその後の買収行動との正の関係を強める。

- 企業業績がアスピレーション・レベルを下回った時、あるいはスラックが存在する時、その企業のR&D投資率は上昇する。他方で、企業の倒産の確率の上昇はR&D投資率を低下させる。

- 自社業績が業界平均より極端に低い企業は、不正会計の確率が増加する。

- 企業業績がそのアスピレーション・レベルから乖離するほど、あるいは企業がスラックを持つほど、その企業のR&D投資比率は高まる。

- 企業業績がアスピレーション・レベルを下回る場合にその企業の業績が向上すると、それは買収行動を高める。他方、業績がアスピレーション・レベル以上の場合には、その企業の業績の向上は買収行動を低下させる。

- アスピレーション・レベルに対して業績が上回った企業ほど、違法行為を犯す確率が高まる。

- 企業業績がアスピレーション・レベルを下回った場合、ビジネスグループ所属企業はビジネスグループ非所属企業よりも、売上高に対する広告比率が高くなる。

- 成長率がアスピレーション・レベルを下回る銀行ほど、その銀行が払う買収プレミアムは増加する。

- 同族企業は非同族企業と比べて、業績がアスピレーション・レベルを大きく下回る場合、よりR&D投資を増加させる。

- 事業部レベルで業績がアスピレーション・レベルを下回っていくほど、新製品の導入数は増加する。
- 企業レベルで業績がアスピレーション・レベルを下回っていくほど、新製品の導入数は減少する。

MS：*Management Science*　　　OS：*Organization Science*　　　SMJ：*Strategic Management Journal*

パフォーマンス・フィードバック（performance feedback）

　パフォーマンス・フィードバックとは「企業のこれまでのパフォーマンス・業績が、心理的なメカニズムを通じて、その後の企業行動に影響する」という命題だ。先の図表2で紹介した、循環プロセスを派生させたものと考えればよい。経営学では、以下の4点がよく研究されている。

①アスピレーションと現実のギャップ（gap to aspiration）

先のマーチ＝サイモンの循環モデルでも暗示されていた点だ。アスピレーションは「企業の将来に向けた目線の高さ」だ。他方で、企業には「足元の業績」という現実もある。したがって企業にとって重要なのはアスピレーションそのものだけではなく、「その足元の業績とのギャップ」であることを変数化して取り入れることがBTFでは行われる。

②問題解決型サーチ（problematic search）

「自社業績がアスピレーション水準に達しないほど、企業は積極的にサーチ活動を行う」という、先にも述べたメカニズムをまとめた命題である。「到達したい」という目標に業績が届かない企業は、「いまの自社の認知には限りがあるのではないか。この世にはもっと満足できる選択肢があるのではないか」と考えるからだ。

問題解決型サーチ行動としてよく学者に取り上げられるのが、企業のR&D投資だ。多くの実証研究で、足元の業績がアスピレーション・レベルと比べて低い企業ほど、R&D投資を積極的に行う傾向が示されている[11]。

③企業の余裕スラック（slack）

業績が好調な企業は、資金など経営資源に余裕（スラック）が出てくるので、サーチ行動を積極的に行うようになる。

興味深いのは、この命題は先のマーチ＝サイモンの循環のプロセスの主張と真逆になっていることだ。すなわち、業績がサーチに与える影響には、「業績が（アスピレーションに対して）高まるほどサーチを減退させる（先の主張）」と、「業績が高まると経営資源に余裕が出てくるのでサーチを活性化させる（スラックに基づいた主張）」の、真逆の2つがあるのだ。直感的に言えば、前者は「慢心の効果」であり、後者は「余裕の効果」になる。

この両者が併存することは、実証研究でも示されている。INSEAD（欧州経営大学院）のウェイ・ルー・チェンらが2007年に『ストラテジック・マネジメント・ジャーナル』（SMJ）に発表した研究（図表3の論文9）では、1980年から2001年の米企業のデータ（観測数3万5970）を使った統計分析から、企業に

注11）図表3の中では、Greve (2003)、Chen & Miller (2007)、Chen (2008)、Chrisman & Patel (2012) などがそれに当たる。

は両方の効果が同時に存在することを明らかにしている。

示唆的にいえば、我々は常に「余裕」と「慢心」のバランスを取ることを心がけねばならない、ということだろう。言い換えれば、好業績の時ほど余裕を持ちつつも、（慢心を抑えて）危機感を強めよということだ。これもやはり、著名経営者の教訓と同じだ。京セラやKDDIを創業し、JALの再生にも貢献した「経営の神様」稲盛和夫氏は、以下のように述べている[注12]。

> 余裕が充分ある段階においても、危機感を持ち必要な行動を起こすことが大切です。これが安定した事業の秘訣なのです。(p.151)

近年、トヨタで大改革を進める豊田章男社長も、以下のように述べる[注13]。

> 生きるか死ぬかの戦いで、トヨタが死ぬのは『社内に大丈夫』という意識がまん延した時だ。

やはりBTFの示唆は、こういう修羅場をくぐってきた経営者たちと通ずるところがあるようだ。

④リスク行動（risk-taking behavior）

「足元の業績がアスピレーション水準に到達しない企業ほど、心理的な焦りから、リスクの高い行動を取りがちになる」という命題である。

例えば、INSEADのジェイ・キムやダートマス大学のシドニー・フィンケルシュタインらが2011年に『アドミニストレイティブ・サイエンス・クォータリー』に発表した研究（図表3の論文13）では、1994年から2005年の米国銀行業界878件のM&Aデータの統計分析から、業績がアスピレーション水準に届かない企業ほど、高いM&Aプレミアムを払ってでも企業買収を推し進める傾向を明らかにしている。「焦るがゆえに、高値づかみをする」ということだ。これも、人の意思決定でよくあることだろう。

注12）稲盛和夫『成功への情熱』（PHP研究所［文庫版］、2001年）
注13）『日本経済新聞電子版』2019年6月13日。

219

第5章で述べたように、日本のM&Aの達人は、言うまでもなく日本電産会長の永守重信氏だ。実際、ある取材で「買収先をどのように選んでいますか」という記者の質問に対し、永守氏は以下のようにシンプルに答えている[注14]。

　　高値づかみしないことだ。

　筆者は永守氏から何度か話を伺ったことがあるが、同氏の「高値づかみをしないために、M&Aを焦らない力」は超人的だ。永守氏は、目をつけた買収先でも高いと思ったら絶対に買わないし、安くなるまで何年でも待ち続けるという。一方で、買収候補先の経営者に毎年年賀状を送るなど、きめ細やかな対応も続ける。

　だからこそ、「いざ」という時になって、適正価格以下で買収できるのだ。通常、企業M&AにおけるEV/EBITDA[注15]は8〜10倍が適正とされるところを、日本電産の場合は7倍以下で買収することもある。永守氏の「焦らない力」はまさに見習うべきものであり、そしてそれは経営理論ではBTFと整合的、ということだ。

組織の標準化された手続き（standard operating procedure）

　認知に限界のある企業がサーチを繰り返すと、その認知的な負担が大きくなる。したがって企業は、認知負担を減らすために、内部で「当然とされるルール・標準的な手続き・習慣」を形成するようになる。社員が企業のルール・習慣に当然のように従えば、それだけ認知負担が減り、認知をサーチ活動に回せるからだ。

　この視点は、やがてコロンビア大学のリチャード・ネルソンとペンシルバニア大学のシドニー・ウィンターが打ち出した「ルーティン」という概念に昇華する。また、ルーティンの考えを昇華させた「ダイナミック・ケイパビリティ」にも影響している。前者は第16章で、後者は第17章で解説する。

BTFは名経営者の教訓を裏付ける

　このように、BTFが生み出す命題・含意は、実に豊富だ。冒頭にも述べたよ

注14）『毎日新聞』2017年6月8日。

注15）EV（Enterprise Value）は事業価値のことであり、EBITDAは税引き前利益に減価償却費などを足したもの。両者の比率がM&Aでの買収先の価値評価などに使われる。

220　｜第2部　マクロ心理学ディシプリンの経営理論｜

うに、経営理論としては歴史の古いBTFだが、近年になってその重要性が再評価されている。主力学術誌であるOS誌は2007年にBTFの特集号を組んでいるし[注16]、SMJ誌は2011年に心理学ベース理論の特集号を組んでいる[注17]。何より図表3から明らかなように、2000年代になって主要学術誌に掲載されるBTFの研究はさらに増えているのだ。

この背景には、BTFが持つその含意の豊かさ、そして何より、それがここまで見たように、経営者の意思決定プロセスに、見事に肉薄するからだろう。ハーバード大学のジョバンニ・ガベッティは2012年にOS誌に発表した論文で、「BTFの"behavioral"とは、結局のところ（企業リーダーの）メンタル・プロセスのことにほかならない」と喝破する[注18]。

本章で見たようにセブン-イレブンをつくり上げた鈴木氏も、サントリーの新浪氏も、日本電産の永守氏も、トヨタの豊田氏も、そして京セラの稲盛氏も、それぞれが壮絶で豊富な経営経験を持っている。だからこそ、これだけの教訓が引き出せる。ご自身の経験から、「思考の軸」を磨いているのだ。

しかし、すべてのビジネスパーソンが、彼らのような豊富で壮絶な経験をいますぐ持てるわけではない。だとしたら、そういった著名経営者の教訓を胸に響かせながらも、その背景にあるロジックを「思考の軸」として納得しておくことの意義は大きいはずだ。世界標準の経営理論はそのためにもあるのだ。なかでもその出色がカーネギー学派のBTFだと、筆者は考える。

注16）注1で紹介したArgote, L. & Greve, H. R.（2007 OS）を参照。

注17）Powell, T. C. et al., 2011. "Behavioral strategy," *Strategic Management Journal*, Vol.32, pp.1369-1386を参照。

注18）Gavetti, G. 2012. "Toward a Behavioral Theory of Strategy," *Organization Science*, Vol.23, pp.267-285.

column

アッパーエシュロン理論

アッパーエシュロン理論（upper echelons theory）は、ペンシルバニア大学の著名経営学者、ドナルド・ハンブリックらが1984年に『アカデミー・オブ・

マネジメント・レビュー』（AMR）に発表して以来、多くの経営学者が注目してきた[注]。

その命題は非常にシンプルだ。それは「企業の行動・パフォーマンスは、その企業の経営者（あるいは経営チームメンバー）の個性・特性・経験などに大きく影響を受ける」というものである。ごく当たり前のように聞こえる命題だが、重要なのは、同理論がこの命題にwhyの思考の軸を与えたことだ。

アッパーエシュロン理論がベースとするのは、本章で解説したカーネギー学派の理論である。よく考えれば、もし人の認知に限界がなければ、企業の行動・パフォーマンスが経営者に過度に影響を受ける必要はない。会社の従業員それぞれが、その時の状況に応じて「この世にある、あらゆる選択肢を見渡して、その中で自社に最適なものを合理的に選ぶ」はずだからだ。古典的な経済学の描き出す世界である。

しかし、人は認知に限界がある。あるからこそ、従業員はごく限られた選択肢だけしか見えない。結果、従業員は認知的に影響力の大きい経営者・経営チームメンバーから、意思決定の影響を受けるのだ。

そして、その経営者自身も認知に限界があり、見える選択肢には限界とバイアスがある。それはどこから規定されるかといえば、その人のこれまでの経験や性格などになるはずだ。このように人の認知に限界があるからこそ、経営者の特性や経営チームのメンバー構成が、その企業の命運を大きく左右するのである。

実際、これまでにアッパーエシュロン理論を検証する実証研究は大量に行われており、企業のパフォーマンスや行動は、経営者・経営チームメンバーの年齢、職種経験、教育バックグラウンド、社会的な出自などに影響を受けるという結果が数多く得られている。このように現代の経営学でも重要な同理論だが、その命題はシンプルなため、コラムで紹介することにした。

注) Hambrick, D. C, & Mason, P. A. 1984. Upper Echelons: The Organization as a Reflection of Its Top Managers. Academy of Management Review, Vol.9,pp.193-206.

第**12**章 exploration and exploitation ①

知の探索・知の深化の理論①

「両利き」を目指すことこそ、経営の本質である

イノベーションと組織学習

　本章から第15章まで、イノベーションと組織学習に関する理論を紹介していく。イノベーション・組織学習の理論の多くは、認知心理学に基礎をおく。したがって、前章で解説したハーバート・サイモン、ジェームズ・マーチ、リチャード・サイアートを中心とした「カーネギー学派」の影響が大きく、そこからイノベーション・組織学習について、様々な理論が派生し、発展しているのだ。

　ところで本書では、「イノベーション」と「組織学習」という言葉をそれぞれ使っているが、それは便宜上のことだ。そもそも経営学では、イノベーションは広義の「組織学習」の一部といえる。イノベーションも組織学習も、「何かを経験することで学習し、新しい知を得て、それを成果として反映させる」という意味では、本質は変わらない。要は程度論である。学習の結果、新しく得られた知の成果が極めて革新的なら、それが「イノベーション」と呼ばれるだけのことである。逆に「改善」のような小さな前進を実現するなら、それを組織学習と呼ぶにすぎない。

　実際、本章で解説する「知の探索・知の深化の理論」を切り開き、その後のイノベーション研究に多大な影響を与えたジェームズ・マーチの1991年のエポックメーキングな論文も、そのタイトルは"Exploration and exploitation in organizational learning"（組織学習における知の探索と知の深化）であり、マーチは同論文を「組織学習」の論文と位置付けていたといえる[注1]。この論文で、イノベーションという言葉はほとんど出てこない。後世の研究者が、この理論が特に革新的な知の成果（＝イノベーション）を生み出すメカニズムの説明に有用とみなしているだけである。

第12章　知の探索・知の深化の理論①

223

ではイノベーションが広義の組織学習の一部だとして、組織学習自体はどう定義されるのだろうか。組織学習研究の世界的権威であるカーネギーメロン大学のリンダ・アルゴーティが2011年に『オーガニゼーション・サイエンス』に発表した論文で、以下のように定義している[注2]。

> Most researchers would agree with defining organizational learning as a change in the organization's knowledge that occurs as a function of experience. (Argote, 2011, p.1124.)
> 　組織学習とは「経験の関数」として生じる「組織の知の変化」と定義できることに、ほとんどの研究者は賛同するだろう。（筆者訳）

　このように、組織学習のキーワードは「経験」（experience）であり、「組織の知の変化」（change in the organization's knowledge）である。この定義に当てはめれば、イノベーションも後で解説する「知の探索」という経験を通して、新しい知を生み出す（＝組織の知を変化させる）ととらえられるから、やはり組織学習の一種といえるだろう。

　組織学習・イノベーションについては、あまりにも膨大な研究蓄積がある。しかし、その基本的な「骨組み」については、学者間でほぼコンセンサスが取れている。本章では、知の探索・知の深化の理論の解説に入る前に、世界の経営学における組織学習の骨組みを示しておこう。

組織学習の循環プロセス

　図表1は、先のアルゴーティの2011年論文に掲載されている図を、筆者が簡略化・修正したものだ。同論文でのこの図表のタイトルは、まさに"A Theoretical Framework for Analyzing Organizational Learning"（組織学習を分析するための理論的枠組み）である。現代経営学における、組織学習の大きな骨

注1) March, J. G. 1991. "Exploration and Exploitation in Organizational Learning," *Organization science*, Vol.2, pp.71-81.

注2) Argote,L. & Miron-Spektor,E. 2011. "Organizational Learning: From Experience to Knowledge," *Organization Science*, Vol22, pp.1123-1137.

224 　│第 2 部│マクロ心理学ディシプリンの経営理論│

図表1 組織学習の循環プロセス

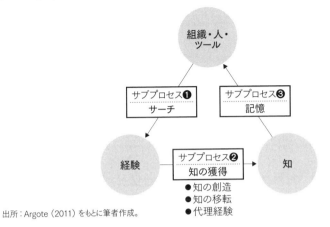

出所：Argote（2011）をもとに筆者作成。

組みをまとめた図といえる[注3]。

　この図は第3部全体を読み解く上で重要なので、ぜひ確認いただきたい（以降の章でも度々、この図に戻って参照いただくことになる）。図にあるように、経営学では組織学習を一連の循環プロセスとしてとらえる。この循環プロセスは、「組織・人・ツール」「経験」「知」という3つの要素で構成され[注4,5]、各要素をつなぐ3つのサブプロセスに分解できる。サブプロセスは、以下のようなものだ。

サブプロセス❶　組織・人・ツール→経験

　組織・人は何らかの意図を持って行動する。行動した結果、「経験」するのだ。
　前章で紹介した「サーチ」や、本章で解説する「知の探索」は、サブプロセス①に当てはまる。認知心理学ディシプリンは、組織・人の「限定された合理性」

注3）組織学習を一連のプロセスとして論じて、経営学者に頻繁に引用されるのは、テキサス大学オースティン校のジョージ・フーバーが1991年に発表したHuber,G.P. 1991. "Organizational Learning: The Contributing Processes and the Literatures," *Organization Science*, Vol.2, pp.88-115.である。アルゴーティの組織学習の循環プロセスの方がより包括的なのでここではこちらを紹介したが、関心のある方はフーバーの論文も併せて参照していただきたい。

注4）ツールとは、ビジネスで使う様々な「道具」のこと。コンピュータや、ITシステム、ノート、工場の設備などは、すべてツールである。例えばITシステムには様々な知が詰められ、また企業が学習することでアップデートされるので、そういう意味では重要な組織学習上のツールになりうる。

注5）実際のアルゴーティの論文では、それぞれ "active context, members, tools," "task performance experience," "knowledge"と表現されている。

を前提とする。組織は限られた認知を広げる経験をするために、サーチや知の探索を行う。前章の図表1も併せてご覧いただきたい。

サブプロセス❷ 経験→知

　組織はその経験を通じて、新たな知を獲得する。知の獲得には大きく3つのルートがある。

知の創造（knowledge creation）：組織は、経験を通じて新しく知を生み出す。例えば、経験で得た知と、自身がすでに持っている既存知を組み合わせ、新しい知を生み出す。これが、後で紹介するジョセフ・シュンペーターの新結合（new combination）である。加えて、その知の創造のダイナミックなプロセスを精緻に描いたのが、一橋大学名誉教授・野中郁次郎のSECIモデルである。SECIモデルは、第15章で詳しく解説する。

知の移転（knowledge transfer）：人・組織はみずから知を生み出さなくとも、外部から知を手に入れることができる。例えば、技術提携という「経験」を通じて、他企業の技術が自社に移転されるのがその一例だ。海外に進出した企業が、現地の合弁パートナーとのビジネス経験を通じて、現地の顧客・商慣習の情報や、政府へのアクセス情報を手に入れるのも知の移転だ。

代理経験（vicarious learning）：新しい知の獲得は、組織自身の経験だけから得られるとは限らない。例えば同業他社など、「他者の経験」を観察することから学ぶこともできる。いわゆる「人の振り見て我が振り直せ」である。これは、他者が（自身に代わって）経験をしてくれているという意味で、「代理経験」と呼ばれる。

サブプロセス❸ 知→主体

　サブプロセス③を総称して、組織の記憶（organizational memory）と呼ぶ。新しく生み出された知は、何らかの形で組織に記憶されなければならない。記憶されなければ学習したことにはならず、前進はないからだ。この組織の記憶プロセスは、さらに2つに分解されて議論されることが多い。それは知の保存

226　│第 2 部│マクロ心理学ディシプリンの経営理論│

（retention）と知の引き出し（retrieval）だ。

　保存とはその名の通り、組織に知を保存させることだ。これも様々な手段がある。知はもちろん組織メンバーの頭脳に保存されるし、あるいは書面、様々なITツール、製品・サービスそのものなどにも保存される。加えて、経営学で特に重視されるのが、第16章で解説する「認知心理学ベースの進化理論」である。一方で記憶された知は、必要に応じて引き出される必要がある。このメカニズムを描くのが、第14章で解説するトランザクティブ・メモリー・システムなどになる。

　さて組織学習の骨組みを把握したところで、ここからが本章の本題である。本章と次章では、図表1のサブプロセス①にあたり、近年のイノベーション研究において核心的に重要な"exploration and exploitation"に焦点を当てる。本書では explorationを「知の探索」、exploitationを「知の深化」と呼ぶことにする[注6]。

　筆者は、知の探索・知の深化の理論は現代の日本のビジネスを考える上で、決定的に重要な「思考の軸」と考えている。多くの経営者・コンサルタントからもこの点に賛同をいただいている。したがって、あえて2章構成をとりたい。まずは本章でその基本メカニズムを解説し、次章ではその応用視点、実際のビジネス事例、経営学の様々な研究成果を解説しよう。

知の探索・知の深化とは何か

　知の探索・知の深化の理論は、現代の経営学研究でイノベーションを説明する際に、間違いなく最重要視される理論である。筆者自身、2013年に日本に帰ってきてから様々な経営者やビジネスパーソンと交流する中で、この理論の重要性を肌に染みるほど感じている。筆者は様々な民間企業・業界団体から講演の依頼

注6）知の探索と知の深化については、包括的なサーベイを行った論文が複数ある。例えば、Gupta, A. K. & Smith, K. G. 2006. "The Interplay between Exploration and Exploitation," *Academy of Management Journal*, Vol.49, pp.693-706.やLavie,D. et al., 2010. "Exploration and Exploitation Within and Across Organizations," *Academy of Management Annals*, Vol.4, pp.109-155.、Birkinshaw, J. & Gupta, K. 2013. "Clarifying the Distinctive Contribution of Ambidexterity to the Field of Organization Studies," *Academy of Management Perspectives*, Vol.27, pp.287-298. を参照。

をいただくが、そこで「話してほしい」と依頼されるテーマのほとんどが、この知の探索・知の深化の理論に関するものだ。現代の日本の企業の課題を、鋭利に切り取っているからだろう。すべてのビジネスパーソンに思考の軸として理解いただきたい理論なのだ。

さてもう一度、図表1の循環プロセスを見ていただきたい。ここでサブプロセス①に当たるのが、サーチであり、知の探索だと述べた。サーチとは、前章で解説したBTF理論の重要概念で、一言で言えば、「認知の範囲の外に出ること」である。カーネギー学派の前提が「限定された合理性」（bounded rationality）にあることは、前章で強調した。人や組織は認知に限界があるから、本当はこの世に自社にとって有用な選択肢が多くあるにもかかわらず、その大部分を認識できない。したがって「サーチ」をすることで、認知の範囲を広げる必要がある。

しかしサーチという概念は、あまりにもシンプルではないだろうか。実際には、サーチにも程度や種類があるかもしれない。このサーチという概念を発展させ、「知の探索」というより包括的な概念を整理し、さらにその対立概念である「知の深化」を提示し、探索と深化のバランスの重要性を提示・検証したのが、スタンフォード大学のジェームズ・マーチが1991年に『オーガニゼーション・サイエンス』に発表した論文である[注7]。

マーチが打ち立てたイノベーション研究の金字塔

このマーチの1991年論文が、世界のイノベーション研究における金字塔であることは論を待たない。日本ではイノベーションと聞くと、ハーバード・ビジネススクールのクレイトン・クリステンセンによる『イノベーションのジレンマ』を思い浮かべる方が多いだろう。しかし、クリステンセンに失礼がないように述べたいのだが、『イノベーションのジレンマ』は、実は世界の経営学ではほとんど研究者の分析対象になっていない。間違いなく実務家への示唆はある視点だが、学術的な意味での厳密性が薄いからかもしれない。

一方で世界の経営学者に最も引用されるのは、間違いなくこのマーチの1991

注7) March, J. G. 1991."Exploration and Exploitation in Organizational Learning," *Organization Science*, Vol.2, pp.71-81.

年論文だ。グーグル・スカラーでのその引用数は、2万3000を超える[注8]。

　実は同論文発表以前にも、「知の探索・深化」に似た考えはカーネギー学派の研究者により度々提示されてきた。しかし、このマーチの論文は、初めてそれらを「知の探索・深化」という包括した概念でまとめ、その関係性を明快に描き切り、その含意をコンピュータシミュレーションで提示したことに価値がある。

　では、マーチの1991年論文による、知の探索・深化の定義を見てみよう。

　　Exploration includes things captured by terms such as search, variation, risk taking, experimentation, play, flexibility, discovery, innovation. Exploitation includes such things as refinement, choice, production, efficiency, selection, implementation, execution. (March, 1991, p.71.)

　　知の探索は「サーチ」「変化」「リスク・テイキング」「実験」「遊び」「柔軟性」「発見」「イノベーション」といった言葉でとらえられるものを内包する。知の深化は「精練」「選択」「生産」「効率」「選択」「導入」「実行」といった言葉でとらえられるものを内包する。(筆者意訳)

　このように、知の探索は「サーチ」を内包する。そして「リスク・テイキング」でもある。さらにマーチのこの初期の定義では、「イノベーション」さえも知の探索の一部に内包されている。

　この理論がブラッシュアップされた現代から振り返れば、この1991年当時の定義は、やや煩雑に見える。後年になるにつれ、彼に続いた研究者によって定義は洗練されていき、現代の経営学者に普及した「知の探索・深化」にはほぼ共通の定義がある。例えば以下の2つなどが代表例だ。

　　They engage in exploration—the pursuit of new knowledge, of things

---

注8）ちなみに同論文の中心部では、コンピュータシミュレーションを行い、組織が学習成果を高められる条件を分析している。その結果、組織の学習量が増える条件として、①組織メンバーが組織の考えに「早く染まらない」こと、②組織の考えに「早く染まる人」と「遅く染まる人」など多様な人が混在していること、③組織のメンバーが一定比率で入れ替わること、などが明らかにされている。いずれも、これらの条件下なら、組織(のメンバー)が知の探索を継続できるからだ。このように、四半世紀前にマーチが行ったシミュレーション分析は、現在の組織イノベーションの考えに重要な視座を与えている。

that might come to be known. And they engage in exploration—the use and development of things already known. (Levinthal & March, 1993, p.105)

　知の探索はこれから来るかもしれない「新しい知の追求」である知の深化は「すでに知っていることの活用」である[注9]。(筆者意訳)

Exploration entails a shift away from an organization's current knowledge base and skills. Exploitation is associated with building on the organization's existing knowledge base. (Lavie et al., 2010, p.114より筆者抜粋.)

　知の探索は、組織の現在の知の基盤（と技術）からの逸脱であり、知の深化は、組織にすでに存在している知の基盤に基づいたものに関連している[注10]。(筆者意訳)

　ちなみに、1つ目の定義を提示したペンシルバニア大学のダニエル・レビンサールは、マーチと並ぶ認知心理学ディシプリン（カーネギー学派）の大重鎮である。2つ目の定義を提示したイスラエル工科大学のドヴェブ・ラビは、知の探索・深化に関する研究で、いま最も実績を挙げているスター経営学者の一人だ。

　両者の定義は、ほぼ変わらない。マーチの1991年論文の定義との違いは、後者2つは両方とも「知」"knowledge"という言葉を軸にしていることだろう。新しい知を求めるのが「探索」、いま持っている知をそのまま活用するのが「深化」ということだ。

両利きの経営

　なぜ経営学者は、知の探索・知の深化の理論がイノベーションに重要と考えるのか。その最大の理由は、繰り返しだが人の認知に限界があるからだ。第11章の図表1で見たように、本来の世界は圧倒的に広いはずなのに、人は認知に限界があるので目の前の狭い部分しか見えない。したがって、少しでも自分の認知の

注9) Levinthal,D. A. & March,J. G. 1993. "The Myopia of Learning," *Strategic Management Journal*, Vol.14, pp.95-112.

注10) 例えば、注6で紹介したLavie, D. et al. (2010) を参考のこと。

範囲を出ることが重要であり、その行為を前章では「サーチ」と称し、本章では（特に広範囲のサーチを）「知の探索」と呼んでいる。

この点を直感的に理解するために、「イノベーションの父」と呼ばれた経済学者ジョセフ・シュンペーターが提示した、新結合を紹介したい。

イノベーションの原点は言うまでもなく、新しい知・アイデアを生み出すことである。新しいアイデアがなければ、人も組織も新しいことはできない。そしてシュンペーターによると、「新しい知とは常に、『既存の知』と別の『既存の知』の『新しい組み合わせ』で生まれる」のだ。

言われてみれば、これは当たり前のことかもしれない。人間はゼロからは何も生み出せない。皆さんもビジネスをする上で、「新しいことを思いついた！」ということはあるだろうが、それも既存の何かと何かを組み合わせているのだ。

代表例として筆者がよく引き合いに出すのは、トヨタ生産システムの「かんばん方式」だ。同方式は、生みの親であるトヨタ自動車の大野耐一氏が、1950年代に米国のスーパーマーケットのモノ・情報の流れからヒントを得たというのは有名な話だ。

それまでの自動車生産はまず部品をつくって（前工程）、その部品を組み合わせて完成車にしていた（後工程）。前工程が必要なだけつくり、後工程に「押し出す」流れだ。

一方のスーパーマーケットでは、顧客が来て必要なものを必要なだけ買っていく。すなわち、後工程が前工程に必要な分だけを「引き取りに来る」のだ。この方式なら、在庫などのムダを省くことができる。大野氏はこの発想を自動車生産に応用し、かんばん方式の着想のもととした。まさに「スーパーマーケット」と「自動車生産」という、つながっていなかった知と知が結び付いて、日本が世界に誇るイノベーションが生まれたのである。

「知と知の組み合わせ」の例は、他にも枚挙にいとまがない。ヤマト運輸の中興の祖である小倉昌男氏が宅配便のビジネスを思いついたのは、吉野家の牛丼ビジネスを学んだ時と言われる。カルチュア・コンビニエンス・クラブ創業者の増田宗昭氏がTSUTAYAのビジネスモデルに思い至ったのは、消費者金融のビジネスを見た時だと言われる。このように、イノベーションの源泉である「新しい知」を生み出すには、既存の知と知を組み合わせる必要があるのだ。

しかし人・組織は、ここで大きな課題に直面する。それは繰り返しだが、やは

り人の認知に限界があることだ。したがって、人・組織はどうしても本質的に、「いま認知できている目の前の知同士だけ」を組み合わせる傾向があるのだ。経営学では、myopia（近視）という。

したがって目の前の知だけをひたすら組み合わせるから、ある程度の時間が経つと組み合わせが尽きてしまい、新しい知が生まれなくなるのだ。実際、日本でもいまイノベーションに悩む企業の多くが、大企業・中堅企業など歴史が長い会社なのは、その長い歴史の中で目の前の知と知の組み合わせをやり尽くしているから、ととらえられる。

したがって、人・組織が新しい知を生み出すために必要なことは、「自分の現在の認知の範囲外にある知を探索し、それをいま自分の持っている知と新しく組み合わせること」なのである。それが、知の探索である。

一方で、知の探索だけではビジネスにならない。なぜなら新しい組み合わせを試みる中で生まれた知が、実際に「商売の種になるかもしれない」となれば、そこは徹底的に深掘りし、何度も活用して磨き込み、収益化する必要があるからだ。これが、知の深化である。知の深化があるから、それは収益性のあるビジネスとなり、企業に持続性を持たせるのだ。

この考えは、まるで右手と左手が両方使える人のようだという意味で、ambidexterity（両利き）と呼ばれる。筆者は「両利きの経営」と呼んでいる。**図表2**でいえば、上の薄い矢印のようなイメージだ。

コンピテンシー・トラップ

しかし、ここでさらなる問題がある。企業・組織はどうしても知の探索が怠りがちになり、知の深化に傾斜する傾向があるのだ。マーチの1991年論文も、この点を明示している。

なぜなら知の探索は、理屈ではわかっても、実際にその行動を持続するのが難しいからだ。第1に、知の探索は自分の認知の範囲の外に出ることだから、経済的、人的、時間的にコストがかかる。第2に、知の探索は新しい知と知を組み合わせることだから、不確実性が高い。新しい知と知の組み合わせの多くは、失敗に終わってしまう。先のマーチの1991年論文の「知の探索」の定義に"risk taking"という言葉が入っているのが、象徴的だ。

232　｜　第2部｜マクロ心理学ディシプリンの経営理論｜

| 図表2 | イノベーションの理論：両利きの経営

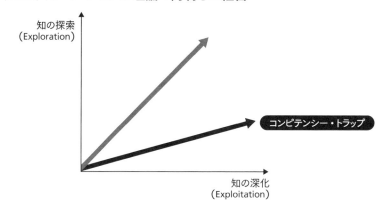

　一方の知の深化は、既存知の活用なのでその見通しは確実性が高く、コストも小さい。したがって組織・意思決定者から見れば、知の探索をおろそかにして知の深化に傾斜する方が、少なくとも「短期的には合理的」なのだ。カーネギー学派が基盤とする「限定された合理性」の帰結として、知の深化への傾斜が起こるのである。結果として「知の探索」がなおざりにされるので、中長期的にイノベーションが枯渇するのである。

　マーチの1991年論文は、この点を以下のような文章で示している。

　　Since long-run intelligence depends on sustaining a reasonable level of exploration, these tendencies to increase exploitation and reduce exploration make adaptive processes potentially self-destructive.(March, 1991, p.73.)
　　長期的な（組織の）知性は、知の探索を十分なレベルで持続できるかにかかっているので、知の深化を増大して、知の探索を減じさせるこれらの傾向は、組織の適応プロセスを自己破壊的なものにしかねない。（筆者意訳）

　この言葉を聞いて筆者がすぐ思い当たるのが、日本の大企業でよくつくられる「新規事業開発部」「イノベーション推進部」などと呼ばれる部署の顛末だ。
　新規事業開発の部門は、「従来の事業と異なる、新しい分野を開拓する」といった謳い文句で立ち上げられる。まさに知の探索を目指して立ち上げられるのだ。

しかしこれまで述べた理由で、知の探索をする部門は、コストがかかる割に成果がなかなか出てこない。結果、最初の1～2年は十分な予算がついていても、3年もすると「成果が出ない」という理由で予算が回って来なくなる。毎年の予算目標を達成したい企業は、いま確実に儲かっている目の前の事業に予算を回しがち（＝知の深化）だからだ。

これは短期的な収益性を高める上では有効なのだが、一方でここまで述べた理由で、長い目で見た企業の「知の探索」を損なわせ、結果として中長期的なイノベーションが枯渇していくのだ（図表2の下の濃い矢印）。まさに自己破壊である。この状況を、コンピテンシー・トラップ（competency trap）と呼ぶ。

近年、多くのメディアが「日本企業にイノベーションが足りない」と語る。もちろん表層的には様々な理由があるだろうが、世界標準の経営理論からみれば、その根底にあることは同じだ。すなわち「日本企業の多くが、コンピテンシー・トラップに陥っている」のである。

逆に言えば、企業がイノベーションを取り戻すには、自社を様々なレベルで「知の探索」方向に押し戻し、両利きのバランスを取り戻すことが決定的に重要なのだ。図表2で言えば、下の濃い矢印から上の薄い矢印へ押し戻すことだ。本章の理論が提示するのは、バランスの良い、高いレベルの「両利き」を目指すことこそが経営の本質ということだ。

ではそのために何が必要なのか。次章ではマーチ以降の様々な研究成果や企業の事例から、この疑問を「探索」していこう。

234　　第 2 部　マクロ心理学ディシプリンの経営理論

第**13**章 exploration and exploitation②

知の探索・知の深化の理論②

「両利き」は戦略、組織、人材、経営者のすべてにおいて求められる

両利きの経営を進めるには

　前章では、認知心理学をベースにした、「知の探索・知の深化の理論」を解説した。企業イノベーションの創出メカニズムを、鋭利に切り取る核心の理論である。前章で述べたように、その根幹にあるのは、知の探索と深化のバランスだ。人・組織は認知に限界があるので、知の探索（exploration）をして認知の範囲に出て、知と知を新しく組み合わせる必要がある（＝シュンペーターの新結合）。一方、そこで生まれた新しい知は徹底的に深掘りされて、収益化につなげる必要もある（＝知の深化、exploitation）。この探索と深化が高いレベルでバランスよくできることを、両利きの経営（ambidexterity）という。

　しかし、人・組織は認知に限界があり、探索はどうしてもコスト・負担がかかる。しかも探索は不確実性が高い（＝失敗が多い）ので、組織はどうしても知の深化に偏る傾向が、本質的にある。結果として知の探索をなおざりにするので、やがてイノベーションが枯渇するのだ。この組織が知の深化に偏りやすい傾向を、コンピテンシー・トラップ（competency trap）と言う。「日本でイノベーションが求められているのは、多くの企業が知の深化に偏りすぎているから」というのが、同理論の帰結になる。

　逆に言えば、いま日本企業の多くに求められていることは、知の探索を促し、両利きのバランスを取り戻すことだ。そのためには何が必要だろうか。この問いを考える意味でも、知の探索・知の深化の理論の研究成果をさらに紹介しよう。マーチの1991年論文以降、同理論は、企業イノベーションの様々な側面の説明に応用され、膨大な実証研究が蓄積されてきた。その成果はあまりにも多く、本

235

書だけでは到底まとめ切れない（**図表1**は、なかでも代表的なものをまとめたものだ）。

　そこで本章では、知の探索・知の深化の理論についての主な研究成果について、戦略レベル、組織レベル、個人レベルに分けて解説していこう。なお、本章は企業事例や実務への示唆が他章以上に盛り込まれるため、筆者の私見が多めになることをご了承いただきたい。

オープン・イノベーション戦略とCVC投資

　まず、戦略レベルだ。企業はみずからを、戦略的に「両利き」へ促しうる。その代表は、オープン・イノベーション戦略である。

　オープン・イノベーションは日本でも浸透してきた。企業が、他社やスタートアップ企業と連携して、新しい知を生み出す試みの総称である。特に経営学で実証研究が進んでいるのは、戦略的な提携を使ってのオープン・イノベーションだ。

　異業種とのアライアンスを通じて自社が持っていなかった知を学ぶことは、典型的な知の探索である。一方、同業他者と似た技術を共同開発して、知を深化させることもできる。「探索型のアライアンス」「深化型のアライアンス」がどのように企業パフォーマンスに影響を与えるかについては、すでに多くの研究蓄積がある[注1]。加えて、知の探索のオープン・イノベーションとして日本で期待したいのは、コーポレート・ベンチャー・キャピタル（CVC）投資のさらなる促進だ。これも最近の日本では、大企業を中心に少しずつ浸透してきた感がある。CVC投資とは、「既存の事業会社が新興のスタートアップ企業に投資をしながら、時に連携を図る」ことを指す。大企業にとって、スタートアップ企業の持つ技術・ビジネスモデルは目新しいことが多く、認知の範囲外にある。そこから知を得よ

注1）例えば、Lavie, D. et al., 2010. "Exploration and Exploitation Within and Across Organizations," *Academy of Management Annals*, Vol.4, pp109-155. を参照。他にもトロント大学のティム・ロウリーとカーネギーメロン大学のデビッド・クラッカードらが2000年に『ストラテジック・マネジメント・ジャーナル』に発表した研究（Rowley, T. et al., 2000. "Redundant Governance Structures: An Analysis of Structural and Relational Embeddedness in the Steel and Semiconductor Industries," *Strategic Management Journal*, Vol.21, pp.369-386）では、世界の半導体産業、鉄鋼産業の主要98社のデータを使った統計解析を行っている。結果、半導体のように技術変化が速い業界ではライセンシングなど「知の探索型」のアライアンスを使う企業の方が事後的な収益率が高まり、他方で鉄鋼のようにより技術変化が相対的に緩やかな業界では合弁など「知の深化型」のアライアンスを使う企業の方が、収益率が高まる傾向を明らかにしている。

236 ｜ 第2部 マクロ心理学ディシプリンの経営理論 ｜

うとするCVC投資は、まさに知の探索なのだ。

一方のスタートアップ企業は、潜在性のある技術は持っていても、経営ノウハウや販路・人的ネットワークが不足していることが多い。製造業系スタートアップ企業では、実験設備も不自由しているかもしれない。したがって、大企業がスタートアップ企業の足りない部分をサポートしながら、彼らの技術を学ぶという関係性をつくれるのである。

実際、これまでの実証研究で「事業会社がCVC投資を行うことは、その後のイノベーション成果にプラス」という結果は、多く得られている。例えば、ワシントン大学のスレッシュ・コータらが2006年に『アカデミー・オブ・マネジメント・ジャーナル』に発表した論文（図表1の論文4）では、米通信産業36社の時系列データを用いて、取締役を派遣するなど投資先のスタートアップ企業に積極関与する企業は、CVC投資をするほど事後的なイノベーション成果が高まりやすい傾向を明らかにしている。

欧米ではすでに多くの大企業が、CVCに取り組んでいる。シスコシステムズ、マイクロソフト、インテル、フィリップスなどがその筆頭だ。日本でも、CVC投資への関心は高まっている。以前から楽天やDeNAのCVC投資は知られていたが、近年はKDDI、オムロン、セブン＆アイ・ホールディングス、フジ・メディア・ホールディングスなど、多くの大手企業がCVCに取り組む動きがある。これらは戦略的な「知の探索」ととらえられるのだ。

「日本の大企業型」の知の探索とは

ここまで述べたCVC投資は、欧米ですでに普及している形態だ。それに対して、言わば「日本型」とでもいえる、日本独自の知の探索の動きも出てきている。

牽引役になっているのは、WiLというベンチャーキャピタル企業だ。2013年までシリコンバレーのベンチャーキャピタルDCMでパートナーを務めていた伊佐山元氏が中心となって立ち上げた企業で、2014年初頭にソニー、日産自動車、全日本空輸（ANA）などから合わせて約300億円を資金調達して、話題になった。現在、資金規模としては国内最大級のベンチャーキャピタルに成長している。

筆者はWiLの活動に注目している。**図表2**を見ていただきたい。先ほどまで説明した従来型のCVCは「大手事業会社が潜在的な技術・事業機会を探すために、

| 図表1 | 知の探索・知の深化理論の実証研究例

	分析の単位	筆者（年度）	掲載された学術誌※	分析対象	データソース
1	戦略レベル：企業買収	Puranam et al. (2006)	AMJ	従業員1000人以上の大企業49社（ハードウェア業界）による、スタートアップ企業207社の買収（1988〜1998年）	SDC、Compustat、Corptechなどのアーカイバル
2	戦略レベル：アライアンス	Lavie et al. (2011)	OS	米国のソフトウェア企業320社（1990〜2002年）	SDC、Compustatなどのアーカイバル
3	戦略レベル：アライアンス	Hoang & Rothaermel (2010)	SMJ	大手製薬会社のバイオ技術のR&Dプロジェクト412件（1980〜2000年）	各種アーカイバル
4	戦略レベル：CVC	Wadhwa & Kotha (2006)	AMJ	通信産業36社による383のCVC投資（1988〜1998年）	Delphion、USPTO、Factiva、Lexis-Nexisなどのアーカイバル
5	戦略レベル：サプライチェーン	Im & Rai (2008)	MS	米国にあるロジスティックス企業およびその顧客企業238社のアカウントマネジャー	質問票調査
6	戦略レベル：アウトソーシング	Rothaermel & Alexandre (2009)	OS	米製造業からランダムに選出した企業141社	質問票調査
7	戦略レベル：非営利団体（NPO）劇場の上演作品選択	Voss et al. (2008)	AMJ	米国の163の非営利の劇場（2003〜2004年）	質問票調査
8	組織レベル：多国籍企業のビジネスユニット	Gibson & Birkinshaw (2004)	AMJ	多国籍企業10社の計41事業部の従業員4195人	質問票調査
9	組織レベル：企業	Katila & Ahuja (2002)	AMJ	欧州・日本・米国にあるロボティックス産業124社	特許データなど
10	組織レベル：中小のハイテク企業	Cao et al. (2009)	OS	中国の3つの工業団地でランダムに抽出したハイテク系の中小企業122社（2006年）	質問票調査
11	組織レベル：ハイテク分野の中小企業	Patel et al. (2012)	AMJ	米国のハイテク分野の中小企業215社	質問票調査
12	組織レベル：金融企業の支店	Jansen et al. (2006)	MS	欧州の大手金融サービス会社の115支社に所属するマネジャー283人	質問票調査
13	組織レベル：創業チームの構成	Beckman (2006)	AMJ	ハードウェア・ソフトウェア、通信、医療、バイオテクノロジーなどの分野のシリコンバレー企業141社	インタビュー、質問票調査、アーカイバルの組み合わせ
14	個人レベル：企業のマネジャー	Mom et al. (2009)	OS	大企業5社から事業部レベルのマネジャー215人とオペレーションレベルのマネジャー501人	インタビュー、質問票調査の組み合わせ

※学術誌の略称と正式名称は下記の通り。　AMJ：*Academy of Management Journal*　　MS：*Management Science*

Explorationの測定方法とExploitationの測定方法	検証された主な仮説と発見
・買収された時点で、被買収企業が開発していた製品がまだ市場にローンチされていなければ知の探索段階、すでにローンチされていれば深化段階にあると見なす。	・買収時点で製品をローンチしていない（＝知の探索段階にある）被買収企業が統合すると、被買収企業のイノベーションの成果に負の影響を与える。
・機能的な知の探索・深化: そのアライアンスがR&D関連か、企業の持つ既存の知識に関連しているか。 ・構造的な知の探索・深化: その企業が過去に同じパートナーとアライアンスを組んだことがあるか。	・機能的な知の探索・深化アライアンスのバランスが取れている企業ほど、業績が向上する。構造的な知の探索・深化アライアンスでも同様である。
・バイオ技術分野でのR&Dアライアンス割合を「知の探索」、ライセンス・製造契約数割合を「知の深化」とする。	・「知の深化」型契約が多いほど、医薬品が承認される確率が高まる。この効果はバイオ分野におけるR&Dプロジェクトなど、「知の探索」型企業内活動が多いほど高まる。
・CVC企業が投資先スタートアップ企業と結んだアライアンスの数など。	・CVC企業が投資先企業へ積極的に関与する場合、CVC投資が多いほどCVC企業の特許取得率が高まる。
・各企業が持つサプライチェーンについて、「長期的な利益を得るための知識共有を行っているか」などについて質問し、そこから作成。	・サプライチェーンにおいては、知の探索型の知識共有と知の深化型の知識共有の併存は、パフォーマンス（ロジスティックスの運営コストや売上高、総契約額、注文から配達までの時間など）を高める。
・新しい技術を手に入れる時に、アウトソーシング（外部調達）したか、既存技術で内製したかを質問し、前者なら知の探索、後者なら知の深化と見なす。	・新しい技術を手に入れる時に、内製化とアウトソーシングをバランスよく組み合わせている企業ほど、事後的なROE（株主資本利益率）や取得特許数などが高まる。
・劇場が、そこで上演する芸術作品を選択する際に、「抜本的に新しい試みか」「伝統的な芸術に挑戦的であるか」について質問し、スコアが高いほど探索的と見なす。	・劇場の空席率が高いほど、その劇場は「知の探索」的な作品を選択しなくなり、他方で「知の深化」的な作品を選択するようになる。
・ビジネスユニットが「古びた慣習の克服を促しているか」「非生産的な活動に経営資源を消費していないか」などを質問。	・事業部が知の探索と知の深化を高いレベルで両立するほど、事業の業績や顧客満足度、職務満足度が高まる。
・過去5年に新しく引用した特許の割合。 ・過去5年に2回以上引用した特許の割合。	・企業は、知の探索と知の深化がともに高いレベルにある時、最も高い確率で新しい付加価値を持ったロボットを開発できる。
・企業のCTO（最高技術責任者）に、新製品や新たな研究領域などの「知の探索」と既存製品の改良などの「知の深化」に、それぞれどれほど注意や資源を充てていたかを質問。	・「知の探索」と「知の深化」のバランスを取ることで、その企業の業績は高まる。 ・「知の探索」と「知の深化」の活動量を合わせた絶対量が大きいほど、その企業の業績は高まる。
・各社が過去3年間、「知の探索」「知の深化」それぞれにどれほど注意や経営資源を充てていたかについて、8項目で質問。	・高業績人事管理システム（HPWS）を導入した企業ほど、組織レベルの両利き度が高まり、さらにその企業の成長率を上昇させる。
・各支店が「既存の知識から離れて、新たな顧客・市場のための革新的なイノベーションを追求する程度」を6項目で質問するなど。	・外部環境の不確実性が高いと、知の探索が支店の利益率を向上させるが、競争の激しい環境では、知の深化が利益率を向上させる。
・創業チームのメンバーに、創業期からの経緯を質問し、その言葉の中に「最先端」「パイオニア」「先行者」という言葉があれば、探索的な戦略を取ってきたと判断。	・創業チームのメンバーが過去に様々な企業で働いたことがあると、探索的な行動を取りやすい。
・「製品やプロセス、マーケットの新たな可能性を探したか」「会社の方針から逸脱した業務だったか」などの7項目について質問。	・クロスファンクショナルな場へマネジャーが参加すると、その両利き度が高まる。また、マネジャーが他の組織メンバーと交流を持つほど、その両利き度が高まる。

OS：*Organization Science*　　SMJ：*Strategic Management Journal*

図表2 欧米型と日本型の知の探索

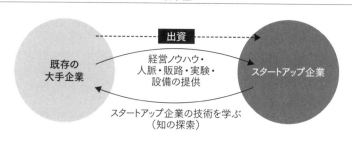

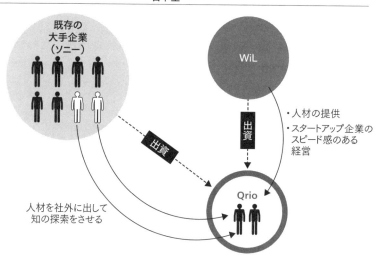

スタートアップ企業に出資して連携する」ものだった。外部に新たな知を求めるための知の探索である。

　一方でWiLと伊佐山氏の仮説は、「欧米企業と日本企業では、目指すべき知の探索のベクトルが真逆であるべき」というものなのだ。日本企業がイノベーションを起こすには知の探索が必要、というところまでは同じなのだが、「その源泉となる『知』は、すでに日本の大企業の中で活用されないまま、埋もれている人材にある」という仮説なのである。したがって、日本企業がイノベーションを起

こすには、この大企業内部の人材・技術者を一度社外へ出して、「彼らに直接知の探索をさせるべき」という主張なのだ。

実際、WiLがいま試みていることは「大企業にいる人材を外に出す仕掛けづくり」だ。例えば同社は、ソニーとQrioという合弁会社をつくり（WiLが60％を出資）、そこにソニーの若手のエンジニアなどを移籍させ、彼らに知の探索をさせている。

ソニーに就職できるエンジニアはそもそも優秀なのだから、彼らに社外に出て知の探索をさせ、他方でWiLが持つスタートアップ業界のスピード感・ネットワークをつなぎ合わせて、知の探索を加速させる狙いなのだ。同様に、WiLが経済産業省と進める「始動プログラム」では、大企業の若手を中心にシリコンバレーへ送り込み、彼らに知の探索を促している。

WiLの試みは始まったばかりで、日本全体にどう広がるかはわからない。しかし、この日本型の知の探索が、やがてイノベーションを活性化させる一手となる可能性は十分にある。実際、似たような動きは他にも出てきている。例えば原田未来氏が率いるローンディールは、日本の大企業の若手タレントを、国内のスタートアップ企業に「レンタル移籍」させる仕掛けをつくって注目されている。小沼大地氏が率いるNPO法人クロスフィールズは、大企業の若手人材を、タイやインドネシアなどの新興市場に送って社会問題を解決させるプログラムを行っている。2019年時点で、クロスフィールズのプログラムを使って人材を新興市場に送り出した大企業は、約40社にのぼる。

このように日本の大企業から人材を外に出す動きが同時多発的に起きているのは、決して偶然ではない。大企業人材の「知の探索」を企業側が求めているから、と解釈できるのだ。なお、これらの論点は、第25章「弱いつながりの強さ理論」や第26章の「ストラクチャル・ホール理論」で解説される社会学ディシプリンの理論とも、親和性が高い。関心のある方は、そちらもお読みいただきたい。

出島組織には、異なるルールを

第2は、組織レベルである。組織レベルで「知の探索」を促すにも様々な施策があるが、なかでも典型的な施策は、組織を「知の深化部門」と「知の探索部門」に分けることだ。構造的な両利き（structural ambidexterity）と呼ばれるこ

ともある。

　この分野で多くの研究成果を残しているのは、ハーバード大学のマイケル・タッシュマンとスタンフォード大学のチャールズ・オライリーだ。彼らが2004年に『ハーバード・ビジネス・レビュー』（HBR）に発表した論文では、構造的な両利きの成功例として、米大手新聞USA Todayを取り上げている[注2]。

　1990年代に販売部数の落ちてきたUSA Todayは、「USA Today.com」というインターネット上のニュース配信サービスを立ち上げた。しかしこの新規事業部門は、当初まったくうまくいかなった。前章で述べたように「知の探索部門」は、最初から成果が出ることはそうそうない。結果、収益性の高い既存部門と比べられると、徐々に「成果が出ない」と見なされて、やがて予算も回らなくなってくる。

　そこで当時の社長トム・カーリー氏は、インターネット・ニュース配信事業を既存の（紙媒体の）新聞事業から完全に切り離し、人材も、事業方針も、ビルのフロアまでも分けることにしたのだ。さらに重要なのは、評価軸を既存事業と別にしたことだ。

　他方で、カーリー氏は「知の深化」も重視した。例えば、この新規事業の担当役員には社内でも彼と意見の近い人物を登用し、新聞部門の担当役員と頻繁に知見をシェアさせて、情報共有を促したのである。結果、USA Today.comは米新聞社のオンラインメディアで最も成功したとまで言われるようになった。

　この事例などをもってタッシュマンとオライリーは、企業が構造的な両利きを成功させるには、「①新しい部署に必要な機能（例えば開発・生産・営業）をすべて持たせて、独立性を保たせること」「②一方、トップレベル（例えば担当役員レベル）では、その新規部署が既存の部署から孤立しないように、両者が互いに知見や資源を活用し合えるよう交流を促すこと」の重要性を主張する[注3]。

　筆者がUSA Today.comの事例で特に注目したいのは、評価軸である。筆者

注2）O'Reilly C. A. & Tushman, M. L. 2004. "The Ambidextrous Organization," *Harvard Business Review*, Vol.82, pp.74-81.（邦訳『双面型』組織の構築」DHBR2004年12月号）

注3）さらにタッシュマンとオライリーは、2010年に『インダストリアル・コーポレート・チェンジ』に掲載した論文 "Organizational Designs and Innovation Streams" の中で、チバ・ビジョン、HPスキャナーズ、ポラロイド、ファイアストンなど米13企業へのインデプス・サーベイを行った結果として、イノベーションを生み出すための組織デザインを4つに分類した。そして、やはり新しい部署にすべて機能を持たせて独立させる「両利きの組織」（ambidexterial organization）の構造を持った企業が、その後のイノベーション成果が高いという結論を得ている。

242　│第 2 部│マクロ心理学ディシプリンの経営理論│

は私見として、日本企業でイノベーションを促すためには、評価制度の見直しが不可欠だと考えている。繰り返しだが、知の探索は遠くの離れた知を組み合わせることだから、失敗も多い。その時に既存事業と同じ評価制度を使っていては、知の探索は続かない。一般に、多くの企業は人を「その期の成功・失敗」で評価するはずだ。しかし、自分が成功・失敗の紋切り型で評価されるとわかれば、人はその瞬間から失敗を恐れ、知の探索をやらなくなる[注4]。

　実際、最近のスタートアップ企業や海外の大手企業では、評価制度を見直す動きが急速に進んでいる。ドイツSAPなども導入しているノーレイティング（No Rating）なども、導入の背景の一つには成功・失敗の紋切り型の評価を避ける、という理由があるはずだ。

ダイバーシティは、一人でもできる

　組織レベルの知の探索でもう一つ重要なのは、間違いなく人材の多様化（ダイバーシティ）だ。

　そもそも「知」は、人が持っている。したがって組織内に多様な人がいれば、離れた知と知の新しい組み合わせが組織内で多く起こり、新しい知が生まれやすいはずなのだ。このように、いま世間で盛んに言われているダイバーシティ経営は、経営学の視点からは、「知の探索を促し、イノベーションにつながりうる」から求められる。その意味で、ダイバーシティはイノベーションが枯渇する日本企業でこそ、真剣に検討すべきであろう。

　しかし、日本企業ではこの「なぜダイバーシティが必要か」への理解と腹落ちが、極めて乏しい。加えて課題なのは、ダイバーシティには「知の探索」の効果もあるが、他方で「男性vs.女性」「日本人vs.外国人」などの属性だけに頼ったダイバーシティでは、知の探索効果が十分に発揮できないことだ。この点は、第20章「認知バイアスの理論」で解説している[注5]。

注4）INSEAD（欧州経営大学院）のスンキー・リーらが2017年に『オーガニゼーション・サイエンス』に発表した研究では、知の探索・知の深化の理論を前提に「短期成果がそのまま報酬に直結する仕組みを辞めると、人は知の探索を進める」という仮説を立てた。韓国企業の営業マン47人の30カ月にわたる営業行動データ（観測数1万6652）による統計分析から、リーらは仮説を支持する結果を得ており、特にこの傾向は日頃から業績の高い営業マンに顕著であることを明らかにしている。

本章は、それとは異なる視点を提供しよう。それは、「ダイバーシティは一人でもできる」というものだ。知の探索・深化の理論に基づけば、ダイバーシティの本質は、知の探索を促すためにある。だとすれば、先のように「一つの組織に多様な人がいる」（＝組織ダイバーシティ）ことも重要だが、「一人の人間が多様な、幅広い知見や経験を持っている」のなら、その人の中で離れた知と知の組み合わせが進み、新しい知が創造できるのだ。これを、経営学ではイントラパーソナル・ダイバーシティ（intrapersonal diversity）と呼ぶ。「個人内多様性」という意味だ。筆者は「一人ダイバーシティ」と呼んでいる。ダイバーシティは、一人でもできるのだ。これが、個人レベルの知の探索である。

イントラパーソナル・ダイバーシティという言葉は、初めて知った方も多いだろう。それもそのはずで、ここ10数年くらいの間で、経営学で注目されている新しい概念だからだ。近年は実証研究が進んできており、そして多くの研究で「イントラパーソナル・ダイバーシティが高い人は様々な側面でパフォーマンスが高い」という結果が得られている。例えば、同分野の先駆けとなったワシントン大学のスチュアート・バンダーソンらが2002年にAMJに発表した論文では、米フォーチュン100の44企業の経営メンバーそれぞれのプロフィールデータを集め、ファイナンス、R&D、営業、マーケティングなど、様々な職能を経験している経営メンバー（＝イントラパーソナル・ダイバーシティの高い経営メンバー）がいる企業ほど、業績が高い傾向を示している[注6]。

実際、「いま革新的なことをしている人は、ことごとくイントラパーソナル・ダイバーシティが高い」というのは、筆者の実感でもある。例えば、「日経ウーマン・オブ・ザ・イヤー2017」の受賞者の方々がそうだ。同賞はビジネス界で革新的なことを成し遂げた女性を、表彰する制度だ。

そして、そこで選ばれる方の多くは、イントラパーソナル・ダイバーシティがことごとく高い。例えば同賞の表彰イベントで、筆者は受賞された林千晶氏、小林せかい氏、そして小島由香氏と公開対談をした。そこで気づいたのは、この3

注5）この問題については第20章で詳細に説明しているので、関心のある方はそちらをお読みいただきたい。また、日本企業がダイバーシティの目的を深く考えずに導入してしまっている背景については、第30章をお読みいただきたい。

注6）Bunderson, J. S. & Sutcliffe, K. M. 2002. "Comparing Alternative Conceptualizations of Functional Diversity in Management Teams: Process and Performance Effects," *Academy of Management Journal*, Vol. 45, No. 5, pp. 875-893.

名が全員とも「全く異なる業界の間を移籍した経験がある」ことだ。例えば林氏が創業したロフトワークは、クリエイター同士をつなぐプラットフォームをつくる先進企業だが、同氏はそもそも共同通信の記者だった経歴を持つ。小林せかい氏は東京・神田で「未来食堂」を経営する社会起業家だが、元々はIBMのエンジニアだ。小島氏に至っては、現在はFOVEというVR装置を開発するスタートアップの創業者だが、元は漫画家である。

みなことごとく、イントラパーソナル・ダイバーシティが高いのである。こういった方々が、揃いも揃ってウーマン・オブ・ザ・イヤーに選ばれるのは、やはり偶然ではないだろう。その幅広い経験が、知の探索になっているのだ。実際、例えば小島氏にお話を伺うと、同氏がFOVEのVRヘッドマウントの仕組みを思いついたのは、漫画家時代の経験に起因しているそうだ。

筆者は、何も「日本人は全員転職しろ」と言っている訳ではない。先のWiLやローンディール、クロスフィールズのように、転職をしなくても人を動かす仕掛けはある。ポイントは、この人を動かす仕掛けが、知の探索になることだ。

知の探索に「適切な幅」はあるか

このように知の探索は、戦略としても組織としても重要なだけでなく、個人レベルでも進めるべきといえる。章末コラムでは、その他のレベルの両利き・知の探索の研究成果も紹介しているので、そちらも併せてご覧いただきたい。

すると興味が出てくるのは、「では、我々はどの程度の範囲まで知の探索を広げればいいのか」ということではないだろうか。前章の図表2のイメージでいけば、どこまで矢印を縦方向（知の探索側）に寄せるか、ということだ。

実は、これは筆者が講演をした際に、よく聴衆の方から尋ねられることでもある。知の探索は確かに重要だが、「あまりにも自分が持つ知とかけ離れたところまで探索しても、それは離れ過ぎて意味がないのではないか」という疑問なのだ。筆者は長い間この質問に対して、「そんなことは考えず、まずは知の探索をしましょう！」と、回答になっているような、なっていないような対応をしていた。いま思えば、筆者自身もこの点に明確な思考の軸がなかったのだ。

この疑問に対して一つの視座を与える、興味深い研究があるので、ここで紹介しよう。それは、トロント大学のスター研究者サラ・カプランらが2015年に『ス

トラテジック・マネジメント・ジャーナル』に発表した実証研究である[注7]。

　余談だが、この論文は実証分析手法としても興味深い。なぜなら同論文は経営学で機械学習（machine learning）を取り入れた、パイオニア的な研究の一つだからだ。人工知能（AI）が社会に浸透する中で、近年の経営学では、機械学習を実証研究に取り入れることが、普通に行われるようになっている。章末コラムでは、神経科学のアプローチも取られていることを紹介しているが、このように世界の経営学は最新の実証手法を貪欲に取り入れているのだ。カプランの論文は2015年に発表されたから、類推しても遅くとも2010年代初頭には、彼女は機械学習を自身の研究に取り入れていたことになる。

　この論文でカプランが指摘したのは、イノベーションには少なくとも2種類の異なる成果があることだ。一つは、「極めて技術的な、ブレークスルーなアイデア」を生み出すことだ。例えば、当該分野で革新的な技術を生み出す、などがそれに当たる。そしてもう一つのイノベーション成果は、「経済的な価値を生み出すアイデア」だ。両者の違いは重要だ。生み出された技術がいかに画期的なものでも、それが「価値」に変わらなければ意味がない。両成果とも重要だが、ビジネスにおいて最終ゴールは後者になる。しかしその実現のためには、前者も欠かせない。**図表3**はそれを図示したものだ。

　そしてカプランは実証研究のために、ナノチューブに使われる分子に関する技術に注目し、同分野の特許データを大量に収集した。そして、機械学習の中でもトピックモデリングというテキスト解析手法を使って特許文書を分析し、そこから「ブレークスルーなアイデアを生み出した特許」と「経済価値を生み出した特許」を抽出したのである。そして統計分析を行った結果、「前者を生み出すのはやや狭い範囲の知の探索で、後者を生み出すのは広い範囲の知の探索である」という結果を得たのだ（図表3参照）。

注7) Kaplan,S. & Vakili,K. 2015. "The Double-Edged Sword of Recombination in Breakthrough Innovation," *Strategic Management Journal*, Vol.36, pp.1435-1457.

| 図表3 | イノベーションの成果

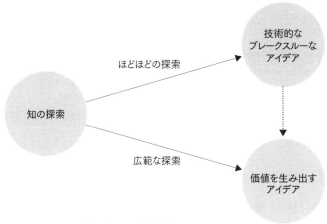

出所：Kaplan & Vakili（2014）をもとに筆者作成。

経営者の知の探索は広く、広く

　この結果を追試した研究を筆者は知らないので、カプランの研究結果がどこまで普遍的なのかは、まだわからない。しかし仮にこの結果が様々な分野に当てはまるとすると、それは興味深い示唆を持つ。「適切な知の探索の幅はどこか」という問いに、一つの視座を与えるのだ。

　まず、ブレークスルーなアイデアを出すためだけなら、実は知の探索はそこまで極端に広くなくていい、ということだ。例えば、製薬メーカーの研究者が経済や歴史を学んでも、それが斬新な医薬品の開発に結び付くとは思えない。知と知が遠すぎるのだ。それよりは、低分子医薬を研究していた人が抗体医薬を学ぶ（これでもかなり遠いかもしれないが）程度の、やや狭い探索の方が効果的ということだ。

　しかし、いかにブレークスルーな技術が出てきても、ビジネスである以上それを価値に変えなければならない。「技術を価値に変える」のは研究所の所長かもしれないし、マーケティング担当者かもしれないし、そして何より経営者になるはずだ。こういう人たちは、やはり可能な限り、広く、遠くの知までを探索する必要があるということだ。図表4はそのイメージである。

図表4 適切な知の探索の幅

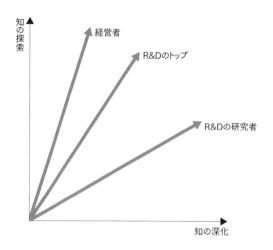

　実際、筆者の周りでも、世の中に革新的な価値をもたらしているイノベーティブな「経営者」は、ことごとく、非常に広範な知の探索をされている方が多い。その筆頭は、ネスレ日本CEOの高岡浩三氏だ。同氏は、大ヒットしたキットカットのキャンペーンに始まり、ドルチェグスト、アンバサダー制度など、革新的なビジネスを提示してきたイノベーターだ。その高岡氏は「イノベーションとは、認知の範囲にあるお客様の問題を解決すること」と述べる。まさに、知の探索の発想である。そして高岡氏にお話を伺うと、同氏が幅広い認知視野を持てたきっかけは、ネスレのグローバル環境を経験した部分が大きいと言う。ネスレは言うまでもなく世界中から人材が集まり、ダイバーシティが極めて高い。結果、日本の「常識」にとらわれず様々な意見を周囲からぶつけられ、それを契機に狭い認知での常識にとらわれない発想ができるようになったのだ。

　広範な知の探索を、明確にアクションに落とし込んでいる方もいる。ゴーゴーカレーの創業者社長・宮森宏和氏だ。ゴーゴーカレーは、日本第2位のカレーレストラン・チェーンに上り詰めただけでなく、いまやレトルトカレーや学校給食にも進出している。その宮森氏の座右の銘は、「創造性は移動距離に比例する」というものだ。まさに広範な知の探索の行動である。実際、宮森氏は日本中・世界中を飛び回っており、ゴーゴーカレーは米ニューヨークにも進出を果たしている。

　そして、最後に先のWiL創業者の伊佐山元氏である。筆者は伊佐山氏を、早

稲田大学ビジネススクールの授業にゲスト講師としてお呼びしたことがある。その授業で伊佐山氏は、当校の社会人学生から「変化を起こすには、まず何をすればいいか」という質問を受けた。そして伊佐山氏の答えは「まずは今日、あなたが帰る時に降りる駅を、一つ変えましょう」というものだったのだ。

伊佐山氏の答えを筆者なりに解釈すれば、「知の探索はまずは小さな仕掛けからでいい。ただそれを繰り返して、探索に慣れることが重要だ。やがて、それを続けていけば広範な知の探索もできるようになる」ということだと考えている。知の探索は、どうしても大事のように見えてしまう。企業の戦略レベルならオープン・イノベーションだし、組織レベルはダイバーシティなど、様々なコストも伴う。しかし同時に、知の探索は続けなければ意味がない。だとすれば我々に今日からできることは、まずは個人で小さな仕掛けからでも始めて、それを続けていくことではないだろうか。

ちなみに筆者のオススメは「目をつぶって書店に入り、どこかわからない本のコーナーに行ってから、最初につかんだ本を絶対に買って最後まで読みきる」というものだ。読書も重要な知の探索だからだ。ただし辞書だけはつかまないでほしい。

column

その他のレベルの「両利き」の研究

本文では紹介しきれていないが、その他のレベルでも「両利き」は色々と研究されている。例えば、以下の3つはその代表例だ。

組織文化としての両利き（contextual ambidexterity）
「『両利き』をメンバーが自立的に進める組織文化」についての研究である。ロンドン・ビジネススクールのジュリアン・バーキンショーらが2004年に『アカデミー・オブ・マネジメント・ジャーナル』に発表した論文（本文の図表1の論文8）では、世界7カ国の多国籍企業10社の従業員について、計41事業部門4195人へ質問票調査を行い、統計分析が行われた。

分析からは、「組織文化としての両利き度が高い事業部ほど、パフォーマンス

も高い」という結果が得られている。

時間軸で変化する両利き（temporal ambidexterity）

　企業が時間の経過に伴って、知の探索と深化を使い分けている可能性も研究されている。ワシントン大学のジャクソン・ニッカーソンらが2012年に『ストラテジック・マネジメント・ジャーナル』に発表した論文では、「両利きを長い間持続させることに成功している企業は、vacillationを実現している」と主張する[注1]。

　vacillationとは、ある期間は極端に「知の探索」に振れ、逆にその次の期間は極端に「知の深化」に振れ、そしてまた次の期間は極端に「知の探索」に振れる、を繰り返すことだ。同論文ではヒューレット・パッカードの30年にわたる組織改革の変遷を取り上げ、同社は1980年代以降だけでも6回も（知の探索につながる）大胆な分権化と（知の深化の方向につながる）大胆な集権化の方向に、組織構造を振っていることを明らかにしている。

両利きの脳

　イタリア・ボッコーニ大学のマウリツィオ・ゾロが、神経科学者らとともに2015年にSMJに掲載した論文は、脳神経の側面から両利きを検証している[注2]。

　ゾロらは、fMRI（functional Magnetic Resonance Imaging）という、ヒトや動物の脳活動に関連する血流動態反応を視覚化する技術を使って、ヒトが知の探索型・深化型それぞれの意思決定をする時に、脳のどの部分が活性化するかを分析した。結果、ヒトが深化型の意思決定をする時は、「報酬」に関連する脳の部位（腹側被蓋野、黒質、腹内側前頭前皮質など）が活性化し、他方でヒトが知の探索型の意思決定をする時は、「報酬に関する不確実性」と「関心のコントロール」（control of attention）に関連する脳の部位（前頭極皮質、下頭頂小葉など）が活性化することなどを明らかにしている。

注1) Nickerson, J. et al., 2012. "Sailing into the Wind: Exploring the Relationships Among Ambidexterity, Vacillation, and Organizational Performance," *Strategic Management Journal*, Vol.33, pp.587-610.

注2) Zollo, M. et al., 2015. "Understanding the Exploration-Exploitation Dilemma: An fMRI Study of Attention Control and Decision-Making Performance," *Strategic Management Journal*, Vol.36, pp319-338.

第14章 | shared mental model & transactive memory system

組織の記憶の理論

日本企業が「組織の記憶力」を 取り戻す術は何か

組織学習とイノベーション

　第11章では、認知心理学に基づいたカーネギー学派の理論を解説し、「サーチ」という認知の範囲の外に出る行動の重要性を議論した。そしてサーチをさらに発展させたのが、前々章・前章で解説した「知の探索・知の深化の理論」だった。イノベーションを考える上で、経営学では不可欠の理論である。

　ここで、前々章の図表1を改めてご覧いただきたい。この図は、組織学習の循環プロセスを示している。前章までのサーチや知の探索は、循環図のサブプロセス①に該当する。組織・人が認知の外に出て経験をするプロセスだ。そしてこの経験から、知が生み出される（サブプロセス②）。さらに、知は組織に記憶される必要がある（サブプロセス③）。したがってサブプロセス③は、組織の記憶（organizational memory）と呼ばれる。

　本章では、サブプロセス②をとばして、サブプロセス③に注目したい（サブプロセス②は、認知心理学を超えた視点が必要なので、次章で解説する）。「記憶力」を高めることは、組織にとって重要だ。認知心理学が主張するように、人は認知に限界がある。新しく得た知をうまく記憶させておかなければ、限界のある認知に余裕がなくなり、さらなるサーチ・知の探索へ移れないからだ。循環プロセスが回らなくなるのである。

　前々章でも触れたが、組織の記憶プロセスは2つに大別される。知の保存（retention）と、知の引き出し（retrieval）だ[注1]。

第14章　組織の記憶の理論

251

❶知の保存（retention）

　獲得された知は、組織に保存される必要がある。そうでなければ知が蓄積されない。知の保存には、大まかに3つの手段がある。

　第1に、当然ながら、組織のメンバー個人がそれぞれの脳内で記憶することだ。第2に、組織は「モノ・ツール」に知を保存することである。書類やコンピュータ、ITシステムに記録することが典型例だ。そもそも、企業が開発した製品・サービスそのものが、開発にかかった知を凝縮して保存しているといえる。

　そして第3に、組織に「独自の行動習慣・決まり事」を埋め込んでしまうことだ。組織は認知に限界があるから、知が増えるほど認知に負担がかかる。その負担を減らすために企業内部で、当然とされる慣習・標準的な手続きをつくり上げることを、カーネギー学派では「組織の標準化された手続き」（standard operating procedure）と呼ぶ。

　この「組織の標準化された手続き」は、現在ではカーネギー学派から独立し「ルーティン」という概念に昇華している。ルーティンは第16章で、別途詳しく解説する。

❷知の引き出し（retrieval）

　保存した知は、必要な時に引き出される必要がある。当たり前のようだが、この点は重要だ。いくら組織に知が溜まっても、引き出されて活用されなければ意味がない。特に日本の大手企業では、社員一人ひとりは優れた知を持っているのに（個人に保存されているのに）、組織としてそれを効果的に引き出せないために、「宝の持ち腐れ」になっているケースもあるのではないだろうか。

　組織が知を効果的に引き出すために、何が必要なのか。この疑問を解き明かす経営学の2つの標準理論を、本章では解説しよう。「シェアード・メンタル・モデル」と、「トランザクティブ・メモリー・システム」だ。

　両理論の共通点は、「組織が『保存した知』を引き出す力を高めるためには、組織のメンバーが前提として持っておくべき認知がある」と主張することだ。組織の記憶力向上に必要な高次の知、といってもいい。これをメタ知（metaknow-

---

注1）詳しくは Walsh, J. P. & Ungson, G. R. 1991. "Organizational Memory," *Academy of Management Review*, Vol.16, pp.57-91. を参照。

252 ｜ 第2部 ｜ マクロ心理学ディシプリンの経営理論 ｜

ledge）と呼ぶ。まず、シェアード・メンタル・モデルから解説しよう[注2]。

シェアード・メンタル・モデル

シェアード・メンタル・モデル（SMM）は、組織行動論で徹底的に研究されているメタ知である（組織行動論については、第34章を参照）。その基本概念は、シンプルだ。同分野の第一人者であるコネチカット大学のジョン・マシューが2008年に『ジャーナル・オブ・マネジメント』に掲載した論文では、SMMを以下のように定義している[注3]。

SMMs, or an organized understanding or mental representation of knowledge that is shared by team members. (Mathieu et al., 2005, p.38.)
SMMとは、チームメンバー間で共有されている知についての、認知体系のことである。（筆者意訳）

より直感的に言えば、「組織のメンバー間で、どのくらい認知体系（メンタルモデル）が揃っているか」ということだ。ここで確認しておきたいのが「認知体系」「メンタルモデル」の定義だが、本章では以下の2つを挙げておこう[注4]。

a mental model is a "psychological representation of the environment and its expected behavior." (Holyoak et al., 1984, p. 193)
メンタルモデルとは、周囲の環境や、周囲に期待できる行動に対する心理的な表現のことである。（筆者意訳）

Our use of mental models refers to a general class of cognitive

---

注2) シェアード・メンタル・モデルは「チーム・メンタル・モデル」と呼ばれることもある。本書では、前者の表記を使う。

注3) Mathieu, J. et al., 2008. "Team Effectiveness 1997-2007: A Review of Recent Advancements and a Glimpse Into the Future," *Journal of Management*, Vol34, pp.410-476.

注4) Holyoak, K. J. et al., 1984. "Development of Analogical Problem-Solving Skill," *Child Development*, vol. 55. pp.2042-2055. および Kilmoskin, R & Mohammed, S. 1994. "Team Mental Model: Construct of Metaphor?," *Journal of Management*, Vol. 20, pp.403-437.

constructs that have been invoked to explain how knowledge and information are represented in the mind. (Kilmoski & Mohammad, 1994, p.405.)

　メンタルモデルとは、知や情報が頭の中でどのように表現されるかを説明するのに想起される、認知的概念の総称である。(筆者意訳)

　こう読むと抽象的だが、本章では「仕事などに関する様々な情報・知見が頭の中でどう整理されていて、どう描かれているかの認知の体系」のことと理解していただければよい。それがメンバー間で揃っているほど、組織のSMMが高いということだ。

　SMMはさら2つに分けられる。一つは、タスクSMMだ。これは組織の行う仕事や、組織が持つ技術・設備などに関する、メンバー間の共有認識のことである。「そもそも作業の目的は何か」「顧客とトラブルがあった時の対応策の優先順位は」「この基幹システムを使う手順は」など様々な行動について、メンバー間で基本認識の共有があることだ。

　もう一つは、チームSMMと呼ばれる。メンバー同士の行動の役割分担、メンバーそれぞれの好み、強み、弱みなどに関する共有である。例えば、「こういうトラブルがあったら、彼はこうして、私はこうする」などの基本認識が共有されていることだ。

　このような基本認識の共有がなければ、せっかく各メンバーが優れた知を保持していても、それが効果的に引き出されない。逆に、基本認識の共有があれば、他メンバーの行動や役割分担を「予見」しやすくなる。結果、各メンバーの認知負担が減り、知を引き出しやすくなるのだ。

航空交通管制官が共有する基本認識

　図表1の上半分（1〜8と16・17）は、SMMの実証研究例を並べたものだ。興味深い研究には、例えば先のジョン・マシューらが2005年に『ジャーナル・オブ・アプライド・サイコロジー』に発表した論文（図表1の5）がある[注5]。

　この研究は、米連邦局の航空交通管制官306人を対象とした実証分析である。これら管制官は、米47の空港の交通管制を分担している。マシューらは、この

306人に質問票調査を行った。

この調査で、マシューは各空港に対して「飛行機が着陸する時に、地上の作業で重視すべきことは」「緊急で飛行機にコンタクトしても応答がない時に、すべき対応の優先順位は」などの質問を行い、各空港の担当メンバー間でどれだけ基本認識が共有されているか（＝SMM）を計測した。さらに米連邦航空局のデータから、各空港のフライト遅延などの情報や各事故の頻度のデータを得て、各空港の「業務の効率性」や「安全性」を計測した。

そして統計分析の結果、「タスクSMMとチームSMMを同時に高いレベルで実現できているチームほど、そのチームが担当する空港の業務効率と安全性がともに高くなる」という傾向を明らかにしたのだ。SMMが高い組織はパフォーマンスが高い、という命題を支持する結果である。このマシューの研究だけでなく、SMMが組織パフォーマンスを引き上げる傾向は、多くの実証研究で示されている[注6]。

「世界一のイノベーション企業」で共有される メンタルモデル

SMMが豊かな事例で筆者がすぐに思いつくのは、なんと言っても「ジャスト・イン・タイム」「自働化」に代表されるトヨタ生産方式だ。同生産方式については既に専門書が多くあるので紙幅を割かないが、「何か異常があったら生産ラインのすべてを止める」「後工程引取り」「必要数でタクトを決める」など、自動車生産における基本的な考え方が、トヨタの生産現場では徹底されている。そのSMMの浸透ぶりは圧倒的だ。だからこそ同社の自動車製造は、長らく高い生産性を誇ってきたといえる。

さて、先の空港の交通管制やトヨタ生産方式は「現場のオペレーション」でSMMが力を発揮する例だ。一方で筆者は、いわゆる「クリエイティブな現場」でもSMMは適用可能と考える。

例えば、「世界ナンバーワンのイノベーション企業」とも呼ばれる米デザイン

注5) Mathieu, J. E. et al., 2005. "Investigating Linear and Interactive Effects of Shared Mental Models on Safety and Efficiency in a Field Setting," *Journal of Applied Psychology*, Vol.90, pp.523-535.

注6) Dechurch, L. A. & Mesmer-Magnus, J. R. 2010. "Measuring Shared Team Mental Models: A Meta-Analysis," *Group Dynamics: Theory, Research, and Practice*, Vol.14, pp.1-14. では、過去23本のSMMについての実証研究をまとめたメタ・アナリシスから、全体的な傾向として、SMMは組織パフォーマンスとプラスの関係にあることを明らかにしている。

|図表1|組織の記憶に関する実証研究例

	筆者（年度）	掲載された学術誌[※1]	研究テーマ（SMMあるいはTMS）[※2]	分析対象・方法
1	Mathieu et al. (2000)	JAP	SMM	大学生112人から成る56チーム（2人組）を対象とした飛行シミュレーション実験
2	Marks et al. (2002)	JAP	SMM	大学生135人から成る45チーム（3人組）を対象とした飛行シミュレーション実験
3	Waller et al. (2004)	MS	SMM	米国原子力発電所の管理作業員14チーム（4～6人）を対象とした作業シミュレーション実験
4	Mathieu et al. (2005)	JOB	SMM	大学生140人から成る70チーム（2人組）を対象とした飛行シミュレーション実験
5	Smith-Jentsch et al. (2005)	JAP	SMM	米連邦局（FAA）の航空交通管制官306人の所属する47航空管制塔を対象とした質問票とFAAのデータを使った分析
6	Srivastava et al. (2006)	AMJ	SMM	米国ホテル産業に従事するマネジャー389人から成る102のチームへの質問票分析
7	Kellermanns et al. (2008)	JOB	SMM	大学教職員349人から成る56チーム（2～15人）を対象としたサーベイ
8	Gary & Wood (2011)	SMJ	SMM	MBA学生63人を対象とした経営シミュレーションを使った実験
9	Wegner et al. (1991)	JPSP	TMS	男女ペア59組を対象とした単語の記憶再生テストの実験
10	Austin (2003)	JAP	TMS	スポーツ衣料用品メーカーの従業員263人から成る27グループ（8～11人）を対象とした質問票調査
11	Lewis (2003)	JAP	TMS	大学学部生124チーム、MBA学生64チーム、ハイテク企業11社の計27チームを対象とした質問票調査
12	Lewis (2004)	MS	TMS	MBA学生261人から成る64のコンサルティングチームを対象としたサーベイ
13	Lee et al. (2014)	OS	TMS	大学生528人から成る132チーム（4人組）を対象としたビジネスシミュレーションゲーム実験と質問票調査による分析
14	Mell et al. (2014)	AMJ	TMS	大学生372人から成る112チーム（3人組）を対象としたビジネスシミュレーション実験
15	Heavey & Simsek (2015)	OS	TMS	米国における技術関連の中小企業99社のTMT（トップマネジメントチーム）へのサーベイ
16	Mortensen (2014)	OS	SMM & TMS	378人から成る38のソフトウェア開発チームへの質問票調査分析
17	Ellis (2006)	AMJ	SMM & TMS	大学生388人から成る97チームを対象としたビジネスシミュレーション実験

※1 学術誌の略称と正式名称は下記の通り。
AMJ: *Academy Of Management Journal*　　JAP: *Journal of Applied Psychology*
JOB: *Journal of Organizational Behavior*　　JPSP: *Journal of Personality and Social Psychology*
MS: *Management Science*　　OS: *Organization Science*　　SMJ: *Strategic Management Journal*

主な仮説・発見

チームSMM、タスクSMMが高いチームほど、そのプロセス評価やシミュレーション成績が高まる。

チームメンバー同士が共同作業することは、チームメンバーのSMMを高め、それはチーム成績を高める。

ルーティンから逸脱した問題が生じた際は、高業績の作業員ほど、SMMの形成に必要な直接的なコミュニケーションに割く時間を増やす傾向がある。

チームSMM、タスクSMMの質が高い場合に限り、チーム/タスクSMMの共有度はチームプロセスの評価と正の関係を持つ。

チームSMMとタスクSMMが同時に高いチームは、空港の航空交通管制における業務効率性と業務安全性が高まる。

チームへの権限委譲は、チーム内のSMMの向上を介し、チームの業績を高める。

チーム内で強い建設的な対立(constructive confrontation)が生じている場合、SMMの類似性は意思決定の質を低める。

- SMMの精度が高いチームほど、シミュレーション成績が高まる。
- チームメンバーがビジネス全体に対する正確な知識を持つ時ではなく、カギとなる「原理」に関する正確なSMMを持つ時にチーム成績が高まる。

- もともと恋人同士のペアは、他人同士のペアよりも多く単語の再生ができたが、逆にカテゴリーを強制的に指定された場合は、他人同士のペアの方が単語を多く再生できる。

TMSを規定する条件のうち、他メンバーが持つ知識を別メンバーが正確に把握しているかが、チームのパフォーマンスに対して最も強い正の影響を与える。

機能別チームよりクロスファンクショナルチームの方がTMSスコア（他者の知識に対する専門性スコア）が高い。

チームメンバーの専門知識が多様化するほど、TMSが高いレベルで形成されやすい。

チームメンバーのネットワーク閉鎖性はチームのTMS形成に負の影響を与える。一方でネットワーク閉鎖性は、ネットワーク推移性（チーム内で焦点アクターから見て互いにつながった三角関係の数）の向上を介し、TMS形成に正の影響を与える。TMSはチームのゲーム成績を高める。

- 一人のメンバーにTMSが集中しているチームは、TMSがメンバーに分散しているチームよりも、他のメンバーへの情報収集行動（transactive retrieval）が高まる。
- 情報収集行動が高いチームほど、チームのゲーム成績が高まる。

TMTの持つTMSとパフォーマンスの間には正の関係があり、この関係はTMTメンバーが外部とのネットワークを持っている時に強まる。

SMMがチームメンバー間でシェアされていないほど、チームのTMSが低下し、それはチームパフォーマンスに負の影響を与える。

激しいストレスをチームメンバーに与えると、チームSMMとTMSが低下し、それはチームのゲーム成績に負の影響を与える。

※2
SMM: Shared Mental Model   TMS: Transactive Memory System

企業のIDEOだ。IDEOについては多くの本や、共同代表であるデイビッド・ケリーやトム・ケリーの著書が出版されているので、ご存じの方も多いだろう。

デザイン関係者にはよく知られた話だが、同社のブレーンストーミングには、有名な7つのルールがある。それは、

①トピックに忠実であれ（Stay Focused on Topic）
②ぶっ飛んで良し（Encourage Wild Ideas）
③すぐに判断・否定するなかれ（Defer Judgement）
④会話は一人ずつ（One Conversation at a Time）
⑤質より量を（Go for Quantity）
⑥描け、視覚的であれ（Be Visual）
⑦他者のアイデアに乗っかれ（Build on the Ideas of Others）

というものだ[注7]。これらのルールは、ブレーンストーミングや各種ミーティングを通じて何度も繰り返され、同社内に深く浸透している。同社のデザイナーには、新しいアイデアを出すためのメンタルモデルに共通認識があるのだ。つまりアイデアを出すためのタスクSMMである。

もしこれらのSMMがなければ、どうなるだろうか。例えば、②や③や⑤のSMMが浸透していなければ、あるデザイナーは突飛なアイデアを思いついても、それを口にした時に何を言われるか「予見」できないため、及び腰になるだろう。

また、ルール④がタスクSMMとして浸透しているからこそ、「自分が話している間はじゃまされない」と予見できるし、⑦があるから、相手が自分のアイデアを活用してくれることもわかっている。タスクSMMが浸透していることが、クリエイティブなアイデアを出す上でIDEOの下支えになっているはずだ。

このようにSMMは、現在のチーム・組織の強さを考える上で、同分野の研究者の共通認識になっている。一方、組織の記憶にはもう一つ重要な視点がある。それがトランザクティブ・メモリー・システムだ。筆者は私見として、日本企業で特にいま求められているのは、このトランザクティブ・メモリー・システムの復活ではないかと考えている。

注7）"7 Tips on Better Brainstorming," OpenIDEO Blog, February 23, 2011.

258 ┃ 第 2 部 ┃ マクロ心理学ディシプリンの経営理論 ┃

トランザクティブ・メモリー・システム

　1980年代から90年代にハーバード大学の社会心理学者ダニエル・ウェグナーによって確立されたトランザクティブ・メモリー・システム（TMS）は、現代の組織学習研究で非常に重要な位置を占める。**図表1**の下半分（9〜17）では、TMSに関する代表的な実証研究をまとめている。

　SMMが「組織メンバー間の基本認識の共有」というメタ知だったのに対し、TMSは「組織内の知の分布」についてのメタ知である。すなわち「組織メンバーが『他のメンバーの誰が何を知っているのか』を知っていること」だ。英語で言えば、whatを知っていることではなく、who knows whatを知っていることである。

　TMSは、組織内の情報共有を考える上で、決定的に重要だ。「情報の共有化」というと、我々は「組織のメンバー全員が同じこと（what）を知っていること」と考えがちだ。しかし人は認知に限界があり、一人が持てる知のキャパシティには限りがある。したがって、組織が大きくなって蓄積すべき知の総量が多くなれば、全員がそれをすべて共有することは、そもそも不可能だ。

　しかし、「彼は○○の専門家だ」「○○がわからなければ、彼女に聞けばいい」程度のwho knows whatを覚えるだけなら、認知の負担ははるかに軽い（筆者は、「知のインデックス・カード」と呼んでいる）。これなら、組織が大きくても覚えることが可能だ。組織に重要なのは、「あの部署の○○さんならこのことを知っているから、必要になったらそこで話を聞けばいい」というメタ知が浸透し、そして必要に応じて適切な他メンバーから聞く（知を引き出す）ことなのだ。

　TMSを規定する条件は、専門性（specialization）と正確性（credibility）の2つである[注8]。組織にいるからこそ、人は分業が可能になり、それぞれ「知の専門性」を高めることができる。マーケティングの人なら商品の知識、開発者なら技術の知識、法務の人は法律の知識、ある営業は商品Aの知識、別の営業はサービスBの知識と、それぞれの専門知識を各自が保存できるのだ。そして、それを引き出すには、「正確性」も必要だ。各自が正確にwho knows whatを覚えな

注8）加えて、メンバー間の調整力（coordination）もTMSを規定する条件とされるが、本章では残り2つの条件に焦点を絞る。

ければ、知が適切に引き出せない（とはいえ、これはwhatを正確に覚えるよりは、認知の負担がはるかに軽いのは先に述べた通り）。

TMSは、「組織の記憶力」と「個人の記憶力」を分かつ上で、非常に重要だ。例えば、100人が新しいことを同時に学ぶとしよう。この時に、100人がバラバラに同じことを学んで後で各自が得た知識を足した総量と、100人が一つの組織として学習をする時に得られる知識の総量では、どちらが多くなるのだろうか。言い換えれば、「人が組織として記憶する」のは果たして効率がいいものなのか、悪いものなのだろうか。

本章の視点で言えば、それは「組織がTMSをどれだけ豊かに持てているか」にかかっている。もしTMSが豊かな組織なら、組織内のメンバーは自分の専門分野だけを覚えることで、記憶の分業ができる。そして、自分ではわからないことがあればTMSを通して他者から引き出せばいい。TMSが豊かなら「組織で記憶すること」は、圧倒的に効率がよくなるのだ。

このようにTMSは組織学習を語る上で、決定的に重要だ。実際、これまでの組織心理学・組織学習の多くの研究で、TMSの効果を支持する結果が数多く得られている。例えば、ペンシルバニア州立大学のジョン・オースティンが2003年に『ジャーナル・オブ・アプライド・サイコロジー』に発表した論文（図表1の10）では、米スポーツ衣料用品メーカーの従業員263名から成る27グループへの質問票調査のデータを使って統計分析を行い、「専門性」と「正確性」の高いTMSを持っているチームほど、パフォーマンスが高くなる傾向を明らかにしている[注9]。

トランザクティブ・メモリー・システムを高める条件

ではTMSが組織の記憶力を説明するとして、どのような組織がTMSを高められるのだろうか。この疑問に対しても、すでに様々な研究がある。ここでは筆者が特に重要と考える点について、1998年にイリノイ大学アーバナシャンペーン校のアンドレア・ホリングスヘッドが『ジャーナル・オブ・パーソナリティ・ア

注9) Austin,J. R. 2003. "Transactive Memory in Organizational Groups: The Effects of Content,Consensus, Specialization, and Accuracy on Group Performance," *Journal of Applied Psychology*, Vol.88, pp.866-878.

ンド・ソーシャル・サイコロジー』に発表した心理実験の研究を引き合いに出しながら、解説しよう[注10]。

この実験でホリングスヘッドは、34組の男女のカップルに共同作業をしてもらい、その成果を比較する実験を行った。そして各カップルの事後的なTMSの高さを計測した。

さらに、この実験の特徴は、カップルを以下の条件で3つのタイプに分けたことだ。

タイプ①──共同作業の際に、会話することも、互いの顔を見ることもできるカップル。
タイプ②──会話はできるけれど、互いの顔を見ることはできないカップル。
タイプ③──会話はできないが、互いの顔を見ながら書面の交換によって意思疎通できるカップル。

そしてこの3種類のカップルの共同作業後のTMSはどうなったかというと、①と③のカップルの間では、TMSにほとんど違いが出なかった。それに対して②のタイプのカップルは、①や③のカップルと比べて、TMSが著しく落ち込んだのだ。「話すことはできても、互いの顔が見えない」カップルでは、TMSは高まらなかったのである。

この結果が示唆することは何だろうか。それは、TMSを高める上でいかに「顔を突き合わせて（フェース・トゥ・フェース）の交流」が重要か、ということである。まさに「目は口ほどに物を言う」のだ。

この点については他にも、テキサス大学オースティン校のカイル・ルイスが2004年に『マネジメント・サイエンス』に発表した実証研究（図表1の12の論文）がある[注11]。

この研究でルイスは、米大学のMBA学生から成る64チームが地元企業で行ったコンサルティングプロジェクトを分析対象とし、「各チームがコンサルティン

注10）Hollingshead, A. B. 1998. "Retrieval Processes in Transactive Memory Systems," *Journal of Personality and Social Psychology*, Vol.74, pp.659-671.

注11）Lewis ,K. 2004. "Knowledge and Performance in Knowledge-Worker Teams: A Longitudinal Study of Transactive Memory Systems," *Management Science*, Vol.50, pp.1519-1533.

グプロジェクト遂行中に、どの手段で頻繁に他メンバーとコミュニケーションをとったか」を指数化し、チームのTMSとの関係を統計分析した。

その結果、TMSを最も高められたのは、やはり「直接対話によるコミュニケーションの頻度が高いチーム」だった。逆にTMSが一番低かったのは、「メール・電話によるコミュニケーション頻度が高いチーム」だったのだ。

顔を合わせてのインフォーマルな交流を促す仕掛け

この法則が多くの組織に当てはまるなら、それは日本のオフィス環境・働き方などへの示唆も大きいはずだ。例えば筆者は、私見として「昔の日本企業の方が、TMSを促すインフォーマルな仕掛けを豊かに持っていたのではないか」という仮説を持っている。

例えば、離れた部署を超えてフェース・トゥ・フェースを促す、物理的な場の存在だ。近年の日本企業は、メールや社内ITシステムによる効率化、オフィスの分散化などで、様々な部署を超えて顔を合わせる機会が、著しく減っている印象だ。一例は、タバコ部屋である。昔の企業ではだいたいどのフロアにもタバコ部屋があって、様々な部署の人がそこに集まり、顔を合わせてインフォーマルに仕事の情報を交換していた。これが知らず知らずのうちに、社内のTMSを高めていたのではないだろうか。部署を超えての飲み会なども同様だ。

筆者は「タバコ部屋や飲み会を復活させろ」と言いたいわけではない。日本企業にインフォーマルにあった文化がTMSを高めていた可能性があるのなら、現代ではそれに代替するフォーマルな仕組みを社内に取り入れるべきではないか、ということだ。

実際、筆者の理解では、その仕掛けを明示的に入れているのが、イノベーションの先端地域であるシリコンバレーの企業だ。例えば、グーグルは社内に豪華なカフェテリアがあり、ビリヤード場やバレーボールコートもある。そしておそらく、これらは社員の娯楽のためだけにあるのではない。社内でビリヤードをして入れば、そこで関係ない部署の人と顔を合わせて交流できるからだ。ビリヤード場やカフェテリアが、社内のTMSを高めるのである。

実際、日本でも最近はこのような仕掛けを意識したオフィスづくりをする企業がでて来た。ヤフージャパンのつくったオープンスペースのLODGEがそうだし、

セガサミーが大崎につくった新オフィスの広大なカフェテリアも、様々な料理が楽しめる仕掛けになっており、異なる部署の人が集まって賑わっている。

ブレストは、アイデアを出すためにやるのではない

「フェース・トゥ・フェースで顔を合わせる重要性」をさらに巧みに活かしているのが、先のIDEOだ。先ほど述べたようにIDEOでは、社内で顔を突き合わせてのブレーンストーミング（ブレスト）が重視されている。様々な製品・サービスの案件を手がけているデザイナーが、定期的にメンバーを入れ替えながら集まり、自分が抱えている案件とその課題についてプレゼンし、他のデザイナーがその解決のために、様々なアイデアを投げかけるのだ。

しかし一方で、実はこれまでの研究で、「ブレストは、アイデアを出す上では必ずしも効率が良くない」ことも指摘されている。「プロダクティビティ・ロス」といって、経営学ではよく知られた事実だ[注12]。

例えば、10人の集団でブレストを通じてアイデアを出すと、10人それぞれが個別にアイデアを出して後でそれを足し合わせるのでは、アイデアの量も質も後者の方が高くなる傾向が、多くの実証研究で示されているのだ。集団でブレストをすると、どうしても他人に気兼ねして大胆な意見が出しにくいという心理が働くし、加えて他人が話している間は自分もその話を聞かねばならず思考が停止してしまうからだ。

では、それでもなぜIDEOではブレストが重視されるのか。一つの理由は、先に述べたように同社では効果的にアイデアを出すためのSMMが浸透しており、プロダクティビティ・ロスが抑えられているからだろう。

そしてさらに興味深いのが、TMSによる説明だ。それは、スタンフォード大学のロバート・サットンとアンドリュー・ハーガドンが、1996年に『アドミニストレイティブ・サイエンス・クォータリー』に発表した論文で示した視点だ[注13]。サットンとハーガドンはIDEO内部に深く入り込み、ブレストの様子や社員の交流、デザイン開発の仕方などを詳細に事例分析した。その結果わかったことは、

注12）ブレストについては、第15章も参考のこと。

注13）Sutton,R. I. & Hargadon,A. 1996. "Brainstorming Groups in Context: Effectiveness in a Product Design Firm," *Administrative Science Quarterly*, Vol.41, pp.685-718.

「IDEOのブレストには、TMSを高める効果がある」ことなのだ[注14]。

IDEOでは、多様な専門性を持つデザイナーが、様々な製品・サービスのデザイン案件を引き受けている。したがって、「誰がいまどのような製品のデザインを行っているか」「誰がどのような専門性を持っているか」を把握することは簡単ではない。しかし、各メンバーが定期的にメンバーを入れ替えて、顔を合わせるブレストに参加すれば、そこで互いの専門性やいま手がけているプロジェクトの知見を、フェース・トゥ・フェースで披露し合うことになり、結果的にwho knows whatが高まり、各デザイナー個人に保存されている知が組織として効果的に引き出せるようになるのだ。

実際、IDEOではブレスト以外の場でも、デザイナー同士が意見を交換し合うことが多いようだ。これもフェース・トゥ・フェースの交流を通じて「このことがわからなかったら彼に聞こう」といったTMSが、組織全体に高まっているからと解釈できる。

こう考えると、ブレストの意味も再考する必要があるのかもしれない。日本企業でも、複数の部門のメンバーが集まってブレストすることはある。しかし多くの場合は、一度ブレストをしたらそのまま解散して、メンバー同士が再度意見交換しないことも多いのではないだろうか。それでは、ブレストをした直後にアイデア出しをした充足感だけがあるだけで、何の成果にもつながらない。

一方、「ブレストの役割はアイデアを出すことよりも、TMSを高めることにある」と理解すれば、大事なのは、むしろ「ブレストが終わった後」になるはずだ。フェース・トゥ・フェースの交流でTMSを高めたら、それを活用して、部門を超えた知の交流を継続していくことが、組織の「知を引き出す」力を高める上で重要なのだ。ブレストはそのきっかけにすぎない。

組織の記憶は、本当に全員で共有すべきか

さて、このようにTMSは組織の記憶力に間違いなく重要なのだが、とはいえ疑問も残る。それは「TMSは組織全体に浸透している必要がある」という前提だ。

注14）同論文でサットンとハーガドンはTMSという言葉そのものは使っていないが、"organizational memory" を頻繁に使ってTMSと同じメカニズムを解説している。

264 　第2部 　マクロ心理学ディシプリンの経営理論

よく考えれば、組織が極度に大きくなれば、who knows whatですら、なかなか覚えにくくなるはずだ。数十人、数百人単位の組織ならまだしも、数千人、数万人を超える巨大企業で、全員が互いに「誰が何を知っているか」を覚えておくことは、不可能に近い。

では、こう考えることはできないだろうか。それは、このwho knows whatというメタ知は、なにも組織の全員が無理をして共有する必要はないのではないか、という発想だ。すなわち、ある限られた特定の人にwho knows whatを集約させ、「いざわからないことがあったら、その特定の人に『誰が何を知っているか』を聞きに行けばよい」と考えるのである。TMSというメタ知を、あえて組織内の個人に独占させるのだ。

実はこの考えを支持する研究がある。2014年にオランダエラスムス大学の、ジュリア・メルら3人の研究者が『アカデミー・オブ・マネジメント・ジャーナル』（AMJ）に発表した研究だ[注15]。

メルらは、「組織・チームのTMSはメンバー全員に均等に分散された方がいいのか、それとも一人に集約されていた方がいいのか」という疑問を、372人の学生を使った心理実験で検証した。

メルらは、学生を3人1組で共同作業させた。ポイントは、作業の前に、その作業の効果を高める上で有用な情報について「何を誰が知っているのか」という、言わば「TMS情報」を5つ用意したことだ。そして、あるグループでは3人のうちの1人だけに5つのTMS情報をすべて知らせ、一方で別のグループでは、メンバー全員にそれぞれ1〜2のTMS情報を提供した（チーム全体としては5つのTMS情報を持つようにしてある）。

そして、その後の各チームの共同作業のパフォーマンスを分析した結果、3人が少しずつ均等にTMSを持つよりチームも、1人が集約してTMSを持つチームの方が、パフォーマンスが高くなったのである。「TMSは全員で共有するよりも、個人が独占した方がいい」という結果だ。

メルらはこの結果を、トランザクティブ・リトリーバル（transactive retrieval）というメカニズムで説明する。組織のある特定の人が多くのTMSを持つと、

第14章 組織の記憶の理論

注15) Mell, J. N. et al., 2014. "The Catalyst Effect: The Impact of Transactive Memory System Structure on Team Performance," *Academy of Management Journal*, Vol.57, pp1154-1173.

265

その人はTMS全体を見ることができるので、その「who knows what情報」をメンバー間で交換することを重視するようになる。そして、他のメンバーから積極的に「何を知っているか」の情報を聞き出すようになり、その情報を他のメンバーに提供するようになる。言わば「知のブローカー」の役割を担い出すのである。TMSが1人に集約されているからこそ、それが効果的に行われるというのがメルらの説明だ。

この「TMSの少数個人による独占のメリット」に関して筆者が興味深いと考える事例が、IBMの研究所における情報交換の仕組みである。

あなたの組織が目指すべきは米IBM型か、IDEO型か

当時のIBMは北米、日本、欧州の3カ所に大きなR&D部門があった。そして他の大企業と違わずここで課題になるのが、R&D部門とマーケティング・営業部門との交流である。マーケティングとR&Dの交流が弱いために、企業全体として成果を上げられない企業は、東西を問わず少なくない。

ここで興味深いのは、以前のIBMではこのR&D部門とマーケティングの交流の仕方が、3拠点で違ったことだ[注16]。まず欧州では、技術情報がほしいマーケティング側が、部門の壁を破ってR&D部門に情報交換に来る。一方日本は、逆にR&D部門の人がマーケティング・営業側に常駐して、ともに顧客に製品を売り込みにいく体制が取られていた。**図表2**は、その様子を示したものだ。

それに対して米国では、社内の各部門を歩き回って様々な情報を集め、流通させる少人数の「知のブローカーの専門職」がいる点が、他の2拠点と大きく異なる。その人たちにR&Dやマーケティングの「誰が何を知っているか」についての情報が集約されるようになっているのだ。そして（日本も欧州もそれぞれ成果は上げているが）、戦略的に大規模プロジェクトを受託できているのは、圧倒的に北米の拠点だったそうだ。

これはあくまで一つの事例であり、一般化にはさらに研究を積み重ねなければならない。IDEOのように、組織全員がブレストを通じてTMSを共有してうま

注16）このIBMの話については、2015年当時、筆者が関係者などから伺った情報をもとにしている。現在の状況は異なっている可能性もある。

| 図表2 | IBMにおける情報交換の仕組み

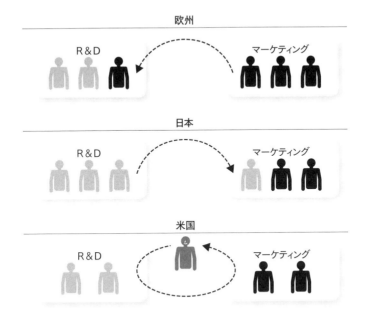

くいく組織もあるからだ。

　一つの違いは、組織の大きさかもしれない。サットンとハーガドンが調査した時のIDEOのデザイナー数は約150人であり、この規模なら全員がTMSを共有してもまだ効果的たりえるだろう。とはいえ、メルらの実験では、わずか3人のチームでも「個人にTMSを集約させるべき」という結果が出ているのも事実だ。

　いずれにせよ、IBMの事例がメルらの研究結果と一致するのは、極めて興味深い。IBMほどの巨大組織では、少数の人にあえてTMSを独占させ、その人に社内をグルグルと歩き回らせるほうが、組織の記憶力を高める上で効果的なのかもしれない。実際、日本の大手企業でも、昔はこのように社内を歩き回る「一見、何をしているかよくわからないブラブラおじさん」がよくいた印象だ[注17]。しかし最近は効率化の波の中で、企業内でそのような方々を見かけない。

注17）ただし、これはただおじさんがブラブラしていればいい、というわけではない。筆者が外資系企業の方々と議論した経験では、そういう方は社内でも「尊敬されている人」である必要があるそうだ。尊敬を受ける人でなければ、自分の貴重な情報を簡単には出せないからだ。

重ねて強調するが、日本企業の課題の一つは、個人に知が保存されているのにそれが組織として引き出されないことにある、と筆者は考えている。そして世界標準の経営理論では、組織として知を引き出すのに有用なのは、SMMとTMSを高めることだと主張されている。実際、世界一イノベーティブな会社といわれるIDEOは、知を引き出すためのSMMルールと、ブレストを通じての高いTMSを持っている。

　あとは、このメタ知をどうやって、誰に持たせるかだ。ここまでの議論を踏まえれば、特にTMS向上のために考えるべきは、第1に部署を超えてのインフォーマル交流である。そして第2に、TMSを全員が持つべきなのか、TMSの専門職（あるいはブラブラおじさん）に社内を歩き回らせるか、である。

　現在は一部の日本企業で組織の記憶力が弱まっている、と筆者は感じている。もしそうだとすれば、それはタバコ部屋、部署を超えた飲みニケーション、ブラブラおじさんのような、昔ながらのインフォーマル機能が失われているからではないだろうか。逆にシリコンバレー企業やIBMの方が、フォーマルな仕組みとしてそれらを取り込んでいる。皆さんもSMMやTMSを思考の軸とすることで、あるべき組織の記憶力の高め方を考えていただきたい。

第15章 | knowledge creation theory

組織の知識創造理論（SECIモデル）

これからの時代こそ、
「野中理論」が圧倒的に必要になる

世界唯一の、知の創造の理論

　第2部では、ここまで組織学習・イノベーションに関する主要理論の数々を解説してきた。改めて、第12章の図表1をご覧いただきたい。この図は組織学習の大きな循環構造（骨組み）を表しており、①「組織→経験」、②「経験→知」、③「知→組織」の、3つのサブプロセスからなる。第11章から第13章にかけては、サブプロセス①にあたる「サーチ」「知の探索」を解説した。第14章では、サブプロセス③に当たる組織の記憶に関する理論として、「シェアード・メンタル・モデル」「トランザクティブ・メモリー・システム」を解説した。（ちなみに次章では、組織の記憶から発展した「進化理論」を解説している。）

　今回はサブプロセスの最後として、②「経験→知」に焦点を当てる。人・組織は何らかの経験を通じて、新しい知を獲得する。そしてこれも第12章で述べたように、このサブプロセス②の手段には、知の創造（knowledge creation、自ら知を生み出す）、知の移転（knowledge transfer、例えば、ライセンシング契約などで他社から学ぶ）、そして代理経験（vicarious learning、他社を見ることで学習する）の、3つがある。

　このサブプロセス②の3つの知の獲得システムの中で、多くの方が関心を持つのは、「知の創造」だろう。組織はどうすれば新しい知を生み出せるのか。そのメカニズムは何か。これはイノベーション・創造性に悩む世界中の経営者・起業家・ビジネスパーソンの関心事のはずだ。しかしたいへん興味深いことに、筆者の理解では、認知心理学ディシプリンには、この疑問に明快に答えてくれる経営理論が無いのだ。

もちろん、それらしきものがないわけではない。例えば、第12・13章では、「知の探索」は創造性を高める、と筆者も述べた。確かにそれはそうなのだが、そもそも知の探索はサブプロセス①を表すもので、サブプロセス②を描くものではない。探索だけで、知の創造に直結するわけではない。知の探索はイノベーション・創造性に間違いなく重要だが、知の創造プロセスそのものを描くわけではない。

実際の知の創造とは「探索→創造」のような短絡的なものではなく、もっと深く、ダイナミックなもののはずだ。認知心理学ディシプリンにもサブプロセス②について様々な視点・理論は様々あるが、どれもが断片的で、知の創造プロセスを体系的に描き切った理論は一つもない。少なくとも筆者はそう理解している。

しかし、この世に一つだけ、知の創造プロセスを描き切った理論がある。それが、一橋大学名誉教授・野中郁次郎のSECIモデルだ[注1]。筆者は、野中教授が日本人だから持ち上げるのではない。現時点の経営学において、SECIモデルほど知の創造を深く説明したモデルは存在しない。そればかりか、本章でこれから解き明かすように、SECIモデルはいまビジネスの世界で大きな課題となっているイノベーション、デザイン思考、そしてAIとの付き合い方にまで、多大な示唆を与える。これからの時代に、不可欠な理論なのだ。

そしてこのSECIモデルは、第2部でこれまで解説してきた認知心理学を、ある意味で超越したところから始まる。SECIモデルは認知心理学だけでは収まりきらない。むしろ相性がいいのは、第20章の最後のコラムで紹介する「マインドフルネス」の理論や、第21章で解説する「直感」、第23章で解説する「センスメイキング理論」かもしれない。時には哲学の視点すら、必要なのだ。ここまで認知心理学ベースをひたすら解説してきた第2部だが、あえて本章だけはそれを超えて、「世界の野中のSECIモデル」を可能な限りわかりやすく、徹底解説していこう。

情報と知識は同じではない

世界の経営学におけるSECIモデルのインパクトは大きい。野中が、ハーバード・ビジネススクール教授の竹内弘高と著した『知識創造企業』は、世界的ベストセ

注1) SECIモデルは、「セキ」モデルと読む。

ラーになった。しかし経営学者により重視されるのは、野中が1994年に『オーガニゼーション・サイエンス』に発表した、"A Dynamic Theory of Organizational Knowledge Creation"（組織の知の創造に関する動態的理論）という論文である[注2]。グーグル・スカラーでの同論文の引用数は2万4000を超える。「イノベーション理論の核心」とまで筆者が考えるマーチの1991年OS論文[注3]を超える引用数なのだ。

余談だが、興味深いことにこの1990年代前半のOS誌からは、その後の組織学習・イノベーション研究に多大な影響を与える「偉大な論文」が、次々と発表されている。先のマーチと野中の論文（それぞれ1991年と1994年）がそうだし、他にもテキサス大学オースティン校のジョージ・フーバーが1991年に発表した組織学習の論文も研究者にはよく知られる[注4]。加えて、章末コラムで解説する「ナレッジ・ベースト・ビュー」を初めて提示したのは、コロンビア大学のブルース・コグートとストックホルム・スクール・オブ・エコノミクスのウド・ザンダーが、1992年に同誌に発表した論文だ[注5]。こういった大ヒット論文が続々と登場したことで、OS誌は経営学のトップ学術誌に登りつめたのである。

さて、筆者は2019年春に野中教授と対談する機会に恵まれた。その時に伺ったのは、実は若かりし頃の野中教授はPh.D.（博士）を取得するために留学したカリフォルニア大学バークレー校で、当初は情報処理理論を学んでいたということだ。これは、まさに（古典的な）認知心理学のことである。ハーバート・サイモンを始祖とする認知心理学は、人の脳を情報処理システムととらえる。人は情報を脳にインプットして、それを脳内でコンピュータのように処理を行い、そこから情報をアウトプットすると考えるのだ。

よく考えると、この第2部ではこれまで「情報」（information）と「知識」（knowledge）をほぼ同義で使ってきた。なぜなら、ここまで紹介した認知心理

注2）Nonaka,I. 1994. "A Dynamic Theory of Organizational Knowledge Creation," *Organization Science*, Vol. 5, pp.14-37.

注3）March,J. G. 1991. "Exploration and Exploitation in Organizational Learning," *Organization Science*, Vol. 2, pp.71-87

注4）Huber,G. P. 1991. "Organizational Learning: The Contributing Processes and The Literatures," *Organization Science*, Vol. 2, pp.88-115. 同論文は新しい理論を提示しているものではないので、本書では深く取り上げない。同論文については、第12章の脚注でも紹介している。

注5）Kogut,B. & Zander, U. 1992. "Knowledge of the Firm, Combinative Capabilities, and the Replication of Technology," *Organization Science*, Vol. 3, pp.383-397.

学ディシプリンの理論では、両者の区別をほぼつけていないからだ。第2部のこれまでの章で「情報」と「知識」の言葉を入れ替えても、まったく問題なく読むことができる。しかし、ここで当時の野中が持った違和感こそが、SECIモデルの出発点となった。野中の問題意識は、「『知識』は『情報』とは違うのではないか」というものだった。そして、その時に出会ったのが、「人格的知識としての暗黙知」という視点だったのである。

人格的知識としての暗黙知

　皆さんも「暗黙知」「形式知」という言葉は、聞いたことがあるだろう。ハンガリー出身の学者マイケル・ポランニーが1960年代に提示して以来の、知識を区別する視点だ[注6]。形式知とは、「言語化・記号化された知」のことだ。我々が話す「言葉」はすべて形式知だし、書物や文書で伝えられる言語も形式知である。数式や図表も形式知だ。プログラミング言語も形式知である。

　それに対して暗黙知とは、「言語・文章・記号などでの表現が難しい、主観的・身体的な経験知」のことである。暗黙知は、おおまかに2種類ある。一つは、特定の経験の反復によって「個人の身体に体化」されたものだ。

　例えばスポーツは、暗黙知のかたまりである。野球選手がバッティング技術を習得するには、指導者が「脇を締めて、腰をひねって」と形式知だけで伝えても、そのまま上達することはありえない。指導者の素振りを真似ながら、本人が何度も何度も素振りを繰り返し、指導者に手・腰を支えてもらいながらフォームを修正し、また何度も何度も素振りを繰り返さなければ、絶対に身につかない。これらはすべて身体に宿される、暗黙知である。アート分野もそうで、優れたバイオリニストになるには、何度も何度も同じ曲の反復練習が必要だ。

　もう一つの暗黙知は、「個人そのものに体化される認知スキル」だ。例えば、直感・ひらめきである。第3部第21章でも意思決定での直感の重要性を解説するが、よく考えればそれは形式知化できるものではない。さらに言えば、直感には「素人の勘」と「玄人の勘」がある。何度も何度も修羅場をくぐってきた経営者

注6) Polanyi,M. 1966.*The Tacit Dimension*, Routledge & Kegan Paul.（邦訳『暗黙知の次元』ちくま学芸文庫、2003年）

272　　第 2 部 ｜ マクロ心理学ディシプリンの経営理論 ｜

| 図表1 | 形式知と暗黙知

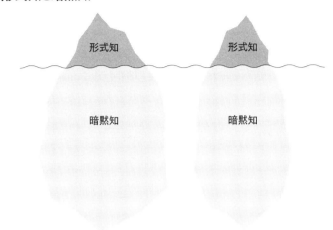

がM&Aディールで「これはヤバイな」となる勘と、新入社員がそこで持つ勘が同じはずがない。一方で往々にして、その経営者も「なんでこのディールがヤバイと思うんですか」と聞かれても、答えられない。勘は形式知化が難しいからだ。

同様に「人の信念」なども、個人に体化された認知的な暗黙知であることが多い。筆者がよく経験するのは、長い間会社を引っ張って来たカリスマ経営者のビジョンや経営上の信念が、なかなか後継者たちに伝わらないケースだ。例えば、様々な会議などで、そういった部下の発言を聞いた経営者が「う～ん、それはなんか違う…」とまでは言えるが、その人も何がどう違うかを説明できない。それは、経営者の信条や経験知が個人に体化されすぎてしまっているので、形式知化が難しいからだ。

こうしてみると、いかに我々一人ひとりが豊かで深い暗黙知を持っているか、いかにこの社会が暗黙知で満ちているかが、わかるだろう。そして、ここまでくれば「知識と情報の違い」もおわかりになるはずだ。

図表1は、それを筆者なりにイメージ化したものだ。図にあるように、我々一人ひとりは、自分の中に体化された、言語化されていない暗黙知をまるで海面下の氷山のように、豊かに持っている。しかしその大部分は形式知化されておらず、海面に沈んでいて見えない。ごく一部の形式知化された部分だけが、海上に出て「氷山の一角」として、この世に顕在化するのである。そして、サイモン以降の

認知心理学の多くは、この氷山の一角の形式知（＝情報）だけのやり取りを扱ってきた、ということなのだ。

　一方、野中の視点は異なる。第1に、人は暗黙知の方が豊かであり、それを取り込まない知識創造はありえない。第2に、野中も我々も関心があるのは、「組織がどのように知を生み出すか」である。個人の知に注目したポランニーとの違いだ。組織は一人ではつくれない。最少でも2人必要だ。だとすれば、図表の2つの氷山が海上も海面下も含めた全体でそのまま衝突するように、形式知も暗黙知も含めた、2人の「人格」がそのまま全体でぶつかり、時に融合しなければならないのだ。これが「全人格としての暗黙知」ということであり、SECIモデルの根底にある考えだ。

SECIモデル

　図表2はSECIモデルの説明でよく使われる、有名な図である。似た図は、野中の1994年OS誌の論文にも載っている。この図の意味も、先ほどの氷山の図を見た後なら、つかみやすいのではないだろうか。暗黙知・形式知を持った個人が全人格ごと、別の個人の全人格とぶつからなければ、本当の意味での「組織の知識の創造プロセス」は描けない、ということだ。

　SECIモデルの根幹は、組織内における個人と個人、あるいはより多くの人たちの間での、暗黙知と形式知のダイナミックな相互作用である。図表1でいえば、2つの氷山がぶつかりあい、その海上と海面下の間で知がダイナミックにやり取りされるイメージだ。組織は最少で2人からなり、それぞれが暗黙知、形式知を持つので、結果としてこの知の相互作用プロセスは「2×2」で4つのパターンに分けて説明できる。それぞれを「socialization」「externalization」「combination」「internalization」と呼び、その頭文字をとってSECIモデルと呼ぶわけだ。以下、順に見ていこう。

❶共同化（socialization）：暗黙知→暗黙知
個人が他者との直接対面による共感や、環境との相互作用を通じて暗黙知を獲得する
まずSECIプロセスの出発点として、ある人（の集団）の暗黙知が、別の人（の

274　｜第 2 部｜マクロ心理学ディシプリンの経営理論｜

図表2 知の創造の動的プロセス

出所:野中郁次郎「組織的知識創造の新展開」(DIAMONDハーバード・ビジネス1999年1-2月号)をもとに筆者作成。

集団)に共有されなければならない。図表1でいえば、2つの氷山の海面下の部分が接触・融合するイメージだ。繰り返しだが、我々は豊富な暗黙知を持っている。したがって、そこから新しい知を組織で生み出すには、複数者の暗黙知が共有される必要がある。そのプロセスは、少なくとも2種類ある。

身体を使っての共同体験

一つは、身体を使って個人に体化された暗黙知を、移転・共有することだ。先のバッティングの素振りの例は、典型的な「身体化された暗黙知」の共同化フェーズだ。工場の現場で、熟練の職人が若い職人に自身の技術を伝える時も、似たようなことが行われる。接客業で若い社員が先輩社員の動きを見ながら、見よう見まねの接客を繰り返すのもそうだ。

現場レベルだけとは限らない。例えば以前、筆者がファーストリテイリングの柳井正氏とお会いした時に、同氏は「自分の部下には、もっと自分の背中を見て欲しい」という主旨のことをおっしゃっていた。言葉ではなく、経営者の行動そのものを見て(共同体験して)、同氏の暗黙知を共同化して欲しい、ということだろう。

共感（compassion）、対話（Dialogue）

　加えて決定的に重要なのが、共感だ。これは、信条、信念、思考法、直感、思考の感覚などの「認知的な暗黙知」の共有に欠かせない。我々は、それぞれの信条や思考の感覚を持っている。しかしそれは十分に言語化できないから、理屈だけでは伝わらないのだ。伝えるには、相手にそれを「共感」してもらうしかない。先のカリスマ経営者の例も、自分の信条・経営の思考には理屈以上の部分があり、だからこそ、パワーポイントや文書でプレゼンをして形式知だけの共有をしても、伝わらないのである。

　ではそのために何が必要か。野中によると、それは「一対一」での徹底的な対話である。野中はこれを「知的コンバット」と呼ぶ。徹底的に対話をしてし尽くした先に、言語を超えて互いが共感し、暗黙知が共有されるのだ。この点は、後で解説する。

❷表出化（externalization）：暗黙知→形式知
個人間の暗黙知を対話・思索・メタファーなどを通して、概念や図像、仮説などをつくり、集団の形式知に変換する

　共同化を経て共有された暗黙知は、そのままでは使えない。暗黙知は形式知化されることで初めて顕在化し、より多くの人に使われる。「言語化」はその代表だろう。言語とは、我々が内面に持っている暗黙知のごく一部を表層化させたものだからだ。したがって求められる暗黙知が変われば、新しい言語が形式知として生み出される。

　例えば、「エモい」という言葉がそうではないだろうか。一時期、若者を中心にかなり使われていた言葉だ。実は筆者は、このエモいの意味がいまだに理解できない。ネットで初めて見た時も意味がわからず、検索して調べたが、「興奮した、みたいな感じ」「感情が高ぶって、感情的になること」「この音楽エモい、とか」などと書かれているだけで、まったく理解できない。

　すなわち、社会人大学院の教員で20代以下の若者と日常の交流がない筆者は、そもそも「エモい」の感覚・暗黙知が「共同化」できていないのだ。一方の若者たちは日頃の共同体験からその感覚を共同化できているので、「エモい」という形式知を生み出すことができるのである。

　では（仮に共同化まではできたとして）、この表出化フェーズ（暗黙知→形式知）

で効果的なものは何だろうか。ここでは3つ挙げてみたい（3つのうち最初の2つは野中自身が、最後は筆者が提示するもの）。

比喩（metaphor）、類似推論（analogy）

一つは、メタファーやアナロジーなどの重要性である。暗黙知は言語化されていないのだから、まずはそれに近しいもの（比喩・たとえ）で代替し、相手にイメージを共有してもらうのだ。実際、イノベーティブな経営者には、メタファーやアナロジーの達人が多い。ソフトバンク創業者の孫正義氏や、日本電産の永守重信氏はその代表格だ。

例えば永守氏は、自身の経営手法を「千切り経営」と呼ぶことがある。「何か問題があったら、包丁で千切りするように事象を細かく刻んで分析せよ」ということだ。おそらく、実際には永守氏に体化されている知は、それ以上に圧倒的に深いものがあるに違いない。ただ、その大部分は暗黙知化されたままなので、まずはそれを「千切り経営」と比喩しているのだ。

アブダクション（abduction）

暗黙知から「仮説化」を行うことが、アブダクションである。「『A→B』なのではないか？」といった関係性で、形式知化することだ。例えば、もしこの世に「A→B」という真理法則があった時、仮に「A→」の部分がわかっていなくても、Bという現象が起きた時に、「これは「『A→』が理由ではないか？」と気づくことだ。

筆者は、いわゆる「ハッとした気づき、閃き」に近いものと理解している。例えば、ニュートンが木から地面に落ちた林檎を見た時に、「これは地球の重力に引かれているからではないか？」と思いつくことだ[注7]。ここで「A→」が本当に正しいかは、問題ではない。「A→」の可能性に気づくことが、重要なのだ。

野中によると、アブダクションに必要なのは「目的意識を持っての、徹底的な事実の察知」である。最近の著書『直感の経営』で野中は、例えば富士フイルムを化学メーカーに大転換させた古森重隆氏などを引き合いに出しながら、「優れた経営者ほど現場の事実を大事にし、事実をありのままに徹底的に見ようとする」といった主旨のことを述べている。その時に「ハッ」とした気づきがあるのだ。

注7）実際にはこのリンゴの逸話は虚構であるようだが、あくまで喩えとしてここでは使っている。

デザイン思考

　アブダクションが暗黙知を仮説化することだとすれば、暗黙知を図像化することがデザインだ。こう考えると、現在のデザイン思考ブームも理解いただけるのではないだろうか。多くの企業・経営者が、暗黙知の形式知化を求めているからである。デザイン思考分野で注目を集める佐宗邦威氏は、デザインとは、「暗黙知を形式知化すること」と断言する。

　その佐宗氏が率いる戦略デザインファームBIOTOPEは、いま大手企業からのプロジェクトの依頼が後を絶たない。公表されているだけでもNTTドコモ、ぺんてる、東急電鉄、山本山、日本サッカー協会などの案件を手がけている。いま日本の大きな組織で起きていることは、「自社の方向性がわからない」「存在意義が言語化できない」「創業理念をアップデートできない」などだ。経営理念は会社の「信条」であり、したがって実は暗黙知的な側面が強い。BIOTOPEが得意とするのは、それをデザイン思考の手段などを使いながら形式知化していくことであり、だからこそ大手企業から引く手あまたなのだ。

❸連結化（combination）：形式知→形式知
集団レベルの形式知を組み合わせて、物語や理論に体系化する

　表出して形式化された知は、組織全体で集められ、組み合わせられ、連結されて、「組織の知」としてまとめられ、伝えられる必要がある。現場レベルで言えば、マニュアル・設計書・計画書などの形での体系化がそうだ。次章では良品計画のMUJIGRAMの「アップデートするマニュアル」を紹介しているが、これも、現場で顧客・同僚との共通体験（共同化）など共有した暗黙知を形式知化し、そしてマニュアルに連結させているととらえられるだろう。

　しかし、現場の知ならマニュアル化も機能するが、会社の信条、方向性、戦略のような「認知的な暗黙知」を形式知化させた場合、それはマニュアルでは伝わらない。そこで必要になるのが、ナラティブである。

ナラティブ（物語る）

　ナラティブは「物語る」という意味だ。物語とは、「まだ具現化していないが、これから起こる」ことの構造である。例えば「会社の方向性」といった形式知の

278　│第2部│マクロ心理学ディシプリンの経営理論│

かたまりは、過去から引き継がれ、未来に続いて「これから起こる」ものだから、物語りでなければならない。

そしてナラティブは、単なるストーリーという名詞ではない。「物語る」という動詞である。すなわち、物を語る主体（例えば経営者）と、それを聞く従業員が同じ場を共有し、そして経営者の語り方は、その場の「文脈」で様々に変わるはずだ。まるでフリージャズのセッションのように、その場の雰囲気をつかんで、話し方も声のトーンも、立ち振る舞いも臨機応変に変えながら語る必要がある。

実際、先にも挙げた孫正義氏や永守重信氏は、まさにナラティブの天才だ。最近なら、トヨタ自動車の豊田章男氏もナラティブに長けている印象だ。同氏が2019年に母校である米バブソン大学で行ったスピーチは感動的で、大変話題になった。野中は他にマイクロソフトCEOのサティア・ナデラ氏を挙げている。一時期低迷していた同社がクラウドの会社として復活した背景には、彼のナラティブがあった、ということだ。

❹内面化（internalization）：形式知→暗黙知

組織レベルの形式知を実践し、成果として新たな価値を生み出すとともに、新たな暗黙知として個人・集団・組織レベルのノウハウとして「体得」する

具体的な行動、アクションのことだ。連結化されて紡がれた形式知も、それをもとに行動されなければ意味がない。実際に行動し、価値を出し、それを反復してやり続けることで、組織はそれをまた暗黙知として昇華させていく。そして、この暗黙知がさらにまた共同化されて、表出化され、連結化されて……というダイナミックなサイクルが回ることで、やがて形式知と暗黙知がそれぞれ増大し、組織は知識を生み出していくのである。

共感と知的コンバット

野中教授が本当に偉大だと筆者が感じるのは、いまだにこのSECIモデルを進化させ続けていることだ。そのために、80歳を超えられたいまでも、貪欲に日本中の現場を回られている。先に紹介した『直観の経営』の中でも、ポーラ化粧品の近年の大ヒット「リンクルショット」の開発ストーリーを取材された形跡があるし、いま注目されているHILLTOPの京都宇治の現場にも足を運ばれたよう

だ。加えて言えば、野中教授はいまだに海外の学術誌に論文を投稿されて、掲載もしている。

『直観の経営』で野中教授が語るのは、SECIモデルは現象学と親和性が高い、ということだ。これは、フッサールやメルロ・ポンティなどが確立した哲学の一種である。端的に言えばそのエッセンスの一つは、「主体と客体の同一性」にある。従来のデカルト的な二元主義の科学観では、分析相手や対話の相手はあくまで「自分から完全に切り離された客体」であった。一方の現象学では、主体と客体の一致を唱える。まさに「他者との共感」だ。先に述べたように、共感はSECIモデルの共同化に不可欠なプロセスだ。

筆者が野中教授と対談した時もまさにこの話題になった。そこで野中教授が語ったのは、稲盛和夫氏が創業した京セラでのコンパの模様である[注8]。

京セラのコンパというのは、本社の12階にある百畳敷きの和室でやるんです。畳の部屋には理由があって、椅子だと自由に移動できず、身体の共振が起こらないからなんです。

その部屋で肩を寄せ合い、みんなで一つの鍋をつつき、酒を飲みながら本音で対話をする。手酌は御法度。自分の盃に注ぐのはエゴイズムの象徴だということで、ひたすら相手に注ぎまくる。それをみんなでやっているうちに、どれが誰の盃かわからなくなって、考え方もme thinkingからwe thinkingになっていく。

あのような会社では、三日三晩飲みまくるとか、本当にやるんです。そうすると、もう幼児のような状態になって、本質を求める「Why?」の意識が脳の感覚質に入ってくる。徹底的に議論を重ねるうちに、地下水のような共通感覚に到達し、互いに「そうとしかいいようがないよね」というところまで行き着くんです[注9]。

おもしろいのは、ビジネスジェット機「ホンダジェット」のプロジェクトリーダーだった藤野道格さんの話です。

アメリカでは酒を飲みながらワイガヤしたのかと私が聞いたら、そうじゃないと。

注8)「【野中郁次郎×入山章栄】経営学者が語る『知はいかにして作られるのか』」THE ACADEMIA、2019年8月21日。

注9) 注8の記事のパラグラフを入れ替えた上、引用。

酒を飲まなくても、まっとうに向き合えば全人格的な議論はできるんだと。日常の仕事の中で矛盾を解決するときは、必ず1対1で全人的に向き合ってやる。

それがワイガヤの本質なんだと話していました。

こうした、まさに全人格をかけた知の格闘をすることで、やがて互いが「我、汝」の関係になっていき、現象学の主張するように、主体と客体が一体化していくのである。結果、共感が発生し、共同化が進んでいく。

この意味で、野中はいま企業で導入されているブレーンストーミングに懐疑的だ。実際、ブレストからはなかなかアイデアが出ないという経営学の研究結果については、前章で述べた。必要なのは、「共感・共同化に到るまでの徹底的な知的コンバット」なのだ。コンバットをするには、快適なコワーキングスペースでゆったりと椅子に座って、ポストイットを使って多人数で行うブレストは「快適すぎる」のだ。

そう考えると、いまの時代、一対一で徹底的に、何日も何日も知的コンバットをしているビジネスパーソンはどれくらいいるだろうか。よく考えれば、成功した企業の創業者は2人組であることも多い。ソニー創業者の井深大氏と盛田昭夫氏や、ホンダの本田宗一郎氏や藤沢武夫氏は、毎日のように2人で知的コンバットをしていたのではないか……。

これからが「野中理論」の時代

このように、SECIモデルの持つ示唆はすさまじい。なんといっても、繰り返しだが、知の創造プロセスをこれほど体系的に、鋭利に描き切った理論はない。イノベーションや創造性への示唆は圧倒的だ。先に述べたように、デザイン思考の存在理由の基盤にもなる。

そして、このSECIモデルで描かれることは、ほぼすべて人工知能ができないことだ[注10]。そもそも人工知能は暗黙知を持てないし、身体知も持てない。したがって、共感もできない。その場の文脈に合わせてナラティブに語れない。現場に行っても、事実を知覚できない。これからAIが人を代替すると言われる時代で、

注10）この点は『直観の経営』（KADOKAWA、2019年）で野中も言及している。

SECIモデルは、「なぜ生身の人間こそが、知の創造に必要なのか」を、圧倒的な説得力で説明する。AI時代の我々の生き方の回答はSECIモデルにある、とすら感じてしまう。

筆者は、この途方もない理論を野中教授が30年以上も前に生み出していることに、最高の敬意と畏怖と戦慄を覚える。いま筆者の周りで、イノベーター、デザインシンカー、AI系の起業家など様々な素晴らしい方々がいるが、彼らが未来に向けて話すことの大部分は、30年以上前にすでにSECIモデルで説明されている、とすら認識している。

1990年代にいわゆる「日本型経営」などの説明で、すでに世界的に貢献があったSECIモデルだが、実は近年の世界標準の経営学では、それほど他の研究者が実証分析の対象として取り上げることが多いわけではない。理論の特性的に、従来のデータを使った統計解析に馴染みにくいからかもしれない。しかし、これからは様々なセンサー技術やfMRIなどを使った神経科学の解析を使って、ケーススタディ以外の手法でも、SECIモデルの検証が可能なはずだ。それらが、この理論をさらに鋭利にしていくことも期待できる。

SECIモデルが圧倒的に本領を発揮するのは、実はこれからの時代なのである。筆者はそう確信する。

column

ナレッジ・ベースト・ビュー

企業・組織の「知識」をベースにした視点として現代経営学で頻繁に応用されるのが、ナレッジ・ベースト・ビュー（knowledge-based-view, KBV）だ。KBVを提唱したのは、著名経営学者・コロンビア大学のブルース・コグートと、ストックホルム・スクール・オブ・エコノミクスのウド・ザンダーだ。彼らは1992年に『オーガニゼーション・サイエンス』（OS誌）に、1993年に『ジャーナル・オブ・インターナショナル・ビジネス・スタディーズ』（JIBS）に、KBVの論文を立て続けに発表した[注]。JIBS論文の方は、「過去10年間のJIBS誌

図表1 ナレッジ・ベースト・ビューで説明する企業の範囲

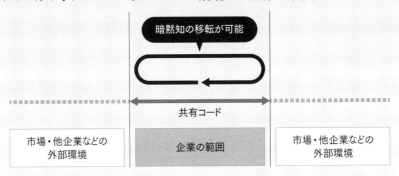

の最優秀論文賞」(decade award) も獲得している。

KBVは認知心理学ベースである。第7章の取引費用理論では、経済学の視点から「企業の存在範囲」を説明することを述べた。一方のKBVは、認知心理学の視点から企業の存在範囲の説明を試みる。

認知心理学からみれば、企業は「知のかたまり」ととらえられる。そして、シュンペーターの新結合に代表されるように、企業は「知と知を組み合わせる」ことで新しい知を生み出す（新結合については、第12章を参照）。そうであれば、企業内の部署・人のあいだで知を移転させやすい企業の方が、様々な知の組み合わせを試せるので、新たな知を創造しやすいはずだ。

しかし問題は、「企業内で移転させやすい知は、外にも漏れやすい」ことだ。例えば、ある製品開発手法をマニュアル化すれば、それは社内の共有を容易にするが、一方で社外にも漏れやすくなる。ライバルが真似しやすくなるのだ。

そこでKBVが注目するのが、本文のSECIモデルでも基盤となった「形式知と暗黙知の違い」である。例えばある企業で社員が生産設備に関するマニュアル本を読んで、その使い方を学ぶことができるとする。生産設備の使い方が形式知化されているということだから、それは社内で共有されやすいだけでなく、社外に持ち出されやすくもなる。

ここでKBVは、マニュアルから得られる形式知と、その生産設備を実際にうまく使いこなすための『ノウハウ』は別ものととらえるのだ。前者は形式知だが、

注) Kogut, B. & Zander, U. 1992. "Knowledge of the Firm, Combinative Capabilities, and the Replication of Technology," *Organization Science*, Vol.3, pp.383-397. および Kogut, B. & Zander, U. 1993. "Knowledge of the Firm and the Evolutionary Theory of the Multinational Corporation," *Journal of International Business Studies*, Vol.24, pp.625-645.

後者のノウハウは暗黙知の側面が強い。そして暗黙知は暗黙であるがゆえに、なかなか企業外に漏れない。仮に漏れても、ライバル企業はうまく使いこなせないだろう。

リバースエンジニアリングでも同様のことがいえる。ある企業の技術が特定製品に組み込まれれば、それは「製品」という形式知としてライバルも知ることができる。しかし、ライバル企業がその製品を解体して仕組みがわかっても、「同じものを同じようにうまくつくれるか」は別の話だ。そのためにはつくり方のプロセスノウハウが必要であり、そこには暗黙知の側面が大きいからだ。

図表1を見ていただきたい。KBVはこのロジックから企業を、「暗黙知が移転しやすい土台（コード）を持つ一種の社会システム」ととらえる。

同じ企業のメンバー間には、これまでの業務経験・歴史・ビジョン・風土などから築き上げられた「共有する言語・法則・考え方」がある（コグート＝ザンダーは「コード」（code）と呼ぶ）。コードがあるために、様々な専門性を持つ部門間・個人間でも、企業内なら暗黙知の移転が可能となる。

結果、形式知だけでなく、暗黙知もが企業内でスムーズに共有され、知と知の組み合わせが起こり、新しい知が生まれやすくなるのだ。暗黙知はコードを共有しない企業外のプレーヤーには漏れにくい。したがってKBVから見た企業の存在範囲は、この「暗黙知のコードを共有できる範囲」になる。

企業は、このコードと暗黙知・形式知を様々に組み合わせるプロセスを通じて新しい知を生み出し（コグート＝ザンダーは、combinative capabilitiesと呼ぶ）、その範囲を徐々に広げていく。新しい知はコードが土台だから、企業の進出範囲もコードから少しずつ広がる漸進的なものになる。

このようにKBVは認知心理学から「企業の存在範囲」を提示し、企業が知を生み出すメカニズムを解き明かす有用な視点たりうる。実際、現代の海外の経営学では、KBVはSECIモデル以上に、実証研究に応用されることが多いかもしれない。しかし他方で、「そもそもKBVは果たして新しい、独立した理論なのか」という疑問が、長らくつきまとっているのも事実だ。

特に指摘されるのは、第3章で解説したRBVとの類似性だ。すなわち、KBVは、RBVの「リソース（経営資源）」を「ナレッジ（知識）」に言い換えただけではないのか、という批判だ。実際、RBVには「リソースに価値があり、稀少で、ライバルから模倣されない経営資源を持つことが、企業の競争優位につながる」という主張があったが、ここで「経営資源」という言葉を「知識」に入れ替えれば、KBVの主張にかなり近くなってしまう。このような背景もあり、本書でもKBVを本文ではなく、コラムで紹介することにした。

第16章 evolutionary theory

認知心理学ベースの進化理論

組織の成長は「進化するルーティン」で決まる

組織の継続的な変化・進化を説明する理論

本章・次章と、マクロ心理学ディシプリンの締めくくりとして、進化理論（evolutionary theory）と、同理論の影響を受けて発展し、いま世界の経営学者から高い注目を受けるダイナミック・ケイパビリティを解説していく。

両理論に対する学者の関心が高い理由は、これらが「組織の動的な変化・進化」を説明するからだ。「組織はなぜ、どのように変化するのか」「組織を進化させ続けるために注意すべきことは」といった疑問を、解き明かしうる理論なのだ。本章は、前者の進化理論のエッセンスを解説する。なお進化理論については、第31章で社会学ベースの理論も提示している。ともに組織進化のメカニズムを解き明かすための理論だが、ディシプリンが異なるのだ。両者を比較しながら読んでみるのも、面白いかもしれない。

進化理論は、すでに30年以上の歴史を持つ。その記念碑的な著作が、コロンビア大学のリチャード・ネルソンとシドニー・ウィンターが1982年に発表した *An Evolutionary Theory of Economic Change*（邦訳『経済変動の進化理論』）である[注1]。世界の経営学者の間では、"Nelson & Winter"といえばすぐにこの本と通じるほどに、よく知られた著作だ。同著の発表以降、経営学では進化理論について大量の研究が行われてきた。

進化理論は、当時の（古典的な）ミクロ経済学への批判が根底にある。その批判の理論的支柱は、この第3部を通じて基盤となっている、ハーバート・サイモ

注1) Nelson, R. R. & Winter, S. G. 1982, *An Evolutionary Theory of Economic Change*, Harvard University Press.（邦訳『経済変動の進化理論』慶應義塾大学出版会、2007年）

ンを祖とする認知心理学・カーネギー学派だ（詳しくは、第11章を参照）。進化理論は、カーネギー学派の影響を強く受けている。

第11章で述べたように認知心理学・カーネギー学派は、人・組織には認知に限界がある、という大前提に立つ。人は事前にこの世で自分が取りうるすべての選択肢を把握したり、その帰結を数学のように計算したりするのは不可能だ。

したがって現実の人や組織は、①限られた選択肢の中から最適な一つを選び、②それを実行し、そこから学習することで認知を広げ（サーチ）、③徐々に選択肢を増やしていく。この「限られた選択肢」→「実行によるサーチ」→「認知の拡大」といった一連のプロセスに肉薄するのが、カーネギー学派だった。

進化理論も、限定された合理性を基礎に置くのは同じだ。一方で進化理論は、カーネギー学派を超えて、「組織の進化」に焦点を当てるのが特徴だ。ここで決定的な役割を果たすのが「ルーティン」という概念である。ここからは、進化理論の核心といえるルーティンに焦点を絞って解説する。

ルーティンとは

日本でも「ルーティンワーク」などの言葉は定着している。例えば、「出社してまずメールをチェックする」といった、個人の仕事の習慣を指す場合が多い。進化理論のルーティンも、表層的にはそれと近い意味で使われる（しかしその真意は大きく異なることを、これから解説していく）。

例えばウィンターは、ルーティンを以下のように定義する[注2]。

Pattern of behavior that is followed repeatedly, but is subject to change if conditions change（Winter, 1964, p263.）
繰り返し行われ、しかし状況の変化によって変わることもある、行動パターン（筆者訳）

定義から明らかなようにルーティンの特徴は、2つだ。第1に、「繰り返される

注2）Felin, T. & Foss, N. J. 2009."Organizational Routines and Capabilities: Historical Drift and a Course-Correction Toward Microfoundations," *Scandinavian Journal of Management*,Vol.25,pp. 157-167.

行動パターン」であるということだ（第2の特徴である「変化」については後ほど解説する）。進化理論のルーティンは、個人の習慣ではなく、あくまで組織・集団が繰り返す行動パターンを指す[注3]。

第11章で、カーネギー学派の「組織の標準化された手続き」（standard operating procedure）に触れた。繰り返しだが、組織は認知に限界があり、サーチにより徐々に認知を広げることで、学習し、進化していく。しかし組織は認知に限界があるから、「得た知をそのまま留めっぱなし」にしては、やがて組織の認知キャパシティが満たされてしまい、新しい知が収まらなくなる。したがって組織が得た知は、キャパシティに負担がかからないように埋め込む（＝記憶させる）必要がある。

その手段の一つが「組織の標準化された手続き」だ。得られた知が、組織内で「当然のように埋め込まれた慣習」にまでなってしまえば、認知負担は大幅に下がる。すると組織の認知キャパシティに余力が生まれるので、さらに学習を続けられるのだ。進化理論のルーティンは、これを洗練したものと考えればよい。すなわち、組織メンバーが似た行動を繰り返すことで、それが「意識しなくても、この組織では当然の行動」としてパターン化され、埋め込まれていくことだ。

ポイントは「行動」にある。ルーティンで埋め込まれるのは単純な知識だけではない。組織の人々がともに同じ業務プロセスを繰り返し行動することでパターン化され、無意識に埋め込まれるものまでを指す。すなわち「暗黙知の共有」である。暗黙知は、（暗黙なのだから）認知に負担をかけない。前章の「組織の知識創造理論（SECIモデル）」で登場した暗黙知は、進化理論の基盤でもあるのだ。

このように、筆者があらためて定義すれば、「組織のメンバーが同じ行動を繰り返すことで共有する、暗黙知と形式知を土台にした行動プロセスのパターン」がルーティンといえる。例えば、ある職場が新しい業務管理ソフトウェアを導入した時、ソフトウェアの操作法そのものはマニュアルで共有できる。形式知的な要素が強いからだ。

しかし、加えて職場で重要なのは、そのソフトウェアを「皆でどのようにうまく使っていくか」というノウハウ、言わば「仕事の進め方」だ。そしてこれは、メンバーたちがそのソフトウェアをともに繰り返し使うことでのみ、職場に浸透

注3）ネルソンとウィンターは、著書の中で、個人が繰り返す行動を"Habit"と呼んでルーティンと区別している。

する。ノウハウは暗黙知の要素が強く、ルーティン化がカギになるのだ。

デュポンの社員は駅の階段の隅を歩く

　皆さんの職場でも、いつの間にかルーティン化している行動は間違いなくあるはずだ。ある組織では、毎日当然のように全員が顔を突き合わせての朝礼が行われるかもしれない。ある工場では、整理・整頓・清潔など「5S活動」のための徹底した清掃活動が、ルーティン化しているかもしれない。別の現場では、顧客クレームの対応に独自の決まり事があるかもしれない。ルーティンは、あらゆる企業の「現場」に存在する。

　より高い次元で見れば、例えば「企業の行動規範の徹底化」もルーティンを促すはずだ。行動規範というと、日本では精神的な側面が強調され、徹底されていない企業も多い印象だ。他方で筆者の理解では、好業績をあげ続けて来たグローバル企業には、行動規範を重視し、社員に徹底して植え付けているところが多い。行動規範の徹底が、現場における様々な行動パターンを暗黙にルーティン化させているのだ。

　例えば、米化学メーカーのデュポンがその一例だ。同社の行動規範の主要テーマは、「安全」である。化学メーカーだから一つのミスが大惨事につながる可能性もあり、行動規範の第一義が「安全」になるのはある意味当然だろう。

　そして同社の関係者に話を伺うと、その徹底ぶりはすさまじい。それは工場のような現場だけでなく、バックオフィスも含めて社員全体に、安全への行動規範が宗教のように浸透しているという。例えば、同社の社員はタクシーに乗る時に、後部座席でも必ずシートベルトを無意識に締めるそうだ。また、駅の階段では、無意識のうちに壁際の手すりに捕まって上り下りする。これらの行動規範は入社初日の研修から叩き込まれるそうだ。まさに安全行動のルーティン化である。現場も含めて「安全」の行動規範をもとにした行動のルーティン化が浸透しているから、それが駅やタクシーでも出てしまうのだろう。

　このくらい安全に関するルーティンが埋め込まれていれば、デュポンの社員はそれ以外の重要なことに、十分に認知を広げられるはずだ。それが、長きにわたって同社が世界の化学産業をリードできた理由の一つなのかもしれない。

288　｜第 2 部｜マクロ心理学ディシプリンの経営理論｜

ルーティンが組織にもたらす効果

　ルーティンは組織に様々な効果をもたらす。ここでは、南デンマーク大学のマーカス・ベッカーが2004年に『インダストリアル・アンド・コーポレート・チェンジ』（ICC）に発表したレビュー論文を参考に、その主要な3つの効果を解説しよう[注4]。

❶安定化（stabilization）

　ルーティンは組織に安定化をもたらす。ルーティン化により、メンバーの繰り返される業務・行動プロセスは平準化される。平準化されれば、将来の予見もしやすくなる。平準化はメンバー間の行動を比較しやすくするので、現場での監督・管理も行いやすくなる。

　さらに、行動プロセスが平準化されれば、それはメンバー間の仕事への「目線」を揃える。したがって、コミュニケーション効率が向上し、コーディネーションが容易になる。もしメンバー間の目線が揃っていなければ、一つの作業を行うのに「なぜこの作業が必要か」をいちいち説明する必要が出てきてしまう。

❷記憶（memorization）

　ルーティンは組織に知を埋め込むメカニズムであり、第14章で解説したトランザクティブ・メモリー・システム（TMS）やシェアード・メンタル・モデル（SMM）と並ぶ、組織の記憶の仕組みといえる。ルーティンがTMSやSMMと異なるのは、後者は言葉で表現できる「形式知」を主に記憶して引き出すメカニズムなのに対し、ルーティンはノウハウなどの暗黙知の保存を強調することだ。

❸進化（evolution）

　結果として、ルーティンの充実した組織は、認知キャパシティに余裕が生まれ、サーチ、行動がしやすくなり、新たな知を受け入れられるようになる。結果とし

注4) Becker, M. C. 2004. "Organizational Routines: A Review of the Literature," *Industrial and Corporate Change*, Vol.13, pp.643-678. なお、同論文ではルーティンの効果をさらに多岐に紹介しているが本書ではそれらを3つにまとめている。

て組織の認知の幅を広げ、そこから学習し、進化できるのだ。

　このように考えると、ルーティンは組織が「進化」するための阻害要因ではなく、むしろ必要条件であることがおわかりいただけるだろう。
　一般に使われるルーティンワークという言葉には、「上から押しつけられた業務ルールに従って、同じ作業を繰り返すこと」という印象がある。そのせいか、「ルーティンワークは変化・進化を阻む阻害要因」と見なしてきた方も多いかもしれない。
　しかし、進化理論のルーティンが本来意図するのは、その逆だ。ネルソンとウィンターの定義にあったように、ルーティンの第2の特徴は「状況の変化によって変わることもある行動パターン」である。つまり、進化・変化のためにこそルーティンが必要であり、さらに言えば「進化を促すようなルーティンでなければならない」ということだ。その第一条件は、進化を前提にしての「行動」の繰り返しだ。マニュアルで知識だけ詰め込んでも、現場での繰り返しの行動が伴わなければ、それはルーティン化せず、組織は進化しない。

良品計画の「進化するルーティン」

　進化理論の意図するルーティンを体現する企業は、例えば「無印良品」(MUJI)ブランドで有名な良品計画ではないだろうか。現在グローバルに躍進する同社だが、2001年に松井忠三氏が代表取締役社長に就任してからの同社の現場づくりは、まさに進化理論のルーティンを考える上での格好の材料といえる。
　なかでも興味深いのは、同社のマニュアルである。良品計画のマニュアルはMUJIGRAMと呼ばれ、現場スタッフに広く浸透している。松井氏は著書の中で、MUJIGRAMについて以下のように述べる[注5]。

　　　日本では、マニュアルという言葉にネガティブなイメージがあります。
　　　マニュアルを使うと、決められたこと以外の仕事をできなくなる、受け身の人間を生み出す、とよく指摘されています。

注5）松井忠三『無印良品は、仕組みが9割』（角川書店、2013年）

第 2 部 ｜ マクロ心理学ディシプリンの経営理論 ｜

無味乾燥なロボットを動かすような、画一的なイメージがあるようです。

（中略）

しかし、そもそもマニュアルは社員やスタッフの行動を制限するためにつくっているのではありません。むしろ、マニュアルをつくり上げるプロセスが重要で、全社員・全スタッフで問題点を見つけて改善していく姿勢を持ってもらうのが目的なのです。（pp.68-70）

この発言は、従来の「マニュアル化」の通念を覆すものではないだろうか。良品計画では、マニュアルを本部がつくって社員に100%従わせることを、目指していない。むしろ、現場がマニュアルをたえず改訂し続けることで、「常に改善する」姿勢を組織の行動パターンとして「ルーティン化」しているのだ。

実際、同社のマニュアルづくりは現場主導で、現場と本部がコミュニケーションを取りながら、最低でも月一度は見直される。「マニュアルに完成はない」という思想だ。結果として、現場の社員はマニュアルに従いながらも、そのマニュアルに改善点がないかを常に考えながら行動するパターンを日々繰り返す。マニュアルにより行動パターンがある程度標準化されているからこそ、スタッフの認知キャパシティに余裕が生まれ、改善点を見つけられるのだ。

このように、「マニュアルを常に見直す」ことを前提にした暗黙の行動パターンがルーティン化されるとともに、形式知としてのマニュアルが蓄積され、常に現場が進化・成長を続けるのである[注6]。良品計画に限らず、トヨタ自動車、京セラ、デンソーなどいわゆる「現場が強い」と呼ばれる日本企業では「進化のためのルーティン」が醸成されている、というのが筆者の理解だ。

例えばトヨタの現場は、徹底した「標準化・仕組み化・マニュアル化」で知られている。一例として、同社はバックオフィスに、長らく「自工程完結」という考え方を取り入れている。生産現場での生産性向上の仕組みをホワイトカラー部門に応用することで、ホワイトカラーの現場の「進化のためのルーティン化」を進めるものだ。トヨタ自動車元副社長の佐々木眞一氏は著書の中で、自工程完結

注6）ちなみに松井氏は、このMUJIGRAMについて、「標準化するからこそ改善ができる」「標準化によりチーム全員の顔向き（＝目線）を揃えられる」「標準化されているからコミュニケーションができて知恵を共有しやすくなる」などと述べている。これらの効能は、先に紹介した進化理論のルーティンの特性と合致していることはおわかりだろう。

という標準化・仕組み化を取り入れることで、「業務を標準化し、改善を進め、仕事の質を高めていくことを考えたのです」と述べている[注7]。

　もちろん、実際に現場で「進化のためのルーティン化」を埋め込むには、さらに細かい工夫が必要だ。スタッフのやる気を引き出すことも必要だし、何より現場リーダーの能力が欠かせない。このような「モチベーション」「リーダーシップ」など、ミクロ視点の理論については、第4部で詳しく解説していきたい。

ルーティンの進化は、漸進的になる

　そしてルーティンの進化には、ルーティンであるがゆえの特性がある。この点を理解することは重要だ。それは「漸進的な変化」「経路依存性」「硬直化する傾向」の3つだ。

❶漸進的な変化（incremental change）

　一般に、ルーティンの進化・変化は、徐々に進む「漸進的」なものになる。ルーティンは「繰り返しの行動のパターン」だから、進化する際も、それ以前に形成されたルーティンに縛られるからだ。組織に新たに埋め込まれる知も、既存の行動パターンにそれなりに適応したものでなくてはならない。

　逆に言えば、サーチなどによって得た広範な知を内部に埋め込むには、ルーティンを享受できる許容力が求められる。このようにルーティンが多様で広範な知を受け入れられる能力を、「吸収能力」（absorptive capacity）と呼ぶ[注8]。

❷経路依存性（path dependence）

　この理由で、一度築いたルーティンの方向性を、急激に大幅に変えることは難しい。ルーティンができあがってきた経緯によって、進化の方向性は制約を受けるのだ。これを「経路依存性」と呼ぶ。

　例えば、設立当初はそもそも似たルーティンを持っていた組織同士でも、少しずつそれぞれが進化した結果、最終的には互いに大きく異なるルーティンへ昇華

注7）佐々木眞一『現場からオフィスまで、全社で展開するトヨタの自工程完結』（ダイヤモンド社、2015年）

注8）例えば Zahra, S. A. & George, G. 2002. "Absorptive Capacity: A Review, Reconceptualization, and Extension," *Academy of Management Review*, Vol. 27, pp.185-203. を参照。

292 ｜ 第2部 ｜ マクロ心理学ディシプリンの経営理論 ｜

| 図表1 | ルーティンの硬直化

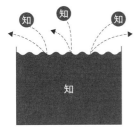
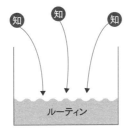
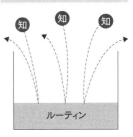

得られた知がそもそもルーティン化されていないケース（1-a）／得られた知がルーティンとして圧縮されたケース（1-b）／ルーティンが硬直化したケース（1-c）

することもある。組織ごとに取り入れる知が少しでも異なれば、最初は小さな違いでも、徐々に経路依存性により振幅されるからだ。筆者も民間シンクタンクに勤めていた当時、トヨタ、本田、日産、三菱など多くの自動車メーカーとお付き合いしたが、そもそもは同じ業界のはずなのに、仕事の進め方・行動パターンが各社であまりに違うので、驚いたのを覚えている。

❸ 硬直化（inertia）

さらにルーティンには、放っておくと硬直化する特性がある。図表1を見ていただきたい。これまで述べたように、ルーティンは「行動パターン」「仕事の仕方」の安定化をもたらし、組織の認知キャパシティを高める（図表1-b）。

他方でこの安定化が行きすぎると、組織メンバーがすでに埋め込まれた内部ルーティンだけに依存するようになる。ルーティンは経路依存性の特徴を持つから、特にこの傾向が強い。結果的に、組織はサーチ活動を怠ったり、外から得た知を受けつけなくなる（図表1-c）。これがルーティンの硬直化である。学術的にはイナーシアと呼ぶ。結果として、組織の進化は止まってしまう。

ルーティンが進化を止める危険性

どのような条件で、ルーティンは硬直化しやすいのだろうか。以下では、過去の実証研究の知見をもとに、論じてみたい（図表2を参照）。

まず、先のベッカーのICC論文では、ルーティンの硬直化が何によってもたら

|図表2|ルーティンに関する実証研究例

	筆者（年度）	学術誌※	調査対象	対象となるルーティン
1	Adler et al. (1999)	OS	トヨタとGMの米国のジョイント・ベンチャー—NUMMIにおける自動車のモデルのメジャーチェンジ	業務タスクの変化のさせ方
2	Feldman (2000)	OS	米州立大学の寮の管理事務局	雇用、訓練、予算、生徒の割り当てなどの寮運営のオペレーション
3	Karim & Mitchell (2000)	SMJ	米国医療機器産業における3868社の企業買収（1983〜1995年）	買収された企業の、買収後の製品ラインの運用
4	Zollo et al. (2002)	OS	バイオテクノロジー分野の企業81社による141のアライアンス（1982〜1994年）	同じパートナー企業とのアライアンスの繰り返し
5	Dutta et al. (2003)	SMJ	米中西部にある機器メインテナンス部品メーカー	価格設定に関わる活動
6	Knott (2003)	SMJ	フランチャイジー企業と独立企業の計235社へのサーベイ	業務オペレーション
7	Gilbert (2005)	AMJ	デジタル化の過渡期にある米国の4つの新聞社	予算作成、紙面編集などの業務
8	Howard-Grenville (2005)	OS	世界有数の半導体企業Chipcoの製造工場	計画のやり方に関わるルーティン（ロードマップ）
9	Aime et al. (2010)	SMJ	米プロ・アメリカンフットボール・リーグNFLにおけるビル・ウォルシュ・コーチ率いるサンフランシスコ49ersと、その対戦相手との412ゲーム	ゲームの戦術（West Coast Offence）
10	Heimeriks et al. (2012)	AMJ	85社の買収後の統合	買収に関わる社内の公式的方法

※学術誌の略称と正式名称は以下の通り。
AMJ：*Academy of Management Journal*　　OS：*Organization Science*　　SMJ：*Strategic Management Journal*

されるかについて3つの理由を挙げている。

❶繰り返し行動の頻度（frequency）

　言うまでもなく、同じ行動パターンを繰り返す頻度を極度に高め過ぎれば、ルーティンは硬直化する。

❷行動パターンの一定性（regularity）

　行動パターンが一定のペースであまりにも長く繰り返されることも、ルーティンの硬直化につながる。逆に、もし皆さんの組織のルーティンが硬直化しているなら、行動ペースの一定性にイレギュラーな横やりを入れることで、硬直化を妨

分析手法	主な分析結果・発見
インタビュー調査等の定性分析	トヨタ生産方式の効率性と柔軟性はメタルーティンによってもたらされる。メタルーティンは、信頼、トレーニング、リーダーシップから醸成される。
インタビュー調査等の定性分析	既存のルーティンでは期待した成果が上がらない集団は、ルーティンを変化させる。
統計分析による定量調査	ルーティン（製品ライン）は、組織変革で大きく変えることができる。
統計分析による定量調査	同じパートナーとアライアンスを繰り返しルーティン化することは、その後のアライアンスのパフォーマンスを高める。
インタビュー等の定性調査	価格設定のルーティンと顧客への交渉のルーティンは相互依存しているため、他社はそのルーティンを模倣しにくい。
統計分析による定量調査	独立業者はフランチャイズよりも、優れたルーティンを取り入れる傾向が弱い。
インタビュー調査等の定性分析	出版のデジタル化は、各社ともリソース配分においては柔軟な対応をしたが、ルーティンはむしろ硬直化した。
インタビュー調査等の定性分析	ルーティンのパフォーマンス、ルーティンが変化するかどうかは、①当事者の意図、②方向性、③人工物、④既存ルーティンのパフォーマンスから生じる期待、によって影響を受ける。ルーティンは、文化、技術などに埋め込まれるため、変化に抗う。
統計分析による定量調査	自チームのヘッドコーチ（有効なルーティンを経験した重要な人物。ウォルシュのアシスタントに当たる存在）が競合チームに獲られた場合、自チームのパフォーマンス（自チームと相手チームとのゲームスコアの差、勝ち負け、オフェンスのみが獲得したスコアなど）は低下する。
定性分析と定量分析を併用	高次の明文化されたルーティンがきっかけとなってリスクマネジメントを促し、それが既存ルーティンを修正することで、買収後の統合パフォーマンスが高まる。

げる可能性がある。

　ミネソタ大学のメアリー・ゼルマーブルーンが2003年に『マネジメント・サイエンス』に発表した研究では、米医薬品・医療品企業内の86チームへの質問票調査を使った統計分析から、チームメンバーの交代・使用機器の変更などの「イレギュラーな横やり」が繰り返し行動パターンに差し込まれたチームほど、チーム内部ですでにできあがったルーティンではなく、外部に新しい知・ルーティンを求める傾向を明らかにしている[注9]。閉塞した現場で「新陳代謝」が必要なのは、

注9）Zellmer-Bruhn,M. E.2003."Interruptive Events and Team Knowledge Acquisition," *Management Science*, Vol.49, pp.514-528.

まさにこの理由による。

❸時間プレッシャーなどの外部ストレス（pressure, stress）

これまでの複数の実証研究などから、時間のプレッシャーなどの「ストレス」が組織にかかると、ルーティンが硬直化する傾向も明らかになっている。「すぐに結果を出さなければならない」といったストレスのある環境では、組織メンバーは「組織がいま持っているルーティンに無条件に従うことが効率的」と考えるからだ。

ここまでの議論をまとめると、ルーティンを進化させ続けるには、先の良品計画のように、まずはそもそも進化を前提としたルーティンづくりが重要であり、加えて①適切な頻度で、②時にイレギュラーな行動パターンを織り交ぜ、そして③性急に結果を求めない、ということになるだろう。

変化対応で怖いのは、リソースではなくルーティン

繰り返しだが、ルーティンは組織進化の源泉であるとともに、漸進性、経路依存性が強く、そして時に硬直化する。したがってルーティンは、急激なビジネス環境の変化が起きると、むしろ足かせにもなりえる。

この点を端的に示したのが、ハーバード大学のクラーク・ギルバートが2005年に『アカデミー・オブ・マネジメント・ジャーナル』に発表した、米新聞社4社がデジタル革命の波の中でどのように対応したかについての事例研究だ[注10]（なお、米国の新聞業界のデジタル化の対応については、第13章でUSA Todayの事例も取り上げている）。

ギルバートは、事業環境の変化における硬直性（イナーシア）を考えるには、経営資源（リソース）の硬直性とルーティンの硬直性を分けて考えることが重要、と主張した。第3章のリソース・ベースト・ビュー（RBV）で紹介したように、企業は様々な経営資源（以下リソース）を持つ。従業員、技術、資金、ブランド

注10) Gilbert,C. G.2005. "Unbundling the Structure of Inertia: Resource Versus Routine Rigidity," *Academy of Management Journal*, Vol. 48, pp.741-763.

などがそれに当たる。一方で、ルーティンは繰り返される行動パターン、すなわち「仕事の仕方」（プロセス）の固まりだ。リソースもルーティンも企業内部にあるが、両者は似て非なるものだ。

1990年代後半に、米新聞メディアにはIT化の波が急激に押し寄せた。これを受けて新聞各社は、いっせいにデジタル新聞の事業に乗り出し始めた。ギルバートは、新聞4社（主にローカル紙）が当時乗り出した計8つのデジタル新聞事業に対して51回の対面インタビュー、計11回の長時間電話インタビュー、24回にわたる社内会議などのイベントへの参加といった、詳細な調査分析を行った。

そして、分析からギルバートが見いだしたのは、デジタル革命という大きな「脅威」に対して、ほとんどの新聞各社の対応に明確な共通点が見られたことだ。それは各社とも、「リソースは柔軟に振り分けられたのに、ルーティンが硬直化していたがゆえに、変化に対応できなかったこと」である。

まず、各社ともデジタル新聞の部門を新たにつくり、その部門へ次第に大幅な予算と人員という「リソース」は振り分けるようになった。例えばある新聞社では、8カ月の間にデジタル新聞部門の人員を5人から40人に増員したし、別の新聞社ではデジタル部門への予算を2〜3年の間に4倍に増やした。このように、外部環境の脅威に対して、新聞各社はリソース配分という意味では、デジタル化の変化に対して素早く柔軟に対応したのである。

しかし一方で、「仕事の進め方」すなわちルーティンは、そのまま「紙の新聞ビジネス」の仕事のやり方が、デジタル事業に硬直的に持ち込まれたのだ。

結果、例えば各社のデジタル新聞の記事は100％、既存の新聞事業からの情報をそのまま回しただけになった。デジタルだからこそ有用なはずの、速報性を重視した第三者ソースからの記事などは、どのデジタル新聞でも採用されなかった。結果として各デジタル新聞ともPVは伸びず、苦境に陥ったのである。

現時点で振り返れば、誰でも「紙メディアとデジタルメディアで仕事の仕方は大いに異なる」ことはわかっているだろう。しかし、1990年代後半当時は、まだデジタルへの不確実性が高い時代だ。この時代に大部分の企業は、新事業も既存のルーティンにそのまま依拠するという、硬直化した道を選んだのである[注11]。

注11）この論文の内容については、井上達彦『ブラックスワンの経営学』（日経BP社、2014年）で詳しく紹介されている。

ルーティンをつくり直せ

ギルバートによると、この4社計8事業の中で唯一成功したパターンは、オンライン新聞事業を打ち立てた当初から、同事業を既存新聞事業とは完全に切り離した1ケースだけだった[注12]。この企業だけは、デジタル新聞部門を（紙媒体の）本社から切り離した独立組織にして、拠点も別地域に置いた。

何よりこの新聞社だけは、デジタル新聞事業のトップを新聞業界の出身者ではなく、シリコンバレーのIT企業の出身者に任せたのである。このようにして、このデジタル新聞事業部門だけは、紙媒体とはまったく異なるルーティンをゼロからつくり直したのだ。結果として、デジタル部門だけは、例えば記事コンテンツの50％を新聞社以外の第三者のソースから依拠するようになった。

このギルバートの研究結果は、今後デジタル革命など急速な外部変化の脅威に対応しなければならない既存の日本企業にも大いに示唆がある、と筆者は考える。ポイントは、デジタル化のような大きな事業環境の変化に対して、我々はどうしてもお金や人材といったリソースだけを、新分野に配分する傾向があることだ。一方で、変化を阻むのはリソースでなく、ルーティンなのである。

例えば、いま注目されているフィンテックだ。既存の金融機関には大きな脅威となりうるフィンテック事業は、いま日本ではマネーフォワードやメタップスなどのIT系スタートアップ企業が先行して取り組んでいる。一方で現在は、大手銀行や証券会社でもフィンテック事業に取り組むところが出てきている。既存の大企業は資金・人材も潤沢で、スタートアップ企業には不可能な規模のリソースを注ぎ込むことも可能だ。

しかし問題は、このような企業はリソースを柔軟に投入できても、ルーティンを変えるのが難しいことだ。結果、こうした従来の金融機関では、稟議書を回したりといった、従来の金融ビジネスのルーティンをそのまま移植する可能性がある。しかし、フィンテック事業の多くがITをベースに成り立つ以上、そのルーティンが金融業のそれと大きく異なっていると考えるべきだろう。

この事態に対応する一つの道は、既存の金融機関がフィンテック（IT）のルー

注12）この企業が、第13章で成功例として取り上げたUSA Todayかは、論文に記載されていない。

ティンに適応することだ。しかしルーティンは、経路依存性があるから簡単に変えられない。したがって、ギルバートの研究で唯一成功したデジタル新聞事業のように、ルーティンをゼロベースからつくり直す覚悟が、必要になるのだ。

　進化する現場・組織をつくる上で、ルーティンは欠かせない。他方で大きな環境変化において、ルーティンは足かせともなる。ルーティンの理解は、変化・進化が求められるこれからの企業組織において、極めて欠かせないのである。

第16章　認知心理学ベースの進化理論

第 **17** 章 | dynamic capabilities

ダイナミック・ケイパビリティ理論

企業が変わる力は組織に宿るのか、個人に宿るのか

変化し続ける企業

　本章では、第3部マクロ心理学ディシプリンの大詰めとして、ダイナミック・ケイパビリティを解説する。ダイナミック・ケイパビリティは、現代の経営学で最も注目される視点の一つだ。ポルトガル・カトリック大学のイリディオ・バレートが2010年に『ジャーナル・オブ・マネジメント』（JOM）に掲載したレビュー論文によると、1997年から2007年の10年間で、実に1534の学術論文がダイナミック・ケイパビリティを取り扱っている[注1]。

　他方で、「ダイナミック・ケイパビリティはいまだ理論とはいえない」という経営学者の意見が多いことも事実だ[注2]。そもそもダイナミック・ケイパビリティの定義すら、学術的に固まっていない。先のバレートの論文を見ると、過去の研究からは、これまでに少なくとも8種類もの定義が提示されているようだ。

　なぜ本章で、あえて「未完成の経営理論」を紹介するのか。なぜ世界中の経営学者が、定義すら定まっていない「経営理論のようなもの」に、これほど知的興奮を掻き立てられるのか。それは、ダイナミック・ケイパビリティが学術的にも実務的にも、今後さらに重要となることが疑いないからだ。なぜそう言えるのか

注1) Barreto,I. 2010. "Dynamic Capabilities: A Review of Past Research and an Agenda for the Future," *Journal of Management*, Vol. 36, pp.256-280.

注2) 例えば、ダイナミック・ケイパビリティ研究の第一人者の一人である、ダートマス大学のコンスタンティヌ・ヘルファットとマーガレット・ペテラフはそのレビュー論文 Helfat, C. E. & Peteraf, M. A. 2009. "Understanding Dynamic Capabilities: Progress Along a Aevelopmental Path," *Strategic Organization*, Vol. 7, pp.91-102. の中で、"Dynamic capabilities are not yet a theory"（ダイナミック・ケイパビリティはまだ理論ではない）と述べている。

300 | 第 2 部 | マクロ心理学ディシプリンの経営理論 |

を、まず解説しよう。

ところで本章は、第1部やこの第2部で紹介してきた様々な理論の知見を総動員することになる。他の章を読んでいなくても十分わかるように解説するが、より深く興味のある方は、第1部や第2部の他の章も併せてお読みいただきたい。

ダイナミック・ケイパビリティは、「企業の変化」を説明する理論だ。現実に、多くの歴史あるグローバル企業は、事業環境に合わせて大きく業態を転換し、生き残り、繁栄してきた。

例えば、米ジョンソンコントロールズ社だ。19世紀後半に建物用空調制御の企業として創設された同社は、その後自動車バッテリーや電力システム事業へ参入した。現在同社は自動車シートで世界最大の企業であり、さらにはエンジニアリングデザイン企業へと変貌を遂げている。

変化してきた日本企業の代表格は、東レだろうか。「東洋レーヨン」として大正時代に創業された同社は、戦後いち早くナイロン事業に取り組み、ユニクロと共同開発したヒートテックなどの大ヒット商品だけでなく、炭素素材はボーイング787の一次構造材にも使用されている。一方で同社は、社名の由来であるレーヨン事業をもう手がけていない。他にもIBMしかり、シーメンスしかり、富士フイルムホールディングスしかり、環境変化に合わせてみずからを変化させることで繁栄し続けてきた企業は、少なからず存在する。

一方で、変わり続けることが容易でないことも確かだ。1892年に総合電機メーカーとして設立されたゼネラル・エレクトリック（GE）はその後、航空機エンジン・医療機器・産業用ソフトウェア・発電機器など、幅広い分野を手がける巨大コングロマリットとなった。さらに9代目CEOのジェフリー・イメルトは金融・家電部門を大胆に切り離し、IoTへ資源を集中投下してきた。しかし、同社も最近は株価の低迷から、アクティビストからの事業分割のプレッシャーを受けている。

このように、企業が変化し続けることは極めて難しい。100年にわたって変化してきたGEでさえ、常に変化に成功するわけではない。

特に変化を難しくしている背景に、事業環境の変化のスピードが高まっていることがある。米コンサルティング企業イノサイトの調べでは、1935年にS＆P500の株価指数に組み入れられた企業の平均寿命はそこから90年程度あると見込まれていた[注3]。それが、2005年の平均余命は15年間にまで縮まっている。S

&P500に組み込まれてから、大半の会社が15年で消滅するのだ（！）。そこから十数年経った現在、この余命はさらに短くなっているだろう。それほど事業環境の変化と競争が激しい時代なのだ。

ハイパーコンペティションの時代

　第4章で述べたように、企業の競争戦略には、それぞれフィットしやすい「競争の型」がある[注4]。例えばSCP理論は、IO型の環境にフィットしやすい。リソース・ベースト・ビュー（RBV）は、チェンバレン型にフィットする。家電業界や自動車業界など、これまで日本で競争力のある企業を輩出してきた業界の多くがチェンバレン型にあったことは述べた。

　一方で、IO型とチェンバレン型には共通点がある。それは、両型とも「ある程度事業環境が安定しており、将来がそれなりに見通せる」ことだ。

　もちろん、完璧に将来が見通せる業界などこの世に存在しない。しかしそれでも、変化のスピードがそれなりに緩やかで、将来予測がある程度できる環境にいるからこそ、企業は計画・戦略が立てられる。例えば「業界構造がそれほど大きく変わらない」という前提があるから、業界内での自社ポジショニングを検討できる（＝SCP）。自社の相対的な強み・リソースが当面変わらないという前提があるから、それを磨き込むRBVの戦略が取れる。

　結果として、これらの競争の型で優れた戦略を取った企業は、安定して高い業績を上げることができた。すなわち、SCPやRBVは「持続的な競争優位」（sustained competitive advantage）の獲得に適した理論なのだ。

　一方、現在は多くの業界・ビジネス環境が、将来予見が十分にできない状態になりつつある。グローバル化の進展、規制緩和、そして何より急速なITの発展・デジタル化により、事業環境の変化スピードが格段に速くなっているからだ。つまり、競争の型がシュンペーター型に移りつつあるのだ。この環境を、「ハイパーコンペティション」（hypercompetition）とも呼ぶ[注5]。

注3）ちなみにイノサイトの創業者は、ハーバード大学のクレイトン・クリステンセンである。

注4）詳しくは、第4章で紹介した図表1「3つの競争の型」を参照。

注5）D'aveni, R. A. 1994. *Hypercompetition*, Free Press.

第2章で述べたように、ハイパーコンペティションの時代には、そもそも「持続的な競争優位」という前提が成立しない[注6]。むしろ企業に求められるのは、「業績が落ちかけても、すぐに新しい対応策を打って業績を回復できる力」すなわち「変化する力」である。変化を繰り返すことで、「一時的な競争優位（temporal advantage）を連鎖して獲得する」ことが、これからの企業に求められるのだ。経営学の実証研究でも、この点を支持する結果が得られていることは述べた[注7]。

すなわち、これまでジョンソンコントロールズやシーメンス、東レが長い時間をかけて成し遂げてきた「変化」を、これからの企業はより速いスピードで、より大胆に実現することが求められるのだ。この、企業の「環境に合わせて変化する力」を明らかにしようと試みるのが、ダイナミック・ケイパビリティなのだ。

ダイナミック・ケイパビリティとは

ダイナミック・ケイパビリティは、主に2つの理論基盤から成立している。その一つは、RBVだ。

それを端的に示す言葉が、「ケイパビリティ」だ。ケイパビリティとは、「様々なリソースを組み合わせ直す（reconfigure）企業の能力」である[注8]。第3章で述べたように、企業は技術、人材、ブランドなど、様々なリソース（＝経営資源）を持つ。一方でこれらリソースは「組み合わせる」ことで、初めてビジネス成果につながる。ケイパビリティは、それら複数のリソースを組み合わせ直す企業の能力であり、したがってリソースの上位概念といえる。

さらに重要なのは、このケイパビリティが「ダイナミック」（動的）であることだ。先に述べたようにRBVは安定した環境で有効な理論だが、ハイパーコンペティション下の企業には、環境の変化に対して、様々なリソースをたえず組み合わせ直し続ける力が求められる。この点が、RBVとダイナミック・ケイパビ

注6）第2章の図表5「一時的な競争優位のイメージ」を参照。

注7）テキサス大学のティモシー・ルエフリとチューレーン大学のロバート・ウィギンズが2000年前後に発表した一連の実証研究では、米国企業のデータを使った統計分析から、米国では持続的な競争優位を実現できている企業は全体のわずか2〜5％しかないことを明らかにしている。詳しくは第2章を参照。

注8）筆者の周りの実務家から話を伺うと、ケイパビリティは一般に「企業の強み」「組織能力」などと、やや広義に認識されている方もいるようだ。もちろん一般用語としての意味合いには筆者は気を留めないが、学術的には本文のような定義と理解していただきたい。

リティの違いの一つである。

ダイナミック・ケイパビリティの基盤となるもう一つの理論は、進化理論の「ルーティン」だ。前章で紹介したように、ルーティンとは「企業に慣習として埋め込まれた、繰り返しの行動プロセス」だ。ダイナミック・ケイパビリティは、「企業がたえずリソースを組み合わせ直すプロセス」なので、それが組織内でルーティン化されることも重要となる。

例えば、ルーティンの生みの親であるエール大学のシドニー・ウィンターは、2002年に『オーガニゼーション・サイエンス』に発表した論文で、ダイナミック・ケイパビリティをルーティンの発展系としてとらえている[注9]。ウィンターによると、ルーティンには2種類あり、前章で紹介したような現場レベルの漸進的な進化を促すものを「オペレーションのルーティン」(operational routine) と呼び、それらルーティンを変化させて組み合わせ直し続ける「高次のルーティン」を、ダイナミック・ケイパビリティと定義づけている。

このようにダイナミック・ケイパビリティをルーティンの発展系と考えるなら、それはルーティン同様に「企業固有に発展する」ものであり、「技術やブランドのようなリソースと異なり、安易に外部から手に入れられるものではない」ことがわかる。前章で述べたように、ルーティンには経路依存性があり、企業それぞれの進化の過程で固有のルーティンが形成されるからだ。

これらをまとめると、学術的には、ダイナミック・ケイパビリティは「急速に変化するビジネス環境の中で、変化に対応するために内外の様々なリソースを組み合わせ直し続ける、企業固有の能力・ルーティン」の総称ということになる。

ここで当然ながら、皆さんの関心は「では、企業はどうすればダイナミック・ケイパビリティを高められるのか」ということだろう。実はこの点について、経営学者のコンセンサスはまだ得られていない（筆者はそう理解している）。

ダイナミック・ケイパビリティは経営理論として未完成なので、今後の学術的な発展に伴って、この疑問も解消されていくかもしれない。しかしそれを待っていては、ビジネスパーソンへの「思考の軸」を提供できないので、ここでは経営学者がダイナミック・ケイパビリティを高める際に有効と考えている、2つの有

注9) Zollo, M. & Winter, S. G. 2002. "Deliberate Learning and the Evolution of Dynamic Capabilities," *Organization Science*, Vol. 13, pp.339-351.

力な視点を紹介する。

　実は筆者の理解では、ダイナミック・ケイパビリティには大きく2つの、やや立場の異なる考え方がある。それは、その成立過程で欠かせない2人の経営学者が、それぞれの考え方を提示したことによる。一人は、カリフォルニア大学バークレー校のデイビッド・ティースであり、彼が提示する「センシングとサイジング」だ。もう一人はスタンフォード大学のキャスリーン・アイゼンハートであり、彼女が主張するのは「シンプル・ルール」である。

センシングとサイジング

　まずはティースの視点から解説する。彼が1997年に『ストラテジック・マネジメント・ジャーナル』（SMJ）に発表した論文こそが、初めてダイナミック・ケイパビリティを明示的に定義し、その必要性とメカニズムを提示した。そしてティースは10年後の2007年に、再びSMJ誌にダイナミック・ケイパビリティの論文を発表した[注10]。そこでダイナミック・ケイパビリティの基礎付けとして提示したのが、センシングとサイジングである。

　センシング（sensing）とはその名の通り、「事業機会・脅威を感知する力」のことだ。ダイナミック・ケイパビリティの想定では、企業は変化する環境下で事業機会・脅威を感知する必要がある。この意味で、ティースはマイケル・ポーターの「ファイブ・フォース」分析を批判する（ファイブ・フォースについては、第2章を参照）。ファイブ・フォースは、IO型の競争環境の「業界構造はそれほど変わらない」という前提でのみ、有効たりうるからだ。

　他方で、ティースがセンシングと同義にとらえるのは、認知心理学ディシプリンのカーネギー学派が提唱する「サーチ」だ。第11章では、サーチは「認知に限界のある組織が、その認知の幅を広げる行動」と説明した。センシングも意味はほぼ同じだ。

　しかし、組織はどうしても認知に限界があるから、自分の周囲だけをサーチし

注10）Teece, D. J.et al., 1997. "Dynamic Capabilities and Strategic Management," *Strategic Management Journal*, Vol. 18, pp.509-533. および Teece, D. J. 2007. "Explicating Dynamic Capabilities: The Nature and Microfoundations of (Sustainable) Enterprise Performance," *Strategic Management Journal*, Vol. 28, pp.1319-1350.

がちになる（ローカルサーチという）。逆に言えば、ダイナミック・ケイパビリティを高めるには、企業はなるべく遠くの事業機会・脅威までをサーチ（センシング）する必要がある。

さらに、センシングにより感知した事業機会を実際に「とらえる」ことを、サイジング（seizing）という。具体的には、例えば遠くの事業機会に投資することだ。これは、第12・13章で紹介した「知の探索型」の投資とほぼ同義ととらえていただいて構わない[注11]。

しかしこれも第12・13章で述べたように、探索型の投資は不確実性が高く、リスクも高いため、企業は避けがちな傾向がある。加えて2007年論文でティースが強調するのは、投資した新規事業が既存事業の顧客を奪ってしまうこと、いわゆる「共食い」（cannibalization）を、企業が恐れがちなことだ[注12]。

結果として、企業は「知の探索型の投資」を怠りがちになり、長い目で見た事業機会のサイジングができなくなる。第12章でいうところのコンピテンシー・トラップの状態に陥るのだ。逆に言えば、第13章で紹介したような各種の施策を用いて企業が知の探索を促すことが、ダイナミック・ケイパビリティの形成につながるということになる。

このように、ティースの主張する「ダイナミック・ケイパビリティを高めるためのセンシングとサイジング」は、これまでの章で解説してきたカーネギー学派の理論と相通ずる。加えてRBVやルーティンの視点をも取り込むことで、ティースのダイナミック・ケイパビリティは成立する。まさに経営理論の「統合知」なのである（逆に言えば、だからこそ独自の「理論化」が難しいともいえる）。

IBMの持つダイナミック・ケイパビリティ

センシングとサイジングの力を持つ企業の代表例、と言われたのが米IBMだ。同社を「ダイナミック・ケイパビリティを持つ企業」として事例分析したのは、スタンフォード大学のチャールズ・オライリーとハーバード大学のマイケル・タッ

注11）本書のこれまでは、サーチと知の探索をほぼ同義に紹介しているが、ティースはこのように、前者をセンシング、後者をサイジングに対応させて明確に分けている。

注12）ティースは同論文の中で、たとえ新規事業が停滞する既存事業との共食いになっても、新規事業を進める重要性を説いている。

シュマンらが、2007年に『カリフォルニア・マネジメント・レビュー』に発表した論文だ[注13]。

1970年代・80年代にメインフレーム事業で世界ナンバーワンだったIBMだが、やがてパソコン・サーバー事業を展開し、一方で1990年代以降はこれらの事業を大胆に変革し、ソリューション事業中心へと転換した。オライリーとタッシュマンらは、その事業転換の成功の背景には、「中興の祖であるルイス・ガースナーと、彼に続くサミュエル・パルミサーノが、同社にセンシングとサイジングの仕組みを組み込んでいったことがある」と述べる。例えば1990年代からのIBMには、以下のような施策が組み込まれてきた[注14]。

IBMのセンシングの施策

まず、センシングの施策は以下の3つが挙げられる。

①マネジャークラスの戦略立案への巻き込み（ownership by general managers in the strategy making process）

ガースナーがCEOに就任する以前のIBMの戦略部門は、戦略計画の専門家がその大半を占めていた。しかしこれらの専門家は、戦略を実践する経験には乏しかった。一方、ガースナー以降のIBMでは、戦略部門の人材の多くを、実践豊富な事業部門のゼネラルマネジャーが占めるようになった。彼らが戦略部門に1年半から3年半のタームで入れ替わりながら参加することで、事業部のナマの情報が戦略部門に直接持ち込まれるようになった。これにより、IBMが組織全体として事業機会を感知（センシング）できるようになった。

②ディープ・ダイブ（deep dive）

事業課題に直面するマネジャーからの要請で形成され、マネジャーと戦略部門の人々が、共同で問題解決や戦略的意思決定をするプロセスである。このプロセスでは、すべての議論がファクトベースであることが重視され、一度始めたら具

注13) Harreld, J. B. et al., 2007."Dynamic Capabilities at IBM: Driving Strategy into Action," *California Management Review*, Vol. 49, pp.21-43.

注14) 以下の事例は、あくまで注13の論文に示されているもので、現在のIBMの状況とは異なる可能性がある。

307

体的な問題解決の道筋が明確化されるまで、議論・分析を止められない。

③ウイニング・プレー（winning play）

　CEOや上級役員に抜擢された約300人の社内リーダー候補が、部門横断型の課題の解決に当たる。その解決プロセスでは、しばしば②のディープ・ダイブが活用される。その成果は、四半期ベースで全社に報告される。これらディープ・ダイブやウイニング・プレーの活用により、各事業部門の前線で得られた事業機会の共有とセンシングがIBM全体でなされるようなる。

IBMのサイジングの施策

　次にサイジングの主な施策は以下の3つである。

①新興の事業機会（emerging business opportunities: EBO）

　新事業実践のためのプログラム・施策の総称である。具体的には、「新しい事業は、既存のビジネスとはまったく異なる取り組みが必要」という問題意識から、新事業は、既存ビジネスとは完全に独立した組織で行われ、独立したリーダーシップが取られ、独立した予算編成が取られる。IBMでは1998年から2005年の約7年間で、「自立型コンピューティング」「ブレードサーバー」「デジタルメディア」など、計18のEBOが試みられた。その多くは失敗に終わったが、いくつかは大きなビジネスへと発展した。例えば、EBOとして始まったライフサイエンス事業は2006年には約50億ドル（5000億円）の事業にまで成長している。

②戦略的リーダーシップフォーラム（strategic leadership forum: SLF）

　3日間半かけて社内で行われる、リーダー育成のためのワークショップである。ワークショップでは、例えば上級役員が「EBOをどのように成長させるか」などの課題を提示し、各リーダー候補は課題に対してグループ別で徹底した分析と、アクションプランの作成を行う。一般に言う「オフサイトミーティング」とは異なり、実際のIBMの事業課題への落とし込みを前提とした（時には喧嘩まじりの）真剣な議論が行われるのが特徴である。このワークショップを通じて、リーダー候補生はIBMの共通言語や考え方を体得していく。

③コーポレート・インベストメント・ファンド（corporate investment fund）

　EBOなどの新規事業に振り分けられる約5億ドルのファンドである。この資金の特徴は、「IBMの年次予算編成に組み込まれない事業」に振り分けられることだ。ガースナーは「新規事業は常に失敗がつきものであり、年次の予算サイクルから乖離させるべき」との考えを持っていた。この成果として、例えばソフトウェア部門のサービス向けアーキテクチャーの開発や、中国・インドなどの新興市場の人材開発など、通常の予算枠外の取り組みへ資金が振り分けられてきた。

ジェフ・ベゾスは「共食い」を推奨する

　このようにガースナー、パルミサーノ時代のIBMがダイナミック・ケイパビリティを発揮できていたとすれば、現代でこれを実践できている企業は、アマゾンだろう。ECの世界的ガリバー企業アマゾンだが、同社のECビジネスは長い間赤字だったことはよく知られる。アマゾンが一気に黒字転換したのは、クラウドサービスであるAWS事業が立ち上がってからだ。いまやアマゾンの収益源の柱はAWSと言ってよく、同社はECの企業からクラウド（とEC）の企業へと、大胆に変化したのである。

　そして、これは筆者が同社社員から伺った話だが、アマゾンにはカニバリゼーションを恐れないどころか、むしろ推奨する文化があるという。例えばAWSビジネスでは、小さな単位での組織が大量につくられ、なかには他組織と被った事業を行っていることも少なくないそうだ。しかし、そのようなカニバリゼーションは同社ではまったく問題視されず、創業者CEOのジェフ・ベゾスからは「もっとカニバリゼーションを起こせ！ アマゾンの既存事業を潰せ」といった主旨のメッセージが届くのだそうだ。

　アマゾンほどではないかもしれないが、同じようにカニバリを恐れなかったのが全日本空輸のLCC事業への参入である。考えてみれば、既存の大手航空会社がLCC事業を始めることは、カニバリゼーション以外の何者でもない。しかし、当時全日本空輸の社長だった山元峯生氏を中心に、「どうせこれからはLCCが増えるのだから、やられる前に、自分たちでも始めよう」という主旨で参入したのである。当然、社内から猛反発もあったようだが強引に押し切ってピーチの事業を始めた結果、主要発着空港である関西国際空港がインバウンド需要で大きく乗

降客を増やした影響などもあり、いまでは大きなビジネスとなっているのである。

シンプル・ルール戦略

ティースのダイナミック・ケイパビリティがRBVやカーネギー学派の理論の統合知であるのに対して、よりルーティンに基づいた側面を強調するのが、スタンフォード大学のキャスリーン・アイゼンハートだ。彼女が2000年にSMJ誌に発表した論文は、そのタイトルも"Dynamic Capabilities, What Are They?"（ダイナミック・ケイパビリティ、それは何か？）という[注15]。その3年前にティースが世に初めて提示したダイナミック・ケイパビリティを修正し、後の経営学に大きな影響を与えた論文だ。ストラテジック・マネジメント・ソサエティの選ぶ「過去10年の最優秀論文」にも選ばれている。

アイゼンハートがこの2000年のSMJ論文以来主張しているのが、「シンプル・ルール」の重要性である。

シンプル・ルールの骨子は、「変化が激しい環境下で企業がダイナミック・ケイパビリティを発揮するには、数を絞ったシンプルなルールだけを組織に（ルーティンのように）徹底させ、後は状況に合わせて柔軟に意思決定すべき」というものだ。

「組織に埋め込まれた繰り返される行動パターン」であるルーティンは、蓄積されるほど、細かくなりがちだ。例えば、前章で述べたように、無印良品にはMUJIGRAMと呼ばれるマニュアルがあり、従業員がマニュアルをベースに細かい改善活動を行う。トヨタ自動車では、現場リーダーの部下へのあいさつの仕方までマニュアル化されている。

これらの細かいルーティン化は、事業環境がそれなりに安定している環境（例えばチェンバレン型の環境）で、企業が「漸進的に」成長するには有効たりえる。しかし、現在のIT業界や少し前にデジタル化の波を受けたカメラ・フィルム業界のように、極端に環境の変化が激しい時（シュンペーター型あるいはハイパーコンペティション）には、細かいルーティンはむしろ組織の硬直化を呼ぶことも

注15) Eisenhardt, K. M. & Martin, J. A. 2000. "Dynamic Capabilities: What Are They?," *Strategic Management Journal*, Vol.21, pp.1105-1121.

前章で述べた。

アイゼンハートは、「急激に変化する環境では、企業が意思決定のルールをあえてシンプルにすることで、ダイナミック・ケイパビリティを高められる」と主張する。行動規範・優先順位などを限られた大枠だけにして（＝シンプルにして）、それだけをルーティン化しておけば、意思決定者・マネジャーは、大きな環境変化のもとでも、本質的な部分は足並みを揃え、他の様々な予想外の事象には各自が柔軟に対応しうるからだ[注16]。

アイゼンハートは2000年のSMJ論文以降、豊富な事例分析やコンピュータシミュレーションなどを通じて、シンプル・ルールの重要性を実証してきた[注17]。なかでも実務家向けに企業事例を紹介しているのが、彼女が2001年に『ハーバード・ビジネス・レビュー』に発表した論文だ[注18]。

この論文で紹介されているのは、例えば米インテルのシンプル・ルールだ。1980年代に日本の半導体メーカーが低価格戦略で世界市場を席巻し始め、事業環境が急速に変化した時、インテルは「メモリーの粗利率が下がってマイクロプロセッサーの粗利率が上昇するなら、マイクロプロセッサーを増産する」という極めてシンプルなルールだけを組織に徹底させることで、効果的な資源配分を行うことに成功した。

米シスコのシンプル・ルールも紹介されている。M&Aで成長した代表企業のシスコだが、同社が初めてM&A路線に踏み切った時には、「買収先企業の従業員は多くても75人まで、うち75%はエンジニアでなければならない」というシンプルなルールを、買収先の選定基準として徹底していた。

注16）なお、意思決定における直感の重要性を探求する研究者からは、シンプル・ルールと直感の関係性が指摘されている。詳しくは第21章をお読みいただきたい。

注17）Eisenhardt, K. M. et al., 2009. "Optimal Structure, Market Dynamism, and the Strategy of Simple Rules," *Administrative Science Quarterly*, Vol. 54, pp.413-452. や Bingham, C. B. & Eisenhardt, K. M. 2011. "Rational Heuristics: the 'simple rules' that Strategists Learn from Process Experience," *Strategic Management Journal*, Vol. 32, pp.1437-1464. などがある。例えば後者の論文は、米、シンガポール、フィンランド3カ国のスタートアップ企業計6社の国際展開に関する丹念な事例調査から、やはりシンプル・ルールの有効性を確認している。

注18）Eisenhardt, K.M. & Sull, D.N. 2001. "Strategy as Simple Rules," *Harvard Business Review*, Vol.79, pp.106-116.（邦訳「シンプル・ルール戦略」DIAMONDハーバード・ビジネス・レビュー2001年5月号）。余談だが、同論文の日本語版は第4章で紹介した、2001年の『DIAMONDハーバード・ビジネス・レビュー』に掲載されている。この号では、マイケル・ポーターとジェイ・バーニーの論考が同時に収録されていることで有名だが、実はこのアイゼンハートの研究までもが掲載されているのだ。経営学の視点からは、まさに「記念碑的」な号といえるだろう。

311

「レゴブロック」でお馴染みの、デンマークの玩具企業レゴもシンプル・ルールを持つ。そのブランド力の強さから様々な事業機会があるレゴだが、同社には「子どもが本当にその製品を使って、楽しみながら学べるか」「親が認めてくれるものか」「子どもの創造性を刺激するものか」といった、限られた事業選定のルールがあるそうだ。変化の激しくなるこれからの世界において、シンプル・ルールはより重要になるのかもしれない。

ダイナミック・ケイパビリティを育てるのは個人か、組織か

このように大まかに言って、現代のダイナミック・ケイパビリティは「ティース型」と「アイゼンハート型」に分かれる。この点は、冒頭に紹介したバレートのJOM誌のレビュー論文でも指摘されている[注19]。

図表1は、その違いの一部をまとめたものだ。両者は他にも様々な側面で異なるが、筆者から見て最大の違いは、アイゼンハート型がシンプル・ルールなどをルーティンとして埋め込むことを強調するのに対し、ティース型はケイパビリティの側面を重視する点だ。結果としてティース型は、アイゼンハート型ほどには組織のルーティン化に重きを置かず、ダイナミック・ケイパビリティは時に少数個人（すなわち経営者）に宿ると考える。

実際2012年に『ジャーナル・オブ・マネジメント・スタディーズ』に発表した論考の中で、ティースは以下のように述べている[注20]。

Although some elements of dynamic capabilities may be embedded in the organization, the capability for evaluating and prescribing changes to the configuration of assets (both within and external to the organization) rests on the shoulders of top management. It is not by accident that, in the marketplace for professional services, there are

---

注19）ティース型とアイゼンハート型の違いについては、他にも Helfat, C. E. & Peteraf, M. A. 2003. "The Dynamic Resource-Based View: Capability Lifecycles," *Strategic Management Journal*, Vol. 24, pp.997-1010. でも議論されている。

注20）Teece,D. J. 2012."Dynamic Capabilities: Routines versus Entrepreneurial Action," *Journal of Management Studies*, Vol.49. pp.1395-1401.

|図表1|**アイゼンハート型とティース型のダイナミック・ケイパビリティの比較**

	代表的な 論文	重きを置く 理論基盤	ダイナミック・ ケイパビリティを 高める要素	個人と組織の 重視度
ティース型	Teece (1997)、 Makadok (2001)、 Teece (2007)	RBV、 カーネギー学派の 理論	センシング、 サイジングなど	ダイナミック・ケイパ ビリティは、ある程 度は少数個人（経 営者）に宿る。
アイゼン ハート型	Eisenhardt & Martin (2000)、Zollo & Winter (2002)、 Bingham & Eisenhardt (2011)	進化理論 （ルーティン）	シンプル・ルール など	ダイナミック・ケイパ ビリティは組織ルー ティン化できる。

turnaround CEOs and other turnaround specialists. (Teece, 2012, p.1397.)

　ダイナミック・ケイパビリティのいくつかの要素は、組織に埋め込まれるかもしれないが、資産（リソース）の組み合わせに対する変化の評価と処方は、経営陣の肩にかかっている。プロフェッショナルサービス市場において、ターンアラウンドに長けたCEOや専門家がいるのは、けっして偶然ではない。（筆者意訳）

　アイゼンハートの主張するように、ダイナミック・ケイパビリティは組織に埋め込まれるものなのか、あるいはティースの主張するように経営者のケイパビリティとしてある程度は組織に埋め込めるものなのか……。これは、ダイナミック・ケイパビリティがより確立された理論になるための、学術的な課題でもある。

　例えば、本章で紹介したIBMの中興の祖ガースナーは、そもそもアメリカン・エキスプレスやRJRナビスコのCEOを歴任した実力者であり、彼自身がセンシングやサイジングなどのダイナミック・ケイパビリティの素養を持っていたことは疑いない。他方、本章で述べたように、ガースナーの功績の一つは、彼の持つセンシング・サイジングの力を、「仕組み」としてIBMという巨大組織に埋め込んでいったことにもある。

　変化のための力は、経営者個人のケイパビリティなのか、ある程度は組織ルーティンに埋め込めるのか、そのバランスはどこにあるのか、前者から後者への橋

渡しはどうすればいいのか……これらの実践に悩む経営者の方は少なくないのではないか。同様に、この深遠なる疑問を学術的に解決するのも簡単ではないのだ。

　一方でハイパーコンペティションの時代には、企業に求められる変わり続けるスピードはさらに速くなり、その程度もさらに大胆になるだろう。だからこそ完全なダイナミック・ケイパビリティ「理論」の確立が求められているのであり、世界中の経営学者がこの未完成理論に、知的興奮を掻き立てられ続けているのだ。

314　第2部｜マクロ心理学ディシプリンの経営理論｜

第 **3** 部

ミクロ心理学ディシプリンの経営理論

| 第18章 | リーダーシップの理論　P.320 |

| 第19章 | モチベーションの理論　P.341 |

| 第20章 | 認知バイアスの理論　P.359 |

| 第21章 | 意思決定の理論　P.376 |

| 第22章 | 感情の理論　P.397 |

| 第23章 | センスメイキング理論　P.416 |

ビジネスパーソンの身近な課題への指針となる理論

第3部では、ミクロ心理学ディシプリンの経営理論を解説する。「ミクロ心理学」は筆者の造語で、第2部のマクロ心理学（こちらも造語）との対比のために用いている。第2部のマクロ心理学が、主に認知心理学をベースとして組織全体の行動メカニズムを描いたのに対し、ミクロ心理学の理論は「個人」に焦点を当てる。企業が人から成り、ビジネスが人によって行われる以上、個人にフォーカスしてその行動・意思決定プロセスを理解することは言うまでもなく不可欠だ。

したがって第3部の理論の多くは、「現象」としては第5部第34章の「組織行動・人事」（organizational behavior & human resources）を説明するものになる。具体的には、「リーダーシップ」「モチベーション」「意思決定」などである。「どうすればリーダーシップを発揮できるのか」「部下のモチベーションを高めるには」「優れた意思決定をするには」といった課題は、本書を読む多くの方が考え、時に悩まれているのではないだろうか。その意味で、ビジネスパーソンの「最も身近な課題」に思考の軸を与えてくれるのが、第3部の理論群といえる。

加えて第3部には、大きな特徴がある。それは、「リーダーシップ」「意思決定」などの現象分野ごとに、多様な理論があることだ。例えばリーダーシップ（第18章）を説明する理論は、1940年代からいくつも打ち立てられてきた。決定的な理論が一つに絞れないのだ。したがって、他部では基本的に1章で一つの理論を解説しているが、第3部だけは例外として、それぞれの現象を説明する複数の主要理論をその歴史からひもとき、古典から最新理論までを解説する（唯一の例外が、第23章のセンスメイキング理論）。具体的には、以下のような構成をとる。

リーダーシップとモチベーションの理論

リーダーシップとモチベーションほど、多くのビジネスパーソンが身近に悩み、考えるテーマもそうないだろう。時代は優れたビジネスリーダーを求めており、そして優れたリーダーはフォロワー（部下）のモチベーションを高めなければな

らない。ある調査によると現在、研修等によるリーダー育成業界の規模は、全世界で約3660億ドル（約36兆円）にも及ぶそうだ[注1]。それほどリーダーシップが求められているのだ。

この背景を受けて世界の経営学でも、リーダーシップとモチベーションについては古くからおびただしい数の研究が行われ、理論が打ち立てられてきた。それらの理論から「リーダーシップ力」を図る指数なども確立され、実際に人事系のコンサルティング企業などでも活用されているのだ。

第18章│**リーダーシップの理論**│leadership theories

世界の経営学におけるリーダーシップ研究は、1940年代頃から既に行われてきた。*Leadership Quarterly*という専門学術誌さえある。本章では、その古典的な主要視点を概説した上で、1980年代に標準理論として確立した「リーダー・メンバー・エクスチェンジ」、そして近年特に重視される「トランスフォーメーショナル・リーダーシップ」「トランザクショナル・リーダーシップ」を解説する。さらにその先の未来にあるのが、「シェアード・リーダーシップ」だ。本章では、マッキンゼー日本支社を引き合いに出しながら、この最新リーダーシップ理論までを解説する。本章を読んで、ご自身（の組織）が目指すリーダーシップスタイルを考えていただきたい。

第19章│**モチベーションの理論**│motivation theories

モチベーションは、リーダーシップと裏腹の関係にある。人はモチベーションがなければ動かない。逆に言えばすぐれた組織ほど、メンバーがモチベーションに満ち溢れている。本章では、モチベーションの基本的な解説・分類から始まり、古典的なモチベーション理論、近年の標準理論、そして特にいま注目される「プロソーシャル・モチベーション」（他者視点のモチベーション）までを、体系的に解説する。

注1）Westfall, C. "Leadership Development Is A \$366 Billion Industry: Here's Why Most Programs Don't Work",Forbes. com, Jun 20, 2019.

認知バイアス、意思決定、感情の理論

　ビジネスとは、意思決定をすることだ。したがって「どのような意思決定が望ましいのか」の規範を理解することは、非常に重要だ。一方、人は認知にバイアスを持つ。それが周囲の環境情報を歪ませ、意思決定にバイアスをもたらす。第20章と第21章では望ましい規範的な意思決定に加えて、認知や意思決定のバイアスのメカニズムを解説する。しかし、話はそれで終わりではない。むしろ近年は、論理的・合理的でない「直感」が意思決定に効果的、という視点が台頭しつつあるからだ。さらに興味深いのは「感情」だ。近年の経営学では、組織の感情に注目した研究成果も次々と上がっており、その理論も存在する。そこで第20章から第22章では、認知バイアスの理論・意思決定を解説した上で、直感や感情の効能まで、世界の経営学の知見を広く解説したい。

第20章 | **認知バイアスの理論** | cognitive bias

　人が意思決定をするには、前段階として「周囲のビジネス環境を的確に把握する」ことが重要だ。しかし、そこには認知のフィルターがかかるのでバイアスが生じ、時に企業に悲惨な結果をもたらす。それを乗り越える手段はないのか。本章では、認知バイアスの理論を米ポラロイド社の事例を交えて解説しながら、バイアスを乗り越えるための視座までを提示する。

第21章 | **意思決定の理論** | decision theories

　ビジネスとは意思決定そのものと言っていい。本章では「合理的で望ましい」意思決定を描く理論として、規範的な意思決定論を解説する。しかし、意思決定もまた認知バイアスに影響を受ける。そこで意思決定バイアスの代表的理論として、著書『ファスト&スロー』などで高名なノーベル賞受賞心理学者ダニエル・カーネマンの「プロスペクト理論」「二重過程理論」を解説する。しかし本章では、それらをさらに越えて、近年注目される「直感」の理論までを解説する。近年の心理学・経営学では、時に直感の方が、論理思考よりも優れた意思決定ができると主張され始めているのだ。

318 | 第3部 | ミクロ心理学ディシプリンの経営理論 |

第22章 | **感情の理論** | emotion theories

　人は感情の生き物であり、そして組織は人でできている。したがって感情を理解しないで、組織を動かすことはできない。世界の経営学でも、近年は感情のメカニズムを理解することへの注目が急速に高まっている。なぜ近年になって、ペプシコ、サウスウエスト航空、ザッポスなど名だたる企業がこぞって経営原則に感情的な側面を取り込むのか。それも本章を読めばわかるはずだ。

センスメイキング理論

第23章 | **センスメイキング理論** | sensemaking

　第3部の締めくくりとしてセンスメイキング理論を解説する。同理論が導く示唆は、すさまじいの一言だ。現代の多くの日本企業にはセンスメイキングが決定的に欠けており、逆に言えばこれからの時代に決定的に不可欠な理論と筆者は考えている。孫正義氏、永守重信氏、イーロン・マスク氏のような「未来をつくり出そうとしている経営者」ほど、ことごとくセンスメイキング能力が高いのだ。センスメイキング理論は抽象的で、深遠で、時に哲学的な背景も必要とする。本章はそれを踏まえた上で、可能な限りわかりやすく同理論を解説し、その意義を提示していく。

　では、いよいよミクロ心理学ディシプリンの理論の解説に入っていこう。

第18章 | leadership theories

リーダーシップの理論

半世紀を超える研究が行き着いた 「リーダーシップの境地」

そもそもリーダーシップとは何か

本章では、「リーダーシップ」の理論を解説する。現代ほど、リーダーシップの理解が求められている時代もないだろう。書店に行けば、様々なリーダーシップに関する書籍が並んでいる。それらの中にも一読に値するものは多いはずだが、多くは、著名な経営者やコンサルタントが、自身の経験からリーダーシップ論を語っているものだ。一方でリーダーシップは、世界の経営学でも重要な大テーマだ。これまで心理学の理論をベースに様々なメカニズムが提示され、統計分析などを通じて検証されてきた。近年は神経科学の視点も取り込まれつつある[注1]。その歴史は半世紀以上に上る。経営学で最も歴史あるテーマであり、いまもなお活気あるテーマの一つなのだ。『リーダーシップ・クォータリー』など、専門の学術誌もある[注2]。

そもそも、リーダーシップとは何だろうか。実はその学術的な定義は、いまだ完全には定まっていない。これまで研究者ごとに、様々な定義が提示されてきた。リーダーシップに求められるものが、時代とともに変わっていることも理由の一

注1）神経科学の視点を取り込んだリーダーシップ論については、D. A. Waldman, et al., 2011. "Leadership and Neuroscience: Can We Revolutionize the Way That Inspirational Leaders Are Identified and Developed?, "*Academy of Management Perspectives*, Vol.25, pp.60-74.

注2）これまでのリーダーシップについての学術研究をまとめた、近年のレビュー論文には、例えば Glynn, M. A. & Raffaelli, R. 2010. "Uncovering Mechanisms of Theory Development in an Academic Field: Lessons from Leadership Research," *Academy of Management Annals*, Vol. 4, pp359-401. や Glynn, M. A. & DeJordy, R. 2010. *Leadership through an Organizational Behavior Lens: A Look at the Last Half-Century of Research*, 2008., in Nitin Nohria and Rakesh Khurana, Handbook of Leadership Theory and Practice, Harvard Business Press. がある。

320 | 第3部 | ミクロ心理学ディシプリンの経営理論 |

つだろう。

　ここでは、リーダーシップ研究の第一人者であるニューヨーク州立大学ビンガム校のバーナード・バスによる定義を記しておこう[注3]。

> 　Leadership is an interaction between two or more members of a group that often involves structuring or restructuring of the situation and the perceptions and expectations of the members. Leaders are agents of change－persons whose acts affect other people more than other people's acts affect them. Leadership occurs when one group member modifies the motivation or competencies of others in the group. (Bass, 1990, p.19-20.)
>
> 　リーダーシップとは、状況あるいはメンバーの認識・期待の構成・再構成がしばしば行われる（２人以上のメンバーから成る）グループにおける、メンバー間の相互作用のことである。この場合リーダーとは「変化」を与える人、すなわち他者に対して(その他者がリーダーに影響を与える以上に)、影響を与える人のことを指す。グループ内のある人が他メンバーのモチベーション・能力を修正する時、それをリーダーシップという。(筆者意訳)

　この定義のキーワードをあえて挙げるなら、それはchange（変化）であり、affect（影響）であり、motivation（動機）だ。バスの定義するリーダーシップとは、CEO、キャプテンのような役職のこととは限らない。あくまで心理的に「他者に変化をもたらす」ことを指す。

　リーダーシップについては、この半世紀で様々な理論・視点が打ち立てられてきた。それはあまりに広範で、すべてを本章だけではまとめきれない。とはいえ、世界標準といえる主要理論を選び抜くことは可能だ。

　実際、世界の経営学のリーダーシップ研究の歴史をたどると、それはおおまかに5つに分類される。ここからはその5つの理論グループを、古い順に解説する。理論1から理論3は特に古典的なものであるため、本章でも簡潔に解説する。一方、

注3）Bass,B. M. 1990. *Bass & Stogdill's Handbook of Leadership: Theory, Research, and Managerial Applications (3rd edition)*, Free Press.

図表1 | リーダーシップの5大理論

1　個性（trait）の理論

➡リーダーの持つ個性に注目

リーダー

2　行動（behavior）の理論

➡リーダーの部下への行動スタイルに注目

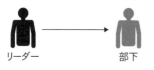

3　コンティンジェンシー理論

➡1や2が成立する条件に注目

4　リーダー・メンバー・エクスチェンジ（LMX）

➡同じリーダーでも部下との心理的な交換・契約が異なることに注目

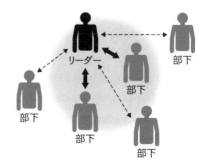

5　TSL（左）とTFL（右）

➡部下をよく見て、管理するリーダー　　➡ビジョンを示し、部下を啓蒙し、変革するリーダー

理論4と5は1980年代以降のリーダーシップ研究の中心として君臨しており、詳しく解説する（**図表1**を参照）。最後に、2000年代に入ってから注目されている、「新時代のリーダーシップ理論」の代表を紹介しよう。

理論1：リーダーの個性（trait）の理論 ［1940年代～］

　まず最も歴史があるのは、リーダーの個性（trait）に関する理論だ。日本語では、「（リーダーシップ）特性理論」などと呼ばれる。第二次大戦直後の1940年代には、すでに研究が始まっていた分野である。trait 分野はその名の通り、「リーダーたりうる人の個性」を探究する。この分野は「リーダーを務める人は、他の人と比べて特異でユニークな資質・人格がある」という前提に立つ。

| 図表2 | 主なリーダーシップ研究で提示されたリーダーの個性

Stogdill [1948]	・従属性 Dependability ・社会性 Sociability ・率先力 Initiative ・忍耐力 Persistence	・自信 Self-confidence ・注意深さ Alertness ・協調性 Cooperativeness ・順応性 Adaptability
Bass [1990]	・調整力 Adjustment ・順応性 Adaptability ・積極性 Aggressiveness ・注意深さ Alertness ・支配力 Ascendance, dominance ・感情バランス、コントロール Emotional balance, control	・独立心、染まらない力 Independence, nonconformity ・独創性、創造性 Originality, creativity ・誠実さ Integrity ・自信 Self-confidence
Yukl [1998]	・エネルギーレベルとストレス耐性 Energy level and stress tolerance ・自信 Self-confidence ・内面のコントロール Internal locus of control ・感情の成熟 Emotional maturity	・性格の誠実さ Personality integrity ・社会化されたモチベーション Socialized power motivation ・目標達成力 Achievement orientation ・所属意識の低さ Low need for affiliation

出所：Stogdill, R. M. 1948, "Personal Factors Associated with Leadership: A Survey of the Literature," *Journal of Psychology*, Vol.25, pp.35-71、Bass, B. M. 1990, *Bass & Stogdill's Handbook of Leadership*, Free Press、Yukl. G. 1998, *Leadership in Organizations*, Prentice Hall. をもとに筆者作成。

trait 分野では、人の個性がリーダーシップの発揮に与える影響について、半世紀以上にわたり研究が行われてきた。ここでいう「リーダーシップの発揮」には、2種類ある。第1は、リーダーシップ・エマージェンス（leadership emergence）だ。これは「役職の決まっていない平等な集団において、仕事を進めた結果として『彼・彼女こそがリーダーだ』と周囲に目されるようになる人」を指す。言わば、自然発生するリーダーシップだ。

第2は、リーダーシップ・エフェクティブネス（leadership effectiveness）だ。この場合、「CEO」「部長」などの役職のように、誰がリーダーかは最初から決まっている。その上で、リーダーの個性が部下へ何かの影響をもたらすことで、部下やチームが高いパフォーマンスを上げられることである。

図表2は、これまでの研究で対象となった、「リーダーシップ・エマージェンスとエフェクティブネスに影響を与えうるリーダーの個性」の一部を列記したものだ。これだけでも、実に多くの「リーダーの個性」が研究されてきたことがわかるだろう。

逆に言えば、「この多くの中から特にどれが重要か」については、なかなか経営学のコンセンサスが得られなかった。実際、ペンシルバニア大学のロバート・ハウスは、1997年に発表した論文の中で、"it appeared . . . that there were few, if any, universal traits associated with effective leadership."（リーダーシップ・エフェクティブネスに影響する普遍的なリーダーの個性は、ほぼ見つかっていない）と、述べている[注4]。

しかし2000年代に入り、リーダーの個性のもたらす影響は再評価されている。それは、後で解説する「トランスフォーメーショナル・リーダーシップ」などの新しいリーダーシップの考えが確立されたことで、それとリーダーの個性の関係が検証され始めたことによる。

例えば、ミネソタ大学のジョイス・ボノらが2004年に『ジャーナル・オブ・アプライド・サイコロジー』に発表した論文では、過去の26本の実証研究をまとめたメタ・アナリシスより、人間の五大心理特性（ビッグ・ファイブ：詳しくは第34章で解説）の中でも、特にリーダーのextraversion（外交性）がトランスフォーメーショナル・リーダーシップとプラスの相関を持つことなどを明らかにしている[注5]。

理論2：リーダーの行動（behavior）の理論 ［1960年代〜］

trait 分野が個性に注目したのに対し、behavior 分野はリーダーの「行動」に着目する。リーダーごとに部下に対する行動スタイルは異なり、その違いが部下・組織のパフォーマンスに影響すると考えるのだ（図表1-2を参照）。

この分野でよく知られるのが、ミシガン大学とオハイオ州立大学の研究者グループの成果だ。まず1960年代に、ミシガン大学のダニエル・カッツとロバート・カーンらは、リーダーの行動スタイルを、業務重視（task-oriented）と従業員重視（employee-oriented）に分ける重要性を主張した。続いてラルフ・ストッグディルらのオハイオ州立大学の研究者らは、「ルール・役割分担などの『設計』

注4) House, R. J. & Aditya, R. N. 1997. "The Social Scientific Study of Leadership: Quo Vadis?," *Journal of Management*, Vol. 23, p.410.

注5) Bono ,J. E. & Judge ,T. A. 2004. "Personality and Transformational and Transactional Leadership: A Meta-Analysis," *Journal of Applied Psychology*, vol. 89, p.901–910.

を重視するスタイル」（initiating structure）と、「部下との友好的な人間関係を重視するスタイル」（consideration）に分類することを主張した。

このようなリーダーシップ行動のスタイルの分類をもとに、ストッグディルらはLBDQ（Leader Behavior Description Questionnaire）という質問票を確立させた。そしてLBDQがリーダーシップ行動の定量化手法として普及することで、世界中の研究者の間で「望ましいリーダーシップ行動」が検証されるようになったのだ。フロリダ大学のティモシー・ジャッジが2004年にJAPに発表した論文では、過去の130本の実証研究をまとめたメタ・アナリシスから、considerationはフォロワーの満足度やモチベーションなどと強いプラスの関係を持ち、initiating structureはリーダー自身のパフォーマンスと強いプラスの関係を持つことを明らかにしている[注6]。

理論3：コンティンジェンシー理論（contingency theory）
［1960・70年代～］

trait 理論や behavior 理論の限界がささやかれていた1960年代半ばから台頭したのが、コンティンジェンシー理論である。コンティンジェンシーとは「条件」の意味で、同理論の主張は「リーダーの個性・行動の有効性は、その時々の『状況・条件』による」というものだ（図表1-3を参照）。

この現実的に聞こえるコンティンジェンシー理論は、有効なリーダーシップを説明しうると期待され、多くの研究が進められた。しかし問題は、研究が蓄積されるにつれ、学者からその「条件」の種類があまりに多く提示されたことだ。逆に言えば、これは「リーダーの特定の個性・行動スタイルは、非常に限定された条件でしか有効たりえない」と言っていることになる。

社会科学である経営学の主目的は、ビジネスの「普遍的な真理の探究」にある。もし、あるリーダーシップが「極めて限定された条件でしか通用しない」のであれば、普遍性は失われる。この意味で、コンティンジェンシー理論は、行き詰まるようになった。

このように旧来の理論が行き詰まったり、より精緻なリーダーシップのメカニ

注6）Judge, T. A. et al., 2004. "Intelligence and Leadership: A Quantitative Review and Test of Theoretical Propositions," *Journal of Applied Psychology*, Vol.89, p.542.

ズムの解明が求められる中で、1970・80年代から台頭した理論が2つある。「リーダー・メンバー・エクスチェンジ」と「トランザクショナル・リーダーシップおよびトランスフォーメーショナル・リーダーシップ」だ。両理論は、よりダイナミックな視点を持ち、リーダーの役割を「部下・組織を変化させること」と見なす。すなわち、冒頭のバーナード・バスの定義に相当するリーダーシップを説明する理論といえるだろう。

理論4：リーダー・メンバー・エクスチェンジ
（Leader-Member-Exchange：LMX）［1970・80年代〜］

リーダー・メンバー・エクスチェンジは、リーダーと部下（メンバー）の心理的な交換・契約関係（exchange）に注目する[注7]。

それ以前のリーダーシップ研究では、リーダー固有の特性・行動スタイルは部下に均一に影響を与える、と考えられていた。すなわち、「ある個性・行動スタイルを持つリーダーは、それをもってどの部下にも同じように振る舞い、同じような関係性を築き上げる」という、暗黙の前提があったのだ。

しかし、それが必ずしも現実を描写しないことは、皆さんも実感するところだろう。一人のリーダーでも、「誰が部下か」によって、その対応・関係性は変わりうる。だとすれば理解すべきは、「リーダーと部下一人ひとりがいかに質の高い関係性を築けるか」になる。すなわち分析の焦点をリーダー個人から、「リーダーと部下それぞれの関係性」にシフトさせたのが、LMXだ（図表1-4を参照）。

LMX理論は、リーダー＝部下の関係を「暗黙の交換・契約関係」と見なし、以下のような心理メカニズムを描く。

①ある部下がリーダーの下に配属されると、リーダーはその部下に何らかの業務・権限などを与える。そしてリーダーは部下に一定のパフォーマンスを期待し、パフォーマンスに応じて報酬・評価を与える。
②一方の部下も、「リーダーが自分の期待する仕事を与えてくれるか」「適切な評

注7) LMXのレビュー論文としては、Graen, G. B. & Uhl-Bien, M. 1995. "Relationship-Based Approach to Leadership: Development of Leader-Member Exchange (LMX) Theory of Leadership over 25 Years: Applying a Multi-Level Multi-Domain Perspective," *Leadership Quarterly*, Vol. 6, pp. 219-247. などがある。

価をしてくれるか」などを観察する。それに満足であれば、信頼と忠誠心を持って さらに懸命に働くが、不満があればリーダーと交渉したり、場合によっては 業務を怠慢にこなすこともある。

③ここでのポイントは、この両者の「心理的な交換・契約関係」は、日々の業務 を通じて何度も繰り返されるプロセスの蓄積ということだ。例えば、何らかの きっかけで部下がリーダーの期待以上のパフォーマンスを見せれば、リーダー はそれを高く評価し、適切な報酬を与える。結果、部下もリーダーの高評価に 報いようという心理が働き、さらに懸命に働くようになる。そしてリーダーは、 さらにその部下に報いるだろう。すなわち「心理交換・契約の好循環」が生ま れるのである。これを「質の高い交換関係」（high-quality exchange）と呼ぶ。

④逆に、関係のどこかの時点で、何らかの理由で部下がリーダーの期待を下回る パフォーマンスを実現すると、リーダーは部下を低く評価する。それを受けた 部下はリーダーからの心理的な距離が離れ、リーダーのために懸命に働く意欲 をさらに失う。そしてリーダーの評価もさらに下がっていく、という負の循環 が生まれる。これを「質の低い交換関係」（low-quality exchange）と呼ぶ。

⑤この心理的な交換・契約プロセスの蓄積を通じて、同じ組織の同じリーダーに 対して、好循環の関係を持つ部下のグループ（イン・グループという）と、悪 循環の関係を持つグループ（アウト・グループ）が出現してしまうのだ。

もうおわかりと思うが、平たい日本語で言えば、LMX理論はリーダーの心理 的な「えこひいき」を説明する理論なのだ。

リーダーは全員を「えこひいき」できるか

実際、ある職場のリーダーが特定の部下だけを「ひいき」する状況は、それが 問題だとわかっていても起こってしまうものだ。皆さんの中にも、「仕事を始め た頃はあいつと関係が悪くなかったのに、いつの間にかこじれてしまった」とい う経験を持つリーダーがいるかもしれない。LMX理論は、この心理的なメカニ ズムを説明する。

念のためだが、「ひいき」という言葉を使ってはいるが、これはけっして悪い 意味ではない。リーダーと質の高い交換関係が築けた部下は、働く意欲が高まり、

その人のパフォーマンスにもよい影響を与えるからだ。実際、これまでの実証研究で、一般にリーダーと「質の高い交換関係」を築いた部下ほど、①業務パフォーマンスが向上し、②組織へのコミットメントが高まり、③離職率が低下することなどがわかっている。

　問題は、先のようなメカニズムにより、組織の特定の部下だけがリーダーと質の高い交換関係を築けて（＝イン・グループに入れる）、他の部下がアウト・グループになってしまうことだ。逆に言えば、もしこの状態を人為的に解消し、リーダーが「組織の誰とでもまんべんなく、質の高い交換関係を築ける」ならば、それが望ましいことになる。平たくいえば、「全員をひいきできるリーダーこそが最強」ということだ。

　そして経営学からはそれが可能である、という研究結果が得られている。なかでも知られるのは、シンシナティ大学のジョージ・グラーエンらの一連の研究だ。1980年代頃から、心理学（および心理学ベースの経営学）では「フィールド実験」と呼ばれる実証研究手法が取り入れられてきた。実際の企業・組織に、理論が主張する手法をそのまま取り入れて、効果を分析するものだ。

　例えばグラーエンらが1984年に『ジャーナル・オブ・アプライド・サイコロジー』（JAP）に発表した研究では、米国中西部の政府機関において、リーダーにLMXを人為的に身につけさせた研究がある[注8]。このフィールド実験では、まず同機関に所属するマネジャーに対し、LMXについての研修が6週間行われた。そこで「LMXを高めるための部下へのコミュニケーション手法」などが、実践的に教えられたのだ。例えば、以下のようなものだ。

①部下の悩みや課題を聞き出す、アクティブ・リスニング。
②アクティブ・リスニングを通じて部下が出してきた課題に対して、自分の考えを押し付けない。
③部下への期待を部下自身とシェアする。

　この研修後に各マネジャーは、研修で学んだLMXの考え・手法を部下との対

注8）より正確には、「部下がリーダーにとってイン・グループとアウト・グループに分かれてしまう」点に着目したのは初期のLMXであり、研究が成熟化するにつれて、リーダー＝部下のペアごとの関係性に注目した「質の高い（低い）関係性」の概念が使われるようになっていった。

話で取り入れるよう指示された。そしてグラーエンが、研修の6カ月後に部下たちの業務パフォーマンスをあらためて測定したところ、「もともとはLMXが低かったマネジャー＝部下のペアほど、マネジャーがLMXの研修を受けることで、その部下のパフォーマンス・自己評価などが高まる」傾向を、統計的に有意に得たのである。すなわち、もともと悪循環の関係にあった部下ほど、LMX研修を通じて関係が好循環に転じたのだ。

　LMXは現在も研究が続いている。一方で同理論は、あくまで「リーダーと部下の交換の関係性」に焦点が当てられる。現代のビジネスに見られる効果的なリーダーシップとは、このような心理的な交換関係だけで説明されるのだろうか。

　このような中で、1980年代に先のバーナード・バスが提案して台頭し、いまも世界のリーダーシップ研究の中心的理論となっているのが、トランザクショナル・リーダーシップおよびトランスフォーメーショナル・リーダーシップだ。

理論5：トランザクショナル・リーダーシップ（TSL）とトランスフォーメーショナル・リーダーシップ（TFL）［1980・90年代〜］

　バスは、「トランザクショナル・リーダーシップ」（Transactional Leadership：以下ではTSL）と「トランスフォーメーショナル・リーダーシップ」（Transformational Leadership：以下ではTFL）という概念を提示した。世界標準のリーダーシップ研究者でこの区分けを知らないものはいない[注9]。まずは、前者のTSLから解説しよう。

トランザクショナル・リーダーシップ（TSL）

　部下を観察し、部下の意思を重んじ、あたかも心理的な取引・交換（＝トランザクション）のように部下に向き合うリーダーシップである。部下に対して「アメとムチ」を使いこなす、心理的な意味で「管理型」の側面を持ったリーダーシップともいえる。過去の研究の蓄積から、TSLには以下の2つの特質があることが知られている。

①**状況に応じた報酬**（contingent reward）：成果を上げた部下に、きちんと正当な

注9）TSLとTFLについてまとめたものには、例えば注10で紹介する、ロウェラのメタ・アナリシス論文などがある。

報酬を与えること。部下が自身の成果を「きちんと評価されている」と満足することで、さらなる成果を促す。

②**例外的な管理**（management by exception）：部下が成果を上げている限り、たとえそれが古いやり方でも続けさせ、部下への直接的な指示を避けること。これもまた、部下の心理的な信頼・義務感の醸成につながる。

　この2つから明らかなように、実はTSLは、先に紹介した「質の高い交換関係」をもたらしうるリーダーの態度とほぼ同義である。部下に一定の業務・権限を与え、部下からの期待に適切に報いることで、信頼・尊敬の関係を醸成する好循環プロセスを築き、部下や組織の変化を促すのがTSLである。しいて言えば、LMXはリーダー＝部下の「関係性」を主な対象にするが、TSLはリーダーのスタイルそのものに焦点を当てている点が両者の違いといえる。

トランスフォーメーショナル・リーダーシップ（TFL）

　TSLが「心理的な取引・交換関係」を重視するのに対し、TFLが重視するのは「ビジョンと啓蒙」だ。TFLは、以下の3つの資質から構成される（図表1-5を参照）。

①**カリスマ**（charisma）：企業・組織のビジョン・ミッションを明確に掲げ、それが「いかに魅力的で」「部下のビジョンにかなっているか」を部下に伝え、部下にその組織で働くプライド、忠誠心、敬意を植えつける。

②**知的刺激**（intellectual stimulation）：部下が物事を新しい視点で考えることを奨励し、部下にその意味や問題解決策を深く考えさせてから行動させることで、部下の知的好奇心を刺激する。

③**個人重視**（individualized consideration）：部下に対してコーチングや教育を行い、部下一人ひとりと個別に向き合い、学習による成長を重視する。

　このように大まかに言えば、「明確にビジョンを掲げて自社・自組織の仕事の魅力を部下に伝え、部下を啓蒙し、新しいことを奨励し、部下の学習や成長を重視する」のが、TFLである。

　先にも述べたように、TSLの心理学的なメカニズムは、LMXと同じだ。一方、

TFLが部下や組織のパフォーマンスに与える影響のメカニズムは、心理学の社会認識（social identification）プロセスなどで説明される。

TFLでは、リーダーは「自分の率いる組織が、部下（フォロワー）の目指していることといかに親和性があるか」を啓蒙する。するとフォロワーは、自身の組織への帰属意識を高め、そのリーダーのビジョンを自身の中に取り込むようになり、リーダーのビジョンに沿って行動するようになる。一方でリーダーも、そういったフォロワーを承認し、称賛する。これにより、フォロワーは自身がその組織で「働く意義」「存在価値」をさらに認めるようになり、さらに積極的に組織での義務を果たすようになる。

ここでポイントが2つある。第1に、TSLとTFLはけっして相矛盾するものではなく、両者はむしろ「優れたリーダーシップ」として補完関係にあることだ。1人のリーダーは、TSLとTFLを同時に持ちうる。TSLはLMXでも提示された「質の高い交換関係」を促す。一方で、TFLはビジョンを掲げることで部下を啓蒙し、「アイデンティティの一体化」を促す。

第2に、先の①で示されるように、TFLはいわゆる「カリスマ・リーダーシップ」の要素を持つ。実はカリスマ・リーダーシップの概念は、TFLが提唱される以前の1970年代に、先のロバート・ハウスらにより確立されてきた。そこに②と③の要素を加えたのが、TFLである。

TFLとカリスマ・リーダーシップの違いは、フォロワーの自立性にある。一般に後者におけるフォロワーは、リーダーのビジョンを盲目的に追従しがちになる（employee dependenceと呼ばれる）。一方でTFLでは、リーダーがビジョンを掲げるものの、フォロワーは盲目的に追従するわけではなく、自立性を持つ。したがってリーダーが②や③のようにフォロワーを啓蒙・刺激することで、フォロワーを「みずからの意思で」リーダーに追従させるのだ。

TFLとTSLの概念を提示したバーナード・バスはその定量化のために、45の質問項目から成る質問票を確立した。これはMultifactor Leadership Questionnaire（MLQ）と呼ばれ、現在のリーダーシップの実証研究でも世界中で広く用いられ、多くの研究者によりその有用性が確認されている。

そしてMLQを使ったこれまでの多くの実証研究から、TSLとTFLはともに効果があるものの、相対的にはTFLの方が、よりリーダーシップの成果に直結することがわかっている。例えばノースカロライナ大学グリーンズボロ校のケビン・

ロウェら3人が1996年に『リーダーシップ・クォータリー』に発表した研究では、TFLとTSLに関する過去の実証研究39本の結果を用いて、リーダーシップの資質と組織・部下のパフォーマンスの関係をまとめ上げる「メタ・アナリシス」を行った。結果、「TFLは組織・部下のパフォーマンスのいずれとも正の相関を持つ」一方で、「TSLでは特に『状況に応じた報酬』が部下のパフォーマンスと正の相関を持つが、相関度はTFLよりも弱い」ことが示されている[注10]。

これからさらに求められるトランスフォーメーショナル型

特にTFLは今後さらに重要になる、と筆者は考えている。理由は2つだ。

第1に、先進国を中心に、人々が物質的に豊かになってきていることだ。物質的な欲求を満たされた人間は、より精神的な豊かさを求めるようになるはずだ。実際、日本でも若者を中心に社会起業家が注目を浴びたり、企業のCSRに強い関心が持たれるようになっている。そうであれば、ビジョンを重視するTFLの役割は、より大きくなるはずだ。

第2に、ビジネス環境の不確実性が高まっているからだ。第2章などで述べたように日本のビジネス環境も、不確実性の高い「ハイパーコンペティション」の時代に入りつつある可能性が高い。

この不確実性の高い環境にフィットするのは、TFLだ。将来何が起こるかわからない状況では、単なる将来予測は意味を持たず、むしろ「将来はこうしたい」というビジョンを掲げ、周囲を啓蒙することが有用たりうるからだ。逆に、「互いに期待するものを交換し合う」前提のTSLは、将来がわからない状態では、互いの期待が変わりうるので、機能しにくい。

この点を実証したのが、INSEAD（欧州経営大学院）のパニッシュ・プラナムらが2001年に『アカデミー・オブ・マネジメント・ジャーナル』に発表した研究だ[注11]。この論文では、フォーチュン500企業48社のCEOのリーダーシップ

注10) Lowe, K. B. et al., 1996. "Effectiveness Correlates of Transformational and Transactional Leadership: A Meta-analytic Review of the MLQ Literature," *Leadership Quarterly*, Vol. 7, pp. 385-425. また、アイオワ大学のギャン・ウォンらが2011年に『グループ・アンド・オーガニゼーション・マネジメント』に発表した研究では、過去の113本の実証研究を総合したメタ・アナリシスより、①TFLは、フォロワー、チーム、組織のパフォーマンスとプラスに関係すること、②TFLはTSLの「状況に応じた報酬」を補強する効果があることなどを明らかにしている。

332 第3部 ミクロ心理学ディシプリンの経営理論

と、その企業の事後的な業績の関係を統計分析した（この研究ではTFLではなくカリスマ・リーダーシップが使われているが、両者が本質的に近いことは先に述べた通り）。その結果、「カリスマ型リーダーシップを持つCEOが率いる企業ほど、特に『不確実性の高い事業環境』下にある企業において、その業績を高める」という結果が得られている。

　日本でも、ソフトバンクグループの孫正義氏など、創業経営者が「カリスマ」と呼ばれることが多い。その理由の一つは、創業者が率いているような若い事業は周囲の不確実性が高いから、と解釈できるだろう。

　さて、TFLは1980年代から発展してきたが、実はその後30年間のリーダーシップ研究では、TFLほどのブレークスルーとなる理論は生み出されていないのが現状だ。とはいえ、経営学者がまったく新しい理論・概念を打ち出さなかったわけではない。特に2000年代に入ってからは、時代の要請を受けてか、注目すべきリーダーシップの視点が次々と提示され始めている。章末コラムでは、最近注目されている新しいリーダーシップ視点を概説している。

　しかしこれらは、経営者やチームリーダーのような、あくまで組織の中で限られた人に求められるリーダーシップに着目するものだ。それに対して、実は近年、まったく異なる視点のリーダーシップが提示され始めている。ここからは、クレアモント大学のクレイグ・ピアースらが打ち出して以来、世界のリーダーシップ研究で多大な注目を集める「シェアード・リーダーシップ」を紹介しよう[注12]。

シェアード・リーダーシップ（Shared Leadership：SL）[**2000年代〜**]

　シェアード・リーダーシップは、我々に大胆な発想の転換を求める。従来のリーダーシップ理論は、いずれも「グループにおける特定の一人がリーダーシップを執る」という前提だった。一方でSLは、「グループの複数の人間、時には全員がリーダーシップを執る」と考えるのだ。「リーダー→フォロワー」という「垂直的な

注11）Puranam, P. et al., 2001. "Does Leadership Matter? CEO Leadership Attributes and Profitability under Conditions of Perceived Environmental Uncertainty," *Academy of Management Journal*, Vol. 44, pp.134-143.

注12）Pearce, C.L & Conger, J. A.2002. *Shared Leadership: Reframing the Hows and Whys of Leadership*, SAGE Publications.

関係」ではなく、それぞれのメンバーが時にリーダーのように振る舞って、他の
メンバーに影響を与え合うという、「水平関係」のリーダーシップである（**図表
3を参照**）。

　なぜ近年になって、SLが注目され始めたのだろうか。先のクレイグ・ピアー
スは、SLは特に「知識ビジネス産業」において極めて重要、と述べる[注13]。

　いまやビジネスにおいて、新しい知を生み出すことが重要なのは言うまでもな
い。そしてマクロ心理学編で述べたように、「新しい知は、既存の知と既存の知
の新しい組み合わせ」から生まれる。したがって組織内のメンバーの知の交換こ
そが、何よりも重要になる。

　この知の交換の過程でSLが重要となる理由は、先にも登場した心理学の社会
認識（social identity）プロセスで説明できる。あるメンバーが「自分が（その）
グループに属している」という心理的アイデンティティを持てるなら、その人は
他メンバーと知識を積極的に交換する心理メカニズムが働く。

　しかし、もしグループのリーダーシップ関係が、従来のような垂直的ものであ
れば、リーダーはグループを「自分のもの」と思えても、フォロワーはそのよう
なアイデンティティを持ちにくい。一方で、もしグループにSLがあるなら、そ
のメンバー全員がリーダーとしての役割・当事者意識を持てる。すなわち、メン
バー全員が「これは自分のグループである」というアイデンティティを持ちやす
くなるのだ。結果として、知の交換が積極的に行われるようになる。

　実際、近年の実証研究では、「従来型の垂直的リーダーシップよりも、SLの方
がチーム成果を高める」という結果が多く示されている。例えば、ピアースが
2002年に発表した研究が、その一つだ[注14]。

　この研究でピアースは、ある米自動車メーカーの、社内横断的な71の変革チー
ム（平均人数は7.2人）を対象とした実証研究を行った。このチームは様々な部
署の人が集まって構成され、社内改革のために彼らが知恵を出し合う。まさに知
識を交換し、生み出すためのチームといえる。ピアースらは、まず「各チームの

注13) Pearce, C. L. 2004. "The Future of Leadership: Combining Vertical and Shared Leadership to Transform Knowledge Work," *Academy of Management Executive*, Vol. 18, pp. 47-57.

注14) Pearce, C. L. & Sims, Jr. H. P. 2002. "Vertical Versus Shared Leadership as Predictors of the Effectiveness of Change Management Teams: An Examination of Aversive, Directive, Transactional, Transformational, and Empowering Leader Behaviors," *Group Dynamics: Theory, Research, and Practice* ,Vol. 6, pp. 172-197.

334 ｜ 第3部 ｜ ミクロ心理学ディシプリンの経営理論 ｜

| 図表3 | シェアード・リーダーシップ

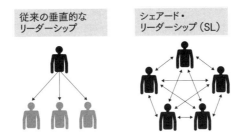

リーダーシップが垂直型か、SL型か」を計測し、その6カ月後に各チームのパフォーマンスを計測した。すると、経営陣からの評価においても、顧客の評価においても、垂直型よりもSL型の方が、パフォーマンスが高くなったのだ。

この法則は、いまや経営学者のコンセンサスとなりつつあると言っていいかもしれない。2014年にアリゾナ州立大学のダニ・ウォンらがJAP誌に発表した論文では、SLに関する過去の42の実証研究をまとめたメタ・アナリシスを行っている[注15]。その結果、これまでの研究の一般的な傾向として、やはり①垂直的なリーダーシップよりもSLの方がチーム成果を高めやすいこと、②この傾向は特に複雑なタスクを遂行するチームにおいて強いこと、を明らかにしている。

なぜいま「マッキンゼー卒業生」が大活躍するのか

SLを体現する企業は、例えばマッキンゼー・アンド・カンパニーではないだろうか。同社の日本支社で採用担当を長らく務めた伊賀泰代氏の著書『採用基準』では、マッキンゼーのリーダーシップについて以下のように書かれている[注16]。

> マッキンゼーでのOJT(on the job training)によるリーダーシップの訓練方法は(中略)「リーダーシップは今すぐ発揮してください。できない部分については、

注15) Wang, D. et al., 2014. "A Meta-Analysis of Shared Leadership and Team Effectiveness," *Journal of Applied Psychology*, Vol. 99, pp. 181-198.
注16) 伊賀泰代『採用基準』(ダイヤモンド社、2012年)

次回からどう改善すればいいかを学びましょう」というやり方なのです（pp.155-156）

また、マッキンゼーでは誰もが、必要とあらばいつでもリーダーシップをとり始めます。そこには上司も部下も、パートナーもマネジャーもありません（p.156）

　同社では入社1年目のコンサルタントでも、プロジェクトでリーダーシップの発揮が期待される。その結果、同社はコンサルタント同士が、立場・役職・年齢を超えて知恵を出し合い、助け合い、だからこそトップ・コンサルタントファームとして、様々な成果を挙げて来た、というのが伊賀氏の主張である。まさにSLそのものだ。そして、この圧倒的に高いSLが、メンバー全員にくまなくリーダーシップの素養を与え、結果として、そういった人たちがマッキンゼーを「卒業」してから、日本中でリーダーシップを発揮していると筆者はとらえている。

　2019年8月に、『日本経済新聞』に興味深い取材記事が載った。取材を受けたのは、元マッキンゼー日本支社長で現在は早稲田大学ビジネススクール教授の平野正雄氏と、マッキンゼー出身で、その後低迷するミクシィを再建したことで有名な若手起業家・朝倉祐介氏だ[注17]。記事の主旨は「日本のスタートアップ企業でマッキンゼー出身者の存在感が高まっているが、その背景はなぜか」というものだ。実際、いま日本で革新を起こしている様々なスタートアップ企業やNPOで、マッキンゼー出身のリーダーの存在は際立っている。

　彼らにとってのロールモデルの代表格はディー・エヌ・エー創業者の南場智子氏であり、エムスリー創業者の谷村格氏だろう。加えてヤフーCSOの安宅和人氏や、元『ほぼ日刊イトイ新聞』の篠田真貴子氏もそうかもしれない。さらに言えば先の朝倉氏や、オイシックスの高島宏平氏、日本交通の川鍋一朗氏であり、またNPO分野ではクロスフィールズの小沼大地氏やRCFの藤沢烈氏などが、社会にインパクトを与えている。

　この取材記事の中で朝倉氏は、マッキンゼー出身者が活躍する理由について、以下のように述べる。

注17）『日本経済新聞』2019年8月19日。

採用段階から突出したリーダーシップにこだわっている点が、ほかのコンサルティング企業との違いだと思う。社会がどうあるべきかという理想を語り、実現に挑もうとする人が多いのではないか。また、多くの人がそうした周囲の姿勢に刺激を受けていく

　まさにこの、採用した全員がリーダーシップにこだわる姿勢、すなわちSLを重視する姿勢が、マッキンゼーからリーダーを輩出するのだろう。

　さて先のウォンのメタ・アナリシス研究は、実はもう一つ興味深い結果を示している。それは、各チームのメンバーが執るべきリーダーシップの「中身」だ。ウォンの分析によると、「SLが浸透したグループの中でも特にパフォーマンスが高くなるのは、各メンバー（＝リーダー）がTFLを執った時」なのだ。

あなたのリーダーシップに「ビジョン」はあるか

　このウォンの最後の結果は、「現在のリーダーシップにおいて最強のパターンは、『SL×TFL』の掛け合わせ」である可能性を示唆する。すなわち、「チームのメンバー全員がビジョンを持って、全員がリーダーシップを執りながら、互いに啓蒙し合い、知識・意見を交換する姿」だ。

　ここからは私見を交えて大胆に述べるが、この結果は「したがって、すべての組織とは言わないが、これから多くの『知識産業・知識ビジネス』と呼ばれる分野では、参加者全員がTFLを目指す必要がある」ことを示唆しているのではないだろうか。

　そうであれば、必要なのはTFLの基本要件である「ビジョン」を、知識産業に属するすべての人が持つことだ。すなわち「自分のビジョンは何か」「自分は何者で、何をしたいのか」を全員が、真剣に内省することが求められるのだ[注18]。そうでなければ全員がTFLを持てず、SLが十分に効果を発揮しない。

　元GE出身で日本の人材育成の第一人者である八木洋介氏は、ご自身の人材育成方針で最重要視されていることに、「個人のビジョン」を挙げている（八木氏

注18）TFLと自身のビジョンや「自分が何者であるか」といった自己認識との関係については、例えば Shamir,B. et al., 1993. "The Motivational Effects of Charismatic Leadership: A Self-Concept Based Theory," *Organization Science*, Vol. 4, pp. 577-594. を参考にされたい。

はそれを「一人ひとりの軸」と表現されている）。八木氏のような人材育成の第一線の方が「ビジョン」を最も重視されるのは、たいへん示唆深い。そして、それは「SL×TFL」の主張と共鳴するのだ。よく考えれば、先の朝倉氏が取材記事で述べたマッキンゼーが採用する人材の条件も、TFLと親和性が高い。

さらに興味深い事例は、ハーバード・ビジネススクール（HBS）だ。同校はその100年以上の歴史の中で、教育方針を3回も変えてきた。設立当初に打ち立てた方針はknowing（知ること）だ。ビジネススクールは「ビジネスの知識」を学ぶところ、ということだ。その後ビジョンはdoing（行動すること）へシフトする。「知ることよりも行動が重要」という意味だ。

そして現学長ニティン・ノーリアが2010年に就任してからのHBSが新たに掲げた方針は、being（自分であること）だ[注19]。ビジネスリーダーの養成機関として最高峰のHBSが目指すのは、そこで学ぶ人たちが「自分は何者か」すなわち「個人のビジョン・軸」を見いだすことなのだ。これもまた、「SL×TFL」の主張と共鳴する。ちなみにノーリアも、HBSの学長になる前はリーダーシップ研究の第一人者であった。

もちろん、これはすべての組織・企業が一様に、「SL×TFL」を目指すべき、ということを意味しない。「SL×TFL」に適する組織も、そうでない組織もあるだろう。しかし今後はより様々な産業が知識産業化していき、他方で環境の不確実性が高まり変化が求められる。その中で、「SL×TFL」の果たす役割は高まっていくはずだ。だからこそ、マッキンゼー出身者が日本の様々なところで活躍し始めているのであり、八木氏のようなリーダー育成の第一人者がそれと共鳴することを述べ、そしてHBSがbeingを掲げるのではないだろうか。

世界の経営学は、半世紀以上もリーダーシップを研究し続けてきた。その路は、まだ途上である。しかしあえて、現時点で到達した「リーダーシップ理論の境地」は何かと言えば、結局のところ「自分のビジョンは何か」「自分は何者で、何をして生きていくのか」を一人ひとりが深く内省し、そのビジョンをもとに啓蒙し合い、リーダーシップを発揮していくことなのだろう。筆者はそう理解している。

注19）なお、このbeingの思想は、章末コラムで紹介するオーセンティック・リーダーシップとも親和性が高い。実際、HBSではbeingとオーセンティック・リーダーシップを結び付けているようだ。他方で筆者は、この「SL×TFL」とオーセンティック・リーダーシップも関連性が深いと考えており、また前者の方が研究も進んでいてチーム・組織のあり方にも示唆を持つので、こちらを取り上げている。

338 ｜ 第 3 部 ｜ ミクロ心理学ディシプリンの経営理論 ｜

column

その他のリーダーシップ視点

本文で述べたように、現代のリーダーシップ研究は広範であり、本文で紹介した主要な理論・視点以外にも、様々なリーダーシップ視点が提示されている。ここではその代表例を紹介する。

サーバント・リーダーシップ（servant leadership）

1970年にロバート・グリーンリーフが著書*The Servant as Leader*で提示して以来、注目が集まっている視点である。サーバント・リーダーとは「自己利益の追求を超えて、フォロワーの要求にどう答え、フォロワーの成長を促すかを考える、他者に貢献することが前提」のリーダーシップを指す。特に近年はビジネスに社会性を取り込む潮流も受けて、注目が高まっている。参考論文として、エラスムス大学のディルク・ファン・ディエレンドンクが2011年に『ジャーナル・オブ・マネジメント』に発表したレビュー論文を挙げておく[注1]。

ハンブル・リーダーシップ（humble leadership）

ニューヨーク州立大学バッファロー校のブラッドリー・オーウェンズを中心に近年提示されている考え方で、リーダーの「謙虚さ（humility）に注目する。オーウェンズの実証研究では、①「謙虚さ」は人の個性の独立概念であること、②謙虚さが高いリーダーがいるチームの方がメンバーのチーム貢献度が高まる傾向、などが示されている。主要参考論文としては、オーウェンズが2013年に『オーガニゼーション・サイエンス』に発表した論文などがある[注2]。

オーセンティック・リーダーシップ（authentic leadership）

「ありのまま、自分のままのリーダーシップ」という意味である。オーセンティック・リーダーシップは、ポジティブ心理学の発展とともに近年注目されており、「オーセンティックなリーダーほど自己認識を高め、ポジティブな意味で自己制御的な行動を自身にもフォロワーにも促す」という主張がある。主要

注1) Dierendonck, D. van. 2011. "Servant Leadership: A Review and Synthesis," *Journal of Management*, Vol. 37, pp. 1228-1261.

注2) Owens, B. P. et al., 2013. "Expressed Humility in Organizations: Implications for Performance, Teams, and Leadership," *Organization Science*, Vol. 24, pp. 1517-1538.

参考論文としては、ネブラスカ大学のブルース・アヴォリオらが2005年に『リーダーシップ・クォータリー』に発表した論文などがある[注3]。

フォロワーシップ（followership）

リーダーはフォロワーがいなければ存在しない。したがって、リーダーシップを発揮するにあたってのフォロワーの役割などに焦点を当てる分野をフォロワーシップと呼ぶ。同分野も近年研究者の注目が集まっている。主要参考論文として、ネブラスカ大学のメアリー・ウールビーンらが2014年に『リーダーシップ・クォータリー』に発表したレビュー論文を挙げておこう[注4]。

注3) Avolio,B. J. & Gardner,W. L.2005. "Authentic Leadership Development: Getting to the Root of Positive Forms of Leadership," *Leadership Quarterly*, vol.16,p. 315-338.

注4) Uhl-Bien, M. et al., 2014. "Followership Theory: A Review and Research Agenda," *Leadership Quarterly*, Vol. 25, pp. 83-104.

第19章 motivation theories

モチベーションの理論

半世紀を超えてたどり着いた
新時代のモチベーションとは

モチベーションの仕組みは、人類の関心事

　前章は、リーダーシップの理論を解説した。そこでは、5大理論を解説した上で、近年は「ビジョンを掲げて啓蒙するトランスフォーメーショナル・リーダーシップと、メンバー一人ひとりが自律的にリーダーのように振る舞うシェアード・リーダーシップの掛け合わせが重要」という研究結果が多く得られていることを、最後に述べた。

　リーダーシップと対のような関係にあるのが、モチベーションである。リーダーの役割の一つは、メンバーのモチベーション向上にあるからだ。前章で紹介したバーナード・バスのリーダーシップの定義にも以下のような言葉が含まれている[注1]。

> Leadership occurs when one group member modifies the motivation or competencies of others in the group. (Bass, 1990, pp. 19-20.)
> グループ内のある人が、他メンバーのモチベーション・能力を修正する時、それをリーダーシップという。(筆者訳)

　もちろん、モチベーションは自分自身の問題でもある。リーダーに影響を受ける前に、まずは自身で向上させることに関心がある方もいるだろう。

注1) Bass, B. M. 1990. *Bass & Stogdill's Handbook of Leadership: Theory, Research, and Managerial Applications (3rd edition)*, Free Press.

モチベーション向上は人間が持つ根本的な課題であり、すでにギリシャ時代の哲学者の間で議論されていたようだ。近代心理学でもその研究は半世紀以上の歴史があり、多くの理論が提示され、密接に絡み合ってきた。

本章はなかでも、世界の経営学で主要とされている理論を順に解説し、最後に近年注目が高まっている視点を紹介しよう。

モチベーションとは何か

理論の解説に入る前に、前提となるモチベーションの定義、全体像、種類を整理したい。

一般に日本では、モチベーションは「やる気・動機」「士気」などと解釈される。「熱量」などの比喩を使う経営者もいる。心理学・経営学におけるモチベーションの定義は、例えば以下のようなものだ[注2]。

> (Motivation is) "the contemporary (immediate) influence on direction, vigor, and persistence of action" (Atkinson, 1964, p. 2.)
>
> モチベーションとは、行動の①方向性、②活力、③持続性に、影響を与えるものである。（筆者訳）

> Motivation has to do with a set of independent/dependent variable relationships that explain the direction, amplitude, and persistence of an individual's behavior, holding constant the effects of aptitude, skill, and understanding of the task, and the constraints operating in the environment. (Pritchard et al., 1976, pp. 63-130.)
>
> モチベーションとは、才能、スキル、業務の理解度、環境における制約などの条件を一定とした上で、個人の行動の①方向性、②規模、③持続性を説明する、諸処の変数の関係性に関するものである。（筆者意訳）

注2) Atkinson, J. W.1964. *An Introduction to Motivation*, Van Nostrand. および Pritchard, R. D. et al., 1976. "The Effects of Varying Schedules of Reinforcement on Human Task Performance," *Organizational Behavior and Human Performance*, Vol. 16, pp. 205-236. を参照。

342 ｜ 第3部 ｜ ミクロ心理学ディシプリンの経営理論 ｜

2つの定義には共通項がある。まず、モチベーションは人の行動に影響を与えるということだ。さらに、それは3つの要素に分かれる。第1は行動の方向性、第2は行動の程度（活力・規模）、そして第3は行動の持続性だ。メリーランド大学のデブラ・シャピロらが2004年に『アカデミー・オブ・マネジメント・レビュー』（AMR）に発表したレビュー論文も、モチベーションはこの3要素から成ると述べている[注3]。筆者なりの言葉でまとめれば、「人を特定の行動に向かわせ、そこに熱意を持たせ、持続させる」のがモチベーションになる。

図表1は、モチベーション研究の第一人者であるメリーランド大学のエドウィン・ロックとトロント大学のゲイリー・ラサムが2004年にAMR誌に発表した論文の図をもとに、筆者が作ったものだ[注4]。モチベーションの全体像をつかんでおくことは重要だ。モチベーションは、「やる気→行動」といったシンプルなものではなく、図のように複雑な心理メカニズムが入り交じるのだ。だからこそ「人を動機づける」のは、簡単ではないのだろう。

次にモチベーションの種類を押さえよう。まず大前提は、「外発的」と「内発的」の違いである。

外発的動機（extrinsic motivation）

報酬・昇進など、「外部」から与えられる影響で高まるモチベーションのこと。20世紀前半の心理学では、このような報酬・昇進などによる動機づけが重視されていた。第6章で解説したエージェンシー理論など、経済学ディシプリンの理論が想定するモチベーションも通常はこれに近い。

内発的動機（intrinsic motivation）

外部からの影響なしに、純粋に「楽しみたい」「やりたい」といった、内面から湧き上がるモチベーションのこと。

注3) Shapiro, D. L. et al., 2004. "Introduction to Special Topic Forum: The Future of Work Motivation Theory," *Academy of Management Review*, Vol. 29, pp. 379-387.

注4) Locke, E. A. & Latham, G. P. 2004. "What Should We Do About Motivation Theory? Six Recommendations for The Twenty-First Century," *Academy of Management Review*, Vol. 29, pp. 388-403.

図表1 | モチベーションのメカニズムの全体構造

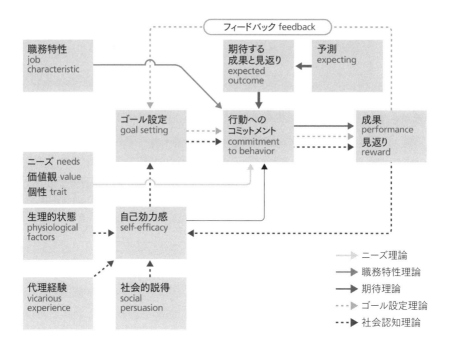

出所：Locke & Latham（2004）をもとに筆者作成。

　両者の違いは、ロチェスター大学の心理学者エドワード・デシが1970年代に提示した自己決定理論（self-determination theory）などを契機に多くの研究が行われてきた[注5]。これまでの実証研究で、外発的動機よりも内発的動機の方が、個人の行動へのコミットメントや持続性を高めることなどは、ほぼ学者のコンセンサスとなっている。

　では理論の説明に入ろう。まずは、最も基本的なニーズ理論から始める。

注5）Deci, E. L. et al., 1999. "A Meta-Analytic Review of Experiments Examining the Effects of Extrinsic Rewards on Intrinsic Motivation," *Psychological Bulletin*, Vol. 125, pp. 627-668. などを参照。

理論1：ニーズ理論（needs theory）[**1940年代〜**]

　ニーズ理論の歴史は古い。図表1で言えば薄いグレーの矢印がそこに当たる。「人には根源的な欲求があり、その欲求がモチベーションとなり、行動に影響を与える」という考えだ。1940年代に打ち立てられた有名な「アブラハム・マズローの欲求五段階説」もその一つだ。この説は、「人の根源欲求は、低いものから生理的欲求→安全欲求→社会的欲求→尊厳欲求→自己実現欲求と、ピラミッドのように段階化しており、人は下の階層の欲求が満たされると、さらに高次の欲求を求めるようになる」というものである。

　ちなみに5つの欲求のうち最初の3つは外発的動機に近く、後者2つは内発的動機に近い。人は満たされていくほど、内発的欲求を重視するようになる、ということだろう。ただし、現代の心理学の研究では、このマズローの欲求五段階説はほぼ科学的に当てはまらない、という結論になっている。

　人の根源的な欲求に注目する研究領域では、その後、個人の価値観（value）や個性（trait, personality）がモチベーションへ与える影響へと、学者の関心が拡大した。これらの研究はいまも続いているが、モチベーションのメカニズムの全体構造を説明できるものではないので、ここでは深くは取り上げない。

理論2：職務特性理論（job characteristics theory）[**1970年代〜**]

　職務特性理論は、1970年代にエール大学の社会心理学者リチャード・ハックマンらが提示したもので、その後80〜90年代にかけて多くの実証研究が蓄積された[注6]。現代の経営学でも広く応用されている。

　職務特性理論で重視されるのは、内発的動機だ。同理論は、「仕事には、従事者の内発的動機を高めるものと、そうでないものがある」という視点に立つ。一般に、内発的動機を高める職務特性は、以下の5つとされる。

注6）Hackman, J. R. & Oldham, G. R. 1976. "Motivation Through the Design of Work: Test of a Theory," *Organizational Behavior and Human Performance*, Vol. 16, pp.250-279.

①**多様性**（variety）：職務の遂行において、従事者の多様な能力を必要とすること。
②**アイデンティティ**（identity）：従事者が最初から最後まで職務に携われること。
③**有用性**（significance）：職務が、他者の生活・人生などに影響を与えること。
④**自律性**（autonomy）：従事者が自律性を持って仕事できること。
⑤**フィードバック**（feedback）：従事者が職務の成果をきちんと認識できること。

　換言すれば、我々の職務はこの基準に沿うようにデザインし直されることで、従業員のモチベーションを高める可能性がある。このテーマは「ワークデザイン」と呼ばれ、いまも研究が進んでいる。

　例えば、ミシガン州立大学のフレデリック・モーグソンらが2006年に『ジャーナル・オブ・アプライド・サイコロジー』に発表した研究では、540の職種に関する包括的なワークデザインの実証研究を行い、やはり上の5指標と従業員の満足度の間に、正の相関を見いだしている[注7]。

　さらに、先のハックマンらはこの5つをまとめることで、それぞれの職務の「総合的なモチベーションの高めやすさ」の指標化を提唱した（Motivating Potential Score：MPSスコアと呼ばれる）。MPSは、コンサルティング会社の調査などで活用されることもある。

大企業から飛び出すとモチベーションが高まる理由

　職務特性理論に基づく「モチベーションを高める職務の5大特性」を体現する事例として、第2部の第13章で紹介したWiLの事業をここでも取り上げよう。

　第13章でも述べているように、WiLはシリコンバレーでベンチャーキャピタリストを務めていた伊佐山元氏などが中心になって、日本の大企業からイノベーションを起こすために2014年に立ち上げられた企業だ。

　WiLは2014年にQrioというIoT技術を使ったスマートロックを開発・販売する合弁会社を、ソニーと共同出資で立ち上げた。ここで興味深いのは、WiLはソニーの若手のエンジニアを、この小さな合弁事業に転籍させたことだ。そして

注7）Morgeson, F. P. & Humphrey, S. E. 2006. "The Work Design Questionnaire (WDQ): Developing and Validating a Comprehensive Measure for Assessing Job Design and the Nature of Work," *Journal of Applied Psychology*, Vol. 91, pp.1321-1339.

伊佐山氏によると、大企業から小さなスタートアップ企業に移ったことで、エンジニアは飛躍的にモチベーションを高めたという。

　大企業では、エンジニアは「自分が開発しているものが、最終的にどのような製品となり、どう使われるか」がわからないことも多い。顧客の声に触れる機会も少ない。先の5大特性で言えば、「アイデンティティ」と「フィードバック」が弱いのだ。顧客の声が聞けなければ、その製品が社会にインパクトを与えているかもわからない（＝「有用性」が弱い）。さらに大企業では、社員の役割は限定されることが多い（＝「多様性」が弱い）。当然、「自律性」も制限されがちだ。

　一方でスタートアップ企業なら、この状況はすべて逆転しうる。スタートアップ企業では、エンジニアはすべての業務プロセスに携わらざるをえず、結果として顧客の声に触れる機会が増える。そうであれば、自分が開発している製品の有用性を知る機会も増えるだろう。仕事の自律性が高くなるのは言うまでもない。結果としてQrioでは転籍したエンジニアのモチベーションが高まり、大企業だと1年かかるプロジェクトを3カ月で実現したそうだ。現代のIoT分野は「多産多死」が前提のスピード競争をしているから、このようにモチベーションを変えてスピードを速める施策が重要なのだ。

　さて図表1から明らかなように、ニーズ理論や職務特性理論は一定の説明力を持つものの、モチベーションのメカニズムの全体像を描けるものではない。一方で、より普遍的な法則としてモチベーション向上・低下のメカニズムの全体構造を描こうとする理論が、1960〜70年代に心理学分野で次々と登場した。先のシャピロらのAMR論文は、この時期を「モチベーション理論の黄金時代」と呼んでいる。

　黄金時代に生み出された理論の多くは、主に認知心理学をベースにする。モチベーション醸成において、人の認知は大きな役割を果たす。人が仕事に持つ「喜び・達成感・つらさ」などは、その人が認知して初めてモチベーションに影響を与えるからだ。

　ここからは、現在の経営学でも重視される、認知心理学ベースのモチベーションの3大理論を順に解説する。図表1や、各理論それぞれを図化した図表2〜4を併せて見れば、この3つの理論が発展するごとに、モチベーションの全体構造が拡張してきた経緯がわかるだろう。

理論3：期待理論（expectancy-valence theory）［1960年代～］

3大理論のコアになるのは、期待理論である。図表1で言えば、濃いグレーの矢印でつながった部分がそれに当たる。**図表2**は、それを詳細にしたものだ。同理論は1960年代にエール大学のビクトル・ブルームによって打ち出された[注8]。

期待理論は「人は合理的に意思決定をする一方で、その意思決定・行動はその人の認知に規定される」という基礎を持つ。もう一つ重要なのが、図表2にあるように仕事の「成果」と「見返り」が分かれることだ。期待したパフォーマンスを実現しても、それが十分な見返りに結び付くとは限らないからだ。

期待理論では、「人の動機は、その人が事前に認知・予測する『期待』『誘意性』『手段性』の3つに影響を受ける」と考える。まず、ある人が行動にコミット（努力）すれば、それはある確率で成功などの成果に結び付くと予測できる（矢印a）。この確率を「期待」と呼ぶ。そして、その成果から予測される見返りを誘意性（valence）と呼ぶ。したがって「誘意性×期待（確率）」が高いほど、その人は行動へのコミットメントを高める。

しかし高い業務成果を上げても、それが誘意性に結び付くとは限らない（矢印b）。その関係を手段性（instrument）と呼ぶ。例えば完全な歩合給では、人は「自分の業務成果は見返りに直結する」と予測するだろう。これは「手段性が高い」

|図表2| **期待理論**

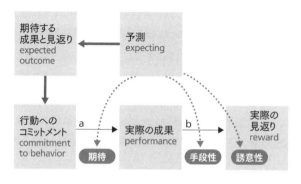

注8）同理論はその後、レイマン・ポーターとエドワード・ローラー3世によって修正が行われた。

ということであり、その人はモチベーションを高めやすくなる。逆に完全固定給（＝手段性が低い）なら、モチベーションは下がりやすい。

このように期待理論は、報酬制度と動機の関係を説明するのに適した理論だ。外発的動機を説明しやすい理論ともいえる。実際、多くの実証研究で「能力給であるほど、その人はより長時間働く」など、期待理論の命題を支持する結果が得られている[注9]。

理論4：ゴール設定理論（goal setting theory）［1960年代～］

ゴール設定理論は、1960年代後半から先のエドウィン・ロックを中心に多くの研究が行われ、モチベーション研究者から広範に支持される理論だ。ワシントン大学のテレンス・ミッチェルズらはそのレビュー論文の中で、"(GST) is quite easily the single most dominant theory in the field"（ゴール設定理論はモチベーション研究分野の最も支配的な理論である）とまで述べている[注10]。

期待理論を前提としながらも、ゴール設定理論は「ゴール・目標の設定」をモチベーションの基礎として加えたのが特徴だ。同理論が広く支持される理由は、このゴール設定を軸に2つの命題を提示したことにある。**図表3**も併せてご覧いただきたい。

命題①──人はより具体的で、より困難・チャレンジングなゴールを設定するほど、モチベーションを高める。

ゴール設定理論は「人は、自身の目的を実現するために働く意思を持つ」という仮定を置く。これは、内発的動機に近い。

もしここで、ある人に与えられた目的・ゴールが、「最善を尽くせ」のように漠然としていたらどうだろうか。その人は、何が目的かわからず、どう行動すればよいかわからない。逆に言えば目的は具体的であるほど、何をすればよいかが明確になり、行動へのモチベーションにつながりやすくなる。

注9）Eerde, W. V. & Thierry, H. 1996. "Vroom's Expectancy Models and Work-Related Criteria: A Meta-Analysis," *Journal of Applied Psychology*, Vol. 81, pp.575-586. などを参照。

注10）Mitchell, T. R. & Daniels, D. 2003. "Motivation." In *Handbook of Psychology*, Vol. 12, pp. 225-254.

| 図表3 | ゴール設定理論

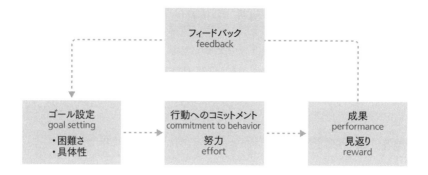

　さらに、この目的がその人にとって簡単なものなら、その人への動機づけは弱くなる。これと似たメカニズムは、第11章の認知心理学ベースの企業行動理論（BTF）で紹介した。「人は目的（アスピレーション）が高いほど、それが実現した時の満足度は高くなる」と期待する。だからこそ、行動にコミットするのだ（もちろん、設定される目標はその人の能力に見合った範囲内でなければならない。能力をはるかに超える目標は失敗にしかつながらないので、満足度は下がる）。
　ゴール設定理論のもう一つの主要命題は、フィードバックだ。

命題②──人は、達成した成果について明確なフィードバックがある時、よりモチベーションを高める。

　人は、成果に対してフィードバックを受けることで、自分の成果を正確に認知し、満足度を高め、より高いゴールを設定する。フィードバックを受ければ、次のステージでの目的内容や困難度も明確にできるので、「次はどのような努力をどの程度すればよいか」が予測できる。フィードバックがなければ、次にどのような目標を実現すべきかわからない。
　このように「具体的・チャレンジングな目標設定→パフォーマンス」と、「パフォーマンスのフィードバック→さらなる目標設定」というダイナミックな好循環サイクルが出現すると、人はモチベーションをどんどん高め、パフォーマンスも高まっていくというのが、ゴール設定理論の命題だ。
　ゴール設定理論の命題は、多くの実証研究で支持されている。その応用範囲は

広い。例えば、ビジネスにおける交渉（negotiation）の分野では、デポール大学のデボラ・ゼティックらが2002年に『グループ・プロセス・アンド・インターグループ・リレーションズ』に発表した研究がある。この論文ではビジネス交渉に関する過去の22本の実証分析をまとめ上げたメタ・アナリシスを行い、やはり「チャレンジングな目標を設定する方が、交渉の成果が高まる」という結果を得ている[注11]。

星野リゾートのモチベーションの高め方

ゴール設定理論の貢献の一つは、「モチベーションは、具体的でチャレンジングな目標設定と恒常的なフィードバックで、人為的に高められる」点を示したことだろう。実際、優れた経営者の中にはこの両者を重視している人が多い、と筆者は理解している。

例えば、星野リゾート社長の星野佳路氏はその代表ではないだろうか。早稲田大学ビジネススクール教授の竹内規彦によると、星野氏は旅館の再生において、ゴール設定理論と親和性の高い目標設定法を採っているようだ[注12]。

例えば星野氏が静岡県の温泉旅館旧いづみ荘を再生した際には、単純に「顧客を増やせ」「リピーターを増やせ」という目標を立てるのではなく、同旅館のコアなファンが年配の女性客であることを前提に「熟年女性のマルチオケージョン温泉旅館」というコンセプトを導き出し、この層の満足度を徹底的に高めるという、具体的な目標を設定した。

さらに星野氏は、コンセプトまでは提示するものの、「そのために必要なオペレーション上の取り組みは何か」を考えることは、大幅に現場に権限委譲した。これは現場にとって当然チャレンジングなことだが、だからこそ現場のモチベーションが高まったのだ。

加えて、星野氏はフィードバックも重視する。例えば、星野リゾートが軽井沢町で運営するホテルブレストンコートでは、「ミス撲滅委員会」という、現場で

注11）Zetik, D. C. & Stuhlmacher, A. F. 2002. "Goal Setting and Negotiation Performance: A Meta-Analysis," *Group Processes & Intergroup Relations*, Vol.5, pp. 35-52.

注12）竹内規彦「星野リゾートの事例で考える『モチベーション』と『やる気』の大きな違い——組織の活性化に必要な『見極める力』【第1回】DIAMONDハーバード・ビジネス・レビューオンライン、2014年8月19日。

のミスについてのフィードバック機能を持つ組織を立ち上げ、以下の3つのルールを設定した[注13]。

①ミスを報告する人は、「実際にミスをした人」「他の人がしたミスについて知っている人」のどちらでもよい。
②ミスをした人を絶対に叱らない。
③ミスを報告してくれたことについてしっかり褒める。

　ミスは、誰もが隠したがるものだ。そこで星野氏は、あえて「叱らない」「報告者を褒める」といったルールをつくることで、ミスについての正確なフィードバックが多く出るような仕掛けをつくっていったのだ[注14]。

理論5：社会認知理論（Social Cognitive Theory）[1960・70年代〜]

　認知心理学ベースのモチベーション3大理論の最後は、社会認知理論である。1960・70年代からスタンフォード大学のアルバート・バンデューラによって発展したこの理論も、モチベーション研究では大きな位置を占める[注15]。同理論は教育学（生徒のモチベーション向上の研究など）にも広く応用されており、バンデューラはその功績から2015年に米国国家科学賞を受賞している。
　社会認知理論は広範で、全体像を解説するには紙幅が足りない。ここでは、特にモチベーションに関する部分を解説する。社会認知理論のモチベーションのメカニズムは、ゴール設定理論の発展系ととらえられる。図表4がそれに当たる。ゴール設定理論と異なるのは、自己効力感という概念が組み込まれることだ。
　自己効力感（self-efficacy）は、「自分がある状況において、必要な行動をうまく遂行できるか」に対する認知である。自身の能力への自信、といってもいい。

注13）「〜星野リゾート流 意識改革〜 星野佳路の『組織活性化』講座──第1回「ミスを憎んで人を憎まず」組織活性はスタッフのモチベーションの質がすべて」日立ソリューションズHPより。

注14）星野氏の事例は最近のものだが、「高いゴール設定」「恒常的で適切なフィードバック」の重要性は、「経営の神様」と呼ばれるジャック・ウェルチも「ストレッチ」「360度評価」といった名称で行っていたことだ。

注15）例えば Bandura, A. 1991. "Social Cognitive Theory of Self-Regulation," *Organizational Behavior and Human Decision Processes*, Vol. 50, pp.248-287. を参照。

352 ｜ 第3部 ｜ ミクロ心理学ディシプリンの経営理論 ｜

図表4 社会認知理論

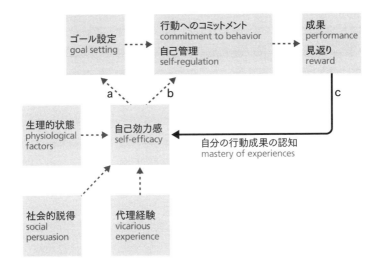

　ゴール設定理論で重要な要素は「目標の高さ」だった。そして社会認知理論では、その目標の高さに影響を与えるのが、自己効力感なのだ。人は自己効力感が高いほど、「自分はもっとできる」と考えるので、より高い目標を設定する（矢印a）。さらに、自己効力感が高い人は実際の行動・努力の自己管理も徹底して行う（矢印b）。したがってこのような人は、逆境でも努力を持続できる。結果、自己効力感の高い人は優れた成果を上げやすく、そのフィードバック効果でさらに自己効力感が増していく（矢印c）。

　では自己効力感そのものは、何に影響を受けるのだろうか。バンデューラが提示した主な要素は以下の4つである。

①過去の自分の行動成果の認知（mastery of experiences）：先のフィードバックのことである（矢印c）。
②代理経験（vicarious experience）：代理経験は「他者の行動・結果を観察することで、自身の自己効力感が変化する」ことを指す。一般に、自分と似た人が似たような業務を成功させれば、「それなら自分もできるはずだ」と考え、自己効力感が高まる傾向がある。逆に、似た人が業務を失敗させると、「彼ができないのだから、自分にも難しいだろう」と考え、自己効力感は低下する。

一般に「競争による相乗効果」などといわれるものは、このメカニズムで説明できる。似た者同士を競わせれば、誰かが成功すると、代理経験効果を通じて周囲の自己効力感・モチベーションも上がるからだ。実際、教育心理学分野では、習熟度におけるクラス分けの効果などが、このメカニズムをもとに研究されている。

③**社会的説得**（social persuasion）：「君ならできる」というようなポジティブな言葉を、周囲が投げかけることだ。

④**生理的状態**（physiological factors）：人は精神・生理的不安に陥ると「自分ではこの責務は果たせない」という心理につながりがちだ。経営学ではこの視点をもとに、職場のストレスマネジメントの研究も進んでいる。

1960・70年代に提示されたこれら3大理論は、いまでも経営学のモチベーション研究の中心的存在である。それだけ強い説明力を持つということだろう。逆に言えば1980年代以降は、なかなかこれらの理論を超える、新しい視点が生まれなかったということでもある。

しかし2000年代に入って、経営学でもようやく新しい視点の研究が進みつつある、というのが筆者の理解だ。最後にその視点を紹介しよう。それは、プロソーシャル・モチベーションである。

理論6：**プロソーシャル・モチベーション**（prosocial motivation）
[**2000年代〜**]

プロソーシャル・モチベーション（PSM）は「他者視点のモチベーション」のことだ。PSMが高い人は、関心が自身だけでなく他者にも向いており、他人の視点に立ち、他人に貢献することにもモチベーションを見いだす。これは、けっして「社会貢献」のような大きなものだけではない。「顧客視点に立つ」「取引先との視点に立つ」「部下の視点に立つ」といった、身近なものを含む。

PSMは、1980年代からテネシー大学のダニエル・バトソン等によって体系化されてきた。その実証研究が特に経営学で蓄積され始めたのは、2000年代からだ。なかでもPSMについて近年数々の業績を残しているのは、ペンシルバニア大学の若きスター教授アダム・グラントである。

グラントが特に注目するのは、PSMと内発的動機の「補完効果」だ。「PSM

と内発的動機がともに高いレベルにあると、互いが補完し合って、その人の高いパフォーマンスにつながる」という主張である。PSMと内発的動機が同時に高い人は「他者に貢献することを、みずからの楽しみとして感じる」からだ。冒頭で述べたように、内発的動機は外発的動機よりも個人のコミットメントを強め、持続性も高い。結果としてPSMも持続するので高いパフォーマンスに結び付く。

グラントが2008年に『アカデミー・オブ・マネジメント・ジャーナル』（AMJ）に発表した論文では、①58人の消防士を対象とした実験、②142人のファンドレイジング担当者を対象とした質問票分析のいずれにおいても、「PSMと内発的動機が高い人ほど、行動の持続性が高く、パフォーマンスや生産性も高い」という結果を得ている[注16]。

さらに興味深いのは、グラントが2012年にAMJ誌に発表した別の論文だ[注17]。ここで彼が注目したのは、「PSMと内発的動機の補完効果が、個人の創造性（クリエイティビティ）を高める可能性」である。

個人の内発的動機が人のクリエイティビティを高める可能性については、グラント以前から多くの実証分析が行われてきた。しかしその結果はまちまちで、研究者の合意は得られていなかった。それに対してグラントは、「『内発的動機→クリエイティビティ』のプラス効果は、その人が高いPSMを持っている時にこそ成立する」と主張したのである。

クリエイティビティは2つの要素から構成される。一つは「新奇性」（novelty）だ。クリエイティブなものは、当然、新しくなくてはならない。もう一つの条件は、有用性（usefulness）だ。いかに斬新なアイデアでも、それが使う人に役立たなければ、目新しいだけでクリエイティブとはいえない。

先にも述べたように、PSMは「他者視点に立つ」ことである。したがってPSMが高い人は新規だけでなく、そのアイデアが「相手にとって有用か」までを考える。さらに、他人に役立つことを「面白い・楽しい」と感じるから、クリエイティブな作業にコミットするようになる。

注16) Grant, A. M. et al., 2008. "Giving Commitment: Employee Support Programs and the Prosocial Sensemaking Process," *Academy of Management Journal*, Vol. 51, pp.898-918.

注17) Grant, A.M. 2012."Leading with Meaning: Beneficiary Contact, Prosocial Impact, and the Performance effects of transformational leadership," *Academy of Management Journal*, Vpl. 55, pp. 458-476.

この2012年の論文でグラントは、①90人の治安部隊メンバーを対象とした質問票分析、②米水処理プラントの従業員111人への質問票分析、③100人の学生を対象とした実験を行い、いずれの分析でもこの命題を支持する結果を得たのだ。

リクルートが徹底する、内発的動機×PSM

筆者が思いつく、「社員がPSMと内発的動機に満ちている企業」といえば、その代表格はリクルートだ。同社がいまも新しいビジネス・顧客提案を次々に生み出して成長していることは、多くの皆さんがご存じだろう。実際、筆者は過去に、同社がグループ横断で優れた最新ナレッジを共有する「GROWTH FORUM」や「TOPGUN FORUM」というイベントに招かれたことがあるが、そこで次々と発表される創造性の高いプロジェクトアイデアには、大いに感銘を受けた。

そしてリクルート社内の方々に話を伺うと、同社には内発的動機とPSMを代表する企業文化があるのだ。一つは、いわゆる「あなたはどうしたい？」文化である。リクルートでは社員が新しい取り組み・チャレンジをするに当たり、その根本である「結局自分は何をしたいのか」を徹底的に突き詰める文化がある。まさに内発的動機の啓蒙である。

加えて同社にあるのが、「顧客とのイタコ化」の文化である。これは恐山のイタコのように、徹底的に顧客視点に「乗り移る」ことだ。それによって、顧客の「不安」「不満」などの「不」の要素を突き止め、それを解消することを考えるのだ。こちらはまさにPSMである。こういった、内発的動機とPSMの徹底を促す文化が、同社の成長力の原動力になっていると筆者は理解している。

「PSMと内発的動機の補完効果」の研究は緒についたばかりで、学者の総意というには時期尚早だ。しかし筆者は、この結果は実に興味深いと考える。なぜなら、これは前章で紹介した「これからのリーダーシップに望まれるのは、トランスフォーメーショナル・リーダーシップ（TFL）とシェアード・リーダーシップ（SL）の掛け合わせ」という主張と、見事に合致するからだ。

これからの人材輩出企業の条件とは

そこで最後に、筆者の私見を展開しよう。**図表5**も併せてご覧いただきたい。

図表5 モチベーション×リーダーシップ

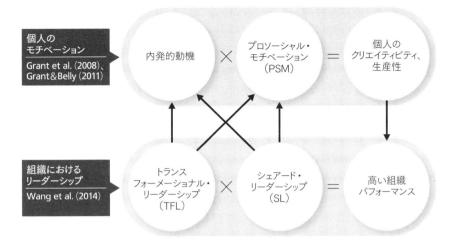

　今後の知識社会では、個人の創造性が重要なことは言うまでもない。それを高めるのが個人の「内発的動機×PSM」というのが、グラントの研究結果だ。だとすれば知りたいのは、どのような企業が「内発的動機×PSM」の高い人材を生み出せるのかだろう。

　前章・本章の議論を踏まえ、筆者は「それはTFLとSLに満ちた企業だ」と考える。SLは「チームのメンバー全員がそれぞれリーダーのように振る舞い、互いに影響し合う」ことだから、それは組織の全員がTFL型リーダーのように考え、動くということだ。

　一方で、TFLは「明確にビジョンを掲げて自社・自組織の仕事の魅力を部下に伝え、部下を啓蒙し、新しいことを奨励し、部下の学習や成長を重視する」ことだった。この定義から明らかなように、TFLの高い人は他者の内発的動機を高める。この点は過去の実証研究でも示されている[注18]。何よりTFLリーダーは自身のビジョンを示すのだから、自身の内発的動機も高める必要がある。したがってTFL×SLの満ちた組織では、必然的に内発的動機の高い人が育つはずだ。

　さらにこのような組織は、個人のPSMも高めるはずだ。TFL×SLとは、自身

注18) 例えば Piccolo, R. F. & Colquitt, J. A. 2006. "Transformational Leadership and Job Behaviors: The Mediating Role of Core Job Characteristics," *Academy of Management Journal*, Vol. 49, pp.327-340. を参照。

と他者がビジョンを持って互いに啓蒙・刺激し合うことだ。したがって「彼のビジョンは何か」「彼女が面白いと感じることは何か」を考える他者視点が必要になる。

　結果としてTFL×SLが高い組織では、メンバーの内発的動機×PSMが高まり、個人のパフォーマンスを高め、それが高い組織パフォーマンスとして顕在化するのではないだろうか。実際、先のリクルートもTFL×SLが満ちている。

　前章で紹介したマッキンゼーもそうだが、こういった「人材輩出企業」には、やはり共通の特徴があるのだ。それは経営学からは、「TFL×SL」と「内発的動機×PSM」の組み合わせで説明できるのではないか、と筆者は考えている。

　1960年代に初めて包括的にモチベーションの構造を解き明かそうとした期待理論は、(モチベーションは報酬で変わるという)人の合理性に基づいたものだった。それから半世紀が経った現在、現代の経営学で注目されるモチベーションは、「ビジョン」「仕事の楽しさ」「他者視点」などを重視するようになってきている。そしてそれは、求められるリーダーシップ理論の変容とも、深く関わるのだ。

358　　第3部｜ミクロ心理学ディシプリンの経営理論｜

第**20**章 cognitive bias

認知バイアスの理論

認知の歪みは、組織で乗り越える

認知バイアスは、時に悲惨な結果を招く

　本章、次章とで「認知バイアス」「意思決定」に関連する理論を解説する。

　まず前提として、**図表1**をご覧いただきたい。言うまでもなくビジネスでは、常に意思決定が必要だ。しかし、そのために人はまず周囲の情報を収集する必要がある。収集して記憶した情報をもとに、意思決定を下すのだ。

　この情報収集は、極めて認知的なものである。認知とは、外部から収集した情報を処理してアウトプットを出す「脳の情報処理プロセス」のことだからだ。そして第2部で繰り返し述べているように、人は認知の届く範囲に限界があるので、自分の周囲の情報すべてを収集できない（図表1の左側）。無意識のうちに、自身が優先すべき情報を認知のフィルターで取捨選択しているのだ。そして記憶として留めた情報も、認知バイアスがあるのですべてを引き出すことはできない。

　結果的に認知バイアスは、その後の意思決定に歪みを生じさせる。実際、市場動向、顧客の動向、ライバル企業の状況、現場での問題などについて認知的に見誤ったがゆえの意思決定を下して、大惨事を招いた事例は枚挙にいとまがない。

　代表例は、1990年代のデジタル技術革命に乗り遅れたフィルムメーカーの米ポラロイド社だ。ハーバード大学のジョバンニ・ガベッティらが2000年に『ストラテジック・マネジメント・ジャーナル』（SMJ）に発表した論文では、同社の経営陣の認知バイアスがその後の意思決定に影響し、悲惨な結果をもたらした事例が論じられている。

　ガベッティらによると、当時のポラロイド社経営陣の持っていた認知バイアスは、同社のビジネスモデルについてだ。1980年代までの同社は、ハードウェア分野で「レーザーブレードモデル」と呼ばれるビジネスモデルをもとに、高い収

第20章　認知バイアスの理論

359

| 図表1 | 認知バイアスの理論と意思決定バイアスの理論

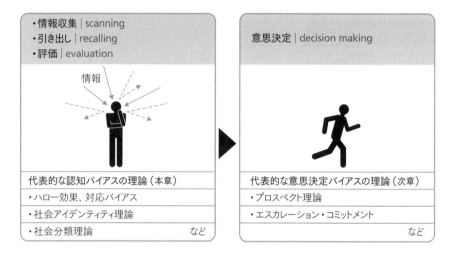

益を上げていた（カミソリメーカーのジレットが本体を安く売って替え刃で儲けた仕組みと似ていたので、こう呼ばれる）。結果として彼らの頭の中で、「当社が成功するのはレーザーブレードモデルだ」というバイアスができてしまい、このビジネスモデルにフィットする情報だけが優先して認知・収集されるようになったのだ。

　そして1990年代に業界にデジタル革命の波が押し寄せた時に、「デジタル製品はレーザーブレードモデルにフィットしない」という理由で投資が大幅に遅れ、一方で医療イメージングシステムに多大な投資が回された。結果、ポラロイド社はデジタルカメラ事業に乗り遅れ、医療イメージングシステム事業にも失敗した。同社は2001年に約9億4800万ドルの負債を抱えて経営破綻したのである。

　このように意思決定の「前段階」である、情報収集の認知バイアスを理解することは極めて重要だ。本章では、前半で認知バイアスの理論を紹介し、そのメカニズムや影響を明らかにする。しかし当然ながら、認知バイアスは克服したいものでもある。そのために必要なことはなんだろうか。この問いは経営学でも発展途上なのだが、本章後半では今後経営学で発展が期待できる認知バイアス克服の視点として、「アテンション・ベースト・ビュー」を解説しよう。

　認知バイアスは、心理学では膨大な数の理論が打ち立てられている[注1]。その範囲はあまりに広く、本章だけですべてをカバーできるものではない。より関心の

ある方は、心理学の専門書も併せて参考にしていただきたい。本章では、なかでも近年の経営学で応用される代表的な理論を中心に、「個人レベル」「組織レベル」に分けて紹介する[注2]。

個人レベル：パフォーマンス・アプレイザル

まず、個人レベルだ。我々は一人ひとりが様々な認知バイアスを持っている。経営学で特に重視されるのは、「認知的な評価プロセス」である。パフォーマンス・アプレイザル（performance appraisal）と呼ばれる。我々は経済情勢、市場動向、製品サービスの質、業務成果、ライバルの動向、部下のパフォーマンスなど、様々な周辺環境をつねに「評価」している。そして気づかないうちに、こうした対象を、認知バイアスを通して評価しているのだ。ここでは、代表的な4つのパフォーマンス・アプレイザルを紹介する。

❶ハロー効果（halo effect）

ハロー（halo）とは「後光が差す」の後光のことだ。人が、製品サービスや他者を評価する時に、その様々な特性・機能についての子細な分析を行わず、その人物・製品サービスのある顕著な特徴だけに基づいた印象を持ってしまい（＝後光が差して）、その印象をもとに評価するバイアスのことを指す[注3]。

例えば、ある人が高学歴だったり、あるいはスポーツに秀でていると、「その人全体」への印象は高まりやすい。仮に人格が優れていなくても、スポーツができると「この人は人格面も優れているに違いない」と思い込んでしまうこともある。他にも、「英語が上手にしゃべれる人は、他分野でも頭が良さそう」などと評価しがちな日本人も多いのではないか。

注1）本章で紹介する以外にも様々な認知バイアスが存在する。代表的なものに、人が自身に都合のいい情報を優先して取り込んでしまう「確証バイアス」（confirmation bias）がある。

注2）本章では、①海外の経営学分野専門の主要学術誌（アカデミー・オブ・マネジメント・ジャーナル、ストラテジック・マネジメント・ジャーナルなど）に掲載された論文で取り上げられたり、応用されている理論であること、②個人レベルだけでなく、組織レベルに応用されていること、を基準に理論を選定した。

注3）ハロー効果を最初に提唱したのは、コロンビア大学の心理学者エドワード・ソーンダイクである。例えば Thorndike, E. L. 1920. "A Constant Error in Psychological Ratings," *Journal of Applied Psychology*, Vol. 4, pp. 25-29. を参照。より近年のレビューについては、Cooper, W. H. 1981. "Ubiquitous Halo," *Psychological Bulletin*, Vol.90, pp. 218-244. を参照。

ハロー効果は、経営学以上にマーケティングでの応用が進んでいる。例えば、企業が「人気のある著名人・芸能人」をCM・広告に使う理由は、ハロー効果ゆえだ。好感度の高い芸能人・スポーツ選手をCMに起用すれば、その人が持つよいイメージがハロー効果を通じて商品全体に波及し、購入意欲を刺激するからだ。

経営学でハロー効果を検証したものには、ケース・ウェスタン・リザーブ大学のスコット・シェーンらが2003年に『マネジメント・サイエンス』に発表した論文がある[注4]。この論文でシェーンらは、1992年から1998年の間に全米102の大学から申請された500以上の技術ライセンスのデータを使った統計分析を行い、「ハーバード大学、マサチューセッツ工科大学などの一流の大学ほど、技術内容いかんにかかわらず、技術のライセンシング化が認められる確率が高まる」傾向を明らかにしている。技術の本質的な子細より、大学名のハロー効果で技術が評価されてしまうのだ。

❷利用可能性バイアス（availability heuristics）

利用可能性バイアスとは、人が記憶に留めていた情報を引き出す時に、「簡単に想起しやすい情報を優先的に引き出し、それに頼ってしまうバイアス」のことだ[注5]。なかでも以下の特性を持つ情報が、認知的に引き出されやすいとされる。

想起容易性：記憶時のインパクトが大きい情報。例えば、大きな事件、印象に残るテレビコマーシャルなどは、後で想起されやすい。

検索容易性：記憶の中から即座に検索しやすい情報。例えば、スーパーマーケットで日用品を買う時に、「とりあえず、いつものを買っておけば間違いがない」と判断してしまうこと。

具体性：身近な人から直接聞いた具体的な情報は、普遍的な代表性があるとは限らないにもかかわらず、優先して引き出される。例えば友人からの内輪情報を受け取ると、「あの人が言うなら間違いない」と評価してしまい、本当にその情報そのものの真偽・代表性を十分に確認しないまま、優先して判断の根拠にしてしまう。

注4) Sine, W. D. et al., 2003. "The Halo Effect and Technology Licensing: The Influence of Institutional Prestige on the Licensing of University Inventions," *Management Science*, Vol. 49, pp. 478-496.

注5) 利用可能性バイアスについては Tversky, A. & Kahneman, D. 1973. "Availability: A Heuristic for Judging Frequency and Probability," *Cognitive Psychology*, Vol. 5, pp. 207-232. を参照。

先のポラロイド社の例は、典型的な利用可能性バイアスだろう。レーザーブレードモデルで大成功し（＝想起容易性を高める）、それのみを「間違いない」と常に記憶から引き出していた（＝検索容易性が高い）ために、デジタル化に合わせたビジネスモデルの転換という発想がまったくできなかったのである。

❸対応バイアス（correspondence bias）

対応バイアスは「根本的な帰属の誤り」（fundamental attribution error）という名でも知られる。これは、「他者が何か事件に巻き込まれた時に、その本当の理由は周辺環境などにあるのに、理由を当事者（他者）の人柄・資質などに帰属させてしまう」バイアスのことだ。

例えば我々は現場で起きた問題を、何かと「担当者の責任論」にしたがる傾向がある。これは典型的な対応バイアスだ。エール大学のチャールズ・ペローによると、実際の現場の事故というのは、実はその6～7割は担当者の資質ではなく、周囲の環境要因で引き起こされるのだそうだ。しかし調査をしてみると、事故の6～8割のケースでは、評価者は事故の責任を、現担当者の資質に求めてしまう[注6]。「責任論のバイアス」には、我々も気をつけるべきなのだろう。

❹代表性バイアス（representativeness heuristics）

典型例と類似している事項の確率を過大評価しやすいバイアスのことである。例えば、海外でたまたま知り合った日本人が冗談ばかりを話すと、「この人は関西出身だろう」と考えてしまうかもしれない。実際には、関西人の人口は日本人全体の6分の1程度だから、むしろ関西人以外の人と出会う確率の方が高いわけだが、「関西人＝冗談が好き」というイメージが刷り込まれているために、その確率を過大評価してしまうのだ。

組織レベルの認知バイアス：
社会アイデンティティ理論と社会分類理論

次に組織レベルである。ここでいう組織の認知バイアスとは、組織が全体で持つものではない。組織は個人の集合体であり、個人が組織に所属することでその

注6）Perrow, C. 1984. *Normal Accidents Living with High- Risk Technologies*, Basic Books.

人が持ちがちなバイアスのことを指す。本章では、経営学でよく使われる「社会アイデンティティ理論」と「社会分類理論」を解説しよう。

社会アイデンティティ理論

社会アイデンティティ理論（social identity theory）は、個人の組織への帰属意識のバイアスである。社会アイデンティティとは、「私は○○県出身だ」「私は○○社の社員だ」「私は○○大学出身だ」といった、自分が社会グループのどこに属すると認識するかについての認知バイアスだ。

例えば、出身国である。国家も大きな社会グループととらえられる。そして人は、時に母国に強い社会アイデンティティを持つ。例えば興味深い研究に、トロント大学のオレ・クリスティアン・ホープらが、2011年に『ジャーナル・オブ・インターナショナル・ビジネス・スタディーズ』に発表した論文がある[注7]。

この論文でホープらは、1990年から2007年までに発生した3806件の国際間のM&Aのデータを用いて、「中国、ブラジル、インドなど、いわゆる新興国の企業が先進国の企業を買収した場合、平均よりも約16%ポイントも高い買収プレミアムを払う」傾向を明らかにしている。買収する側の企業にとってプレミアムは低い方が望ましいから、新興国企業が総じて高いプレミアムを払う傾向があるのは興味深い。

ホープらはこれを社会アイデンティティ理論で説明する。グローバル化を進める新興国企業の経営者は、「自分が国を代表している」という意識を強く持ちやすい。母国への社会アイデンティティが強いのだ。結果、特に先進国の企業を買収する時は、「自分が母国を代表して先進企業を買収している」というバイアスが働き、高いプレミアムを払ってでも完遂させようとする、というのである。

社会分類理論

社会分類理論（social categorization theory）は、組織の中で人が他者を無意識にグループ分けする認知バイアスを説明する[注8]。

注7) Hope, O. K. et al., 2011. "The Cost of Pride: Why Do Firms from Developing Countries Bid Higher?," *Journal of International Business Studies*, Vol. 42, pp. 128-151.

注8) Tajfel,H. 1981. *Human Groups and Social Categories: Studies in Social Psychology*, Cambridge University Press.

例えば、仮に我々の周りに100人の人がいる時、その一人ひとりの情報をすぐ正確に把握することは、認知的に不可能だ。人は認知に限界がある。したがって、何らかの特定情報を足がかりにして、人を「Aグループ」「Bグループ」などと分類して認知する傾向があるのだ。

　そして、この「グループ分け」という認知が脳内にできると、人は自分と同じグループの人に好意的な印象を抱くバイアスがある。これを、イングループ・バイアス（ingroup bias, あるいはingroup favoritism）と呼ぶ。

ダイバーシティ経営はなぜ失敗するのか

　企業においてイングループ・バイアスが深刻なのは、例えばそれがダイバーシティ経営の障壁となるからだ。ダイバーシティはその名の通り、「多様な人々を組織に加える」ことである。日本でも、2015年に女性活躍推進法が成立し、政府は企業が女性登用を促すことに積極的だ。

　そうなると気になるのは、「果たしてダイバーシティは企業業績にとってプラスなのか」ということだろう。海外の経営学でもこの問いは重要視されており、すでに40年以上、統計解析を使って検証が積み重ねられてきた。

　その結果わかってきていることは、ダイバーシティには大きく2種類があることだ。本章では、それぞれを「タスク型の多様性」「デモグラフィー型の多様性」と呼ぼう（**図表2**を参照）。

　まず、タスク型の人材多様性（task diversity）とは、知見・能力・経験・価値観などについて、多様な人材が組織に集まることだ。これらの要素は、外見に表れにくい。一方、デモグラフィー型の多様性（demographic diversity）とは、性別、国籍、年齢などの側面で、組織の人材が多様化することだ。こちらは目に見えやすい属性である。

　そしてこれまでの経営学の実証研究の総論として、両者が組織パフォーマンスに与える影響は異なる。それは以下のようなものだ。

総論1──タスク型の多様性は組織にプラスの影響を及ぼす。
総論2──デモグラフィー型の多様性は組織にプラスの影響を及ぼさない。それどころか、場合によってはマイナスの影響を及ぼすこともある。

| 図表2 | 2種類のダイバーシティ

	タスク型	デモグラフィー型
例	知見、能力、経験、価値観など	性別、国籍、人種、年齢など
特性	その人の内面にあり、見えにくい	目に見えやすい
組織への効果	組織パフォーマンスにプラス	組織パフォーマンスにマイナスになる場合もある
説明する代表的理論	知の探索など	社会分類理論

　例えば、米イリノイ大学アーバナシャンペーン校のアパーナ・ジョシらが2009年にAMJに発表した論文でも、1992年から2009年までに発表された39本の研究結果を集計したメタ・アナリシスを行い、上の総論を支持する結果となっている[注9]。

　なぜ、このような結果になるのだろうか。まず総論1だが、タスク型のダイバーシティが組織にプラスな理由は明快だ。詳しくは、第2部の第13章をお読みいただきたいが、「知の探索」につながるのである。組織の成長に必要な新しい発想は、「既存の知と知の、新しい組み合わせ」から生まれる。したがって、多様な知見・経験・価値観を持った人材が組織に集まれば（＝タスク型の多様性が高まれば）、バラエティに富んだ視点から「知と知の新しい組み合わせ」が進むので、それが新しい知を生み出し、組織パフォーマンスを高めるのだ。

　問題は総論2である。なぜデモグラフィー型に依拠する多様性が、組織にマイナスになりえるのか、これを説明するのが社会分類理論だ。先に、人は「何らかの特定情報を足がかりにして、他人を『Aグループ』『Bグループ』と分類して認知する」と述べた。そして人は認知に限界があるから、まずは「男性・女性」「日本人・外国人」「年配・若者」など、わかりやすい見た目・属性の違いで、分類しがちなのだ。

注9）Joshi, A. & Roh, H. 2009. "The Role of Context in Work Team Diversity Research: A Meta-Analytic Review," *Academy of Management Journal*, Vol. 52, pp. 599-627. および Horwitz, S. K. & Horwitz, I. B. 2007. "The Effects of Team Diversity on Team Outcomes: A Meta-Analytic Review of Team Demography," *Journal of Management*, Vol. 33, pp. 987-1015. を参照。

結果、例えばそれまで「日本人の中年男性」ばかりだった組織に、何も考えず若い女性だけを複数人入れると、男性側は「自分たち男性グループvs.女性グループ」というイングループ・バイアスを持ってしまう。同じようなイングループ・バイアスは、女性側にも生まれる。やがて知らぬ間に「男性グループvs.女性グループ」「日本人グループvs.米国人グループ」といった、組織内の認知バイアスグループが生まれ、両者間で軋轢が生じ、交流が滞り、組織全体のパフォーマンスの停滞を生むのである。

グーグルですら、ダイバーシティは容易ではない

　筆者は、日本社会が女性・外国人の社会進出を促すことは意味がない、と言ってはいない。むしろその逆で、女性・外国人の進出には個人的には大賛成だ。ただそれは、あくまで（企業経営という視点からは）タスク型ダイバーシティのために重要だからである。いまだに多くの日本企業には日本人の男性が多いのだから、そこに女性や外国人が参加すれば、そのような人々の持つ多様な考え・能力・経験が知の探索を促すからだ。

　しかし一方で、それは同時にデモグラフィー型ダイバーシティの効果も高めるので、イングループ・バイアスが組織内に軋轢を生じさせる。この「そもそも何のために我々はダイバーシティを進める必要があるのか」「どのような認知バイアスを取り除く必要があるのか」の理解が十分でないために、多くの日本企業ではダイバーシティが進まないのではないだろうか。

　この点で興味深いのは、米グーグル（アルファベット）だ。同社の社是の一つは「ダイバーシティ」である。以前同社の人事担当の方から、「グーグルは、イノベーションのためにダイバーシティを進めるのです」と筆者は聞いたことがある。まさにタスク型の多様性を求めているのだ。結果、グーグルには国籍も性別も関わりなく多様な人が働いている。LGBTの方や障害者の方も少なくない。

　一方でグーグルですら、属性の多様性からなるイングループ・バイアスが存在する（同社では「無意識の偏見」〈unconscious bias〉と呼ぶ）。この認知バイアスを解消するため、同社はスタンフォード大学の教授と共同研究を行って、バイアスを取り除く研修を徹底しているそうだ注10。グーグルですらそこまでやるのだから、日本企業がイングループ・バイアスに立ち向かうことがいかに重要か、

おわかりになるだろう。

　さて、ここまで様々な認知バイアスについて解説してきた。しかし、多くの皆さん（特にビジネスパーソン）の感想は、「我々が認知バイアスを持つのはもうわかったから、それよりもその解消法を教えてよ」というものではないだろうか。実は、認知バイアス研究はどうしても「人には色々なところでバイアスを持つ」ということに研究の関心が行きがちで、（少なくとも経営学では）バイアスを解消する手段について体系だった理論・知見が乏しい、と筆者は考えている。一つの手段は先のグーグルのようにやはり徹底して研修を行い、意識改善・啓蒙を促すことだろう。

　しかしそのままでは物足りないので本章では、まだ「世界標準の経営理論」とは言えないが、今後さらなる発展が期待できる認知バイアス克服の視点を紹介しよう。それが「アテンション・ベースト・ビュー」である。

個人のバイアスは組織で乗り越える

　アテンション・ベースト・ビュー（Attention-Based View, ABV）は、ノースウェスタン大学のウィリアム・オカシオが1997年に『ストラテジック・マネジメント・ジャーナル』（SMJ）で初めて提示して以来、特に近年は経営学者の関心が際立って高まっている視点である[注11]。アテンションとは、「人の認知的な注意・関心」のことだ。先のSMJ論文でオカシオは、アテンションを以下のように定義する。

　　"noticing, encoding, interpreting and focusing of time and effort," through which people locate some information in their memory and ignore others (Ocasio, 1997, p. 189.)
　　（認知的な）気づき、読み取り、解釈、集中において、どこに時間と労力を割くか

注10）例えば、Feloni, R."Here's the Presentation Google Gives Employees on How to Spot Unconscious Bias at Work," BUSINESS INSIDER ,February 11, 2016, を参照。

注11）Ocasio, W. 1997. "Towards an Attention-Based View of the Firm,"*Strategic Management Journal*, Vol. 18, pp. 187-206.

368 　│ 第 3 部 │ ミクロ心理学ディシプリンの経営理論 │

ということであり、それを通じて人は、特定の情報だけを自身の認知メモリーに置き、他は無視する（筆者意訳）

　ABVは、「企業は、人の認知の集合体」という前提に立つ。人は認知に限界がある。その前提をもとに、「企業の意思決定・行動は、その意思決定者の限りある認知アテンションを、企業内外のどの諸問題にどのくらい分配するか、そしてそれをどのくらい十分に解釈できるかに大きく影響される」と主張する。

　したがって特にABVで研究されるのは、企業経営者のアテンションである。現代では、メールだけで1日に数百件を確認しなければならない社長・CEOも少なくない。それだけ大量情報にさらされれば、その中でどれに注意を払い、どの情報を軽視するかは、認知バイアスに強く規定される。それはやがて経営者の戦略判断に影響を与え、企業の命運に影響を与えうる。冒頭のポラロイドの事例は、まさにそれにあたるだろう。

　一方でABVは「認知のバイアスは、経営者を取り巻く組織構造・人脈・メンバー編成にも強く規定される」と主張するのだ。例えば、組織のメンバー構成である。組織のメンバー構成をうまく組めば、自身の認知バイアスも抑制できるかもしれない、ということだ。本章では、ペンシルバニア大学の著名研究者ドナルド・ハンブリックらが、2006年に『オーガニゼーション・サイエンス』に発表した研究を紹介しよう[注12]。

　この論文でハンブリックらは、1978年に実施された米航空業界の大幅な規制緩和後の、各航空会社の経営者のアテンションと、その後の戦略変化の対応を分析した。規制が大幅緩和されれば新規企業が参入し、市場メカニズムに基づいた競争が激化する。したがって、それまで規制に守られていた企業もより顧客の声を聞き、価格を下げ、様々なサービスを打つことで「市場競争メカニズム」を重視した戦略を取る必要がある。

　ハンブリックらは、1978年の規制緩和後から1986年までの米航空企業30社の経営陣がどのくらい「顧客の動向・価格低下・新サービスなど、市場競争の側面」に向けられたか、そのアテンションの変化をデータ化し、統計解析したのだ。

注12) Cho, T.S.&Hambrick, D. C. 2006. "Attention as the Mediator Between Top Management Team Characteristics and Strategic Change: The Case of Airline Deregulation," *Organization Science*, Vol. 17, pp.417-526.

具体的には、各企業が毎年株主に送るレターに書かれている「今後の経営方針」をテキスト分析することで、アテンションをデータ化した。結果、以下のことが明らかになったのだ。

結果1──予想通り、アテンションを市場競争型に変化させられた企業の方が、その後の様々な戦略変化に対応できた。

結果2──では、どのような企業の経営陣がアテンションを市場競争型に変化させられたかというと、その要件の一つは、経営陣のメンバーの間に、経験・バックグラウンドなどにおいて多様性が高い企業だった。

　ひとりの個人が持つ認知バイアスは、一方向でしかない。しかし多様な人々がチームに集まれば、そのチームが持つアテンションの方向も多様になり、総体として客観的な判断ができるようになるということだ。結果、経営陣が多様性に富んでいる企業は、アテンションを市場競争型に変化させられたのだ。

　この結果は、「一人ひとりが持つ認知バイアスを解消する一つの有用な手段は、やはり経営メンバーの多様性」ということを示唆する。先に、ダイバーシティは「知の探索」の視点から重要と述べたが、その重要性はABVからも同じなのだ。

　ここで冒頭で紹介したポラロイド社の事例に戻れば、危機に陥る前の同社は経営陣が「レーザーブレードモデル」に傾斜した認知バイアスを持ち、そのバイアスに「気がつけなかった」ことが失敗の背景だった。そしてガベッティの2000年SMJ論文を読む限り、同社が多様な方向にアテンションを払える経営陣チームであったとは到底いえない。

　同論文によると経営陣メンバーは1980年代を通じてほぼ人員の入れ替えがなく、そして当時の趨勢からして多くは同社の生え抜きメンバーであったと予想される。もし同社の経営陣が多様性に富み、レーザーブレードモデル以外の方向へも認知アテンションを払えていたなら、同社の命運も異なっていたのかもしれない。個人の認知バイアスの解消となると「個人が自覚するしかない」といった精神論しか言われないことも多いが、ABVはそれを組織で乗り越える重要性を示唆してくれるのだ。

　ABVはまだ「世界標準の経営理論」と呼ぶには時期尚早と、筆者は理解して

いる。ABVには独自に体系化され、実証研究を通じて十分に検証された命題が乏しいからだ。

とはいえ、今後のさらなる発展は大いに期待できる。特に近年は、神経科学の知見がABVに取り込まれつつある点が心強い。例えばオカシオが2011年にOS誌に発表した論文は、神経科学の研究成果から脳に3つのアテンション機能があることを述べている[13]。それは、default-mode（自分の内面世界をただよう）、salience（違和感に気づく）、executive（言語化やイメージ化する）だ。ハーバード大学の心理学者ロジャー・ビーティーらの研究チームが2018年に『米国科学アカデミー紀要』（PNAS）に発表した研究では、fMRIを使って脳内のニューラルネットワークを解析し、「これらの機能が脳内で有機的に結び付いていて自由に使いこなすことができる人ほど、創造性が高い」という結果が得られている[14]。

このような知見から、オカシオは2011年のOS論文で、ABVの新しい命題を提示している[15]。今後は神経科学の視点が組み込まれることで、ABVがさらに検証されて、発展することにも期待したい。それが、我々がいかに認知バイアスを組織で乗り越えうるかに、視座を与えてくれるはずだからだ。

注13）Ocasio,W.2011."Attention to Attention," *Organization Science*, Vol. 22, pp. 1286-1296.

注14）Beaty,R. E. et al.,2018."Robust Prediction of Individual Creative Ability from Brain Functional Connectivity,"*PNAS*,Vol.115,pp.1087-1092.

注15）同論文でオカシオは5つの命題を提示している。例えば、「経営陣が未来志向的なアテンションを持つと、それは組織の硬直化を乗り越えさせうる」「組織内の様々なチャネル、階層、個人を横断してアテンションへの従事度が揃っていると、それは組織レベルでのアテンションの変化を促し、結果として組織学習・組織変化を促しうる」などである。

---

column

マインドフルネス

本文におけるABVの示唆は、チーム編成など自分の周辺の環境を変えることで、組織として認知バイアスを克服することだった。それに対して、個人の内面からバイアスを克服する手段として視座を与えるのが、現代の経営学でにわかに注目され始めている「マインドフルネス」（mindfulness）である。マインドフルネスの効果は認知バイアス解消だけに留まらないが、本文との関連性

も踏まえ、このコラムで経営学におけるマインドフルネスの視点を紹介しよう。

マインドフルネスという言葉は、日本でもよく聞かれるようになった。マインドフルネスには、「いまその瞬間に向けて意識を高める」と言った意味がある。後で紹介するデーンの論文では、以下のように定義されている[1]。

Fundamentally concerned with "being attentive to and aware of what is taking place in the present" (Brown & Ryan, 2003, p. 822), mindfulness has been posited to help people become "alive" to the present moment (Hanh, 1976, p. 11), attuned to their internal processes and states (M. Epstein, 1995), and healthier, physically and mentally (Thondup, 1996).

いまその時に起きていることに注意と意識を払うというマインドフルネスは、人がその瞬間を「生きる」ようになることを助け、内面プロセス・状態との調和を促し、そして物理的・精神的な健康を促す。（筆者意訳）

従来、マインドフルネスは瞑想・禅などと関連が深いために、東洋思想的なメディテーションととらえられがちで、経営学での関心は薄かった。しかし、そもそもマインドフルネスとは一つの心理状態だから、メディテーションだけに留まるものではない。

経営学でのマインドフルネスはまだ新しい視点であり、定義も十分に固まっていない。ライス大学のエリック・デーンは2011年に『ジャーナル・オブ・マネジメント』で発表した論文で、何がマインドフルネスで、何がマインドフルネスではないのか、を整理している。例えば、**図表1**による整理はわかりやすい。デーンによると、マインドフルネスを考える上では、「アテンションの幅」（attentional breath）と「いまその瞬間への意識の傾斜」（present moment orientation）の2軸での整理ができる。

この図表の整理だと、マインドフルネスは「幅広い対象の、その瞬間の状態に意識を傾ける」ことになる。例えば、仮に「いまその瞬間への意識の傾斜」が強くても、それが「ごく狭い範囲」だけにしか及ばないなら、それはマインドフルネスではなく、ポジティブ心理学でいう「フロー状態」になる。フロー状態とは、ピアニストが演奏に集中するあまり、演奏後に「一瞬で終わってしまった！」となるような状態のことだ。これはピアノの演奏という狭い範囲に

注1) Dane, E.2011. "Paying Attention to Mindfulness and Its Effects on Task Performance in the Workplace," *Journal of Management*, Vol. 37, pp. 997-1018.

|図表1|マインドフルネスとは何か

		アテンションの幅	
		比較的広い	比較的狭い
いまその瞬間への意識の傾斜	高い	マインドフルネス	没入 フロー状態
	低い	意識が散漫な状態	反事実的思考 空想 夢想

出所：Dane, 2011, p1002. をもとに筆者作成。

のみアテンションが傾いていることだから、フローではあってもマインドフルネスではないということだ。

　そしてこの図表を見れば、「マインドフルネスの一つの目的は認知バイアスを解消すること」とも解釈できるだろう。マインドフルネスは周囲の環境のその瞬間の状態に意識を傾けることなのだから、マインドフルネスが高い人の方が、バイアスなく周囲が見通せるはずだ。シリコンバレーではマインドフルネスや禅が注目されているが、それは精神的な疲れを癒すというだけでなく、認知バイアスから解放されて「周囲の瞬間をありのままにとらえる」ための手段を、ビジネスパーソンが求めているからかもしれない。

　いずれにせよ、経営学のマインドフルネス研究は始まったばかりで、十分な理論体系ができているわけではない。先のデーン論文では、マインドフルネスが組織・個人のパフォーマンスに与える影響についての命題も提示されているが、その検証は緒についたばかりだ。

　とはいえ経営学では既に、興味深い研究結果が出てきているのも事実だ。本コラムでは、英ウォーウィック大学のキース・グリントらが2016年に『アカデミー・オブ・マネジメント・ディスカバリー』に発表した事例研究を紹介しよう[注2]。この研究でグリントらが対象としたのは、米海軍の特殊部隊Sea, Air and Land (NAVY SEALs) である。

　グリントらによると、軍事で一番やってはならないことは、「小さな失敗を初

注2) Fraher, A.L.et al., 2017. "Mindfulness in Action: Discovering How US Navy Seals Build Capacity for Mindfulness in High-Reliability Organizations (HROs)," *Academy of Management Discoveries*, No. 3, 99. 239-261.

期時点で見過ごす」ことだ。初期時点では小さな失敗でも、それを見逃していると、やがて積み重なって大きな失敗（例えば戦闘での大敗北）につながるからである。逆に言えば、戦地においてNAVY SEALsの隊員は、全員がまさに「その瞬間の周囲の環境・状況すべてに意識を傾け、それに気づき、仮にそれが小さな失敗でもありのままに受け入れ、乗り越え続けること」が必要なのだ。マインドフルネスは、軍事にも求められるのだ。

　ここでグリントが注目したのは、NAVY SEALsの訓練方法である。NAVY SEALs候補生たちは、カリフォルニア州コロナドにある訓練施設で、Basic Underwater Demolition/SEALと呼ばれる30週間のプログラムを受講する。その最大のハイライトは、Hell Week（地獄の週間）と呼ばれる1週間で、通常は最終日までに75%が脱落する。この地獄の1週間で、SEALsではすべての隊員候補生たちを極限状況に追い込み、圧倒的に不確実性の高い、とにかく「絶対に失敗する状況」を繰り返し、繰り返し、何度も経験させるのである。

　結果として、「この1週間を経験した隊員たちは、どのような不確実性が高い状況でも周囲の状況をありのままに受け入れられ、失敗も受け入れて、むしろ失敗の中で前進する（彼らの言葉では、thriving in failuresという）メンタルを身につけることができる」というのがグリントらの分析結果である。戦闘という極限状況下で必要な、「周囲のあらゆる環境を、バイアスなく、ありのままに受け入れる」マインドフルネスが高まるのだ。そのために必要なのは、軍事の場合は、極限状況に人を追い込むことなのだ。

　グリントの研究はNAVY SEALsという一事例を扱ったものなので、これがどこまで一般化できるかはわからない。しかし筆者は、この研究結果はビジネスにも示唆的だと考える。ビジネスで言えば、これはいわゆる「修羅場経験」をどれだけその人が潜ってきたか、に近いといえるからだ。

　マインドフルネスと言うと、どうしても禅・瞑想などのイメージがあって「心を穏やかにするといった印象」を持ちがちだ。もちろんそういうマインドフルネスも重要だろう。他方で、現実の過酷なビジネスで時に求められるのは、不確実性の高い環境下で、認知バイアスなく周囲の環境をとらえ、小さな失敗にも意識を払い、それを乗り越えていくという意味でのマインドフルネスでもあるだろう。NAVY SEALsで鍛えられるのは、その究極だ（実際、米国では軍隊出身者はビジネス界でもエリートとして重用されることが多い）。

　日本語で言えば、これを表す言葉は「達観」ではないだろうか。筆者の周囲の多くの優れた経営者にも、確かにどこか達観している方は多い。そしてそういった方々は大抵、とてつもない修羅場経験を何度も潜っている。

374　｜第3部｜ミクロ心理学ディシプリンの経営理論｜

逆にそういう人材の不足に悩むのが、いまの日本の大企業である。最近は多くの大企業の人事担当者が「経営幹部候補者たちの修羅場経験が不足している」ことを課題にあげる。そういった修羅場は、スタートアップ企業や新興国の方が経験できる可能性は高い。だからこそ、第13章で紹介したローンディールやクロスフィールズのように、大企業の人材をスタートアップ企業や新興市場に送る仕組みが注目を集めているともいえる。

　さらにこの視点は、第15章で紹介したSECIモデルにも示唆があるかもしれない。野中が主張する「アブダクション」「知的コンバット」とは、まさに知的な修羅場だからだ。やはりマインドフルネスは、今後さらなる研究分野として、大いに期待できるといえるだろう。

第21章 decision theories

意思決定の理論

意思決定の未来は、「直感」にある

規範的な意思決定、意思決定のバイアス、直感

　前章では認知バイアスの理論を紹介した。本章はその続きとして、意思決定の理論を解説する。言うまでもなく、意思決定は経営・ビジネスの根幹である。大局的な経営方針から現場オペレーションまで、我々は日々、意思決定をすることでビジネスを進める。そもそも、意思決定は我々のすべての行動に伴う。結果として、意思決定は経営学に限らず、心理学、経済学、政治学など、様々な分野で膨大な研究が行われてきた。その幅は非常に広く、深い。

　意思決定もまた、我々の脳が持つバイアスに大きく左右される。そこで現代の意思決定論は、大きく「規範的意思決定論」（normative decision making）と「行動意思決定論」（behavioral decision making）に分かれ、長らく研究されてきた。前者は合理性などを基準に、バイアスのない状態での「あるべき、合理的な意思決定」を導き出す分野を指す。いわゆる「～べき論」である。一方の後者は、「とはいえ、現実に人はどのように意思決定するのか」を探求する分野だ。現実の人の意思決定は、規範的な意思決定論が示すようにはいかないものだ。なぜ人は合理的に意思決定できないのか、そのバイアスをあぶり出す分野である。

　しかし本章はそれで終わりではない。近年、世界の経営学では「第3の意思決定論」とでも言うべき、新しい視点が注目され始めている。それが「直感」である。正確には直感も行動意思決定論の一つではあるのだが、しかしここで重要なのは、「人は、合理的・論理的にじっくりと意思決定するよりも、時に直感で意思決定した方が望ましい結果を得られる」という研究成果が提示されつつあることだ。直感の効能のメカニズムを解き明かしうる視点は神経科学からも提示され

376　第3部│ミクロ心理学ディシプリンの経営理論│

ており、経営学者も注目しているのだ。

そこで本章では、伝統的な「あるべき意思決定」を提示する規範的な意思決定をまず解説し、次に現実に起きうる意思決定バイアスを紹介し、最後にいま注目されている「直感の意思決定」のメカニズムについて、解説していこう[注1]。

規範的な意思決定論：期待効用理論

まず、規範的意思決定から解説する。以降の意思決定バイアスの話も、直感の話も、まずは「あるべき意思決定」をベンチマークにした方が理解しやすい。そこでまずは、規範的意思決定の基礎中の基礎である、期待効用理論を解説しよう。同理論は、1940年代に20世紀を代表する数学者ジョン・フォン・ノイマンらによって提示され、その後経済学を中心に広く使われるようになった[注2]。その最も基本的な考えは、「期待値」である。この言葉はビジネス誌などで経済学者・エコノミストも何気なく使っているので、その意味でも理解しておくといいだろう。

期待値

そもそも、なぜ我々には意思決定が必要なのか。それは、この世が「不確実性」（uncertainty）に取り囲まれているからだ。もしこの世のすべてが事前に完全に予見できるなら（不確実性がまったくないなら）、最適な答えは一つしかないので、我々は意思決定をする必要がない。将来への「完全な答えがない」世界だからこそ、意思決定をする必要がある。

第10章で述べたように不確実性にも様々な種類があるのだが、期待効用理論で主に取り扱われる不確実性は、「特定の事象が起きる確率」のことだ。この前提を下に、皆さんが以下の「事業Aと事業Bの、どちらに投資すべきか」という意思決定に迫られている状況を考えよう。

注1）本章で紹介し切れない意思決定の代表的な理論には、例えばベイズ推定、AHP法などがある。意思決定理論を紹介した書籍は多くあるが、筆者からはイツァーク・ギルボア『意思決定理論入門』（NTT出版、2012年）と、日本人の研究者が書いたものとして、長瀬勝彦『意思決定のマネジメント』（東洋経済新報社、2008年）を推薦しておく。

注2）例えば、Neumann, J. V. & Morgenstern, O. 1944 *Theory of Games and Economic Behavior*, Princeton University Press.（邦訳『ゲームの理論と経済行動』ちくま学芸文庫、2009年）を参照。

事業A 　成功する確率50%で、利得が50億円になる。失敗する確率50%で、損失が30億円になる（＝マイナス30億円の利益）。

事業B 　成功する確率30%で、利得が90億円になる。失敗する確率70%で、損失が20億円になる（＝マイナス20億円の利益）。

　事業Aは「50%の確率でしか成功しない」という不確実な状況だ。事業Bでは、成功の可能性は30%でさらに低い。一方で、事業Bで成功した時の利得90億円は、事業Aで成功した時よりも大きく、そして失敗した時の損失は小さい。この場合、合理的に考えれば、事業AとBのどちらに投資すべきだろうか。

　ここで重要なのが、期待値（expected value）だ。期待値とは、「それぞれの事象が起きた場合（この場合、成功か失敗）に得られる得失に、その事象が起きる確率を掛け算し、それらを合計したもの」である。例えば事業AとBの期待値（EA、EB）は、それぞれ以下のように計算できる。

事業Aの期待値 　EA＝（50億円×50%）＋（－30億円×50%）＝25億円－15億円＝10億円

事業Bの期待値 　EB＝（90億円×30%）＋（－20億円×70%）＝27億円－14億円＝13億円

　このようにEA、EBはそれぞれ10億円、13億円でEA＜EBだから、「合理的であれば、我々は事業Bに投資すべき」ということになる。このように、事業A、事業Bそれぞれに対して、成功・失敗の確率を掛け合わせて足すことで、合理的に考えれば最も得られそうな（期待できそうな）利得を計算し、それをもとにどちらの事業に投資するかを客観的に評価するツールが期待値なのである。

期待効用とリスク選好

　期待値は合理的な意思決定を考える際の、基本中の基本ツールだ。しかし、意思決定そのものは、人の主観がなせることである。その主観の側面を、数学的な意思決定ツールに取り込んだのが、フォン・ノイマンらの功績だ。

|図表1|リスク回避と効用関数

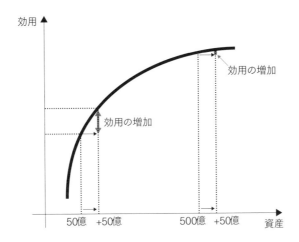

　フォン・ノイマンらは、人が投資の得失にどのくらいメリットを感じるかを、「期待効用」（expected utility）として表した。効用とは経済学の用語で、利益など特定の得失に対して当人が感じる主観的な満足度のこと、と考えてほしい。

　さて、先ほどの事業Aの例に戻ってみよう。事業Aでは、50％の確率で50億円の利得を得ることができた。ここで、仮に皆さんの現在の総資産が50億円だとしよう。この場合、皆さんにとってこの事業Aへの投資から得られる効用は比較的大きくなるはずだ。現在50億円の自分の資産が倍増して100億円になるのだから、主観的に見てそれが実現した場合の効用は大きくなるだろう。

　しかし、ここで皆さんが500億円の総資産を持っていたらどうだろうか。この場合、事業が成功して追加で50億円を得ても、それは資産総額全体の1割にすぎない。資産が1割しか増えないのなら、倍に増える場合に比べれば、投資成功の効用は相対的に小さくなるはずだ。

　図表1は、この資産と効用の関係を示したものだ。図表上で、両者の関係が上に凸になった曲線で表されることが、先の議論をとらえている。一般に「人は所有する資産が大きくなるほど、投資などによって追加的に得られる利得（＝資産の増加）に対する追加的な効用の上昇が小さくなる」傾向があるのだ。

　さらに言えば、資産が大きくなるほど追加的効用の上昇が小さくなるということは、「同じ成功確率の事業でも、人は資産が大きいほどその事業への投資をた

めらいがちになる」ことと同義だ。すなわち「不確実性・リスクを恐れる」のである。このような投資リスクに対する態度をリスク性向（risk preference）といい、特に図表1のように資産が大きいほどリスクを回避する傾向を、「リスク回避的」（risk averse）と呼ぶ。

　一方で、資産の大小にかかわらずリスク選好が変わらない人を「リスク中立的」（risk neutral）、資産が高いほどむしろリスクを好む人を「リスク志向的」（risk seeking）と呼ぶ。

リスク選好の違いは、エージェンシー問題を引き起こす

　リスク性向は現代の経済学やファイナンスなどで、頻繁に用いられる。経営学でも、リスク性向を理解しておくことは重要だ。なぜなら、人はそもそもの性格、立場、おかれた状況などにより、リスク性向が変わりうるからだ。一般に、大部分の人がリスク回避的であることはよく知られている。人は、本質的にリスクを恐れる傾向があるからだ。しかしその程度は、個人の資質や状況で大きく異なる。

　その典型例が、投資家と経営者の立場の違いである。通常、株主などの投資家は、特定の企業一つだけに投資をしているわけではない。複数企業に投資をして、ポートフォリオを組んでいる。したがってリスクヘッジができているので、リスク回避度が弱くなりがちだ。一方、企業経営者が勝負を賭けて「自身のキャリア」を投資しているのは、自身が経営する1社のみだ。したがって一度の大きなミスが自身のキャリア・資産に与える影響は大きいので、経営者は投資家よりもリスク回避度が強くなるのだ。

　こう考えると、第6章のエージェンシー理論で解説した「株主（投資家）と経営者の間に起きうるエージェンシー問題」は、両者のリスク性向の違いがその前提にあるといえる。エージェンシー理論とリスク選好は、不可分の関係にある。第6章では、エージェンシー問題が起きる理由の一つは、企業の所有者である株主（投資家）と、その代理として企業を経営する経営者のあいだで、「目的の不一致」が起きるからと述べた。本章の議論を踏まえれば、それはリスク志向性が相対的に強い投資家が「攻めの経営」を求め、他方で経営者はリスクを恐れがちになるからである、と説明できる。リスク回避性向の差が、エージェンシー問題を引き起こすのである。関連することは、第35章でも触れている。

このように、人のリスク性向には個人差があるし、それは置かれた状況・立場によっても変わりうる。それを踏まえて「自身にとって最大の期待効用をもたらす事業を選んで投資すべき」というのが、期待効用理論の骨子だ。

意思決定バイアスの理論：プロスペクト理論

では次に、行動意思決定論（意思決定バイアス）に進もう。この分野の代表的研究者は、なんといってもプリンストン大学名誉教授のダニエル・カーネマンだ。

1970年代頃から、心理学分野で行動意思決定論が急速に飛躍を始めた。その第一人者として知られるのがカーネマンと、スタンフォード大学のエイモス・トベルスキーの2人だ[注3]。彼らの研究成果は、経済学に心理学の視点を取り入れた「行動経済学」という分野を切り開き、カーネマンはその一連の功績から2002年にノーベル経済学賞を受賞している。彼の著作『ファスト＆スロー』は日本でも話題になったので、ご存じの方も多いかもしれない[注4]。

これから順に解説するが、カーネマンらの功績は大きく「プロスペクト理論」「フレーミング効果」「二重過程理論」を確立したことにある[注5]。まずプロスペクト理論の貢献は、先に解説した期待効用理論を大きく改訂し、より現実的な人の意思決定の描写に成功したことにある。規範的な意思決定論から、行動意思決定論へのパラダイムシフトだ。

カーネマン＝トベルスキーは様々な心理実験の結果をもとに、「ギャンブル・投資などから得られるリターン」と「人がそのリターンに対して持つ主観的な効用」の間に、**図表2**のような関係を見いだした。この図表がプロスペクト理論のエッセンスである。同理論の主な命題は、以下の3つだ。

命題1

先の期待効用理論では人が持つ資産の大きさ（図表1の横軸）が効用（縦軸）

注3）代表的な論文として、Kahneman, D. & Tversky, A. 1979. "Prospect Theory: An Analysis of Decisions under Risk," *Econometrica*, Vol. 47, pp. 263-291. がある。

注4）Kahneman, D. 2011, *Thinking, Fast and Slow*, Farrar, Straus and Giroux.（邦訳『ファスト＆スロー』早川書房、2012年）

注5）Kahneman, D. 2003. "A Perspective on Judgment and Choice: Mapping Bounded Rationality," *American Psychologist*, Vol. 58, pp. 697-720.

図表2 プロスペクト理論

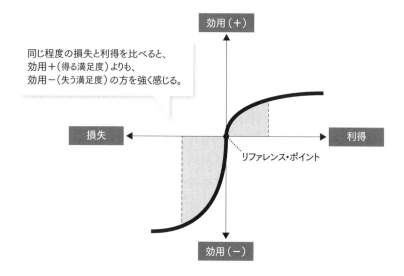

同じ程度の損失と利得を比べると、
効用＋（得る満足度）よりも、
効用－（失う満足度）の方を強く感じる。

に影響したが、プロスペクト理論では投資成果そのもの（図表2の横軸）が効用の変化に影響すると考える。ここでのポイントは、人は投資成果に対して「主観的なリファレンス・ポイント」を持つことだ。リファレンス・ポイントは、カーネマンの理論を理解する上で重要だ。人は誰もが、心の中に参考点（リファレンス・ポイント）を持っている。

カーネマンによると、人が投資成果にどのくらいの効用を持つかは、「投資成果がリファレンス・ポイントからどのくらい乖離しているか」で決まる。図表2では、ちょうど縦軸と横軸の交点がリファレンス・ポイントになるように描かれている。例えば、ある投資成果がリファレンス・ポイントを上回ったら（図表2のリファレンス・ポイントよりも右側だったら）、それは「利得」として認識される。逆に、投資成果がリファレンス・ポイントを下回れば（左側だったら）、それは「損失」と認識される。

命題2

リファレンス・ポイントを中心にその周辺部を左右で比べると、右側の利得による効用の追加的な上昇よりも、左側の損失による効用の追加的な低下幅の方が大きい。これは、「人は追加的な利得より、追加的な損失を心理的に重く受け止

める」傾向を示している。「人は損失を、より避けたがる」ということであり、これを損失回避性（loss aversion）という。

命題3

　リファレンス・ポイントの右側では、線が上に向かって凸になっている。これは「人は大きな利得を得るほど、効用の追加的な伸び幅が減少する」ことを意味する。期待効用理論と同様に、利得が増えるほどリスク回避的になるということだ。リファレンス・ポイントが同じなら、同じ50%の勝率のギャンブルでも5万円を賭けるのと500万円を賭けるのとでは、後者の方が慎重になるはずだ。

　一方でリファレンス・ポイントの左側では、線が上に向かって凹になっている。これは「損失が増えるほど、効用の追加的な減少幅が減る」ことを意味する。平たく言えば、「損をするほど、追加的な損失に対して鈍感になる」ということだ。カーネマンらは自身の様々な実証研究から「人は損をするほど、よりリスク志向性に近づいていく」傾向を見いだしたのだ。

企業が「損切り」をできない理由

　これらプロスペクト理論の命題1から3は、意思決定のバイアスを表す中心命題として、心理学・経営学で多く実証分析されてきた[注6]。この理論を応用して説明できる現象の一例は、「エスカレーション・コミットメント」である。この言葉は、ビジネス誌などで見たことのある方もいるだろう。「事業の失敗が明らかなのにもかかわらず、撤退ができず、失敗事業にさらに資金を注ぎ込んでしまう」意思決定バイアスの傾向である。

　正確には、エスカレーション・コミットメントは、主にプロスペクト理論の命題3で説明できる。人は失敗を重ねるほど（損が増えるほど）リスク志向的になり、

注6）例えばミシガン大学のアヴィ・フィーゲンバウムらが1990年に『ジャーナル・オブ・エコノミクス・ビヘイビア・アンド・オーガニゼーション』に発表した論文（Fiegenbaum, A. 1990. "Prospect Theory and the Risk-Return Association : An Empirical Examination in 85 Industries," *Journal of Economic Behavior and Organization*, Vol. 14, pp. 187-203）では、1977年から1984年までの米85産業約3400社のROA（総資本利益率）のデータを使って、「自社業績がリファレンス・ポイントよりも高い企業はリスク回避的になり、業績がリファレンス・ポイントよりも低い企業はリスク志向的になる」（＝命題1と3）、「企業は損失回避的な特性を持つ」（＝命題2）を確認している。

383

結果としてさらにリスクの高い投資を行う傾向があるのだ。ギャンブルで負けが込むほど大きな賭けに出やすい人を、知っている方もいるのではないだろうか。

　経営学でも、エスカレーション・コミットメントについては多くの実証研究が行われている。ミシガン州立大学のダスティン・スリーズマンらが2012年に『アカデミー・オブ・マネジメント・ジャーナル』に発表した研究では、過去に発表された917本の論文の結果をまとめ上げたメタ・アナリシスから、エスカレーション・コミットメントとプロスペクト理論に関連する変数の間に、統計的に有意な関係を見いだしている[注7]。

　現実でも、エスカレーション・コミットメントに陥ってしまい、投資成果が悪化しているのにリスク志向性が高まり、結果として「損切り」ができないまま大きな損失を出したビジネス事例は、枚挙にいとまがない。例えば、2000年代に起きたパナソニックのプラズマテレビ事業は、その一例かもしれない。

　2000年代初頭に薄型テレビが台頭し始めた当初、次世代テレビの2大技術は液晶とプラズマとされていた。とりわけ、大画面で美しい画質を表現できるプラズマテレビへの期待は大きく、これを受けてパナソニックは、2004～2005年頃に第1～第3尼崎工場へのプラズマテレビの大型投資を行った。

　しかし、後になって状況は一変する。2000年代半ば頃から、プラズマテレビの市場は世界的に頭打ちとなり、一方で技術進歩により液晶テレビの大型化が実現した。結果として、2007年に液晶テレビ市場は全世界で73％も増加したのに対し、プラズマテレビは16％の減少となったのである。

　この環境変化を受けて、ソニーやサムスン電子といった他の主力AVメーカーは液晶の開発・増産に専念し、プラズマテレビを見限る意思決定を行った。一方、すでに尼崎に巨額の投資をしていたパナソニックはプラズマ事業を見限ることができなかった。図表2で言えば、損失額が同社経営幹部の持つリファレンス・ポイントから左に大きく離れてしまい、「ここまで損失を出したのなら、多少の追加損失は仕方がない、それよりもさらに投資して挽回すべきだ」という意思決定が行われたと想起できる。

　この後、同社はさらに数年にわたりプラズマ事業にコミットしていったのであ

注7）Sleesman, D. J. et al., 2012. "Cleaning up the Big Muddy: A Meta-Analytic Review of the Determinants of Escalation of Commitment," *Academy of Management Journal*, Vol. 55, pp. 541-562.

る。結果、同社はさらに大きな損失を出すこととなった。2011年に現社長の津賀一宏氏がAV事業のトップに就任するまで、大きな方向転換ができなかったのだ。当時のプラズマ事業への過剰な投資は、いまだに同社幹部のトラウマとなっているとも聞く。このように「損切りできない」意思決定バイアスは時に大きな損失をもたらすが、それはプロスペクト理論で説明できるのだ。

フレーミングだけで人の意思決定は変えられる

　このように、プロスペクト理論で大きな役割を果たすのは、リファレンス・ポイントである。一方、このリファレンス・ポイントは、あくまで主観的なものであることは忘れてはならない。すなわち、リファレンス・ポイントを主観的にどこに設定するかで、ある客観的な結果を『利得』にも『損失』にも解釈できうるということだ。

　そして、その解釈の違いが、プロスペクト理論のようなメカニズムを通じて、意思決定に影響を及ぼすのだ。すなわち、人の主観にうまく働きかけてリファレンス・ポイントを動かしてやれば、それは他人の意思決定に影響を与えうる、ということだ。これをフレーミング効果と呼ぶ。これもまた、カーネマン＝トベルスキーが発展させた視点である。

　フレーミング効果は、心理学や経営学で数多く実証研究されてきた。そしてこれまでの研究のおおむねの総意として、同じビジネスの意思決定でも「ある特定の選択肢について、その利得の面を強調したフレーミングで選択肢を与えられた人は、リスク回避的な意思決定をしがちになる」「逆に、損失を強調したフレーミングで選択肢を与えられた人は、リスク志向的な意思決定しがちになる」傾向が示されている。まさに、先の命題3である。

　経営学では、例えば意思決定研究の第一人者である英リーズ大学のジェラルド・ホジキンソンが、1999年に『ストラテジック・マネジメント・ジャーナル』に発表した研究がある[注8]。この研究でホジキンソンは、88人の被験者への実験を行った。実験では被験者に事業の選択を提示する際に、実際は同じことを言って

注8) Hodgkinson, G. P. et al., 1999. "Breaking the Frame: An Analysis of Strategic Cognition and Decision Making under Uncertainty," *Strategic Management Journal*, Vol. 20, pp. 977-985.

いるのに「利得を強調したフレーミング」と「損失を強調したフレーミング」を使い分けて、提示したのだ。例えば、同じ「300万ポンドを目標とした事業投資」については、以下の2つのフレーミングを用意した。

フレーミング1 この事業に投資すれば、3分の1の確率で300万ポンドを手に入れられるが、3分の2の確率で利得はゼロになる。

フレーミング2 この事業に投資すれば、3分の1の確率で目標を達成できるが、3分の2の確率で目標から300万ポンド下回ることになる。

少し考えていただければわかるが、この2つの表現（フレーミング）は、実質的には意味していることは変わらない。その表現方法が、フレーミング1はゼロをリファレンス・ポイントにすることで利得を強調しているのに対し、フレーミング2は300万ポンドをリファレンス・ポイントにして損失を強調しているだけである。しかし、その後の実験の結果、フレーミング1で選択肢を提示された人はリスク回避的に意思決定をして、フレーミング2で選択肢を提示された人はリスク志向的に意思決定をする傾向があることを、ホジキンソンらの実証研究は明らかにしたのだ。

フレーミング効果は、実際のビジネスにも示唆をもたらすはずだ。つまり、フレーミングの表現をうまく使い分けて他者の主観的なリファレンス・ポイントを変えれば、その人のリスク志向性を高めることも、逆にリスク回避性を高めることもできうるからだ。相手にリスクを避ける行動をとって欲しいなら利得を強調するフレーミングをするべきだし、逆にリスクを積極的にとって欲しいなら損失を強調するフレーミングを使うべき、ということだ。

さて、先にも述べたようにカーネマン＝トベルスキーにはもう一つ、大きな理論的業績がある。それは、様々な意思決定バイアスを包括する「二重過程理論」を構築したことだ。ここからが意思決定における「直感」に着目した研究である。

386 ┃第3部┃ミクロ心理学ディシプリンの経営理論┃

|図表3|直感と論理的思考

直感 | intuition	論理的思考 | reasoning
システム1	**システム2**
すばやい fast	遅い slow
類似 parallel	連続的な serial
自動の automatic	管理 controlled
楽な effortless	努力を要する effortful
連想型 associative	規則に従って rule-governed
無意識な unconsciousness	意識的に consciousness
感情的な emotional	中立的な neutral

直感の理論の基本：二重過程理論

　二重過程理論 (dual-processing theory) は、米マサチューセッツ大学アマースト校のシーモール・エプスタインらが長く発展させてきた理論を、カーネマン＝トベルスキーが洗練させ、広く認知されるようになった。同理論は、現在の行動意思決定論・行動経済学の基盤となっている。

　図表3をご覧いただきたい。エプスタインやカーネマンらは、「人の脳内では、外部からの刺激に対して、大きく2種類の意思決定の過程（システム）が同時に、異なるスピードで起きる」メカニズムを明らかにした。それは、以下の2つのシステムである。

システム1　ある外的な刺激を受けた時に、「早く、とっさに、自動的に、思考に負担をかけずに、無意識に行われる意思決定」のことである。後で述べるように、いわゆるヒューリスティックや直感による意思決定がこれにあたる。

システム2　ある外部刺激を受けた時に、「時間をかけて、段階的に、思考をめぐらせながら、意識的に行う意思決定」のことである。reasoning（論理的思考・推論）などと呼ばれる。

　我々の脳内では外部刺激があった時に、システム1とシステム2が同時に活動する。神経科学の分野でも、両者の機能をつかさどる脳の部位が異なることがわ

かっている（よく言われる「左脳と右脳」である。ただし、両者の関係は単純に左・右と分離されるものでないことも神経科学では明らかにされている）。

当然ながら、システム2と比べてシステム1の意思決定は、簡便に、即座に行われる。人は認知に限界があるから、日常すべてのことをシステム2のプロセスを通じて決定することはできない。結果、システム1の意思決定が先に多く行われ、そこにはバイアスがあるため、「事後的に振り返れば、明らかに間違った判断」を犯してしまうのだ。

例えば「衝動買い」は、システム1の典型例だ。衝動買いをした後で時間をかけてシステム2が働き、「あんなものを買うのではなかった」と後悔することを、マーケティング分野では、buyer's remorse（購入者の後悔）という。最近なら、2016年に起きたいわゆる"Brexit"の投票において、英国のEU離脱が決まった後になってから、「離脱に投票したことを後悔している」と言う英国人投票者が続出した。これもシステム1による意思決定バイアスが、システム2に先行した事例かもしれない。

システム1を端的に表す言葉が、「直感」（intuition）だ[注9]。また、直感と似た概念で、「周囲の情報を多く精査せず、数少ない情報の拠り所（cueと呼ぶ）に頼って即座に意思決定する」ことを、「ヒューリスティック」（heuristic）と呼ぶ（両者は異なる意味で使われることもあるが、本章ではほぼ同義として扱う）。いずれにせよ、「人は直感・ヒューリスティックに頼りがちなので、意思決定バイアスがかかり、正確な意思決定が難しくなる」というのが、行動意思決定の研究者の大きな主張だ。**図表4**では、同分野で研究されてきた、直感・ヒューリスティックがもたらす様々な意思決定バイアスの代表例を3つ取り上げてまとめている。前章の「認知バイアス」も含め、我々は実に多様なバイアスに取り囲まれているのだ。

さてこのように、従来の行動意思決定論の概ねのスタンスは、「人はできるだけ直感による意思決定を避けるべき」ということになる。結果として、我々の周りでも「システム2」のような、冷静で、客観的で、論理的で規範的な思考が求

注9）直感は、本能と異なることに注意していただきたい。本能とは、まさに動物の本能や脊髄反射のように、生物に本質的に備わっている反射的な行動パターンのことだ。直感はそうではなく、あくまで「無意識の知性」である。知性である以上、それは鍛錬・経験によって習得が可能である。

388　第3部｜ミクロ心理学ディシプリンの経営理論｜

|図表4|意思決定バイアスの代表例

現状維持 （status quo） バイアス	サンク・コスト （埋没費用：sunk cost） バイアス	アンカリング （係留：anchoring） バイアス
プロスペクト理論の損失回避性（命題②）から導かれるバイアスである。人は追加的な利得への効用よりも、追加的な損失への不効用が大きくなるので、結果として利得を取りにいく前向きの意思決定より、損失を出さないための現状維持の意思決定を重視しがちになる。成熟企業で新規事業やリスクのある投資が行われにくくなる背景には、現状維持バイアスがある場合が多い。	サンク・コストとは一度投下したら回収できない投資費用のこと。一般に、その費用（埋没費用）が回収できないのなら、諦めて別の投資機会に残りの資金を回すのが合理的判断になる。しかし現実には、埋没費用に心理が引きずられ、そのうまくいかない投資にさらに追加投資をしてしまう。1960年代に超音速旅客機コンコルドが開発された際、開発途中から失敗は明らかだったのに、意思決定者が埋没費用に引きずられて開発を続けてしまった事例があることから、「コンコルド効果」とも呼ばれる。	最初に与えられた情報を手がかりに検討を始め、最終的な結論を得る心理的な傾向のこと。アンカリング（係留）とは船が係留するとそこから遠くに動かないように、一度初期値が提示されるとそこからの心理調整は不十分になりやすいことをいう。顕著な例は、ビジネスでの金額交渉だ。ある売り手が、商品の値頃は1万円とわかっていても2万円から交渉を始めると、交渉相手はその金額（アンカー）に引きずられるので、かなり値切ったつもりでも1万円まで値切ることは難しくなる。

められることが実に多い。実際、書店に行けば「論理的な思考」を啓蒙する本が山積みになっている。本章でなら、先に解説した「期待値」などが、その基盤となる考え方だ。

　しかし、現実はいつもそうなのだろうか。我々は、常に可能な限り直感の意思決定は避けるべきなのだろうか。一方で筆者の周りの優れていると言われる経営者の中には、「直感」を大事にされている方が実に多いのも事実だ。では彼らが直感を使って成功してきたのは、それがたまたま奇跡的に上手くいってきただけなのだろうか。

　実は、この問いに対する答えを示しうる研究成果が、近年の経営学（および認知心理学、神経科学）から次々と出てきている。その主張は、直感・ヒューリスティックスは、むしろ時によっては意思決定にプラス、というものなのだ。

バイアスとヴァライアンスのジレンマ

　ここからは、フロンティアの話になる。「直感の効能」の研究についてのフロントランナーは、マックス・プランク研究所の認知科学者ゲルド・ギゲレンザーだ。彼が2009年に『トピックス・イン・コグニティブ・サイエンス』に発表したレビュー論文では、近年の様々な研究成果から、「ヒューリスティック・直感は、意思決定のスピードを速めるだけでなく、状況によって論理思考よりも正確な将来予測を可能にする」ことを次々に明らかにしている[注10]。

　なぜ時に、直感・ヒューリスティックの方が、客観的で時間をかけた分析よりも優れた成果を出せるのだろうか。ギゲレンザーによると、その条件の一つは、周囲の環境の不確実性が高いことだ。周囲のビジネス環境が不確実になればなるほど、人は直感を使った方が将来の予測精度をあげて優れた意思決定ができる、ということなのだ。

　この説明としてギゲレンザーは、神経科学の分野で提示されている「バイアスとヴァライアンスのジレンマ」を用いる[注11]。ブラウン大学のスチュアート・ギーマンらが1992年に『ニューラル・コンピュテーション』で提示して以来、神経科学で知られる考え方だ[注12]。

　人は、意思決定をする際には（それが瞬時であっても）、自身の意思決定がその後の成果にどのような影響を与えるかを脳内で「予測」している。予測精度が高いほど、それに基づいて優れた意思決定ができる。そして予測の際には過去の経験、周囲の情報、様々な分析等々の「情報変数」をもとに、脳内で解析をしている。そう考えると、人が自身の意思決定の成果を「どのくらい見誤るか（予測のエラー度が高いか）」は、以下の3つの要素で決まることになる。

予測エラー度＝（バイアス）^{2}＋（ヴァライアンス）＋（ランダム・エラー）

注10) Gigerenzer, G. & Brighton, H. 2009."Homo Heuristicus: Why Biased Minds Make Better Inferences," *Topics in Cognitive Science*, Vol. 1, pp. 107-143.

注11) ヴァライアンスには本来、統計学で「分散」という訳語が使われる。しかしそのニュアンスは少し本章の趣旨とは異なるので、ここではあえてヴァライアンスという表記を使う。

注12) Geman, S.et al., 1992." Neural Networks and the Bias/Variance Dilemma," *Neural Computation*, vol.4,pp.1–58.

390 ｜ 第 3 部 ｜ ミクロ心理学ディシプリンの経営理論 ｜

ここでバイアスとはそのままの意味で、人の認知バイアスのことである。そしてランダム・エラーとは、人の脳内の意思決定モデルとは関係のない、外部からの予想外の変化のことと理解いただきたい。

　ここで重要なのはランダム・エラーではなく、「ヴァライアンス」（variance）の方だ。ヴァライアンスとは、「過去の経験や情報収集などにより得られた変数が、将来の予測にはどれだけ使えないか」の程度のことと考えていただきたい。繰り返しだが、人は過去の経験や周囲の情報収集から、脳内に様々な変数を持ち込み、それを使って予測をしている。そこに、「過去では使えたが、実はいまは使えない情報」や「他業界では意味があったが、実はこの業界では影響の推定が不可能」な変数が多く紛れ込んでくれば、それだけ予測エラー度が上がることになる[注13]。

　ここで注目すべきは、この「バイアスとヴァライアンス」の関係である。両者は、トレードオフ（ジレンマ）の関係にある。バイアスを減らそうとすればヴァライアンスが増え、逆にバイアスの高さを許容すればヴァライアンスを減らすことができるのである。

　例えば、人が時間をかけて、慎重で、論理的かつ客観的な意思決定（＝システム2）をするなら、その人の思考モデルは当然ながら、複雑なものになる。使われる「情報変数」も多い。結果として、そこではバイアスの方は減るだろう。しかし一方で、慎重にやればやるほど、そこには大量の「実は今後の予測には使えない変数」も紛れ込む。結果としてバイアスは減っても、それを相殺するようにヴァライアンスが高まれば、全体としては予測エラー度が増すのだ。

　ではどのような時に、「実は予測には使えない変数」が多くなるかといえば、それは環境の不確実性が高い時になる。不確実性が高ければ、そこでは「過去は使えたが、実は今後の予測には使えない」「他業界では意味があるが、実は自分の業界では意味がない」ような変数が、人の認識に多く紛れ込むからだ。結果、不確実性が高いとヴァライアンスが高まるので、そこで慎重に時間をかけて考えるほど、むしろ「実は使えない」変数を多く引きずったまま脳内モデルで予測が行われるので、予測エラー度が高まるのだ。

　逆に、思考モデルがヒューリスティック型でシンプルであれば、当然ながらバイアスの部分は増大する。しかし一方で、その思考はシンプルですぐに行われる

注13）正確には、これはパラメータが推定できない（free parameter）が多くなることを指す。

391

ので、脳内で使われる情報変数が少ない。したがって「実は予測には使えない変数」が入り込む余地も少ない。不確実性の高い状況下で、脳内モデルのヴァライアンスを大幅に下げられるのだ。結果、それはバイアスが高まる部分を相殺して、全体では予測エラー度を下げ、結果として優れた意思決定ができるのである。

　念のためだが、これは不確実性の高い状況下では常に論理思考より直感が優れている、ということを意味しない。ギゲレンザーや過去の研究によると、特に重要な要件は、「その直感・ヒューリスティックが、その人の様々な経験に裏打ちされたものでなくてはならない」ことだ。なぜなら、ヒューリスティックな思考では、「情報変数」を限られた特定のものだけ選ぶことになる。だからヴァライアンスを下げられるわけだが、逆にその選んだ情報変数がそもそもまったくの的外れなら、むしろバイアスが大幅に増大するので予測エラー度が増し、意思決定の質は大幅に下がるからだ。

　このように考えると、やはり直感とは「玄人の勘」の方が望ましい、ということになるだろう。実際、直感に基づいた意思決定をする多くの経営者は、すでに何度も何度も経営の修羅場を潜り、厳しい意思決定をしてきている。それらが、適切な情報変数を無意識に選ぶことにつながり、だからこそバイアスを大幅に増やさないまま、ヴァライアンスの方だけを下げられるのだ。逆に言えば「素人」のうちは、やはりシステム2のような慎重で、論理的・客観的な思考が重要ということだ。

不確実性の高い世界では、直感は熟慮に勝る

　この「バイアスとヴァライアンスのジレンマ」などを前提に、近年の研究では、「不確実性の高い環境では、直感的な意思決定の方が優れた意思決定をできる」という研究成果が、次々と挙げられている。例えば先のギゲレンザーが『アカデミー・オブ・マネジメント・ジャーナル』に発表予定研究では、就職における採用担当者が意思決定を直感に頼った時の効果が分析されている[注14]。

　その人の本当の人柄や能力、どのくらい自社の仕事に適しているかは、採用し

注14）Luan,S.et al., forthcoming. "Ecological Rationality: Fast-and-Frugal Heuristics for Managerial Decision Making under Uncertainty," *Academy of Management Journal*.

392　│第3部│ミクロ心理学ディシプリンの経営理論│

てみなければわからない部分も多い。不確実性が高いのだ。この研究でギゲレンザーは実験など様々な手法を使った3つの実証研究を行い、ヒューリスティックな意思決定の採用手法の方が採用パフォーマンスが高い、という結果を得ている。

　他にも、米テンプル大学のアンソニー・ベネデットらが2011年に『リサーチ・ポリシー』に発表した研究では、トルコの155企業の統計解析から、「変化が激しい事業環境では、直感を重視する企業の方が製品開発の創造性が高まりやすい傾向」を明らかにしている[注15]。先のホジキンソンが2011年に『ロング・レンジ・プランニング』に発表したレビュー論文では、近年の経営学における多くの直感の研究がそのプラス効果を得ていることをまとめている[注16]。

　現代の経営学で直感が特に応用されている分野は、筆者の知る範囲で少なくとも2つある。一つは、企業倫理の分野である。例えば、何かの緊急自体が起きた時に「倫理的なルールを破ってでも行動するか」「倫理基準を破ったものを制裁するか」などは、論理的・客観的な思考だけでは十分に説明できない。2015年にHECパリのジアーダ・ディ・ステファノらがAMJに発表した研究では、イタリアの500人以上のシェフのコミュニティーを対象にしたフィールド実験から、シェフがルール違反を冒した仲間に対して制裁を科すかどうかは、「客観的にコストベネフィットを計算している部分」と「直感によるもの」の両方が同時にあることを明らかにしている[注17]。

　もう一つの対象分野は、エンジェル投資だ。ハーバード大学のローラ・ファンは2015年に『アドミニストレイティブ・サイエンス・クォータリー』に、2017年にはAMJにそれぞれ論文を発表し、「現在の優れたエンジェル投資家が、投資先選定のかなりの部分を直感に頼っている」事実を明らかにしている。エンジェル投資はまだ法人化もできていないような未熟な事業・起業家に投資することもあるから、不確実性は極めて高い。そうであれば、直感に頼った方がいい成果が

注15）Dayana, M. et al., 2011. "Team Intuition as a Continuum Construct and New Product Creativity: The Role of Environmental Turbulence, Team Experience, and Stress," *Research Policy*, Vol. 40, pp. 276-286.

注16）Hodgkinson, G. P. et al., 2009. "Intuition in Organizations: Implications for Strategic Management," *Long Range Planning*, Vol. 42, pp. 276-297.

注17）Stefano,G. Di. et al., 2015,"Sanctioning in the Wild: Rational Calculus and Retributive Instincts in Gourmet Cuisine," *Academy of Management Journal*, Vol. 58, pp.906－931. なお、この事例については第27章でも触れている。

出せるということだ[注18]。

　直感に頼ったエンジェル投資家の代表と聞いて思い浮かぶのは、やはりソフトバンク・ビジョン・ファンドの孫正義氏だろう。同氏が2000年に、アリババ創業者のジャック・マー氏への20億円の投資を、事業計画書も見ずに5分で決めたのは有名な話だ。しかも、その時にマー氏は「1億か2億円でいいです」と言ったにもかかわらず、孫氏が「そう言うな、20億円は受け取ってほしい。お金は邪魔にならないだろう」と述べたのも有名な話である。その後、孫氏はその時のマー氏に対して「動物的に〝匂い〟を感じた」「目つきで決めた」と述べている。

「直感」研究の進展が、経営学の未来を切り開く

　このように、直感の効能についてのエビデンスは、単なる事例だけでなく、認知心理学、神経科学、そして経営学の成果として、確実に台頭しつつある。「バイアスとヴァライアンスのジレンマ」のような、直感の効能を説明する視点も出てきた。とはいえ、これらの研究は経営学では始まったばかりで、「世界標準の経営理論」に昇華したとはまだ到底いえない。筆者からは、そのさらなる発展のために、3つの展望を述べたい。

　第1に、「どのような条件で直感が有効になるか」についての、さらなる探求が求められる。これまでの研究成果を総合すると、「不確実性が高い時には、玄人の直感が有効」とまではいえそうだが、条件はこれだけではないはずだ。

　第2に、論理思考と直感の関係性である。実は近年の神経科学では、直感思考と論理思考は相反するものではなく、むしろ補完関係にあると言われている。

　図表5を見ていただきたい。先のカーネマンの二重過程理論では、「人は外部刺激を受けると、まず先に直感的な思考が働き、遅れて論理的な思考が出てくる」と主張されていたことは述べた。これをdefault-interventionistという。

　それに対して、実は両者は同時並行的に進み、結果として補完的な役割を互いに果たしている、と主張するのがparallel-competitiveだ。直感が論理思考を

注18）Huang, L. & Pearce, J. L. 2015."Managing the Unknowable: The Effectiveness of Early-stage Investor Gut Feel in Entrepreneurial Investment Decisions," *Administrative Science Quarterly*, Vol. 60, pp. 634−670. および Huang, L. 2017. "The Role of Investor Gut Feel in Managing Complexity and Extreme Risk," *Academy of Management Journal*, Vol. 61, pp. 1821-1847.

図表5｜論理思考と直感の関係性

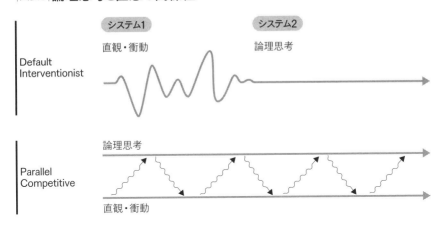

刺激し、その論理思考が直感を刺激し、またその直感が論理思考を刺激する……ということだ。先のホジキンソンが2018年に『アカデミー・オブ・マネジメント・パースペクティブ』に発表したレビュー論文では、「これからの経営学は、よりparallel-competitive視点を取り込まなければならない」と主張している。

　最後に、他の経営理論への応用である。筆者は、「直感の理論」がより体系化されることは、本書で紹介している他の経営理論をさらに進化させる重要な契機になる、と認識している。第15章で解説したSECIモデルは、まさにその代表だ。SECIモデルは「アブダクション」「知的コンバット」など、様々な局面で直感の重要性を謳っている。

　加えて挙げたいのが、ダイナミック・ケイパビリティだ。第17章では、ダイナミック・ケイパビリティは実は確立された理論とは十分にはいえないことを述べた。ここで興味深いのは、先に紹介したギゲレンザーのAMJ論文で、彼は直感とダイナミック・ケイパビリティの親和性を強調しているのだ。なかでもギゲレンザーが注目するのは、スタンフォード大学のキャスリーン・アイゼンハートらが主張する「シンプル・ルール」である。

　詳しくは第17章をお読みいただきたいが、アイゼンハートは、「不確実性の高い事業環境では、優れた企業ほどルールをシンプルにすることで、変化に対応できる」と述べた。そしてよく考えると、これは「バイアス＝ヴァライアンスのジレンマ」と極めて整合的だ。ルールをシンプルにすることで、企業の認知におけ

るヴァライアンスを減らし、結果として変化の激しい世界での予測の精度を高め、だから優れた意思決定ができて変化に対応できると解釈できるからだ。

　このように、直感の理論の精緻化は、それを起点として今後の経営理論の大きな進歩をもたらす可能性があるのだ。その変化は、まさにパラダイムシフトと呼ぶにふさわしいものになるだろう。長い意思決定理論の歴史をひも解けば、まずは規範的な意思決定理論から始まり、しかしカーネマンの登場で意思決定バイアスというパラダイムシフトにより第2ステージへ進んだ。そして現在は、直感の重要性を科学的にとらえるパラダイムシフトが起き、意思決定研究は第3ステージに入ってきたのだ。

　現実にも、直感を大事にする経営者は多い。しかしこれまでの経営理論は、その理由を十分には答えられてこなかった。しかし、いまこそ直感の重要性が、経営学でも科学的に解き明かされつつあるのだ。その研究成果が今後さらに増えていくことは、もはや疑いない。もう「サイエンスとアート」などと言った紋切り型の二分法をしている時代ではないのだ。

第22章 emotion theories

感情の理論

感情のメカニズムを理解してこそ、組織は動き出す

なぜ「感情のメカニズム」を知ることが重要なのか

　第3部では、ここまで主に認知心理学に基づく理論を解説してきた。リーダーシップや意思決定などを理解する上で、人の認知メカニズムは欠かせない。

　しかし同時に、人は「感情の生き物」でもある。どれだけ認知的に正しい意思決定をしようとしても、それは感情に大きく左右される。「理屈はわかるけど、怒りで気持ちがついていかない」「こちらが正論を言っても、相手が感情的になって動かない」といった経験は、多くの皆さんにあるだろう。

　大まかに言って、人の心理には認知（cognition）の側面と、感情（affect, emotion）の側面がある。認知とは、外部から収集した情報を処理してアウトプットを出す「脳の情報処理プロセス」と考えていただきたい。英語でいえば、thinkのことだ。一方の感情とは人が物事に対して抱く「気持ち」のことである。英語でいえば、feelだ。

　実は1980年代までの経営学の心理学ベース理論は、認知心理を基盤にしたものが大勢を占めていた。しかし1990年代頃から風向きが変わり始め、心理学で発展していた感情の理論が、経営学でも取り込まれつつある。なぜ経営学者の感情への注目が高まっているのか。筆者は3つの理由があると考える。

　第1に、そもそも感情は認知に多大な影響を与える。神経科学で明らかにされているように、人の脳には的確で合理的な判断を促す認知の部位（主に前頭葉）と、生物進化の早い段階から進化した感情を司る部位（主に大脳辺縁系）があり、両者は依存しあっている。したがって感情をうまく扱わなければ、人は意思決定も十分にできないし、他者も動かせない。

| 図表1 | 認知的情報と感情的情報の伝播

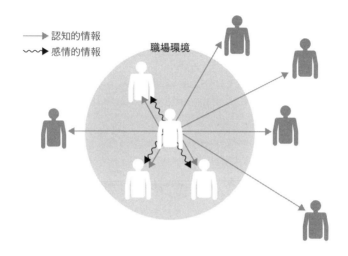

　第2に、認知情報と異なり、感情は遠くに伝播しにくい特性がある。感情は、「表情」「声のトーン」「身振り手振り」「体の接触」「雰囲気」など、非言語表現を通じて伝播する側面が強いからだ（**図表1**を参照）。

　例えば、何かトラブルがあった後に相手から「承知しました」という返事を電子メールの文面で受け取っても、相手が「本当に素直に承知した」のか、それとも「実は怒りながら承知した」のかはわからない。それを「感じる」には、実際に相手のところへ赴き、表情を見たり、声のトーンを聞いたり、雰囲気に触れなければならない。ネットの時代だからこそ、かえって感情の特殊性が際立つのだ。

　そして第3に、感情はAIなどの技術で代替し難い。感情は属人的なもので、表情、身振り手振り、声のトーンなど非言語情報で伝わる。AIが最も扱いにくいものだ（そもそもAIは、感情を持たない）。逆に言えば、AIが人の言語情報負担を代替していくほど、むしろ感情の重要性が人に残り、結果として企業競争力の決め手にさえなりうるのだ。

　以上の理由でこれからの時代、感情のマネジメントは企業競争力の源泉となり、リーダー・経営者に欠かせない資質となりうる。実際、近年の米国ではペプシコ、サウスウエスト航空、ザッポスなどが、経営原則に情緒的な内容を盛り込み始めている[注1]。本章では世界の経営学における感情・情緒の理論を解説して行こう[注2]。

感情は3種類ある

まずは、感情の種類分けから入ろう。経営学で取り扱う感情には、大きく3つの種類がある。それは「分離感情」「帰属感情」「ムード」である。

①分離感情（discrete emotions：個人レベル）

「怒り」「喜び」「憎しみ」「恐れ」「嫉妬」「驚き」「悲しみ」「幸福感」「ねたみ」「いらつき」など、一般に我々が感情と呼ぶものの多くは、学術的には分離感情と呼ばれる。後で解説するが、分離感情は外部からのきっかけ・イベント（本書では「外部刺激」という言葉を主に使う）で引き起こされ、短い期間で収まりやすい。人は仕事に成功すれば「喜ぶ」し、上司に叱られれば「悲しむ」。気に入らないことがあれば「怒る」。しかしその感情は、時が経てばやがて薄れていく。

②帰属感情（dispositional affect：個人レベル）

分離感情とは別に、人はそれぞれ「感情の個性」を持っている。これを帰属感情と呼ぶ。帰属感情は、比較的安定的に一人ひとりが持つ特質だ。「彼女は常に陽気な人だ」「彼は心配性だ」「うちの部長は怒りっぽい」などが、それに当たる。

帰属感情はおおまかに「ポジティブ感情」（positive affect：PA）、「ネガティブ感情」（negative affect：NA）に大別される。様々なことを肯定的に受け止めがちな個性がPAで、否定的に受け止めがちな個性がNAだ。本章では以降、感情をこのポジティブ、ネガティブに分けた議論を中心に進める。

例えば、海外旅行で荷物を紛失した時、憤ったり悲しんだりする人もいれば、それほど落ち込まず後で笑い話にする人もいる。前者はNAが高い人で、後者はPAが高い人になる。

時間が経てばおさまる分離感情と異なり、個人の帰属感情は比較的安定してい

注1）シーガル・バーセイド、オリビア・A・オニール「組織に必要な感情のマネジメント」DIAMONDハーバード・ビジネス・レビュー2016年7月号。

注2）経営学における感情の理論については Elfenbein, H. A. 2007. Emotion in Organizations: A Review and Theoretical Integration" *Academy of Management Annals*, Vol. 1, pp.315-386. や Barsade, S. G. & Gibson, D. E. 2007. "Why Does Affect Matter in Organizations?" *Academy of Management Perspectives*, Vol. 21, pp.36-59. などに体系的にまとめられている。

|図表2|3種類の感情の関係性

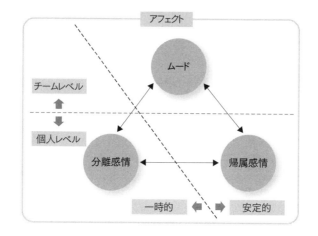

るので、計測しやすい。その理由で心理学・経営学でも、帰属感情の方が実証研究が進んでいる。なかでも米アイオワ大学の著名な心理学者デイビッド・ワトソンらが1980年代後半に打ち立てたPositive and Negative Affect Schedule（PANAS）は、帰属感情を計測する指標の代表だ。PANASは個人の心理状況を苦悩、驚き、自信、怒りなど20の感情表現に基づいて質問票で調査し、最終的にPAとNAの高さとして集計している。心理学者だけでなく、セラピストなどの実務にも広く応用される指標である。

③ムード（mood：主に職場・チームレベル）

後でも述べるが、先ほどの「怒り」「喜び」などの分離感情は、一般に何かの外部刺激によって引き起こされる（＝すなわち感情が引き起こされる原因がはっきりしている）。一方、明確な原因がなく「なんとなく、そこに漂っている感情」がムードである。日本語での「雰囲気」にあたる。

筆者の理解では、ムードには少なくとも3つの特徴がある。第1に、それは帰属感情のような個人だけに属するものと異なるので、チーム・職場などに漂いがちなものであることだ。第2に、帰属感情と同様に、比較的安定してチーム・職場に定着することだ。「ここはいつも活気がある職場だ」「このオフィスはいつも雰囲気が悪い」などだ。第3に、ムードはその職場・チームで限定的になりがちだ。

冒頭で述べたように、感情は遠くまで伝播しにくいからだ。

　図表2は、3種類の感情の関係を示したものだ。これから解説するように、三者は互いに深く影響し合っている。これら3つを包括する概念を、学術的にはアフェクト（affect）と呼ぶ。

感情の理論メカニズム

　次に、感情の理論メカニズムを解説しよう。まず、分離感情から始める。怒り・喜び・悲しみなどの発生は一見無秩序なようだが、そこには一定のメカニズムがある。特に本章で取り上げたいのは、その主要理論の「感情イベント理論」だ。

分離感情の理論：感情イベント理論（affective events theory）

　感情イベント理論は、1990年代にパデュー大学のハワード・ワイスとコロラド大学のラッセル・クロパンツァーノらが提唱して以来、分離感情のメカニズムを説明する基本理論として定着している[注3]。

　図表3は、カリフォルニア大学バークレー校のヒラリー・エルフェンバインが2007年に『アカデミー・オブ・マネジメント・アナルズ』に発表した論文で掲載した図を、筆者なりに組み直して、感情イベント理論を土台とした感情のメカニズムの全体像を描いたものだ[注4]。以下、図表3をもとに解説する。

　まず、図表3の矢印①が示すように、感情は外部イベントから刺激を受けることで始まる。「外部刺激」は、事件・事故のようなドラマティックなものだけを指すのではない。日々の生活、日常業務など、様々なことから我々は常に刺激を受けている。ビジネスなら、職場の周囲の人たちとの会話、仕事のプロセス、周囲との共同作業などを通じて、我々は常に刺激を受ける。

　外部刺激は、人に「分離感情の体験」（emotional experience）をもたらす（矢印①・②）。人は外部刺激を受けることで、喜び、悲しみ、怒りなどの分離感情

注3）Weiss, H. M. & Cropanzano, R. 1996. "Affective Events Theory: A Theoretical Discussion of the Structure, Causes and Consequences of Affective Experiences at Work," *Research in Organizational Behavior*, Vol. 18, pp.1-74.

注4）注2を参照。

図表3 感情発生のメカニズム

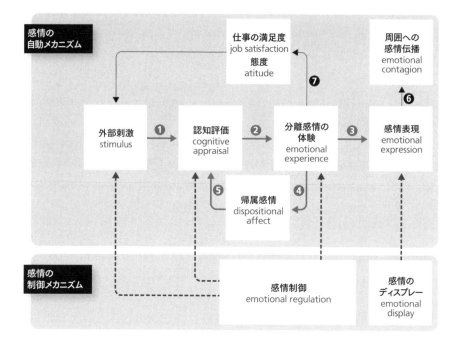

を抱く。言うまでもなく、一般に人はポジティブな外部刺激からは「嬉しい」などポジティブな分離感情を抱きがちで、ネガティブな外部刺激からは「悲しい」などネガティブな分離感情を体験しがちだ。

そして一般に、ポジティブな外部刺激よりもネガティブな外部刺激の方が、心理的な影響度が強いと指摘されている。これを「感情の非対称性」(emotional asymmetry) という[注5]。例えば、ミネソタ大学のアンドリュー・マイナーらが2005年に『ジャーナル・オブ・オキュペーショナル・ソーシャル・サイコロジー』に発表した論文では、企業の41人の従業員を対象とした心理実験から、「仕事でのネガティブな出来事が人の感情に与える効果は、ポジティブな出来事が与える効果より約5倍も強い」という計測結果を得ている[注6]。

注5) Baumeister, R. F. et al., 2001. "Bad Is Stronger than Good," *Review of General Psychology*, Vol. 5, pp.323-370. などを参照。

注6) Miner, A. G. et al., 2005. "Experience Sampling Mood and Its Correlates at Work," *Journal of Occupational and Organizational Psychology*, Vol. 78, pp.171-193.

同様に、豪クイーンズランド大学のマリー・ダスボロウが2006年に『リーダーシップ・クォータリー』に発表した研究では、「人は仕事上のポジティブな出来事より、ネガティブな出来事を思い出しやすい」という結果を得ている[注7]。いわゆる「トラウマ」などは、それに近いかもしれない。

さらに、ニューヨーク州立大学オルバニー校のケビン・ウィリアムズらが1994年に『アカデミー・オブ・マネジメント・ジャーナル』（AMJ）に発表した論文では、41人の夫婦に対する質問票調査から、「人は職場（家庭）で経験したネガティブな感情を家庭（職場）に持ち込みがちで、ポジティブな感情は持ち込まない」傾向を明らかにしている[注8]。このように、人の感情はネガティブな出来事により強く影響され、よりしつこく引きずられるのだ。

帰属感情を加えた理論：認知評価理論（cognitive appraisal theory）

図表3が示すように、「外部刺激」→「分離感情の体験」の間には、認知評価（cognitive appraisal）が挟まる（矢印①）。同じ外部刺激でも、人によってそれを認知的にどう評価するか（＝どの刺激に反応しやすいか）が異なるからだ。このプロセスに注目する理論を、認知評価理論と呼ぶ。

この認知評価は、人の帰属感情に影響される（矢印⑤）。先述のように、帰属感情はPAとNAに分かれ、一般にNAが強い人はネガティブな外部刺激に反応しやすく、PAが強い人はポジティブな外部刺激に反応しやすい。

さらに、人は分離感情を何度も経験すると、その蓄積が帰属感情に反映される（矢印④）。何度もポジティブな分離感情を経験していれば、次第にその人のPAは高くなる。PAが高まれば、その人はいっそうポジティブな外部刺激に反応し、ポジティブな分離感情がさらに蓄積する。逆にネガティブな分離感情が蓄積されるとその人はNAが高まり、一層ネガティブな外部刺激に反応する。認知評価→分離感情の体験→帰属感情→認知評価という、循環サイクルになっているのだ。

結果、このプロセスは感情に決定的な個人差をもたらす。例えば、「同じように部下を叱ったはずなのに、ある部下はそれを素直に受け止めたが、別の部下は

注7) Dasborough,M. T. 2006. "Cognitive Asymmetry in Employee Emotional Reactions to Leadership Behaviors," *Leadership Quarterly*, Vol. 17, pp.163-178.

注8) WiLliams,K. J. & Alliger,G. M. 1994. "Role Stressors, Mood Spillover, and Perceptions of Work-Family Conflict in Employed Parents," *Academy of Management Journal*, Vol. 37, pp.837-868.

極端に落ち込んでしまった」という経験を持つ方もいるのではないだろうか。それは、「前者の部下はPAが高く、後者の部下はNAが高いから」と解釈できる。PAが高い人は、上司の叱りの発言をそれほど深刻に受け止めない。他方でNAが高い人は、同じ上司の発言のネガティブな部分に特に反応する。結果、それをネガティブな分離感情として経験し、さらにNAが高まってしまうのだ。

　特にネガティブな刺激は、ポジティブな刺激よりも影響度が強いのだから、注意が必要だ。「上司が何の気なしに部下を叱っているうちに、いつの間にかある部下だけが精神的に追いつめられた」といった企業内のパワーハラスメント事例が出てくることがあるが、これは認知評価理論のメカニズムから生じている可能性があるのだ。

ムードの理論：感情伝播

　最後に、組織・職場のムードである。図表3の右側を見ていただきたい。「嬉しい」「悲しい」などの分離感情の体験は、人の内面で起こる。しかし、人はその感情を外に向けて表現もする。外への表現によって、人の感情は周囲に伝達される。それは周囲の人々にとって外部刺激となり、彼らの感情に影響する（矢印⑥）。一般に、周囲からポジティブな感情表現を刺激として受けた人は、ポジティブな感情を抱きがちになる。ネガティブな感情を周囲から受ければ、自分もネガティブになる。これを感情伝播（emotional contagion）という[注9]。

　そして繰り返しだが、非言語表現である感情表現は遠くまで伝播しない。仮に大企業のCEOがポジティブな雰囲気を全社でつくろうとしても、それは容易なことではない。したがって大企業の経営者は、いかに表情、声のトーン、身振り手振りなどの非言語情報を使って、感情を企業の隅々まで行き渡らせるかを考える必要がある。

　実際、優れた大企業の経営者の中には、毎日のように社内の隅々まで歩き回ったり、現場まで自分で頻繁に回る方は多い。例えば、2014年に日本コカ・コーラ会長から資生堂社長に転じた魚谷雅彦氏は、就任後、海外を含めた現場を回り、1万人近くの社員に語り掛けていたという[注10]。これは「自分が現場をみる」ため

注9) Keltner,D. & Haidt,J. 1999. "Social Functions of Emotions at Four Levels of Analysis," *Cognition and Emotion*, Vol 13, pp505-521. を参照。

に歩き回る部分も大きいだろうが、他方で「自分が歩き回ることで自分の感情を伝播させる」ことを意識している側面も少なくないはずだ。

感情が人・組織に与える複雑な効果

次に、感情・ムードが人・組織に与える影響について解説しよう（図表3の矢印⑦）。とはいえ、このテーマは心理学・経営学でも過去の研究があまりにも多く、本章ですべてを解説できるものではない。ここでは、特にビジネスで重要と考えられる、ポジティブ感情とネガティブ感情の効果の比較に重点を置きたい。我々は、常に組織にポジティブ感情を持ち込むべきなのだろうか。それとも、ネガティブな感情も時に必要なのだろうか。

実は、この問いに答えるのはそれほど簡単ではない。たしかに、ポジティブな感情が組織にプラス効果を与えるという研究結果が多く得られているのは事実だ[11]。しかし他方で、ネガティブ感情が組織に重要な役割を果たすという研究成果も少なくない。ビジネスには様々な側面があり、局面ごとに感情が与える影響は異なるのだ。

本章では、経営学の感情研究の第一人者であるテキサスA&M大学のジェニファー・ジョージが2007年にAMJに発表した論文レビューを参考にしながら、主要な法則を筆者なりにまとめてみよう[12]。それは以下の6つである。

法則1 ポジティブ感情は、仕事への満足度を高めやすい（job satisfaction）

一般に、ポジティブな感情・職場のムードは、個人の仕事への満足度を高める傾向がある。逆にネガティブな感情・ムードは、満足度を下げる。

注10）『プレジデント』2014年9月1日号。また、魚谷氏は正確には2011年に日本コカ・コーラ会長を退任。2013年に資生堂に転籍し、2014年から社長に就任。

注11）例えばLyubomirsky, S. et al., 2005. "The Benefits of Frequent Positive Affect: Does Happiness Lead to Success?" *Psychological Bulletin*, Vol.131, pp.803-855. では、過去の実証研究をまとめ上げたメタ・アナリシスから、この点を支持する結果を得ている。

注12）George, J. M. & Zhou, J. 2007. "Dual Tuning in a Supportive Context: Joint Contributions of Positive Mood, Negative Mood, and Supervisory Behaviors to Employee Creativity," *Academy of Management Journal*, Vol. 50, pp.605-622.

法則2 ポジティブ感情は、モチベーションを高めやすい

　第11章で述べたが、人のモチベーション向上に重要な要素に、「高いゴール設定」と「自己効力感」がある。

　一般に、自己効力感を高めるのはポジティブな感情である。例えばミネソタ大学のリチャード・サーバドラが1991年に『モチベーション・アンド・エモーション』に発表した研究では、ポジティブ感情に触れた人ほど自己効力感が高まるという結果が示されている[注13]。自己効力感が高まれば、その人のゴール設定も高くなる。モチベーションを高めるにはポジティブな感情を持つことが重要なのだ。

法則3 ポジティブ感情は、他者に協力的な態度（attitude）をとることを促す

　ポジティブな感情を持つ人は、他者を助けたり、他者から協力を受けやすい。カリフォルニア大学のバリー・ストウらが1994年に『オーガニゼーション・サイエンス』に発表した研究では、米中西部の組織の従業員272人に対するインタビュー調査などから、「ポジティブな感情を持つ人の方が、同僚・上司からの仕事上のサポートを受けやすい」という分析結果を得ている[注14]。

　ここまでの法則1〜3では、ポジティブな感情がもたらす好ましい効果を述べた。しかし、話はそう簡単ではない。特に感情が人の「認知」に影響を与える局面では、ネガティブな感情が重要な役割を果たす可能性がある。本章では、組織認知のメカニズムを描く基本理論であるカーネギー学派の理論モデルをあてはめながら、解説しよう（カーネギー学派の理論は第11・12章を参照）。

法則4 ネガティブ感情は、満足度を下げるのでサーチを促す

　第11章で述べたように、カーネギー学派によると、企業パフォーマンスの向上に欠かせないのは「サーチ」である。人・組織は、そもそも限定された範囲の認知しか持っていない。したがって、絶えずサーチをすることで認知を広げ、外部の新たな知見を取り込むことが成長に欠かせない。他方、企業が高いパフォー

注13) Saavedra, R. & Earley, P. C. 1991. "Choice of Task and Goal under Conditions of General and Specific Affective Inducement," *Motivation and Emotion*, Vol. 15, pp.45-65.

注14) Stawet, B. M. et al., 1994. "Employee Positive Emotion and Favorable Outcomes at the Workplace," *Organization Science*, Vol. 5, pp.51-71.

マンスをあげて「満足」してしまうと、「自分の認知している世界は正しい」と考えるので、サーチが停滞しがちになる。

　そして法則1で述べたように、一般にポジティブな感情は人・組織の満足度を高めてしまう。すなわち「組織が満足して気が緩んでしまう」状況をもたらしかねないのだ。

　一方、例えばそこでリーダーがネガティブな感情を組織にもたらせば、「自分がいま見ている認知の範囲は狭いのかもしれない」と部下に気づかせる契機となりうる。平たく言えば、「ネガティブ感情は、人・組織の気持ちを引き締める」効果があるのだ。結果、その組織はサーチ活動を続けることになる。

法則5 ポジティブ感情は知の探索を促す

　感情がサーチに与える影響を、さらに踏み込んで考えてみよう。重要なのは、第12章で解説した「知の探索・深化」だ。本章では知の探索・深化を、サーチを2種類に分離したものととらえよう。

　まずこれまでの研究で、ポジティブ感情は知の探索を促す傾向が知られている。先に述べたように、ポジティブな感情は満足度を高めて組織の雰囲気を緩めてしまうのだが、それを乗り越えて（雰囲気を引き締めて）サーチを続けるなら、むしろポジティブ感情の方が「多少は精緻さ・厳密さを欠いても、より大胆で新奇性の高いアイデアを求める」ことを促すからだ[注15]。

法則6 ネガティブ感情は知の深化を促す

　一方で組織には知の深化も重要だ。そして知の深化は、ネガティブ感情に触発されやすい。ネガティブな感情・ムードは「現状に何か問題がある」というシグナルになるので、大胆で新奇性の高い行動ではなく、現状を正確にミスなく、修正・改善する意識を高めるからだ。実際これまでの研究で、「ネガティブなムードの方が、人は物事を分析的に考え、正確性を求める」傾向が示されている[注16]。

注15) Schwarz,N. & Clore,G. L. 2003. "Mood as Information: 20 Years Later," *Psychological Inquiry*, Vol. 14, pp.296-303.

注16) Forgas, J. P. & George, J. M. 2001. "Affective Influences on Judgments and Behavior in Organizations: An Information Processing Perspective," *Organizational Behavior and Human Decision Processes*, Vol. 86, pp.3-34.

感情が人・組織に与える複雑な効果

　これら諸法則を筆者なりにまとめたのが、**図表4**である。第11章のカーネギー学派の理論の解説で使った図に、先ほどの法則を当てはめたものだ。

　この図をもとに、先の議論を改めて整理しよう。まず法則2だが、アスピレーションを高めるには、ポジティブな感情が効果的だ。先にも述べたように、ポジティブ感情は「自分はできる」という自己効力感を高め、その人の目線を上げることにつながる。例えば部下のパフォーマンスが十分でない時でも、リーダーが部下を励ましてポジティブに接すれば、部下も自信を取り戻してアスピレーションを上げられる（目線を上げられる）ということだ。

　しかし問題は、ポジティブ感情は同時に満足度も高めてしまうことだ（法則1）。満足度を高めるのは望ましいことでもあるが、他方でそれは「自分はこのままでいいのだ」という現状維持を促す可能性がある。結果として、サーチが滞る。したがって、満足度が高すぎて「組織が緩んでいる」時は、むしろネガティブ感情を取り込んで危機感を高め、サーチを促すことも必要だ。

　さらに、サーチを知の探索と深化に分けて考えることも重要だ。ネガティブ感情は組織の危機感を醸成するが、他方で組織の知の探索を放棄させ、知の深化だけを促しかねない（法則6）。いわゆる組織メンバーの「気持ちが縮こまってしまう」状況だ。結果、大胆で新奇性の高いアイデアを求めなくなり、イノベーションの活力が失われてしまう。逆に言えば、知の探索を促すには、やはりポジティブな感情が重要になる（法則5）。しかし、ポジティブな感情は、時に満足感を高めすぎてしまうことには注意が必要だ。

　この図だけを見ても、感情が人・組織の認知に与える影響がかなり複雑なのは、おわかりになるだろう。この図表もあくまで筆者が概略化したものであり、現実はさらに複雑だ。とはいえこの図を見るだけでも、それなりにビジネスへの示唆はあると筆者は考える。ここでは、2つの示唆を提示したい。

　第1に、組織に求められる感情は、成長ステージや組織が置かれた状況で大きく異なる可能性だ。例えば、日々厳しい生存競争に晒されている若いスタートアップ企業が、現状に満足していることはありえない。こういった企業は、言われなくともサーチをし続けている。したがって、ネガティブ感情で満足度を引き下げ

| 図表4 | 感情の効果

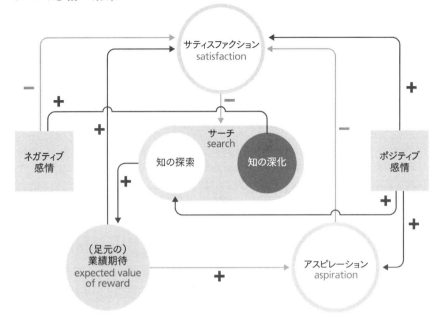

る必要はない。他方でスタートアップ企業は、常に目線を上げて新しいことにチャレンジし続けなければ、すぐに淘汰されてしまう。したがって「知の探索」や「高いアスピレーション」を保つ必要があり、そうであればポジティブ感情を組織に行き渡らせることが重要なはずだ（＝法則2や法則5が重要）。

　一方で既に成熟した大企業は、別の意味で困難に陥っていることが多い。すなわち、従業員が現状に満足してしまっており、そもそもサーチが促されないのである。いわゆる「気持ちが緩んだ」状態だ。実際、筆者は大企業の経営幹部と対話する機会も多いが、そこでの彼らの大きな懸念は従業員（なかでも中間層）が現状に満足してしまっていることだ。もしこの状況に陥っているなら、経営者やリーダーに求められるのは、ある程度はネガティブな感情を使って組織の気を引き締めることかもしれない（＝法則4が重要）。

　しかし、ここで第2の視点も考える必要もある。それは「ポジティブとネガティブのバランス」だ。例えば大企業では、社員が現状に満足しきっているからといって、経営者がいつも怒りだけをあらわにしていたら、社員は萎縮して知の深化だけに傾いてしまうだろう（法則6）。社員のモチベーションも下がっていく（法

則2）。したがって、ネガティブ感情で気を引き締めさせつつも、ポジティブな感情でチャレンジを促す必要もあるのだ（＝法則4と法則2、法則5の間のバランスが重要）。ファーストリテイリングの柳井正氏は「僕が真剣にアドバイスすると、受け取るほうは『叱られている』と錯覚する（笑）。その人のことを思ってアドバイスしているんだけど、相手は心を閉ざしていて、拒否してしまうんだよね。だから相手が心を閉ざさないように、明るく楽しくやらないといけない。それは経営者の役割です」と述べ、感情のバランスに気を配っているようだ注17。

　このように、感情が組織に与える影響経路は複雑だ。逆に言えば、だからこそそのメカニズムを思考の軸として理解しておく必要がある。それは従業員・組織の行動に決定的な影響を与えうる。経営者・リーダーには組織の現状に合った、適切なバランスの感情マネジメントが求められるのだ。

　しかし同時に、以下のような疑問も出てくる。それは「そうは言っても感情とは自然発生的なものだから、人が感情を適切に『マネジメント』することなどできないのではないか」という疑問だ。これも、至極真っ当な疑問に聞こえる。しかし実は、近年の心理学・経営学の研究で、人・組織の感情はある程度まで人為的にマネージできる可能性が明らかになっているのだ。

感情ディスプレーを巧みに操れ

　人・組織が人為的に感情を調整することを、心理学・経営学では「感情制御」（emotional regulation）という。現代の組織心理学の重要研究テーマの一つである（図表3の下のグレー部分）。

　近年は特にエモーショナル・インテリジェンス（EI）という言葉が注目されている。「感情をうまく取り扱える個人の総合能力」のことだ。ニューハンプシャー大学のジョン・メイヤーとエール大学のピーター・サロビーが提唱し、経営学でも注目が集まっている。一般向けの書籍としては、2006年に刊行された、ダニエル・ゴールドマンの世界的ベストセラー*Emotional Intelligence*（邦訳『EQ〜こころの知能指数』）を通じてご存じの方もいるだろう注18。

注17）『プレジデント』2019年7月5日号。

410　｜第3部｜ミクロ心理学ディシプリンの経営理論｜

メイヤー＝サロビーによると、EIは4つの構成要素からなる。それは① perceiving：自身や他者の感情にきちんと注意を払えているか、② using：特定の感情が認知にどのような影響を与えるかを把握できているか、③ understanding：感情が時間とともに変化するなどの仕組みを理解できているか、④ managing：感情をうまく制御できるか、である。メイヤー＝サロビーらはこれらの要素をもとに、コンピュータベースの感情テスト（MSCEITという）を開発し、EIスコアを計算できるようにした。これまでの多くの研究で、EIスコアの高い従業員の方が様々な側面でパフォーマンスが高い、という結果が示されている。

　一方で、EIが学術的に確かな概念かについては、実はいまだに議論が多いのも事実だ[19]。そこで本章では、広範なEI分野の中でも、特に学術的に研究が進んでいる視点に絞って解説しよう。それは「感情表現」（emotional display）だ。

　先ほどから述べているように、感情の特徴は、「表情」「声のトーン」「身振り手振り」などの非言語手段により伝達される側面が大きいことにある。非言語手段を通じて感情を他者に表現（ディスプレー）した時の効果について、経営学で研究が進んでいるのだ。

　その代表は、「笑顔の効果」である。顧客・部下・職場にポジティブな感情を伝播させるために笑顔を増やすことの効果について、多くの研究成果が上がっている。

　例えば、ノースカロライナ大学シャーロット校のダグラス・プーが2001年にAMJに発表した論文では、米地方銀行の220人の行員と顧客のペアに対して行った質問票調査を元に統計分析を行っている[20]。その結果、銀行員が笑顔・アイコンタクトを通じて顧客に接するほど、顧客はその行員にポジティブな感情を持ち、顧客サービスの満足度も高まる傾向を、プーらは明らかにしている。ペンシルバニア州立大学のアリシア・グランディらが2006年にAMJに発表した研究でも、コーヒーショップの220人の従業員の分析から、「接客中に従業員が笑顔をつくると、顧客が来店時よりも笑顔が増える」という結果を得ている[21]。

注18）D. Goleman,1995.*Emotional Intelligence*, Bantam.（邦訳『EQ〜こころの知能指数』講談社、1996年）

注19）Ybarra, O. et al., 2014. "The "Dig Idea" That is Yet to Be: Toward a More Motivated, Contextual, and Dynamic Model of Emotional Intelligence," *Academy of Management Perspectives*, Vol. 28, pp.93-107.

注20）Pugh, S. D. 2001."Service with a Smile: Emotional Contagion in the Service Encounter," *Academy of Management Journal*, Vol. 44, pp.1018-1027.

このように笑顔という非言語情報が、概ね組織にプラスの影響をもたらすのは疑いない。しかし話はそれで終わりではない。実は、意図的に笑顔をつくることに、懐疑的な主張もある。第1の理由は、意図的な感情ディスプレーは、相手に「意図的だ」と見抜かれてしまう可能性があることだ。人は上辺だけの表現は見抜けるものだ。

第2にポジティブな感情表現は、職場の雰囲気など「他者へのプラス」になるかもしれないが、それは必ずしも「自分へのプラス」にはならないことだ。意図的な感情ディスプレーは心理負担を生じさせるため、極端なケースでは無理に笑顔をつくりすぎた人が精神的に燃え尽きたり、鬱状態につながる可能性も指摘されている[注22]。

では本当に効果的で、しかも自分が燃え尽きないように顧客・職場・従業員に感情を伝えるには、何が必要なのだろうか。この問いに一つの切り口を与える理論が、いま多くの経営学者が注目する「感情労働理論」である。本章の最後に、この理論を解説しよう。

感情表現の理論：感情労働理論

現実には多くのビジネス現場で、人は意図的に感情ディスプレーすることを求められる。接客業の現場では、従業員に笑顔が求められる。司法関係者は常に慎重な顔つきが求められる。スポーツ・コーチの中には、わざと強く怒る人もいる。誰もが仕事上の理由で、それぞれが感情ディスプレーを行っているのだ。

感情労働理論（emotional labor theory）は、この感情ディスプレーを2つに分けてとらえるのが特徴だ。その1つ目は、「サーフェス・アクティング」（surface acting）だ。これは、「外にディスプレーする表情」と「自分の本心」にギャップを持ったまま、感情表現することを指す。例えば、顧客クレームがあって無理難題を押しつけられた時に、本心では「勘弁してくれよ」と思っていても、

注21) Barger, P. B. & Grandey, A. A. 2006. "Service with a Smile and Encounter Satisfaction: Emotional Contagion and Appraisal Mechanisms," *Academy of Management Journal*, Vol. 49, pp.1229-1238.

注22) Hochschild, A. et al., 1983. "Repressor Structure and the Mechanism of Positive Control," *Cell*, Vol 32, pp.319-325. などを参照。

412 第3部 ミクロ心理学ディシプリンの経営理論

無理して笑顔で押し通すことがそれに当たる。本当は相手のことを「かわいそう」と思っているのに、わざと辛く当たることなどもそうだ。

より興味深いのは、2つ目の感情ディスプレーの方だ。それを「ディープ・アクティング」（deep acting）と呼ぶ。ディープ・アクティングとは、人が何かの外部刺激に直面した時に、「まず自分の意識・注意・視点の方向を変化させることで、感情そのものを自分が表現したい方向に変化させてから、それに合わせて自然に感情表現する」ことを指す。

より具体的に説明するために、ディープ・アクティング研究のパイオニアであるカリフォルニア大学バークレー校の社会心理学者アーリー・ホクスチルドが1983年に発表した著作の事例を紹介しよう。この著作では、ある航空会社のキャビンアテンダント（CA）が直面した事例が紹介されている[注23]。

この事例では、ある乗客が機内サービスに一見理不尽な理由で怒って、CAに文句をつけてきた。いわゆる顧客クレームである。一般的にこういう状況に直面したCAは、当然ながら最初は戸惑い、やがて乗客に対して「恐怖」「嫌悪」などを持ってしまう。もしここでサーフェス・アクティングのまま、本心とは異なり無理に笑顔で相手に対応したら、このCAの心理負担はさらに重くなるだろう。加えて、表面上取り繕っている感情ディスプレーは、相手にも見抜かれがちだ。

しかしこの事例でCAが実際にとった行為は、「顧客の態度をどうとらえるかの認知的な視点をずらす」ことだった。具体的には、「その乗客が初めて飛行機に乗る人」であったことに気づき、それをわざと強く意識したのだ。「初めて飛行機に乗る乗客」という認識を起点とすることで、結果としてその乗客に対する感情を「とまどい」「嫌悪」から、「初めての経験だから不安でこのようにイラついているのですね、かわいそうに」というような「同情」へと変化させられたのだ。結果、そのCAは乗客に心から同情する感情表現を取って事態に対処し、乗客の不満も解消することに成功した。

認知を動かし、感情を動かす

このように、「あの客が怒っているのには、実は妥当な理由があるのではないか」

注23）Hochschild, A. R. 1983. *The Managed Heart,* University of California Press.

「この事態は、別の角度からはこう解釈できるのではないか」などと、考え・視点を意識的にずらすことで自分の感情を変化させるのが、ディープ・アクティングである。感情が変化するのだから、その状況に適した表情が本心から湧いてくるのだ。

ディープ・アクティングは、サーフェス・アクティングより有利な点が2つある。第1に、ディープ・アクティングは、当事者の心理負担が軽い。先のグランディが2003年にAMJに発表した論文では、131人の大学事務員への質問票調査などから、ディープ・アクティングとサーフェス・アクティングが表現者にかける心理負担との関係を検証しており、後者は表現者の心理負担を大きくするが、前者はそのような負担が検出されない、という結果を得ている[注24]。本心から表情をつくっているのだから、心理負担は小さいということだ。

第2に、ディープ・アクティングは効果が周囲へ波及しやすい。取り繕った表情は見抜かれ易いが、ディープ・アクティングは感情に沿った表情だから自然なので、周囲の人が影響を受けやすい。結果として先のCAの例のように、顧客クレームなども解消しやすくなる。先のグランディの2003年AMJ論文では、ディープ・アクティングでポジティブ感情を表現する大学事務員は周囲から高く評価され、逆にサーフェス・アクティングでポジティブ表現をする事務員は周囲からむしろ低く評価される、という結果を得ている。

豪ニューサウスウェールズ大学のマーカス・グロースらが2009年にAMJに発表した研究でも、サービス業における285の従業員＝顧客のペアのデータを使った統計解析から、「顧客が従業員の表情を見抜ける状況下では、ディープ・アクティングをする従業員は顧客評価が高く、サーフェス・アクティングをする従業員は顧客評価が低い」という分析結果が得られている[注25]。

一方でこのように聞くと、「無理に感情を変えるなんてできない」「本当は自分が正しいはずなのに感情だけ変えていいのか」という指摘もあるだろう。確かにその指摘も一理あるのだが、筆者は、ディープ・アクティングがもたらす示唆は

注24) Grandey,A. A. 2003. "When 'The Show Must Go On': Surface Acting and Deep Acting as Determinants of Emotional Exhaustion and Peer-Rated Service Delivery," *Academy of Management Journal*, Vol 46, pp86-96.

注25) Groth,M. 2009. "Customer Reactions to Emotional Labor: The Roles of Employee Acting Strategies and Customer Detection Accuracy," *Academy of Management Journal*, Vol. 52, pp.958-974.

小さくないと考える。それは、ディープ・アクティングでは、感情を変える出発
点が認知の側にあるからだ。すなわち日頃の仕事から、「多角的な視点」「広い視
点」「他者視点」を持つことの重要性を、ディープ・アクティングは示している
ととらえられる（認知については第12・13章や第20章を参照）。

　先のCAの事例が、まさにそれに当たる。この事例では、機内サービスに不満
だった乗客が怒って文句を言った時に、対応したCAが「その乗客が初めて飛行
機に乗る人」であったことに気づいて、相手の立場に立った視点を取れたことで、
感情を「とまどい」から「同情」に変化させられた。おそらくこのCAは、日頃
から相手の立場の認知視点を取れる準備をしていたはずだ。確かに感情は自然発
生する部分が多く、感情そのものを抑制するのは難しい。仮に無理に抑制しても、
心理的な負担が大きくなる（＝サーフェス・アクティング）。

　しかし、感情そのものの抑制は難しくても、「相手の立場に立つ」「多角的な角
度で物事を見る」といったように視点・認知を広げることなら、日頃から意識し
たり準備していれば可能なはずだ。それが結果として、感情をうまくマネジメン
トすることにつながり得るのである。本章前半では「感情→認知」についての法
則を解説したが、「認知→感情」の関係もまた重要なのだ。やはり認知と感情は、
脳内で不可分の関係にあるのだろう。

　近年の経営学における感情の研究では、その実証分析にセンサー技術が応用さ
れたり、神経科学の知見が次々に取り込まれている。今後、ますます盛んになる
ことが期待できる研究分野だ。結果、世界標準の経営理論でも、「感情のマネジ
メント」はさらに注目されていくだろう。本章冒頭で述べたように、これからの
時代は、感情マネジメントがビジネスの勝敗を決める時代とも言える。もはや感
情は精神論ではない。理論的科学的にとらえ、マネジメントできる時代になりつ
つあるのだ。

第23章 | sensemaking

センスメイキング理論

「未来はつくり出せる」は、けっして妄信ではない

センスメイキングこそが、いま求められている

　　ある時、ハンガリー軍の偵察部隊がアルプス山脈の雪山で、猛吹雪に見舞われ遭難した。彼らは吹雪の中でなす術なく、テントの中で死の恐怖におののいていた。その時偶然にも、隊員の一人がポケットから地図を見つけた。彼らは地図を見て落ち着きを取り戻し、「これで帰れるはずだ」と下山を決意する。彼らはテントを飛び出し、猛吹雪の中、地図を手におおかたの方向を見極めながら進んだ。そしてついに、無事に雪山を下りることに成功したのだ。しかし、そこで戻ってきた隊員が握りしめていた地図を取り上げた上官は、驚いた。彼らの見ていた地図はアルプス山脈の地図ではなく、ピレネー山脈の地図だったのである。(筆者意訳)[注1]

　本章は、ミクロ心理学ディシプリン編の締めくくりとして「センスメイキング理論」(sensemaking) を取り上げる[注2]。筆者は2013年に米国から日本に帰国して以来、数多くの経営者やビジネスパーソンと交流してきた。その経験を通して、「現在の日本の大手・中堅企業に最も欠けており、最も必要なのがこのセン

注1) Weick, K. E. 2005. "Managing the Unexpected: Complexity as Distributed Sensemaking," In R. R. McDaniel Jr. and D. J. Driebe (Eds.), *Uncertainty and Surprise in Complex Systems: Questions on Working with the Unexpected* (pp. 51-65), Springer-Verlag.

注2) センスメイキングのエポック・メーキングな著作は、ワイクによる*Sensemaking in Organizations*, SAGE Publications, 1995.（邦訳『センスメーキング・イン・オーガニゼーションズ』文眞堂、2001年）である。ワイクの生み出した理論、およびセンスメイキングについては様々なレビュー論文があるが、最近のレビューとしてMaitlis,S. & Christianson, M. 2014. "Sensemaking in Organizations: Taking Stock and Moving Forward," *Academy of Management Annals*, Vol. 8, pp.57-125. を推薦したい。なお、ワイク自身は、センスメイキングはあくまで「視点」(perspective) の一つで、これが理論（theory）とはとらえていないようだ。一方で、センスメイキングを理論と取り扱う学者もいるので、ここではセンスメイキング理論という表記を使う。

416　| 第3部 | ミクロ心理学ディシプリンの経営理論 |

スメイキングである」と考えている。その意味でも、ぜひ多くの方に本章に目を通していただきたい。

センスメイキングを生み出し発展させてきた中心人物は、ミシガン大学の世界的な組織心理学者カール・ワイクだ。ワイクと、彼の考えに共鳴する組織心理学者が生み出す諸理論は、独自の立場から経営学に多大な影響を与えてきた。

ワイクはそのキャリアで様々な理論を提示しており、それらは密接に関連している[注3]。なかでもセンスメイキングは、世界の経営学・組織心理学で、極めて重要な存在である。ブリティッシュコロンビア大学のサリー・マイトリスらが2014年に『アカデミー・オブ・マネジメント・アナルズ』（AMA）に発表した論文によると、これまでに経営学の4000以上の学術論文でsensemakingという単語が使われている[注4]。

センスメイキングはいまだ発展中で、その定義自体も多様だ。しかし筆者の理解では、その本質をよくとらえた日本語がある。それは「納得」であり、さらに平たく表現すれば「腹落ち」である。センスメイキング理論は、「腹落ち」の理論なのだ。より厳密には、「組織のメンバーや周囲のステークホルダーが、事象の意味について納得（腹落ち）し、それを集約させるプロセスをとらえる理論」と考えていただきたい。その象徴的な事例が、ワイクも引き合いに出す冒頭のハンガリー偵察部隊のくだりである。この意味合いは、本章を読み進めれば理解いただけるはずだ。

センスメイキングをミクロ心理学編の最後に取り上げる理由は2つある。第1に、先にも述べたように、センスメイキングこそが、今後の日本のビジネスにおいて決定的に重要と筆者が考えるからだ。後で述べるように、センスメイキングは「見通しの難しい、変化の激しい世界で、組織がどのように柔軟に意思決定し、新しいものを生み出していけるか」に多大な示唆を与える。第2に、したがってセンスメイキングは、心理学編で紹介してきた「イノベーション」「組織学習」「ダイナミック・ケイパビリティ」「組織の知識創造理論」「リーダーシップ」「意思決定」といった様々なテーマに、違った角度から光を当てるからだ。だからこそセンス

注3）センスメイキング以外にワイクが提示した主要な理論・視点には、「ルース・カップリング」（loose-coupling）、「コレクティブ・マインドフルネス」（collective-mindfulness）などがある。これらもセンスメイキングと深く関連するが、本章はセンスメイキングに焦点を絞る。

注4）注2を参照。

メイキングは、これら他理論と補完的ともいえる。

　一方で、ワイクの理論は極めて抽象的で、深く、哲学の背景理解も必要であり、ビジネスパーソンが理解するのは容易でないのも事実だ。筆者は、その前提となる哲学的視点を押さえることが、同理論の理解に重要と考える。実は、欧米で経営理論を専門とする学者は、それぞれの持つ科学哲学の立場を前提に理論を構築することも多い。本書は哲学を語ることが目的ではないので、その触りだけを紹介しておこう。

哲学的背景：現実は一つか

　いま、皆さんは本書『世界標準の経営理論』を手にされている。皆さんにとって、それは確かなことのはずだ。しかし、皆さんの隣にいる人が同じように手にして見ている『世界標準の経営理論』は、皆さんが見ているものと完全に同じなのだろうか。

　「何を馬鹿なことを言っているのだ、同じ本を見ているのだから、同じに決まっているではないか」と思うかもしれない。しかし、「皆さんが手に持っている『世界標準の経営理論』とまったく同じものが、横の人にも見えている」という保証は、どこにあるのだろうか。横にいる人がどのように認識しているかは、その人にしかわからない。我々は一人ひとり違う人間であり、その認識のフィルターを通じてしか、物事が見えないからだ。

　別の例で考えよう。前章の第22章では「感情の理論」を紹介し、これからはいかに感情のメカニズムの理解が重要となるかについて、筆者なりの見解も述べた。この筆者の主張を、皆さん一人ひとりはまったく同様に受け止めるだろうか。例えば、受け止め方は「それまでにどの章を読んできたか」「読む時の気分」などで、変わるかもしれない。筆者自身に「この章はこう読んでもらいたい」という意図があったとしても、読み手の行動（＝読み方）次第で、受け止められ方は多様になる。

　図表1は、この議論を図示したものだ。図表の左側は、「この世には絶対的な真実・真理がある」とする立場だ。「第22章で主張されることは、誰にとっても同じ」ということである。この場合、主体（自分）と客体（周辺の環境）は分離しており、主体は客体を正確に観察・分析することで、その真実・真理を知り、

|図表1|実証主義と相対主義

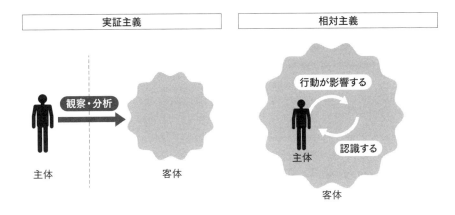

それを他者と共有できる。

　これは「科学性とは何か」を考える上でも、重要になる。図表左の立場を踏まえれば、「客観的に、正確に分析した実証結果は、誰にでも共有できる普遍的な真理・真実である」となるからだ。この立場を、科学哲学では実証主義（positivism）と呼ぶ。一般に「万物には共有の真理がある」と考える自然科学は、実証主義に近い立場を取る。自然科学のアプローチを取り込もうとする近代経済学も、実証主義に近い。

　一方、図表の右側は逆の立場である。こちらは「物の見方・認識は、主体と客体の相互依存関係の上で成立する」という立場を取る。主体は客体と切り離せず、むしろ周囲の客体すべてに囲まれた一部といえる。主体と周囲の客体は互いに働きかけ合い、依存し合う。結果、人は、その認識上のフィルター（哲学ではコンテクストという）を通じてしか、物事を認識できない。

　誰もが固有のフィルターを持つのであれば、複数の人が「絶対的な唯一のもの」を共有することは難しい。先の例なら、「第22章の主旨は、読む人の見方、認識、気分、立場などによって異なって受け取られる」ということだ。これを認識論的相対主義（relativism）と呼ぶ。

　両者の違いは、組織論にも応用できる。この場合、組織の一員である皆さんが主体で、市場環境、ライバル企業の動向、顧客動向、取引先、投資家、他の従業員、同僚など、皆さんを取り巻くビジネス環境すべてが、客体になる。

ここで一つの立場は、自身（主体）とビジネス環境（客体）を切り離し、「自分がいま直面しているビジネス環境は、周囲の誰にも同じように見える。したがって、事業環境を正確に分析すれば、普遍的な真実・真理が得られる」とするものだ。つまり実証主義である。この場合、組織・経営者に重要なのは事象を正確に観察して、精緻に分析することだ。

一方で相対主義的の立場を取るなら、そこには誰もが共有する「絶対的なビジネス環境の真理」はない。さらに、主体は客体（環境）の一部と考えるから、皆さん自身が行動して環境へ働きかければ、環境認識も変化していく。

筆者は、実証主義と相対主義のどちらが正しいかを議論したいのではない。両者のどちらの立場を取るかで、根源的な物事の見方（＝哲学的な立ち位置）が異なることを理解いただきたいのだ。そして本章で取り上げるセンスメイキングは、認識論的相対主義に近い立場を取る[注5]。この前提を踏まえながら、センスメイキングの解説に入っていこう。

プロセス❶：環境の感知

センスメイキングの全体像は、相対主義を前提として、主体（自身・自身のいる組織）と客体（周囲の環境）の関連性についての、ダイナミックに循環するプロセスとしてとらえられる。**図表2**をご覧いただきたい。プロセスは大きく①環境の感知（scanning）、②解釈・意味付け（interpretation）、③行動・行為（enactment）に分けられる。以下、順に解説しよう。

まずは、プロセス①の「環境の感知」である。ここで前提として押さえていただきたいのは、センスメイキングは、新しかったり（novel）、予期しなかったり（unexpected）、混乱的だったり（confusing）、先行きが見通しにくい（uncertain）環境下で、重要になることだ。先のマイトリスらのAMA論文では、そのような環境を、以下の3種類に分類している。

注5）より正確には、ワイクのセンスメイキング認識論的相対主義と関連する「社会構成主義」にルーツを持つとされる。社会構成主義では、現実の社会に存在する事実・実態とは、人々の認知の中でつくり上げられたものであり、それを離れては存在しないと考える。社会現象とは天から与えられるものではなく、人の認識・解釈プロセスを通じて創造され、制度化され、慣習化していく、ととらえる。

420 ｜ 第3部｜ミクロ心理学ディシプリンの経営理論｜

図表2 センスメイキングの全体像

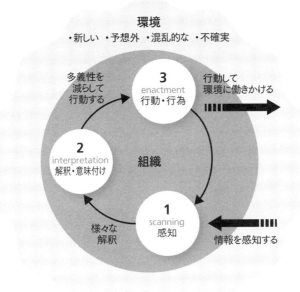

危機的な状況（crisis）

　市場の大幅な低迷、ライバル企業の攻勢、急速な技術変化、天変地異、企業スキャンダルなどに直面した時である。実際、ワイクの研究には米スリーマイル島の原子力発電所の事故の事例など、危機的な状況での組織の対応をセンスメイキングで説明するものが多い。冒頭のアルプスでの偵察部隊の遭難事例も、ここに当たる。

アイデンティティへの脅威（threat to identity）

　例えば、急激な業界環境の変化によって、自社の事業・強みが陳腐化して、「この会社はそもそもどうしていけばいいのか」「我々は何の会社なのか」といった、自社のアイデンティティが揺らいでいる状況である。

意図的な変化（intended change）

先の2つは、企業が意図していない環境変化だった。一方、企業が意図的に戦略転換を行う時にも、それがいままでに行ったことのない新しいものなら、センスメイキングが重要となる。すなわち新事業創造や、イノベーション投資などだ。

このように考えると、筆者が冒頭で「センスメイキングがこれからの日本企業に必要」と述べた理由が、おわかりいただけるのではないか。上記3つのいずれも、日本企業が現在直面している状況であり、今後さらに直面する可能性が高いからだ。現在、多くの日本企業が急速な事業環境の変化に見舞われつつある（＝crisis）。そしてこの急激な変化の中では、企業自身が意図的に変化し、イノベーションを創出しなければ生き残れない（＝intended change）。しかし一方で、「そもそもこの会社の存在意義は何か」が揺らいでいるために、自社の大きな方向性に腹落ちがなく、結果として変化ができない企業は実に多い（＝threat to identity）。

プロセス❷：解釈を揃える

図表2のプロセス②に移ろう。ここで重要なキーワードは、多義性（equivocality）である。相対主義を前提とするセンスメイキングでは、人は認識のフィルターを通じてしか物事が見れない。そうであれば、同じ環境でも感知された周囲の環境をどう解釈（interpret）するかで、その意味合いは人によって異なる。すなわち、この世は多義的になる（＝意味合いが多様になる）のだ。

この環境の多義性は、特に先に述べたような「新しく」「予期できず」「混乱的で」「見通しが立てにくい」時に、顕著になる。このような状況下では、周囲から確かな情報は得られず、これまでに直面した経験もない。したがって、「いま何が起きているのか」「問題の理由はどこにあるのか」「我々は何をすべきか」などについて、絶対的な一つの見解を見つけることが、不可能なのだ。

その顕著な例になりうるのが、企業内で起きるトラブルである。例えば2016年には、セブン＆アイ・ホールディングスで、前CEOの鈴木敏文氏の後継者選定で、同社内で大きなトラブルが発生した。鈴木氏が、当時社長の井阪隆一氏が後継のCEOに就任することを不服として、取締役会に井坂氏を退任させる人事

案を提出したのである。しかし一方で、社外取締役を中心に構成されていた同社の指名委員会は、鈴木氏の不服を却下する判断を下した。

この時、健全な企業ガバナンスを重視する指名委員会の視点からは、鈴木氏の行動は「経営者の暴走」として映ったのかもしれない。しかし、メディアでの発言を見る限り、当の鈴木氏は井阪氏を「同社を持続的に成長させる人物としては能力的に物足りない」と見ていた。すなわち同氏は、自身の行動は「会社の長期成長のための正当な行為」と解釈していたはずだ。まさに多義的だったのである。

同様のことは、一時期のソニーにも当てはまるかもしれない。2000年代に入ってからの同社は、デジタル化の急速な環境変化の中で、創業以来の主力だった製造業部門が低迷し、金融事業で収益を上げ始めた。結果として、「ソニーとは何の会社なのか」というアイデンティティが揺らいでいた時期があった。

実際、筆者は当時ソニーの社員・幹部の方と話をする機会があったが、ある人は「ソニーは、（金融やエンタテインメントも含めて）広くイノベーションを追求する会社である」と語った。一方で別の方は、「ソニーはエレキ（電気機械）の会社でなければならない」と主張されたのだ。同じ社員でも、「ソニーらしさ」について、解釈が異なっていたのだ。

このように考えると、多義的な解釈の「足並みを揃える」ことが極めて重要になることがわかるだろう。センスメイキング理論は、「組織の存在意義は、解釈の多義性を減らし、足並みを揃えることにある」と考えるのだ。同じ組織に属するからこそ、人々はそこで密なコミュニケーションを取り、事業環境や自社の方向性などについて、解釈を集約できるからだ。このプロセスを、組織化（organizing）と呼ぶ。

したがって、図表2のプロセス②で組織・リーダーに求められるのは、多様な解釈の中から特定のものを選別し（selection）、それを意味づけ、周囲にそれを理解させ、納得・腹落ち（sensemaking）してもらい、組織全体での解釈の方向性を揃えることなのだ。ここで重要な力が、納得性（plausibility）である。例えばワイクは彼が2005年に『オーガニゼーション・サイエンス』に掲載した論文で、以下のように述べる[注6]。

注6）Weick, K. E. et al., 2005. "Organizing and the Process of Sensemaking," *Organization Science*, Vol. 16, pp.409-421.

Diverse as these situations may seem, efforts are made to construct a plausible sense of what is happening, and this sense of plausibility normalizes the breach, restores the expectation, and enables projects to continue. (Weick et al., 2005, p.414.)

状況が多様に見えるほど、「いま何が起きているのか」について納得性の高い感覚がつくられることに努力が払われ、結果としてこの納得性が破壊的な状況を解消し、将来に対する期待を復活させ、プロジェクトを継続させる。

the concept of sensemaking suggests that plausibility rather than accuracy is the ongoing standard that guides learning. (Weick et al., 2005, p.419.)

センスメイキングのコンセプトによれば、正確性よりも、納得性の方が組織に学習を促す継続的な指針になる。(ともに筆者意訳)

通常、事業環境分析で重要視されがちなのは、客観的な情報と、それに基づいた正確な分析である。しかしこれは、「この世には客観的な一つの真実がある」という実証主義を前提にするから、可能な話だ。

しかし、急激に変化し、いままでの経験が通用しない、解釈が多義的になる環境では、そもそも正確な分析が不可能だ。仮に正確な分析をしても、相手を納得させることもできない。逆に求められるのは、「現状はどうなっているのか」「我々は何をすべきか」についておおまかな方向性だけを示し、それに意味を与え、説得性のある言葉で周囲に語りかけて納得してもらい、足並みを揃えることになるのだ。

すなわち、「ストーリー性」がまさに重要なのだ。その学術的な背景は、センスメイキング理論にある。

求められるのは、ストーリーを語り、腹落ちさせられるリーダー

近年、「ストーリー性」に関するビジネス書が多く出版されている。イノベーションや創造性の発揮に重要とされる「デザイン思考」の文脈でも、デザインを物語として語る「ストーリーテリング」(storytelling)の効能が主張されている[注7]。

日本ではあまり知られていないかもしれないが、一見感覚的なこのストーリーテリングは、海外のコミュニケーション論や経営学ですでに多くの研究の蓄積がある。例えば、英バス大学のアンドリュー・ブラウンの研究などがよく知られる。

ストーリーテリングについて最近の経営学の研究には、例えばアルバータ大学のジェニファー・ジェニングスらが2007年に『アカデミー・オブ・マネジメント・ジャーナル』に発表した研究がある[注8]。この研究では、経営者の資金調達におけるストーリーテリングが対象となった。

経営者にとって、ストーリーテリングをして「周囲の解釈を揃える」ことは、資金調達の局面でも重要だ。経営者は、投資銀行・証券会社、ベンチャーキャピタルなどの投資家に対して、ロードショウやその他IR活動を通じて、自社の事業と方向性を理解してもらい、投資してもらう必要がある。しかし、スタートアップ企業や新事業を始める企業が、その意義を投資家に理解してもらうことは簡単ではない。投資家の評価も多義的だからだ。

ジェニングスらは「資金調達プロセスにおいては、事業をストーリーとして説明し、投資家を納得させられる経営者ほど、獲得できる資金が大きくなる」という仮説を立てた。米証券取引所などにIPO（株式新規公開）を申請した169のスタートアップ企業と経営者の統計解析の結果、ジェニングスらは仮説を支持する結果を得ている。実際、アナリストや投資家で、「正確なバリュエーション（価値評価）があっても、最終的な投資判断は、その会社・経営者に納得できるストーリーがあるかないかで決める」という方は多い。

日本でも、特に優れているとされる経営者は自社の方向性についてのストーリーテリングに長けている方が実に多い、と筆者は理解している。日本電産の永守重信氏は、その筆頭だろう。例えば同氏は、近い将来にドローン技術がさらに発展し、自家用車ならぬ「自家用ドローン」が登場し、「人がドローンで通勤する時代が来る」というストーリーをメディアで語っている。

もしそうなれば、近い将来ドローンが日常の足となり、世界中にあふれること

注7）デザイン思考とストーリー性については、例えば佐宗邦威『21世紀のビジネスにデザイン思考が必要な理由』（クロスメディア・パブリッシング、2015年）などを参考のこと。

注8）Martens, M. L. et al., 2007. "Do the Stories They Tell Get Them the Money They Need? The Role of Entrepreneurial Narratives in Resource Acquisition," *Academy of Management Journal*, Vol. 50, pp.1107-1132.

になる。そして日本電産はいま世界のモーター市場の8割を占め、ドローン向けモーターも開発しているから、「自家用ドローン市場が成長すれば、それだけ大幅な収益を上げられる。だから当社が10兆円企業になるのも夢ではない」というストーリーなのだ。この聞いているだけでワクワクするような同氏の事業構想のストーリーがあるからこそ、投資家も同社がたび重なるM&Aを行っても、資金提供を続けるのだろう。

先のソニーも同様だ。当時低迷していた同社を復活させたのは、2012年に社長に就任した平井一夫氏だ。同氏は2017年に受けたメディアからの質疑で、「ソニーは何会社だと思いますか?」と問われ、以下のように答えている[注9]。

> 一言でいうと「感動会社」だ。エレキ、金融、エンタメそれぞれで、(消費者に)感動をお届けする会社だ。

先にも述べたように、平井氏就任以前のソニーは「ソニーとは何の会社なのか」「ソニーらしさとは」が、多義的になっていた。それに対して平井氏は「感動を届ける」という言葉を選び出し、多様な事業ドメインを持つ理由をストーリーでまとめていったのだ。実際、同氏は様々なメディア取材や登壇の際に、繰り返し「ソニーは感動を届ける会社」と強調している。おそらく社内に対してもこの言葉や同氏なりのストーリーを繰り返し、語り続けたはずだ。結果、「ソニーは何のための会社か」という解釈の集約化が行われ、センスメイキングが進んでいったのだ。

プロセス❸：イナクトメント

ここからは、図表2のプロセス③に入ろう。「行動・行為」のプロセスである。

組織は、解釈の足並みを揃えて、実際の「行動」に出る。図表1で示したように相対主義では、主体(組織)は客体と分離できないから、組織は行動して環境に働きかけることで、環境への認識を変えることができる。

したがって、センスメイキング理論では「行動」が重要になる。それどころか、

注9)『日本経済新聞電子版』2017年5月23日。

426 | 第3部 | ミクロ心理学ディシプリンの経営理論 |

実は同理論では、行動を循環プロセスの出発点としてとらえている。

　多義的な世界では、「何となくの方向性」でまず行動を起こし、環境に働きかけることで、新しい情報を感知する必要がある。そうすれば、その認識された環境に関する解釈の足並みをさらに揃えることができる。このように、環境に行動をもって働きかけることを、イナクトメント（enactment）という。

　例えば、ある森を初めて探検する人が、いくら入り口の前で森の中の状況を推測しても、自分が何に遭遇するかはわからない。探検者は、実際に森に飛び込むことで初めて、道に迷うなり、熊に遭遇するなり、泉を見つけるなり、何かの事態に出会う。そして道に迷ったり、熊に遭遇した時、探検者はその予想外の事態の瞬間に、冷静な現状分析をする余裕はない。むしろ、必死の行動から逃げ切って森を抜け出た後になって、「ああ、あれはこういう事態だったのだな」と納得（センスメイキング）するのである。これを、レトロスペクティブ・センスメイキング（retrospective sensemaking）という。

　ポイントは、道に迷ったにせよ、熊に襲われたにせよ、その事態はその人が探検を始め、特定の方向に進んだ（森という環境に働きかけて、センスメイキングした）から実現したことだ。イナクトメントしなければ環境は変わらないし、センスメイキングもできない。まずは行動をすることで、人はさらにセンスメイキングを続けられるのだ。

センスメイキングがあるから危機を乗り越えられる

　このように、センスメイキングは、「予期しなかった事態」「大きく変わる環境」「新しく何かを生み出す状況」に直面した組織に、多大な影響を与える。そして一般に「センスメイキングの高まった組織ほど、極限の事態でも、それを乗り越えやすくなる」ことを、ワイクをはじめ多くの学者が示している。まさに、冒頭のハンガリーの偵察隊の例がそれに当たる。

　この例では、アルプスで遭難した隊員の一人が「地図を見つけた」ことが、彼らに下山を決意させるきっかけになった（それがピレネーの地図だったにもかかわらず、である）。ここで重要なのは、その地図がアルプスかピレネーか、という「正確性」ではない。隊員たちが、地図を見つけたことで（そしてそれをアルプスの地図と勘違いしたことで）、「これで下山できるし、そうすれば命が助かる」

というストーリーを、皆でセンスメイキング（腹落ち・納得）できたことが重要なのだ。だからこそ彼らは、猛吹雪の中、テントを飛び出して歩き始めることができた。吹雪の雪山という環境に、イナクトメントしたのである。

そしていったん下山を始めれば、吹雪の中でも山の傾斜、風向きなどから、少しずつ環境について新しい情報が感知できる。それをもって、彼らは細かいルートの修正をし、地図からはおおまかな方向性だけを何となく頼りにして、自身の環境認識を変えていったのである。「下山できれば、命が助かる」というストーリーに腹落ちしているから、団結は揺るがない。結果、彼らは危機を脱したのである。

経営学では、戦略転換、新規事業、イノベーションなどにおけるセンスメイキングの役割が注目されている。例えばセンスメイキングに基づく事業計画の視点を提示して、後の戦略論に大きな影響を与えたのが、高名なマギル大学のヘンリー・ミンツバーグである。なかでも彼が1987年に『ハーバード・ビジネス・レビュー』誌に発表した"Strategy Crafting"という論文は、極めて有名だ[注10]。

この論文でミンツバーグは、「優れた陶芸家は、最初は何をつくりたいのか自分でもわからず、まずは泥をこね、ろくろを回し、次第に自分でつくりたいものがわかってくる」ことを引き合いに出し、「新規事業の計画も同じで、まず初めはとにかく行動し、やがて次第に大まかな方向性が見えてきて、さらに形になっていく」と主張した。まさに、センスメイキングそのものだ（実際、ミンツバーグは、ワイクに大きく影響を受けている）。

そして、この考えは「事前に（ファイブ・フォース分析のような）精緻な環境分析をする」ことを推奨する、マイケル・ポーターのSCPの対極にある。SCP理論については第1・2章で紹介したが、同理論は経済学に基づいている。経済学（経済学者）の立場は、哲学的には実証主義に近い。

実際、第4章では、SCPをミンツバーグが手厳しく批判していることも述べた。その際に彼が引き合いに出したのは、本田技研工業（ホンダ）が1960年代に米国のオートバイ市場に進出して、大成功した事例である。

第11章で述べたが、スタンフォード大学のリチャード・パスカルがこのホンダ幹部に、当時の状況を聞いてみると、「実際には当時、米国で何かとりあえずやってみようという以外に、特に戦略はありませんでした」という答えが返ってきた

注10）邦訳「戦略クラフティング」DIAMONDハーバード・ビジネス・レビュー2007年2月号。

のだ。ホンダ幹部は、当初は米国人が好む大型バイクで市場を開拓することを狙っていた。しかし当時の同社の大型バイクは、長距離走行する米国人の使用に耐え切れず、故障が続出した。一方、現地で活動を始めた同社の社員は、小型バイクを走らせる米国人もいるのを見つけた。そこで事後的に小型バイクを出したところ、大ヒットとなったのである。

ホンダ幹部は、まずはとにかく米国に出たことで、米国のバイク市場という環境にイナクトメントしたことになる。そして、現地で「ホンダの場合、壊れやすい大型バイクよりも、機能性に優れた小型バイクの方が売れる」というストーリーをつくり上げ、それを取引先・顧客など、周囲にセンスメイキングさせることで、結果的に成功したのだ。

まずは、行動なのである。行動をして試行錯誤を重ね、もがいていく間に、やがて納得できるストーリーが出てくる。そしてそのストーリーに腹落ちしながら、さらに前進するのだ。

では最後に、センスメイキング理論のもう一つの重要な示唆を紹介しよう。先のアルプスの雪山の例に戻っていただきたい。この例のポイントは、本来はアルプスの山にいるのに、ピレネーの地図をアルプスの地図と思い込むことで、彼らが「これで助かる」というセンスメイクをして、そして実際に助かったことだった。しかし、そもそもこれを客観的に見れば、ピレネーの地図でアルプスが下りられるはずがない。客観的に見れば見るほど、これは現実には起きえないことだ。

しかし彼らは、（アルプスの地図と思い込むことで）「これで山を降りられる」というセンスメイキングを得て、実際に下り切ってしまった。すなわち、冷静で客観的だったら不可能だったことを、「思い込む」ことで実現してしまったのだ。

このように、「大まかな意思・方向性を持ち、それを信じて進むことで、客観的に見れば起きえないはずのことを起こす力が、人にはある」、というのがセンスメイキングのもう一つの大きな命題である。これを、セルフ・フルフィリング（self-fulfilling：自己成就）という。

セルフ・フルフィリング：未来は本当に生み出せる

実は、セルフ・フルフィリングは現実の「認知バイアス」の一つとして、すで

に多くの研究がある。認知バイアスは第20章で解説したが、そこでセルフ・フルフィリングについてはあえて紹介しなかった。

　有名なところでは、「1970年代の石油ショックによる日本のトイレットペーパー不足は、セルフ・フルフィリングで説明できる」という主張がある。実は当時の日本には、トイレットペーパーの在庫は十分にあったといわれる。誰もが普通に使っている分には、トイレットペーパーが不足することはなかったのだ。しかし「石油価格が上昇すると、トイレットペーパーがなくなる」と当時の日本人の多くが思い込んだために、多くの人が買い占めに行き、本当にトイレットペーパーがなくなったのである。みなが冷静であれば起きえなかったことが、信じ込むことで本当に起きてしまったのだ（銀行の取り付け騒ぎなども、このメカニズムで説明できる）。

　これは社会現象の例だが、ビジネスにこれを置き換えれば、「優れた経営者・リーダーは、組織・周囲のステークホルダーのセンスメイキングを高めれば、周囲を巻き込んで、客観的に見れば起きえないような事態を、社会現象として起こせる」ということだ。まさに、「未来をつくり出す」のである。

　そのために必要なのは、多義的な世界で、未来へのストーリーを語り、周囲をセンスメイクさせ、足並みを揃え、環境に働きかけて、まずは行動する（イナクトメントする）ことだ。これこそが、さらに多義的になるこれからの世界で、リーダーに求められることなのだ（**図表3**を参照）。

　この条件を満たす日本のビジネスリーダーの代表格は、やはり孫正義氏ではないだろうか。実際、孫氏がこれまでに成し遂げてきたことは、客観的に見れば不可能の連続だったともいえる。

　できたてのスタートアップ企業だった米ヤフーに115億円も出資すると同時にヤフー・ジャパンを立ち上げ成功させる。その後も、1994年のソフトバンク上場後にはコムデックスやジフデービスといった企業の買収に3000億円以上を投じ、Yahoo!BBの普及、ボーダフォン日本法人の買収など、傍から見ると「極めて難しい」と思われたことを次々と成し遂げてきた。現在は、ソフトバンク・ビジョン・ファンドで、世界中のスタートアップ企業に巨額の投資をし続けている。

　そして同時に、孫氏は未来を魅力的なストーリーで語る経営者である。例えば2016年に英アーム社を大型買収した直後のインタビューで、同氏は人工知能について以下のように語る[注11]。

430　第3部｜ミクロ心理学ディシプリンの経営理論

|図表3| センスメイキングの7大要素

1 アイデンティティ Identity	**2** 回想・振り返り Retrospect	**3** 行為 Enactment	**4** 社会性 Social
センスメイキングは常に、「自身(あるいは自身の所属する組織)が何であるか」のアイデンティティに基づいている。	人は物事を経験しているその瞬間にはそれをセンスメイクできず、事後的に振り返ることでのみセンスメイクできる。	人は行動することで環境に働きかけることができる。	主体(自身)と周囲の人々を含む「客体」は常に切り離せないので、センスメイキングは常に他者との関連性の中で起きる。

5 継続性 Ongoing	**6** 環境情報の 部分的感知 Extracted cues	**7** 説得性・納得性 Plausibility	
センスメイキングは、繰り返される循環プロセスである。	人は認識のフィルターを通してしか事象が認識できないので、認識・解釈されたものは常に全体の一部でしかない。	人は「正確性」ではなく「説得性」を持って、自身や他者をセンスメイクできる。	

　超知性が人間の英知を超えていくということに、多くの人は恐れを抱くと思うんですけれども、僕はそれは人間の幸せと「ハーモナイズ」できると、そう思っているんですよ。(中略) 超知性は、人類の不幸な部分を減らすことができるわけです。僕はそういう社会が来ることを望んでいるし、それは誰かが止めることができるものでもなくて、自然とそうなっていく。

　人工知能はまだこれから発展する技術であり、その影響の解釈は極めて多義的だ。「人工知能は人類の発展に寄与する」という見方もあるが、「人工知能は人から職を奪う」という主張も強い。一方、孫氏は「僕はそれは人間の幸せと『ハーモナイズ』できると、そう思っているんですよ」「僕はそういう社会が来ることを望んでいる」という、極めて主観的なストーリー・信念を強く語る。そこに正確性は必要ない。主観的だからこそストーリーがあり、だからこそ多くの人をセンスメイクして、彼らの足並みを揃え、巻き込めるのである。

注11)『日経ビジネス』2016年8月8・15日号。

孫氏にしても永守氏にしても、イーロン・マスク氏にしても、いま「未来をつくっている」経営者たちが、ストーリーで物事を語るのは偶然ではない。未来を生み出すためには、ストーリーで周囲をセンスメイクさせることが必要なのだ。そうすれば、事前には「ありえない」と思われていたことが、事後的には「ありえる」のである。未来はつくり出せるのだ。

　これは妄言でも、精神論でもない。カール・ワイクという既に齢80歳を超える希代の組織心理学者が長い間訴え続けてきたことであり、いま多くの経営学者が支持する、世界標準の経営理論なのである。

第**4**部

社会学ディシプリンの
経営理論

| 第24章 | エンベデッドネス理論　P.439

| 第25章 | 「弱いつながりの強さ」理論　P.455

| 第26章 | ストラクチャル・ホール理論　P.479

| 第27章 | ソーシャルキャピタル理論　P.499

| 第28章 | 社会学ベースの制度理論　P.518

| 第29章 | 資源依存理論　P.537

| 第30章 | 組織エコロジー理論　P.556

| 第31章 | エコロジーベースの進化理論　P.574

| 第32章 | レッドクイーン理論　P.590

ビジネスの「つながり」「社会性」のメカニズムを解き明かす

　第4部では、社会学（sociology）を基盤とした世界標準の経営理論を解説する。日本にいるとイメージが薄いかもしれないが、欧米を中心とした海外の社会学では、統計解析・コンピュータシミュレーションなども駆使しながら、様々な理論が提示され、検証されている。同分野の世界的権威であるノースウェスタン大学のブライアン・ウッジーなどは、その論文を総合科学誌の最高峰『サイエンス』『ネイチャー』に次々と発表しているくらいだ。まさに「科学」に近づいた研究が行われているのだ。

　社会学は、人・組織の社会的な関係性のメカニズムを解き明かすのが一つの目的だ。産業も、組織も、企業も、ビジネスの世界は「人と人からなる社会」である。したがって経営学者は、社会学の理論を産業、組織、企業、ビジネスの分析に次々と応用しているのだ。現代の経営学で社会学ディシプリン理論は、経済学ディシプリン、心理学ディシプリンに匹敵する一大勢力になっている。

　そして筆者は、これからの時代に社会学ディシプリン理論の重要性はますます高まる、と考えている。その理由は、これからの時代は「人と人の社会的なつながり」がさらに重要になるからだ。フェイスブック、ツイッターなど、ソーシャルネットワーク（SNS）が我々に与える影響は既に大きい。日本の各所で、地域コミュニティのあり方も注目されている。さらにこれからは、副業・兼業の進展などで従来以上に企業の枠を飛び出した働き方が広がり、そこでは人と人のつながりが重要になるだろう。したがって「つながり」「社会性」のメカニズムを解き明かす理論を思考の軸として備えておくことは、非常に有用なのだ。

　社会学ディシプリンの経営理論は、大きく以下の3グループに分けられる。各章の概要も含めて、順に概説しよう。

ソーシャルネットワークの理論群

　SNSの普及、ビジネス上の人付き合い、社外活動を通じた人脈形成、地域社会のつながり、国境を超えた企業間提携（アライアンス）の台頭など、現代社会

で「つながり」への関心は、日に日に高まっている。こうした人と人、組織と組織の間のつながりを総称してソーシャルネットワーク（social network）と言い、世界の社会学・経営学では極めて大きな研究テーマとなっている。本書では、以下の主要理論を解説していく。

第24章｜**エンベデッドネス理論**｜embeddedness theory、埋め込み理論

以降の第25章〜第27章のソーシャルネットワークの諸理論の基盤となるのが、エンベデッドネス理論だ。そもそも「社会的なつながり」とは何か、そこで人はどのように意思決定・行動をするのか……。エンベデッドネス理論は、そこに理論的な基礎づけを与える。結果、同理論は、世界で台頭する様々な「新しいつながり」のメカニズムとその影響も説明する。それはSNSなどを通じたネット上のつながりだけでなく、企業の枠組みを超えた様々なつながり、あるいは国家を超えた人のつながりにまで及ぶのだ。

第25章｜**「弱いつながりの強さ」理論**｜strength of weak ties theory

現代のソーシャルネットワーク研究で、最も大きな影響力を持つ理論の一つである。人脈、SNS、アライアンスなどの間には「弱いつながり」と「強いつながり」があり、そして情報伝播においては「弱いつながり」が強い力を発揮することを、同理論は明快に解き明かす。結果として同理論は、企業がイノベーションを生み、人が創造性を高めるためにネットワークが果たす役割について、明快な思考の軸を与えるのだ。「弱い人脈が創造性を高める理由」「イノベーションが『辺境』から起こる理由」などは、同理論の帰結として説明できる。加えて、「スモールワールド現象」だ。同理論を軸とすれば、「実は世間は本当に狭い」という理由も納得いただけるはずだ。フェイスブックのデータアナリストも活用するソーシャルネットワーク理論の最高峰を、本章で堪能いただきたい。

第26章｜**ストラクチャル・ホール理論**｜structural hole theory

「『弱いつながりの強さ』理論」と並ぶ、ソーシャルネットワークの二大理論の一つである。ストラクチャル・ホール理論は直感的に言えば、いわゆる「ハブ人材」「ハブ企業」の効能を説明する。結果として同理論は、組織デザイン、ビジネスモデル、キャリア形成などを考える上での鋭い思考の軸を提供する。現代を

435

代表するイノベーター、起業家あるいはクリエイティブ企業などは、ストラクチャル・ホールを豊かに持つからこそ強いのだ。本章では特に世界的なデザイン企業であるIDEOや、日米をまたにかけるベンチャーキャピタリストなどを引き合いに出しながら、同理論を解説しよう。

第27章 | ソーシャルキャピタル理論 | social capital theory

　第24章から第26章で提示された人と人（企業と企業）がつながることのメリットの総称を、ソーシャルキャピタル（社会資本）と呼ぶ。金銭的な資本、人的資本に次ぐ、「第3の資本」である。本章を読めば、つながりがもたらすメリットを体系的に理解できるだろう。そして同理論を思考の軸とすると、現代における様々なつながりの課題も整理できる。その適応範囲は、SNSや地域コミュニティだけでなく、ソーシャルファイナンス、マフィア組織、果てはブロックチェーン技術にまで及ぶのだ。

「社会的なつながり」を前提とした、その他の主要理論

　ソーシャルネットワークの理論群ほど明示的ではないが、人と人（組織と組織）のつながりを前提に、社会の複雑な仕組み・企業関係などを明快に説明するのが、制度理論と資源依存理論だ。現代の経営学でも、幅広く応用されている。

第28章 | 社会学ベースの制度理論 | institutional theory

　現代経営学で研究者に最も重用される理論の一つが、制度理論である。近年のトップ学術誌で、同理論を応用した論文が掲載されることは実に多い。その理由は、同理論が「社会・組織の常識（＝同質化）」が生まれるメカニズムを説明するからだ。常識とは「幻想」にすぎないことが、本章を読めばわかるだろう。他方で現代では、グローバル化やスタートアップ企業の台頭を受けて、この「常識の衝突」が至る所で起きている。「新興国で日本企業が苦戦する理由」「なぜウーバーは多数のロビイストを雇用するのか」などの現代のビジネスの課題も、同理論は解明するのだ。では、果たしてこの「常識」を人は自身の力で変えられるのか……。本章ではそこまで踏み込んで解説を行おう。

第29章｜**資源依存理論**｜resource dependence theory

1970年代に発展した資源依存理論は、近年になって再び脚光を浴びている。それは、同理論が企業・組織間の「パワー」（力関係）を明示的に取り扱う、数少ない経営理論だからだ。パワーに劣るものは、勝るものからの抑圧を受けがちだ。同理論はその構造的なメカニズムを解明する。さらに言えば、同理論は「ではパワーで劣るものは、勝るものにどう対抗すべきか」への視座も提供する。それは「抑圧の軽減」「抑圧の取り込み」「抑圧の吸収」である。本章ではグローバルな鉄鋼産業や、飛躍する日本の中小同族企業を事例にあげながら、資源依存理論の含意までを徹底解説する。

エコロジーベースの理論

世界の社会学ではエコロジー（ecology）といって、生物学で探求された生物社会のメカニズムを、組織間の関係性に応用する分野がある。「人は生物の一部であり、人が織りなす組織社会も、生物学・生態学のメカニズムでとらえることができる」という視点だ。それが経営学に応用され、一大分野となっているのだ。

第30章｜**組織エコロジー理論**｜organizational ecology theory

エコロジー分野の中心理論は、この組織エコロジー理論である。企業社会を生物社会に見立て、「企業の生死のメカニズム」などを解明することが同理論の主目的である。同理論は1970年代から1990年代にかけて、経営学の一大潮流となった。同理論の示唆として筆者が特に強調したいのは、「超長期視点」の重要性だ。欧米の主要企業と比べて日本企業に際立って乏しいのが、この超長期視点だと筆者は認識している。本章では米国の新聞産業、料理レシピサイトのクックパッドの軌跡、独シーメンスなどを引き合いに出しながら、エコロジー理論が示唆する超長期視点の重要性を議論しよう。

第31章｜**エコロジーベースの進化理論**｜evolutionary theory

第16章で紹介する「認知心理学ベースの進化理論」と異なり、生態学の視点から組織進化を説明するのが、エコロジーベースの進化理論である。同理論が提示する「VSRSメカニズム」は様々な企業の進化メカニズムに応用でき、多くの

経営学者が現実企業の進化説明に用いている。端的に言えば、同理論は（認知心理学ベースの進化理論と同様に）「企業は生まれた瞬間から変化が起こせなくなっていく」理由を明快に説明する。他方で同理論は、「その問題を乗り越えて、さらに進化できる企業」の背景も説明する。本章ではIBMのDRAM事業からプロセッサー事業への転換の事例などを用いながら、同理論の示唆を探っていこう。

第32章│**レッドクイーン理論**│red queen theory

　レッドクイーン理論は本書の中で唯一、「世界標準」と呼ぶには研究蓄積がまだ十分でないかもしれない。しかし、筆者は同理論の示唆は非常に大きいと考えており、本書の最後の理論として紹介することにした。同理論がとらえるのは、企業間の「競争による共進化」である。日本では「切磋琢磨」という言葉が使われるが、そのメカニズムを描き出すのだ。他方でいま、多くの日本企業がレッドクイーン理論の提示する「罠」にも陥っているのではないか、と筆者は考えている。それが顕著に表れているのが、「ガラパゴス化」現象だ。逆に、JINSやスタディサプリなどの現代で飛躍する新興企業・事業にはこの罠に陥らない共通の特徴がある。企業にとって切磋琢磨は本当に望ましいことなのか。レッドクイーン理論を思考の軸としながら考えていただきたい。

　それでは、これからの時代にますます不可欠な、社会学ディシプリンの経営理論の世界に入っていこう。

第24章 embeddedness theory

エンベデッドネス理論

ソーシャルネットワークの本質は いまも昔も変わらない

科学化が進むソーシャルネットワーク研究

　本章では、社会学（sociology）ディシプリンの一大潮流である「ソーシャルネットワーク」（social network）の諸理論の基盤となる、エンベデッドネス理論を解説する。理論の解説に入る前に、まずは経営学におけるソーシャルネットワーク研究の位置付けを整理しよう。

　ソーシャルネットワーク研究は、急速に発展している分野だ。この世は、人と人のつながりで成り立っている。「人と人の社会的なつながりはどのようなメカニズムで生まれるか」「つながりは、人や組織にどのような影響を与えるか」といった疑問を探究する分野である。その知的成果は経済学、政治学、心理学、あるいは疫学や物理学まで、様々な分野に応用されている。『ソーシャルネットワークス』（SS）という専門の学術誌すらあるほどだ。第4部冒頭でも述べたように、近年は『サイエンス』『ネイチャー』など科学分野の最高峰の学術誌にも研究が発表されている。

　この背景には、ここ四半世紀の研究の積み重ねにより、人と人（組織と組織）のネットワークがこの世の様々な事象を説明しうることが明らかにされてきたことがある。加えて、IT化やグローバル化の進展により、世界中の人、モノ、カネ、情報がネットワークとしてつながってきたことも大きい。フェイスブックやツイッターなど、SNSの台頭はその代表例だ。

　実際、ソーシャルネットワーク研究の世界的第一人者であるスタンフォード大学のマーク・グラノヴェッターは、社会学者であるにもかかわらず、ノーベル経済学賞受賞の呼び声も高い（2019年時点）。エール大学の社会学者ジョエル・ポ

ドルニーは、アップルが内部に持つ「アップル大学」（Apple University）の学長を務めている。そして、このソーシャルネットワーク研究の知的成果は、経営学にも圧倒的な影響を与えているのだ。

ソーシャルネットワーク理論は、これからのビジネスを読み通す上でも極めて重要になると、筆者は考えている。皆さんも、「人と人のつながり」「人脈」「人の縁」を大事にされている方は多いだろう。ソーシャルネットワーク理論は、時代を超えて、「なぜつながりが重要か」「どのような時に重要か」「自分を高めてくれる人脈のあり方は」といった感覚的な問いに、鋭い思考の軸を与えてくれるのだ。その基盤となるのが、本章で解説するエンベデッドネス理論である。まずは、その前提となる「エコノミック・ソシオロジー」について説明しよう。

社会学から経済学への、2つの批判

社会学の視点が経済・ビジネスの分析に応用されるようになったのは、1970年代頃からだ。先に述べたグラノヴェッター、ポドルニーや、ウォルター・パウエル、ポール・ディマジオ、ブライアン・ウッジーなど、きら星のごときスター研究者が登場し、この分野を発展させてきた。同分野を総称して、エコノミック・ソシオロジー（economic sociology）と呼ぶこともある（経営学のソーシャルネットワーク研究は、エコノミック・ソシオロジーの一部ととらえられる）。

エコノミック・ソシオロジーの研究者が共有するのは、当時主流だった古典派経済学への疑問である。第11章で、ハーバート・サイモンを祖とする認知心理学も、古典派経済学が持つ仮定への疑問がその発見の原動力の一つだったことを述べた。エコノミック・ソシオロジーも、それは同様なのだ[注1]。

エコノミック・ソシオロジーの経済学への批判は、主に2つある。第1に、「ビジネス活動における人と人のつながりの捨象」だ。例えば古典派の経済学では「市場メカニズムを媒介として、無数の企業と無数の消費者が瞬時にモノやカネを取引し、市場が均衡する」と考える。しかしこれは株式市場のような特殊な金融市場では可能かもしれないが、多くのビジネスの現実とはかけ離れた描写ともいえる。

注1）本書で述べるようにソーシャルネットワークの視点は社会学が原点と言えるが、現在は経済学でもその研究が発展しつつある。スタンフォード大学のマシュー・ジャクソンの一連の研究などがよく知られる。

| 図表1 | 社会学におけるビジネスの範囲

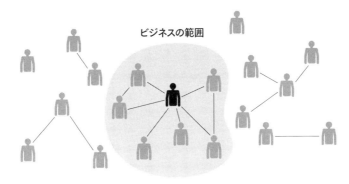

　例えば、いま皆さんが地球の裏側のチリで、水産加工のビジネス取引を始めたいとする。しかし、何もない状態からいきなりチリの業者と取引することは不可能だ。皆さんは、もともと付き合いのある商社に連絡して現地の取引先を紹介してもらったり、あるいは現地に自ら赴いて営業所を開いて代理人を探したりするはずだ。経済学が仮定する、「無数の消費者・企業が一瞬で情報交換をして、取引が完結する」のとは、かけ離れた世界である。そうではなくて、いま述べたような地道に築いた「人脈・ネットワーク」から、徐々にビジネスが生まれてくるのだ。

　このように現実のビジネスは、取引先、投資家、融資先、顧客、従業員など、あくまで「人と人の関係性のネットワーク」の範囲内でのみ成立する。言われてみれば当たり前のこの事実を経済学は捨象してきた、とエコノミック・ソシオロジーは批判するのだ。図表1は、このイメージを図示したものだ。

　エコノミック・ソシオロジーの経済学に対する第2の批判は、「意思決定メカニズムの一様化」である。実は先の第1の問題点については、経済学でもゲーム理論・組織の経済学などが発展することで、(経済学的な意味で)ある程度は解消されつつある。この点は、第8・9章で解説した。

　しかし、経済学が依拠する前提が「人の合理性」「自身の利得の最大化(利己性)」にあることは変わらない。古典的な経済学では「人は合理的に、数学を解くように、自身の利得が最大になるように意思決定する」と仮定する。だが、人は常にそのように意思決定するのだろうか。エコノミック・ソシオロジーはそうは考えない。

これらの前提をもとに、エンベデッドネス理論を解説しよう。

エンベデッドネス（embeddedness）

　エンベデッドネス（embeddedness）は、「埋め込み・根付き」という意味だ。日本の経営学者の間では、「埋め込み理論」という訳語が使われることも多い。その基本主張は、冒頭で述べたネットワーク研究の主旨そのものだ。すなわち「人は他者とのつながりのネットワークに埋め込まれており、その範囲内でビジネスを行い、したがってその関係性に影響を受ける」ということだ。エンベデッドネスは、グラノヴェッターが1985年に『アメリカン・ジャーナル・オブ・ソシオロジー』（AJS）誌に発表した論文で初めて提示された[注2]。以降、先に紹介したような研究者が数々の理論・実証研究を発表し、大きく発展してきた。

　エンベデッドネス理論の基本単位は、「つながり」（tie）である[注3]。同理論によると、ビジネス上の人と人のつながりは、大きく3つのレベルに分けられる。それはアームス・レングスなつながり（arm's length tie）、埋め込まれたつながり（embedded tie）、ヒエラルキー上のつながり（hierarchy）である。

　図表2をご覧いただきたい。「アームス・レングスなつながり」と「ヒエラルキー上のつながり」はスペクトラムの両極にある。両者は経済学的な視点で語られることが多い。一方でその中間に位置するのが、「埋め込まれたつながり」だ。エコノミック・ソシオロジーは、「経済学は、この中間の埋め込まれたつながりを軽視してきた」と主張するのだ。

　まず、一方の極のアームス・レングスなつながりとは、経済学が想定する市場取引に近い関係だ。アームス・レングスには「よそよそしい」という意味がある。すなわち、初めてビジネス取引をするような、浅い関係だ。

　ここでの人は、経済学が想定するように合理的で（rational）、計算的で（calculative）、利己的（self-interest）な意思決定をしがちになる。互いによく知らない相手とは心理的な壁が高く、したがって交渉では自身の利得を優先し、合

注2) Granovetter, M. 1985. "Economic Action and Social Structure: The Problem of Embeddedness," *American Journal of Sociology*, Vol.91, pp.481-510.

注3) 日本の学界では「紐帯」という用語がよく使われるが、本書ではより直感的な表現である「つながり」「結び付き」などを使う。

442 ｜ 第4部｜社会学ディシプリンの経営理論｜

|図表2| エコノミック・ソシオロジーによる「つながり」の3つのレベル

	アームス・レングス なつながり	埋め込まれた つながり	ヒエラルキー上の つながり
例	市場取引	人脈、社会ネットワーク	企業の制度的な 上下関係
特性	市場メカニズム	相互依存と信用	監視・インセンティブ
意思決定の 基盤	合理性、利己性	ヒューリスティック、信用	合理性、利己性

理的になる。交渉の進捗が思わしくなければ、他の取引先へ切り替えるだろう。まさに、古典的な経済学が示す市場メカニズムの前提に近い。

　もう一方の極のヒエラルキー上でのつながりとは、企業内での制度的な上下の関係などを指す。上司は部下に指示を出し、部下はそれに従うという一方通行の関係だ。ここで重要なのは、例えば「上司はいかにして部下の仕事を監視するか」「部下にどのようにインセンティブを与えるか」といった課題だ。部下が合理的で自己利益を重視するなら、上司の見えないところで仕事をサボる可能性があるからだ。第6章で解説した経済学のエージェンシー理論などが、これを説明する代表だ（もちろん企業内の人と人の関係は、一方通行なものだけではない。この点は後述する）。

　この両者の中間が、「埋め込まれたつながり」である。このつながりはアームス・レングスのようによそよそしいものではなく、またヒエラルキー上で起こる一方通行なものでもない。すでに何度かビジネスを一緒に経験したり、場合によっては苦楽までともにしてきたような「深く、それなりに強い関係」だ。エンベデッドネス理論は、「この埋め込まれたつながりで、人は他の2種類のつながりとは異なるメカニズムで意思決定するようになる」と考えるのだ。

　まずエンベデッドネス理論によると、このようなつながりで人は「合理性より

も、ヒューリスティックな意思決定に頼る」ようになる。第21章でも解説しているように、ヒューリスティックとは「経験に基づく直感・その場の瞬間的な判断」のことだ。埋め込まれたつながりでは、人と人は過去の経験から互いが何を考えているかを瞬時に理解できるので、互いを疑わず、直感的に意思決定できるようになる。すなわち、信頼（trust）が生まれてくるのだ。

さらに、両者は互いに心理的に近い状態にあるので、利己性が弱まっていく。結果、時に自身より相手の利得を優先したり、逆に相手にもそのような利他性を期待したりするようになる。この相互依存関係を、レシプロシティ（reciprocity）と呼ぶ[注4]。

このように、エンベデッドネス理論（およびエコノミック・ソシオロジー）は、けっして経済学を根底から否定しているわけではない。「人が『合理性』『利己性』に基づいた意思決定をする状況は、現実には限られている」という主張なのだ。人が深くつながった「埋め込まれたつながり」の関係では、それよりも心理学的な、ヒューリスティックに基づいた意思決定メカニズムが働きやすいと考えるのである。我々の社会が人のつながりでできている以上、この側面を無視してはならない、ということなのだ。

「埋め込まれたつながり」の法則

エンベデッドネス理論はソーシャルネットワーク研究の基本であり、1980年代から多くの実証研究が蓄積されてきた。そしてそこから埋め込まれたつながりの様々な法則が提示されている。なかでも代表的なものを5つ紹介しよう[注5]。

法則1 関係性の埋め込み（relational embeddedness）：人は一度つながった相手と繰り返しつながり、その関係性が安定化していく傾向がある。

注4) 第9章で述べたように、経済学のゲーム理論でも「無限繰り返しゲーム」の考えを使えば、「人は、自分が相手を出し抜いたら、相手も自分を出し抜こうとし、それはこれからの2人の関係に損だと合理的に考えるので、結果として（ナッシュ均衡として）相手の利得になる行動を取る」と説明できる。しかしこれはあくまで、合理性と利己性に基づいている点が、エンベデッドネス理論とは異なる。

注5) Polidoro, F. et al., 2011. "When the Social Structure Overshadows Competitive Incentives: The Effects of Network Embeddedness on Joint Venture Dissolution," *Academy of Management Journal*, Vol.54, pp.203-223. などを参照。

444 | 第4部 | 社会学ディシプリンの経営理論 |

人は一度相手とつながれば、その次は前よりも相手のことを知っているので、よりヒューリスティックな意思決定に頼ることができ、交渉等における心理的な負担が軽くなる。結果、人・組織は同じ相手と繰り返しつながりやすくなる。

法則2 **構造的な埋め込み**（structural embeddedness）：人は「つながっている相手が、その先でさらにつながっている他者」とつながりやすい。

　例えばAさんがBさんとつながりを持ち、BさんはCさんともつながっているとしよう。するとAさんは、Bさんを足がかりにして、Cさんともつながる可能性が高い。結果、A、B、Cの三者がつながった三角形ができる。この特性を、ネットワーク推移性（network transitivity）といい、A、B、C三者から成る三角形を「構造的な埋め込み」という。皆さんも、「信頼している既存取引先がその先でやり取りしている業者を、自分にも紹介してもらった」といったことは多いはずだ（実際には三角形ができやすいつながりと、できにくいつながりがある。この点は、次章で解説する）。

法則3 **位置的な埋め込み**（positional embeddedness）：より多くの人とつながっている人ほど、情報獲得・発信の面で有利となる。

　他者よりも多くのつながりを持つことは、ネットワーク上の中心的なポジションにいるのと同義である。これをネットワーク中心性（network centrality）という。ネットワーク中心性の高い人は、多くの情報に接することができ、また幅広い範囲に情報を発信できるので、情報の受信・発信の両面で有利になる。

　この3つの法則は、多くの実証研究で確認できる。よく知られるのは、現ハーバード大学のランジェイ・ギュラーティらが1999年にAJS誌に発表した論文だ[6]。
　この論文では企業レベルのつながり、すなわち企業間提携（アライアンス）の実証研究が行われた。日米欧166社の20年にわたるアライアンスのデータを使った統計解析から、①以前アライアンスを多く組んだ経験のある2社（関係性の埋め込み）、②同じ第三者の企業とアライアンスを組んでいる2社（構造的な埋め

注6) Gulati, R. & Gargiulo, M. 1999. "Where Do Interorganizational Networks Come From?," *American Journal of Sociology*, Vol.104, pp.1439-1493.

込み）、③ネットワーク中心性の高い2社（位置的な埋め込み）ほど、事後的に互いにアライアンスを組む確率が高いことを明らかにしている。まさに法則1〜3を支持する結果だ。

さらに、埋め込まれたつながりはつながっている人の意思決定や、交換される情報の質にも影響を与えることが主張されている。

法則4 埋め込まれたつながりでは、人は意思決定のスピードが早くなる。

埋め込まれたつながりにある両者は互いをよく知っているので、ヒューリスティックに頼って意思決定のスピードが速くなる。結果、双方間で流れる情報のスピードも速くなる。

法則5 埋め込まれたつながりは、アームス・レングスのつながりより「私的情報」を交換しやすくなる。

第5章の「情報の経済学」で述べたように、私的情報（private information）とは、「一方のプレーヤーが知っていて（隠すことができて）、もう一方のプレーヤーが知らない情報」のことだ。「売り手しか知らない中古車の本当の価値」「M&Aにおいて、売却される企業の経営陣しか知らないその企業の抱える問題」などがそれに当たる。私的情報があると、それを持たない側は当然不利になる。一方で私的情報を持つ側も、自分の情報の真の価値が相手に信じてもらいにくいため、不利益が生じうる。

そしてこの問題は、アームス・レングスやヒエラルキーのつながりだからこそ生じやすい。他方で埋め込まれたつながりでは、人は信頼を醸成できるので私的情報が交換しやすくなり、この問題が軽減されるのだ。

この主張を実証研究して多くの功績を上げたのが、ノースウェスタン大学のブライアン・ウッジーだ。例えば彼が1999年に『アメリカン・ソシオロジカル・レビュー』（ASR）誌に発表した論文は、研究者によく知られている。この論文でウッジーは、米2226社の企業と銀行間の取引のデータを使った統計解析から、「アームス・レングスなつながりと埋め込まれたつながりの両方を持つ企業ほど、取引先銀行との間で低い利率で融資を受けられる」傾向を明らかにしている。このような企業はアームス・レングスなつながりからはローンの機会など様々な「公的な情報」を得て、一方で埋め込まれたつながりからは「銀行内部の私的情報」

を得られるため、情報の量と質で優位に立てるから、ということだ[注7]。

そして、この「埋め込まれたつながり」が特に豊かで、その恩恵を長く受けてきたのが日本企業だと言われているのだ。

日本はつながりの宝庫である

日本経済はこれまで、銀行を中心とした企業グループ、商工会、経営者会議、青年会議所、社内外の飲み会文化など、企業レベル・人脈レベルで、様々な「つながり」を育んできた。実は、海外の経営学（および社会学）のエンベデッドネス理論に関連する研究で、日本企業を題材にしたものは多い。

なかでも注目されてきたのは、銀行を中心とする日本の企業グループと、自動車産業のサプライヤー・システムである。1990年代初頭までの日本企業は世界的に高い競争力を誇り、世界中の経営学者がその秘密を解き明かそうと日本企業研究に殺到した。そこで彼らが注目したのが、日本には企業レベル・人レベルで様々な「つながり」があることだ。

その代表格は、カリフォルニア大学バークレー校のジェームス・リンカーンの一連の研究だろう。例えば彼と一橋大学のクリスティーナ・アメージャンらが1996年にASR誌に発表した研究では、1970年代、80年代に隆盛を誇った日本のメガバンクを中心とする六大企業グループ内のつながりを分析している[注8]。彼らは1965年から1988年の日本の大手メーカー198社を、三菱の金曜会、三井の二木会などの「社長会」に参加する企業と、その他の独立系企業に分類した。そしてその属性と各社の総資産利益率（ROA）の間に、以下の関係を見いだした。

結果1——六大企業グループの社長会に属している企業は、独立系企業よりも平均して利益率が低い。

結果2——しかし、社長会に属している企業がある年に業績を悪化させると、そ

注7) Uzzi, B. 1999. "Embeddedness in the Making of Financial Capital: How Social Relations and Networks Benefit Firms Seeking Financing," *American Sociological Review*, Vol.64, pp.481-505.

注8) Lincoln, J. R. et al., 1996. "Keiretsu Networks and Corporate Performance in Japan," *American Sociological Review*, Vol.61, pp.67-88.

の翌年の回復幅は、独立系企業よりも大きい。

　特に興味深いのは、結果2だ。これは、社長会に属している企業が不調に陥ると、グループ内の他企業との間で何らかの「調整」が行われて、業績好調な企業から不調な企業への便益がもたらされている可能性を示唆するからだ。まさに、レシプロシティである。

　結果、社長会に属する企業は普段の利益率は低めだが、いざ業績が悪化した時にはそれを長引かせず、したがって安定して事業を存続させられる。企業グループという埋め込まれたつながりにいるからこそ、得られる便益である。

　日本の自動車メーカーと部品サプライヤーのつながりにも、多くの研究がある。例えば一橋大学の延岡健太郎がブリガムヤング大学のジェフリー・ダイアーと2000年に『ストラテジック・マネジメント・ジャーナル』に発表した論文では、トヨタ自動車とデンソー、アイシン精機などの一次サプライヤーのつながりを、①トヨタとサプライヤー各社の個別のつながり、②トヨタが有力サプライヤーに参加してもらう「協力会」でのつながり、③自主研究会などによるサプライヤー間のつながりなどに分類し、強さの源泉をこのネットワーク関係に求めている[注9]。

　そして、「日本の自動車産業では、この完成車メーカー＝サプライヤー間の埋め込まれたつながりを通じて、市場メカニズムでは交換できない私的情報が交換されてきた」と、多くの経営学者が主張している。例えば1990年代以降は、完成車メーカーがサプライヤーに部品設計を委託し、サプライヤーが作成した図面を完成車メーカーが後で承認する方式が浸透してきた。この方式はサプライヤーの能力向上などのメリットもあるが、同時にサプライヤーに独自技術を私的情報として蓄積させるので、一見これは完成車メーカーのリスクともとらえられうる。しかし両者の間には信頼関係が醸成されているので、私的情報も十分に交換できるのだ。

　このように、そもそも日本はエンベデッドネス理論が示す「埋め込まれたつながり」が豊かで、日本企業はその恩恵を長く受けてきた。一方で21世紀に入ってからは、IT化、グローバル化、規制緩和などを背景に、20世紀とは桁違いのペー

注9) Dyer, J. H. & Nobeoka, K. 2000."Creating and Managing a High-Performance Knowledge-Sharing Network: The Toyota Case," *Strategic Management Journal*, Vol.21, pp.345-367.

スで、世界中のありとあらゆるものが様々な次元でつながってきている。そして、これら新時代のつながりもまた、エンベデッドネス理論で説明できることが、近年の研究で次々と示されつつあるのだ。

新しい時代の「つながり」も、本質は変わらない

ここからは筆者の私見を交えつつ、新時代のソーシャルネットワークについて、特に3つの側面を取り上げてみよう。

❶インターネット上のつながり

まずは、インターネット上のつながりの急激な拡大である。言うまでもなく、フェイスブック、ツイッター、インスタグラムなどのSNSが圧倒的に普及してきたことがその代表だ。

そして近年の研究で、SNS上のつながりもまた、エンベデッドネス理論で説明できることが示されつつある。例えばMITのシナン・アラルらが2014年に『マネジメント・サイエンス』に発表した研究では、実際にフェイスブックを使った実験が行われている[注10]。この研究では、メッセージ・ターゲット・ランダマイゼーションという手法が使われた。まず、あるアプリケーションを経由して、そのユーザーのフェイスブック上の「友だち」に、ランダムにメッセージが送られる。そして「そのメッセージを通じて友だちがどのくらいそのアプリケーションを使うか」などの反応を検証するのだ。

7730人のアプリケーション・ユーザーと、その人たちがフェイスブック上でつながっている「友だち」130万人に対する実験の結果、アラルらは、友だちがどのくらいメッセージに反応するかは、従来のエンベデッドネス理論が提示する法則と整合性が高いことを明らかにした。すなわち「『同じ大学に通っていた』などの埋め込まれたつながりにいる友人からのメッセージに対して、反応度が高くなる」「共通のフェイスブック友だちを持つ人からのメッセージほど、反応度が高くなる」などである。前者はヒューリスティックのメカニズムで説明できる

注10) Aral, S. & Walker, D. 2014. "Tie Strength, Embeddedness, and Social Influence: A Large-Scale Networked Experiment," *Management Science*, Vol.60, pp.1352-1370.

し、後者は先の法則2の「ネットワーク推移性」そのものである。

　SNS上の埋め込まれたつながりと、現実の人脈における埋め込まれたつながりの関係性を分析する研究も出てきた。オックスフォード大学のロビン・ダンバーらが2015年にSSに発表した研究では、約13万人のフェイスブック利用者のデータセットおよび約6万人のツイッター利用者のデータを用いて、人々がこれらのSNS上でつくるネットワーク構造と、その人々が現実の人間関係で築くネットワーク構造は類似性が強いことを明らかにしている[注11]。埋め込まれたつながりの構造はネットもリアルも同じ、ということだ。

❷超国家コミュニティ

　新時代のつながりの2つ目は、国境を超えた人的ネットワークである。いまなら、シリコンバレーとインド、中国、台湾、イスラエルなどの間で隆盛している。こういった国々からは、1970年代頃から米国に大量の優秀な人材が、移民・留学生として流入していた。彼らは米国で学位を取得し、現地企業に務め、あるいは起業をして、米国内で人脈を築いてきた。

　そして近年になって、このような人材が母国にも拠点を置き、両国を足しげく往復するようになっているのだ。例えば台湾の巨大半導体企業であるマクロニクス創業者のミン・ウーは、スタンフォード大学でPh.D.（博士）を取得し、米インテルで働いた経験があり、台湾に戻ったいまもシリコンバレーに通って現地スタートアップ企業に投資をしている。インド最大のeコマース企業であるフリップカート創業者のサチン・バンサル氏は、もともと米アマゾンで働いていた。スナップディールの創業者クナル・バール氏は、米ペンシルバニア大ウォートン校の卒業である。

　このように台湾、インド、中国、イスラエルなどでは、米国（特にシリコンバレー）との間で、起業家、経営者、投資家、エンジニア、学者などを中心に両国を足しげく往復する人材が増大しており、結果、国境を超えた人的なつながりのネットワークが生まれ、それが各国のスタートアップ企業、IT産業、バイオ産業などの隆盛につながっているのである。カリフォルニア大学バークレー校の社

注11）Dunbar, R. I. M. et al., 2015. "The Structure of Online Social Networks Mirrors Those in the Offline World," *Social Networks*, Vol.43, pp.39-47.

450　│第４部│社会学ディシプリンの経営理論│

会学者アナリー・サクセニアンは、これを超国家コミュニティ（transnational community）と呼ぶ[注12]。

　この超国家コミュニティのような移民ネットワークもまた、エンベデッドネス理論でとらえられる。この視点を初めて提示したのは、ジョンズ・ホプキンス大学のアレサンドロ・ポルテスが1993年にAJS誌に発表した論文である[注13]。

　通常、地理的に離れた国と国の間では、情報は伝わりにくい。たしかにインターネットの発達で国を超えた情報交換は豊かになってはいるが、ビジネスで本当に重要な「私的情報」はネット上だけでは伝わらない。しかし超国家コミュニティは、国境を超えて埋め込まれたリアルな人のつながりを豊かにし、結果、ネット上では明らかにされないような事業機会、リクルーティング、企業信用度の情報、その他の噂話や私的情報を伝播させているのだ。

　この視点を統計分析で検証したのが、筆者がピッツバーグ大学のラヴィ・マドハヴァンらと2009年に『ジャーナル・オブ・インターナショナル・ビジネス・スタディーズ』に発表した論文、および2010年に『ストラテジック・アントレプレナーシップ・ジャーナル』に発表した論文である[注14]。両論文で筆者とマドハヴァンらは、各国と米国の間の超国家コミュニティの強さと、両国間のベンチャーキャピタル（VC）投資の関係を統計解析し、両者に正の相関があることを明らかにしている。

　VC投資では、投資先のスタートアップ企業もVC企業も私的情報を多く持っており、通常は国際的な投資が行いにくい。しかし、超国家コミュニティによるつながりを通じて私的情報が伝播しやすい国々の間では、VC投資も加速するのだ。実際、最近ならインドでその傾向が顕著であり、セコイア・キャピタル、アクセル・パートナーズ、タイガー・グローバルなど、名だたる米VC企業がインドへの投資を大きく拡大させている。

　日本人の中でも、日本と海外を足しげく往復するベンチャー投資家が出てきて

注12）アナリー・サクセニアン『現代の二都物語』（日経BP社、2009年）。

注13）Portes, A. & Sensenbrenner, J. 1993. "Embeddedness and Immigration: Notes on the Social Determinants of Economic Action," *American Journal of Sociology*, Vol.98, pp.1320-1350.

注14）Madhavan, R. & Iriyama, A. 2009. "Understanding Global Flows of Venture Capital: Human Networks as the 'Carrier Wave' of Globalization," *Journal of International Business Studies*, Vol.40, pp.1241-1259. および Iriyama, A. et al., 2010. "Spiky Globalization of Venture Capital Investments: The Influence of Prior Human Networks," *Strategic Entrepreneurship Journal*, Vol.4, pp.128-145.

いる。シリコンバレーと日本をつなぐベンチャーキャピタルWiLの伊佐山元氏はその筆頭だ。インドや東南アジアと日本をつなぐべく活躍するのは、リブライトパートナーズの蛯原健氏だ。サムライインキュベートの榊原健太郎氏は、イスラエルに拠点を構えて日本との間を往復している。インドや台湾が経験してきたように、日本の起業・イノベーションをさらに加速させるためにも、このような人材がさらに厚みを増すことが重要なはずだ。

そして、第3の新しいつながりは、「企業の境界を超えた人のつながり」の加速である。

❸ 企業内外の人のつながり

図表3をご覧いただきたい。そもそも企業とは人が集まってできている。すなわち、企業そのものが「埋め込まれたつながり」の集合体でもあるということだ。

この視点はエンベデッドネス理論の拡張として、先のポドルニーなどから提示されてきた。このように企業を「人のネットワークの集合体」ととらえる視点を、ネットワーク組織（network organization）という[注15]。

しかし、従来の日本企業の多くでは、人は企業の境界内ではつながりをつくるものの、境界を超えてつながりを築くことには消極的だった。管理部門、製造部門、研究職などの社員はなかなか会社の外に出ず、営業も客先以外には人脈を広げない。すなわち企業の境界とネットワーク組織の境界が、ほぼ同義だったのだ（図表3の上側）。

しかしこの状況は、ついに日本でも変わりつつある。企業の境界を超えて活動する人々が台頭する萌芽が、様々なところで見えてきたからだ。

企業の存在は薄れ、ネットワークというアクターが台頭する

従来、日本企業の多くは、利益相反などの懸念から副業に及び腰だった。しかし、いまやその効果は見直されつつある。例えば、ロート製薬は2016年に副業を解禁した。同社は、副業の狙いの一つを「会社の枠を超えて培った技能や人脈

注15）Podolny, J. M. & Page, K. L. 1998. "Network Forms of Organization," *Annual Review of Sociology*, Vol.24, pp.57-76. なお、ここでの議論と関連する論考を第38章で行っているので、関心のある方はそちらも参照されたい。

| 図表3 | 企業の境界線と人のつながり

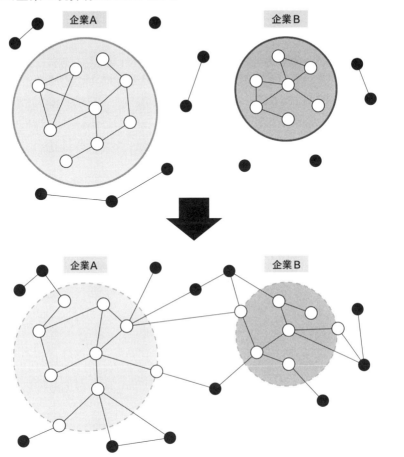

を持ち帰ってもらい、ロート自身のダイバーシティを深めることにある」と述べる[注16]。ほかにも、最近は2社で同時に働く「複業」も注目されている。サイボウズ社長室で働く中村龍太氏は、同社以外に別のIT企業にも籍を置き、週末は農業に従事している。

　さらに言えば、企業内に閉じこもりがちな社員に社会活動などを促すのは、「二枚目の名刺」だ。大企業の若手社員をスタートアップ企業に「レンタル移籍」さ

注16)「ロート製薬の『副業解禁』が示す本当の意味」東洋経済オンライン、2016年3月3日。

せるローンディールという企業も出てきた。さらに、パナソニック内で若手の横のつながりを推進するためのプロジェクト"One Panasonic"の発起人・代表である濱松誠氏らが2016年に設立した"One JAPAN"は、大企業間の若手の横のつながりを推進するムーブメントとなっている。

　日本でもスタートアップ業界なら、企業の境界を超えての人の移動・交流はすでに常識だ。そしていまや、大手企業・老舗企業でも、従来の企業の境界を超えて人が動き、つながるようになってきている。これはまさに、社会全体で人がつながることの効能を、感度の高い経営者・ビジネスパーソンが感じ取っているからにほかならない。

　そしてこの趨勢は、今後我々に「企業とは何か」という根本的な疑問を突き付けることになるだろう。例えば第7章で述べたように、経済学の取引費用理論なら、企業の存在とは「市場で発生する取引費用が高い部分を取り込む」ことだった。企業の境界が、明確だったのである。

　しかしこれからの時代、企業の存在は「企業vs.市場」のようなシンプルなものではなくなっていくのではないだろうか（図表3の下側）。様々な人が、企業の境界を超えて行き来し、人脈をつくり、情報を交換していくようになるからだ。企業の存在意義そのものが薄れていく、とさえ言えるのかもしれない。

　そして代わりに台頭するのは、埋め込まれた人と人のつながりのネットワークだ。このネットワークは、先の5つの法則で述べたように、従来の市場・企業とは異なる次元の強さとしなやかさを持つ。

　実際、先のサクセニアンは、超国家コミュニティを「国際的な政府機関、多国籍企業に次ぐ、グローバル経済の第3の『アクター』となる」と位置付ける。同様のことは、ビジネスの様々な局面で起き始めている。

　しかし、そのメカニズムの本質だけは、これからも変わらない。SNS上のつながりや超国家コミュニティがエンベデッドネス理論で説明できることは、先に述べた。薄まる企業の存在も、ネットワーク組織の視点で見れば説明がつく。

　次章からさらに詳しく述べるが、世界のソーシャルネットワーク研究では、大量の科学的な分析の結果、様々な理論メカニズムが確立されてきている。エンベデッドネスはその起点にすぎない。世界標準のネットワーク理論こそが未来の世界を説明する思考の軸となっていく、とすら言えるのかもしれない。

第25章 | strength of weak ties theory

「弱いつながりの強さ」理論

弱いつながりこそが、革新を引き起こす

マーク・グラノヴェッターの功績

前章で、社会学ディシプリンの一大分野であるソーシャルネットワーク研究の起点となる、エンベデッドネス理論を解説した。しかし、同理論はあくまで起点である。ソーシャルネットワーク分野の著名研究者であるケンタッキー大学のダニエル・ブラスは、以下のように述べている[注1]。

> Homegrown theories, developed within the social network research tradition, have included the strength of weak ties and structural holes. (kilduff & Brass, 2010, P.343.)
>
> ソーシャルネットワーク研究の伝統の中で生まれた理論の代表は、「弱いつながりの強さ」と「ストラクチャル・ホール」である。(筆者訳)

世界標準の経営学で、ブラスの意見に異を挟む学者はおそらくいない。筆者も同感だ。「弱いつながりの強さ」（strength of weak ties：以下SWT）と、次章で解説する「ストラクチャル・ホール」は、現代経営学のソーシャルネットワーク研究の核心を成す二大理論である。本章は、前者を徹底解説する。

同理論を打ち立てたのは、スタンフォード大学の社会学者マーク・グラノヴェッターである。社会学者であるにもかかわらずノーベル経済学賞の呼び声も高いグラノヴェッターだが、その理由は、このSWT理論を提示したことが大きいと筆

注1）Kilduff, M. & Brass, D. J. 2010. "Organizational Social Network Research: Core Ideas and Key Debates," *Academy of Management Annals*, Vol.4, pp.317-357.

者は理解している。彼が1973年に『アメリカン・ジャーナル・オブ・ソシオロジー』
に発表した論文（タイトルはまさに"Strength of Weak Ties"という）を、世
界の社会学ディシプリンの経営学者で読まない者はまずいないだろう[注2]。同論文
のグーグル・スカラーの引用数は5万以上にも及ぶ。

ソーシャルネットワークの役割は、伝播・感染にある

本論に入る前に、SWT理論の前提である「弱いつながり」「強いつながり」
について確認しよう。実は、この「弱い・強い」に学術的に確立された絶対的な
基準があるわけではない。一般に「接触回数が多い、一緒にいる時間が長い、情
報交換の頻度が多い、心理的に近い、血縁関係にある」などのつながりを、「強い」
と考えていただければよい。その逆が「弱い」つながりである。

例えば「親友や家族」と「ちょっとした知り合い」を比べれば、前者は相対的
に強く、後者は弱い。「10年ともに仕事をしている同僚」と、「異業種交流会で
何度か会ってメールでやり取りする程度の相手」とのつながりを比べれば、やは
り前者が強く、後者は弱いといえるだろう。

皆さんは強いつながりと弱いつながりの、どちらが大事と考えるだろうか。普
通なら、それは強い関係にある人たちだと考えるはずだ。強いつながりの効能は、
「信頼関係が築ける」「深い意見交換ができる」「いざとなったら助けてくれる」
など、直感的にわかりやすい。それに対して、弱いつながりの効能はピンとこな
い方が多いだろう。それを説明するのが、SWT理論である。実は、弱いつなが
りがもたらす効能は、我々が予想するよりもはるかに大きい。何より、弱いつな
がりはいま日本に求められている変化やイノベーションを促進する上で、決定的
に重要なのだ。

そのカギとなる前提は、ソーシャルネットワークには「伝播する力、感染する
力に差がある」ということだ。そもそもなぜソーシャルネットワークの理解が重
要かといえば、それはネットワーク上で様々なものが飛び交うからである。例え
ば疫学では「ウイルスがどのように人から人へと経由して世界中で感染していく

注2）Granovetter, M. 1973. "The Strength of Weak Ties," *American Journal of Sociology*, Vol.78, pp.
1360-1380.

のか」について、ソーシャルネットワークを使って分析することが研究テーマになっている。そしてビジネスで「伝播するもの」といえば、それは情報・アイデアになる。

SWT理論のエッセンスは、グラノヴェッターの1973年論文に集約されている。そこで本章の前半は、この論文に基づきながら同理論をひも解いていこう。以下、同論文の構成に基づき、①ブリッジという概念とその特性、②ブリッジの効能、③最後にそれらを合わせてソーシャルネットワーク上での弱いつながりの意義を解説しよう。

ブリッジはいつ生まれるか

SWT理論を理解する上で欠かせない概念が、「ブリッジ」(bridge)だ。ブリッジは、我々の広いソーシャルネットワーク上に伝播の効率性という大きなメリットをもたらすカギとなる。そして実は、ブリッジは弱いつながりでしか成立しない。わかりやすく解説するので、読み進めていただきたい。

一般に「2つの点をつなぐ唯一のルート」がある時、それをブリッジと呼ぶ。図表1をご覧いただきたい。図表1-aでAとBは、Cを介在してのみつながっており、AとBは直接つながっていない。すなわちAとBをつなぐルートはA－C－Bだけであり、したがってこのルートはAとBをつなぐブリッジといえる。

図表1-bはどうだろうか。ここではbと同じく、AとBをC経由でつなぐルート（A－C－B）があるが、同時にAとBも直接つながっている。すなわちAとBの間をつなぐルートが2つあり、したがって図表1-bに「ブリッジは存在しない」ことになる。

ソーシャルネットワーク上で、あるつながりがブリッジとなりうる条件は何だろうか。グラノヴェッターによると、それは「つながりが弱い時に限る」のだ。

図表1-aを再度見ていただきたい。先ほどはつながりの強さ・弱さを考慮しなかったが、今度はAとCが強いつながり（例えば親友関係）にあり、CとBも強いつながりにあるとしよう。この場合、「AとBもやがてつながってしまう確率が高い」というのが、グラノヴェッターの主張だ。その理由は、主に3つある。

理由1 **交流の頻度**：人と人が強いつながりにあれば、両者が接触する頻度は多

| 図表1 | 人のつながりとブリッジ

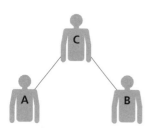

AとBをつなぐルートは
A-C-Bだけなのでブリッジとなる。

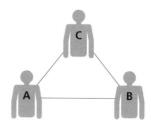

AとBをつなぐルートは
A-C-BとA-Bの2つあるので、ブリッジがない。

くなる。例えばAとCは強いつながりにあるのでともにいる時間が80%、同様に強いつながりにあるCとBもともにいる時間が80%あるとする。すると、AとCがともにいながらAとBもともにいる確率は80%×80%＝64%と、かなり高くなる。64%の確率でAとBがともにいれば、両者は結局つながってしまう。

理由2 **心理的効果**：Cと親友関係にあるAは、同じくCと親友関係にあるBに対して、親近感を持ちやすい（psychological constraintという）。結果、AとBが互いの存在を認識すれば、両者は親しみやすさを持ってつながる可能性が高い。

理由3 **類似性**：人は本質的に「自分と似た人とつながりやすい」傾向がある（ホモフィリーという）。AとBが親友（強いつながり）であれば、両者は似たことに関心がある可能性が高い。親友同士のCとBも同様だ。したがって、AとB同士も同じことに関心がある可能性が高く、結果、両者はつながりやすくなる。（なお、ホモフィリーは第31章で詳しく解説している。）

グラノヴェッターの1973年論文は、3つの理由のどれが特に重要かは議論してはいない。ポイントは、AとC、BとCがそれぞれ強いつながりにあると、上記のメカニズムのいずれか（あるいはすべて）を通じて、従来のA－C－Bルートに加え、A－Bの直接ルートができる可能性が非常に高い、ということだ。図

表1で言えば、aが必然的にbになってしまい、完成された三角形ができるのだ。強いつながりの関係では、ブリッジが存在しなくなるのである。

　一方の弱いつながりでは、この状況が起こりにくい。再びaを見ていただきたい。ここでAとC、BとCがそれぞれちょっとした知り合い（弱いつながり）にあるとしよう。AとCはただの知り合いなので、交流する割合は20％程度だとする。BとCも同様だ。したがってAとCがともにいながらBとCもともにいる確率、すなわちAとBが知り合ってつながる確率は20％×20％＝4％と、極めて低くなる。

　理由②と理由③についても、同様のことがいえる。AとCがただの知り合いでCとBもただの知り合いなら、両者の親近感は湧きにくいし、それぞれの関心も異なるだろう。したがって、AとBがつながる可能性は低い。結果、一辺が欠けたままの不完全な三角形が残り、A－C－BがAとBをつなぐ唯一のルートであるブリッジとなる。

　このように、3人以上がいるソーシャルネットワーク上で、ブリッジは人と人の弱いつながりから構成される。もちろん、弱いつながりでもA、B、Cの三者がすべてつながって三角形が完成することはありうる。しかし、ありえないのは「強いつながり上にブリッジが存在する」ことだ。グラノヴェッターも1973年論文で、"no strong tie is a bridge"（強いつながりは、ブリッジになりえない）と述べている。結果、弱いつながりのすべてがブリッジとは限らないが、「ブリッジはすべて弱いつながりになる」のだ。

広範なソーシャルネットワークへの拡張

　次に、ブリッジの持つ効能について解説しよう。多人数で構成される、広範なソーシャルネットワークを表した**図表2**を見ていただきたい。ここからしばらく、つながりの強さ弱さは無視して、ブリッジだけ考えよう。

　図表2-aで、まずはAとBの周囲のグレーの部分だけを見よう。ここだけを見れば、AとBはブリッジにある。グレーの部分内でAとBをつなぐ唯一のルートは、両者が直接つながっている線αだけだからだ（念のためだが、もしαが強いつながりだと、先ほどのロジックから例えばBがやがてDとつながってしまい、αはブリッジでなくなる。したがって、αは弱いつながりでなければならない）。

　ここで今度はグレーの部分から視線を外し、図表2-aのネットワーク全体を見

|図表2| **人のネットワークとブリッジ**

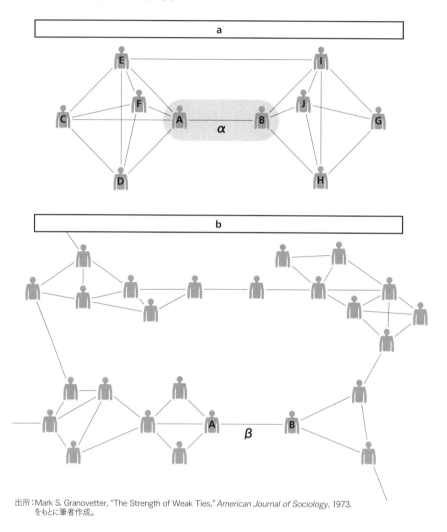

出所：Mark S. Granovetter, "The Strength of Weak Ties," *American Journal of Sociology*, 1973. をもとに筆者作成。

ていただきたい。すると、αは厳密な意味ではブリッジAとBをつなぐ唯一のルートでないことがわかる。AとBは、例えばF、E、I、Jなどを経由したルートでもつながっているからだ。現実も広く考えてみれば、人のつながりはこのようなものであろう。「自分が最近知り合った人が、様々な人脈のルートをたどると、実は以前から『知り合いの奥さんの友人の親族』としてつながっていた」などといっ

460 | 第4部 | 社会学ディシプリンの経営理論 |

た話は、聞かれるところだ。

とはいえ確かなのは、そのような別ルートと比べて、AとBをつなぐ上でαが圧倒的に短く、効率的なことだ。先に述べたように、ビジネスにおけるソーシャルネットワークの役割は、情報・知を伝播することにある。そして図表2-a上でソーシャルネットワーク全体の隅々まで情報が伝播するには、αのようなブリッジを経由することが圧倒的に効率的だ。この図でα以外にAとBをつなぐルートでは、最短でもE、Iの2人を経由する必要がある。この場合αより時間がかかり、効率が悪くなる。

ネットワークをさらに拡張した図表2-bだと、この点がよりわかりやすい。図表2-bでβはAとBをつなぐ唯一のルートではない。しかし、それ以外のルートでは、Aの情報がBに届くには最短でも12人を経由する必要がある。このようにβは厳密にはブリッジではないものの、他ルートと比べて圧倒的に速く、短く、効率的にA−B間の情報を伝播させる。結果的に、ブリッジを通じてネットワーク全体への情報伝播は効率的になる。実質上、ブリッジと同じ効果を発揮するのだ。これを「ローカル・ブリッジ」(local bridge) と呼ぶ。

ここまでの議論で、以下のことがわかる。

ポイント1——(ローカル・)ブリッジのあるソーシャルネットワークの方が、ネットワーク全体に情報が効率的に行き渡りやすい (図表2)。

ポイント2——一つひとつのブリッジは、弱いつながりでしかなりえない(図表1)。

この2つのポイントを足し合わせたのが、**図表3**だ。もちろん現実には、一つのソーシャルネットワーク上に弱いつながりと強いつながりは混在するが、ここでは直感的に理解するために、図表3-aは強いつながりのみで構成され、図表3-bは弱いつながりでのみ構成されているとする。

まず図表3-aからである。ポイント2にあるように、強いつながりからなるソーシャルネットワークは、ブリッジが乏しくなる。すなわち図表1-bで見たように、3人以上のメンバー同士が互いと互いでつながった、言わば「閉じた」三角形が多くある状態で、ネットワーク全体が濃密になる。これはdense networkと呼ばれる。本書では「高密度なネットワーク」と呼ぼう。

| 図表3 | 強いつながりと弱いつながり

a：強いつながりが形成しがちなネットワーク

b：弱いつながりが形成しがちなネットワーク

　一方、弱いつながりから成るソーシャルネットワークは（ローカル）ブリッジによって、一辺が欠けた三角形のような形でつながり合う。見た目がスカスカしているので、sparse networkと呼ばれる。本書では「希薄なネットワーク」と呼ぼう。
　繰り返しだが、ソーシャルネットワークの役割の一つは、情報・アイデア・知

をネットワーク全体に伝播させることだ。そして「幅広く、多様な情報が、遠くまでスピーディに伝播する」のに向いているのは、弱いつながりからなる希薄なネットワークになるのだ。理由は2つだ。

第1に、これまで述べたように、希薄なネットワークにはブリッジが多いから、それは情報を伝播させるのに効率的になるからだ。図表2-bで示したように、ブリッジがあるからA－B間で情報が効率的に、遠くまでスピーディに飛ぶ。直感的に言えば、そもそも高密度なネットワークはネットワーク全体としては情報伝播の効率が悪い。ネットワーク上で同じ情報を流すのに複数のルートがあるということは、無駄が多いということだ。仮に図表3を水道管のネットワークと考えていただきたい。だとすれば、このネットワーク全体に同じ量（例えば1トン）の水を流すなら、bの方がネットワーク全体として、はるかに効率よく隅々まで行きわたるのは明らかだろう。

第2に、ブリッジが多いネットワークはルートに無駄がないので、遠くに延びやすい。しかも（この点はグラノヴェッターの1973年論文では明示されていないが）、ブリッジは弱いつながりからなるので、強いつながりよりも簡単につくれる。誰かと親友になるのは大変だが、メールを交換するくらいの弱い関係になるのは、はるかに簡単だろう。結果、弱いつながりからなる希薄なネットワークの方がますます遠くに延びやすくなる。一方、図表3-aの高密度なネットワークは遠くに延びないので、距離的に近い、似たような人としかつながらず、結果として似たような情報だけが、閉じたネットワーク内でグルグルと回りがちになる。情報の伝播という意味では非効率なのだ。

このようにSWT理論の中心命題は、「多様な、幅広い情報を、素早く、効率的に、遠くまで伝播させるのに向いているのは、弱いつながりからなるソーシャルネットワークである」ということなのだ。グラノヴェッターはこれをもって「弱いつながりの強さ」と呼んだのである。これこそがSWT理論の核心だ。

弱いつながりが、縁故採用を復活させる

したがって人は弱いつながりの人脈を豊かに持っていれば、「遠くにある幅広い情報を、効率的に手に入れる」という面で有利になる。結果として、ビジネスの様々な局面で優位に立ちうるのだ。実際、多くの実証研究がその主張を支持し

ている。**図表4**は、その代表的な研究の一部をまとめたものだ。

　就職・採用など、労働市場での情報入手はその代表例だ。図表3-aで示したように、強いつながりにいる人はネットワークの範囲が狭く、同じような企業・業界情報しか手に入れられない。

　逆に弱いつながりを持てば、図表3-bのように、ブリッジの多い希薄なネットワークに入り込むことができる。このネットワーク上では、様々な業界・企業についての多様な就職情報が遠くから、速く、効率的に流れてくる。

　この点を初めて検証したのは、先のグラノヴェッターの1973年論文である。彼は、当時のボストン郊外で就職先を見つけたばかりの若者54人への質問調査を行った。そして彼らが就職の決め手になった情報をどのような人から得たかを聞いたところ、「頻繁に会う」相手から情報を得た人はわずか9人（17%）で、残りの45人（83%）は、「たまにしか会わない、あるいはほとんど会わない」弱いつながりの相手から得ていたのである。

　近年も同様の結果が得られている。シカゴ大学のヴァレリー・ヤクボヴィッチが2005年に『アメリカン・ソシオロジカル・レビュー』に発表した論文では、ロシアの1143人を対象とした統計解析から、やはり人は強いつながりよりも弱いつながりを通じて就職先を見つける傾向を明らかにしている[注3]。

　弱いつながりの効能は、採用する企業側にもある。例えば、いま日本のスタートアップ業界で注目されているのが、リファラル採用だ。これは「人材紹介会社や求人サイトなど既存の採用チャネルに頼らず、人と人との個人的なつながりを活用する」ことだ。平たく言えば「縁故採用」のことであり、むしろ古びた習慣のように聞こえるかもしれない。しかし、リファラル採用を徹底して成果を上げていることで知られるのが、日本発のユニコーン企業として注目を集め、2018年に上場したメルカリだと聞けば、その印象も変わるのではないか。

　メルカリでは人事担当者が、社員に友人や知り合いで同社に向いていそうな人、関心のありそうな人を紹介してもらう仕組みが定着している。同社HR担当の石黒卓弥氏は、「経営陣をはじめ全員（がリファラル採用を担っている）」と述べる[注4]。

　さらに興味深いのが、同社が行うミートアップ（同社に関心のある人と人事担

注3）Yakubovich, V. 2005. "Weak Ties, Information, and Influence: How Workers Find Jobs in a Local Russian Labor Market," *American Sociological Review*, Vol.70, pp.408-421.

注4）「メルカリのぶれない採用基準とは」サイボウズ式、2016年3月28日。

464　｜第４部　社会学ディシプリンの経営理論｜

当が会うイベント）に対する考え方だ。石黒氏は、以下のように語っている[注5]。

> （メルカリが）定期的に開催しているミートアップもそうです。わたしはのべ500人くらいに会っていますが、仮に1人に20人友達がいれば、彼らを起点として1万人がメルカリに興味を持っていただき、応募してくれる可能性もあるわけで。そうやって「ゆるやかに応援してくれる人」を増やしていこうと考えています。

　このように、メルカリにとってミートアップとは、純粋な採用そのものだけが目的ではない。同社と同社に関心がありそうな有望人材を「ゆるやかにつなぐ」ための仕掛けでもあるのだ。まさにSWT理論にかなった発想といえる。

弱いつながりこそが、イノベーションを引き起こす

　そして何よりビジネスにおいて弱いつながりが決定的に重要なのは、イノベーションへの起点になるからだ。第12・13章で詳しく述べたが、イノベーションの起点は新しい知（アイデア）を創造することであり、そして新しい知は「既存知と既存知の新しい組み合わせ」で生まれる。人はゼロからは何も生み出せないからだ。

　しかし、人は認知に限界がある（＝限定された合理性）。したがってそのまま放っておくと、人は目の前の知だけを組み合わせがちになり、やがて組み合わせは尽きる。この理由で組織・人から新しい知が生まれなくなることは、第12・13章で解説した。したがって、新しい知を生み出したい企業・ビジネスパーソンがなすべき第一歩は、「自分の目の前ではなく、自分から離れた、遠くの知を幅広く探索し、それをいま自分が持つ知と新しく組み合わせる」ことになる。これをexploration（知の探索）と呼ぶことも述べた。

　そしてもうおわかりだろうが、この知の探索に向いているのは、明らかに弱いつながりのソーシャルネットワークの方だ。弱いつながりを持つ人は、ブリッジの多い希薄なネットワーク上にあり、遠くから多様な情報が、速く、効率的に流れてくる。結果、弱いつながりを持つ人は幅広い知と知を組み合わせて、新しい

注5）注4を参照。

|図表4|「弱いつながりの強さ」の実証研究例

	筆者（年度）	掲載された学術誌※	調査対象とするネットワーク（つながり）	ネットワークの効果
1	Hansen (1999)	ASQ	チームの持つ部門間のコミュニケーションネットワーク	プロジェクトのパフォーマンス
2	Rowley et al. (2000)	SMJ	企業の持つ戦略的アライアンスネットワーク	企業のパフォーマンス
3	Ruef (2002)	ICC	起業家の持つ社内外のアドバイスネットワーク	個人の革新性
4	Levin & Cross (2004)	MS	従業員の持つ社内の支援ネットワーク	個人の知の獲得
5	McFadyen & Cannella, Jr (2004)	AMJ	研究者の持つ共同研究ネットワーク	個人の知の創出
6	Perry-Smith (2006)	AMJ	研究者の持つ研究所内外のアドバイスネットワーク	個人の創造性の発揮
7	Capaldo (2007)	SMJ	企業の持つ戦略的アライアンスネットワーク	企業のイノベーション創出能力
8	McFadyen et al. (2009)	OS	研究者の持つ共同研究ネットワーク	個人の知の創出
9	Zhou et al. (2009)	JAP	従業員の持つ社内アドバイスネットワーク	個人の創造性の発揮
10	Baer (2010)	JAP	従業員の持つ社内外のコミュニケーションネットワーク	個人の創造性の発揮
11	Levin et al. (2011)	OS	エグゼクティブの持つ社内外のアドバイスネットワーク	個人の知の獲得
12	Ma et al. (2011)	SMJ	管理職の持つ社内外のアドバイスネットワーク	個人の事業機会の認識
13	Baer (2012)	AMJ	従業員の持つ社内の支援ネットワーク	個人のアイデアの実現
14	Tortoriello et al. (2012)	OS	研究者の持つ研究所内外のコミュニケーションネットワーク	個人の知の獲得
15	Baer et al. (2015)	OPR	メタアナリシスのため特定不能	イノベーションの創出

※学術誌の略称と正式名称は以下の通り。　AMJ: *Academy of Management Journal*　ASQ: *Administrative Science Quarterly*　OPR: *Organizational Psychology Review*　OS: *Organization Science*

調査対象／データ	主な発見
電機メーカーにおける41の部門が関与した120の新製品開発プロジェクトに対する質問票調査	移転される知識が明文化されており複雑でない場合、部門間のつながりが弱いと製品開発プロジェクトの完遂期間は短くなり、移転される知識が複雑で状況依存が強い場合、完遂期間は長くなる。
製鉄産業ならびに半導体産業の企業間の戦略的アライアンスネットワークに関するアーカイバルデータ（製鉄産業は138、半導体産業は132のアライアンス関係）	既存資源の知の深化（exploitation）が求められる製鉄産業ではつながりが強いと企業のROAは高まるが、情報の探索（exploration）が求められる半導体産業では弱いつながりがROAを高める。
起業をしている、あるいは起業経験のある米国MBA修了者766人に対する質問票調査	強いつながり（家族や友人）よりも弱いつながり（顧客やサプライヤー）にアイデアを求める起業家は革新的である確率が高い。
米国の製薬企業、英国の銀行、カナダの石油・ガス企業の3社の従業員127人に対する質問票調査	つながりの強度は信頼を媒介し、有益な知識の獲得確率を高めるが、信頼の効果を考慮すると、つながりの強度は知識の獲得確率と負の関係を持つ。
米国の研究大学2校の生物医学系14学部に在籍する173人の研究者に関するアーカイバルデータ（1989～1999年）	研究者のつながりの強度と知識創出の関係は逆U字型の関係を持つ。
米国の主要大学の付属研究機関における2つの研究室に在籍する研究者97人に対する質問票調査	弱いつながりはそれを「相手との親密度」「やりとりする期間」「頻度」のいずれで測定しても、研究者の創造性を高める効果を持つ。
イタリアの家具デザイン企業3社の事例（1966～2000年）	デュアル・ネットワーク（少数の強いつながりを中心に弱いつながりが周囲を取り巻くネットワーク）の構築は、既存顧客を満足させつつ、ネットワークの固定化を避け、多様な情報を獲得できるため、企業のイノベーション創出能力に結実する。
米国の研究大学2校の生物医学系15学部に在籍する研究者177人の公表した研究論文（7300本以上）に関するアーカイバルデータ（1989～1999年）	ネットワークの密度が高いほど相対的に弱いつながりの知識創出への影響が重要になる。
中国のハイテク企業における17人の管理職、151人の従業員に対する質問票調査	従業員の弱いつながりの数と従業員の創造性は逆U字型の関係を持つ。
農産加工品企業の従業員238人、管理職98人に対する質問票調査	従業員の持つつながりが弱いことに加えて、①ネットワークの規模が中程度で、②ネットワークを介して得られる情報に多様性があり、③従業員の経験への開放性が高いという条件の下で従業員の創造性が最も高まる。
米国およびカナダのエグゼクティブMBA（4クラス）に在籍している129人に対する質問票調査	(3年以上)休止状態にあったつながりの保有はその強弱にかかわらず、現行のつながりよりも知識獲得の確率が高い。
台湾企業の管理職133人と米国企業の管理職128人に対する質問票調査	個人主義的な文化においてつながりの強さ（弱さ）と事業機会の認識は負の（正の）関係を持つ。
10の農産加工品企業の従業員216人、管理職87人に対する質問票調査	アイデアの創造性の高さとその実現の確率は負の関係を持つ。しかし、社内ネットワークを構築する能力が高いか、つながりが強い（他の従業員からの支援が得られる）かのいずれかの条件が満たされた場合、両者の負の関係は弱まる。
多国籍企業の欧米やアジアに散在する16のR＆D拠点における管理職・研究員24人に対するインタビュー調査、249人の研究員に対する質問票調査	組織間の知識の移転は組織内の移転よりも困難である。しかし、その困難性は①つながりが強い、②共通の第三者とのつながりが強い、③ネットワークの範囲が広いという条件の下で緩和される。
ソーシャルネットワークとイノベーションの関係について検討した実証研究の研究論文45本に対するメタアナリシス	イノベーションと正の関係にあるネットワークの特性は、影響の強い順から、ブローカレッジ、規模、多様性、強度である。一方で閉鎖性はイノベーションに対して弱い負の関係を持つ。

ICC: *Industrial and Corporate Change*　　JAP: *Journal of Applied Psychology*　　MS: *Management Science*
SMJ: *Strategic Management Journal*

知を生み出せるのだ。

　実際、この命題を支持する実証分析の結果は多く得られている。例えばエモリー大学のジル・ペリースミスが2006年に『アカデミー・オブ・マネジメント・ジャーナル』（AMJ）に発表した論文では、米研究所の研究員97人が対象になった[注6]。ペリースミスは研究員の人脈を精査し、その統計解析から「弱い人脈を多く持つ研究員の方が、創造的な研究成果を出しやすい」ことを明らかにしている。同様に、ワシントン大学のマーカス・バエアーが2010年に『ジャーナル・オブ・アプライド・サイコロジー』に発表した論文でも、農産加工品企業238人のデータに対する統計解析から「弱いつながりを多く持つ従業員の方が、創造的な成果を生み出しやすい」傾向を明らかにしている[注7]。

　企業レベルでも同様の結果が出ている。ソーシャルネットワーク研究の大御所であるカーネギーメロン大学のデイビッド・クラッカードとトロント大学のティム・ロウリーが2000年に『ストラテジック・マネジメント・ジャーナル』（SMJ）に発表した研究では、世界の半導体産業における技術提携を弱いつながりととらえて、実証研究を行っている[注8]。半導体メーカー66社による132のアライアンスデータを使った統計解析から、クラッカードらは「共同開発・技術ライセンスなど、両社のコミットメントが弱くて済むタイプのアライアンス（弱いつながり）を多く持つ企業ほど、事後的に利益率を高める」傾向を明らかにしている。半導体産業は、言うまでもなく技術変化が早く、イノベーションが常に求められる業界だ。このような業界では、弱いつながりを企業レベルで持っている方が知の探索につながりやすく、結果としてイノベーションを起こしながら高い業績を保てる、ということなのだ。

　このように「弱いつながりを豊かに持つこと」がイノベーションを引き起こす上で重要ということが、SWT理論では主張されている。一方で、この主張は職人気質の強い、従来の日本企業では、受け入れにくいことだったかもしれない。

注6) Perry-Smith, J. E. 2006. "Social Yet Creative: The Role of Social Relationships in Facilitating Individual Creativity," *Academy of Management Journal*, Vol.49, pp.85-101.

注7) Baer, M. 2010. "The Strength-of-Weak-Ties Perspective on Creativity: A Comprehensive Examination and Extension," *Journal of Applied Psychology*, Vol.95, pp.592-601.

注8) Rowley, T. et al., 2000. "Redundant Governance Structures: An Analysis of Structural and Relational Embeddedness in the Steel and Semiconductor Industries," *Strategic Management Journal*, Vol.21, pp.369-386.

日本で弱いつながりをつくるためには、あちこち色々な場に顔を出したり、異業種交流会に頻繁に参加したり、名刺を配って人脈を広げることが必要になる場合が多い。しかし、伝統的な日本企業ではこういった人は、「チャラチャラしている」「あいつは名刺コレクターだ」などと煙たがられがちだからだ。しかし実はそういうチャラチャラしていそうなフットワークの軽い人こそ、弱いつながりを通じて多くの「新しい知の組み合わせ」を試し、創造性を高められている可能性が高いのだ。SWT理論からは、「チャラ男・チャラ娘」こそが、イノベーションに悩む伝統的な日本企業には必要といえるのである。

多くのイノベーターは、チャラ男・チャラ娘である

　筆者の実感でも、いま新しいことを成している経営者には、弱いつながりを企業内外に広げている、フットワークの軽い方が実に多い。筆者の周りで言えば、その筆頭はロート製薬会長の山田邦雄氏だ。山田氏は企業外に豊富に弱いつながりを持っている。実は筆者が数年前に初めて同氏にお会いしたのも、ある別の方がメッセンジャーアプリLINEで弱くつながっていた山田氏を筆者に紹介してくれたことがきっかけだった（その意味では、その方がブリッジだったことになる）。元々は目薬の会社だったロート製薬は、2001年から機能性化粧品分野に参入し、オバジや肌研（ハダラボ）などのヒット商品を生み出し、いまや製薬以外の売上げ比率の方が高い企業になっている。同社がこういった革新を起こしてきた背景にも、山田氏が持つ豊富な弱い人脈が影響している可能性は高い。

　社員に弱いつながりを求める経営者もいる。例えば任期途中で退任されたものの、三越伊勢丹の社長を約5年にわたって務めて同社に変革をもたらし、現在は羽田空港副社長として空港に革新をもたらそうとしている大西洋氏は、弱い人脈を大事にされている方だ。筆者が大西氏から直接伺ったことだが、同氏は伝統的な体質の残る三越伊勢丹にいた当時、あえて若手を大胆に抜擢し、彼らに活躍の場所を提供した。その抜擢基準の一つは、「チャラチャラしているように見えるほど、社交的なこと」だったそうだ。チャラチャラした社員は社内外に弱いつながりの人脈を豊かに持ち、そこから流れる情報が重要なことを大西氏は体感されていたのだろう。

　他にも革新的なビジネスを生んでいる経営者には、朝食会、ランチ、勉強会、

夜の飲み会などを通じて、弱いつながりをつくっている方が実に多い。ポイントは「いつも同じ人とだけ交流しない」ことだ。もちろん同じメンバーがいても構わないが、常に新しいゲストなどを招いて弱いつながりを広げ続けているのだ。

イノベーションは、やはり「辺境」からやってくる

さらにSWT理論の示唆を、別の角度から眺めてみよう。**図表5**は、ある分野における典型的な人脈ネットワークのイメージを、図化したものである。ここでいう「分野」はビジネスの特定業界のことでも、芸術分野でも、学界でも何でも構わない。そして一般に、こういう人脈のネットワークでは、その中心部にある「コア」の部分と、中心から離れた「辺境」の部分がある。

そして一般に、コアにいる人たちの関係性は強い。したがって、コア付近のネットワークは高密度なネットワークになりがちだ（図の中心付近の■が集中している部分）。一方で辺境では、人々のつながりは弱く、総じて希薄なネットワークになる（図の■が多い周縁部分）。では、「このコアと辺境のどちらから創造的なアイデアが生まれやすいか」と問えば、ここまでの議論を踏まえれば、それが辺境の方になることはおわかりだろう。辺境にいるプレーヤーの方が弱いつながりを持っているので、遠くから幅広い情報を引き寄せ、創造性が高まるのだ。一方でコアにいるプレーヤーの間では、閉鎖的で高密度なネットワークの中で、似たような情報だけがグルグルと回りがちなのである。

実際、ソーシャルネットワーク分野のスター研究者の一人、ニューヨーク大学のメリッサ・シリングは、彼女の論文の中で以下のように述べる[注9]。

> it has often being argued that marginal intellectuals (those who may participate in multiple intellectual domains but are central to none) are more likely to introduce creative breakthroughs than well-established experts in a domain. (Schilling, 2005, p.133.)
>
> ある分野で中心にいて確立された位置にいるエキスパートよりも、辺境で知を持

注9) Schilling, M. A. 2005. "A 'Small-World'Network Model of Cognitive Insight." *Creativity Research Journal*, Vol.17, pp.131-154.

470 ｜ 第4部 ｜ 社会学ディシプリンの経営理論 ｜

図表5 人脈ネットワークのイメージ

出所：Cattani, Gino. & Ferriani, S. "A Core/Periphery Perspective on Individual Creative Performance: Social Networks and Cinematic Achievements in the Hollywood Film Industry," *Organization Science*, Vol.19, p. 827.

つ（すなわちその分野に関わる知見は多様に持つが、中心にいるわけではない）者の方が、創造的なブレークスルーをもたらしやすい（筆者意訳）

　よく「イノベーションは辺境からやってくる」とことわざのように言われるが、実はこれはソーシャルネットワーク理論と整合的なのだ。実際、これまでの歴史を見ても、辺境からやってきたイノベーションは枚挙にいとまがない。最近であれば、ロボット掃除機「ルンバ」を開発したのは、家電産業のコアにいるパナソニックでも日立でもなかった。シリコンバレーのスタートアップ企業、アイロボット社である。

　遡れば、1979年に携帯音楽機器「ウォークマン」を開発したのは、当時の電気機器ビジネスでは「辺境」だった日本のソニーである。同業界のコアである米国にいたRCAは、ウォークマンと同じものをつくれる技術を持っていたにもかかわらず、開発できなかった（そもそもソニーはRCAの技術をラインセンスしてウォークマンをつくっていた）。優れた技術があっても、音楽携帯という創造性・

アイデアがなければ、革新は起こせないのだ。そしてそのようなアイデアは、往々にして辺境の弱いつながりからなる希薄なネットワークにあるのである。

強いつながりが、イノベーションを実践に落とし込む

さてここまで、弱いつながりのプラス面を並べて来た。では「強いつながり」の方は、我々に常にマイナスなのだろうか。もちろん、そんなことはない。実際、図表4にあるように、強いつながりが人・企業にプラスの効果をもたらすという研究結果も多くある。

詳しくは、「ソーシャルキャピタル理論」（第27章）を解説する時に述べるが、例えば人と人が強いつながりにあるということは、両者の間に信頼関係が醸成されているということだ。結果、両者は強い信頼がなければ得られない、様々なメリットを享受できる。

例えば、「知の深化」（exploitation）である（第12・13章を参照）。イノベーションを実現するには、一度組み合わせされて「潜在性がある」と見込まれたアイデアは、収益化のために深掘りされる必要がある。実は先のクラッカードらのSMJ論文は、半導体だけでなく鉄鋼業界の統計解析も行っている。そして「鉄鋼業界では、むしろ合弁事業など『強いつながり』のアライアンスが豊かな企業の方が、事後的な業績がよい」傾向を明らかにしているのだ。

変化が激しく、技術進歩の陳腐化も早い半導体業界では、企業には知の探索がより求められる。一方で鉄鋼業界は、（半導体業界と比べれば）技術進歩のスピードがゆるやかで、少なくともクラッカードらが研究対象とした1990年代には知の深化がより求められていたと考えられる。結果として半導体業界では弱いつながりが、鉄鋼業界では強いつながりが相対的に有用だったのだ。

加えて、強いつながりが重要なのは「実行・実践」の局面である。新たに生まれたアイデアは、実行されてこそイノベーションたりうる。先のマーカス・バエアーが2012年にAMJに発表した論文は、米農産加工品企業の従業員216人のデータを使った統計解析から、「社内で生まれた創造的なアイデアが実行されるには、その人が社内で強い人脈を持っている必要がある」という結果を得ている[注10]。

注10) Baer, M. 2012. "Putting Creativity to Work: The Implementation of Creative Ideas in Organizations," *Academy of Management Journal*, Vol.55, pp.1102-1119.

図表6｜イノベーションにおける弱いつながりと強いつながりの役割の違い

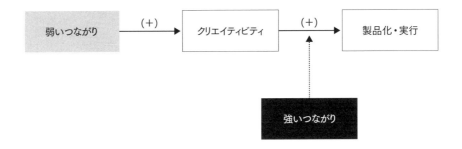

　この結果は、実行力には強いつながりが必要ということを意味する。一般に創造的なアイデアは、社内で潰されやすい。日本企業の文脈で言えば、稟議書が意思決定層に上がる前に却下されてしまうのである。しかし、社内に強い人脈を持っていれば、それは信頼できる仲間が社内に多くいるということであり、その人脈を活用して（根回しして）稟議書を上げ切れるのだ。

　このように、例えば大きな組織でイノベーションを起こすには、弱いつながりと強いつながりの両方が必要、というのが筆者の理解だ。ただ、その役割が違うのである。**図表6**は、その関係を示したものだ。もし、そもそも自分の企業・組織にクリエイティブなアイデアが足りないのなら、それはその企業・組織のメンバーに弱いつながりが足りないということである。「チャラチャラしている人が足りない」ということだ。そうであれば、まずは組織のメンバーがもっと外に出て、弱い人脈をつくることが課題になるはずだ。

　一方、「クリエイティブなアイデアは社内から出てくるにもかかわらず、それが最終的に実行されない」ことに問題があるのなら、課題はむしろ、社内の強い結び付きを活かして創造的なアイデアをサポートすることになるだろう。そうであれば、弱いつながりを持った創造性の高い人を「アイデアの実現」まで橋渡しする施策こそが必要だ。例えば、開発チーム内で「弱いつながりを持つ開発者は、社内で強いつながりを持ち、根回しができて、稟議書を上げられる上長とペアを組ませる」といった、ペアリングなどの工夫をすることが重要かもしれない。イノベーションを起こすのに必要なのは「チャラ男・チャラ娘と根回しオヤジの組み合わせ」ということだ。

　図表7はイノベーションに関して、弱いつながりと強いつながりが、それぞれ

| 図表7 | 弱いつながりと強いつながりの効果

	弱いつながり	強いつながり	実証している論文
伝わる知	形式知のみ伝わる	暗黙知も伝わりうる	・Hansen（1999） ・Vzzr（1996） ・Aral & Van Alstyne（2011）
知の探索・知の深化	探索に向く	深化に向く	・Rowley et al.（2000） ・Siciliano et al.（2018）
期待できる効果	アイデアの創出	行動への落とし込み	・Perry-Smith（2006） ・Baer（2010） ・Baer（2012）

どのような条件で重要となるかを整理したものだ。結局のところ、イノベーションには知の探索も深化も、アイデアの創造も実行も必要なため、「両方のつながりが重要」ということになる。とはいえ、いま日本に不足しているのは圧倒的に弱いつながりの方だと筆者は考える。

　従来の日本企業の多くは終身雇用制の下、一企業で勤め上げる人が多かった。結果、多くの人材が社外との弱いつながりに乏しかったといえる。それどころか大企業では事業部間の交流さえ少ないことも多く、社内ですら弱い人脈が形成されてこなかった。だからこそいま感度の高い経営者・ビジネスパーソンが、企業・部署の範囲を超えて人を動かし、つなぐことを促しているのだ。

　実は、少し前まで乏しかった「弱いつながり」は、いま急速に拡大しつつあり、そのスピードはさらに加速すると筆者は考えている。なぜなら、近年は前章で述べたような副業・兼業などの動きにより、リアルな世界での人と人との弱いつながりの機会が増えているのに加え、それを補完するかのようにインターネットやSNS上での弱いつながりが、世界中で急速に拡大しているからだ。その結果として起きているのが、「スモールワールド」現象の加速である。本章の最後に、この興味深い現象を解説しよう。

スモールワールド現象

　「スモールワールド」（small world）現象は、グラノヴェッターがSWT理論

474 | 第4部 | 社会学ディシプリンの経営理論 |

を提示する以前から、社会学者にはよく知られていた。有名なのはエール大学のスタンレー・ミルグラムが1960年代後半に行った、一連の実験である[注11]。この実験でミルグラムらは、米国国内で任意の2人組（両者は互いに面識がない）を選び出し、ある一方に対して、もう一方の相手に届くように手紙を送るよう依頼した。とはいえ、その人は相手への面識がないから、自分の知る人脈のうちで「その相手に一番届きそうな人」に手紙を出すように依頼するのである。そしてその手紙を受け取った人は、さらにその最終目的の人に「近そうな人」に手紙を出すという、言わばチェーンメールの実験だ。

　そしてミルグラムの研究結果からは、手紙を最初に出した人から最終目的の人までたどり着くのに経由する人数は、最短で2人、最長で10人、平均でわずか6人だったのである。6人を経由すれば、人口が当時2億人以上いる広大な米国で、他人同士がつながってしまうのだ。この興味深い現象は、「6次の隔たり」（six degrees of separation）と呼ばれる。

　そして1973年論文で、グラノヴェッターは「スモールワールド（6次の隔たり）現象はSWT理論で説明できる」と主張したのだ。この主張はもう納得される方が多いのではないだろうか。「赤の他人に一番近そうな人」が、自分の親友である可能性は低い。結果、手紙を出す人は、「自分のちょっとした知り合い」になるはずだ。すなわち、弱くつながっている相手である。そして、弱いつながりはブリッジをつくる。図表2-bや図表3-bにあるように、ブリッジは広大なソーシャルネットワーク上で人と人を効率的につなぐルートだ。結果として、ブリッジ経由で「知り合いの知り合い」をつないでいけば、我々は誰とでも6人くらいを挟めばつながってしまうのである。

世界はさらに小さくなっていく

　SWT理論に注目しているのは、純粋な学者だけではない。実はSNSの代表格フェイスブックの研究者もそうなのである。なかでも2012年に同社のイーサン・バクシーらが発表した論文は話題になった。

　この論文でバクシーらは2008年9月から130日間にわたって、フェイスブッ

注11）Milgram, S. 1967. "The Small World Problem," *Psychology Today*, Vol.2, pp.60-67.

ク上にフィードされるニュースについて、「フェイスブック上のどのようなつながりにある人が発信・シェアしたニュースが、さらにシェアされやすいか」を、約340万の観測データから解析した[注12]。結果、以下の2つの事象がフェイスブック上で日々起きていることがわかったのだ。

発見①──人は、フェイスブック上で頻繁に交流している「友だち」（例えば、相手のフィードに頻繁にコメントするような関係の友だち）が発信した情報を、シェアしがちな傾向がある。

　これは、強いつながりの効果である。自分と近しい人が「発信した」情報は、心理的に周囲にシェアしたくなるからだ。しかし、より興味深いのは次の発見である。

発見②──フェイスブック上の「友だち」がある情報・ニュースを「シェア」した場合、そのシェアされたニュース・情報をその「友だち」の友だちがさらに周囲にシェアする確率は、両者が頻繁に交流している場合より、両者に普段はほとんど交流のない場合の方が、はるかに高い。

　バクシーは、「この発見②こそSWT理論を体現するものだ」と主張する。強いつながりの友だちが「みずから発する情報」は、周囲に知らせたくなるものだ（発見①）。一方、強いつながりの友だちが「シェアした情報」は、（これまで説明したメカニズムからわかるように）同じようなものである可能性が高い。よって目新しさはなく、そこからはシェアされにくいのだ。
　一方、弱いつながりの友だちがシェアする情報は、これまで説明したメカニズムより、シェアされた人にも「目新しい」ことが多く、したがってさらに別の人にもそれをシェアしたくなるのである。すなわち、フェイスブックなどのSNS上で「シェアがシェアの連鎖を呼ぶ」のは、SWT理論の主張そのものなのだ。
　SNSがない20年くらい前までは、人はリアルの弱いつながりを維持するのが

注12) Bakshy, E. et al., 2012. "The Role of Social Networks in Information Diffusion," Proceedings of the *21st International Conference on World Wide Web*, pp.519-528.

極めて難しかった。せっかく一度出会って知り合いになっても、その後しばらく会う機会がないと、そのままつながりも疎遠になり、消滅してしまう。しかし現代では、一度人と知り合えば、SNSを使ってそのまま弱いつながりを維持できる。弱いつながりがそのままSNS上で維持され、結果として以前より弱いつながりが、世界中で爆発的に延びるようになっているのだ。

フェイスブック上のスモールワールド現象を、研究した結果もある。フェイスブック社のラース・ベックストルムとミラノ大学研究チームの共同研究では、同大学が開発したアルゴリズムをもとに全世界7.21億人のフェイスブックユーザーから全組み合わせのペアをつくり、「友だち」の「友だち」としてつながるまでの経由数を計算した[注13]。その結果、世界中の人は、フェイスブック上では誰とでも平均で4.7人を経由すればたどり着くことがわかったのである。リアルなつながりでは「6次の隔たり」だったが、フェイスブックでは「4.7次の隔たり」に縮まった、ということだ（ちなみに同論文によると、米国内だけなら、これはさらに短くて4.4次だった）。

世界はスモールワールド化が加速している。知らずしらずのうちに多くの人が、フェイスブックやツイッターなどを通じた弱い結び付きの中でつながりを維持し、そこで様々な情報がスピードを持って遠くまで飛び交う時代に入ったのだ。そしてそれは、我々にまったく新しいレベルでの、スモールワールドの加速度的な情報波及をもたらしている。

2010年に中東で起きた「アラブの春」はその典型例だ。この政変では、テレビなどの既存メディアよりもフェイスブックでの情報交換が機能したといわれる。それはまさに弱いつながりの強さであり、中東で起きたスモールワールド現象だ。2011年に東日本大震災があった時も、多くの方が情報共有に役立てたのは、弱いつながりからなるSNSのツイッターだったと言われる。一方、当時日本で全盛だったミクシィは、情報のシェアにはそれほど機能しなかった。ミクシィは「コミュニティ」という仕組みで強いつながりを重視していたので、大地震のような不確実性の高い状況での情報拡散には不向きで、弱いつながりからなるツイッターが向いていたということだ。最近なら、ツイッターやフェイスブックを通じ

注13) Backstrom, L. et al., 2012. "Four Degrees of Separation," Proceedings of the *4th Annual ACM Web Science Conference*, pp.33-42.

ていわゆるフェイクニュースが世界中で爆発的に行き交うのも、スモールワール
ド現象でとらえられる。

　「世間は案外狭い」とはよくいわれるが、これは本当なのだ。我々は誰とでも、
6人を挟めばほぼつながりうる。SNSのなかった時代はその弱いつながり・ブリッ
ジが潜在的に存在しても、顕在化しなかっただけなのだ。しかし、いまや6次の
隔たりは、4.7次まで短くなった。今後、さらに世界は狭くなっていくだろう。

　そして、この極めて現代的な事象の本質は、すべてSWT理論で説明できる。
半世紀近く前にグラノヴェッターが提示した理論が、21世紀のSNS時代に起き
る様々な現象や、イノベーションに悩む現代企業への示唆を、実に切れ味よく説
明するのだ。彼が社会学者であるにもかかわらずノーベル経済学賞候補の呼び声
が高い理由が、これでおわかりいただけたのではないだろうか。

第26章 structural hole theory

ストラクチャル・ホール理論

「越境人材」が世界を変える、そのメカニズムとは

ソーシャルネットワークの3つのレベル

前章では、ソーシャルネットワークの二大理論の一つ、「弱いつながりの強さ」（strength of weak ties：SWT）理論を解説した。本章ではもう一方の、ストラクチャル・ホール（structural hole：以下、SH）理論を解説する。

SWT理論同様に、SH理論も世界標準の社会学者および（社会学ベースの）経営学者で知らない者はいない。同理論を生み出し発展させてきた中心人物は、シカゴ大学のロナルド・バートである。バートはSH理論に関する数多くの論文を出しているが、なかでも彼が1992年に刊行した著作 *Structural Holes: The Social Structure of Competition*（邦訳『競争の社会的構造』）はよく知られており、グーグル・スカラーでその引用数は2万5000を超える[注1]。

ここで本題に入る前に、前章のSWT理論と本章のSH理論の関係を理解するために、ソーシャルネットワークの3つのレベルについて解説しておこう。

図表1をご覧いただきたい。ソーシャルネットワーク研究は、大まかに3つのレベルの視点がある。まず最も基礎的なレベルが、図表1-aの関係性のネットワーク（relational network）である。これは主に人と人の関係の「質」に焦点を当てる。その代表は、前章で紹介した「強いつながり、弱いつながり」である。例えば、「親友」と「ただの知り合い」がもたらす効果の違いなどについての研究だ。

前章で述べたように、ソーシャルネットワークがビジネスで重要な理由は、人

注1）Burt, R.1992, *Structural Holes: The Social Structure of Competition*, Harvard University Press.（邦訳『競争の社会的構造』新曜社、2006年）

|図表1| ソーシャルネットワークの3つのレベル

a：関係性のネットワーク

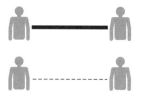

b：エゴ・セントリック・ネットワーク

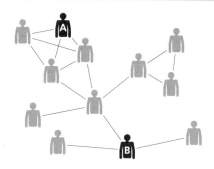

c：ソシオ・セントリック・ネットワーク

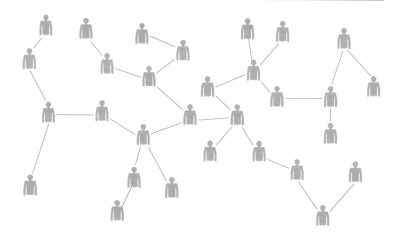

のつながりを通じて情報・知識・噂話・アイデアなどが伝播するからだ。その意味で、強いつながりは両者に信頼関係をもたらし、通常はなかなか交換できない情報までを伝播させる。情報の質が向上する、と言ってもいいかもしれない。例えば前々章では、「埋め込まれた強い関係でつながった両者は、私的情報を交換しやすくなる」ことを述べた。

　一方、前章で述べたように、弱いつながりは強いつながりと異なる効能をもたらす。それは、「ネットワーク全体への効率的な情報伝播」である。

　図表1-bを飛ばして、cを見ていただきたい。前章で述べたように、弱いつながりはブリッジを生み出す。ブリッジは、広範なソーシャルネットワーク上で、情報・知を効率的に、広く伝播させる機能がある。したがって弱いつながりから成るソーシャルネットワーク上では、様々な情報が広範囲まで効率的に波及する。これは弱いつながりだから起きうる効果であり、特にこの現象を「スモールワールド」と呼ぶこともある。

　スモールワールド現象はソーシャルネットワーク全体を包括的にとらえた視点であり、いわば高次（広範囲）のレベルにある。このように広範なソーシャルネットワーク全体の特性を分析する視点を、学術的にはソシオ・セントリック・ネットワーク（socio-centric network）と呼ぶ。

　前章で述べなかったが、これはSWT理論の大きな学術上の功績の一側面でもある。すなわちSWT理論は、「弱いつながり」のようなネットワークの質的特性（図表1-a）を基礎にしながら、スモールワールドのような包括的なネットワークの現象（図表1-c）を説明できるからだ。「ミクロの関係性をベースにして、マクロ現象を説明する」と言ってもいいだろう。SWT理論を提示したマーク・グラノヴェッター自身も、1973年論文の中でもでこの重要性を主張している[注2]。

　さて本章で取り上げるのは、そのミクロとマクロの中間レベルだ。図表1-bを見ていただきたい。このレベルで焦点が当たるのは、「自分中心のネットワーク構造」である。

　人と人は、広範なネットワークの中でつながっている。一方、周囲の人々との「つながり方」は、人それぞれで異なる。例えば、図表1-bで同じネットワーク

第26章　ストラクチャル・ホール理論

注2) Granovetter, M. 1973. "The Strength of Weak Ties," *American Journal of Sociology*, Vol.78, pp.1360-1380.

上にいるAとBだが、Aの視点から見た周囲のネットワーク構造と、Bの視点から見たネットワーク構造はまったく異なっている。これを「自分中心のネットワーク視点」という意味で、エゴ・セントリック・ネットワーク（ego-centric network）と呼ぶ。

そして当然ながら、エゴ・セントリック・ネットワークの大きな関心は、「人は自分の周囲のネットワーク構造により、損得が違うか」になる。その答えはイエスだ。エゴ・セントリック・ネットワークは、その人のパフォーマンス、出世できる確率、イノベーション創出力などに影響を及ぼす可能性が多くの実証研究で示されているのだ。そのメカニズムを解き明かすのが、SH理論なのである。

ブローカレッジ

とはいえ、実はSH理論の原点のメカニズムは、SWT理論と大きくは変わらない。**図表2**をご覧いただきたい。前章はこの図を使ってSWT理論の「ブリッジ」を説明した。

前章で述べたように、ソーシャルネットワーク上の2人をつなぐルートが一つしかない場合、それをブリッジと呼ぶ。図表2でAはCとつながり、BとCもつながっているが、AとBはつながっていない。したがって、AとBをつなぐルートはA−C−Bの一つしかなく、このルートはブリッジとなる。

前章ではこのままネットワーク全体の情報伝播の効率性（＝ソシオ・セントリック・ネットワーク）を議論したが、ここではそうではなく、エゴ・セントリック・

|図表2|**ブローカレッジ**

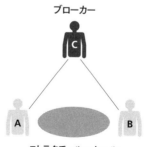

※前章の「弱いつながりの強さ」理論では A − C − B のルートをブリッジと呼ぶ。

482 ｜第4部｜社会学ディシプリンの経営理論｜

ネットワークを重視しよう。すなわち図表2のA、B、C三者のいずれかを中心に見た時、「ネットワーク上の情報伝播で、一番得をする人は誰か」という視点である。

そしてSH理論の答えはCになる。なぜなら、Cは「AとBの間をつなぐ唯一の人」だからだ。この時Cは、2つの意味でAやBより優位になる。

❶情報の優位性

Cは唯一AとBの両者にアクセスできるので、AとBの両者が発信する情報をともに手に入れることができる。もちろんAもC経由でBの情報を、BもC経由でAの情報を手に入れることは可能だ。しかし、もしCがAの（Bの）発信する情報をそこで止めてしまえば、その情報はBには（Aには）伝播しない。したがって、Cだけが最も効率的に、多くの情報を手に入れられる。バートは前述の1992年の著書で、これを information benefits（情報の優位性）と呼んだ。

❷コントロールの優位性

さらに、Cはネットワーク全体の情報伝播をコントロールできる。例えば、CはAとBとつながっているので、実は両者の間に潜在的なビジネス取引の機会があることを知っているかもしれない。一方でAとBは直接つながっていないので、両者はその機会を知らない。そうであれば、CがAとBの発信する情報を制御しつつ両者の仲介に立って取引を進めて、何らかの利益を得られることになる。バートは、これをコントロールの優位性（control benefits）と呼んだ。

したがってこのソーシャルネットワーク上で、Cはネットワーク全体に流れる情報を最も効率的に手に入れながら、しかもその情報をコントロールして利用できる。結果、CがAとBよりもはるかに優位に立つのである。このように、ソーシャルネットワーク上で「つながっていないプレーヤー同士の媒介となり、それを活かして優位に立つ」ことを、ブローカレッジ（brokerage）という。

繰り返しだが、Cがブローカレッジの便益を得られる理由はAとBがつながっていないからだ。すなわち、ネットワーク上でAとBの間にすき間 (hole)があり、それがCに便益をもたらすのだ。これを、ストラクチャル・ホール（構造的なすき間：SH）と呼ぶ。SHに囲まれてブローカレッジを活用できる位置にいるプレーヤー（この場合はC）を、ブローカーという。

ストラクチャル・ホール

　この点を多人数に拡張したのが、**図表3**のaだ。この図でストラクチャル・ホールを最も豊かに持つ人は、明らかにDになる。

　まず、Dを挟んで左側の人たちは互いに密接につながっており、つながりにすき間がない。前章の言葉で言えば、高密度なネットワーク（dense network）になっている。あるいはクラスターとも呼ばれる。同様に、Dの右側の人たちも密接につながったクラスター構造になっている。一方で、この両クラスターをつなぐ位置にあるDの周辺にはすき間（ストラクチャル・ホール）がある。したがってこのソーシャルネットワーク上では、Dが左右のクラスターをつなぐ唯一の結節点（ブローカー）になっている。

　ここで、例えばDの左側のクラスターの誰か（例えばE）が、右側のクラスターの誰かが発信する情報を得たいとしよう。しかしこの時、その情報は必ず結節点のDを経由しなければならない。左右逆方向もしかりだ。結果としてこのネットワーク上ではDに最も情報が集まり、さらにDは左から右（あるいは右から左）のクラスターへ流れる情報を止め、選別し、ネットワーク全体に伝播する情報をコントロールできる。

　さらに広範なソーシャルネットワークでこの点を示したのが、図表3-bだ。この図は、バートが彼の論文でよく使う図をもとに、筆者が手を加えたものだ。

　例えば、この図でマイケルとジェームズを比べれば、マイケルの方がはるかにSHが豊かである。なぜなら、クラスターX、Y、Zの間で情報が行き来するには、多くの場合マイケルを経由しなければならないからだ。結果として彼には3つのクラスターから発信される情報が集まり、それをコントロールできる。

　一方でジェームズは高密度なネットワークに取り囲まれており、SHがない。一見すると多くの人とつながっているので得をしそうだが、それは周囲のクラスターの人とつながっているだけであり、図のネットワーク全体から見ればむしろ広範な情報収集の効率が悪く、ネットワーク全体で飛び交う情報をコントロールすることもできない。このように、SH理論は、人のつながりにおいては単純に多くつながっていればいいというものではなく、その「つながり方の構造」が重要であることを明らかにするのだ。そしてその望ましいつながり方とは、SHが

484　｜　第4部　社会学ディシプリンの経営理論　｜

|図表3| ソーシャルネットワーク上のストラクチャル・ホール

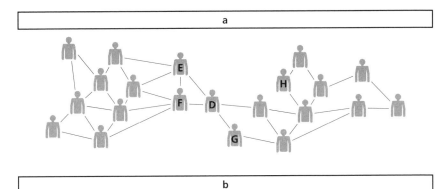

豊かなつながり方ということだ。

　ここで前章のSWT理論をすでに読んだ方のために、両理論の違いをクリアにしておこう。図表2からわかるように、前章で説明した「ブリッジ」と、本章で説明しているストラクチャル・ホールは、その根源が近いので混乱しやすい。

　まず図表2をSWT理論の立場で見れば、「AとBをつなぐルートはA－C－Bの一つしかないから、そのルートをブリッジという」ことになる。一方で本章の視

点からは、「AとBはC経由でしかつながっていないから、Cはストラクチャル・ホールの位置にある」となる。このように両理論は、本質的には同じ図を違う角度から説明しているにすぎない。実際、経営学者の中でも、SWT理論とSH理論を組み合わせる者もいる。

しかし一方で、SWT理論とSH理論はそれぞれ、独立した理論として確立しているのも確かだ。筆者の理解では、両理論の違いは大きく2つある。第1に、SWT理論は「つながりの強さ、弱さ」という関係性のネットワークが基礎にあることだ。したがって、ブリッジとなるネットワークは「弱い」必要がある。一方でSH理論は、そもそも「つながりの強さ・弱さ」を基礎にしていない。したがって、SH理論ではホールのあるつながりが「弱い」必要はない。

第2に、SWT理論はつながりの強さ・弱さを基礎にしながら、主に広範なネットワーク全体、すなわちソシオ・セントリック・ネットワークに関心があることだ。前章で紹介したスモールワールド現象がその一つだ。一方のSH理論は、エゴ・セントリック・ネットワークの視点を取る。すなわち、一人ひとりが周囲に有する独自のネットワーク構造に注目する。そして経営学者のおおむねのコンセンサスは、一般に「自身の周辺のつながり（人脈）のネットワーク上で、SHが豊かな人ほどブローカレッジの効果により得をする」のである。

ストラクチャル・ホールは商売の基本である

バートがSH理論を提示した1980〜90年代以降、多くの経営学者が同理論を検証する実証研究を行ってきた。その蓄積は膨大である。**図表4**は、その一部を整理したものだ。

特に近年は、ソーシャルネットワーク分析専門の統計ソフトウェア（例えばUNICETと呼ばれるものがある）が開発され、皆さんでもこういったソフトウェアに周囲の人脈データを入力すれば、自分が人脈のソーシャルネットワーク上でどのくらいSHに恵まれているかを数値化できる[注3]。また、バートが考案したnetwork constraint指数の計算方法を使えば、専用ソフトがなくても、エクセ

注3）最近は解析ソフトウェア Python の NetworkX、R の igraph、描画ソフトとしてはCytoscape、Gephi などが使われるようになっている。

486 ｜ 第４部 ｜ 社会学ディシプリンの経営理論 ｜

ルなどの表計算ソフトで計算することも可能だ[注4]。

そしてSHに恵まれた人は、これまで述べた情報の優位性・コントロールの優位性により、様々な面で得をすることが多くの実証研究で示されている。

例えば、昇進・昇給だ。これまでの複数の実証研究で「人脈上でSHを豊かに持つ人の方が、昇進が早く、給料も高い」傾向が示されている。例えばバートが1997年に『アドミニストレイティブ・サイエンス・クォータリー』（ASQ）に発表した研究では、米電子部品メーカーのエグゼクティブ層170人に対する質問票調査を使った統計解析から、「SHを豊富に持つエグゼクティブほど、昇進が早くなる」傾向を明らかにしている[注5]。SHに恵まれていれば、社内外の多様な情報が人脈を通じて効率的に入るので、それを活用・コントロールして自身の成果を高められるからだ。

バートは2000年にも『オーガニゼーション・サイエンス』（OS）で似たような研究を発表している[注6]。この研究では、米国とフランスのシニアマネジャー230人のデータを使った解析を行い、米国でもフランスでも人脈上でSHが豊かなシニアマネジャーほど年収が高くなる傾向を明らかにしている。シンガポール国立大学のローリアン・ファンらが2015年にOSに発表した論文では、過去に発表された138本の論文をまとめたメタアナリシスから、やはりSHが豊かな人の方が、昇進が早いという総合的な結果を得ている[注7]。

SH理論は、「企業と企業のつながり」にも応用できる。個人同様に、取引関係・提携関係などを通じた企業間ネットワーク上でSHに囲まれた企業は、ネットワーク全体の情報を豊富に手に入れ、コントロールできるからだ。図表4では、論文9がそれに当たる。

そもそもSH理論は、「商売の基本」とすらいえるかもしれない。例えば問屋・卸売業などは、SHで商売をしている典型だ。メーカーと小売りという「クラス

注4）network constraint の計算方法については、例えば Burt,R. S. 2004. "Structural Holes and Good Ideas," *American Journal of Sociology*. のp.352をご覧いただきたい。

注5）Burt, R. S. 1997. "The Contingent Value of Social Capital," *Administrative Science Quarterly*, Vol.42, pp.339-365.

注6）Burt, R. S. et al., 2000. "The Social Capital of French and American Managers," *Organization Science*, Vol.11, pp.123-147.

注7）Fang, R. et al., 2015. "Integrating Personality and Social Networks: A Meta-Analysis of Personality, Network Position, and Work Outcomes in Organizations," *Organization Science*, Vol.26, pp.1243-1260.

|図表4| **ストラクチャル・ホールの実証研究例**

	筆者（年度）	掲載された学術誌※	調査対象のネットワーク	SH／ブローカレッジのもたらす効果
1	Burt (1997)	ASQ	エグゼクティブの社内人脈ネットワーク	エグゼクティブの昇進
2	Ahuja (2000)	ASQ	同一業種内の企業間提携（アライアンス）ネットワーク	企業のイノベーション創出
3	Gargiulo & Benassi (2000)	OS	マネジャー（管理職）の社内人脈ネットワーク	マネジャーと部下の間のコーディネーション
4	Burt (2004)	AJS	マネジャー（管理職）の人脈ネットワーク	マネジャーの創出するアイデアの価値
5	Rodan & Galunic (2004)	SMJ	マネジャー（管理職）の人脈ネットワーク	マネジャーのパフォーマンス
6	Soda et al. (2004)	AMJ	テレビ番組クリエイターが過去の共同プロジェクトを通じて築いた人脈ネットワーク	そのクリエイターたちによって制作されたテレビ番組の視聴者数
7	Zaheer & Bell (2005)	SMJ	業界団体への所属を通じた企業間ネットワーク	企業のパフォーマンス
8	Fleming et al. (2007)	ASQ	研究者の共同開発を通じた人脈ネットワーク	研究者のイノベーション創出
9	Shipilov & Li (2008)	ASQ	投資銀行間の共同M&Aアドバイザリーを通じてのネットワーク	投資銀行のステータス／市場シェア
10	Lee (2009)	OS	研究者の共同開発を通じた人脈ネットワーク	研究者のイノベーション創出
11	Vissa & Chacar (2009)	SMJ	スタートアップ企業のチームの社外の人脈ネットワーク	スタートアップ企業のパフォーマンス
12	Galunic et al. (2012)	AMJ	従業員の上司の社内人脈ネットワーク	従業員の職務パフォーマンス
13	Carnabuci & Oszegi (2015)	AMJ	従業員の社内人脈ネットワーク	従業員の革新性
14	Tortoriello (2015)	SMJ	従業員の共同開発を通じての社内人脈ネットワーク	従業員のイノベーション創出

※学術誌の略称と正式名称は以下の通り
AJS: *American Journal of Sociology*　　　AMJ: *Academy of Management Journal*
SMJ：*Strategic Management Journal*

調査対象／データ	主な発見
米電子部品メーカーの170人のエグゼクティブに対する質問票調査	SHを豊富に持つエグゼクティブほど、昇進が早い。
化学メーカー97社間の268の合弁事業と152の共同研究・技術提携に関するアーカイバルデータ（1981～1992年）	SHが豊かな企業ほど、（特許数で測った）イノベーション創出が低下する。
機械メーカーのイタリア子会社のマネジャー19人に対する質問票調査	SHの乏しいマネジャーほど、部下とのコーディネーションに失敗しやすくなる。
米電子機器メーカーのマネジャー677人の管理職に対する質問票調査	SHの豊富なマネジャーほど、創出するアイデアの価値が高くなる。
北欧の情報通信企業のマネジャー106人に対する質問票調査	マネジャーのSHが豊富なほど、あるいはネットワークから得られる知の異質性が高いほど、マネジャーのパフォーマンスが高まる。
イタリアにおける501のテレビ番組制作プロジェクトに関するアーカイバルデータ（1988～1999年）	テレビ番組クリエイターの現在のSHが豊かなほど、そのクリエイターが関わる番組の視聴者数は多くなる。またその傾向は、クリエイターの持つ現在のSHの方が、過去のSHより強い。
カナダ投資信託協会に加盟している企業77社に関するアーカイバルデータと専門家に対する質問票調査の組み合わせ	SHの豊富な企業ほど、パフォーマンスが高まる。
米国特許に出願した研究者3万5400人に関するアーカイバルデータ（1975～2002年）	SHの乏しい研究者ほど、生み出すアイデアの新奇性（出願した特許分類の新規的な組み合わせ）が低下する。
英国でM&Aアドバイザリー業務を行う投資銀行482行に関するアーカイバルデータ（1992～2001年）	豊富なSHを持つ投資銀行ほど、（ボナチッチ中心性という指標で測定した）ステータスが高まる傾向があり、逆に市場シェアは低下する傾向がある。
バイオテクノロジー分野の米特許（5万7605件）およびその開発者（2万8267人）に関するアーカイバルデータ（1975～2002年）	過去に多くの特許取得数、引用数があり、SHが豊かな研究者ほど、その後のイノベーション創出が高まる。
インドのソフトウェア産業のスタートアップ企業84社に対する質問票調査	スタートアップ企業のチーム周囲のSHが豊富なほど、その企業の売上高成長率は高まる。さらに、この関係は①チーム内の合意形成が高いほど、②チーム内メンバーが密に関係するほど強まる。
投資銀行の従業員2200人に対する質問票調査	行員の直属上司のSHが乏しいほど、その行員の業務評価が低下する。
イタリアの家具デザイン／製造企業の従業員67人に対する質問票調査	豊富なSHを持ち、アイデア実現を重視する認知スタイルを持つ従業員ほど、革新的である確率が高い。
半導体多国籍企業の16の研究所に勤務する245人の研究者に対する質問票調査	社外の知識を重視しSHを豊富に持つ従業員ほど、（特許登録数で測った）イノベーション創出が多くなる。

ASQ: *Administrative Science Quarterly*   OS: *Organization Science*

ター」の間にSHがあり、その結節点である問屋が両者をつないでブローカーとして商売してきたのだ。歴史を振り返れば、中世のシルクロードを往復する商人も、西洋と東洋というクラスターの間のSHを活用したブローカーだった。17世紀に西洋と東洋をつないだ世界初の株式会社、東インド会社も同様だ。

現代の日本なら、総合商社がその代表格だ。商社の機能はまさに「つないで」ビジネスを生み出すことにある。商社は、多様な業界や取引先とつながっており、一方でその取引先同士は直接つながっていないからこそ（＝商社の周辺にSHが豊富にあるからこそ）、その間に立ってブローカレッジを発揮できる。逆に、現在一部の問屋や商社の力が落ちてきているとすれば、それはSHが埋まってきていることにほかならない。図表3-aで言えば、Dが問屋や商社にあたる。しかし、例えばEとGが直接つながって取引を始めてしまえば、SHはなくなるので、Dの優位性はなくなっていく。だとしたら、Dが再び優位性を得るには自ら動いて別の企業・クラスターとつながって新しいSHを築いていくしかない、ということだ。

コンサルティング・ファームも同様だ。例えば、カリフォルニア大学デイビス校のアンドリュー・ハーガドンらが2006年にOSに発表した定性調査では、マッキンゼー・アンド・カンパニーが世界各国のビジネス情報のSHの位置にあり、それを活用して価値創造を行っていることを描写している[注8]。例えば、ある国で規制緩和に直面したある顧客の課題を、同社内のネットワークを使って、別国の規制緩和時の案件での経験・知見をつないで解決した事例などが紹介されている。

ストラクチャル・ホールはイノベーションの突破口である

人の昇進・企業パフォーマンスと並んで研究されるのが、イノベーション創出への影響だ。一般に「SHを豊富に持つ人や企業の方が、イノベーションを起こしやすい」傾向もまた、経営学者のコンセンサスとなっていると言っていいだろう。

本書では度々述べているが、イノベーションの源泉の一つは、「既存知と既存知の新しい組み合わせ」にある。ジョセフ・シュンペーターが new com-

---

注8) Hargadon, A. B. & Bechky, B. A. 2006. "When Collections of Creatives Become Creative Collectives: A Field Study of Problem Solving at Work," *Organization Science*, Vol.17, pp.484-500.

bination（新結合）と名づけて提示して以来、経営学ではイノベーションの基本原理の一つになっている。

そして、「知と知の組み合わせに、SHの豊かな（ブローカーの）位置が向いている」ことは、言うまでもない。SHの位置に入れば、そこにはネットワーク全体からの情報が、効率的に豊富に入ってくるからだ。結果として新しい知と知の組み合わせが試せて、創造性が高まるのだ。図表4なら、論文4・8・13などが、この効果を実証している。

SHにいることで革新を起こしている企業の代表格は、例えば「世界で最もクリエイティブな企業」にも選ばれる米デザイン企業のIDEOだろう。スタンフォード大学のロバート・サットンが1997年にASQに発表した論文では、IDEOの内部に入り込んで丹念な定性調査を行っている[注9]。その結果、「IDEOはSHの豊かなブローカーの位置にいるからこそ、創造的な成果が出せている」ことをサットンは明らかにしている。

IDEOは、様々な業界のクライアントのデザイン案件を引き受けている。一方、そのクライアント業界同士は（デザインという意味では）つながっていない。結果、IDEOはまさに図表3-aで言えばDの位置に、図表3-bならマイケルのような位置にあるのだ。

結果として、同社には様々な業界とつながり、様々な案件を抱えたデザイナーがいて、社内ブレーンストーミングなどを通じて知見が共有され、「デザイン知の新しい組み合わせ」が起きているのだ。実際、サットンのASQ論文では、IDEOの生み出すデザインのほとんどが「異なる業界のデザインの組み合わせ」であることが示されている。**図表5**はその一部をリストアップしたものだ。

ストラクチャル・ホールを活かし切る条件

このようにソーシャルネットワーク上におけるSHの有用性は明らかだが、他方でSHには制約もあることを忘れてはならない。SHを効果的に活かすには条件があることも、多くの研究結果が示しているからだ。これは経営学でも現在進行

注9) Hargadon, A. & Sutton, R. I. 1997. "Technology Brokering and Innovation in a Product Development Firm," *Administrative Science Quarterly*, Vol.42, pp.716-749.

|図表5| IDEOのデザイン／技術の組み合わせ

開発した製品	組み合わされた他産業のデザイン／技術
血液検査機	既存の分析技術と、プリンター、キーボード、ディスプレー、基盤などコンピュータ部品の組み合わせ
卓上ランプ	既存の玉継ぎ手デザインと、人間の臀部関節部の結合メカニズムの組み合わせ
ギターの玩具	既存玩具の技術・デザインと、IDEOが以前に手がけたマイクロプロセッサー技術の組み合わせ
自転車用ヘルメット	IDEOデザイナーの持つセーリング用衣類の素材と、発泡剤やセーリング艇デザインの組み合わせ
アップルのオリジナルマウス	ビデオゲームの大型トラック・ボール技術の応用
オフィス用イスのバネ	工具・塗料業界で使われるゴム製のバネ・ショックのデザインと、既存のイス用バネの組み合わせ
家庭用コレステロール検査機	既存部品と、CDインジェクション技術の組み合わせ

出所：Hargadon & Sutton (1997: p.724) をもとに筆者作成。オリジナルの論文では30の製品開発事例が紹介されている。

中の研究テーマであり、体系的に紹介するほどには学者のコンセンサスが固まっていない（筆者はそう理解している）。そこで本章では、筆者が重要と考える2点に絞り、解説しよう。

❶どのようなプレーヤーとつながるか

まずは、SHを挟んでつながるプレーヤー（クラスター）間の特性だ。研究が現在も進行中のテーマではあるが、学者のおおむねのコンセンサスは「SHでは、同じタイプではなく、異なるタイプのプレーヤー（クラスター）間の結節点になることが重要」というものだ。図表2で言えば、CにとってはAとBが異なるタイプの方がよく、図表3-bならX、Y、Zのクラスターの特性が異なった方がいい、ということだ。

理由は2つある。第1に、そもそもブローカーの優位性は、ソーシャルネットワーク上の多様な情報・知見が入ってくることにある。同質のプレーヤーとつながっていては、多様情報が入りにくい。コロンビア大学のマティス・デ・ファーン

492 ｜ 第4部 ｜ 社会学ディシプリンの経営理論 ｜

らが2015年にAJSに発表した研究では、ゲーム開発者13万9727人のキャリア
データを使った統計分析から、ゲーム業界の異質なコミュニティの結節点（SH
のある位置）にいる開発者は創造性の高いゲームを開発できるが、同質なコミュ
ニティの結節点にいる開発者はそのようなゲームがつくれない傾向を明らかにし
ている[注10]。

　第2の理由は、同質なプレーヤー間の結節点でブローカレッジを行うと、ネッ
トワーク上の他プレーヤーとの信頼関係が損なわれる可能性があるからだ。この
点を指摘したのは、ミシガン大学のゴータム・アフージャが2000年にASQに発
表した論文だ[注11]。この研究では、世界の化学メーカー97社の間の企業間提携（ア
ライアンス）をもとに各社のSHを計算して、イノベーション成果との関係を統
計解析している。そして「SHの豊かな位置にいる企業の方が、むしろイノベーショ
ン成果が低い」という結果になったのだ。従来のSHの通説とは、真逆の結果で
ある。

　アフージャはこの結果を、先のサットンらのIDEOに関する研究と比較してい
る。彼の考察は、「IDEOの場合は、異なる業界にまたがるクライアント間のSH
が豊かだったので、その間のブローカーになればネットワーク上のすべてのプ
レーヤーに便益があった。一方、この（化学業界だけのアライアンスを使った）
研究では、ネットワーク上でつながる企業が『競合相手』でもあるので、SHの
豊かな企業がそれを利用して自分だけが得をすると、むしろ周囲との信頼関係を
失い、自身のパフォーマンスも落ちてしまったのではないか」というものだ。

❷SHを維持するか、埋めるか

　加えて、「SHを維持するか・埋めるか」の選択も深く検討する必要がある。先
の商社・問屋の例でも述べたように、一般にSHが埋まることは、SHを活用して
ブローカレッジで得をしていた人・企業にとって大きな危機である。

　例えば図表3-aで、左のクラスターのEとFが、右クラスターのG、Hとつなが
れば、SHは埋まり、Dがそれまで持っていたブローカレッジの優位性はなくなる。

注10）Vaan, M. de.et al., 2015. "Game Changer: The Topology of Creativity," *American Journal of Sociology*, vol.120, pp.1144-1194.

注11）Ahuja, G. 2000. "Collaboration Networks, Structural Holes, and Innovation: A Longitudinal Study," *Administrative Science Quarterly,* Vol.45, pp.425-455.

先にも述べたように、近年は日本の卸売業界・商社業界で苦戦する企業も目立つが、それはIT化などの進展で、SHを挟んでプレーヤーが直接つながり始めた影響があるはずだ。

　しかし一方で、実は「イノベーションを実現する上では、みずからが積極的にSHを埋めた方がいい」と主張する研究も出てきた。カリフォルニア大学アーバイン校のデイビッド・オブズフェルドが2005年にASQに発表した研究がそれである[注12]。彼は、「ブローカーの位置にある人材（例えば図表2のC）が、異なる知見を持つAとBを直接つなげてしまい、そこに自身（C）も入り込むことで、高いイノベーション成果を上げられる」と主張した。自動車デザイン分野の152人のデータを使った統計解析から、彼はこの仮説を指示する結果を得ている。

　この主張には、感覚的に頷かれる方も多いのではないだろうか。筆者の周りでも、「これまでつながっていなかった人と人をあえてつなげて、価値創造する」方は多い。しかし一方で、それはみずからのSHを埋めて、自分自身の優位性を失わせてしまうことにもつながりかねない。

　この点は今後のネットワーク社会を考える上でも、極めて重要な点だろう。それは、結局のところ、SHをどう活かすかは「SHから我々が何を得たいか」に直結するということだ。一般に、自身のみの便益（private benefit と呼ばれる）を優先するなら、SHは埋まらない方がいい。ブローカレッジの優位性を保てるからだ。

　一方、あえてSHを超えて人と人をつなげれば、それはつながった人たちに便益をもたらす。ひいてはネットワーク上のメンバー全体のメリット（public benefit と呼ばれる）にもなりうる。しかしこの場合、SHは埋まってしまうから、ブローカー自身の便益は減退する。SHの活用でどちらを優先するかは、この両者のどちらを重視するかを見極めながら考える必要があるということだ。

　しかし、いずれにせよ言えることは、これらは「SHがあるからこそ実現しうるメリット」ということだ。そもそもSHがなければ、埋めることも維持することもできない。まずは、SHをつくり出していくことが重要なのは間違いない。

　では、我々はSHを生み出すために何を心がければいいのだろうか。現在の経

注12) Obstfeld, D. 2005. "Social Networks, the Tertius Iungens Orientation, and Involvement in Innovation," *Administrative Science Quarterly*, Vol.50, pp.100-130.

営学は「SHがもたらす効果」に焦点が当たりすぎで、「SHを生み出す人」の研究成果はまだ十分でない[注13]。そこで本章では最後に、筆者が重要と考える視点を提示したい。それを、経営学ではバウンダリー・スパナーと呼ぶ。

バウンダリー・スパナー

　バウンダリー・スパナー（boundary spanner）という概念の歴史は古く、1970年代頃にはハーバード大学のマイケル・タッシュマンやマサチューセッツ工科大学のデボラ・アンコナらによって提示されていた[注14]。その定義は、以下の通りである[注15]。

　　(Boundary spanners are) individuals who operate at the periphery or boundary of an organization, performing relevant organizational tasks and relating the internal organization to external elements. (Leifer & Delbecq, 1978, pp.40-41.)

　　バウンダリー・スパナーとは、組織の境界で行動する人々であり、組織に必要なタスクを遂行し、そして（境界を超えて）組織内部と外部の要素をつなげる役割がある。（筆者意訳）

　このようにバウンダリー・スパナーとは、企業と企業、組織と組織、部門と部門、地域と地域などの「境界を超える」人のことだ。その理論的背景が強化され始めたのは1990年代頃である。ジョエル・ポドルニー、レイ・リーガンズといった社会学ベースの経営学者が、SHやブローカレッジなどのソーシャルネットワーク理論を応用して、その精緻化を進め出したのだ[注16]。

注13）数少ない研究に、ダートマス大学のアダム・クラインバウムが2012年に発表した研究がある（Kleinbaumm, A.M. 2012. "Organizational Misfits and the Origins of Brokerage in Intrafirm Networks," *Administrative Science Quarterly*, Vol. 57, pp.407-452.）。この研究からは、SHを持ちやすい人は、1）会社の典型的な出世街道からはずれている、2）ネットワークの自己認識能力が高い、3）他者から共感能力が高く評価されている、などの特徴があることを明らかにしている。

注14）Ancona, D. G. & Caldwell, D. F. 1992. "Bridging the Boundary: External Activity and Performance in Organizational Teams," *Administrative Science Quarterly*, Vol.37, pp.634-665.および Tushman, M. L. 1977. "Special Boundary Roles in the Innovation Process," *Administrative Science Quarterly*, Vol.22, pp.587-605.

注15）Leifer, R. & Delbecq, A. 1978. "Organizational/Environmental Interchange: A Model of Boundary Spanning Activity," *Academy of Management Review*, Vol.3, pp.40-50.

バウンダリー・スパナーの役割は、ブローカレッジそのものだ。例えば図表3(a)で、左右それぞれのクラスターを一つの企業（あるいは一つの組織・分野・業界）と見れば、異なる企業・組織・分野・業界の結節点になっているDこそが、バウンダリー・スパナーになる。まさに情報の結節点だ。例えば皆さんが「SHを豊かにするにはどうすればいいか」と聞かれても、それには抽象的で答えづらいだろう。しかし、それは「企業と企業（あるいは、組織と組織、分野と分野）の境界を超え、離れた別のクラスターの人々とつながること」といえれば、それは直感的ではないだろうか。

バウンダリー・スパナーは、先の「SHを活かす条件」にもはまっている。経営学でバウンダリー・スパナーは、企業イノベーションを創出するため、「部門間で異なる言語、価値観をうまく翻訳しながら、部門間の調整やコンフリクトの解消を実現する役割」として、注目されてきたからだ。まさに①異なるプレーヤーをつなぎ、②自身のメリットだけではなく、ネットワーク全体のpublic benefitを追求する役割だ。

筆者自身は、このような人々を「H型人材」と呼んでいる。最後に、私見を交えて議論しよう。

H型になり、境界を超えよ

よく世間では、人材育成で「T型人材が重要」といわれる。T型人材とは、「一つの専門性の軸を深く縦方向に持って、後は多様な知見を持つ（横に長い軸を持つ）」人材だ。もちろん、このような人材も重要だろう。しかし、いま日本で大きな活躍をし始めている方にはT型以上にH型が多い、というのが筆者の実感だ。

例えば前々章でも紹介したベンチャーキャピタルWiLの伊佐山元氏は、その筆頭ではないだろうか。同氏はシリコンバレーと日本を往復しながら、日本にイノベーションを起こそうとして注目されている。伊佐山氏は、元はDCMというシリコンバレーのトップのコーポレートベンチャーキャピタルでパートナーまで

注16) Friedman, R. A. & Podolny, J. 1992."Differentiation of Boundary Spanning Roles: Labor Negotiations and Implications for Role Conflict," *Administrative Science Quarterly*, Vol.37, pp.28-47. および Reagans, R. et al., 2012. "Bridging the Knowledge Gap: The Influence of Strong Ties, Network Cohesion, and Network Range on the Transfer of Knowledge Between Organizational Units," *Organization Science*, Vol.23, pp.1024-1039.

務め上げた数少ない日本人であり、シリコンバレーの知見と人脈は圧倒的に深い。

　しかし、メディアはあまり取り上げないが伊佐山氏にはもう一つの側面がある。彼は、そもそもは日本興業銀行（興銀、現みずほ銀行）の出身なのである。旧興銀といえば、当時はまさに日本を代表する金融機関であり、日本のお堅いビジネスの象徴のようなところである。すなわち、彼はシリコンバレーの人脈クラスターだけでなく、日本の伝統的な大企業の人脈クラスターとつながっており、彼らとの付き合い方にも精通しているのだ。

　シリコンバレークラスターに人脈を持っているだけの日本人なら、他にもいるだろう。しかし、それを持ちつつも、同時に日本の大企業の人脈に精通して、両クラスターの結節点になれる人材となると、もはやほとんどいなくなる。まさに伊佐山氏は、図表3-aのDにいるのだ。だからこそ同氏は、シリコンバレーと日本の伝統的な大企業という境界を突破し、往復し、両者をつなぐブローカーとして稀有な存在となった。その結果、彼やWiLに注目と案件と資金が集まるのだ。

　SHの位置にいる結果、創造性を圧倒的に高めている方もいる。例えばヤフーCSO（チーフストラテジーオフィサー）で慶応義塾大学教授の安宅和人氏がその1人だ。大学卒業後にマッキンゼーで活躍されていた安宅氏だが、1997年に脳神経科学を追求すべくイエール大学に進学し博士号を取得された。その後マッキンゼーに戻り、さらにヤフーに移ってからはビッグデータやマーケティング分野の第一人者となっている。「神経科学」「マッキンゼーのコンサルタント」「マーケティングとビッグデータ」の間を越境しているのだ。この横断性があるがゆえに安宅氏が手に入れている洞察は非常に大きいはずだ[17]。

　旧来の日本企業は職人気質で、一つの分野に精通する人が重宝される傾向があった。アルファベットで言えば「I」型である。H型の越境人材は、異端者とさえ見なされてきた。しかし、いま日本を動かそうとしている人には少なくとも2本の縦軸があり、その間を往復しているのだ（安宅氏に至っては、縦軸は3本あるのかもしれない）。

　これからの時代に必要なのは、境界を超えるH型のバウンダリー・スパナーである。実際、人を「I」型から「H型」に変える仕掛けづくりをする組織も出てきている。

注17）安宅氏のブログタイトルは「ニューロサイエンスとマーケティングの間」である。

例えば、NPOの二枚目の名刺がそれに当たる。同組織は、企業内部の人材に、本業以外に社会活動などを促している。大企業から若手の人材をインドネシア、タイなどの新興市場に送り込み、そこで社会問題を解決させる仕組みをつくっているNPOクロスフィールズも同様だ。クロスフィールズの仕掛けも「大企業」と「途上国の社会問題」を越境させる、H型の人材育成と解釈できる。大企業の若手人材をスタートアップ企業に「レンタル移籍」して送り込む仕掛けを進めるローンディールが目指していることも、これに近い。

　さらに言えば、ロート製薬の副業解禁に代表される「働き方改革」も、本業以外の時間で人が別のことに深く取り組めば、その人に2本以上の「軸」ができ、H型を促す契機になる。働き方改革は福利厚生のためだけではなく、イノベーションのために重要なのだ。

　これからはH型の越境を促す仕掛けが、大企業から、スタートアップ企業から、NPOから、政府機関から、さらには地方から、海外から数多く出てくるだろう。そこで越境を実現する人々は、クラスターとクラスターの結節点になり、ブローカーとなり、SHを活用し、時にSHを埋めて、新しい価値を生む。

　筆者は、これからの社会を動かす人の多くはブローカーの位置にある企業であり、バウンダリー・スパナーであり、H型人材だと確信する。その根拠はSH理論にある。

498　｜第4部｜社会学ディシプリンの経営理論｜

第27章 | social capital theory

ソーシャルキャピタル理論

リアルとデジタルのネットワークで働く、真逆の力

ソーシャルキャピタルとは

　第24章から、社会学ディシプリンの中でも、特にソーシャルネットワークに関連する主要な経営理論を紹介してきた。本章はその締めくくりとして、ソーシャルキャピタル（社会資本）理論を解説する。

　最近は、様々なところで「ソーシャルキャピタル」「社会共通資本」といった言葉を聞くようになった。ネットで検索すると、地域再生の文脈で使うことも多いようだ。実際これから述べるように、ソーシャルキャピタルは「地域コミュニティ」「チーム運営」「途上国の貧困問題解消」「企業の競争力」、さらには「デジタルネットワーク時代のビジネス」を考える上でも、非常に重要な切り口となる。

　学術的なソーシャルキャピタル理論の出発点は、シカゴ大学の社会学者ジェームズ・コールマンが、1988年に『アメリカン・ジャーナル・オブ・ソシオロジー』に発表した論文だ[注1]。これもまた前々章のグラノヴェッター論文、前章のバートの著作と並んで、世界の社会学ベースの経営学者で読まない者はいない論文だ。グーグル・スカラーにおける同論文の引用数は、4万5000を超える。

　ソーシャルキャピタルは、いまや経済学でも重要な研究テーマとなっている。例えば第9章で解説したゲーム理論を使って「信用のメカニズム」を説明することなどが、それに当たる。しかし本章は経営学で使われる「社会学ベースのソーシャルキャピタル」にあえて絞り、その理論メカニズムと意義を解説しよう。

　ソーシャルキャピタルは、学術的にどう定義されるのだろうか。ソーシャルキャ

注1）Colman, J. S. 1988."Social Capital in the Creation of Human Capital," *American Journal of Sociology*, Vol.94, pp.95-120. なお、より広義には「ソーシャルキャピタル」の概念化は、フランスの哲学者・社会学者のピエール・ブルデューが1985年にフランス語で定義したのが最初とも言われる。

ピタルに関する近年のレビュー論文である南カリフォルニア大学のポール・アドラーらが2002年に『アカデミー・オブ・マネジメント・レビュー』に発表した論文では、以下のように定義している[注2]。

Social capital is the goodwill available to individuals or groups. Its source lies in the structure and content of the actor's social relations. Its effects flow from the information, influence, and solidarity it makes available to the actor. (Adler & Kwon, 2002, p.23.)

ソーシャルキャピタルとは複数の個人・集団の間に存在する、「善意」である。その源泉は、プレーヤー関係の構造や内容にある。ソーシャルキャピタルは、プレーヤー間の情報伝播、感染・影響、団結力などに影響をもたらす。（筆者意訳）

　この定義にあるように、ソーシャルキャピタルがとらえる範囲は広範だ。筆者なりに噛み砕いて言い直せば、「人と人がつながって、関係性を維持することで得られる便益すべて」といえるだろう。第24章から繰り返し述べているように、人と人のつながりは我々に様々な便益をもたらしうる。その便益を総称して、ソーシャルキャピタルと理解いただければよい。金融資本（financial capital）、人的資本（human capital）に続く、人類が持つ「第3の資本」だ。

　現代の経営学では、この広義のソーシャルキャピタルを大きく2つに分けての理解が主流になっている。それは「ブリッジング」(briding)と「ボンディング」(bonding) だ。両者の違いを皆さんに理解いただくことが、本章の大きな目標になる。まずは前章までを読んでいない方のためにも、ブリッジング型のおさらいから始めよう。

復習：ブリッジング型のソーシャルキャピタル

　図表1を見ていただきたい。図表1-aは、前々章の「『弱いつながりの強さ』理論」（SWT理論）、前章の「ストラクチャル・ホール理論」（SH理論)の解説で使っ

注2) Adler, P. S. & Kwon, S.W.2002. "Social Capital: Prospects for a New Concept," *Academy of Management Review*, Vol.27, pp.17-40.

|図表1| **2種類のソーシャルキャピタル**

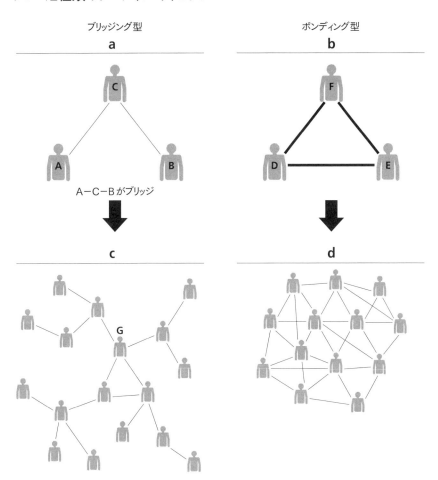

た図である。ブリッジング型ソーシャルキャピタルとは、「これら2つの理論で説明できる便益すべて」と考えていただきたい。

例えば図表1-aでAとBは直接つながっておらず、Cを経由してのみつながっている。すなわち、A−C−BがAとBをつなぐ唯一のルートであり、これをブリッジと呼んだ（詳しくは、前々章参照）。

SWT理論によれば、このブリッジを生むのは「弱いつながり」である。AとCがただの知り合いで、BとCもただの知り合いだと、AとBが知り合う確率は低

く、三者の関係は「一辺（AとBの間）が欠けたままの三角形」になる。この一辺の欠けた三角形を多く含むソーシャルネットワークに拡張すると、例えば図表1-cのようになる。見た目がスカスカしているので、「希薄なネットワーク」（sparse network）と呼ぶ。

　SWT理論は、この希薄なネットワークの便益を主張する。この手のネットワークでは情報が効率的に、無駄なく、遠くまで波及するからだ。したがってネットワークの隅々まで、多様な情報が行き渡る。結果、このネットワーク上のプレーヤーは多様な知に触れることができて、「知と知の新しい組み合わせ」を通じてイノベーションを起こしやすくなる。就職の情報収集で有利になったりする、という実証分析の結果もある（第25章参照）。

　一方のSH理論は、プレーヤー周辺の「構造」に注目する。図表1-aでA－C－Bがブリッジということは、AとBの間にすき間（ストラクチャル・ホール）があるということでもある。したがってCに情報が集まりやすく、Cはその流れをコントロールして他者より優位に立てる。これをブローカレッジと呼ぶ。図表1-cの拡張されたネットワークなら、例えばGは比較的ブローカレッジの強いポジションにある。

　いずれにせよ、SWT理論とSH理論が提示する「便益」とは、「つながっていないプレーヤーの間を、第3のプレーヤーが媒介する」ことで生まれるものだ。これが、ブリッジング型のソーシャルキャピタルである。

新しい視点：ボンディング型のソーシャルキャピタル

　他方で、前章・前々章で十分に解説できなかったのが、もう一方のボンディング型のソーシャルキャピタルである。このボンディング型こそが、先のコールマンが1988年論文で提唱したものだ。世間一般で使われる「ソーシャルキャピタル」「社会共通資本」などの意味合いも、こちらに近い。

　ボンディング型ソーシャルキャピタルを生み出すネットワーク構造は、実はブリッジング型の真逆である。図表1-bをご覧いただきたい。この図で、D、E、Fの三者は互いに完全につながっている。一辺も欠けていない、完全な三角形だ（このように一辺も欠けていない三角形は「閉じている」ので、専門用語ではこの状態をclosureという）。

502　│　第４部　社会学ディシプリンの経営理論　│

前々章で述べたように、一般に閉じたネットワークは強いつながりから生まれ
やすい。例えば、先の図表1-aで、仮にAとC、BとCがそれぞれ「親友」のよう
な強いつながりにあれば、AとBもやがてどこかで知り合ってつながる可能性が
高い。したがってA、B、Cの関係も、図表1-bのように全員がつながった、閉
じたものになりやすい。それを多人数に拡張すると、例えば図表1-dのようなネッ
トワークになる。互いの関係が幾重にもからまったネットワークである。これを
「高密度なネットワーク」（dense network）と呼ぶ。

　SWT理論とSH理論の視点からは、この高密度で閉じたネットワークは、参
加者に何のメリットももたらさない。しかし、実は閉じたネットワークだからこ
そ得られる効能もある、というのがコールマンの主張なのだ。それが、ボンディ
ング型のソーシャルキャピタルである。そのメカニズムを説明するのが、「信頼」
「ノーム」「相互監視と制裁」である。

❶信頼（trust）

　高密度で閉じたネットワークでは、互いのプレーヤーが「信頼関係」を醸成し
やすい。プレーヤー同士が互いに密に強くつながっており、交流する頻度も多い
ので、互いを信頼しやすくなるのだ。ここで言う信頼とは、「相手が自分の期待
を裏切るような行動は取らない」と、互いに確信している状態である。ビジネス
で言えば、「自分が何かの便益を相手に与えたら、相手もそのうち自分に何かを
返してくれるだろう」といった暗黙の期待のことだ。

　念のためだが、この信頼のメカニズムは必ずしも心理的な、いわゆる合理性を
ともなわない「無償の信頼」とは限らない。実際、合理性をベースにした経済学
のゲーム理論でも、この状態は説明できる[注3]。一方、多くの社会学者・心理学者
が主張するように、「親しさ」「無償の信頼」のような心理メカニズムによる説明
も可能だ。本章では、そのどちらのメカニズムの説明力が高いかは問わない。重
要なのは、（強いつながりによる）高密度で閉じたネットワークでは信頼関係が
醸成されやすい、ということだ。

注3）この点は第9章を参照。

❷ノーム（norm：暗黙の行動規範）

ノームは、ボンディング型ソーシャルキャピタルの根幹を成す。HECパリのロドルフ・デュランらが2011年に『ストラテジック・マネジメント・ジャーナル』（SMJ）に掲載した論文では、以下のような定義がされている[注4]。

> social norms—"powerful standards of behavior that are rooted in widely shared beliefs about how actors should behave" (Philippe & Durand, 2011, pp.969.)
> 社会的ノームとは、どのようにそれぞれが振る舞うかについての、広く共有された考え方に根付いた、行動に関する強い基準のこと（筆者意訳）

このようにノームとは、「我々はこのように振る舞うべき」という規範が、ネットワーク上の人々の間で暗黙に共有されることである。高密度で閉じたネットワークほど、ノームは形成されやすい。理由は2つだ。第1に、密につながった関係では、互いのプレーヤーに利害関係が生まれるので、その調整のために行動規範が必要になる。第2に、高密度で閉じたネットワークは「強いつながり」から形成されやすいので、「ノームをみんな遵守するだろう」という信頼が形成されやすいからだ。

重要なのは、ノームはあくまで「暗黙の」規範ということだ。我々の社会には、法律・条例など、明文化された行動規範・ルールも存在する。一方で明文化されていなくとも、暗黙に「こうすべき」という了解が規範として醸成されることもある。それがノームだ。結果、実際に法律等によるルールの明文化が難しい状況、例えば発展途上国や、新しい産業、デジタルの世界などでもノームが形成されていれば、人はそれに従うようになる。

このように「信頼」「ノーム」が形成されることで、人々は通常の市場メカニズムだけでは得られないような情報、知、モノ、カネなどを互いに提供・取引し合えるようになる。そのルールがノームとして暗黙にシェアされ、人々はそれに従い、円滑に取引をして、やり取りされた情報、知識、モノ、コンテンツ、カネ

注4) Philippe, D. & Durand, R. 2011."The Impact of Norm-Conforming Behaviors on Firm Reputation," *Strategic Management Journal*, Vol.32, pp.969-993.

などがネットワーク内で蓄積されていくのだ。

❸相互監視（mutual monitoring）と制裁（sanction）

加えて、ボンディング型ソーシャルキャピタルが成立するには、「公共財」（public good）の側面があることも理解しなければならない。

公共財とは「参加者の誰もがその便益を享受できるもの」のことだ。例えば公園は誰もが使えるので、公共財である。昔で言えば、村で一つしかない井戸なども重要な公共財だった。ソーシャルキャピタルも同様で、ネットワーク全体でみんなが出し合って貯まった知見・アイデア・コンテンツ・情報などは、つながった誰もがアクセスできるので、公共財の性質を持つ。

一方で公共財には、「その形成・維持コストを誰が負担するか」という問題が常につきまとう。公園のコストは役所が負担してくれるかもしれないが、例えば発展途上国の小さな村にある井戸などは、村人全体の協力で維持が必要かもしれない。ソーシャルキャピタルも同様で、それは人がつながることで存在するのだから、その維持コストはつながっている全員で負担すべき、ということになる。

しかし、時に特定の者がそのコストを負担しなかったり、ソーシャルキャピタルを通じて蓄積された情報・知見・コンテンツを悪用したり、転用したり、独占することがある。これをフリーライダー（ただ乗り）問題という。

一番わかりやすいのが、「チームの協力」だ。例えばビジネススクールでは、学生3～4人のグループにレポートを作成させる課題がよく出る。しかし、そのうちの1人が作業に貢献しなかったり、あるいは最終発表段階になって「このレポートはほとんどボクがやりました」などと言ってしまったりする人が現れることは、実際にあることだ（少なくとも筆者の経験では、米国ではよくあった）。このようなフリーライダーが横行すれば、ソーシャルキャピタルは維持されない。

逆に言えば、ボンディング型のソーシャルキャピタルが機能するためには、「仮にノームを破る者がいたら、その者には十分な制裁が必ず加えられること」が、最低条件なのだ。日本の村社会であった「村八分」は、まさにその典型例だ。

さらに言えば、これはネットワーク上でつながっているメンバー間で、互いの行動がノームから外れていないかを、相互にチェックできる状態（相互監視）が必要なことを意味する。そしてそのようなメカニズムは、図表1-bやdのような、高密度の閉じたネットワークでこそ機能しやすい。このようなネットワークでは、

第27章　ソーシャルキャピタル理論

|図表2|ボンディング型ソーシャルキャピタルの実証研究例

	筆者（年度）	掲載された学術誌※	調査対象のソーシャルキャピタル
1	Tsai & Ghoshal (1998)	AMJ	事業部間の信頼関係などによるソーシャルキャピタル
2	Reagans & Zuckerman (2001)	OS	R&Dチーム内のコミュニケーションネットワークの密度
3	Davidsson & Honig (2003)	JBV	起業家の持つ、つながりの強さによるボンディング効果
4	Oh et al. (2004)	AMJ	グループ内メンバーの閉じたインフォーマルネットワークのボンディング効果
5	Obstfeld (2005)	ASQ	社員間のコミュニケーションネットワーク
6	Xiao & Tsui (2007)	ASQ	集団主義的な国民性を持つ中国におけるソーシャルキャピタル
7	Di Stefano et al. (2014)	SMJ	イタリア料理人コミュニティのソーシャルキャピタル
8	Wal et al. (2016)	ASQ	VCの共同投資ネットワークから成るソーシャルキャピタル

※学術誌の略称と正式名称は以下の通り。
　AMJ: *Academy of Management Journal*　　　ASQ: *Administrative Science Quarterly*
　SMJ: *Strategic Management Journal*

人々が相互に密につながっているので、互いの行動をチェックできるからだ。

　このように「信頼」「ノーム」「相互監視と制裁」のいずれもが、ボンディング型ソーシャルキャピタルの形成には欠かせない。そしてそれらは、高密度の閉じたネットワークで形成されやすい。加えて、一度この高密度で閉じたネットワークでボンディング型ソーシャルキャピタルが醸成されれば、そこでは、そうでなければ取引できないようなモノ・情報・コンテンツが、ノームに基づいてやり取りされるようになり、それらが蓄積し、公共財として参加者全員のメリットになっていくのだ。

ボンディング型ソーシャルキャピタルは至る所にある

　ボンディング型ソーシャルキャピタルは、様々な便益を我々にもたらしている。

506　｜第4部｜社会学ディシプリンの経営理論｜

調査対象／データ	主な発見
電機メーカーの従業員45人に対する質問票調査	ソーシャルキャピタルが形成されている事業部間ほど、情報・人材などが交換されやすくなる。
29社のR&Dチーム224組に対する質問票調査	R&Dチーム内でネットワーク密度が高いほど、そのチームの生産性が高まる。
創業計画中のスウェーデンの起業家380人と非起業家608人に対するインタビュー調査	家族や友人からのサポートなどの強いつながりから成るボンディングは、起業家が起業を計画する確率を高め、また起業直後の売上げを高める。
韓国企業11社内の60のワーキンググループメンバーに対する質問票調査	グループ内インフォーマルネットワークの密度は、ある程度までそのグループのパフォーマンスを高めるが、行きすぎるとパフォーマンスを下げる。
米自動車メーカーで新型車設計に関与した152人に対する質問票調査	高密度ネットワーク構造に囲まれている社員ほど、社内イノベーションへの関与が高まる。
IT企業4社の社員417人に対する質問票調査	中国では、高密度で閉じているネットワークにいる社員ほど、給与が高まる傾向がある。
2009年イタリア版ミシュランで紹介されたシェフ492人に対する質問票調査	料理界のノームに従うシェフほど、リクエストがあれば自身のレシピを公開する。またそれは、知名度の高いシェフで顕著である。
米IT産業でVC1646社が組成した共同投資2371件の初回投資ラウンドのアーカイバルデータ（2005～2011年）	閉じた構造だが、メンバーの持つ知識が多様な共同投資ネットワークが投資したスタートアップ企業は、2回目の投資ラウンドで出資を受けられる確率が高まる。

JBV: *Journal of Business Venturing*　　　OS: *Organization Science*

図表2は、代表的な研究をまとめたものだ。実例は枚挙にいとまがないが、ここでは7つの事例を紹介しよう。

❶ユダヤ商人の「ダイヤモンド取引」

先のコールマン論文が紹介している事例が、ニューヨークのユダヤ人ダイヤモンド商人のコミュニティである。ユダヤのダイヤモンド商人は、取引時にダイヤの質を鑑定するため、取引相手からダイヤを一時的に預かる習慣がある。ダイヤを預ける側にとって、これは一見大きなリスクである。見えないところでダイヤをすり替えられる可能性があるからだ。

しかし、この商人コミュニティですり替えが起こることはない。それは、このコミュニティが高密度で閉じた関係にあり、商人同士が互いに監視しながら密に交流し、信頼関係が築かれているからだ。「ダイヤを他人から預かっても、けっ

してすり替えない」というノームが醸成されているのだ。だからこそ、通常なら実現しえないような形での、ダイヤの鑑定と取引が実現する。

❷ご近所付き合いや、地域コミュニティの「安心」

いわゆるご近所付き合いもボンディング型ソーシャルキャピタルの代表例だ。地方や下町では、いまだにご近所同士が知り合いであることも多く、「○○ちゃんは公園で遊んでいたわよ」などと教えてくれる。「周りで遊んでいる子どもたちは、他人の子どもでも見守らないといけない」という明文化されたルールが、こういったコミュニティにあるわけではない。しかし、ご近所付き合いは高密度の閉じたネットワークであることが多く、結果として「他人の子どもでも見守る」というノームがインフォーマルに形成され、「安心」というソーシャルキャピタルが生まれているのだ。

❸イタリアン・マフィアの「団結」

ボンディング型ソーシャルキャピタルを体現する事例として学者がよく引き合いに出すのが、実はマフィアである。読者の中にも映画『ゴッドファーザー』『グッドフェローズ』などをご覧になった方は多いだろう。マフィアはそもそも違法行為をするから、明示的な行動規範がない。逆に言えば、互いに「相手を裏切らない」という強い信頼があり、暗黙のルール（＝ノーム）を徹底させなければ、機能しないのだ。

加えて重要なのが、相互監視と制裁だ。マフィアの構成員が麻薬を私利のために横流して、その後で仲間に探し出されて殺される（＝制裁を受ける）といった場面は映画でよく見られるが、それは彼らなりのボンディング型ソーシャルキャピタルを維持する上で、不可欠ということになる。

❹専門家コミュニティの「集合知」

研究者、エンジニア、クリエイターなどの専門家コミュニティも、ボンディング型ソーシャルキャピタルがないと機能しない。こういったコミュニティでは、互いに自身の知見を披露し合うことで、コミュニティ全体の知見が蓄積されていく。いわゆる「集合知」（collective wisdom）だ。一方でこの仕組みは、自身が披露したアイデア・知見が、そのまま盗用されるリスクがつきまとう。「人の

アイデアをそのまま盗用しない」というノームがなければ、機能しないのだ。

この点については、HECパリのジアーダ・ディ・ステファーノらが2014年『ストラテジック・マネジメント・ジャーナル』に発表した、イタリア料理人コミュニティの一連の研究が興味深い。プロの料理人にとって自身のレシピを公開することは、そのアイデアがそのまま他の料理人に盗用される可能性があるから、死活問題である。一方で、プロの料理人同士がレシピを公開し合わなければ、イタリア料理全体の発展もない。したがって料理人の間には、「依頼されたらレシピを公開する」というノームが醸成される必要がある。

この論文でディ・ステファーノらは、2009年にイタリアの『ミシュランガイド』に掲載されたレストランのシェフ534人に対してフィールド実験を行った[注5]。その結果、やはり「イタリア料理界のノームを遵守するシェフほど、料理レシピ公開の依頼を受け入れる傾向がある」ことがわかった。そしてそのようなシェフは一般に、「料理界で名声が高く、またその行動が目立ちやすい人」であることも、論文は明らかにしている。名声がある人、目立つ人ほど監視されやすいので、ノームを守る必要があるからだ。

❺企業の従業員・マネジャーの「知識・情報の移転」

ボンディング型ソーシャルキャピタルが企業の競争力の源泉であると主張したのは、ロンドン・ビジネススクールのスマントラ・ゴシャールらが1998年に『アカデミー・オブ・マネジメント・レビュー』に発表した論文だ[注6]。この論文もまたコールマン論文と並んで、ソーシャルキャピタル分野でよく知られる。

ゴシャールらによると、ソーシャルキャピタルは、企業内の情報・知識の移転に欠かせない。重要な顧客情報、ベストプラクティス、コンプライアンスに関わる情報などは、企業内で共有される必要がある。しかし、大きな組織になるほど、社内の人脈が分断し、社内を横断する高密度ネットワークがつくれない。加えて、一般に大企業の従業員は自分の知見・経験を提供したがらない。自身の知見・経

注5) Stefano, G. Di et al., 2014. "Kitchen Confidential? Norms for the Use of Transferred Knowledge in Gourmet Cuisine," *Strategic Management Journal*, Vol.35, pp.1645-1670. なお、フィールド実験については第40章を参照。

注6) Nahapiet, J. & Ghoshal, S. 1998. "Social Capital, Intellectual Capital, and the Organizational Advantage," *Academy of Management Review*, Vol.23, pp.242-266.

験が出世のライバルである同僚に無償で使われれば、それは彼らを利する（＝フリーライダーになる）可能性があり、自分にマイナスかもしれないからだ。結果として、「会社にとって重要な情報は、互いにすべて出し合う」というノームが高まらず、情報が社内で回らないのだ。

　この問題を解消するためのノームの醸成に注力している企業の一つが、中国の巨大IT企業のファーウェイだ。筆者は2017年に深圳にある同社の本社を訪問し、経営幹部と議論する機会があった。そこで印象深かったのは、同社は「シェア」という企業内ノームの形成に多大な労力を割いていることだった。ファーウェイは世界170カ国のほぼすべてに進出し、現地企業と様々な協業関係を築いている。いわゆるオープン・イノベーションである。そしてそこで得た知・経験を従業員それぞれが、深圳の本社に持って帰ってくるのだ。

　一方、このような知・経験は社内で共有されなければ意味がない。本書で繰り返し述べるように、イノベーションの源泉は「知と知の組み合わせ」だからだ。しかし一般に大企業では、先に述べた理由で知見・経験の共有が起きづらい。そこで同社では社内大学での徹底した研修や、知見・経験をシェアした人を評価する仕掛け・工夫を様々な形で導入している。結果、同社内では大企業でありながら従業員同士が互いに互いを見合うことで、知見・経験をシェアした人を評価するノームが醸成されており、このシェアの文化が同社の競争力の源泉の一つとなっているのだ。

❻ソーシャルファイナンスの「出資と返済」

　ノーベル平和賞受賞者のムハマド・ユヌスによって設立されたグラミン銀行など、いま発展途上国で注目されているソーシャルファイナンスも、その基本原理はボンディング型ソーシャルキャピタルにある。

　例えばグラミン銀行は、途上国農村部の貧しい人々に無担保の融資をし、それを元手にビジネスを開始させることで、彼らの経済的自立を促している。驚異的なのは、無担保でも返済率がほぼ100％を誇ることだ。その仕組みは、融資の単位を地域における5人1組として、連帯責任（連帯保証ではない）を取らせることにある。1人が返済を終えないと、次の人が融資を受けられない仕組みのため、5人の間で相互監視が働き、「仲間に迷惑をかけられないから返済しよう」というノームが形成されるのだ。

❼江戸時代の株仲間制度

　株仲間とは、同業の問屋が一種のカルテルを形成することを指す。この仕組み
は、「互いが互いを裏切らない」という信頼関係がなければ機能しない。そのた
めに株仲間で行われていたのは「互いの台帳を公開し合うこと」である。図表
1bのような密な関係性の中で、メンバー同士が台帳を公開し、監視するのだ。
台帳記録を公開しなかったり不正に書き換えても、図表1bのような構造下では
すぐに露呈するので、仲間から追放の憂き目に遭ってしまう。このボンディング
型ソーシャルキャピタルの仕組みを意図的につくったからこそ、株仲間は機能し、
中期江戸時代の経済発展に寄与したのである。

　このように広義には同じソーシャルキャピタルでも、ボンディング型の効能は、
ブリッジング型とはまったく異なる。両者は、ある意味で正反対の効能とさえい
える。**図表3**は、両者を比較して整理したものだ。

　両者の違いを理解することは、これからのネットワーク社会を生き抜く上で極
めて重要だ、と筆者は考える。人がつながり合うネットワーク社会では、ボンディ
ング型とブリッジング型が共存する。一方で、両者は相反関係にもある。したがっ
て、自身が得るべき最適なソーシャルキャピタルのバランスを探ることが、競争
力に直結するのだ。

|図表3|ブリッジング型とボンディング型の効能

	ブリッジング型	ボンディング型
つながりの強さ	弱い（エンベデッドネスの程度が低い）	強い（エンベデッドネスの程度が高い）
ネットワークの構造	Sparse, Open	Dense, Closure
メカニズム	ブリッジ、ブローカレッジ	信用、ノーム、相互監視と制裁
便益	• 多様な情報・知が手に入る。 • ネットワーク上の情報の流れを制御できる。	• 通常のビジネス取引ではできない取引が可能になる。 • 「安心」などが手に入る。
課題	• ネットワーク全体で信用が醸成されにくい。 • 私的情報、暗黙知などは交換されにくい。	• 遠くに伸びにくい。 • 同じ情報だけが、ネットワーク内で回りやすい。
主な理論	SWT理論、SH理論	ボンディング型のソーシャルキャピタル理論

さて、ここまで「リアルな世界での人と人のつながり」におけるソーシャルキャピタルを紹介してきた。しかし、いまはデジタルで人と人が急速につながる時代である。ここからは、デジタル上での「ボンディング型のソーシャルキャピタル」について、筆者の私見を交えながら、さらにひも解いていこう。

デジタル時代こそ、健全なソーシャルキャピタル運営が課題になる

IT時代でも、人と人がつながることで便益が得られることの本質は変わらない。しかし課題は、ITの急速な進展によりつながりの規模が極めて大きく、またその拡大スピードも格段に速くなっていることだ。

先に述べたように、ボンディング型ソーシャルキャピタルのメリットの一つは、人と人がつながることで知見や考えをシェアし、集合知が高まることにある。デジタルでもそれは同様で、ネット上やSNS上で知見・情報・アイデア・映像音楽などのコンテンツがシェアされ、プールされる。それはネット上でつながっている人なら誰もがアクセスできる、すなわち公共財である。

しかし、デジタル上のつながりは圧倒的に速い。したがって極めて遠くまで、多様な人々がつながり合う。すなわちリアルなつながりよりも、はるかにその密度は低く、開かれたネットワーク構造になっているのだ。ボンディング型のソーシャルキャピタルが提示するところの「高密度で閉じたネットワーク」の、真逆なのである。

ここに、デジタル時代のコミュニティサービスの矛盾と課題がある。現在の多くのデジタルサービスは、あらゆる人がつながって、そこで情報やモノを提供し合う（シェアする）ことでしか得られない、ボンディング型ソーシャルキャピタルの目指す便益をネット上で提供しようとしているともとらえられる。一方で、そのネットワークはあまりにも広いため、高密度で閉じたものになりにくい。すなわち、実際にはブリッジング型の「希薄なネットワーク」になりやすのだ。つながっている人同士の距離は遠く、互いの相互監視・制裁が難しい。

したがって信頼関係も築けず、デジタルネットワーク上でノームが形成しにくいのである。この理由で、ネット上に貯まった情報、知見、コンテンツなどを、本来は有償でも無償で使ったり、盗用・転用したり、コピーをつくったりという、フリーライダー問題が至る所で続発するのだ。

これまでの議論からわかるように、人と人を「弱く、薄く、広く」つなげられるデジタル上では、ブリッジング型ソーシャルキャピタルの便益の方が圧倒的に得やすい。これは前々章で述べた通りだ。一方でボンディング型は、フリーライダー問題が発生するので、デジタル上では本質的に機能しにくいのだ。

しかし逆に言えば、いまデジタルネットワークで成功している企業は、このデジタル上のフリーライダー問題を巧みに解消している、ということでもある。こういう企業・サービスは、ブリッジング型の便益を広くユーザーに提供しながらも、様々な仕掛けでボンディング型の便益をも提供し、だからこそ「公共財」としての場を提供できているのだ。以下、3つ事例を挙げてみよう。

❶SNS

前々章でフェイスブックを取り上げて述べたように、SNSは主にブリッジング型の便益を提供する。しかし一方で、SNS内で密なコミュニティが生まれれば、そこではボンディングの便益も提供される可能性がある。

実際、皆さんの中にもフェイスブック上では、特定の友人グループと図表1-dのような状態にある方もいるのではないだろうか。このような密な友人関係では、デジタル上でも高密度な関係が形成されるから、そこでは信頼や相互監視のメカニズムが機能し、結果としてプライベートまで含んだ様々な情報を安心して交換する場合もあるかもしれない。すなわちフェイスブックなどのSNSサービスでは、「希薄なネットワーク」と「高密度なネットワーク」が混在しうるのだ。

実際、フェイスブック上でのブリッジング型とボンディング型のソーシャルキャピタルを比較した研究がある。ミシガン州立大学のニコール・エリソンらが2007年に『ジャーナル・オブ・コンピュータ・ミディエイテッド・コミュニケーション』に発表した研究では、米国のフェイスブックユーザー286人への質問票調査による統計解析から、5段階評価でブリッジング効果が3.81、ボンディング効果が3.72という結果を得ている。ブリッジング型の方がやや高いが、ボンディング効果も十分に確認できる[注7]。

なぜフェイスブックでは、ボンディング効果も働くのだろうか。様々な理由が

注7) Ellison, N. B. et al., 2007 "The Benefits of Facebook 'Friends:' Social Capital and College Students' Use of Online Social Network Sites," *Journal of Computer-Mediated Communication*, Vol.12, pp.1143-1168.

あろうが、その一つはフェイスブックの実名登録制にあると筆者は理解している。逆にツイッターは実名登録が義務でないこともあり、特に日本などでは匿名のままのユーザーが多い。結果として、(弱いつながりを促すなど)匿名制なりのメリットはあるものの、相互監視と制裁によって情報を共有するボンディング効果は発揮されにくい。

　一方、フェイスブック上で密に人と人がつながっていれば、互いが互いを監視する閉じたコミュニティがそれなりにできうるので、そこで誰かが相手を出し抜こうとすれば、制裁が加えられる。すなわちフリーライダー問題が発生しにくいのだ。先のディ・ステファーノ論文ではシェフの「名声」が料理界の監視機能を強化したが、フェイスブックでは実名制がそれを機能させているとも言える。

❷C2Cマーケット・プレイス、シェアリングエコノミー

　一般のユーザーとユーザーをつないで、その間でモノ・知見を売り買いするC2Cマーケット・プレイスや、ウーバー、エアビーアンドビーに代表されるシェアリングエコノミーサービスも、ボンディング型ソーシャルキャピタルがその機能性に影響する。こういったサービスでは、大量の人がつながり、その間で信頼・ノームを基礎にして取引が行われるからだ。例えば第5章でも取り上げたメルカリは、プロ転売業者の参入を巧みに抑え、一般ユーザーだけの間での取引を保証することで、いわゆる「素人の参加者」同士での安心感・信頼感を醸成して、顔を合わせない者同士の円滑な取引を可能にしている。

　加えて、メルカリの出品者と購入者の評価の仕組みが、互いの相互監視機能に寄与していることは言うまでもない（第5章参照）。ウーバーも、タクシー提供者などがユーザーによる評価で互いに監視しあえるからこそ、「不正なことはしてはならない」というノームが働いている。

❸ブロックチェーン

　さらに、今後の発展が期待できるブロックチェーン技術を使ったサービスは、まさにボンディング型のソーシャルキャピタルそのものだ。ブロックチェーンは「分散ネットワーク上で情報をセキュアかつ改ざんなく共有することができる技術」のことである[注8]。ブロックチェーン上では、そのサービスを使うすべての人がP2P（ピア・ツー・ピア）でネットワーク状につながり、互いに誰がどのよう

な行動をしているかを世界中で全員が相互監視できる。まさに図表1-dのような高密度ネットワークのような相互監視機能が、世界レベルで働く技術なのだ。

そしてそう考えると、実はこのブロックチェーンの本質的な機能は、先に出てきた江戸時代の株仲間制度と変わらないことがわかる。株仲間制度も、参加する問屋が互いの「台帳」を見れることで、相互監視が働いた。ブロックチェーンもそれは同じなのだ。そう考えると、同技術が「分散型台帳技術」と言われるのもよくわかるだろう。

ただ、その相互監視できる広さが、従来までの村社会・ご近所付き合いなどと比べて圧倒的に広いのだ。仮にそこで不正を行えば、従来の株仲間・村社会同様に相互監視機能が働き、制裁を受ける。だからこそ不正を行わないというノームが働き、仕組みが機能するのだ。

リアルとデジタルのネットワークで働く、真逆の圧力

図表4は、本章で紹介した事例も含め、この世の様々なソーシャルネットワークを、筆者の判断で列挙したものだ。左から右に行くほどネットワーク規模が大きく、縦軸は上に行くほどボンディング要素が強く、下に行くほどブリッジング要素が強い。

これからのネットワーク時代を読み解くカギはこのバランス関係にある、と筆者は考えている。日本企業はこれまで「現場の改善チーム」「小集団活動」など、小規模での現場ネットワークに強かった。そこに同質の人が集まり、密につながることで、人々の間に信頼が生まれ、モラルの高い行動規範（＝ノーム）が生まれ、QC活動などの現場活動が徹底されてきた。ボンディング型ソーシャルキャピタルに強かったのである。それこそが、1960〜80年代の「経済キャッチアップ時代」の日本企業の競争力の源泉の一つだった、と筆者は理解している。

しかしこのボンディング化は、やや過度に行きすぎたのかもしれない。結果、終身雇用制の企業で人は社外に出ず、大企業では事業部間の交流もなくなり、チームの人員の同質化が進んだ。そして、多くの企業が「現場オペレーションは強い

注8）北野宏明「ブロックチェーンの活路は人工知能との連携にあり」DIAMONDハーバード・ビジネス・レビュー
2017年8月号。

図表4 ソーシャルネットワークの分布

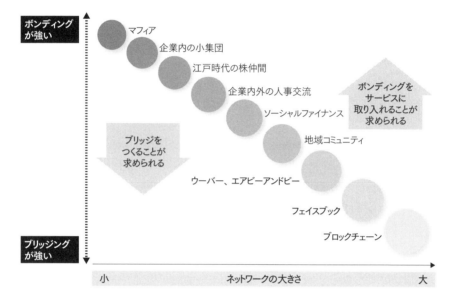

　が、イノベーションは起きない」状態に陥ったのである。
　一方、いま日本のビジネスに求められているものは、イノベーションである。それは「知と知の新しい組み合わせ」で生まれる。したがって、求められているのはむしろ「弱いつながり」であり、人と人をつなぐ人材だ。すなわち、ブリッジングである。だからこそ第24章や前章で述べたように、ロート製薬の副業解禁、クロスフィールズ、One Japanなど、人と人を動かし、つなぐ仕掛けがいま注目されているのだ。図表4で言えばそれは、左上にあるものを下方向にドライブさせる仕掛けだ。
　一方、いま世界で爆発的に伸びるデジタル上のつながりでは、逆の圧力が働いている。デジタルのつながりは基本的に弱く、薄いつながりである。ブリッジングが圧倒的に豊かな世界だ。図表4では右下にある。
　しかし、デジタル上の世界ではフリーライダー問題が起きやすい。結果的に、そのままでは公共財の「集合知・貯まった情報やコンテンツ」を安心して使ってもらえない。したがって、この課題を乗り越えるために、ボンディング型の要素の取り込みが欠かせないのだ。

だからこそフェイスブック、メルカリ、ウーバーは、人々の信頼を高めるような仕掛けを組み入れることに注力している。図表4で言えば、右下に行きすぎている状態を、少し上方向にドライブできたサービスが成功しやすいのだ。ブロックチェーンに将来性が期待されるのも、まさに同技術は既存のデジタルサービスがこの右下に行きすぎている状態を解消できる決定打となりうるからだ。

　このように、いま日本のリアルな人々のつながりでは「ブリッジング型を目指す」流れがあり、そもそもブリッジング型が強いデジタルでは「ボンディング型を取り込む」流れがある。このブリッジングとボンディングの、相反する流れの最適なバランスを見抜くことが、ネットワーク時代を勝ち抜くカギだといえるかもしれない。

第28章 | institutional theory

社会学ベースの制度理論

「常識という幻想」に従うか、活用するか、それとも塗り替えるか

現代ビジネスの課題解明に欠かせない理論

　前章までは、社会学ディシプリンの中でもソーシャルネットワークに関する諸理論について解説した。本章はこれらと並んで、いま世界の経営学者が盛んに応用する「社会学ベースの制度理論」(institutional theory)を紹介する。現在の先端の経営学で、最も学者が実証研究に用いている理論の一つといえるだろう。

　同理論は1970年代後半から1980年代前半にかけて、スタンフォード大学のジェームズ・マイヤー、カリフォルニア大学ロサンゼルス校のリン・ザッカー、エール大学のポール・ディマジオ、ウォルター・パウエルなどのスター社会学者によって確立された。そして現在、『アカデミー・オブ・マネジメント・ジャーナル』(AMJ)、『アドミニストレイティブ・サイエンス・クォータリー』(ASQ) などのトップ学術誌には、同理論を現代のビジネス事象に応用した論文が、続々と登場している。現代ビジネスの課題を解き明かすために、制度理論は欠かせないのだ。

　ところで、本章であえて「社会学ベースの制度理論」としたのには理由がある。「制度理論」には、社会学ベースと経済学ベースがある。経済学ベースの制度理論とは、ゲーム理論を基礎として、「一人ひとりのプレーヤーが独立して、互いの意思を読み合いながら、まるで数式を解くかのように合理的に意思決定する」という前提に立つ。この前提をもとに、組織制度・社会制度・ビジネス慣習などのメカニズムを説明しようとするのだ[注1]。

　一方で、社会学ベースの制度理論は「人は必ずしも合理的に意思決定するとは

注1) ゲーム理論については、第8・9章を参照。

518 | 第4部 | 社会学ディシプリンの経営理論 |

限らない」という前提に立つ。第24章で解説したように、人と人は社会的なつながりに埋め込まれており、そこでは時に心理的な親しさ・認知的な近さが生まれ、ヒューリスティックに意思決定すると考えるのだ。現代の経営学の主流は後者の社会学ベースの制度理論なので、本章ではこちらを紹介する。

人は「合理性」よりも、「正当性」で行動する

　制度理論によると、社会に埋め込まれた人・組織・企業はその認知的・心理的制約から、経済合理性だけでは十分に説明がつかない行動を取りうる。端的な例は、日本でいま大きな流れとなっているダイバーシティ経営だ。日本のビジネス界は戦後長い間、男性中心の社会であり続けた。それが近年、急速に女性登用を進めようとしている。実は、2016年春から夏にかけて筆者は多くの大手企業のダイバーシティ担当者の訪問を受けた。同年4月に女性活躍推進法案が施行されたことを受けてだ。

　そこで筆者がいつも最初にした質問は、「そもそも御社は、何のためにダイバーシティを進めたいのですか」というものだ。そして、この問いに対する担当者の答えは、軒並み「実は、当社もよくわかっていないのです」というものだったのだ。さらに突っ込んで伺うと、多くの企業が「政府が進めているから」「他社が始めたから」「社会的な風潮だから」といった理由を挙げた。第13章で述べたように、ダイバーシティは「知と知の新しい組み合わせ」を引き起こし、イノベーションの源泉となりうる。しかし実際には、その企業なりの合理性でダイバーシティを説明された方は、ほとんどいらっしゃらなかったのである。

　このように、人・企業は「他社がやっているから」「社会的風潮だから」といったなんとなくの理由で行動することが実に多いのだ。「いまはダイバーシティの時代であり、どの会社も始めているのだから、自社もそうすることが『正当』なはずだ」という心理メカニズムが働くのである。

マクロ視点で、人・組織・企業は同質化する

　この企業が求める「社会的な正当性」を、レジティマシー（legitimacy）と呼ぶ[注2]。制度理論によると、企業は時に利潤・経営資源獲得のためではなく、社

会的な正当性を動機に行動する。もちろん何が「社会的に正当」かは、国・地域・業界で異なりうる。特定のレジティマシーが通用する範囲を、フィールド(field)と呼ぶ。プレーヤー間が埋め込まれた関係にあり、互いに影響しやすく、共通言語があって交流しやすい範囲のことだ。例えば日本と米国、金融業界と製造業等は、多くの場合で異なるフィールドといえるだろう。

　図表1を見ていただきたい。新しいフィールド(例えば、新しく生まれた産業)では、最初は様々なタイプの企業が存在し、収益獲得のために各社が様々な行動を取る(ステージ1)。しかし、やがて特定の「行動」「ビジネス慣習」「仕事の仕方」(図表のフィールドAなら○、フィールドBなら△)が、多くの企業に採用されていく(ステージ2)。最初のうちその理由は「○を選んだ企業の多くが成功したから」かもしれず、○を選ぶのは一定の合理性があるのかもしれない。

　しかし、さらに多くの企業が○を採用すると、やがて残りの企業は「他社がやっているから」といった、心理的・認知的な近さからだけの理由で○を採用するようになる。合理性ではなく、「正当性」で○が選ばれ始めるのだ(この詳細なメカニズムは3種類あるので、後述する)。結果、そのフィールドでは「まず○をしないと話にならない」という「常識」が生まれ、ほとんどの企業が○を採用するようになる。フィールド内の企業が同質化していくのだ(ステージ3)。

　この同質化プロセスを、アイソモーフィズム(isomorphism)と呼ぶ。ポール・ディマジオとウォルター・パウエルが1983年に『アメリカン・ソシオロジカル・レビュー』(ASR)に発表した論文で提唱した、制度理論の根幹メカニズムである。同論文こそが、(社会学ベースの)制度理論の起点だ[注3]。制度理論によると、フィールド内の人・企業は同質化する本質があるのだ。実際、我々の周りを見回せば、人・企業は、実は面白いほど互いに「似た」ことをしている。それが「常識」になっているので、普段は気づかないだけだ。

　よく考えると、本書でもこれまで紹介してきた経営理論の大部分は「なぜ企業XとYは違うのか」といった企業の差異を説明するものがほとんどだ。第1章で紹介したSCP理論の「差別化戦略」がそうだし、第3章の資源ベース理論(RBV)

注2) 例えばMeyer, J. W. & Rowan, B. 1977. "Institutionalized Organizations: Formal Structure as Myth and Ceremony," *American Journal of Sociology*, Vol.183, pp.340-363. を参照。

注3) DiMaggio, P. J. & Powell, W. W. 1983."The Iron Cage Revisited: Institutional Isomorphism and Collective Rationality in Organizational Fields," *American Sociological Review*, Vol.48, pp.147-160.

|図表1|アイソモーフィズムの過程

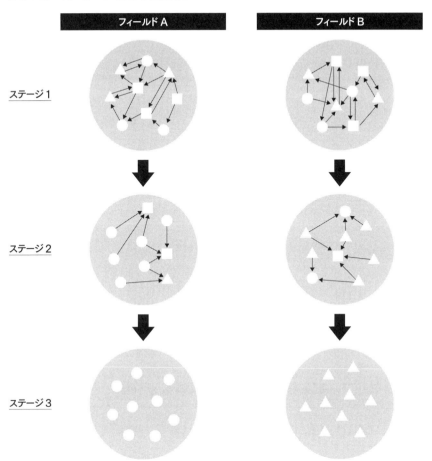

の中心命題も、他社と異なる（＝稀少で模倣困難な）経営資源が重要という主張だった。しかし、より高所からマクロの視点で見れば、フィールド内の企業はむしろ驚くほど「似ている」のだ。SCP理論やRBVは、より細かい差異を見ているにすぎない。

　例えば、少し前までの「日本のビジネス界」というフィールドでは、どの企業もおしなべて従業員を重要なステークホルダーと位置付け、雇用は守られがちな一方、株主価値は重視されてこなかった。日本では新卒は軒並み4月採用だ。初めて会う相手とは、うやうやしく名刺交換をするのも日本のビジネス界ならでは

の常識だ。このようにフィールド内では、人は認知的な制約から特定の行為を「常識」ととらえてしまうので、「なぜそうあるべきなのか」の合理的な理由を考えなくなる。結果、社会的な正当性を求めて、人・組織は常識に染まり、同質化していくのだ。

一方で、例えば米国のビジネス界という異なるフィールドでは、むしろどの企業もがおしなべて株主価値を重視し、業績が悪化すればどの企業も同じように人員削減を行う。採用は通年採用だ。誰もうやうやしく名刺交換をしたりはしない。これは日本と米国どちらが良い悪いということではなく、日本のビジネス界と米国のビジネス界それぞれのフィールドで同質化が進んだ結果、異なるフィールドでは「常識」が異なっているということにすぎない。

フィールド内の同質化は、業界という単位でも起きる。例えば金融業界の人は、スーツで身を固めることが「常識・正当」になっている。Tシャツにジーンズでは「銀行員らしくない」と言われてしまうだろう。逆にスタートアップ企業は、スーツを着ないことがスタートアップ企業らしいと正当化され、スーツで身を固めていたら浮いてしまう。業界固有のアイソモーフィズムにより、服装も同質化するのだ。このような「常識」を総称して、「制度の論理」（institutional logic）と呼ぶ。

アイソモーフィズムを促す、3種類のプレッシャー

ディマジオ＝パウエルのASR論文のさらなる貢献は、同質化プロセスを3つに分類したことにある。この3種類の同質化プレッシャー（圧力）こそが、社会学ベースの制度理論の基本メカニズムだ。それは、強制的圧力（coercive pressure）、模倣的圧力（mimetic pressure）、規範的圧力（normative pressure）の3つである。

❶ 強制的圧力（coercive pressure）
政策・法制度などがもたらす圧力である。企業の行動は、言うまでもなく政策や法律に大きく制約を受ける。結果、その制約の及ぶ範囲（フィールド）の企業は、似た行動を取りがちになる。

例えば、先に述べた現在の日本におけるダイバーシティ導入の流れは、強制的

522　第4部　社会学ディシプリンの経営理論

圧力による部分も少なくないのではないだろうか。女性活躍推進法案がその顕著な例だ。結果、「そもそも女性管理職比率を30％に上げることが、すべての企業に有益かどうか」は深く議論されないまま、「政府が推奨しているから」という理由で、どの企業もこぞって女性登用を増やそうとしている部分もあるかもしれない。「政府が言っているのだから、それが社会的な常識」ということだ（念のためだが、筆者はダイバーシティ施策に反対なのではない。制度理論の視点を通せば、なぜ多くの企業が急にダイバーシティを重視し出したのかを説明できる、と言うだけである）。

近年政府機関が民間企業に対して推し進めている、コーポレートガバナンス・コードの導入やSDGsにも同じような側面があるかもしれない。

❷ 模倣的圧力（mimetic pressure）

「皆がやっているから」というのが、模倣的圧力である。模倣的圧力は、特に環境の不確実性が高い時に強くなる。不確実性が高いと何が正しいかが見通せないので、「まずは周囲の多くがやっていることを、自分も採用しよう」という心理メカニズムが働くからだ。

模倣的圧力の事例は、枚挙にいとまがない。例えば、一時期のノー残業デーのブーム、各社が似たような製品を出し続けたガラパゴス携帯などだろうか。何より、日本メーカー全般の過剰な品質への取り組みは、国内市場での模倣的圧力による部分も大きいかもしれない。公共セクターも同様だ。加熱しているふるさと納税は、地方自治体間の模倣的圧力が働いているだろうし、「ゆるキャラ」「B級グルメ」に各自治体がこぞって取り組むのも、その典型例かもしれない。

❸ 規範的圧力（normative pressure）

規範的圧力は、特定の職業分野・専門分野（professionalism）で生じる、「この職業はこうでなければならない」という圧力のことだ。特定の職業・職種には、先行事例がある。すると合理性を問わずに、それが「こうすべき」という規範的前例となり、それは一度常識として確立されるとなかなか変更されない。例えば以前は、野球部の練習でウサギ跳びが「足腰を鍛えるのに適している」という通念で、長い間多くの学校でトレーニングに用いられていた。先に述べたような「銀行員らしい服装」「スタートアップ企業らしい服装」なども、その業界の通念になっ

ている規範的圧力といえるかもしれない。

自フィールドの常識は、他フィールドの非常識である

　このように制度理論は、「広範なフィールドの目で見た時、企業・組織はなぜこうも似てくるのか」、すなわち「常識が形成されるメカニズム」を説明する経営学でも数少ない理論の一つである。結果、同理論は1980年代初頭に確立されて以来、ビジネスの様々な事象に応用され、実証研究が進められてきた。その多くは、制度理論の同質化メカニズムを支持する結果になっている。**図表2**は、代表的な実証研究の一部をまとめたものだ。例えば以下のような同質化事象が、研究されている。

❶人事施策
　ダイバーシティ同様、企業が採る人事施策は、アイソモーフィズムの対象として盛んに研究が行われてきた。例えば、一橋大学のクリスティーナ・アメージャンらが2001年に『アドミニストレイティブ・サイエンス・クォータリー』（ASQ）に発表した論文では、1990年代のバブル崩壊直後の日本企業の人員整理について研究を行っている（図表2の論文7）。
　バブル崩壊後の日本では、人員整理に取り組むことが大きな「常識」となった。1638社の1990年から1997年までのデータを使った統計解析で、アメージャンらは「大きくて知名度が高い企業ほど、バブル崩壊直後の人員整理の波には及び腰だった。しかしやがて周りで人員整理に取り組む企業が増えるにつれて、人員整理に取りかかるようになった」傾向を明らかにしている。
　大企業や知名度が高い企業が大幅な人員整理をすれば、メディアでネガティブに報道されたり、批判を受けたりする可能性がある。したがって、人員整理が社会のレジティマシー（＝常識）になっていない段階では、大企業ほどそれを行わない。しかし、やがて周りの企業の多くが取り組み出すと人員整理が常識になるので、大手企業ほどその段階になってようやくリストラを決行するということだ。

❷オペレーション手法
　TQMなどのオペレーション手法は、経営トップが無理に導入しても、その複

524　│第4部│社会学ディシプリンの経営理論│

雑さなどから現場で受け入れられにくい。現場でのレジティマシーが足りないのだ。シカゴ大学のマーク・ズバラキが1998年にASQに発表した研究では、ホテル、病院などの事例研究から、「一般に経営トップがTQMを導入しても、なかなかその企業の現場に受け入れられない。しかし、経営トップが一部の成功例だけを取り上げてしきりに周囲にアピールするので、TQMが正当化されて業界に普及していく」というプロセスを描き出している（論文6）。TQMに本当にどのくらい効果があるかはさておき、模倣的圧力や強制的圧力により業界でそれが常識化されてしまうのである。

❸組織制度

　企業の組織制度の導入も、制度理論で説明される。アリゾナ大学のニール・フリグスタインが1985年にASRに発表した論文では、米216社の1919年から1979年までの長期データを用いて、「同業他社で事業部制が普及するほど、自社も事業部制を取り入れる」傾向を明らかにしている（論文2）。模倣的圧力による同質化の典型だろう。

❹企業の社会的責任（CSR）

　企業のCSR導入も、経営学では制度理論で説明する事象の好例だ。経済合理性だけを考えればCSRは業績にプラスになるとは限らないから、企業によっては取り入れる必要はないかもしれない。しかしアイソモーフィズムを通じて、CSRはいまや日本の大企業でも常識となりつつある。「他社がやっているから」「社会的常識だから」という理由で、取り入れている企業も少なくないはずだ。

　このように社会学ベースの制度理論によれば、フィールド上の3つのプレッシャーは、社会フィールドで特定の行動を正当化し、企業は経済効率性ではなく、レジティマシー獲得のためにその行動を取り、同質化していく。結果、それが空気のような「常識」となっていくのだ。
　しかしその常識は、あくまでそのフィールド内でのみ通用する。一度フィールドの外に出れば、その常識は通じない。むしろ他フィールドは別方向での異なる「同質化」が進んでいるから、自フィールドとは異なるロジックが常識になっている。結果、異なる常識と常識同士がぶつかり、軋轢が起こるのである。制度理

|図表2| 社会学ベースの制度理論に関する実証研究例

	筆者（年度）	掲載された学術誌※	圧力のタイプ	調査対象／データ
1	Tolbert & Zucker (1983)	ASQ	強制的／模倣的	米167の都市における公務員制度改革に関するアーカイバルデータ（1890〜1930年）
2	Fligstein (1985)	ASR	規範的／模倣的	米大企業216社の事業部制組織の採用に関するアーカイバルデータ（1919〜1979年）
3	Haveman (1993)	ASQ	模倣的	米銀行165行の多角化に関するアーカイバルデータ（1977〜1987年）
4	Westphal et al. (1997)	ASQ	規範的	米2712の病院におけるTQM導入に関する質問票調査およびアーカイバルデータ（1985〜1993年）
5	Haunschild & Miner (1997)	ASQ	模倣的	米539件の企業買収に関するアーカイバルデータ（1986〜1993年）
6	Zbaracki (1998)	ASQ	模倣的	TQMを導入した5組織（軍需企業、政府機関、病院、ホテル、メーカー）の事例調査
7	Ahmadjian & Robinson (2001)	ASQ	規範的／模倣的	日本企業1638社に関するアーカイバルデータ（1990〜1997年）
8	Glynn & Abzug (2002)	AMJ	模倣的	社名を変更した米1587社のアーカイバル・データ（1982〜1987年）
9	Sherer & Lee (2002)	AMJ	模倣的	米261の大手法律事務所のアーカイバルデータ（1985〜1994年）
10	Thornton (2002)	AMJ	インスティテューショナル・ロジックの変化	米国高等教育向け書籍の出版社30社へのインタビュー調査と、230社のアーカイバルデータ（1958〜1990年）
11	Greenwood & Suddaby (2006)	AMJ	インスティテューショナル・アントレプレナーシップ	カナダ5大会計事務所の事例調査（1994〜1999年）
12	Heugens & Lander (2009)	AMJ	3タイプの圧力すべて	アイソモーフィズムに関する定量手法を使った実証研究144本のメタアナリシス

※学術誌の略称と正式名称は以下の通り。
AMJ: *Academy of Management Journal*　　ASQ: *Administrative Science Quarterly*

主な発見

①都市の公務員制度改革は、所管する州政府が命令する場合には速やかに普及するが、そうでない州の都市では緩やかに普及する。②制度改革の採択と都市の属性（都市の規模や移民の割合等）の関係は時間が経過するほど弱まる。

各社の事業部制採用の確率は、その企業が属する産業で事業部制が普及するほど高まる。

各行が新市場へ参入する確率は、収益性の高低にかかわらず、他行の参入が増えるほど高まる。

各病院がTQM手法に従う確率は、その病院の認定機関による評価を受けているほど高まるが、ROEなどの業績が高いほど低くなる。

自社が買収時に投資銀行を利用する確率は、買収時に同様に投資銀行を利用する他企業の数が多いほど高まる。買収先企業の企業価値、投資銀行のパフォーマンスに関する不確実性が高い場合、この関係は強まる。

TQM導入プロセスでは以下のようなことが起こる。①成功例を聞きつけた経営者の掛け声の下、TQM導入が決定される。②管理職や現場の従業員は難解なTQMの導入を敬遠し、限定的にしか活用されない。③TQM導入による成功例だけが経営者に伝わる。④経営者がその成功例を言い広めることで、TQMのレトリックが拡散される。

景気後退時に企業が人員整理を行う確率は、企業規模、企業の人気などが高いほど弱まる。しかしその関係は、周囲で人員整理に踏み切る企業数が増えるほど弱まる。

企業が新たに社名をつける場合、その特徴は、同産業内で普及している社名の特徴と似る傾向がある。

法律事務所で新たな人事慣行を取り入れる早さは、その事務所の業界における名声が高いほど、早まる。

出版業界で「作品主義」のロジックが普及していた1974年以前は、作品を多く出す出版社ほど事業部制を採用した。しかし、「市場主義」のロジックが普及した1975年代以降は、出版社間の競争度合いなどが強いほど、事業部制を採用するようになった。

5大会計事務所は会計業務のみならず、コンサルティング業務を行うことが常識になった。その変化は、①各事務所の収益低下から動機づけられ、②各事務所が代替的な業務サービスが台頭してきたことを知覚し、③海外の法律下で活動する事務所をカナダ当局が規制できなかったことなどから生じた。

フィールドにおける3つの圧力（強制、規範、模倣圧力）が強いと、アイソモーフィズムが強まる。

ASR: *American Sociological Review*

論から見れば、これがいま顕著に起きているのが、グローバル化の本質の一つと言えるだろう。

国際化する企業の課題は、レジティマシーの衝突にある

　現在のグローバル経営論で重要なキーワードの一つに、「制度のすき間」（institutional void）というものがある[注4]。グローバル経営研究のトップ学術誌『ジャーナル・オブ・インターナショナル・ビジネス・スタディーズ』には、制度のすき間に関する論文が多く掲載されている。

　一般に「国」というフィールド内では、アイソモーフィズムを通じて、様々なビジネス慣習、制度、仕事の仕方が同質化し、それが見えない常識となっている。しかしその常識は、国によって異なる。したがって、自国では常識だったビジネス慣習が、他国ではむしろ非常識になるのだ。図表1のステージ3で言えば、A国にいた企業がB国という新たなフィールドに進出すれば、まったく異なる常識に直面するのだ。これが「制度のすき間」の理論的背景である。

　一般に企業は、市場規模などを理由に海外に進出する。しかし、いざ現地に進出すると、その国の商慣習・ビジネス制度などの「常識」の違いに戸惑うことが実に多い。他方、ライバルの現地企業は、その常識に慣れている。その意味で、海外に進出する企業は、根本的なハンディキャップがあるのだ。この点を分析した興味深い研究の一つが、ジョージワシントン大学のジェニファー・スペンサーらが2011年にSMJに発表した研究だ[注5]。

　この論文でスペンサーらが研究題材として取り上げたのは、ビジネスを円滑に行うために新興国の政府へのインフォーマルな支払いを行うこと、すなわち賄賂行為である。東ヨーロッパに進出した多国籍企業151社のデータ、およびガーナに進出した多国籍企業46社のデータを使った分析からスペンサーらは、①現地で賄賂が横行している国に進出した企業は現地で賄賂に寛容になる、②一方で

注4) 例えば Peng, M. W. et al., 2008. "An Institution-Based View of International Business Strategy: A Focus on Emerging Economies," *Journal of International Business Studies*, Vol.39, pp.920-936. を参照。

注5) Spencer, J. & Gomez, C. 2011. "MNEs and Corruption: The Impact of National Institutions and Subsidiary Strategy," *Strategic Management Journal*, Vol.32, pp.280-300.

|図表3| 多国籍企業が受ける二重のプレッシャー

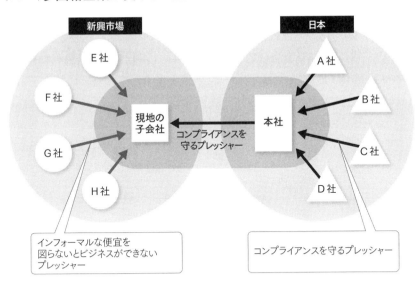

OECD加盟国など母国が賄賂に厳しい国の企業は進出先国でも賄賂に不寛容になる、という傾向を明らかにした。

この結果を図示したのが、図表3である。インド、一部の東南アジア諸国、アフリカ諸国などの新興市場では、良くも悪くも賄賂は「空気のような常識」だ。国策プロジェクトを受注するための政府への袖の下から、裁判を結審させるための袖の下、税関をスムーズに通過するための役人への細かな支払いまで、賄賂はビジネス上の切符のようなものである、という現地駐在員も多い。

時には政府高官みずからが要求してくることもある。賄賂を促す、強制的圧力があるのだ。この賄賂が常識になっている環境で、仮に自社だけが賄賂を拒否すれば、事業スピードでライバルに対し、立ち後れることになる。したがって「他社がやっているのだから、当社もやらなくては」という模倣的圧力が働くのだ（図表3の左側）。

ここで困難に直面するのが、新興市場に進出した先進国企業（例えば、日本企業）だ。先進国で、賄賂はご法度である（図表3の右側）。倫理的にいいか悪いかの問題ではなく、賄賂をしないことが「空気のような常識」なのだ。企業コンプライアンスが強化されている日本も、その風潮は強い。

ここで日本企業が、新興市場に進出するとどうなるだろうか。繰り返しだが、インドやアフリカ諸国では「賄賂が常識」のところも多い。その環境で、現場を知らない日本の本社から「賄賂は絶対にするな」と命じても、それは現地のレジティマシーに合致せず、競争に参加すらできない。結果として政府案件を失注し、絶対に勝てるはずの裁判に敗訴し、許認可が得られずライバルにスピードで負ける、という状況に陥るのだ。

このように、いまインドや一部の東南アジア等における日本企業の現地法人は、現地での「賄賂をしないと話にならない」と、本国からの「いや、絶対にするな」という、二重のプレッシャーの板挟みになっているのだ。新興市場と日本企業という2つのフィールドが重なることで生じるレジティマシーの衝突である。これを、「制度の重複」(institutional multiplicity) と呼ぶ。

逆に、本国が賄賂に寛容な国の企業は、新興国での「常識」にも順応しやすくなる。実際、誤解を恐れずに言えば、いまアフリカ諸国で中国企業が圧倒的なスピードでプレゼンスを高めている背景には、中国企業は新興国で「常識の衝突」に悩まないで済む、という側面もあるはずだ。結果、新興市場で日本企業はさらに差を開けられてしまう。

では我々はどうやって、このレジティマシーの普及と衝突の時代を勝ち抜くべきなのか。これは制度理論の最前線の問いであり、いまも世界の経営学者によって多くの研究が生み出されている。以下では私見を挟みながら、筆者が特に重要と考える2点を議論したい。

非市場戦略で、制度に働きかけろ

第1は、アイソモーフィズムの3つの圧力の中でも、特に「強制的圧力」に働きかけることだ。すなわち、政府・行政・司法への戦略的なアプローチである。

新興国では、単に安くて高機能の製品を売ろうとしても、政治的なレジティマシーを獲得できなければ、許認可ももらえず、裁判で海賊版企業に敗れ、政府の仕事は受注できず、そもそも勝負にならない。したがって、立法・行政・司法に積極的に働きかけ、彼らが持つ強制的圧力を自社に有利な方向に導く必要がある。極端に言ってしまえば、新興市場では賄賂もその手段の一つととらえられる。

もちろん、賄賂は倫理的にはすべきではない。しかしそれ以外の手段、例えば

530　第4部｜社会学ディシプリンの経営理論｜

ロビイングやCSR活動を巧みに使って政府部門にアプローチし、フィールドを自社に有利な方向に持っていくことは、新興市場で極めて重要だ。これを「非市場戦略」（non-market strategy）と呼ぶ。

　これはいま、世界の経営学で最もホットな研究テーマの一つだ。例えば、筆者がニューヨーク州立大学バッファロー校の共同研究者たちと2016年にSMJに発表した研究では、インド企業157社のデータを使った統計解析より、インド企業はライバルの企業のタイプによって、賄賂を行うかを戦略的に判断する傾向を明らかにしている[注6]。

　この非市場戦略について、極度に潔癖な日本企業は新興国で立ち後れている、と筆者は認識している。一方で、一部の欧米企業は巧みに政府部門にアプローチしている。例えば米IBMは、非市場戦略の専門部隊を持っていると言われる。新興市場で新事業を展開する時は、企画・戦略部門が製品・サービスなど市場ベースの「表向きの」戦略を立て、一方で非市場戦略部門が連動して、政府部門に様々な「裏方の」アプローチを行っているのだ。カナダの重工業メーカー・ボンバルディアも、新興市場でCSRを活用して政府や公共セクターと緊密な関係をつくり、その国の鉄道車両などの市場に入り込んでいると聞く。

　同じことは、人材登用にもいえる。例えばフェイスブックは近年、政府・司法分野のキーパーソンを次々に採用している。同社が2016年6月に採用したのは、在米イスラエル大使館所属でイスラエルのネタニヤフ首相のアドバイザーだったジョルダナ・カトラー氏だ。同年5月にも、米治安判事のポール・グレアル氏を登用している。グレアル氏はもともと知財分野で高名で、有名なアップル＝サムスン電子間の訴訟対決も担当したほどの人物だ。

　そもそも同社のCOOシェリル・サンドバーグ氏も、もともとは当時のローレンス・サマーズ財務長官をサポートする仕事をしていた。こういった登用は、対政府・対司法の交渉の矢面に立って、非市場戦略を行うために有効となる。このように、非市場戦略を推し進めて政治的なレジティマシーを獲得する役職を、GR（government relation）と呼ぶ。日本企業はメディア対応のPR（public relation）、投資家対応のIR（investor relation）には多くの人材を割くが、

注6) Iriyama, A. et al., 2016. "Playing Dirty or Building Capability? Corruption and HR Training as Competitive Actions to Threats from Informal and Foreign Firm Rivals," *Strategic Management Journal*, Vol.37, pp.2152-2173.

GRには人材を割かないところがほとんどだ。

さて、この非市場戦略は「政府部門を味方につける」という、言わば「グレーなものを巧みに利用する」というアプローチである。それに対して、そもそも「既存の常識に挑戦し、それを破壊して変えてしまう」というアプローチもある。グレーを自分色に塗り変えてしまおう、ということだ。これを「インスティテューショナル・チェンジ」(institutional change)と呼ぶ。そしてこの旗振り役を、「インスティテューショナル・アントレプレナー」(institutional entrepreneur)と呼ぶ。いま世界の経営学で、非常に注目されている視点である。

インスティテューショナル・アントレプレナーが世界を変える

インスティテューショナル・アントレプレナーという言葉自体は、古くは先のポール・ディマジオが1988年に発表した論文ですでに言及していた[注7]。しかし研究が盛んになってきたのは、2000年代に入ってからだ。制度理論の研究が蓄積されるにつれ、経営学者の間で、同理論の持つ根本的な矛盾を解き明かす必要が出てきたからだ。

そもそも制度理論が予言する世界では、フィールド内でプレーヤーが同質化する。同質化した世界は、安定的だ。しかし逆に言えば、従来の制度理論だけでは「なぜある時、フィールドが大きな変化を経験するのか」を説明できないのだ。現実には、時に我々の社会の常識は大きく変化する。

この矛盾に対して近年の経営学者は、ある特定のプレーヤー（の集団）がインスティテューショナル・アントレプレナーとして、既存の常識を変容させるメカニズムに注目している。ハーバード大学のジュリー・バティラナらが2009年に『アカデミー・オブ・マネジメント・アナルズ』に発表したサーベイ論文では、インスティテューショナル・アントレプレナーを以下のように定義している[注8]。

We propose a conceptual account that views institutional

注7) DiMaggio,P. J. 1988. "Interest and Agency in Institutional Theory," In L. G. Zucker (Ed.), *Institutional Patterns and Organizations: Culture and Environment*: 3-21. Ballmger Pub.Co.

注8) Battilana, J.et al., 2009. "How Actors Change Institutions: Towards a Theory of Institutional Entrepreneurship," *Academy of Management Annals*, Vol.3, pp.65-107.

entrepreneurs as change agents who initiate divergent changes, that is, changes that break the institutional status quo in a field of activity and thereby possibly contribute to transforming existing institutions or creating new ones.（Battilana et al., 2009, pp.67.）

インスティテューショナル・アントレプレナーとは、既存のフィールド上の制度を破壊し、したがって既存の制度を変容させ、新しい制度を生み出すような変化をもたらす「変革プレーヤー」のことである、と我々は提示する。（筆者意訳）

成功するインスティテューショナル・アントレプレナーの要件は、まさに経営学者が現在研究中のテーマであり、切れ味のよいコンセンサスはまだ得られていない。先のバティラナのレビュー論文の副題は、"Towards a Theory of Institutional Entrepreneurship"（インスティテューショナル・アントレプレナーシップ理論の確立に向けて）となっている。理論としては未完ということだ。

とはいえバティラナ論文は、これまでの研究の蓄積として、**図表4**のようなポイントをまとめている。これらの複合的な要件を包括することで常識を覆すことも可能になる、ということだ。

これは筆者の視点だが、図表4の要件を筆者なりに整理すると、インスティテューショナル・アントレプレナーに必要な要件とは、アイソモーフィズムの「3つの圧力」にいかに対抗し、いかにして打ち勝つかで整理できるのではないだろうか。

同質の企業・人・組織で塗り固められたフィールドは、たとえ非効率でも、特定の慣習が常識になってしまう。そこで「それは常識ではない」と訴えれば、既存の常識から恩恵を受けていたり、既存の常識に心理的共感を持っていたりするプレーヤーからの抵抗に遭う。したがってその常識をつくってきた3つの圧力に対抗し、それらを破壊し、みずからの新しい常識を築けるかがカギとなるのだ。

対抗手段①：強制的圧力への対抗→政府部門へのアプローチ

まず、政府部門に働きかけることで、既存の強制的圧力を変化させ、自身が目指す新しい常識を促すことだ。まさに先の非市場戦略のことといえる。実際、近年は政府部門にアプローチして、既存のパラダイムを変化させることを目指すスタートアップ企業や起業家が少なくない。

|図表4| インスティテューショナル・アントレプレナーの要件

1 | 変化に向けたビジョンを掲げる | creating a vision for divergent change

既存の常識に異を唱え、変革を促すため、明確なビジョンを掲げる必要がある。ビジョンでは、以下の3つのフレーミングを強調することが必要となる。

❶ 診断的フレーミング | diagnostic framing

既存の「常識」が現実に照らし合わせて不都合になっていること。

❷ 予知的フレーミング | prognostic framing

新しく提示する「常識」が既存のものより優れていて、既存プレーヤーにも害が少なく、望ましい状況になること。

❸ 動機づけフレーミング | motivational framing

新しい常識を支援することが、フィールド上の人々にとって重要なこと。

2 | 支援者を巻き込み、動かす | mobilizing allies

常識の変革は単独では難しいため、周囲に支援者をつくり、仲間を増やして巻き込むことが重要になる。以下の2つの手法が重要となる。

❶ 講演・講話の活用 | use of discourse

講演・メディアなどを使って、1のビジョンを広く訴えかける。

❷ 人的資源を動かす | resources mobilization

周囲の仲間・支援者を巻き込む。そのためには、周囲のソーシャルキャピタルを活用することが重要になる。また、発信者の社会的ステータスが啓蒙に当たっては重要なため、自分を支援してくれる社会的ステータスの高い人々に啓蒙の助力を得ることも必要となる。

出所：Battilana et al.（2009）より筆者作成。

その筆頭は、ウーバーやエアビーアンドビーなどのシェアリングエコノミー企業だ。例えば、配車アプリのサービスを提供し、我々の移動における「常識」を覆そうとしているウーバーだが、これは、別角度から見れば「白タク」行為とも取られかねない。

結果、同社は配車アプリサービスを制度的にグレーでなくすために、世界中の政府部門に様々な働きかけを行っている。実際、2015年の情報では、同社は世界中で250人のロビイストと契約している。当時の同社の社員数が約3000人であったことを考えれば、いかに同社が非市場戦略に力を割いているかがわかるだろう。エアビーアンドビーも、同社を阻害する可能性のある法案に対して反対するために、800万ドルの予算を投じて、ロビイストと契約している[注9]。

日本でも「常識を変える」ことに挑戦する起業家の中に、政府部門でのアクションを行う人がいる。社会起業家として支持を集めるフローレンスの駒崎弘樹氏は、その筆頭だろう。2010年よりフローレンスが都心の空き物件を活用して開設している「おうち保育園」は、駒崎氏が内閣府子ども子育て会議へ委員として出席するなどの政策提言活動を行ったこともあり、2015年小規模認可保育所が国の認可事業となるきっかけになった。起業家が政府部門に働きかけることで、効率的でなかった従来の常識を転換させているのだ。

対抗手段②：規範的圧力への対抗→様々な啓蒙活動

「このビジネスはこのようにやるのだ」「この職種はこういうものだ」という伝統的な通念・常識を壊すには、「その常識はそもそもおかしい」という啓蒙が必要になる。結果、インスティテューショナル・アントレプレナーはメディア・講演活動を通じて自身の考えを広く訴える。先の駒崎氏が様々なメディアに登場するのも、そういった背景があるはずだ。

他には、大企業とスタートアップ企業をつなぐトーマツ・ベンチャー・サポート（TVS）の斎藤祐馬氏がいる。TVSが毎週スタートアップ企業と大企業のマッチングのために開催する「モーニングピッチ」に加え、いまや年に1度開催される「Morning Pitch Special Edition」は600人もの観覧者が集まる大規模なイベントだが、始まった2013年当初は運営メンバー10人と登壇者2人ぐらいの規模にすぎなかったという。

そもそも日本では、大企業とスタートアップ企業が協業するなど、常識ではありえなかったのだ。ご本人から伺ったことだが、この活動を啓蒙するため、斎藤氏はみずからが積極的にメディアに露出することも意識されている。斎藤氏とTVSの様々な活動の結果、近年では日本でも大企業とスタートアップ企業の連携が、もはや当たり前になってきている。

対抗手段③：模倣的圧力への対抗→
仲間・支援者の巻き込みと、成功の積み重ね

「他者がやっているから」という圧力に対抗するには、周囲を啓蒙し、様々な

注9）「Airbnb、Uberと新興国の意外な共通点」日経ビジネスオンライン、2015年12月9日。

手段で多くの人とつながって情報を発信し、彼らを巻き込むことが重要になる。前章で紹介したソーシャルキャピタルや、第23章で紹介したセンスメイキング理論の世界だ。

　加えて重要なのは、少しずつ成功事例を積み重ねた結果として、それが啓蒙につながることだろう。経営学でも、「インスティテューショナル・チェンジに必要なのはスーパーヒーローではなく、日々の地道な行動の積み重ね（repeated micro-processes）である」という結果が出てきている。2015年にIESEのアントニーノ・バカーロらがAMJに発表した研究がその一つだ[注10]。

　同論文は、イタリア・シチリア島を統治・支配するマフィアが150年にわたって常識化させてきたpizzoという制度（日本で言う、やくざのショバ代のような仕組み）の事例を取り上げている。以前のシチリアでpizzoは空気のような常識であり、この仕組みは未来永劫続き、現地の企業はマフィアにショバ代を奪われ続けると誰もが考えていた。しかし2004年から始まったaddiopizzoというキャンペーンによる日々の小さな活動の積み重ねが、その常識を徐々に覆していったのだ。先のモーニングピッチが大きな流れになっているのも、斎藤氏を中心としたTVSメンバーが毎週木曜に必ず、地道にモーニングピッチを開催してきたからにほかならない。

　我々のビジネスを取り巻く社会的な常識は、けっして普遍的ではない。特定の場所、業界、国などのフィールド内でしか通用しない常識なのだ。「アイソモーフィズムが生み出した幻想」と言っていいかもしれない。

　その常識・幻想は空気のようであるがゆえに、フィールド内の我々はその事実になかなか気づかない。しかし時にこの幻想に気づき、それを変革する行動を地道に起こした人が、世界を変えるインスティテューショナル・アントレプレナーとなる。

　制度理論から見れば、ビジネスの本質は、大手企業のダイバーシティ施策のように「常識に従う」か、非市場戦略のように「常識をうまく活用する」か、それともインスティテューショナル・アントレプレナーのように「常識を破壊し、塗り変える」かの3つしかない。どれが正解、不正解というわけでもない。そのどれを目指すかは、我々次第である。

注10）Vaccaro, A. & Palazzo, G. 2015. "Values Against Violence: Institutional Change in Societies Dominated by Organized Crime," *Academy of Management Journal*, Vol.58, pp.1075-1101.

第29章 resource dependence theory

資源依存理論

小企業が大企業を抑え、
飛躍する「パワー」のメカニズム

企業の「パワー」を説明する理論

　本章で取り上げるのは、資源依存理論（resource dependence theory：以下RDT）である。RDTもまた、社会学ディシプリンの経営理論として大きな位置を占める。同理論を確立したのは、スタンフォード大学のジェフリー・フェファーとカーネギーメロン大学のジェラルド・サランシックだ。2人が1978年に刊行した著書 *The External Control of Organizations* はRDTを打ち立てた金字塔として知られ、グーグル・スカラーの引用数は2万5000に至っている。

　ペンシルバニア大学のタイラー・ライらが2013年に『アカデミー・オブ・マネジメント・アナルズ』（AMA）に発表したサーベイ論文では、RDTを「1970年代後半に生まれた三大組織理論の一つ」と位置付けている（残り2つは前章で紹介した制度理論と、次章で紹介する組織エコロジー理論[注1]）。

　これまでの社会学ディシプリンの理論同様に、RDTも「企業が社会的なつながりに埋め込まれている」という前提に立つ。しかしこれまでの理論と異なり、同理論は企業・組織の「パワー」に注目するのが最大の特徴だ。企業のパワーは、ビジネスに様々な影響を及ぼす。しかし、パワーのメカニズムを正面から解き明かす経営理論は、思いのほか少ない。その数少ない例外がRDTなのだ。

注1）Wry T. et al., 2013."More Than a Metaphor: Assessing the Historical Legacy of Resource Dependence and Its Contemporary Promise as a Theory of Environmental Complexity," *Academy of Management Annals*, Vol.7, pp.441-488.

企業パワーの源泉

RDTにおけるパワーとは、「活力」「元気」のような内面から出てくるものを指すのではない。「他社と比べてどちらが強い交渉力を持ちうるか」といった、相対的な力関係のことである。

先に述べたように社会学ディシプリンであるRDTは、企業が他企業・組織との様々な社会的な関係性の中にあるという前提に立脚する。企業は顧客、取引先、投資元、投資先、提携相手、政府機関などの様々な外部プレーヤーと、モノ、カネ、人、技術、情報などをやり取りすることで、日々のビジネス活動を成立させている。この「やり取りされるもの」の総称を、RDTでは「資源」（リソース）と呼ぶ。リソースの交換関係が、相対的な力関係を生むのだ。RDTでは、パワーは以下のように定義される[注2]。

> the power of A over B comes from control of resources that B values and that are not available elsewhere. (Davis & Cobb, 2010, p.6.)
>
> AのBに対するパワーは、Bが価値を見いだし、A以外からは手に入らないリソースをAが保持している時に生じる。（筆者意訳）

図表1をご覧いただきたい。例えば、B社がいま注目の電気自動車を開発・生産しているとしよう。電気自動車の性能向上に欠かせないのは、高品質のリチウムイオン電池である。しかしB社はリチウムイオン電池を自社開発しておらず、有力なバッテリー企業であるA社から購入しているとする。すなわち、A社が生産するリチウムイオン電池が、B社にとってのリソースになる。

ここでカギとなるのが、「資源依存」（resource dependence）という概念だ。例えば仮に、B社の仕様に耐えるだけのリチウムイオン電池を開発できるのがA社だけだったとしよう。すると、それは「B社がビジネスを行う上で重要な資源を、A社が独占的にコントロールしている」ことを意味する。B社はA社に対するリ

注2) Davis,G. F. & Cobb, J. A. 2010."Resource Dependence Theory: Past and future," In Dobbin, F. *Stanford's Organization Theory Renaissance, 1970-2000,* Emerald Group Publishing.

538 | 第4部 | 社会学ディシプリンの経営理論 |

図表1 資源依存の概念①

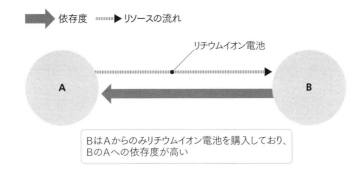

ソースの依存度が高いのだ。すなわちこれは、A社がB社に対して強いパワーを持つということになるのだ。

企業同士が交換する「リソース」には、どのようなものがあるだろうか。RDTでは、以下のようなものが取り上げられる。

❶ 材料・部品・技術などのリソース

この世の大部分の企業は、材料・部品・技術・人材などを少なからず外部から調達している。それらは、すべてリソースである。先の例なら、B社の仕様に耐えうるA社のリチウムイオン電池がそれだ。そして特定のサプライヤー（A社）に対するB社の依存度が高くなれば、A社のB社に対するパワーが強くなり、B社のパワーは相対的に弱くなる。

顕著な例は、鉄鋼産業だ。世界的に見ると鉄鋼産業はメーカーの市場集中度が低く、多くのメーカーがせめぎ合っている。世界最大の鉄鋼メーカーであるアルセロール・ミタルなど上位5社の市場シェアを合わせても、2割程度にしかならない。一方、鉄鋼の主原料を産出する鉄鋼石産業は、ヴァーレ、BHPビリントン、リオ・ティントの3社が世界市場の約6割を押さえている。したがって大部分の鉄鋼メーカーはこの3社のいずれかに依存しなければならない。結果、鉄鋼石3社のパワーが強く、鉄鋼メーカーのパワーは相対的に弱くなる[注3]。

注3）「Top steel-producing companies 2018」世界鉄鋼協会HPを参照。

図表2 資源依存の概念②

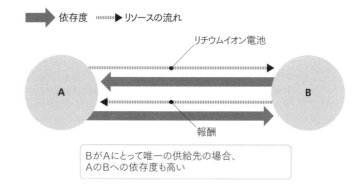

❷金銭的リソース

　企業は自社製品・サービスを顧客に売り、対価として金銭報酬（リソース）をもらって収益を上げている。したがって売り先が特定の顧客に限定されると、企業は金銭的リソースを特定顧客に強く依存することになる。

　ここで、上記の①と②のリソースを合わせて考えてみよう。すると、企業は「双方向で強く依存し合う」ケースがあることがわかる。**図表2**を見ていただきたい。先の図表1の例では、B社にとって必要なリチウムイオン電池をA社のみが供給できたので、B社がA社に強く依存していた（＝A社がB社に対して相対的に強いパワーを持っていた）。

　しかしここで、技術的な理由などでA社が電池を供給できる相手がB社のみだったらどうだろうか。この場合、A社にとっての顧客はB社に絞られ、A社のB社に対する金銭的リソースの依存度も強くなる。結果、異なるリソースを通じて、双方向で依存度が強くなりうるのだ。

❸情報リソース

　ビジネスでは、情報も重要なリソースである。したがって情報を特定プレーヤーに依存すれば、相手のパワーは強まり、依存する側のパワーは相対的に弱くなる。日本では商社・広告代理店などに様々な業界の情報・人的ネットワークが集中しており、企業のパワーの源泉となっている。

❹ 正当性リソース

前章の制度理論で紹介した正当性（legitimacy）も、RDTではリソースととらえられる。例えば、スタートアップ企業や中小企業が著名大手企業と取引すれば、その大企業の名前を通じて社会的な正当性が得られる、などがそうだ。

例えば初期のスタートアップ企業が、自社サービスに正当性を持たせるために、サービスを導入している名のある大手企業のロゴを何社分も見せて強調することなどは、その典型例だろう。

パワーの弱い企業が、外部抑制に対抗する戦術

ここからがRDTの中心命題になる。繰り返しだが、企業は様々な取引・投資などリソース交換の関係性に埋め込まれている。企業は周囲の様々な企業と、様々なバランスの依存関係を持つ。**図表3**はそのイメージをまとめたものだ。

この図で言えば、例えば真ん中のX社は（C社からのみ部材を調達しているなどの理由で）、C社への依存が高い。他方でC社はその部材を他社にも供給しており、X社への依存度はそれほど高くない。すなわち、X社はC社に対して相対的にパワーが弱い（＝C社はX社に対してパワーが強い）ということになる。一方、X社とD社の関係では、両社が互いに重要顧客・重要供給先なので、双方向で依存度が高くなっている。どの企業もが、このような「依存のネットワーク」に埋め込まれているのだ。

そしてこのネットワークの中で、企業は依存度の高い相手から「強い制約」を受ける。相手への依存度が高ければ、相手の相対的なパワーが強くなる。結果、相手が交渉で理不尽な要求をしてきたり、相手に有利でこちらに不利な契約条項を盛り込んできたりなど、様々な圧力をかけてくる。逆にパワーが弱い企業は、思うような交渉、金額設定、契約ができず、苦しむことになる。RDTでは、これを外部抑圧（external constraint）と呼ぶ。

図表3なら、X−C間ではX社がC社に依存しており、C社に相対的なパワーがあるので、C社がX社に様々な抑圧をかける可能性が高い。逆にX−E間では、X社がE社に抑圧をかける可能性が高い。

パワーが弱い企業が強い企業から抑圧を受けて苦しむ事態は、皆さんの周囲でもよく見受けられるのではないか。先の鉄鋼業界なら、日本の高炉メーカーは鉄

図表3 企業を取り巻く依存関係

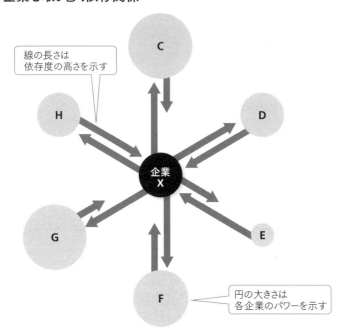

鉱石メジャー3社への依存度が高いため、相対的なパワーが弱く、様々な圧力に苦しんできた。例えば2010年に、鉄鉱石メジャー3社が鉄鋼石の値決めを長期契約からスポット契約に切り替える旨を、突如決定した。当時は資源価格が高騰しており、市況に合わせたスポット契約が自分たちに有利と判断したのだ。

一方、相対的に力の弱い日本の高炉メーカーは、その決定を受け入れざるをえなかった。同様の事態は2016年に原料炭の値決めでも起きており、やはり一部の資源メジャーがスポット契約に切り替える方針に転換したことで、日本側は資源の調達戦略を練り直す必要に迫られている。

では、このように特定企業・産業への依存度が高く、外部抑圧にさらされた企業に何か対抗手段はあるのだろうか。実はこれこそが、RDTの中心命題である。フェファー=サランシックと彼らに続くRDTの研究者は、「特定企業・産業への資源依存度が高く外部抑圧を受ける企業は、様々な『戦術』(tactics) でそれを抑制しうる」と主張したのである。その戦術は大きく3つある。以下、順に解説しよう。図表4も併せてご覧いただきたい。

❶抑圧の軽減（constraint diffusion）

外部抑圧を抑える最も単純な手段は、言うまでもなく、特定企業からの依存度を引き下げることだ。新たなベンダーの開拓・販路の開拓などがそれに当たる。複数の販路を開拓すれば特定顧客への依存度が下がり、自社の相対的なパワーは高まる。同様に、会社の規模が大きくなれば相手の自社への依存度が高くなり、抑圧を抑えられる。

❷抑圧の取り込み（constraint co-option）

co-optには「引き入れる」という意味がある。constraint co-optionとは、潜在的に外部抑圧となる相手を自分側に引き入れ、味方につける戦術だ。

この文脈で経営学者が研究対象としてきたのが、ボード・インターロック（board interlock）である。これは、依存度が高い相手企業の役員を自社の社外取締役等に迎え入れることを指す。潜在的に外部抑圧をかけうる相手企業を味方につけ、抑圧を弱める戦術だ。日本でも系列銀行や大口取引先から役員を受け入れる企業は多いが、RDTの視点ではそれは外部抑圧を軽減する戦術と解釈できるかもしれない。

ボード・インターロックに限らず、一般的な取締役メンバーの構成にも、RDTは応用できる。依存度が高い外部の産業から取締役を招けば、その人が持つ人脈・知見が外部抑圧を抑える一助になるからだ。この文脈で多くの研究業績を残しているのが、アリゾナ州立大学のエイミー・ヒルマンである。例えば彼女が2005年に『ジャーナル・オブ・マネジメント』に発表した研究では、米企業の取締役における「政治家出身者」の影響を分析している[注4]。

米国の6つの産業からランダムに抽出した300社のデータを使った統計解析から、ヒルマンは「特に規制産業にいる企業は、政治家出身の取締役が多いほど、企業価値が高まる」傾向を明らかにしている。規制産業では政府・監督官庁への依存度が高くなるので、政治家出身者を取締役に取り込むことで、政府・官庁からの外部抑圧を抑える戦術が効果的だからだ。法的・倫理的な是非はともかく、かつての日本企業の「天下り」にも同様の効果があったかもしれない。

注4) Hillman, A. J. 2005. "Politicians on the Board of Directors: Do Connections Affect the Bottom Line?" *Journal of Management*, Vol.31, pp.464-481.

|図表4| 資源依存理論に関する実証研究例

	筆者（年度）	掲載された学術誌※	調査対象／データ
1	Burt (1988)	AJS	米77産業の取引関係のアーカイバルデータ（1963、1967、1972、1977年）
2	Boyd (1990)	SMJ	米9産業の上場企業147社のアーカイバルデータ（1980年）
3	Palmer et al. (1995)	ASR	米フォーチュン500掲載企業478社の71のM&Aのアーカイバルデータ（1963〜1968年）
4	Finkelstein (1997)	SMJ	米51産業における1982件のM&Aのアーカイバルデータ（1948〜1992年）
5	Hillman et al. (2000)	JMS	米航空産業の14社と公共サービス産業企業15社のアーカイバルデータ（1968〜1988年）
6	Kim et al. (2004)	SMJ	時価総額10億ドル以上の日本の製造業295社のアーカイバルデータ（1990〜1992年）
7	Casciaro & Piskorski (2005)	ASQ	米国の11万3831の産業間取引と1907のM&Aのアーカイバルデータ（1985〜2000年）
8	Hillman (2005)	JoM	通信、製薬、軍事、小売り、家庭用品、電機からランダムに抽出した300社のアーカイバルデータ（2000年）
9	Katila et al. (2008)	ASQ	米技術系スタートアップ企業701社が受けた4077の投資ラウンドと1万8168の投資獲得案件のアーカイバルデータ（1979〜2003年）
10	Xia (2011)	SMJ	41カ国の上場企業による578の国際間アライアンスのアーカイバルデータ（1990〜2009年）
11	Drees & Heugens (2013)	JoM	2009年に発表されたRDTに関する論文157本
12	Hallen et al. (2014)	AMJ	米技術系スタートアップ企業701社が受けた4077の投資ラウンドと1万8168の投資獲得案件のアーカイバルデータ（1979〜2003年）

※学術誌の正式名称は以下の通り
AJS: *American Journal of Sociology* AMJ: *Academy of Management Journal*
JMS: *Journal of Management Studies* JOM: *Journal of Management*

　最近はスタートアップ企業でも、政府出身者を取り込むことが多い。例えばフェイスブックは米国の大物治安判事だったポール・グレアル氏を登用している。日本では、佐藤航陽氏率いるメタップスが竹中平蔵氏を顧問に登用している。

　こういったハイテク系スタートアップ企業は、事業内容が規制に抵触したり、そもそも規制がなかったりと、規制のすき間を縫ったビジネスを展開することも多い。したがって政府部門が大きな外部抑圧になりかねないため、このような人材登用が効果的たりうるのだ。

主な発見
取引の構造的自律性が高い産業ほど産業全体の利益率が高く、その関係は時を経てもあまり変化しない。
売上成長率が低い市場（リソースが豊富でない市場）にいる企業ほど、社外取締役の数が多くなる。
取引関係の依存度が高い産業間で、敵対的M&Aが行われる可能性が高まる。
取引関係の依存度が高い産業間で、M&Aが行われる可能性が高まるとは限らない。
産業が規制緩和する前よりも、規制緩和後の方が取締役の交代数が多くなる。なかでも内部昇進の取締役、弁護士などの専門家の取締役、政治経験者などの産業への影響力を持つ取締役の交代数が多くなる。
系列への依存度が弱い企業では、製品多角化を進めるほどROAや売上成長率が向上する。
産業間のパワーの不均衡が高いほどM&A数は減り、相互依存度が高いほど増える。
政治家経験のある取締役数の多い企業ほど時価総額が高く、この傾向は特に規制産業で強い。
自社の技術などが守られているスタートアップ企業ほど、CVC投資を獲得する。
貿易取引の相互依存度が高い国家間の企業ほど、アライアンスを解消する確率が低くなる。
資源依存度が高い企業ほど、外部取締役の採用、企業間提携の実施、M&Aの行使を高める。
すでに投資を受けているVC企業と地理的に近接しているスタートアップ企業ほど、CVC投資を獲得する。

ASQ: *Administrative Science Quarterly*　　ASR: *American Sociological Review*
SMJ: *Strategic Management Journal*

❸ 抑圧の吸収 （constraint absorption）

　RDTの実証研究が最も進められてきたのがconstraint absorption、すなわち「外部抑圧を吸収する」戦術である。高い依存度によって外部抑圧があるなら、むしろ依存する産業にいる企業自体を買収して、パワーごと吸収してしまおうという戦術だ。したがって、RDTでは「企業は依存度の高い他産業の企業をM&Aする傾向がある」という命題が導かれる。この命題は、多くの研究者によってその後多数の実証分析が進められてきた。RDTの一大研究テーマである。

　ちなみに、この命題を実証するには「産業間の資源依存度」を精緻に計算する

ことが欠かせない。そこで経営学者は、通常は経済効果の測定などに用いられる「産業連関表」という統計を用いることで、産業間の依存度を計算してきた（詳しくは**コラム**を参照）。計算された産業間の依存度と、産業間のM&Aの数・発生確率との関係を解析することで、先の命題を検証するのだ。図表4では、論文3、4、7がそれに当たる。

　このように、「企業は軽減（diffusion）、取り込み（co-option）、吸収（absorption）のいずれかの戦術を選び、あるいは組み合わせることで、外部抑圧を軽減することが可能」というのがRDTの基本主張だ。そして実際に、これらの戦術を組み合わせて台頭した企業の代表格が世界最大の鉄鋼メーカー、アルセロール・ミタルである。

　いまや世界最大の鉄鋼メーカーである同社だが、そもそもその始まりは1976年にラクシュミー・ミタル氏が父親から引き継いだインドネシアのスクラップ工場だった。同氏が現在の規模まで事業を広げた背景には、M&Aに次ぐM&Aがある。1989年にトリニダード・トバゴの国営鉄鋼メーカーを買収したのを皮切りに、2006年にアルセロールを買収して世界最大の鉄鋼メーカーになるまでの17年間で、目立ったものだけで19件のM&Aを実現している。

　ミタルの戦術は「軽減」「取り込み」「吸収」そのものだ。まず、同業の鉄鋼メーカーをM&Aすることは同社の規模を大きくし、サプライヤーである鉄鉱石企業や、買い手である自動車メーカー、造船メーカー、建設業などからの外部抑圧を弱めることに貢献する（＝軽減戦術）。さらに同社は、被買収企業が所有する鉄鉱山も含めて買うことで、鉄鉱石の調達を図ってきた（＝吸収戦術）。先に述べたようにアルセロール・ミタルといえども、世界市場でのシェアはまだ過半を超えるにはほど遠いから、三大鉄鉱石メジャーからの外部抑圧がある。したがってみずからが鉄鉱石事業を吸収して、その抑圧を減らす手段に出ているのである。

　ミタルの「取り込み戦術」は、同社の取締役陣を見れば明らかだ。例えば同社の社外取締役の1人であるタイラス・バート氏は、国際的な資源企業であるキンロス・ゴールドのCEOを長く務めていた。資源業界の顔のような人物を取り込んでいるのだ。

　さらにもう1人の社外取締役カルロス・デ・グフト氏はベルギーで副大臣を務め、欧州の貿易委員会のメンバーも務めていた。鉄鋼業界は諸外国からのアンチダンピング措置などの政策圧力にさらされがちであり、だからこそ同社は政府からの

546　│第４部│社会学ディシプリンの経営理論│

column

産業連関表

　産業連関表（input-output table）は、一国内（あるいは時に国際間）の産業間における、資源の投入と産出の関係を包括的にマトリックス化した統計表のことである。産業連関表を使えば、縦方向からは「各産業の各川上産業（ベンダー、サプライヤー等）それぞれへの依存度」、横方向からは「各産業の顧客としての他産業それぞれへの依存度」が計算できる。産業連関表は通常、国・地域レベルの経済効果の測定などに使われるが、海外の経営学では、産業間の依存度を測定してRDTの実証研究に用いられる。

　ちなみに筆者の認識では、世界で最も詳細で包括的な産業連関表データがあるのは、日本である。米国のBureau of Economic Analysisによる産業連関表は、全米389産業間の投入＝産出関係が対象となっている。一方、日本では総務省・経済産業省などにより作成されており、総務省の産業連関表「基本分類」では、約580の産業間の投入＝産出関係がわかる。

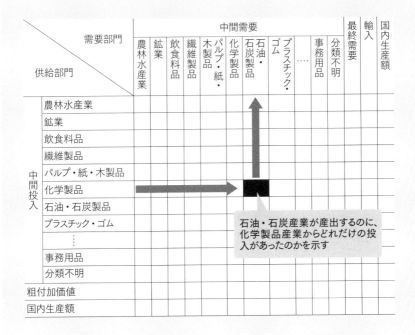

抑圧を軽減できる人物を取り込んでいるのである。このような様々な戦術で外部抑圧を弱めることなどを通じて、ミタルは30年足らずで世界最大の鉄鋼メーカーに駆け上がったのだ。

このように、1970年代に打ち立てられたRDTは世界の経営学の主要理論となり、様々な応用研究が進められた。しかし1990年代に入ると、RDTは勢いを失っていく。その理由は、M&Aやボード・インターロックの研究がし尽くされてきたことに加え、「RDTの説明力が必ずしも高くない」可能性が主張され始めたことがある。

その代表が、ダートマス大学のシドニー・フィンケルシュタインが1997年に『ストラテジック・マネジメント・ジャーナル』(SMJ) に発表した研究だ[注5]。この研究でフィンケルシュタインは、先の「依存度が高い産業間でM&Aが生じやすい」という吸収戦術に関する命題を検証した過去の実証研究を再検証し、みずからも精度の高い手法・精緻なデータで再分析を行った。その結果、「過去の研究はデータ・分析手法の粗さから吸収命題を支持する結果を得ていたが、精緻に分析すると、この命題はむしろ支持できない」という結論を得たのである。このようなRDTの説明力そのものへの懐疑的な見方もあり、RDTを研究する流れは1990年代に入ると沈静化した。

しかし実は、ここに来て、再び経営学者の注目がRDTに集まり出している。実際、本章の冒頭で紹介したライのレビュー論文（2013年に発表）も"the perspective still has significance for contemporary audiences."（RDTの視点は現代でも依然重要である）と述べる結論部で締めくくられており、RDTが潜在的に様々な事例に応用できることを示唆している。図表4にあるように、2010年代に入ってSMJや『アカデミー・オブ・マネジメント・ジャーナル』(AMJ) などのトップ学術誌にも、RDTの論文が再び発表されるようになってもいる。

なぜいま経営学でRDTが復権し、再び脚光を浴びつつあるのだろうか。筆者は、以下の2つの大きなブレークスルーがあったことが理由だと理解している。

注5) Finkelstein, S. 1997."Interindustry Merger Patterns and Resource Dependence: A Replication and Extension of Pfeffer (1972)," *Strategic Management Journal*, Vol.18, pp.787-810.

資源依存理論は現代に甦る

❶ 理論面のブレークスルー

　まず、RDTの理論改善という大きなブレークスルーがもたらされた。もたらしたのは、ハーバード大学のティジアナ・カスキアーロとミコワイ・ピスコルスキが2005年に『アドミニストレイティブ・サイエンス・クォータリー』（ASQ）に発表した論文だ[注6]。この論文こそが、RDT復権の起爆剤だったといえる。

　同論文でカスキアーロ＝ピスコルスキは、吸収命題に注目した。先のフィンケルシュタインの研究が「産業間の高い依存度がM&Aを促す」という命題を支持できなかったのは、過去のRDTが「依存関係が双方向で起こりうる」という事実を十分に組み込めていなかったからではないか、と主張したのだ。

　ここで、図表1～3に戻っていただきたい。先に述べたように、依存関係は双方向で起こりうる。図表3のX社とD社のように双方向で高い依存度を持つ場合もあれば、X社とC社のように、どちらかだけの依存度が高い場合もある。「従来のRDTは、この双方向性を『依存度』という一方通行の概念に押し込めてきたことが問題だった」というのが、2人の主張である。本来は図表2であるはずの実態を、図表1のような概念で理論化していたのだ。

　そこでカスキアーロ＝ピスコルスキは、双方向性を取り入れた新しいRDTを提示した。**図表5**がそれである。まず2人は、ミューチュアル・ディペンデンス（MD）という概念を取り入れた。これは、双方向の依存度の「合計」だ。互いの依存度の合計が高いほど、互いが互いを必要とするので、友好的にM&Aなどの吸収戦術が行われやすい。

　冒頭の電気自動車の例なら、電気自動車メーカーB社にとってバッテリーメーカーA社の技術は欠かせないもので、他方でA社の唯一の販売先がB社なら、B社の存在も金銭的リソースの提供元としてA社にとって欠かせないことになる。すなわち「互いが互いに強く依存し合う」ので、結果として両者の統合が行われやすくなるのだ。「相思相愛」ということだ。

注6) Casciaro, T. & Piskorski, M. J. 2005. "Power Imbalance, Mutual Dependence, and Constraint Absorption: a Closer Look at Resource Dependence Theory," *Administrative Science Quarterly*, Vol.50, pp.167-199.

| 図表5 | 改良されたRDTの依存度

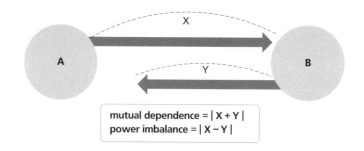

　そしてカスキアーロ＝ピスコルスキ論文がさらに画期的だったのは、パワー・インバランス（PI）という概念を提示したことだ。これは、両者の依存度の差（の絶対値）を指す。PIが高ければ、一方の企業の相手に対する依存度は高いが、相手のこちらに対する依存度は高くない。すると、依存している企業にM&Aを通じて外部抑制を吸収したいインセンティブが働いても、相手企業にはその必要がないことになる。すなわち「片思い」である。結果、依存度が高い企業がM&Aを提案しても、依存度が低い相手企業はその提案を飲まないので、M&Aの発生確率は下がるのだ。

　このようにカスキアーロ＝ピスコルスキは、単純だった従来の「依存度」の概念をMDとPIに分解した。そして2人は「MDが高い産業間ではM&Aが多くなり」「PIが高い産業間ではむしろM&Aが少なくなる」という命題を提示したのだ。1985年から2000年にかけての米国の産業連関表を使った11万3831件の産業間取引データと1907件のM&Aデータを使った統計解析から、2人は命題を支持する結果を得ている。

　このカスキアーロ＝ピスコルスキ論文を契機として、RDTは復権を始める。現代ではMDとPIを分けることで、様々な事例に応用する研究が盛んになりつつある。図表4で言えば、論文9などがそれに当たる。

❷ 現象面のブレークスルー

　現象面での大きなブレークスルーは、アントレプレナーシップ（起業）分野への応用が始まったことだ。よく考えれば、起業ほどRDTが重要な分野もない。若いスタートアップ企業は規模も小さく、経営資源も乏しく、周囲に様々なリソー

スを依存しなければならないからだ。

なかでもRDTの文脈でよく対象になるのが、コーポレート・ベンチャーキャピタル（CVC）である。独立したベンチャーキャピタル専門企業と異なり、CVCは大企業がスタートアップ企業に投資をすることを指す。米国ではシスコシステムズ、インテル、マイクロソフトなど多くの大手企業がCVCを活用しており、日本でもNTTドコモ、KDDI、楽天など大手企業を中心にCVCが盛んになってきている。

一方で、海外の経営学ではCVCは shark（サメ）とも呼ばれる。VC専業企業と異なり、大企業からのCVCでは、投資を受けたスタートアップ企業が大企業の持つ販路・知名度などのリソースを活用できるのが魅力だ。しかし他方でサメが獲物をいっきに飲み込むように、大企業がスタートアップ企業の持つ技術を吸収してしまうリスクもある。

実際、大企業が投資先スタートアップ企業の技術を「盗用」してしまう例は、海外では枚挙にいとまがない。ロンドン・ビジネススクールのゲイリー・ドシュニツキーらが2009年にSMJに掲載した論文では、大手半導体企業のAMDが2000年代初頭に投資先の saifun というスタートアップ企業のフラッシュ・メモリー技術を流用し、あたかも自社技術のように製品化した疑惑を紹介している[注7]。

先のカスキアーロ＝ピスコルスキ論文の視点で言えば、これはMDがPIに変容してしまうことを意味する。連携当初はスタートアップ企業の技術を欲する大企業側と、大企業の資金・販路開拓支援などを望むスタートアップ企業の両方で依存度が高い。しかし、やがて大企業がスタートアップ企業の技術を吸収すると、大企業のスタートアップ企業への依存度は弱まり、後者の前者への依存度だけが残る。結果、力関係がインバランスになり、当初は良好な関係だったはずの大企業が圧力をかけ始めて、スタートアップ企業が苦しむのだ。

しかし一方で、この状況を巧みな「戦術」で乗り越えるスタートアップ企業が出てきている、という指摘もある。RDTを説明に用いながらこの点を研究しているのが、スタンフォード大学のリタ・カティーラだ。例えば彼女が2008年に

第29章　資源依存理論

注7）Dushnitsky, G. & Shaver, J. M. 2009."Limitations to Interorganizational Knowledge Acquisition: the Paradox of Corporate Venture Capital," *Strategic Management Journal*, Vol.30, pp.1045-1064.

ASQに発表した研究では、1977年から2003年の間に米国で行われたVC投資1万8168件のデータから、実は米国のスタートアップ企業は様々な手段でCVCが「サメ」になるのを避けながら、巧みに投資を受けている事実を明らかにしている[注8]。具体的には、特許や秘密保持契約などで自社技術を守ったり、自社技術が成熟・複雑化してなかなか真似できないレイター段階になったりしてからようやくCVC投資を受ける、などがそれに当たる。

加えて重要なのが、VC専業企業の活用である。カティーラらが2014年にAMJに発表した研究では、著名なVC専業企業の知名度・ネットワークなどの資源を活用することで、スタートアップ企業はCVCの「サメ化」を防ぐことができる、と主張する。

VC投資業界は狭い世界で、投資企業がスタートアップ企業にあまりにも理不尽な圧力をかければ、それが業界で知れわたり、そのような投資企業は業界で相手にされなくなる（例えば、以降は共同投資に誘われなくなる）可能性がある。特にKPCB、セコイアなど業界で著名なVC企業は、その知名度とネットワークの広さから業界全体ににらみが利く。したがってそのようなVCから投資を受けているスタートアップ企業は、大企業からCVC投資を追加で受けても大企業が圧力をかけてこない、という主張なのだ。

全米で過去に行われた16万件以上のVC投資のデータ解析から、カティーラらは「特にネットワーク中心性の高い位置にいるVC専業企業から投資を受けたスタートアップ企業は、大企業からのCVC投資も受けやすくなる」という結果を得ている[注9]。

このようにRDTは、「大企業が小企業を抑圧する」という単純な関係を描くだけのものではない。むしろ、「スタートアップ企業のような小さな企業が、いかに大企業からの外部抑圧を巧みに避けるか」に、深い示唆を与えるのだ。そしてこのRDTの描くメカニズム・主張を日本に当てはめれば、中小企業への示唆も

注8) Katila, R. et al., 2008. "Swimming with Sharks: Technology Ventures, Defense Mechanisms and Corporate Relationships," *Administrative Science Quarterly*, Vol.53, pp.295-332.

注9) Hallen, B. L. et al., 2014. "How Do Social Defenses Work? A Resource-Dependence Lens on Technology Ventures, Venture Capital Investors, and Corporate Relationships," *Academy of Management Journal*, Vol.57, pp.1078-1101.

大きいと筆者は考えている。

　日本企業の約99％は、中小企業である。その多くは、大企業・中堅企業のいわゆる「下請け」をしている。元請け－下請けの関係は、戦後キャッチアップ型で成功してきた日本経済では、それなりに機能してきた。しかし現在は、元請け企業も含めて日本経済は大きな転換の渦に飲み込まれており、下請け中小企業の立場が非常に弱くなっている。多くの下請け企業は販路が1、2社に限定されており、元請け・顧客への依存度が強くなりすぎているのだ。したがってパワーのある大口顧客から様々な外部圧力をかけられ、苦しむことになる。

　しかし実はいま、日本の中小下請け企業の中にも、若い後継者への代替わり等を機に下請け状態から脱却し、みずからを変革して急成長する企業が次々と登場しているのも事実なのだ。こういった企業の多くは、顧客・元請けからの外部抑制圧力を巧みに軽減させ、相対的なパワーを回復して飛躍しているのである。以下、私見も交えながらその事例を紹介しよう。

資源依存を脱却し、飛躍する日本の下請け企業

❶由紀精密

　神奈川県茅ヶ崎市の由紀精密（従業員約50人）は、そもそも公衆電話製造の下請け企業だった。しかし携帯電話の台頭で公衆電話需要は急減し、同社は経営危機に陥る。その最中2013年に社長に就任した3代目の大坪正人氏は、自社技術に対する潜在ニーズを探るため、航空宇宙展に出展を決断する。するとたまたま向かいのブースにいた三菱リージョナルジェット（MRJ）の担当者に興味を持ってもらい、それを契機に航空宇宙産業に販路を広げたのである。まさに「抑圧の軽減」だ。現在同社はロールス・ロイスやJAXAに部品を納入するまでになり、その取引実績で得た正当性は、同社のさらなる飛躍を後押ししている。

❷本多プラス

　愛知県新城市の本多プラスは野球の応援用メガホンをつくるなど、プラスチック成型の下請け業者だった。しかし、2011年に社長に就任した3代目の本多孝充氏は、同社が下請けを脱却するにはプラスチック成形品のデザインが重要と考え、東京の青山にデザインセンターを設立した。

さらに本多氏の戦術が興味深いのは、顧客企業の担当者を替えたことだ。一般に、大企業で下請けに対応するのは購買部門である。購買はその職責上、下請けを買い叩きがちだ。下請けはその抑圧を受け入れるしかない。一方で本多氏は青山で人脈をつくるにつれ、大企業のマーケティング担当者と親しくなった。そしてマーケティング部門に直接製品企画を持ち込むようにしたところ、マーケティング担当者の主導で契約が次々と決まっていったのだ。その時に提示された金額は、購買部門が提示するものと「桁が一つ違った」そうである。大企業でも、担当によって外部抑圧をかける部署は違う。本多氏はそこを巧みに突き、マーケティング部門担当者を取り込んだのである。まさに「抑圧の取り込み」である[注10]。

❸西村金属

メガネの産地・福井県鯖江市の西村金属は、チタン加工技術でメガネの蝶番（ちょうつがい）を生産する下請け企業だった。しかし、安価な中国製メガネの台頭によって鯖江のメガネ産業は低迷し、西村金属も苦しい立場に追いやられる。そのような中でも、同社の3代目である西村昭宏氏は、西村プレシジョンを立ち上げて、メガネの完成品事業に乗り出したのである。顧客と同じ事業領域に進出する「抑圧の吸収」だ。

西村氏が目をつけたのは、老眼鏡である。老眼鏡は字が見えない時だけかけるので、通常は畳んで胸ポケットに収めておきたい高齢者が多い。しかし畳んでも厚みがあるため、従来の老眼鏡ではそれが難しかった。そこで西村氏は同社のチタン加工技術を使って薄さ2ミリという老眼鏡「ペーパーグラス」を開発し、大ヒットとなったのである。ペーパーグラスは約1万5000円もする（それでも売れている）。老眼鏡が100円均一ショップで売られる時代に150倍以上の価値を持つヒット製品を生み、下請けから脱却したのである。

筆者は、日本経済の躍進のためには、下請けに甘んじていた中小企業が飛躍することが欠かせないと考えている。中小企業に高い技術を有するところは多いが、元請け・特定顧客への依存度が高すぎるがゆえに、そのポテンシャルに気づかないのだ。まさに依存度がアンバランスで、PI（パワー・インバランス）が高い状態だ。しかしいま、日本各地の中小企業で若い経営者が台頭し、外部抑

注10）『プレジデント』2016年8月29日号、11月14日号、12月5日号。

圧を巧みに解消し、飛躍を遂げている。その戦術はRDTと極めて整合的だ。

　RDTが主張するように、企業の依存関係はパワーの違いをもたらす。一般に大企業は強いパワーを持ち、小企業はパワーが弱い。しかし本章で述べてきたように、時に「小」が「大」を活かし、翻弄し、外部抑圧を乗り越えることは可能なのだ。そこで求められるのは軽減、取り込み、吸収という3つの戦術である。現代に復活したRDTは、「大が小を抑圧する」だけの理論ではない。「小」が「大」を抑え込み、飛躍するための道標なのである。

第30章 organizational ecology theory

組織エコロジー理論

変化の時代にこそ不可欠な「超長期」の時間軸

生物学を応用する経営理論

　本章から第32章までで紹介する理論は、社会学ディシプリンの中でもでも「エコロジーベースの理論」と総称できる。エコロジー（ecology）とは「生態学」のことだ。

　生態学とは、生物と環境の間の相互作用を研究する分野である。昆虫、鳥類、魚類、両生類、爬虫類、哺乳類などの生物は、周囲の環境にその行動・生死を大きく制限される。ここで言う「環境」は気候・地質だけでなく、エサとなる動物、エサを争う競合生物、外敵なども含まれる。生態学は、生態系を一つの大きな「生物の社会システム」と見なし、生物をその一員ととらえる。世界標準の経営学には、企業を大きな社会システム（生態系）の一員と見なし、生態学の知見を応用する分野があるのだ。

　本章で紹介するのは、なかでも最もよく知られる、組織エコロジー理論（organizational ecology）だ[注1]。前章冒頭でも触れたように、1970年代に生まれた三大組織理論の一つである。同理論は、生態学の中でも主に「個体群生態学」（population ecology）を応用する。特定地域における、生物個体数の変化を研究する分野だ。個体群生態学をビジネス社会という生態系に当てはめ、個体である企業の生死のメカニズムを探るのが組織エコロジー理論である。

　同分野を切り開いたのは、スタンフォード大学のマイケル・ハナン、カリフォルニア大学バークレー校のジョン・フリーマンとグレン・キャロルである。ハナ

注1）最近の組織エコロジーのレビュー論文には、Baum,J. A. & Shipilov, A. V. 2006. "Ecological Approaches to Organizations," *SAGE Handbook of Organization Studies*, pp.55-110. がある。

556　第4部　社会学ディシプリンの経営理論

ンとフリーマンが1977年に『アメリカン・ジャーナル・オブ・ソシオロジー』(AJS)
に発表した論文"The Population Ecology of Organizations"のグーグル・ス
カラーの引用数は、1万を超える[注2]。組織エコロジー研究は1980年代から90年
代に全盛期を迎え、数々の統計解析により、企業の生死に関する様々な知見が明
らかになった。

　生物と同じように、企業は生まれ、いつかは死ぬ。本章では組織エコロジー理
論のエッセンスを解説しながら、企業の生死のメカニズムを議論していこう。

組織エコロジー理論の前提

　組織エコロジーは個体群生態学などを応用する経営学分野の総称であり、その
応用範囲は広い。ハナン＝キャロルが2007年に発表した論文によると、現在の
同分野は大きく8つの派生分野に分かれる（**図表1**を参照）。その中には、様々な
派生理論がある。とはいえ、組織エコロジー全体で共有している前提は当然ある。
それは以下の3点だ。

❶企業の本質は変化しない

　本書でこれまで紹介してきた経営理論と比べ、組織エコロジー理論は業界全体
を社会システムと見なし、極めてマクロ的な視点を取る。したがって同理論では、
個別企業内の細かな変化をそれほど重視しない。すなわち、「一度生まれた企業
はある程度その形が形成されると、生涯その本質は大きくは変化しない」と考え
るのだ。一度生まれた生物が、死ぬまで遺伝情報の入ったDNA配列（ゲノム）
を変えないのと同じである。オタマジャクシは死ぬまでカエルであり、トカゲに
なることはない。

　エコロジー分野でも例外的に、企業の変化を明示的に取り扱う派生分野はある。
しかしこの分野でさえも、「組織はゆるやかに変化できても、そのスピードは環
境変化と比べて遅く、組織の本質を環境変化に追いつくようにするのは難しい」
と仮定している。図表1−6「構造的イナーシアと組織変化」は、この前提をも

注2) Hannan, M. T. & Freeman, J. 1977. "The Population Ecology of Organizations," *American Journal of Sociology*, Vol.82, pp.929-964.

|図表1| 組織エコロジー理論の8つの派生

1 密度依存 density dependence
特定業界などの個体群における、企業密度と企業の死亡確率・誕生確率の関係を分析（本文参照）

2 年齢依存 age dependence
企業の年齢と死亡確率の関係を分析（本文参照）

3 捕食範囲 nich-wide dynamics
ゼネラリスト企業とスペシャリスト企業のどちらが環境にフィットするかを分析（本文参照）

4 資源分割 resource partitioning
ゼネラリスト企業とスペシャリスト企業のビジネス生態系における棲み分け・共生を分析（本文参照）

5 社会ムーブメント social movements
新しい分野を切り開く企業群がいかにレジティマシーを獲得するかなどを分析（本文参照）

6 構造的イナーシアと組織変化 structural inertia and organizational change
企業の変化の難しさと、変化後の生存確率などを分析

7 組織の形状と個体群 organizational forms and populations
組織・分野の定義付けのダイナミクスなどを分析

8 組織の多様性 diversity of organizations
個体群における企業・組織の多様性を分析

出所：Hannan, M. T. et al., 2007. *Logics of Organization Theory : Audiences, Codes, and Ecologies*, Princeton University Press. をもとに筆者作成。

とに「いかに組織が変化に対応できないか」を解き明かす分野だ[注3]。

　企業が変化できない理由は2つある。第1に内部要因として、認知心理学の「限定された合理性」（bounded rationality）がある（第7章を参照）。人・組織は認知に限界があるので、環境が変化しても自身はそれに対応する大きな変化ができない。この硬直性をイナーシアと呼ぶ（第16章を参照）。カエルがトカゲになれないように、いくら環境が変わっても自動車メーカーは急に銀行にはなれない。

　第2に外部要因として、レジティマシー（正当性）効果がある。レジティマシーは、第28章「制度理論」の基礎となる考えだった。特定の商慣習・ビジネス手法・商品・サービスなどを多くの人が使い始めると、根拠が弱くてもそれが社会で「正当・常識」とされ、全員がそれを使うようになる傾向のことだ。逆に言えば、一度社会に馴染んでしまった企業は、その仕事のやり方・組織体制・事業内容などが取引先・投資先から「正当」とされてしまうので、なかなか変更できない。

注3）なお同分野では、組織の変化がその後の生存確率にプラスかマイナスかについて、結論はついていない。

❷自然選択のメカニズム

　組織が大きく変化しにくいなら、なぜこの世にこれほど多様な企業があるのだろうか。組織エコロジーはその理由を「企業が変化するから」ではなく、「多様な企業が生まれるから」と説明する。

　これはまさに、生態学（および進化生物学）のダーウィニズムの主張である。チャールズ・ダーウィンが1859年に『種の起源』で提唱したこの考えは、ご存じの方も多いだろう。ダーウィンは「生物は、生まれる時にランダムに遺伝変異が起こる」と主張した。したがって遺伝の突然変異により、多様な生物が生まれる。これを「多様化」(variation)という。

　しかし多様な生物はDNAを変化させられないので、その時の外部環境に適応できる遺伝子を持つものだけが生き残り、対応できなかったものは「選択・淘汰」される。これが自然選択（natural selection）の法則である。

　例えば、高い木しか生息しないアフリカの荒原では、多くの草食動物は木の上の葉（エサ）に届かず、淘汰されてしまう。しかし、たまたま突然変異で長い首を持った動物が生まれると、その動物（＝キリン）は高い木の葉を食べて生き残れるのだ。組織エコロジー理論も同様に、「突然変異で業界に多様な企業が生まれ、環境に適応できる個性を持った企業だけが生き残り、適応できない企業は淘汰される」と考える。このメカニズムを「生き残り」(retention)という。

　この多様化（variation）→自然環境による淘汰・選択（selection）→生き残り(retention)の流れを、その頭文字をとってVSRメカニズムという。エコロジーベースの理論の柱とも言える考え方で、次章「エコロジーベースの進化理論」でも中心的な考え方となる。次章で扱うVSRは組織内部のメカニズムなのに対し、本章「組織エコロジー理論」では、企業それぞれを一つの単位とし、ビジネス環境における企業の多様化、淘汰、生き残りに焦点を当てるのが特徴だ。

❸超長期視点

　結果、「組織エコロジー理論」は極めて長期的な視点を取る。**図表2**は、同分野の代表的論文に掲載されたグラフをいくつか並べたものだ。どちらのグラフも縦軸に業界などの「個体群」の企業・組織の総数を、横軸に時系列を示している。米新聞業界の1800年から1975年の175年にわたるデータ、米ビール醸造所業界の355年間のデータなど、極めて長期の視点が取られているのがわかるだろう[注4]。

図表2　組織エコロジー理論で分析される個体群の長期的推移

米新聞業界の175年間のデータ

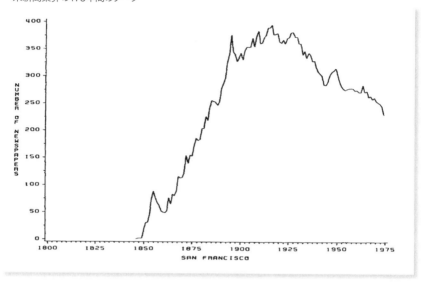

米ビール醸造所業界の355年間のデータ

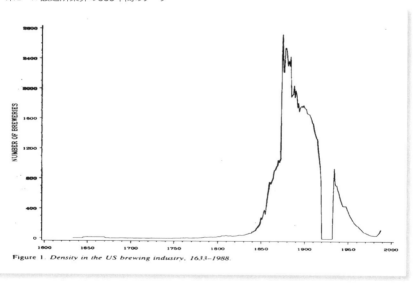

出所：Carroll, G. R. & Hannan, M. T. 1989. "Density Dependence in the Evolution of Populations of Newspaper Organizations," *American Sociological Review*, p.419 および p.422 より抜粋。

以上の前提に立ち、組織エコロジーでは様々な派生的な知見・理論が発展してきた。本章では代表的なものだけを3つ解説する。**図表3**「組織エコロジー理論の実証研究」も併せてご覧いただきたい。

派生1：密度依存（density dependence）理論

組織エコロジーで最も多く研究され、おそらく最も学者のコンセンサスが取れているのが、密度依存（density dependence）理論だ。

個体群生態学では、「生育領域内の個体数、つまり個体群の『密度』は、ある程度一定に保たれる」と考えられている。特定の生育領域内には、許容できる個体数の限界（carrying capacity）があり、個体数が多くなるとエサ・棲み家などの資源が不足し、個体数増加にブレーキがかかるからだ。これを個体群生態学では、「密度効果」（density effect）と呼ぶ。

ハナンやフリーマンらは、このロジックを企業の生死に応用した。この場合「企業の密度」は、特定業界の企業総数と考えていい。「業界全体の企業密度が、その業界における企業の誕生率・死亡率を規定する」というのが密度依存理論の主旨である。

密度依存理論は2つのメカニズムに基づく。一つは先のレジティマシー（正当性）効果であり、もう一つは密度効果である。ここではキャロルとハナンが1989年に『アドミニストレイティブ・サイエンス・クォータリー』に発表した論文で用いた、米新聞業界の事例を取り上げながら解説しよう[注5]。

19世紀初頭、米国では新聞というメディアの仕組みはまだ「正当化」されていなかった。しかし、19世紀半ばにペニー・ペーパーと呼ばれる一般大衆向けの新聞が出回り始めると、新聞が市民権（＝レジティマシー）を獲得し始める。それに合わせて、多くの起業家が新聞業界に参入するようになった。例えばサン

注4）同分野の実証研究では「ハザード・モデル」（イベントヒストリー分析、サバイバル分析とも呼ばれる）という統計手法が主に使われる。これは生態学や疫学で主に使われ、生物が生まれてから死ぬまでの「スピード」を解析する手法だ。経営学者は、これを「企業が生まれてから死ぬまでのスピード」などに応用する。

注5）Carroll, G. R. & Hannan, M. T. 1989. "Density Delay in the Evolution of Organizational Populations: A Model and Five Empirical Tests," *Administrative Science Quarterly*, Vol.34, pp.411-430.

|図表3| 組織エコロジー理論の実証研究例

	筆者（年度）	掲載された学術誌※	研究分野	調査対象／データ
1	Delacroix & Carroll (1983)	ASQ	密度依存理論	アルゼンチンとアイルランドの新聞社の設立と消滅に関するアーカイバルデータ（1800〜1900年、1800〜1925年）
2	Freeman & Hannan (1983)	AJS	捕食範囲	カリフォルニア州における788軒のレストランへのインタビュー調査（1978〜1979年）
3	Freeman et al. (1983)	ASR	年齢依存仮説	3つの個体群（①米国の半導体製造企業1159社〈1951〜1979年〉、②米国の地方紙の新聞社2768社〈1800〜1975年〉、③476の全米労働組合〈1860〜1980年〉）の設立、消滅に関するアーカイバルデータ
4	Carroll & Hannan (1989)	ASR	密度依存理論	9つの新聞産業の個体群（アイルランド、アルゼンチン、米国の主要7都市における、新聞社）の設立、消滅に関するアーカイバルデータ
5	Bruderl & Schussler (1990)	ASQ	年齢依存仮説	西ドイツの17万社の登記および登録抹消に関するアーカイバルデータ（1980〜1989年）
6	Amburgey et al. (1993)	ASQ	構造的イナーシアと組織変化	フィンランドで公刊された新聞1011紙に関するアーカイバルデータ（1771〜1963年）
7	Rao (1994)	SMJ	密度依存理論	米国で開催された381の自動車の性能コンテストに関するアーカイバルデータ（1895〜1912年）
8	Minkoff (1999)	AJS	ソーシャルムーブメント	米国の871の女性・マイノリティの権利団体に関するアーカイバルデータ（1955〜1985年）
9	Mezias, J. M. & Mezias , S. J. (2000)	OS	資源分割理論	米映画産業における製作・配給企業192社の設立に関するアーカイバルデータ（1912〜1929年）
10	Kuilman & Li (2009)	AMJ	密度依存理論	上海に開設された455の海外銀行に関するアーカイバルデータ（1847〜1935年）

※学術誌の略称と正式名称は以下の通り。
AJS: *American Journal of Sociology*　　AMJ: *Academy of Management Journal*
OS: *Organization Science*　　SMJ: *Strategic Management Journal*

フランシスコ周辺地域では、1820年代に刊行されていた新聞の数はほぼ皆無で、1860年頃でもせいぜい50程度だった。それがピーク時の1916年には395まで急増している（図表2を参照）。レジティマシーの浸透に合わせて、いっきに企業の誕生率が上昇したということだ。

主な発見
新聞社の設立数は、その数年前の設立数および当該時点の消滅数と逆U字型の関係を持つ。
売上高の季節変動が強い場合、特定のメニューに特化していないゼネラリスト型レストランの方が、特定の民族料理などに特化しているスペシャリスト型レストランよりも廃業率が低い。
3つの個体群のいずれにおいても、創業直後の消滅率は他の時期よりも高い。
新聞社の設立数は、個体群内の新聞社数（密度）と逆U字の関係を持つ。
企業の廃業率は創業後1年から15年の間で最も高くなる。
新聞紙面や刊行頻度の変革は新聞の廃刊のリスクを高め、創刊からの経過年数が長い新聞ほどそのリスクは高まる。一方、変革から時間が経過するにつれ廃刊のリスクは低下する。
自動車性能コンテストの受賞回数が多い自動車メーカーほど、市場からの退出率が低い。
非営利組織への支援が増えるほど、団体の解散のリスクが高まる。抗議活動が活発になるほど、各団体の活動の変化と解散の確率は低下する。
映画の製作・配給両方を行う企業（ゼネラリスト）間の集中度が高まるほど、製作ないし配給のどちらかのみを行う専業企業（スペシャリスト）の設立数が増加する。
外国銀行の上海市場への参入確率は、当該市場に開設された外国銀行の国別構成比でウェイト付けした銀行数、外国銀行の国別構成比の平均値、海外メディアの上海の銀行に関する報道回数と正の関係を持つ。

ASQ: *Administrative Science Quarterly*　　　　ASR: *American Sociological Review*

　レジティマシーの確立は、新聞社の死亡率も押し下げる。新聞が社会的にレジティマシーを獲得することで、新聞社は資金調達が容易になり、また新聞を読む習慣が「常識」として広まって多くの人が新聞を読み始め、顧客数が伸びていったからだ。結果、19世紀後半の新聞の廃刊率は低かった。

|図表4|企業の死亡と誕生

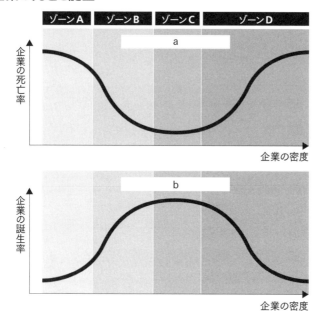

　しかし20世紀前半のピークを過ぎると、米新聞市場の飽和感は極限に達し、むしろ「密度効果」が顕在化する。新聞業界にはその限界（carrying capacity）以上に企業があることにプレーヤーたちが気づき、顧客・資金・取引先などの限られた資源を獲得する競争が激しくなったのだ。結果、今度は廃刊率が急上昇したのである。そのような血みどろの競争をしている業界に参入する企業はいないから、誕生率も大きく低下していく。

　図表4はその関係を示したものだ。密度依存理論によると業界における企業密度と死亡率の間には、U字型の関係がある（図表4-a）。一方、企業密度と誕生率の関係は、逆U字型となる（図表4-b）。このように一つの業界が生まれ、レジティマシーを獲得して成長し、やがて成熟・斜陽化していく過程は、経営学では組織エコロジーの密度依存理論で説明できるのだ。

求められるのは、時間軸への意識

　密度依存理論の実務への示唆は何だろうか。筆者は、それは「長期に業界の時

間軸を見ることの大切さ」だと考える。例えば、ビジネスにおけるレジティマシーの重要性である。密度依存理論の考えに基づけば、どんなに優れた製品・サービスを持つスタートアップ企業でも、それが社会でレジティマシーを獲得できなければ、長く苦戦が続き、死亡確率は高いままだ。逆に言えば、レジティマシーを獲得すれば死亡確率は下がり、そこから爆発的な成長さえ見込めるかもしれない。いわゆる「指数的な拡大」（exponential growth）である。

　料理レシピサイトのクックパッドは、その好例ではないだろうか。1998年に創業した同社は、2016年12月期に月次利用者数が6300万人に到達した。しかし、この利用者数は2006年には100万人程度にすぎなかった。最初の約10年もユーザーは着実に増えてはいたが、その後の10年でいっきに60倍以上になったのである。まさに指数的な拡大だ。

　なぜ、クックパッドは2000年代後半にいっきに成長したのか。筆者の理解では、それは通信手段がパソコンからスマートフォンに移行したことで、同社のサービス（および料理レシピサイト全体）が急速にレジティマシーを得たことが大きい。

　同社が創業された1998年時点のインターネット回線は、現在主流の光回線より2世代以上前のISDN回線だった。その速度は64キロバイト／秒で、現在の光回線（平均で1ギガバイト／秒）と比べると、途方もなく遅い。クックパッドのサービスは、利用者が自分のつくった料理の写真をレシピとともにサイトにアップすることで成立する。しかし64キロバイト／秒のISDN回線で写真をアップするのは手間と時間がかかり、そのくせアップされた写真の画質は低かった。

　その意味で、クックパッドの創業はある意味「早すぎた」とすらいえるかもしれない。図表4で言えば、同社の創業はゾーンAのタイミングで始まったのだ。ただ同社は、それからの10年を持ちこたえた。結果、スマートフォン時代が到来し、誰もがつくった料理を気軽に撮影してサイトにアップできる2010年代になって、この手のサービスがレジティマシーを獲得し、利用者数が爆発的に増加したのだ。2019年時点での国内5400万人の利用者のうち、スマートフォンを使っての利用は約7割である[注6]。

　逆に、このレジティマシーを獲得する時期（ゾーンB）よりも遅れて、業界の個体数が最大になった頃（ゾーンC）にようやく業界に参入するのは「遅すぎる」といえる。密度依存理論が示すように、業界の生態系は一度個体数がピークを超えれば、後は血みどろの資源獲得競争に突入して（ゾーンD）、死亡確率は急激

に高まるからだ。例えば、近年のクックパッドは国内ではやや苦戦気味と言われるが、その理由として「動画レシピ」サービスへの乗り遅れ（＝ゾーンCになってからの参入）を指摘する声がある。

このように密度依存理論は、いま自分が参入したい業界が「どの時期にいるか」を見極める重要性を示唆する。実際、「流行っているから」と言って密度が高い業界・ビジネスに参入する企業の事例は後を絶たない。しかし、それはその業界・ビジネスがゾーンCにあることを指すから、それはむしろやや激しい資源獲得競争と高い死亡確率を覚悟しなければならないということなのだ。

反対に、業界・ビジネスがまだゾーンAにあるなら、レジティマシーを獲得できる時期が来るまで「耐え抜く覚悟」が必要ということだ。そして耐え抜いてゾーンBに移行できれば、むしろ指数関数的な拡大が期待できるということでもある。特に近年の新しいビジネスはこの指数関数（exponential）的な傾向が強いと言われるから、このゾーンの見極めは非常に重要といえるだろう。

派生2：年齢依存（age dependence）仮説

生態学・進化生物学において、生物の年齢と死亡率の関係は重要な研究テーマだ。魚のように卵を多量に産む種は、多くが卵・幼魚のうちに死んでしまう。他方、親が子ども一匹一匹を大事に育てる哺乳類は、幼児の死亡率が低い。

組織エコロジーでは、長きにわたって「新しさの重荷」(liability of newness) という仮説が検証されてきた。これは先に紹介したハナンとフリーマンの1977年AJS論文、および彼らが1983年に『アメリカン・ソシオロジカル・レビュー』に発表した論文に端を発する[注7]。これらの論文で彼らは、「企業は幼い方・若い方が死にやすい」と主張した。

この理由も、先のレジティマシーの獲得にある。生物が生き残るための条件の一つは、周囲との社会性を高めることだ。生まれたばかりのライオン・象・シマウマなどにとって重要なのは、群れなど周辺環境のルールを知り、自身の立ち位置を理解し、群れに溶け込むことだ。そうすれば群れで自身のレジティマシーが

注6)「2019年12月期2Q決算説明会資料」クックパッドHPを参照。

注7) Freeman,J. et al., 1983. "The Liability of Newness: Age Dependence in Organizational Death Rates," *American Sociological Review*, Vol.48, pp.692-710.

高まり、周囲のサポートを受けられ、生き残る確率が高まる。

ハナン＝フリーマンは、「企業の場合、レジティマシー獲得に必要なのは、再生産可能性（reproducibility）と説明責任・透明性（accountability）である」と主張した。いくら優れたサービスを持つ企業でも、それが一度だけしか提供できないのでは意味がない。様々な顧客に安定して同質の製品・サービスが提供できるからこそ（再生産可能性が高いからこそ）、社会に受け入れられる。

したがってレジティマシー獲得には、第16章で解説した「組織のルーティン化」が欠かせない。組織内部のオペレーションがルーティン化すれば、安定して同質の製品・サービスが提供できる。さらに、そういった組織の安定化は、財務情報の整備、適切な役員構成、コンプライアンス体制確立などにつながり、組織情報の外部への開示が可能となる（＝説明責任・透明性の向上）。結果、外部プレーヤーが企業を信頼するようになり、投資・融資・取引が行いやすくなるのだ。変化が激しいスタートアップ企業でさえ、上場するためには再生産可能性と説明責任向上が不可欠だ。「当社は変化が激しいので、今後どうなるかわかりません」と言った企業が、上場審査を通るわけがない。

そして一般に創業したての若い企業ほど、再生産可能性と説明責任の仕組みができていない。彼らは日々の仕事に手一杯であり、オペレーションを安定させて体制を整えることは二の次になる。しかし、「それは結果としてレジティマシーを乏しいままにさせ、投資家・銀行・顧客・取引先など社会からのサポートを引き出しにくくし、死亡率が高まる」というのが、新しさの重荷仮説だ。

新しさの重荷仮説は1980年代に様々な統計分析による検証が行われ、同仮説を支持する結果が多く得られてきた。しかし1990年代にさらに実証研究が進められると「むしろ年老いた企業の方が、環境変化に対応できず死滅する可能性が高い」という「長寿の重荷」（liability of aging）仮説なども主張され始めた[注8]。

新しさの重荷と長寿の重荷は、どちらが正しいのだろうか。これは現在も進行中の研究テーマであり、決着はついていない。筆者自身は、やはり両者の違いを分けるのは「環境変化のスピード」の影響だと考えている。

新しさの重荷仮説を逆に言えば、「企業は年を取るほど、レジティマシーが高まるので社会のサポートを受けやすく、死亡率を下げられる」ということになる。

注8）それ以外にも、「青年期に差しかかった企業の死亡率が高い」とする liability of adolescence 仮説もある。

しかしそのためには、企業の周囲の環境変化がゆるやかであることが欠かせない。先述のように、組織エコロジーには「組織の変化は、環境変化より遅い」という前提がある。それは「環境変化のスピードが遅いほど、企業はその変化に追いつきやすく、死亡確率が低くなる」ということでもある。

実際、日本は創業100年を超える企業が2万6000社ある世界一の長寿企業大国だが、その「老舗企業ランキング」を見ると、第1位は第四銀行、第2位は十八銀行、第3位は十六銀行、第4位は四国銀行、第5位は百五銀行と、上位を地方銀行が独占している[注9]。近年は再編の印象が強い地銀業界だが、やはり規制などにも守られて各地域で長い間安定していた業界だったからこそ、長寿企業が多いのだろう。

一方で長寿の重荷仮説が主張するように、長寿企業はルーティン化が極度に進みがちで、いったん環境が大きく変化し出すと、その勢いに耐え切れない。現在の地銀再編はその一例だろうし、急激な構造転換を求められている百貨店業界なども該当するだろう。

派生3：捕食範囲の理論（niche-width dynamics）

生態学では、「他生物との過度な捕食競争を避けられ、繁殖するのに適した生物の捕食範囲」という考えがある（niche-widthと呼ばれる）。捕食範囲によって、生物のタイプを分けるのだ。

なかでも重要なのが、「ゼネラリスト」と「スペシャリスト」の違いだ。生態系には、色々な種類のエサを食べる生物と、特殊なエサしか食べない生物がいる。100種以上の草を食べるバッタはゼネラリストで、キャベツなどアブラナ科の植物しか食べないモンシロチョウはスペシャリストである。肉なら何でも捕食するライオンはゼネラリストで、アリしか食べないアリクイや、ユーカリの葉しか食べないコアラはスペシャリストだ。「ゼネラリストとスペシャリストのどちらが環境にフィットするか」という自然選択メカニズムをもとに企業の死亡率を分析する分野を、フィットネス・セット理論（fitness set theory）という（図表1の3に該当する）。

そしてフィットネス・セット理論をさらに発展させたのが、資源分割理論

注9）「荒波を乗り越えた『老舗企業』ランキング200」東洋経済オンライン、2015年11月24日。

568 ｜ 第4部 ｜ 社会学ディシプリンの経営理論

(resource partitioning theory）である。グレン・キャロルなどが中心になっ
て切り開いた「生態系における企業の棲み分け・共生」（mutualism）のメカニ
ズムを扱う分野だ。

　生態学では、一般にゼネラリストの動物同士がエサの獲得競争を行う傾向が知
られている。肉なら何でも捕食するライオンは、他の「肉食のゼネラリスト」で
あるチーターやハイエナと競合しがちだ。他方でアリクイやコアラは、ライオン
とはエサを取り合わない。スペシャリストとゼネラリストで、棲み分けが起きる
のだ。したがって、ゼネラリスト同士がエサをめぐって競争するのとは違い、ス
ペシャリストは自分の捕食範囲を守れて、生き延びやすくなることが予想できる。

　キャロルは資源分割理論で、この「生物の棲み分け」をビジネスに応用したの
だ。業界には、多くの顧客を相手にするマス市場と、特定の顧客だけに絞るニッ
チ市場がある。一般にマス市場を押さえられるのは、スケールメリットを活かし
て豊富な商品・サービスを提供できる、大型のゼネラリスト企業になりがちだ。
そしてゼネラリスト同士が激しく競合してくれれば、ニッチ市場のスペシャリス
ト企業は自分の捕食範囲を守りやすくなる。キャロルは1985年にAJSに発表し
た研究で米新聞紙業界のデータ、1992年に『インダストリアル・アンド・コー
ポレート・チェンジ』に発表した論文で、米ビール業界のデータを使ってこの点
を統計解析した[注10]。結果、「業界内でゼネラリスト企業間の競合度が高まるほど、
その業界にいるスペシャリスト企業の死亡率が低下する」という仮説を支持する
結果を得ている。

　棲み分けの視点は、「新しい業界にゼネラリストとして参入するか、スペシャ
リストとして参入するか」という問いに示唆を与える。例えば最近なら、IoT分
野への参入がそれに当たるかもしれない。日本ではここ数年、急速に知れわたっ
たIoTだが、ドイツでは政府が2011年にインダストリー4.0を発表したように、
シーメンスなど独企業は20年近く前からIoT分野への取り組みを行い、例えば
スマート・ファクトリー領域でプラットフォーマー（＝ゼネラリスト）としての
地位を築きつつある。

注10) Carroll, G. R. 1985. "Concentration and Specialization Dynamics of Niche Width in Populations of
　　　Organizations," *American Journal of Sociology*, Vol.90, pp.1262-1283. および Carroll, G. R. & Swami-
　　　nathan, A. 1992. "The Organizational Ecology of Strategic Groups in the American Brewing
　　　Industry from 1975 to 1990," *Industrial and Corporate Change*, Vol.1, pp.65-97.

このドイツ勢にゼネラル・エレクトリック（GE）などが競合することで、すでにゼネラリスト間の争いが極めて激しくなっているのだ。そこに後発の日本企業がいまからゼネラリストとして参入し、血みどろの捕食範囲競争を行うべきなのか、それともスペシャリストとして特定のデバイスやアプリケーションなどに専念すべきなのか、という問いである。資源分割理論が示唆するのは、後者ということになる。実際、欧米IoT関連大手企業の幹部の中には、「スマート・ファクトリーのプラットフォーム企業はすでに欧米中心でプレーヤーが決まってしまった。後発の日本企業は、むしろデバイスなどに専念した方が生き残りやすい」という主張をする方もいる。

ここまで、様々な組織エコロジーの視点を紹介してきた。しかし同理論には、批判もある。なかでも大きな点は、「エコロジー理論は、実務的な示唆が見いだしにくい」といわれることだ。この理論は「企業の運命は環境という生態系に制約・規定されており、抗うことは難しい」という前提があるからだ。

しかし本章で述べてきたように、筆者自身は「エコロジー理論もビジネスへの示唆・洞察を与えてくれる」と考えている。これほど俯瞰的に「業界という生態系」の変化を考えさせてくれる理論は、他にはそうそうない。そこで最後に、筆者が今後の日本企業を考える上で特に重要と考える示唆を、私見を交えて紹介したい。それは「超長期視点の習慣づけ」である。

メガトレンドを持って、生態系を渡り歩け

現代の日本企業が抱える課題の一つは、「自社の所属する業界が古く、成熟してしまった」ことのはずだ。図表4が示すように大局的に見れば、業界全体が快適な時期は「一瞬」にすぎない。多くの日本の業界は、すでにゾーンCからゾーンDに移行している。

実は、ここまでの議論には暗黙の前提があった。それは「生物（企業）は一つの生態系に、終生留まる」という前提だ。生まれた生物はDNAを変えられないから、その遺伝子が環境に選ばれなければ絶滅してしまう。しかし現実には、生物も時に生態系を「渡り歩く」ことがある。例えば人類が氷河期を通じて生き延びたのは、二足歩行により温暖な生態系へ移動できたことが一因だといわれる。

これは企業も同様のはずだ。生物の場合、生態系がゾーンDに差しかかれば、

570 ┃ 第 4 部 ┃ 社会学ディシプリンの経営理論 ┃

そこにいる生物間で激しい資源獲得競争が始まり、生態系を移動できない生物は死ぬしかない。しかし企業は、あくまで事業を乗せた「器」である。したがって、ゾーンDに差しかかった時にこの資源獲得競争を勝ち抜けないと考えるなら、次の生態系に移る手段があるのだ。

ここで考えるべきポイントが2つある。第1に、次の生態系に移る際は、あくまでゾーンA、Bに移ることだ。その領域が社会的レジティマシーを獲得する前に入れば、その後は環境の生存確率の上昇が期待できるからだ。第2に、これまでのルーティン（DNA）が活かしやすい生態系に移動することだ。一度確立された企業のDNAは大きく変えられないのだから、その「DNAが選ばれやすい」生態系・環境に進まなくてはならない。

もちろん、こういった生態系の移行すなわち「事業ポートフォリオの入れ替え」は、日本企業でも主張されている。しかし現実はどうだろうか。多くの企業がメリハリのないポートフォリオ構成のまま、低い利益率を維持していることが多いのではないだろうか。

一方でデュポン、シーメンス、IBMなど、長く生きながらえている欧米の巨大グローバル企業の多くは、過去20年で10%台後半の高いROE（自己資本利益率）を安定して叩き出しつつも、実はその事業ポートフォリオは驚くほど入れ替わっているのだ。シーメンスは2000年代初頭まで主力事業だった情報通信や自動車部品から2000年代後半に早々に撤退し、現在はエネルギー、工業部品、ヘルスケアなどが主力事業となっている。IBMは1960年代・70年代に隆盛を極めたメインフレーム事業から、1990年代にITソリューション中心の企業へと大きく転換し、さらにパソコン事業は2005年に早々と中国レノボに売却している（一方で、日本のNECと富士通がパソコン事業を同じくレノボに売却したのはそれぞれ2011年、2018年のことである）。同社の主力はいまやクラウドとAIだ。

なぜ欧米グローバル企業はこれほど生態系の転換ができ、日本企業はできないのだろうか。もちろん様々な理由があるだろうが、筆者は最も重要なポイントは、日本企業には「メガトレンド」の視点が足りないことだと考えている。すなわち、3年の中期経営計画ではなく、20年、30年、場合によっては50年・100年先までを見据える世界の超長期トレンドを経営陣が共有し、その認識について一枚岩になることだ。それを前提に、各業種の長期にわたる生態系の変化を見越すのだ。

実際メガトレンドは、先に挙げた欧米のグローバル企業の多くではもはや常識

|図表5| シーメンスが想定するメガトレンドの例

人口動態の変化	2050年に退職者が現在よりも10億人増加する。
都市化	2050年に発展途上国および新興国の都市の人口は現在よりも30億人増加する。
デジタルの変革	2035年までにマイクロチップの計算能力、記憶容量、およびデータ変換速度は、現在よりも1000倍も高くなる。
資源不足／気候の変化	現在の経済システムがこのまま続くならば、資源とエネルギー消費のために、2050年までに3つの地球が必要になる。

出所：https://w3.siemens.com/topics/global/en/events/hannover-messe/program/Documents/pdf/Zukunft-2050-Ulrich-Eberl.pdf をもとに筆者作成。

になっており、経営陣の思考に習慣づけられているとさえ言える。例えば米デュポンには、「100年委員会」とでも呼ぶべきものがある。経営陣が各技術分野、人口動態、地政学などの専門家を呼んで、これから100年先の将来がどうなるかを予見するのだ。同様のことは、シーメンスもIBMも行っている。**図表5**は、シーメンスのメガトレンドを紹介している。

　ポイントは、経営陣がメガトレンドを真剣に議論し、これを全員が腹落ちするまで徹底共有することだ。ただのお題目ではない。例えばシーメンス日本法人専務（2017年当時）の島田太郎氏は、「シーメンス本社の役員の間では、メガトレンドの見方が揃っている」と述べる。経営陣に超長期の方向性についての徹底した議論があり、全員が腹落ちしているのだ。

　結果として、メガトレンドの視点を持つ企業は「これからレジティマシーが高まるであろう事業領域」に、早めに投資できる。図表4のゾーンAの事業だ。しかも早めに入れば、安い投資で新たな生態系に参入できる。結果としてそのうちのいくつかが成長し（ゾーンB・ゾーンCに突入し）、レジティマシーを獲得し、大きな事業となるのだ。

　シーメンスがヘルスケア事業を買収し始めたのは、2000年代初頭だ。それがいまでは売上げの20％にまで成長している。実は同社は（IoTという言葉さえなかった）20年以上前から、IoT分野のゾーンAに着実な投資・開発をしてきた。だからこそ、現在IoT分野のゼネラリストとして、プラットフォームを押さえつ

572　｜第4部｜社会学ディシプリンの経営理論｜

つあるのだ。これもメガトレンドが社内で共有できているからこそ、可能といえる。

　一方でゾーンCを超えた事業は、資源獲得競争に勝ち抜ける自信がない限りは、売却してしまう。先に述べたように、IBMがパソコン事業を売却したのは2005年だ。さらに言えば、Cの時期に売却すれば、その事業はまだ高く売れる。メガトレンドに基づいて、各分野（生態系）の長期の興隆を見抜き、レジティマシーがまだ低い時期（ゾーンAかB）に安く投資をして、ゾーンCを超えたら高い値段で売却するのだ。

　誤解を恐れず大胆に言えば、3年単位の中期経営計画に頼る日本企業の多くは、この「メガトレンドに基づき、様々な業界の生態系変化を見越す習慣」が決定的に足りていないのではないだろうか。このような話は現実感が薄いため、「日本企業では日々の仕事に忙しいので、そんな暇はない」と言われがちだ。しかし、いまグローバルで勝ち続けている大手欧米企業ほど、メガトレンドに基づいて各業界の生態系の動向を真剣に見越しているのだ。実は日本でも、最近は大手企業の経営陣が「メガトレンド」を考える機会を持つこともある。しかし、多くはコンサルタントに丸投げして単発で行っている印象だ。他方で欧米企業は、メガトレンドを経営陣が考えるべき思考作業として、習慣づけているのだ。

　生物と企業の違いは、後者は環境から一方的に制約されて選ばれるだけではない、ということだ。時には生態系を渡り歩いて、生き抜けるのだ。その起点の「思考の軸」として、組織エコロジー理論のもたらす示唆は、実は非常に大きいと筆者は考える[注11]。

注11）　本文では触れなかったが、超長期視点に加えて、エコロジー理論が持ちうる他の示唆に「自ら能動的に新分野のレジティマシーを普及させる」というものもある。図表4で言えば、ゾーンAで投資家、顧客、雇用者などに「これからこの分野は重要になる」という認識を普及させてしまえば、レジティマシーが高まり、自社の生存率も上がるからだ。これは経営学ではcollective identityと呼ばれ、最近の研究には例えばペンシルバニア大学のテイラー・ライが2011年にOSに発表した研究などがある（Wry, T. et al., 2011. "Legitimating Nascent Collective Identities: Coordinating Cultural Entrepreneurship," *Organization Science*, Vol.22, pp.449-463.）。日本の事例では、例えば1960年代のカップラーメンの粗悪品が出回った時期に、日清食品創業者の安藤百福氏が、自社の製造特許権を無償で公開することで「良質なラーメン」のレジティマシーを普及させ、結果として業界（と日清食品）が拡大成長していった例などが挙げられる。

第**31**章 evolutionary theory

エコロジーベースの進化理論

生態系の相互作用が、企業進化を加速する

変化に関する4つの類型

　本章は、「エコロジーベースの進化理論」（evolutionary theory）を解説する。同理論を打ち立てた筆頭は、ノースカロライナ大学チャペルヒル校のハワード・オルドリッチだ。オルドリッチが1999年に刊行した著書 *Organizations Evolving* はよく知られる[注1]。他にもスタンフォード大学のロバート・バーゲルマン、カリフォルニア大学ロサンゼルス校のビル・マッケルビーといったスター経営学者がこの分野を発展させてきた。

　前章の組織エコロジー理論が、産業・業界など企業の固有群（population）の動的変化というマクロ視点を持ったのに対し、進化理論は企業内部の変化という「ミクロ」に焦点を当てる。組織エコロジー理論には、「組織は本質的に変化しにくい」という前提があった。一方、では「組織はなぜ変化しにくいのか」「それでもあえて変化を起こすには」といった組織内部のメカニズムをひも解くのが、エコロジーベースの進化理論である。

　これと似たテーマは、第16章の「認知心理学ベースの進化理論」で紹介している。今回のエコロジーベースの進化理論と第16章のそれは、ともに企業・組織がなぜ変化するのか（あるいは、なぜ変化しにくくなるのか）のメカニズムを解き明かすという意味では共通している。一方で、両者はその基盤が異なる。認知心理学ベースの進化理論はその名の通り、認知心理学を基盤とする。人は認知に限界があるので、組織内の行動をルーティン化させて記憶し、それが組織の継続的な進化にもつながりうるし、逆に硬直化にもつながるというのが主な主張

注1）Aldrich,H. E. & Ruef,M. 2006. *Organizations Evolving*, SAGE Publications Ltd.

だった。

それに対して今回のエコロジーベースの進化理論は、生態学の「多様化と競争による自然淘汰」のアナロジーが原点にある。同理論の基盤となるのは、「多様化」（Variation）、「選択」（Selection）、「維持」（Retention）、「苦闘」（Struggle）のプロセスだ。本章では、頭文字を取ってVSRSメカニズムと呼ぼう。

VSRSメカニズム

VSRメカニズムは前章でも触れたが、本章はより詳しく解説しよう。ちなみに、前章では一般的に普及しているVSRの表記を使ったが、より近年では、「苦闘」（Struggle）の"S"を最後につける方が厳密かつ正確なので、本章ではVSRSと表記する[注2]。世界の社会学ディシプリンの経営学者でVSRSを知らないものはいないと言ってもいいかもしれない。まず、その意味を生態学のアナロジーで解説しよう。**図表1**も併せてご覧いただきたい。

多様化（Variation）

生態系に様々な生物種が生まれることである。前章でも述べたように、生物は交配によって多様なDNAの塩基配列（ゲノム）を持った種が生まれる。生物が一度持って生まれたDNAの塩基配列は、生涯変わることはない。変化は交配によって生物が生まれる時にのみ生じると考える。

選択（Selection）

有名なダーウィニズムの自然選択・自然淘汰プロセスである。生物界では、交配を通じて多様な種が生まれる。しかし、多くは生き残れない。自然環境にフィットしない生物種は淘汰され、フィットしたものが環境に選ばれて生き残る。

例えば英国では、マイマイガという蛾の一種が繁殖している。マイマイガには様々な色の種類があるが、産業革命以前の英国で広く繁栄していたのは、明るい灰色のものだけだった。この色は林の中でも周囲の背景に紛れ込みやすく、鳥などからの捕食を避けられたからだ。それ以外の色のマイマイガは目立って食べら

注2）VSRSメカニズムとしているが、VSRSプロセスともいう。

|図表1| VSRSメカニズム

	Variation 多様化	Selection 選択	Retention 維持	Struggle 苦闘
業界の企業 (前章の 組織エコロジー 理論)	技術革新、規制緩和などで多様な企業が生まれる。	競争環境にフィットしたり、レジティマシーを獲得した企業が選択される。	環境にフィットした企業が生き残る。	企業が環境変化に対応できず苦闘する。
企業内の人材 (エコロジーベースの 進化理論)	創業期などに多様な人材が集まる。ダイバーシティ施策など。	企業がレジティマシーを獲得するための人材、ホモフィリー効果による同質の人材が選ばれる。	似たような人材が企業内に維持されがちになる。	似たような人材しかいないので、新しいアイデアなどが生まれなくなる。
企業内の情報 (エコロジーベースの 進化理論)	多様な人材により情報が多様化する。企業の新しい行動で情報が多様化する。	情報処理プロセスが組織構造・ルールに依拠して、情報が選択される。	固定化された情報プロセスにより、戦略が硬直化する。	戦略が硬直化し、柔軟な変化に対応できなくなる。

れてしまい、淘汰されていった[注3]。

維持（Retention）

　特定環境にDNAがフィットした生物は生存競争を勝ち抜き、子孫を残す。産業革命以前に明るい灰色のマイマイガが長きにわたって繁栄したのがこれに当たる。

苦闘（Struggle）

　しかし、やがて環境が変化していくと、この固有種の持つ特性が環境にフィットしなくなる。生物のDNAは生まれた後では変えられないから、以前は環境にフィットしていた生物も、環境が変化すると遺伝子が対応できずに淘汰されていく。一方で交配により突然変異でさらに多様な種が生まれ（variation）、新しい環境にフィットできる種が生き残り、代わって繁栄するのだ。

　英国のマイマイガの場合、外部の環境変化は産業革命によって引き起こされた。当時の英国では急速な工業化が始まり、工場から大量の煤煙が排出されて街全体

注3) マイマイガのくだりは、O'Reilly III,C. A. et al., 2009. "Organizational Ambidexterity: IBM and Emerging Business Opportunities," *California Management Review*, Vol.51, pp.75-99. による。

が急速に黒ずみ出したのだ。結果、明るい灰色のものはむしろ目立つようになって、鳥の格好の捕食対象となり、淘汰されてしまうことになった。逆に、産業革命後の英国で繁栄したのは、黒ずんだ環境に紛れ込める黒いマイマイガだったのである。

このVSRSの視点を、経営学者は産業・企業のダイナミックな変化プロセスに応用したのだ。まず、「マクロ」の視点で見れば、このVSRSは「組織エコロジー理論」そのものだ。前章で述べたように、組織エコロジー理論とは、企業一つひとつを生物に例え、長期の産業ダイナミズムの中で、どのような固有特性（DNA）を持った企業（生物種）が生き残れるかを解き明かす理論だった。

一般に業界の黎明期には、多種多様な企業が生まれる。前章で紹介した米国の新聞業界では19世紀初頭に黎明期を迎え、多様な個性を持つ新聞社が生まれた。19世紀半ばには新聞社数はサンフランシスコ周辺だけで395にまで増加した。一方で、顧客・投資家など限られた「資源」をめぐっての競争も進み、多くは環境にフィットできず、市場から退出していった。その後20世紀になって生き延びた新聞社は、その個性を維持し、『ニューヨークタイムズ』や『USA Today』などの全国紙や地方新聞が、長きにわたって繁栄する。しかし21世紀に入ると、今度はデジタル革命が起きる。デジタル化の変化スピードに既存の新聞社はついていけず、現在は淘汰が進んでいる。2013年に『ワシントン・ポスト』がアマゾン・ドットコムに買収されたのは、象徴的な出来事だ。

さて、ここからが本題である。前章の組織エコロジー理論は「生物が生まれ持ったDNAを変化させられないように、企業には固有の特性があり、それは大きく変化しない」という前提があった。企業は、本質的に変わりにくいのだ。結果、大部分の企業は後の環境変化に対応できず、死滅していく。米国では、社齢40歳を迎えられる企業は全体の0.1％にすぎないという統計もある。ただ、逆に言えば、（0.1％にすぎないが）環境変化に適応して変化し、生き延びる企業もわずかながら存在するということでもある。

生物と企業組織の、根本的な違いは何だろうか。本章で重要なのは、生物学では「生物それぞれが固有の最小単位」であるのに対し、ビジネスでは「企業組織が最小単位ではない」ということだ。一つの企業の中には、人材・情報・知見な

|図表2| エコロジーベースの進化理論の実証研究例

	筆者（年度）	掲載された学術誌※	分析対象となる進化プロセス	調査対象／データ
1	Burgelman (1991)	OS	多様化・選択・維持	米半導体企業インテル社の事例（1985年のDRAM事業撤退）
2	Greve (1999)	ASQ	多様化・選択	米国160のラジオ局における番組構成の変更に関するアーカイバルデータ（1984〜1992年）
3	Burgelman (2002)	ASQ	維持・苦闘	米半導体企業インテル社の事例（1987〜1998年のマイクロプロセッサー事業の成功と、新規事業開発の失敗）
4	Henderson & Stern (2004)	ASQ	多様化・選択・維持	米パソコン産業で1975〜1994年に設立された、736社の6727の製品に関するアーカイバルデータ
5	Eckhard et al. (2006)	MS	選択	スウェーデンのスタートアップ企業221社の創業者に対するインタビュー調査
6	Leung et al. (2006)	JBV	選択	創業間もない企業10社、創業から6〜30年経過した企業10社へのインタビュー調査（2002〜2004年）
7	O'Reilly et al. (2009)	CMR	多様化・選択・維持	米IT企業IBMの、新事業開発プログラム（EBO: Emerging Business Opportunities）の事例調査

※学術誌の略称と正式名称は以下の通り。
ASQ: *Administrative Science Quarterly*　　　CMR: *California Management Review*
OS: *Organization Science*

どの「多様なリソース」があり、その違いや組み合わせが企業の個性を形づくる。そしてそのリソースの組み合わせなら、企業内で変化しうる。すなわち企業では、その内部の人材・情報に対してもVSRSメカニズムが働く、と考えるのである。結果、企業内のVSRSが企業特性を規定し、環境への適応力を形成していく。これがエコロジーベースの進化理論の基本主張である。

　企業で特に重要なリソースは、人材と情報だ。以下、順に解説する。図表1と**図表2**も併せてご覧いただきたい。

企業内人材のVSRSメカニズム

　企業は人の集合体である。したがって、企業内にどのくらい多様な人が集まり、どのような人が選ばれ、どのような人が長く組織に維持されるかは、企業の命運を左右する。

主な発見

インテルは①現場主導の新事業開発の取り組み（多様化）と②トップマネジメント主導の各事業への資源配分の決定（多様化の削減）の両方を行い、「DRAM事業からの撤退」という戦略を形成した。

①ラジオ局による番組構成の変革（多様化）は聴取率（選択）と負の関係にある。②番組構成変更によって、ラジオ局の聴取率はラジオ産業の平均へと回帰する。

①インテルのCEOアンドリュー・グローブは成長が著しかったマイクロプロセッサー事業に注力できるように資源を集中した（保持）。②一方、新事業構想はあったものの、既存戦略が極度に埋め込まれて現場の自立性が弱まり、現場のミドルマネジャーの能力低下が生じ、新規事業開発に失敗した。

企業における製品の撤退数（選択）は、当該企業の市場に投入する新製品数（多様化）と正の関係を持つ。

創業者が外部資金を調達できる確率は、売上高や製品開発の段階等の客観的な指標の条件（資金の出資者の選択基準）を満たすほど高まる。

創業初期の企業は事業を軌道に乗せる上で経営層の協調が必要になるために、創業者の個人的なネットワークから信条、利害が一致し、相性がよいメンバーが採用される（選択）。

EBOは、以下の進化プロセスをたどる。①毎年新事業のアイデアを募り、いくつかが新事業開発プログラムとして採択される（多様化）。②必要な人的、金銭的サポートをEBOに提供しつつ、マイルストーンで進捗状況を管理し、達成要件を満たさない場合は事業を中止する（選択）。③EBOの開始以降採択された25事業のうち22事業が大きく成長し、IBMの主要事業に位置付けられている（維持）。

JBV: *Journal of Business Venturing*　　MS: *Management Science*

　一般に人材の多様化の程度が高いのは、創業から数年の間といわれる。いわゆる創業初期メンバーだ。通常、起業は極めて少人数で行われる（全米で1992年に創業された176万社のうち、97%は従業員ゼロの状態で創業されている）。しかし、企業は成長するにつれメンバーを追加する。前章で述べたように、創業数年のスタートアップ企業は社会的なレジティマシー（正当性・信用）が弱く、人材確保は容易ではない。したがって創業初期は様々な経験・知見・価値観を持った人材が寄せ集められることが多く、結果として多様性が生まれる（＝variation）。

　しかし同時に、人材は企業内部で選抜のプレッシャーも受ける（＝selection）。創業時の企業は方向性が定まっていないことが多く、一方で人材の多様性は高いので、人の入れ替えが行われやすい。選抜の基準は大きく2つある。第1に、周辺環境からのプレッシャーだ。若い企業は周辺社会からの正当性をなかなか得られず、顧客・取引先・資金の獲得に苦労するというハンディキャップがある（前章で解説した新しさの重荷〈liability of newness〉のこと）。したがって企業

が成長するにつれ、社会的正当性を獲得するための人材が選抜されていく。それは会計に強い人だったり、すでに成功した経営者を取締役に迎えることだったりするかもしれない。

選抜の第2基準は、ホモフィリー（homophily）である。ホモフィリーは、生物進化学で古くから主張されていた。それは「生物は、本質的に同じ特性のものがつながる性質がある」ということだ。例えば同じ鳥科のサギでも、アオサギ、シロサギ、ダイサギなど様々な種類がある。そしてシロサギはシロサギ同士で、アオサギはアオサギ同士で集まり、シロサギとアオサギが交わることはめったにない。「同じ羽の鳥は群れを成す」（birds of a feather flock together）ということわざは本当ということだ。ここで、ホモフィリーの視点を少し深く解説しよう。

人にも存在するホモフィリー・プレッシャー

経営学や社会学では「人は、そもそも本質的に同じタイプの人を好み、同じ人とつながりやすい傾向がある」という主張が長く支持されてきた。人もホモフィリーの傾向があるということだ。ホモフィリーは、コロンビア大学の社会学者ポール・ラザーズフェルドらが1954年の論文で提示して以来、半世紀以上も社会学の主要テーマとなっている[注4]。性別、人種、体格、性格、職業、趣味、価値観などの特性において、人は自身と似た人と心理的近接感を持ちやすいし、コミュニケーションも取りやすい。結果、自分ではそれほど意識していなくても、人は自分と似たような人を選んで交流する傾向があるのだ。社会学・経営学の多くの実証研究で、ホモフィリーの傾向は強く支持されている[注5]。

そして企業の人材採用には、ホモフィリー効果が大きく影響する。例えば、オルドリッチが2003年に『アメリカン・ソシオロジカル・レビュー』誌に発表した研究では、企業の創業初期メンバーの人材セレクションに関する実証研究を

注4) Lazarsfeld, P. F. & Merton, R. K. 1954, "Friendship as a Social Process: A Substantive and Methodological Analysis". *In Freedom and Control in Modern Society*, Van Nostrand, pp.18-66.

注5) なおこの点は、脳神経レベルでも実証されつつある。UCLAの心理学者キャロライン・パーキンソンらが、2018年に『ネイチャー・コミュニケーションズ』に発表した研究（Parkinson, C. "Similar Neural Responses Predict Friendship," *Nature Communications*, Vol.9, pp.1-14）では、友人同士は脳神経の反応も似る傾向があることを明らかにしている。

580 第4部 社会学ディシプリンの経営理論

行っている注6。この研究でオルドリッチは、創業メンバーがチームを組む時には、①その人の役割・能力を重視して人を選ぶ、②ステータスのある人を選びたがる、③人脈を活用して選ぶ、④地域的に近い人を選ぶ、⑤ホモフィリー効果、の5つのメカニズムが働くことを示した。そして、全米の起業家816人を使った実証研究の結果、なかでも統計的に最も強い効果が示されたのは、やはりホモフィリー効果だったのだ。我々は知らずしらずのうちに、似たもの同士で会社をつくっていくのである。

　端的な例として、フェイスブックを取り上げてみよう。同社は4人のメンバーで創業されたことで知られるが、現在も残っているのは、現CEOのマーク・ザッカーバーグ氏だけだ。他の3人は同社を去っている。ハーバード大学でザッカーバーグ氏と親友だったエドゥアルド・サベリン氏もその1人だ。フェイスブック創業当初の両者の関係は良好で、サベリン氏はビジネスマネジャー兼CFOとして手腕を振るい、初期投資を集める上で大きな役割を果たしている。

　しかしフェイスブック内の環境は変わっていく。ビジネス経験の豊富なペイパル共同創業者のピーター・ティール氏やナップスターの発明者であるショーン・パーカー氏が、徐々にフェイスブックの経営に関与し始めたのだ。ザッカーバーグ氏はハーバード大学でコンピュータ工学を専攻するなど、そもそもテクノロジーを徹底重視する人物だった。フェイスブックを、テクノロジーを追求する会社にしたかったのである。目の前の収益は二の次だった。その意味では、ピーター・ティール氏やショーン・パーカー氏と考え方が近い。

　一方、サベリン氏は同じハーバードでも経済学部の出身で、学生投資家クラブを運営するなどビジネス面を重視する人物だった。実際、彼はフェイスブックの技術力向上の追求よりも、同社の価値を上げて売却することに方向性を見いだしていたといわれる。結果、ティール氏やパーカー氏が関与し出した頃から同社でのサベリン氏の役割は低下し、2005年には彼が所有する株式を34%から0.4%に希薄化されるなどして追いやられ、同社を去ることになったのだ。

　筆者は、ホモフィリーによる人材選択が悪いと言いたいのではない。むしろ初期段階で多様性が高すぎる企業内の足並みを揃え、会社のオペレーションを落ち

注6) Ruef , M. et al.,2003."The Structure of Founding Teams: Homophily, Strong Ties, and Isolation among U.S. Entrepreneurs," *American Sociological Review*, Vol.68, pp.195-222.

着かせ、社会的正当性を獲得する上では、不可欠のプロセスとすらいえる。しかし難しいのは、このホモフィリー基準による人材選択をそのまま放置すると、それが企業に埋め込まれてしまうことだ。

結果、時間が経過するにつれ、「人は同質の人だけを選びがちで、企業内で同質化が進んだ人々がまた外から同質の人を選び、さらに同質になった企業はその後も同質の人を選び続ける」というプロセスが繰り返され、極度に組織の同質化が進むことがある。こういった企業は、視野・考え・情報の幅が狭くなり、環境の変化に対応できない。現在の日本企業の多くが環境変化に苦しんでいるのは、この「苦闘」（＝struggle）の段階にあるからといえる。

企業内戦略形成のVSRSメカニズム

次に、企業内の情報処理プロセスにおけるVSRSが、企業の戦略形成に与える影響について解説しよう。企業が戦略・事業計画を立てるためには、企業内外から得られた情報が重要なことは言うまでもない。したがって戦略形成は、企業内でどの程度多様な情報が得られ、選別され、維持されるかに大きく左右される。

これを長らく研究してきたのが、スタンフォード大学のロバート・バーゲルマンである。バーゲルマンが1983年に『アカデミー・オブ・マネジメント・レビュー』に発表した論文では、戦略形成に必要な情報処理プロセスを理論化している[注7]。例えば、情報は人材からもたらされるので、多様な人材がいる企業は多様な知見が集まる。加えて、企業がこれまでにない行動を取れば、その経験からも新たな情報が入る。これらが企業内情報の多様性を高める。

そしてこれらの情報は、経営陣など意思決定層に届く過程で選別・淘汰されていく。日本企業で言えば、「稟議を上げる」プロセスがそれに当たるだろう。ポイントは、この情報選別プロセスでは、組織内のルール・組織構造が決定的な役割を果たすことだ。稟議が事業部内で上がっていくのか、財務・営業などの機能別に上がっていくのか、意思決定層に届くまでの階層数はいくつあるのか、などだ。さらにこのような組織構造・規定は固定的なため、社内の情報選別プロセス

注7) Burgelman, R. A. 1983. "A Model of the Interaction of Strategic Behavior, Corporate Context, and the Concept of Strategy," *Academy of Management Review*, Vol.8, pp.61-70.

を通じて、毎回同じような情報だけが経営陣に届きがちで、維持されるのだ。そして似たような情報に基づいた戦略形成は、固定化されたものになりやすい。

例えば、よく「経営層には、現場の悪い情報が届かない」といわれる。現場で問題が発生して、現場社員が上に報告しようとしても、自身の評価が下がることを恐れる中間管理職が報告を上げないからだ。「管理職が責任を取らされかねない」という組織のルールが固定化されているので、その選択メカニズムによって耳触りの悪い情報は淘汰され、経営層には心地よい情報だけが届きがちなのだ。

このロジックをもとにバーゲルマンは「戦略は組織に従う」(strategy follows structure) と主張した。一般によく知られるのは、高名な経営史学者アルフレッド・チャンドラーの「組織は戦略に従う」(structure follows strategy) という言葉だ。しかし、現実の組織内ではVSRSメカニズムが働き、その逆になりがちだというのである。

その意味で、バーゲルマンが1991年に『オーガニゼーション・サイエンス』に発表した論文は興味深い[注8]。同論文でバーゲルマンは、VSRSの視点を米インテルが1970年代から1980年代にかけて行った大胆な事業転換に適用した。1968年にゴードン・ムーア氏らによって創業されたインテルだが、当初の主力製品はマイクロプロセッサーではなく、メモリー（DRAM）であり、メモリー事業は1970年代半ばには同社の収入の実に8割以上を占めた。しかしインテルの経営陣は、時のCEOアンドリュー・グローブ氏を中心に情報の収集と精査を行い、日本メーカーの台頭で苦戦するDRAM事業からプロセッサー事業への大胆な移行に成功したのだ。10年後の1980年代半ばには、プロセッサー事業はインテルの売上げの8割を占めている。

なぜインテルは10年の間に、これほど大胆な事業転換ができたのか。バーゲルマンはその理由を、「同社では、とにかく最善の情報・提案を全社員が自由に戦わせる雰囲気があり、それが最善の戦略を生み出す情報選択プロセスの土壌となったから」と述べる。実際、当時のインテルには現場の若手社員であっても、アンドリュー・グローブ氏と直接対話して、提案できる機会があったようだ。

しかし、さらに興味深いのはその後だ。バーゲルマンは2002年にもインテル

注8) Burgelman,R. A. 1991."Intraorganizational Ecology of Strategy Making and Organizational Adaptation: Theory and Field Research," *Organization Science*, Vol.2, pp.239-262.

の事例研究を、『アドミニストレイティブ・サイエンス・クォータリー』に発表しているが、この論文でバーゲルマンは、プロセッサー・ビジネスで大成功した後の1990年代のインテル内部の情報処理プロセスが硬直化していくさまを描いたのである[注9]。同論文によると、プロセッサー事業であまりにも大きな成功を収めたインテルは、社内の情報選択がプロセッサー事業を基準にしただけのものになってしまい、結果、その後の新規事業開発に失敗してしまうのだ。アンドリュー・グローブ氏は1998年に健康上の理由でCEOを辞任するが、彼ほどの経営者であっても、インテルという巨大組織の情報選択プロセスの硬直化を止められなかった、ということだろう。

企業は生まれた瞬間から進化が起こせなくなる

第16章では認知心理学ベースの進化理論を、本章はエコロジーベースの進化理論を紹介した。異なる理論基盤であるにもかかわらず、両者の帰結はよく似ている。それは、「企業とは生まれた瞬間から硬直化が始まり、やがて変化・進化が起こせなくなる」ということだ。認知心理学ベースではそれを「ルーティン」「イナーシア」といった概念で説明し、エコロジーベースではVSRSメカニズムで説明する。

一方で、両者にはさらなる違いもあると筆者は理解している。それは、エコロジーベースの進化理論の方が「それでも変わりたい企業は何をすべきか」という問いに、より明確な示唆を与えてくれるのではないか、ということだ。

繰り返しだが、生態学の「生物」と経営学の「企業」の違いは、前者は生物が最小単位の個体であるのに対し、後者は企業組織内に人・情報があることだ。その組み合わせや流れを変えれば、「企業は変えられる」可能性がある。

実は生物学でも、「生物は、生まれた後でも突然変異が起こりうる」という考え方を支持する知見が得られ始めている（ダーウィニズムに対抗して、ラマルク説という）。遺伝子工学分野でこの根拠となる考えを、エピジェネティックスという。その先端研究では、「一度生まれた生物はDNAの塩基配列（ゲノム）そ

注9) Burgelman, R. A. 2002. "Strategy as Vector and the Inertia of Coevolutionary Lock-in", *Administrative Science Quarterly*, Vol.47, pp.325-357.

584 | 第4部 | 社会学ディシプリンの経営理論 |

のものは変えられないが、塩基配列のどれを引き出して使うか（＝異なる遺伝子を表出させるか）は変えられる」ことがわかりつつあるのだ。極端に言えば、「環境変化に対応して、一匹のマイマイガが生きている間に灰色から黒色に自身を変化させられる可能性がある」ということだ。同様に、一つの企業も内部の人材・情報の使い方や流れを変えれば、変容できるかもしれない。

　そのために必要なのは、まず組織内の多様性を高めることなのは言うまでもない。第12・13章の「知の探索・深化の理論」でも人材を多様化する施策の重要性を述べたが、VSRSメカニズムでも同じことがいえる。

　しかしVSRSが示唆するのは、それだけではない。多様な人材を集めてその人たちが多様な情報を集めても、それが社内の硬直化した情報選択プロセスにかかっては、意味がないからだ。すなわち、ダイバーシティはあくまで起点にすぎず、それを活かす「開かれた情報の選択プロセス」が不可欠なのだ。

　例えば日本でも、優れた経営者には「現場から悪い情報が届かない」という企業内の情報選択の問題を回避しようと工夫をこらしている方は多い。例えば、高級寝台列車「ななつ星」の成功などで有名なJR九州の唐池恒二会長は、「常に怒らない」ことを心がけているそうだ。怒らないことで、管理層が悪い情報を経営陣に伝えやすいように気を配っているのだ。

　いずれにせよ、ここまでの議論を振り返ると「企業は成長につれ硬直化が進む本質がある」ことは、間違いないことといえる。人材の多様化や情報プロセスの変化はその対応策だが、インテルの例が示すように、企業が単体で自身を変えるには限界があるのかもしれない。

　一方で近年、VSRSの視点から興味深い視点が生まれつつある。それは「他の生態系のダイナミズムを活用することが、企業内部の進化につながる」という主張だ。この視点をco-evolution（共進化）という。最後にこれを紹介しよう。

共進化のVSRSメカニズム

　共進化は、冒頭に紹介したビル・マッケルビーらを中心に、ここ20年ほど急速に経営学で注目を集めてきた。よく考えれば、企業・業界は単体で進化するとは限らない。むしろ「関連する企業・業界・ステークホルダーなどが進化すれば、それを受けて自身も進化し、さらに自身の進化が他企業や関連業界の進化を促す」

という、ダイナミックな相互作用としてとらえる見方もあるはずだ。この進化の循環をダイナミックに生成できた業界・企業が飛躍する、というのが共進化の主張だ。

　実は生態学・生物進化学でも、共進化現象はよく知られている。有名なのは、花と昆虫の関係だ。この世にはなぜこれほど色とりどりの花があるかというと、それは花が目立つことで、花粉を運ぶ昆虫・ハチドリなどを引き付けるためだといわれる。例えば、昆虫の色覚は人間と違い、紫外線をとらえることができる。ツツジの花びらは5枚のうち1枚だけ色が濃く見える斑点があるが、これは斑点が紫外線を吸収し、昆虫から見つけられやすくなるためと考えられている。昆虫の生態に合わせてツツジは進化しているのだ。一方でツツジの進化に対応して、昆虫は紫外線の識別力が進化していく[注10]。

　従来の経営学では、この共進化を企業に当てはめて説明できる理論に乏しかった。しかし近年になって、VSRSメカニズムを使って説明する試みが始まっているのだ。共進化研究で多くの実績を残している豪ニューサウスウェールズ大学のヨハン・マーマンが2013年にOSに発表した事例研究がそれに当たる[注11]。同論文でマーマンは、19世紀半ばに世界で進んだ合成染料の技術革命について、ドイツ、英国、スイス、フランス、米国の5カ国の「化学業界」と「大学・学界」という異なる生態系の共進化を分析した。結果、VSRSに基づく共進化メカニズムが最もダイナミックに進んだドイツが、化学業界も化学学界も最も著しく進化できた、と結論付けたのである。

　合成染料技術の端緒となった国は、英国である。ロイヤル・カレッジ・ケミストリーのオーグスト・ホフマン氏の下で学んでいたウィリアム・パーキン氏が、1856年に初めて合成染料の開発に成功した。すると翌年、パーキン氏やホフマン氏の他の弟子たちが、こぞって合成染料会社を起業した。この産業界で開発された物質を使って、ホフマン氏らが化学物質の構造を探究したのだ。しかし他方で、英国は化学業界と学界の垣根が高かった。結果、ホフマン氏は産業界との関係がより近いドイツの大学に移籍し、ホフマン氏を失った英国の合成染料研究と化学業界は、その後低迷期を迎えることになる。

注10）『朝日新聞』2004年5月22日夕刊。

注11）Murmann,J. P. 2013. "The Coevolution of Industries and Important Features of Their Environments," *Organization Science*, Vol.24, pp.58-78.

一方のドイツでは、英国よりもはるかにオープンに、化学業界と化学学界の交流が行われていた。なかでも重要だったチャネルは、人材の交流である。ドイツでもパーキン氏の成功に触発された研究者たちが、みずからも合成染料の起業を始めた。しかしドイツが英国と異なったのは、同国では産業界の技術者がより基礎的な研究を行うために、大学に戻ってきたことだ。結果、オーグスト・ケクレによるベンゼン環理論などが発展し、染料の構造に関する理解が深まっていった。

　そして、今度は学界で知見を深めた人材が逆に産業界に戻り、やがてドイツ企業が合成染料分野を世界でリードし始める。ドイツでは他国に抜きん出たペースで技術進歩が起こり、世界の合成染料市場を制覇し始めたのだ。ドイツは現在でもBASF、ヘキスト、バイエルなど有力化学メーカーが多いが、これは同国の化学産業界と化学学界との共進化が背景にあったのだ。

　マーマンの分析によると、ドイツの化学業界と学界の共進化はVSRSメカニズム（特にVSR）で明快に説明できる。**図表3**は、彼の主張を筆者がさらに解釈してイメージ化したものだ。例えば、生態系A（学界）からその知見を応用したい人材が、生態系B（化学業界）の企業b1に移籍する。するとその企業の人材・知見の多様性は高まり、また学界で修練を積んだ研究者は、分析手法や学術的な知見があるため、有効な研究手法・アイデアなどの深い目利き（選択）ができ、その知見が維持される。結果、企業b1は新しい技術を生み出し、進化を始める。

　一方、企業b1の進化による新しい技術・製品がこの生態系環境で正当性を得始めると、このままでは他の既存企業（例えばb2）は環境にフィットしなくなる。しかし、先に述べたように企業は単体では変化しにくいから、むしろb1と同じように、生態系A（学界）の人材を登用することで、進化を起こそうとするはずだ。

　さらに、生態系Bで進化を遂げた企業から、化学産業の知見を得た人材が今度は生態系Aに移る。生態系Aでも産業界から人材を得た組織（大学）はより応用化・事業化の可能性が高い知見の多様性と選択能力が高まる。そこでアカデミックな経験を積んだ人材が今度は産業界に移る……といった循環でともに進化していくのだ。逆に、生態系Aのダイナミズムを取り込まない企業b3は環境にフィットできず淘汰されていく。

　このように、各企業が他の生態系のダイナミズムを取り込むことで、互いに企業も生態系も進化しうるというのが、共進化の主張なのだ。そして、これは世界のビジネスのダイナミズムも、力強く説明できる。

|図表3| 共進化のダイナミズムのイメージ

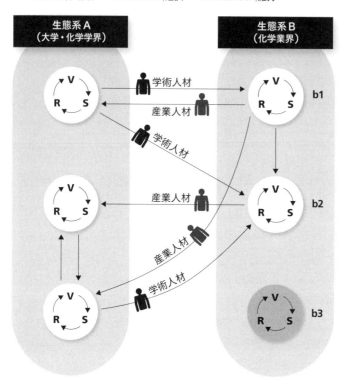

他の生態系のダイナミズムを取り込め

　現在、共進化が明らかに起きているのは、もはや産業単位の生態系ではなく、国境を超えた国・都市レベルの生態系ではないだろうか。その中心源の一つはやはり米シリコンバレーである。第24章で筆者は、台湾でホンハイ・HTCに代表されるハイテク産業がここまで興隆したのは、シリコンバレーとの人材交流によりそのダイナミズムを台湾が取り込んだことにあると述べた。1970年代から様々な人材が台湾から米西海岸へ留学し、そこで起業し、成功し、そういった人材が台湾に還流することで、双方の興隆を築いてきたのである。

同様のことがいま顕著に起きているのは、米西海岸とインドだ。例えば、2014年にマイクロソフトのCEOにサティア・ナデラ氏が就任し、また2015年にはグーグルのCEOにサンダー・ピチャイ氏が就任するなど、米IT業界でインド出身の人材が台頭する時代になった。1980年代頃から多くのインド人が米国に渡り、その技術的・文化的に多様な知見が、西海岸の企業進化に活用されているのだ。

　一方、インドでも米国での経験を積んだ人材が台頭し、業界を進化させている。現在インド最大のeコマース企業であるフリップカート創業者のサチン・バンサル氏は、米アマゾンで働いていた。スナップディールの創業者クナル・バール氏は、米ペンシルバニア大卒業だ。このように、まさに図表3で示すようなダイナミックな共進化が、米国とインドで起きており、だからこそ両国企業は、世界のどこにも先駆けてIT分野で急速に進化している。

　このように考えると、日本の人材・知見の生態系を超えた移動は「一方通行」であることが多い。ここ2、3年で急速にシリコンバレーに行く人材・日本企業は増えたが、逆にシリコンバレーの人材・企業は日本に還流していない。AI技術も同様で、いま既存の日本の機械メーカーはこぞってAI人材を採用しているが、逆に機械メーカーからAI分野に人はそれほど流れていない。企業が単体では進化しにくいことは、本章のVSRSメカニズムからも明らかだ。重要なのは、時に人材を他の生態系に手放し、還流させ、複数の生態系がともに進化することなのではないだろうか。

　これからの日本におけるビジネスの進化を考える上でも、他業界、他分野、そして他国のダイナミズムをいかに取り入れるかは、重要な視点となるだろう。それを説明する思考の軸が、VSRSメカニズムなのだ。

第32章 | red queen theory

レッドクイーン理論

競争が激化する世界で、
競争すべきは競争相手ではない

『鏡の国のアリス』から来た理論

"Now, here, you see, it takes all the running you can do to keep in the same place. If you want to get somewhere else, you must run at least twice as fast as that!" (Carroll, 1965, p.210.)

おわかりでしょう、あなたが思い切り走ったとしても、せいぜい同じ場所に留まることしかできません。もしあなたが本当に他の場所へ行きたいなら、あなたはいまより2倍は速く走らなくてはならないのです！（ルイス・キャロル『鏡の国のアリス』より：筆者意訳）

本章が、経営理論を紹介する最終章である。前章、前々章と、生態学・進化生物学の視点を応用する「エコロジーベースの経営理論」を紹介してきた。本章はその締めくくりとして、「レッドクイーン理論」（red queen theory）を解説する。同理論も、エコロジーを基盤の一つに持つ。レッドクイーンはまだ若い理論で、本書で紹介してきた他の理論より研究の厚みが薄く、「世界標準」とまでは言い難いかもしれない。しかし近年、同理論に関する研究がトップ学術誌に次々と発表され始めている[注1]。

何よりこの理論は、我々のビジネスを考える上での示唆が大きい。レッドクイー

注1）レッドクイーン理論についてまとめた本には Barnett,W. P. 2008. *The Red Queen among Organizations: How Competitiveness Evolves*, Princeton Univ Press. がある。また、近年のレビュー論文としては Delacour,H. & Liarte,S. 2012. "The Red Queen Effect: Principle, Synthesis and Implications for Strategy," *M@n@gement*, Vol.15, pp.313-330. がある。

590 | 第4部 | 社会学ディシプリンの経営理論 |

ン理論は、企業の「共進化メカニズム」を解き明かす（後述するように、ここでの「共進化」は前章のそれとは意味合いが異なる）。しかしポイントは、それがはたして「望ましい進化なのか」である。同理論は日本企業がこれまで陥ってきた「共進化の罠」のメカニズムを明快に提示する、と筆者は考えている。だからこそ、本書の「最後の理論」としてあえて紹介することにした。

　レッドクイーン理論を発展させた第一人者は、スタンフォード大学のウィリアム・バーネットである。彼が1996年にハーバード大学のモーテン・ハンセンと『ストラテジック・マネジメント・ジャーナル』（SMJ）に発表した論文が、経営学で同理論を最初に提示した論文だ[注2]（このようにレッドクイーン理論の歴史は、まだ20年程度にすぎない）。以降の主要研究の多くもバーネットによるものだが、近年は他の研究者によっても様々な応用が進められている。

　ところで、なぜこの理論は「レッドクイーン」と呼ばれるのだろうか。それは、本章冒頭の引用がきっかけだ。英国の作家ルイス・キャロルの不朽の名作『不思議の国のアリス』の続編である『鏡の国のアリス』に登場するキャラクター、「赤の女王」（レッドクイーン）が発したせりふだ。

　この小説で「鏡の国」に迷い込んだアリスは、そこで行われているチェスゲームに興味を持つ。そこに登場した赤の女王は、アリスにチェスの駒となってゲームに参加するように勧め、鏡の国のルールとして冒頭のせりふを発したのだ。このせりふがどのように経営理論にまで昇華したのかは、これから解説していこう。

キツネとウサギはなぜ足が速くなり続けるのか

　「赤の女王」のせりふをアナロジーに用いたのは、実は生物進化学が最初である。1973年にシカゴ大学の進化生物学者リー・ヴァン・ヴェーレンが『エボリューショナリー・セオリー』に発表した論文で紹介されて以来、レッドクイーンは生物種の「共進化」を説明する視点として、生物進化学で長く用いられてきた[注3]。

　共進化については、すでに前章の「エコロジーベースの進化理論」で取り上げた。他生態系のダイナミックな変化を自身の生態系に取り込み、一方で自身の生

注2) Barnett, W. P. et al., 1996. "The Red Queen in Organizational Evolution," *Strategic Management Journal*, Vol.17, pp.139-157.

注3) Van. Valen, L. 1973. "A New Evolutionary Law," *Evolutionary Theory*, Vol.1, pp.1-30.

|図表1| 生存競争による共進化

ウサギを逃がさないように、キツネの足が速く進化する

キツネに捕まらないように、ウサギの足が速く進化する

態系変化を他生態系が取り込むことで多様性（variation）などの幅を広げ、両生態系がともに進化する、というのが前章の共進化メカニズムだった。19世紀にドイツの合繊産業が大学（化学学界）と人材を行き来させることでともに進化し、BASF、ヘキスト、バイエルなど世界的な化学メーカーを生み出したのが、顕著な例である。

前章の共進化は、2つの生態系が互いに交流することで進化する、言わば「手を携えた共進化」だった。しかし、共進化にはもう一つのパターンがある。それは「生存競争による共進化」だ。本章が扱いたいのは、こちらである。

キツネがウサギを捕食するために、追いかけている場面を想像いただきたい。ウサギは捕まって食べられないように、必死に走って逃げる。キツネもウサギを食べられなければ餓死するから、必死に追いかける。ここで仮にウサギの足がキツネよりやや遅く、多くがキツネに捕まってしまうとしよう。このままではウサギは全滅である。しかし、やがてキツネより速く走れるように進化したウサギが出てくると、そのウサギはキツネから逃れ、生き延びられる。

すると今度は、足が速いウサギが増えるので、キツネがウサギを捕食できなくなる。キツネが飢えて死滅しかねなくなるのだ。しかしやがて、さらに足が速く進化したキツネが現れ、ウサギを再び捕食するようになる。すると、今度はさらに速くなったキツネから逃げるべく、ウサギの足はさらにさらに速く進化していく……。図表1はこのイメージを表したものだ。

このようにキツネとウサギの生存競争は、結果として両者の足をどんどん速くする。キツネとウサギがともに進化するのだ。これこそ、「赤い女王」が示唆することである。人・生物はただ全力で走っても、競争相手も全力で走っているから、相対的にそれは「現状維持」にすぎない。相手より速く走りたいのなら、「進

化」しなければならないのだ。しかし、それは競争相手の進化をも促す。そして相手の進化は、さらに自身を進化させる。このように、互いに生き残りを賭けて競っている限り、共進化の循環は永久に止まらない。

　生物進化学で、捕食関係にある生物種同士が競い合って進化し合うこの循環を「レッドクイーン効果」と呼ぶ。この視点を企業進化に応用したのが、バーネットなのだ。

企業間の生存競争が共進化をもたらす

　ではバーネットの1996年SMJ論文をもとに、競争を通じた企業の共進化（レッドクイーン）の基本メカニズムを解説しよう。生物進化のレッドクイーンと経営学のそれの違いは、後者はエコロジーに組織学習の視点を取り込んだことにある。

　組織学習・イノベーションについては、第11章から第15章で徹底解説した。ハーバート・サイモンやジェームズ・マーチなどの「カーネギー学派」に代表される、認知心理学ディシプリンの理論である。特にレッドクイーンで重要なのは、第11章、12章で紹介した組織学習の基本メカニズムだ。**図表2**の、企業Aの点線の矢印で示した循環をご覧いただきたい。これは、第11章で紹介した「組織意思決定の循環プロセス」を簡略化したものだ。

　第11章で詳しく述べたが、組織学習理論の基本概念の一つは「サーチ」だ。サーチとは、自身の認知範囲を超え、新しい知見を学習することである。認知心理学は「限定された合理性」（bounded rationality）を前提に持つ。人・組織は、認知に限界がある。したがって何もしないと認知の幅は狭いままで、意思決定者は「本来取りうるはずの選択肢」の多くを知りえない。本当はこの世に自身にプラスとなる選択肢が100あっても、数えるほどしか認知できていないのだ。

　ここでサーチを行うと、人・組織は認知の幅を広げることができて、徐々に様々な選択肢を知りうる。結果、より望ましい選択肢に基づいた新しい行動が起こせる。すなわち、進化するのだ。実際の企業のサーチ行動には、様々なものがある。R&D活動、新製品・サービスの投入、既存製品のリニューアル、他社の分析、事業提携、スタートアップ企業との連携、経営陣の幅広い人脈づくり、異業種との人材交流など、その例は枚挙にいとまがない。いずれにせよ、「企業が自身の認知の範囲に囚われず、新しい知見を学ぼうとする行動」を、広義にサーチとと

図表2 | 企業間の共進化の仕組み

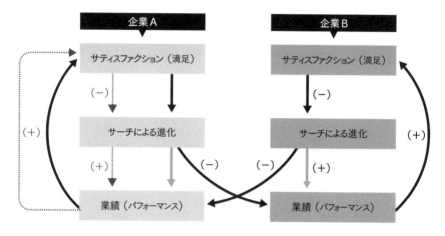

らえていただきたい。

　このように、サーチを行うほど人・組織は進化するので、パフォーマンス・業績が高まりやすい。業績が高くなれば、満足度（satisfaction）も高くなる。しかし問題は、人・組織は満足が高くなると、むしろサーチを行わなくなる傾向があることだ。現状の結果に満足すると、人は「自分がいま取っている選択が一番正しい」と認識するので、コストがかかるサーチをわざわざしなくなる。すなわち、「進化して業績を上げるためのサーチは、逆に業績が上がると（満足度が高まるので）行われなくなり、かえって進化が停滞する」という、矛盾した循環が学習プロセスの本質にはあるのだ。ここまでのメカニズムは、第11章で解説した。

　さて、この組織学習の基本プロセスには、欠けていた視点がある。それが「競争」だ。生物が常に生存競争にさらされているように、企業も日々競争にさらされている。

　今度は、図表2の黒の太い矢印を追っていただきたい。例えば、企業Aがサーチをすれば、それは進化を通じて自社業績を高めるだけでなく、ライバルの業績を低下させる可能性が高い。新製品の導入、新しい販促活動、新サービスの追加等々、企業Aの新しい施策（進化）は、ライバル企業Bから顧客を奪い、その業績を押し下げる。すると企業Bの満足度は下がり、企業Bは積極的にサーチ行動に取り組むだろう。結果、今度は企業Bが新しい製品の投入やサービス改善などを行うようになる。企業Bが進化するのだ。

すると今度は、企業Bのサーチ・進化により、企業Aの業績が下がっていく。したがって、好業績で一時満足していた企業Aもその満足度が下がるので、さらに企業Bより進化しようとサーチを再開する。今度は、企業Aがさらに進化するのだ。すると企業Aの進化により企業Bの業績が再び下がり、企業Bはさらにサーチを行って企業Aより進化しようとする……。このように、図表2の黒の太い線は、企業AとBをまたいで、∞形のループ状の循環構造になる。結果、企業AもBもサーチ活動を絶え間なく続け、両者が「ともに永久に進化し続ける」のだ。これが経営学のレッドクイーン理論の基本メカニズムだ。

1996年のSMJ論文でバーネットは、このメカニズムから導かれる仮説を検証するため、米地方銀行の超長期データを用いた実証分析を行った。1900年から1993年の93年間における全米3650地域の2970の地銀データ（全観測数は10万を超える）に基づく統計解析から、彼は「ライバルと直近で厳しい競争をしている銀行ほど、その後の生存率が高まる」という結果を得た。「競争が厳しいほど、生き残りやすい」という主張は、皆さんのこれまでの直感と反するかもしれない。しかし、これこそレッドクイーンの基本理論が主張することだ。企業はライバルとの競争が厳しいほど、自身を進化させること（サーチ）を怠らないので、結果として生き延びやすくなる、ということだ。

このバーネットの1996年論文以降、レッドクイーンは経営学者によって様々な検証・応用研究が進められてきた。**図表3**はそれをまとめたものだ。レッドクイーンは従来の経営学が解き明かせなかった、新たな視座を提供する。それは「企業間の競争こそ、進化の源泉の一つである」という視座だ。

切磋琢磨が進化を促す

言うまでもなく、ビジネスには競争が付き物だ。経営学には「競争戦略論」（competitive strategy）という分野があり、「企業はどうすればライバルよりも競争優位を獲得できるか」について、様々な研究が行われ、理論が提示されてきた。第1・2章で解説した「SCP理論」や、第3章の「資源ベース（RBV）理論」がその代表であり、第8・9章で紹介した「ゲーム理論」も頻繁に応用される。

一般にこれら従来の競争理論は、競争を「避けるべきもの」としてとらえてきた。SCPがその典型だ。詳しくは第1・2章をお読みいただきたいが、同理論の

|図表3|レッドクイーン理論の実証研究例

	筆者（年度）	掲載された学術誌※	調査対象／データ	主な発見
1	Barnett & Hansen (1996)	SMJ	米イリノイ州の地方銀行2970行に関するアーカイバルデータ（1900〜1993年）	過去10年以内に激しい競争にさらされた経験のある企業は、倒産確率が低下する（生存確率が上昇）。また、競争他社が過去10年以内に激しい競争にさらされると、自社の倒産確率が高まる。
2	Barnett & Sorenson (2002)	ICC	米イリノイ州の地方銀行2970行に関するアーカイバルデータ（1900〜1993年）	過去10年以内に激しい競争にさらされた企業は、その後の成長率を高め、また競合企業の成長率を引き下げる。
3	Barnett & McKendrick (2004)	ASQ	ディスクドライブ製造メーカー173社に関するアーカイバルデータ（1956〜1998年）	小規模メーカーでは競争経験が豊富なほど、倒産確率が低下する。
4	Barnett & Pontikes (2008)	MS	米コンピュータ産業における1922社に関するアーカイバルデータ（1951〜1994年）	メインフレームなどの大型コンピュータ領域やワークステーションなど中型コンピュータ領域で競争にさらされた企業ほど、パソコンなどの小型コンピュータ市場での生存確率が下がる。
5	Derfus et al. (2008)	AMJ	米11産業における企業56社の競争行動4700件に関するアーカイバルデータ（1993〜1998年）	自社の競争行動（価格・生産規模・立地の変更、マーケティング施策、新製品の導入）が積極的な企業ほど、自社の利益率が高まる。しかしそれは、競合他社の競争行動の総数・スピードも高める。そして競合他社の競争行動の総数やスピードは、自社の利益率を下げる。
6	Banker et al. (2013)	ICC	米モバイル通信事業者30社に関するアーカイバルデータ（1996〜2005年）	設備投資が積極的な企業ほど、生産性が高まる。また、過去に積極的な設備投資をした企業ほど、直近の収益性が高まる。
7	Talay & Townsend (2015)	ICC	米自動車産業の148ブランド、1071の自動車モデルに関するアーカイバルデータ（1946〜2008年）	直近で長く競争を経験している製品ほど、その後の生存率が高まる。
8	Giachetti et al. (2016)	AMJ	英携帯電話市場における13の携帯電話メーカーが投入した製品に関するアーカイバルデータ（1997〜2008年）	各メーカーの製品の投入のラインナップとスピードは競合他社と互いに似てきて、似てくるほど相手へのパフォーマンスを引き下げ合う。

※学術誌の略称と正式名称は以下の通り。
AMJ: *Academy of Management Journal*　　ASQ: *Administrative Science Quarterly*
ICC: *Industrial and Corporate Change*　　MS: *Management Science*
SMJ: *Strategic Management Journal*

背景にある古典的な経済学では、「現実の市場・競争環境は『完全競争』という極度に高い競争状態と、『独占』というまったく競合のいない状況を両極としたスペクトラム上のどこかにあり、競争環境が完全競争に近づくほど企業は利潤を失い、独占に近づくほど利潤を高める」と考える。したがって「差別化や参入障壁を築いてライバルとの直接競争を避け、競争環境を独占状態に近づけられる企業ほど、収益が高まる」というのが、同理論の骨子だった。競争は避ければ避けるほど望ましい、というわけだ。

　一方でレッドクイーンの基本理論が主張するのは、その逆の可能性だ。すなわち「競争の中に身を置くことこそが、企業が成功する可能性を高めるかもしれない」という視点である。先のバーネットの実証研究結果は、この主張の一端を支持するものだ。

　どう考えれば、両理論は整合性が取れるのか。筆者の理解では、それは両理論が企業の「進化」を前提にしているかどうかに尽きる。まず、古典的な経済学ベースのSCPは「静的」（static）な理論であり、進化が前提となっていない。自社も他社も進化しない前提であれば、競合のいない「穏やかな環境」で独占的に利潤を上げるのが望ましくなる。

　一方でレッドクイーン理論は、自社も他社も進化しうることが前提になっている（動的〈dynamic〉な理論という）。企業の進化には、学習が欠かせない。そして「企業が継続的に学習して進化し続けるには、図表2のように競合他社と互いに刺激しあって、サーチを継続させることが不可欠」という主張なのだ。日本には「切磋琢磨」という言葉がある。「ライバルとあえて競い合うことで、互いを高め合う」という意味だ。レッドクイーン理論は、この切磋琢磨を説明する経営理論なのだ。逆に（SCP理論の視点からは望ましいとされる）競合他社がいない状態では、企業はライバルと切磋琢磨しないからサーチを怠り、進化しない。

　近年、日本の低生産性が指摘されている。しかし、実際の生産性・国際競争力は、業界でかなり異なる。例えば、多くの政府系研究機関・シンクタンクの調査で主張されるのは、「日本の製造業の生産性はいまでもある程度伸び続けており、逆に生産性が低いままなのはサービス業である」ということだ[注4]。例えば、『DIAMONDハーバード・ビジネス・レビュー』2017年7月号の法政大学永山

注4）例えば、内閣府「サービス産業の生産性」2014年4月18日を参照。

晋の論考でも、日本では生産性が伸びている企業の上位を製造業が占めている[注5]。

　実際、企業名を挙げてみても、いまだに世界的に強い日本企業の筆頭は、トヨタ、ホンダ、マツダなどの自動車メーカーだろう。コマツ、ブリヂストン、ダイキンなども世界的に高いプレゼンスを示している。最近なら、アシックス、ユニ・チャーム、味の素なども健闘している。

　レッドクイーン理論の視点で言えば、これは日本の製造業が国際的に激しい競争にさらされる中で、たえず進化を続けてきた証左にほかならない。製造業はそもそもサービス業と比べて規制が弱く、何よりモノは輸出入を通じて容易に国際化できる。結果、メーカーは世界中のライバルと競争する状況にさらされやすい。したがって、世界中の企業と切磋琢磨して勝ち残った日本メーカーの生産性が、高くなるのだ。

　一方、サービス業はモノのようには輸出入できないから、製造業ほどには国際競争にさらされにくい。規制により、参入障壁が高い業種も依然多い。これは「競争から守られている」ということだから、SCP理論から見れば望ましい状況だ。日本の銀行業などはその典型だろう。しかし同時に、これはレッドクイーン効果を弱め、進化を停滞させるということでもある。

　さて、ここまでの議論はバーネットの1996年の論文で提示された「レッドクイーンの基本理論」を前提にしていた。ここまでを読むと、競争に身をさらして切磋琢磨することは常にいいことずくめに映るかもしれない。しかし、話はそう簡単ではない。レッドクイーン理論はまだ若い理論だ。結果、近年さらに改良が進んだレッドクイーン研究は、「競争を通じての共進化がもたらすリスク」面の方をむしろ強調するのだ。本章では、これを「新レッドクイーン理論」と呼ぼう。

切磋琢磨が、ガラパゴス化を生む

　新レッドクイーン理論を提示し、「競争による共進化の落とし穴」を最初に指摘したのはほかでもない、当のバーネットだ。彼が1996年論文を発表してから12年後、2008年にシカゴ大学のエリザベス・ポンテキスとともに『マネジメン

注5) 永山晋「日本企業の生産性は本当に低いのか」DIAMONDハーバード・ビジネス・レビュー2017年7月号。

598　│第4部│社会学ディシプリンの経営理論│

ト・サイエンス』に発表した論文がそれに当たる[注6]。同論文でバーネットは、「ある領域におけるレッドクイーンによる進化は、その企業が他領域に進出した際には、むしろそこでの足かせになる」可能性を主張したのだ。

この研究でバーネットは、1951年から1994年までのコンピュータ製造業を分析対象とした。コンピュータは大きく「メインフレームなどの大型コンピュータ」「サーバー、ワークステーションなどの中型コンピュータ」「パソコンなどの小型コンピュータ」に分けられる。バーネットは、「この3領域の一つで長い間激しい競争にさらされた企業ほど、その領域で生き残ることはできるが、他領域に参入した時にはむしろ失敗しやすい」という仮説を立てた。そして実際に、1922社（観測数6510）のデータを使った統計解析から、これを支持する結果を得たのである。

これは実際に、コンピュータ業界で起きたことだ。例えば1950年代から70年代のメインフレーム全盛期には、IBMと「7人の小人」と呼ばれる7企業（バロース、CDC、ゼネラル・エレクトリック、ハネウェル、NCR、RCA、UNIVAC）が切磋琢磨して市場シェアを争っていた。しかし、1980～90年代にコンピュータの主役がメインフレームから中型コンピュータや小型パソコンに変わると、インテルやウィンドウズが台頭して専業化・分業化が進んだ。これにより「好きなメーカーの機種を選択し、自分の望むように組み合わせたい」という顧客ニーズが支配的になっていったのだ。一方、プロセッサーからOSまですべてを一元的に提供するメインフレーム時代のビジネスモデルで切磋琢磨してきた「7人の小人」企業は、新たな顧客ニーズに対応できなかった。結果、例えばIBMでさえも2005年にはパソコン事業を売却している。この定性的にはよくいわれる事例を、バーネットの2008年論文は、統計解析を用いてあらためて確認したといえる。

なぜこのような結果になるのか。バーネットによると、それは「激しい競争にさらされすぎると、やがて競争そのものが自己目的化してしまい、競合相手だけをベンチマークするようになる。結果として別の競争環境で生存できる力を失うから」だ。ウサギとキツネの例なら、両者に重要なのは相手との生存競争に勝つことだ。結果、「いかに相手より速く走るか」だけが両者の目的になる。しかし

注6) Pontikes,E. G. & Barnett, W. P. 2008. "The Red Queen, Success Bias, and Organizational Inertia," *Management Science*, Vol.54, pp.1237-1251.

逆に言えば、これは「速く走る」以外の進化目的を、両者が無視することにつながる。結果、足は速くなっても、環境が変わってワシが空から襲ってきた時には、まったく対応できないことになる。

バーネットの2008年論文は、この新レッドクイーン理論の立脚点を「サーチに種類があること」に求める。サーチを洗練化させた概念は、第12、13章で紹介した「知の探索」（exploration）と「知の深化」（exploitation）だ。知の探索とは、「なるべく自身の認知から離れた遠くの知をサーチすること」であり、知の深化は「すでに得た知を深掘りしたり、自分のごく目の前だけをサーチすること」と理解していただければよい。

図表2に戻っていただきたい。企業Aと企業Bが特定領域でレッドクイーン競争にあると、両社は「いかに相手を上回るか」が進化の主目的になる。したがって、互いを過剰にベンチマークし、「目の前のライバル」という限定された範囲だけのサーチ活動を行う。結果、例えば企業Aはライバル企業と同じ要素（キツネとウサギなら「足の速さ」）における「スペック」だけを向上させる、「知の深化型」の進化を実現するようになる。

この企業Aの進化は企業Bを意識しているがゆえに、企業Bの業績を低下させるには効果的だ。しかしそれによって、今度は企業Bも企業Aに対抗すべく、企業Aをベンチマークし、相手のスペックを少し上回る「知の深化型」の進化を実現する。それで業績の下がった企業Aは、さらに企業Bをベンチマークしたスペック向上に注力する。この循環プロセスの結果、両社の製品・サービスは似通ったものになり、結果様々な細かなスペックの機能性だけで争う、「知の深化型の共進化」のスパイラルに陥ってしまうのだ[注7]。このように、図表2の∞形の構造循環の「サーチ」を「知の深化」に置き換えたのが、新レッドクイーン理論だ。

結果、レッドクイーン競争をする企業は当該領域で生き残れても、他領域に進出した時、あるいは大きな環境変化に見舞われた時、そこで生き残れなくなる。知の深化だけを進めてきた企業は認知の範囲が狭く、対応力が失われているのだ。

注7）似たような結果は、近年の研究でも示されている。伊ベネチア大学のクラウディオ・ジアチェティらが2016年に『アカデミー・オブ・マネジメント・ジャーナル』に発表した研究では、1997年から2008年までの英国の携帯電話メーカーのデータを使った統計解析から、やはり互いが競争関係にある企業の間では、似たような製品を出しがちで、それが互いの業績を引き下げる傾向が示されている。Giachetti, C. et al., 2016. "Red Queen Competitive Imitation in the U.K. Mobile Phone Industry," *Academy of Management Journal*, Vol.60, pp.1882-1914.（図表3の論文8）。

600　第4部│社会学ディシプリンの経営理論│

第12章で解説した、コンピテンシー・トラップ（競争力の罠）に陥るのである。コンピテンシー・トラップは、企業が従来からの環境に合っている間は顕在化しない。しかし、競争環境が異なるステージに移ると、一気に顕在化するのだ。

　もうおわかりだろう。新レッドクイーン理論は、日本企業がいわゆる「ガラパゴス競争」に陥ってきたメカニズムを明快に説明するのだ。代表事例は、まさに「ガラケー」すなわち携帯電話分野ではないだろうか。携帯電話・PHSが主流だった1990年代当時は、シャープ、NEC、富士通、パナソニック、ソニー、京セラなどの国内携帯メーカーが互いをベンチマークしながら、まさにレッドクイーン競争を繰り広げてきた。そこで基準になったのは「カメラ」「ディスプレー」「ワンセグ」「防水」などの細かなスペック競争であり、過剰な品質競争に陥っていたとすらいえる。「知の深化型の共進化」のスパイラルである。

　しかし2000年代のスマートフォンの台頭により、環境は一変する。これまでとまったく異なるインターフェイスと顧客体験を提供するスマートフォンでは、サムスン電子、アップル、ファーウェイ、レノボなどの新興メーカーがシェアを伸ばし、日本企業は対抗できないでいる。日本の大手企業で、スマートフォンを製造するメーカーとして生き残っているのはソニー、シャープ（ただし台湾企業の傘下）、京セラだけである。

　同様のことは、テレビ分野でも起きている。国内のテレビ市場は各社が同業他社を意識するあまり、競争の基準が「画面の美しさ」に極度に偏っている。歴史的にもソニーのトリニトロンをはじめとして、液晶、プラズマ、SED、有機ELなどの技術をもとに各社が「美しさ」を切磋琢磨してきた。現在も各社は、4K、8Kといった指標をベンチマークして競い合っている。一方で、現在の海外の主要テレビ市場は、画面の美しさ以上に、通常モデルの大幅な価格引き下げ競争が起きており、既存の日本企業はそれに対応できないでいる。このように、「日本メーカーは特定領域で切磋琢磨してきたからこそ強かったのであり、しかしそれは逆に環境が一変すると敗北の最大の要因になる」というのが、新レッドクイーン理論の示唆なのである。

レッドクイーン理論は
「チェンバレン型競争の罠」を説明する

　ここまでの議論をまとめよう。

①古典的経済学に基づく「静的な」SCPでは、参入障壁構築や差別化により「競争を避ける」ことが望ましいと主張されてきた（第1・2章）。

②一方、進化を重視する「動的な」レッドクイーンの基本理論は、「ある領域の競争を通じてライバルと切磋琢磨することが進化を促し、その領域における生存確率を高める」と主張した。

③さらに近年の新レッドクイーン理論では、「当該領域におけるライバルとのレッドクイーン競争は、互いの過度なベンチマークによる『知の深化型の共進化』のスパイラルを引き起こし、当該領域では進化しても、他領域での競争や大きな環境変化にはむしろ対応できなくなる」可能性を主張している。

　本書ではすでに、この3点を貫いて議論できる、共通の土台を提供している。それは第4章で紹介した「競争の型」だ。第4章では、ジェイ・バーニーが1986年に『アカデミー・オブ・マネジメント・レビュー』に発表した論文に基づき、競争環境には大きく「IO（産業組織論）型」「チェンバレン型」「シュンペーター型」の3つの型があり、そこでの適切な戦略は異なることを述べた[注8]。

　詳しくは第4章の図表2を併せてご覧いただきたいが、例えば、もし自社のいる競争環境がIO型（＝産業構造がほぼ変化せず、規模の経済・差別化が機能しやすい競争構造）から、シュンペーター型（＝新技術などにより異業種が参入するなどして、大きな変化が起こり続ける競争構造）に移行したら、そこにいる企業は大きなチャレンジに直面することは明らかだろう。IO型の競争環境にいる限り、「進化」は必要なかったからだ。しかしシュンペーター型では、自身も大胆な変化をして環境変化に対応できなければ、生き残れない。

　一方で新レッドクイーン理論が描くのは、「日本の製造業は競争力がある」といわれてきたチェンバレン型の競争環境（＝ある程度の数の企業が、業界内で切磋琢磨する）に近い。そして、もしこの競争環境がシュンペーター型に移行すると、先に述べたメカニズムで、チェンバレン型でこれまで企業が経験してきた進

注8）Barney, J. B. 1991."Firm Resources and Sustained Competitive Advantage," *Journal of Management*, Vol.17, pp.99-120.

化も、むしろ足かせになる可能性が高いということだ。こういった企業は、これまで「知の深化型の共進化」のスパイラルにあった。結果、細かいスペック競争では高い実績を誇ってきたかもしれないが、大きな変化にはむしろ対応できない。実際にそれを経験したのが、日本の家電産業などだろう。今後は自動運転技術の到来とともに、自動車産業もシュンペーター型に移行する可能性がある。

　では、これまでチェンバレン型のレッドクイーン競争をしてきた企業が、今後大きな変化に対応するには、何をすればいいのだろうか。もちろん様々な考えがあるだろうが、筆者自身は、レッドクイーン理論からの示唆は実に明快だと考えている。それは、「ライバルとの競争を目指さない」ことだ。

大変化の時代における、本当の「競争相手」は誰か

　筆者は2017年に開催されたあるイベントで、ジンズ創業経営者の田中仁氏、リクルートマーケティングパートナーズの山口文洋氏、夢の街創造委員会の中村利江氏とパネルセッションをご一緒させていただいた。それぞれ、日本のメガネ業界、教育業界、食の宅配業界で革新を起こしているイノベーターである。そして、3人が奇しくも口を揃えて強調していて非常に印象深かったのが、「自分は同業ライバルとの競争にまったく興味がない」ということだったのだ。

　実際には、これらの企業は（少なくとも世間からは）ライバルと目される企業がある。ジンズが手掛けるメガネブランドJINSなら同じメガネSPAを手がけるZoffやOWNDAYSがそうだろうし、リクルートマーケティングパートナーズが提供するオンライン教育ビジネスのスタディサプリも、MOOCやカーンアカデミーなどが潜在的な競合相手となりうる。夢の街創造委員会が手がける「出前館」は、既存のレストランの宅配サイトをまとめるポータルであり、その意味ではUber Eatsなどがライバルになるだろう。それにもかかわらず、3人の経営者の誰もが「自分は競合他社をいっさい意識しない」と口を揃えるのである。

　精神論のようにさえ聞こえるこの主張だが、本章を読んだ皆さんには、これが新レッドクイーン理論の示唆と整合的であることはおわかりだろう。過度に競合相手を意識してベンチマークすれば、先に解説したメカニズムで、それは「知の深化型の共進化」のスパイラルしか引き起こさないからだ。逆に言えば「あえて競合相手を見ない」ことこそが、シュンペーター型の変化を目指すこれらの経営

者に求められているのだ。田中氏、山口氏、中村氏はそれを肌感覚で持っているからこそ、このような発言につながっているはずだ。

では、こういったイノベーターたちは、競争でなく、その代わりに何を目標にしているのか。言い換えれば、彼らの「真の競争相手」は誰か。実はこの点も、田中氏、山口氏、中村氏は驚くほどに口を揃える。それは「自身のビジョン」だ。競争すべきはライバル企業ではなく、自分のビジョンなのである。

例えば田中氏は、「世界中の人たちにメガネをかけさせる」という壮大なビジョンを持ってビジネスを進めている。そのビジョンが競争相手なのだ。結果として、ライバル（Zoff）との競争という枠に囚われず、「どうすれば視力のよい人も含めて、世界中の人たちにメガネをかけさせられるのか」だけを基準にしたサーチが行われるのだ。これこそ「知の探索」型のサーチである。

そしてそこから出てきた商品が、JINS MEMEである。このメガネはセンサーを搭載し、人の眼球の動きを捕捉する、まったく新しいものだ。田中氏によると、人の眼球の動きは、人の内面の情報を驚くほど詳細に表す。したがって、JINS MEMEセンサーで眼球の動きを捕捉すれば、その人の疲労度、精神状態、病気の兆候まで把握できる可能性がある。JINS MEMEはすでにスポーツ活動に役立つことを主な目的にして商品化されているが、将来的に田中氏が目指すのは、それよりもはるかに大きい。

例えば、今後は運輸業のすべてがJINS MEMEの顧客対象になりうる。タクシーやバス・トラックの運転手は業務上夜通しで運転せざるをえないこともあり、体力・精神的にきつい仕事だ。飛行機のパイロットや電車の運転手もそうだ。疲労の蓄積による不注意は、痛ましい事故を引き起こすことも多い。しかし、このような業務に就く人が利用すれば、センサーでその疲労度を把握し、それを企業はネットを通じてオンタイムで一元確認できる。

JINS MEMEはこのように視力が悪くなくても、疲労が命取りになる職業・企業の課題を、眼球の動きを捕捉することで解決する可能性があるのだ。このような、「世界を変えるかもしれない」可能性を秘めたイノベーションは、田中氏が競合相手に囚われないからこそ、生まれてくるといえよう。

筆者は、「競争がよくない」「企業は競争を意識すべきでない」と言っているのではない。ポイントは、我々の競争環境が今後どのようになるかで異なるという

604　｜第４部　社会学ディシプリンの経営理論｜

ことだ。まだチェンバレン型競争に踏み留まれている企業なら、そこではライバルのベンチマークによる切磋琢磨はやはり重要なはずだ。しかし、これからの時代は、多くの業界でさらに環境変化が激化し、シュンペーター型に移っていく可能性が高い。そして逆説的だが、環境が大きく変化するほど、企業の目的は「競争」になってはならないのだ。

この意味で、新レッドクイーン理論は『鏡の国のアリス』の赤い女王をはるかに超えた視点を提供する。アリスは、相手より2倍速く走ることを目指すべきではない。アリスは、空を飛ぶことを考えるべきなのだ。

第32章　レッドクイーン理論

第 **5** 部

ビジネス現象と
理論のマトリックス

| 第33章 | 戦略とイノベーションと経営理論　P.611 |

| 第34章 | 組織行動・人事と経営理論　P.627 |

| 第35章 | 企業ガバナンスと経営理論　P.643 |

| 第36章 | グローバル経営と経営理論　P.668 |

| 第37章 | アントレプレナーシップと経営理論　P.686 |

| 第38章 | 企業組織のあり方と経営理論　P.705 |

| 第39章 | ビジネスと経営理論　P.722 |

現象領域とのマトリックスから興味ある「理論」を見つけ、未来を予測する

　本書では、第1部から第4部までは、世界標準の経営理論を経済学、心理学（マクロとミクロ）、社会学のそれぞれのディシプリンに基づいて徹底解説している。

　しかし他方で、ビジネスとはあくまで「現象」である。実際のビジネスパーソンの皆さんは、「戦略」「組織」「ガバナンス」「イノベーション」「グローバル経営」など、それぞれの現象ごとに様々な問題意識を持ち、考えを巡らせ、行動を起こしている。そこをあえて理論で切り直すのが本書の意義であり、それこそ価値があると筆者は考えている。だが、他方で「では自分はどの理論を特に思考の軸として持てばいいのか」が、見つけにくいのも事実だ。

　実際、「戦略」「イノベーション」「ガバナンス」などの現象には、それぞれ相性のいい理論と、そうでないものがある。そこで、この第5部では、経営学における主要な「ビジネス現象」と「理論」のマトリックス表を提示したい。マトリックス上で、現象それぞれと相性の良い経営理論を整理することで、皆さんが理論を選ぶ道しるべとしたいのだ。本部の中で関心のある現象の章をまず読んでから、興味のでてきた理論を深く知るために第1部から第4部に戻る、という読み方も効率的だろう。

図表1｜ハーバード・ビジネススクールのアカデミック・ユニット

出所：ハーバード・ビジネススクールのホームページをもとに筆者作成。

経営学における「現象」には、何があるだろうか。**図表1**は米国の名門ハーバード・ビジネススクールで、教員の専門性を区分するアカデミック・ユニットだ。図表が示すように、ビジネスには、マーケティングやファイナンス、会計など様々な現象がある。この区分はビジネススクールごとにかなり異なるし、時代の趨勢で変化する。例えばこのハーバードの区分では「グローバル経営」が独立したユニットになっていないが、他校では独立ユニットになっていることもある。

　そしてあえてこのハーバードの区分を使えば、一般に経営学が対象とする範囲は、「戦略」「組織行動」「総合経営」「アントレプレナーシップ」「交渉、組織、市場」「技術経営とオペレーション（の一部）」辺りになるだろう（とはいえ、ファイナンスや会計に興味のある方にも、経営理論は多くの示唆があるはずだ）。

　ちなみに、これだけ経営学の対象となるアカデミック・ユニットが細分化しているのは、ハーバード・ビジネススクールならではだ。同校は正規職だけでも230名以上の教員を要する巨大スクールであり、ユニットが極端に多くなっている。

　そこで、経営学の対象領域を皆さんの関心も考慮しながら、筆者なりに整理しなおして図化したのが、**図表2**だ。まず経営学は大まかに、マクロとミクロに分かれる。マクロは組織を一つの単位にして、その行動や戦略を分析する領域だ。

|図表2|**経営学の研究領域**

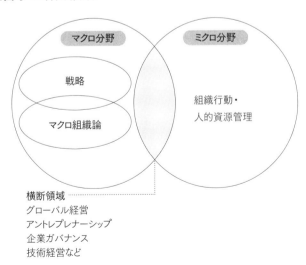

戦略などは、まさにマクロに入る。一方のミクロは、組織内の細かい個人の意思決定や上司・部下の関係などを解き明かす分野である。また、マクロ、ミクロを横断する領域として、グローバル経営、アントレプレナーシップ、企業ガバナンスなどがある。

　この背景を前提に、本書では以下の主要な8つの現象領域を抽出した（ただし、戦略とイノベーションは同じ第33章で解説する）。それぞれの現象領域ごとに、相性のいい理論をマトリックス表で整理しながら解説していこう。

第33章：戦略
第33章：イノベーション
第34章：組織行動と人事
第35章：企業ガバナンス
第36章：グローバル経営
第37章：アントレプレナーシップ
第38章：企業組織のあり方
第39章：ビジネス

　しかし、第5部はそれで終わらない。各章とも、章の後半からは筆者自身が理論を「思考の軸」として使いながら、各現象領域の未来がどうなるか、その未来像を予見し、筆者なりの視点で解き明かしていきたい。当然ながら我々は未来に進んでいるのであり、未来をどう見るかが、ビジネスパーソン・経営者には決定的に不可欠だからだ。
　もちろん、正確な未来は誰にもわからない。しかしだからこそ、思考の軸となり、そこを起点に未来への思考を解放させられる経営理論に意味があるのだ。したがって、この第5部の各章の後半は、他章と比べて筆者の私見が厚くなることをご理解いただきたい。筆者は「これが正解だ」と押し付けるつもりは一切ない。そうではなく、本書を読んでいる皆さんも同様に、経営理論を思考の軸としながら思考を解放させて、皆さんなりの未来を描いていただきたい。
　では、「ビジネス現象と理論のマトリックス」編に入っていこう。

第**33**章 | strategy & innovation

戦略とイノベーションと経営理論

近未来に戦略とイノベーションは融合し、理論も重層化する

戦略とは何か

　第5部の最初に取り上げるのは、「戦略」（strategy）と「イノベーション」（innovation）とのマトリックスだ。とはいえイノベーションについては、第2部「マクロ心理学」編で様々なイノベーションに関する視点をすでに論じている。そこで本章では「戦略」に多くの紙幅を割きたい。そもそもなぜ戦略とイノベーションを同時に扱うのか、その理由は本章後半まで読み進めていただければわかる。

　戦略は、経営学ではそのままstrategy、あるいは「経営戦略」（strategic management）と呼ばれる[注1]。同領域のトップ学術誌『ストラテジック・マネジメント・ジャーナル』に近年発表された論文での戦略の定義は、以下のようなものだ。

定義①

The field of strategic management deals with the major intended and emergent **initiatives** taken by general managers on behalf of owners, involving utilization of **resources**, to enhance the **performance** of firms in their external **environments**. (Nag et al., 2007, p.944.)[注2]

注1）パデュー大学のダン・シェンデールが著書 *Strategic Management: A New View of Business Policy and Planning*, Little Brown, 1979. で "Business Policy" という言葉を "Strategic Management"に置き換えたのが、学術的な経営戦略領域の始まりとされている。シェンデールは、世界最大の経営戦略の学会 Strategic Management Society の創設者でもある。

611

経営戦略は、「企業の所有者に代わり、ゼネラルマネジャーが経営資源を使いながら、外部環境の中でその業績を高めるための、意図的あるいは非意図的な大きなイニシアティブ」を扱う領域である。（筆者意訳）

定義②

(Strategic management) as the dynamics of the firm's relation with its **environment** for which the necessary **actions** are taken to achieve its goals and/or to increase **performance** by means of the rational use of **resources**. (Pupo & Martin, 2012, p.182.)[注3]

経営戦略は、「資源の活用を通じて業績向上という目的を実現するために不可欠な行動を取ることで、企業が環境に対応するダイナミクス」である。（筆者意訳）

2つの定義の太字部分を見ると、両者は同じような言葉を使っており、学術的な意味で戦略論の定義は固まってきたことがわかる。あらためて筆者なりに整理すれば、戦略とは「企業を取り巻く環境（environment）を前提に、業績（performance）を向上させるための、経営資源（resources）を使った、企業の行動・アクション（action, initiative）のこと」といえる[注4]。

戦略という研究領域の構造

次に、世界の経営学における戦略領域の分類を整理しておこう。現代では、戦略研究は複数の分野に枝分かれしている。

図表1をご覧いただきたい。まず、戦略という研究領域は「戦略コンテンツ」と「戦略プランニング」に分かれる。前者は、「低価格戦略を取るべきか、差別化か」「買収先の経営者を追放すべきか」といった、戦略意思決定の中身そのものを検討する分野だ。一方の戦略プランニングは、「企業・経営者は、どのよう

注2) Nag,R. et al., 2007. "What Is Strategic Management, Really? Inductive Derivation of a Consensus Definition of the Field," *Strategic Management Journal*, Vol.28, pp.935-955.

注3) Ronda-Pupo, G. A. & Guerras-Martin, L. Á. 2012. "Dynamics of the Evolution of the Strategy Concept 1962-2008: A Co-Word Analysis," *Strategic Management Journal*, Vol.32, pp.162-188.

注4) 経営戦略のより細かな概念・定義等については、琴坂将広「『経営戦略』をいかに定義するか」DIAMONDハーバード・ビジネス・レビューオンライン、2016年12月2日を参照。

|図表1|戦略領域の構造

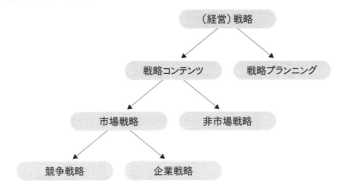

に戦略計画を立てるべきか」という策定プロセスに注目する。

　戦略コンテンツは、さらに「市場戦略」と「非市場戦略」に分かれる。市場戦略は、企業が市場で行う戦略活動すべてをカバーする。これまで経営学で主に取り扱われてきたのは、言うまでもなくこちらの方だ。

　一方で近年台頭してきたのが、非市場戦略（non-market strategy）である。これは、「企業が政府部門・NGO・市民社会などの非市場（非営利）セクターに働きかけて、自社の競争を有利に進める戦略」の総称と考えていただきたい。例えば、企業が政府部門に働きかけるロビイング、認証の取得、司法へのアプローチなどがそれに当たる。広義には、CSR活動や賄賂活動も該当する。この分野はまだ新しいので本章で深く取り上げないが、関連することを第28章で書いているので、関心のある方はそちらをお読みいただきたい。

　市場戦略は、さらに「競争戦略」と「企業戦略」に分かれる。競争戦略（competitive strategy）とは、「特定の事業ドメインで企業がライバルに勝つための行動」を分析する分野だ。すでに戦いの場所が決まっており、そこでの戦い方を探求するということだ。具体的には、「ライバルとの差別化戦略」「価格戦略」「より積極的に新製品を展開するか」「必要な経営資源をどう確保するか」などが検討テーマの例になる。

　一方の企業戦略（corporate strategy）は全社戦略とも呼ばれ、より高次の視点から「そもそもどの事業ドメインで戦うか」「複数の市場で戦うか」などを探求する分野だ。多角化や垂直統合は、この範疇になる。市場参入の手段となる

|図表2|戦略領域の各分野の主要テーマ

競争戦略
Competitive Strategy, or Business Strategy

特定の市場環境・競争環境で、いかにして競合企業に対して競争優位を築くかを検討する分野

▼典型的な検討課題例

- 差別化戦略か、コスト・リーダーシップ戦略か。
- より積極的な商品展開・価格引き下げなどをすべきか。
- 自社の強い経営資源は何か。それは他社に模倣困難か。
- 業界環境は、独占化しやすく収益性を高めやすい構造になっているか。

企業戦略
Corporate Strategy

会社全体を俯瞰して、複数市場の経営や、参入・退出、他社との協業や買収などを検討する分野

▼典型的な検討課題例

- 現在の事業範囲は適切か。事業間のシナジーはあるか。
- バリューチェーン上の垂直統合は必要か。
- どの企業をM&Aすべきか。M&Aのリスクは何か。
- 効果的な企業間提携の手段は何か。
- 新市場への進出は、合弁で行うか、独立資本で進出すべきか。

非市場戦略
Non-market Strategy

政府、司法、NGOなどの非市場部門に働きかけ、自社の優位性獲得を検討する分野

▼典型的な検討課題例

- 政府へのロビイングをどの程度仕掛けるべきか。
- 賄賂の横行する市場でどのような行動を戦略的に取るべきか。
- コストがかかっても公的認証を取得すべきか。
- CSR活動にどの程度取り組むか。

戦略プランニング
Strategic Planning

戦略の中身ではなく、戦略の立て方・立案プロセスを検討する分野

▼典型的な検討課題例

- 事業計画は事前にどこまで詰めるべきか。
- むしろ計画はなおざりにしても、まずは行動すべきか。

M&A、合弁事業、提携戦略も企業戦略に含まれる。

　イメージとしては、複数事業を持つ企業ならその本社やホールディングス会社の取締役会で議論するのは、企業戦略が多いはずだ。他方で各事業ドメインのトップ・戦略担当者が検討するのは、主に競争戦略になるだろう。**図表2**では戦略領域の各分野の主要テーマをまとめているので、そちらもご覧いただきたい。

一つの現象は、複数の理論から見つめられる

　ではこれを前提に、戦略領域の現象と経営理論のマトリックスを提示しよう。**図表3**がそれに当たる。ここからは競争戦略、企業戦略、戦略プランニングの順に、それぞれの分野がどの理論で説明されることが多いか（＝思考の軸として相性がいいか）を解説する。皆さんはマトリックスを各分野に沿って見ていただきたい。

614　｜第5部｜ビジネス現象と理論のマトリックス｜

競争戦略

第1部でも述べているように競争戦略では、1981年にマイケル・ポーターが著書『競争の戦略』を発表して以来、経済学ディシプリンのSCP理論（第1章）とRBV（第3章）が、長らく中心理論として君臨してきた。加えて、ゲーム理論（第8・9章）も頻繁に応用される。しかし近年はSCPやRBVへの批判も強い。なかでも深刻な課題は、両理論が企業の目的に「持続的な競争優位」を置いていることだ。現在は環境変化の激しい時代であり、そもそも企業が競争優位を持続させることが難しい。この点は第3章などでも議論したので、そちらをお読みいただきたい。変化が大きい環境下では、SCPやRBVだけでは不十分なのだ。

この課題に応えるべく提示され、多くの競争戦略分野の研究者が注目するのがダイナミック・ケイパビリティ理論（第17章）である。ダイナミック・ケイパビリティはRBVや、認知心理学ベースの「ルーティン」を基礎に持つ。「認知的な限界がない」ことが前提となっている経済学ディシプリンの理論では、「激しい環境変化の下で、人は将来の方向性が見通しにくい」という現実をうまく説明できない。

一方の認知心理学は、「人はそもそも認知に限界がある」という前提に立つ。したがってダイナミック・ケイパビリティなら、変化の大きい環境下における企業のあり方に道筋をつけられる可能性がある。しかし第17章で述べたように、ダイナミック・ケイパビリティは経営理論として完成度がまだ低いのも事実だ。

このように、変化の激しい時代の競争戦略にベストフィットする理論は十分に確立されていない。競争戦略に関心がある方へのおすすめは、やはりまずはSCPやRBVを思考の軸として理解し、あるいはゲーム理論を押さえた上で、各理論の限界を踏まえながら、ダイナミック・ケイパビリティなどを知っておくことだろう。

企業戦略

図表3を縦方向に見ると、企業戦略に応用できる理論はかなり多いことがわかる。まず、経済学ディシプリンの複数の理論が応用できる。例えば多角化戦略では、「そもそも自社がどのような経営資源を持ち、それを複数事業に展開できるか」を考えることが重要だ。したがってRBVの視点は欠かせない。加えてバリューチェーンの川上・川下への参入や、逆にそれらをアウトソーシングする意思決定

| 図表3 | 戦略・イノベーションと経営理論のマトリックス

	▼本書該当章		戦略領域
			競争戦略
経済学ディシプリン	第1章	SCP理論（SCP）	✔
	第3章	リソース・ベース・ビュー（RBV）	✔
	第5章	情報の経済学①（information economics）	
	第6章	情報の経済学②（エージェンシー理論）（agency theory）	
	第7章	取引費用理論（TCE）	
	第8・9章	ゲーム理論（game theory）	✔
	第10章	リアル・オプション理論（real options theory）	
マクロ心理学ディシプリン	第11章	企業行動理論（BTF）	
	第12・13章	知の探索・知の深化の理論（exploration and exploitation）	
	第14章	組織の記憶の理論（SMM & TMS）	
	第15章	組織の知識創造理論（SECIモデル）	
	第16章	認知心理学ベースの進化理論（evolutionary theory）	
	第17章	ダイナミック・ケイパビリティ理論（dynamic capabilities）	✔
ミクロ心理学ディシプリン	第18章	リーダーシップの理論（leadership theories）	
	第19章	モチベーションの理論（motivation theories）	
	第20章	認知バイアスの理論（cognitive bias）	
	第21章	意思決定の理論（decision making）	
	第22章	感情の理論（emotion theories）	
	第23章	センスメイキング理論（sensemaking）	
社会学ディシプリン	第24章	エンベデッドネス理論（embeddedness）	
	第25章	「弱いつながりの強さ」理論（weak ties）	
	第26章	ストラクチャル・ホール理論（structural holes）	
	第27章	ソーシャルキャピタル理論（social capitals）	
	第28章	社会学ベースの制度理論（institutional theory）	
	第29章	資源依存理論（resource dependence theory）	
	第30章	組織エコロジー理論（organizational ecology）	
	第31章	エコロジーベースの進化理論（evolutionary theory）	
	第32章	レッドクイーン理論（red queen theory）	✔

チェックマークがついているものは、経営学で各理論がよく適用されている現象分野。

	企業戦略	非市場戦略	戦略プランニング	イノベーション・組織学習領域
	✓			
	✓	✓		
	✓	✓		
	✓	✓		
	✓		✓	
				✓
	✓			✓
				✓
				✓
				✓
				✓
				✓
			✓	
			✓	
			✓	✓
	✓			
	✓			✓
	✓			✓
	✓			✓
		✓		
	✓	✓		

には、取引費用理論の視点が欠かせない（社会学ディシプリンの資源依存理論も有用である）。

加えて、企業間連携における「ガバナンス」だ。企業そのもののガバナンスについては第35章で論じるが、M&Aや合弁事業などは相手企業があってのことであり、その関係性をうまくガバナンス（統治）する必要がある。これらに思考の軸を与えてくれるのは、先の取引費用理論や、エージェンシー理論になる。

他方、企業戦略においてマクロ心理学ディシプリン理論が示唆を与えるのは、企業間の「学習」である。企業間提携（アライアンス）やM&Aは、相手企業からの学習の機会になりうる。したがって、例えば知の探索・知の深化の理論は有用な思考の軸になる。また、学習には相手との信頼関係が欠かせない。したがって社会学ディシプリンのエンベデッドネス理論、ソーシャルキャピタル理論も有用だろう。

戦略プランニング

戦略プランニングは、近年研究が下火になっている分野である。とはいえ、実務的には「どのように戦略を立てるか」は重要な課題のはずだ。実際、1970年代までの戦略論とはほぼプランニングのことであった。なかでもよく知られるのは「計画派」と「学習派」だ。計画派は「経営戦略の父」と呼ばれるイゴール・アンゾフを中心に発展した視点で、簡単にいえば「企業は綿密な計画を立て、その上でいわゆるPDCAをきちんと回して、結果が伴わなかった部分はフィードバックして計画を見直していくべき」という立場だ。

一方の「学習派」は、ダートマス大学のヘンリー・クインなどによって主張されてきたもので、「まずは行動を起こし、そこから戦略は創発的に浮かび上がってくる」という立場である。同理論と相性がいいのは、企業行動理論やセンスメイキング理論などになる。

戦略プランニングについては、あらためて第39章で「ビジネスプランニング」として解説するので、関心のある方はそちらをお読みいただきたい。

このように現代の戦略領域は、ある意味で混沌とした状況にある。なぜなら戦略という現象は経済学ディシプリン、心理学ディシプリン、社会学ディシプリンそれぞれの理論から説明できてしまうからだ。この理論ディシプリンの違いがわ

からないと、混沌の背景もわからないのだ。

実際、マギル大学のミンツバーグは世界的なベストセラー『戦略サファリ』の中で、様々な視点が飛び交う戦略領域を、「サファリのようだ」と例えた。そのサファリを3つのディシプリンを踏まえてマトリックスにすれば、図表3のように整理できるということだ。

戦略とイノベーション戦略が融合する時代

さてここからは、経営理論という思考の軸をもとに、筆者なりに「ビジネスの未来」を考えていきたい。本章では、戦略領域の未来を提示しよう。これからの時代の戦略領域を理解していくには、どの理論が有益たりうるのだろうか。

あらためて、図表3に注目していただきたい。この図表で、「競争戦略」から「戦略プランニング」までを見ると、マクロ心理学ディシプリンの部分が、ほぼ印がつかずにぽっかりと空いていることがわかる。

逆に、「イノベーション・組織学習領域」の軸は、マクロ心理学ディシプリンの理論が埋められている。実際、本書の第11章から第17章まででは、知の探索・知の深化の理論、TMS理論などの認知心理学ベースの理論をまとめて、「イノベーション・組織学習の理論」という現象の側面で表してきた。このようなくくり方は、経済学ディシプリンの理論や社会学ディシプリンの理論では行っていない。それだけイノベーション・組織学習は、認知心理学と親和性が強いのだ。

実は世界の経営学では、長らく「戦略」と「イノベーション」は、別物として扱われてきた。MBAの経営戦略の教科書でもイノベーションは取り扱われはするが、それはあくまで「戦略のごく一部」にすぎない。教科書が10章あるなら、そのうちの1章分だけが割かれる程度の位置付けだった。

しかしこれからの世界で、この戦略とイノベーションを分離したままの状態が通用するのだろうか。筆者はそう考えない。イノベーションを「企業が新しいことをして、前に進むこと」と広義にとらえるなら、それは世界中の大部分の企業がいま直面している課題だからだ。

実際、実務家からも「戦略」と「イノベーション」は同義にとらえられ始めている。かつて連続起業家（シリアルアントレプレナー）として知られ、シリコンバレーで高い影響力を持つスタンフォード大学のスティーブ・ブランクは、その

講演で「いままで50年やってきたやり方は間違いだった」と指摘し、「これから
はイノベーションが大切だ」と明快に述べた[注5]。

IBMのCEOジニー・ロメッティ氏は「的確な意思決定を行うためには、直感
ではなく分析による判断という新しい文化を組織に導入する必要がある。それは
イノベーティブなリーダーのもとでのみ成しうる」と述べる[注6]。

新興国でもこの潮流は同様だ。インドの世界的IT企業インフォシスは、
"Innovation as usual business"というミッションを掲げ、社員全員でイノベー
ションを起こす組織になるよう促している。

すなわち、これからの時代の戦略は「イノベーションが前提」でなければなら
ないのだ。両者は融合し、一本化されなければならない。図表3で言えば、「競
争戦略」「企業戦略」「戦略プランニング」のそれぞれを、「イノベーション・組
織学習領域」の軸と融合させ、一本化させてとらえる必要があるのだ。

戦略に心理学ディシプリンを取り込め

戦略とイノベーションが不可分になっている背景は、言うまでもなくビジネス
環境の変化が圧倒的に激しくなってきているからだ。特に、様々な技術変化のス
ピードが明らかに加速している。

1990年代初頭に台頭したインターネット技術は、わずか20数年のうちに、お
びただしい数の産業を衰退に追いやり、同時に数々の新産業を生み出してきた。
今後は、人工知能（AI）、ブロックチェーン、IoT（モノのインターネット）、
3Dプリンター、VR／AR（仮想現実／拡張現実）、バイオインフォマティクス、
量子コンピュータなどの新しい技術革新が、この変化スピードをさらに加速させ
るだろう。

結果、企業が目指すべきことは「安定した、持続的な競争優位の獲得」でなく
なってきている。変化が激しい世界で企業が安定して長期優位性を獲得すること
は、もはや非常に難しい。第3章で述べたように、企業の寿命も急速に短くなっ
ている。

注5）「スティーブ・ブランク氏が語る、顧客開発モデル」Biz/Zine、2014年9月15日。

注6）「IBMの新旧CEOが考える"イノベーション"と"新たなリーダーシップ像"」EnterpriseZine、2012年9月19日。

代わりに求められるのは、「連続する変化への対応」だ。そしてこの激しい変化に対応するには、企業はライバルに先んじて新しい手を打ち、俊敏に、大胆に自身を変化させ続ける必要がある。すなわち現在ではイノベーションは戦略の一部ではなく、「イノベーションそのものが戦略になってきている」ということだ。

図表4をご覧いただきたい。これは、ヤフーCSO（チーフ・ストラテジック・オフィサー）の安宅和人氏が2017年2月に経済産業省の産業構造審議会で発表し、話題を呼んだ資料をもとに筆者が作成したものだ。

この図は、現在の（そしてこれからの）ビジネスの「勝ちパターン」が、以前と異なってきている可能性を示唆する。図を見ると、2016年の純利益が約190億ドルだったトヨタ自動車の市場での評価（時価総額）が約1900億ドルだったのに対し、トヨタよりも利益額が少ないマイクロソフトやアルファベット（グーグル）の時価総額が約5000億ドル前後あり、トヨタの3倍近くになっているのだ。

さらに驚異的なのは、中国勢だ。アリババ、テンセントの現在の利益額はそれぞれ約40億ドルと約10億ドルにすぎないのに、両社の時価総額はすでにトヨタを上回っているのだ。

もちろん、より多くの観測数を使った精緻な実証分析でなければ、確実なことはいえない。とはいえ、この事象は多くの皆さんの肌感覚とも合っているのではないだろうか。

すなわち同レポートで安宅氏も述べているが、不確実性が高く、変化が非常に激しい時代に突入した現代では、「利益など過去の実績ベースの業績以上に、『どのような将来・未来を世界に対して生み出せるか』という心理的な期待感ベースのパフォーマンスが圧倒的に重要になってきた」というグローバル競争の質的な変化を、この図が示している可能性があるのだ。

そしてこれは、戦略がイノベーションそのものになってきているからだとも言える。イノベーションは「まだ誰も見たこともないもの」を生み出すのだから、過去の実績で評価ができるはずがない。求められるのは、「通常の人が予見できないような未来像を提示し、その実現に向けて行動し、投資家、顧客、他のステークホルダーに『未来』を期待させる企業・経営者」なのだ。そして、そういった企業・経営者に資金が集まるようになってきているから、図表4のような事態が生じていると考えられる。

この「期待感ベースのグローバル競争」で目立っている一人は、その賛否はと

図表4 時価総額と利益の関係

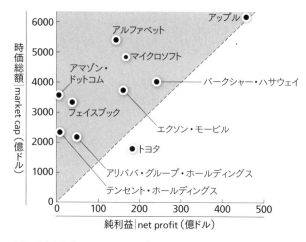

出所：安宅和人「"シン・ニホン"AI×データ時代における日本の再生と人材育成」経済産業省 産業構造審議会 新産業構造部会発表資料、2017年2月13日をもとに筆者作成。

もかく、やはりイーロン・マスク氏だろうか。2017年4月にテスラは時価総額が510億ドル（約5兆7000億円）となり、全米最大の自動車メーカーであるゼネラルモーターズ（GM）の時価総額を、約17億ドル上回った。実績で言えばGMの2016年の自動車販売台数が1000万台なのに対し、テスラはわずか8万台である。実績がGMの100分の1にも満たないテスラが、未来への期待感だけでGMの時価総額を上回る時代になっているのだ。

このように、これからの戦略に不可欠なのは「魅力的な未来を描き出し、イノベーションを引き起こし、投資家・従業員・顧客に対して大きな未来を提示し、心理的な期待感を高められる企業」になる。だからこそ、心理学ディシプリンのイノベーション理論が重要なのだ。ミクロ心理学なら、トランスフォーメーショナル・リーダーシップ理論やセンスメイキング理論も重要だろう。

では、戦略とイノベーションが融合する世界で、経済学ディシプリンの理論を学ぶことは意味がないのだろうか。筆者はそうは考えない。筆者は戦略とイノベーションの一本化が重要と述べたのであって、戦略における経済学ディシプリン理論の有用性は、決して色あせるものではない。

これから勝つ企業は、相反する理論を高次に内包する

　実際、図表4で紹介されているフェイスブックやアルファベット、テンセントなど、圧倒的に市場価値を高めている、いわゆる「プラットフォーマー企業」の戦略は経済学ディシプリンのSCPと整合的だ。

　この点は第1章でも述べた。こういったプラットフォーマー企業には「ネットワーク効果」（network effect）がある。

　あらためて書くと、ネットワーク効果とは「ユーザーにとって、他の多くの人が同じ製品・サービスを使うほど、自身もそれを使う効用が高まる」特性のことだ。我々がなぜフェイスブックを使うかといえば、その理由は「他の多くの人が使っているから」にほかならない。したがって、ひとたび一定数がフェイスブックを使い出すと、「みんなが使っているから」というだけのメリットを求め、さらに多くの人がフェイスブックを使い始める。結果としてSNSでは、ある程度のティッピング・ポイントを超えて利用者数が増え出すと、ひたすら参加者数が増え続け、やがて自然に独占状況に至る。そしていったんこの状況を実現すると、優位性は容易に揺るがない。結果、ここで勝った企業は独占に近い状態で、超過利潤を獲得し続けるのだ。

　ネットワーク効果の要素はアルファベットにも、アリババにも、テンセントにも、マイクロソフトのビジネスにもある。このネットワーク効果の帰結は、「独占に近づく方が望ましい」というSCPと整合的だ。

　では、これらの巨大プラットフォーマーは、心理学ディシプリンに基づくイノベーションをどのように取り込んでいるのか。**図表5**をご覧いただきたい。これは、第4章で登場した競争の型の図に手を加えたものである。筆者は、これからの変化の激しい時代に勝つ企業は、「複数の『競争の型と経営戦略の組み合わせ』を内包し、そこで事業と資金を循環させる」企業だと考えている。

　例えば、アルファベットだ。同社は、現在検索システムで圧倒的な市場独占を築いている。その背景にあるのはネットワーク効果であり、それが同社の一人勝ちの背景になっている[注7]。結果、同社はいまだに収益のおよそ9割近くを広告か

注7）根来龍之『プラットフォームの教科書』日経BP社、2017年を参照。

図表5 競争の型と戦略の関係

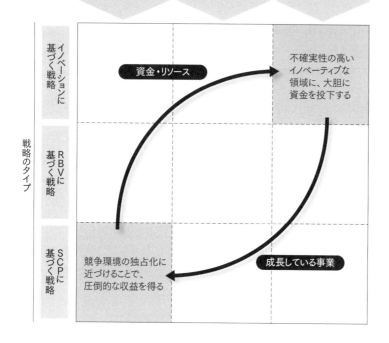

ら稼ぎ出している。IO型の競争環境で、SCP戦略を取っているのだ（図表5の左下）。

　しかし同時にアルファベットは、そこで稼ぎ出した資金を使って、AI、VR、クラウドサービス、自動運転車の開発、サーモスタット、量子コンピュータなど、様々な新規分野に巨額投資をしてきた。これらはまったく新しい技術だから、すべて不確実性の高いシュンペーター型の事業であり、ここで必要なのはダイナミック・ケイパビリティや知の探索など、認知心理学ベースの理論視点だ。

　結果、ここで果敢に投資をしたビジネスのいくつかがやがて花開き、ネットワーク効果でプラットフォームとなり、再び独占状態を生み、巨額の収益を上げてい

く。図表5のマトリックスで言えば、右上から左下に還流するのである。アルファベットなら、この還流で新たに巨大プラットフォーム化したのがモバイル端末向けOSのアンドロイドであり、動画配信サイトのユーチューブだ。アンドロイドの世界シェアは8割を突破したし、ユーチューブの席巻ぶりは言うまでもない。

そしてアルファベットはその独占状態から得た資金を、さらなる次世代技術に莫大に投資している。すなわち、今度はまた左下から右上に資金を回すのである。現在ならクラウドサービスがそれで、同社はこの分野に年間で1兆円以上の投資をしている。

同様のパターンでAWSを生み出したのが、アマゾンである。ECで独占を築いたジェフ・ベゾス氏は、その粗利益の多くを様々な投資やR&Dに回す。同社は1年間に70以上の新規事業に投資する。結果としてアマゾンのECは長らく赤字だったが、他方で新規事業の中からAWSが大成功例として台頭し、そして今度はAWSが独占側に回っていくのである。

フェイスブックも同様だ。ネットワーク効果でSNS市場の独占状態を築いたフェイスブックは、その資金を様々な投資に使い、結果として同社のWhat's app と Messenger は、メッセンジャーアプリという新市場で独占状況をつくり出しつつある。配車アプリ企業のウーバーは、調達した巨額の資金を自動運転という新たなプラットフォーム技術に投資している。

このように、現在のグローバル市場で期待値が高い企業というのは、「独占による圧倒的な収益化（SCP）→リスクを恐れない未来への大胆な投資（心理学ディシプリンの理論）→独占による圧倒的な収益化（SCP）」というサイクルを、内部で循環させる企業なのだ。これからの時代に勝つ企業は、経済学ディシプリンのSCPが主張する戦略をさらに先鋭化させて圧倒的な結果を出し、一方で心理学ディシプリンが主張する変化のためのイノベーション投資を大胆なスケールで行って、市場の心理期待を高め続ける企業というのが筆者の理解である。

このように考えると、「経済学ディシプリンと心理学ディシプリンのどちらが重要か」という問いは、愚問でしかない。どちらも重要なのだ。経済学と心理学は人の思考・行動に対する原理が異なるから、相反する視点のようにも聞こえる。しかしグローバル競争で勝ち続ける企業ほど、この両ディシプリン理論の「矛盾するメカニズム」を、圧倒的に高いレベルで内包できている。矛盾は弱点ではない。矛盾こそ、強みなのだ。

そしてこれが、この「ビジネス現象と理論のマトリックス」編の意義でもある。経営理論とは、人間や組織の本質をそれぞれのディシプリンの側面から描き出すものであり、したがって古びない。ただ、未来を見る上では、思考の軸になる理論が変わってくる可能性がある。それらは時に、組み合わされることもある。

　これらは、本章で紹介したようなマトリックスを見なければわからない。本章は、戦略とイノベーションという現象領域が一本化する近未来を提示した。結果、そこに切り口を与える理論も、重層的にとらえる時代になっていくのだ。

第34章

組織行動・人事と経営理論

これから人事がさらに面白くなる、5つの背景

組織行動と人的資源管理のマトリックス

　本章は、現象領域として「組織行動」(organizational behavior：OB)と、「人的資源管理（人事）(human resource management：HRM)を取り上げる。前章の「戦略」を企業全体を1単位と見なすマクロと呼ぶなら、企業内部の人・チームに焦点を当てるOBとHRMはミクロに該当する（実際、ミクロ組織論と呼ばれることもある）。戦略とOB&HRMは、経営学における2大領域といえるだろう。OBの定義は、例えば以下のようなものだ。

　　Organizational behavior is a field of study that investigates the impact individuals, groups, and structure have on behavior within organizations, for the purpose of applying such knowledge toward improving an organization's effectiveness. (Robbins & Judge, 2015, p.2.)[注1]
　　組織行動は、個人、グループ、組織構造が人々の行動に与える影響について探究し、その知見を組織効力向上のために活用する分野である。（筆者意訳）

　一方、HRMの定義は以下のようなものである。

　　Human resource management is defined as a strategic and coherent approach to the management of an organization's most valued assets - the people working there who individually and collectively contribute to

---

注1) Robbins,S. P. & Judge, T. A. 2015. *Essentials of Organizational Behavior 13th Edition*, Pearson.

627

the achievement of its objectives. (Armstrong, 2006, p.3.)[注2]

　人的資源管理とは、組織にとって最も価値ある資産である「組織の目的達成のために、個々に、あるいは集団で貢献する人材」を、戦略的に一貫して管理するアプローチのことである。(筆者意訳)

　従来、HRMはOB領域の一分野として扱われることが多かった。しかし、組織は人でできている。結果、人材をどのように採用し、育成し、評価・管理するかの総称であるHRMは、近年は一つの領域としてOBと並び立つことが多くなっている。欧米主要ビジネススクールでも「OB＆HRM」と、両者を併記するところも多い。本章でもOB＆HRMという表記を使うことにする。

　この第5部はビジネス現象と理論のマトリックスをベースにしている。本章は、いきなりそのマトリックスを提示しよう。**図表1**がそれである。列は、MBAなどで使われる代表的なOB＆HRMの教科書から抜粋した現象分野であり、行は本書で紹介してきた経営理論だ。図表を見ると、OB＆HRMと理論の関係には、ユニークな点が3つある[注3]。

　第1に、OB＆HRM領域は細かい、多くの分野に分化されている。企業内の「人」に関するイシューは多様、ということだ。

　第2に、戦略と異なり、OB＆HRMは現象分野ごとに独自の理論があることも多い。従来、この領域はかなり細かく分野が乱立する中で、学者が分野ごとに独自の理論を形成してきた。結果、分野と理論が「一対一」関係になっているのだ。

　例えば、リーダーシップという現象分野にはリーダーシップ専用の理論があり、モチベーションにはモチベーション専用の理論がある。このため、一部の細かい現象分野については、本書でも対応する理論を完全には紹介し切れていない。しかし、本書の狙いは「主要な経営理論を体系的に紹介し、理論ドリブンの思考軸を皆さんに持っていただく」ことであり、それにかなうだけの理論は十分に紹介している。各分野特有の細かい理論については専門書を読んでいただくことにして、ここでは主要経営理論とOB＆HRMの関係に焦点を絞ろう。

　マトリックスから読み取れるOB＆HRMの第3の特徴は、理論がミクロ心理学

注2) Armstrong, M. 2006. *A Handbook of Human Resource Management Practice 10th Edition*, Kogan Page Business Books.

注3) 現象の抽出には、例えば脚注1のRobbins & Judge(2015)などを参考にしている。

628　｜第5部｜ビジネス現象と理論のマトリックス｜

に集中していることだ。実際、経営学における同領域の研究の大部分が、ミクロ心理学をベースにしていると言って過言ではない。しかし果たして、今後もこの状況は続くのだろうか。この点は、後ほど議論したい。

細分化が進むOB&HRMの分野だが、それらは大きく「個人」「チーム」「組織」の3階層に分けられる。この階層化により、理論との対応も明確になる。ここからは階層ごとに、現象と理論のマトリックス関係を解説しよう。

階層1：個人レベル

企業を構成する最小単位は「人」である。したがってOB&HRMでは、企業内の個人の行動のメカニズムについて、膨大な研究が行われてきた。「リーダーシップ」「モチベーション」「感情」などは、その代表だ。

図表1の左側の「リーダーシップ」から「意思決定」までは特に基本的な分野であり、本書でも対応する理論を解説している（第18〜21章）。本章ではそれ以外の現象分野について、簡単に解説しよう。

評価（performance appraisal）： 評価は人事における重要事項だが、それは評価者の認知バイアスに影響を受ける。したがって、この分野では認知バイアスの理論（ハロー効果など）が使われることが多い。

仕事への満足度（job satisfaction）： 「同じ評価でも、満足できる人もいれば、不満を持つ人もいるのはなぜか」などが探究される。感情の理論などと関連が深い。

採用（employee selection）： この分野も独自の理論を形成している。本書で解説している主要理論の中では、採用者の認知フィルターを通して採用が行われることを前提に、認知バイアスの理論、意思決定の理論などが応用される。

研修（training）： 幹部育成などの研修についても、独自の理論が形成されている。本書の主要理論の中では、認知バイアスの理論やモチベーションの理論が特に使われる。研修プログラム設計には設計者の認知フィルターが影響するし、その内容は履修者のモチベーションに影響を与えるからだ。

| 図表1 | 組織行動と経営理論のマトリックス |

	▼本書該当章		リーダーシップ leadership	モチベーション motivation	態度・感情 attitude, emotions
経済学ディシプリン	第1章	SCP理論（SCP）			
	第3章	リソース・ベースト・ビュー（RBV）			
	第5章	情報の経済学①（information economics）			
	第6章	情報の経済学②（エージェンシー理論）（agency theory）		✗	
	第7章	取引費用理論（TCE）			
	第8・9章	ゲーム理論（game theory）			
	第10章	リアル・オプション理論（real options theory）			
マクロ心理学ディシプリン	第11章	企業行動理論（BTF）			
	第12・13章	知の探索・知の深化の理論（exploration and exploitation）			
	第14章	組織の記憶の理論（SMM & TMS）			
	第15章	組織の知識創造理論（SECIモデル）			
	第16章	認知心理学ベースの進化理論（evolutionary theory）			
	第17章	ダイナミック・ケイパビリティ理論（dynamic capabilities）			
ミクロ心理学ディシプリン	第18章	リーダーシップの理論（leadership theories）	✓		
	第19章	モチベーションの理論（motivation theories）		✓	
	第20章	認知バイアスの理論（cognitive bias）			✓
	第21章	意思決定の理論（decision making）			
	第22章	感情の理論（emotion theories）			
	第23章	センスメイキング理論（sensemaking）	✓		
社会学ディシプリン	第24章	エンベデッドネス理論（embeddedness）			
	第25章	「弱いつながりの強さ」理論（weak ties）			
	第26章	ストラクチャル・ホール理論（structural holes）			
	第27章	ソーシャルキャピタル理論（social capitals）			
	第28章	社会学ベースの制度理論（institutional theory）			
	第29章	資源依存理論（resource dependence theory）			
	第30章	組織エコロジー理論（organizational ecology）			
	第31章	エコロジーベースの進化理論（evolutionary theory）			
	第32章	レッドクイーン理論（red queen theory）			

✔マークがついているものは、経営学で、✗マークがついているものは経済学で各理論がよく適用されている現象分野。ただし、経営学のOB&HRMでは、経済学の理論はあまり応用されていないのが現状である。

	個人レベル							チームレベル					組織レベル	
	認知 perception	意思決定 decision making	評価 performance appraisal	仕事への満足度 job satisfaction	採用 employee selection	研修 training	仕事のストレス work stress	態度の変化 attitude change	集団の意思決定 group decision making	集団プロセス teamwork	パワー、組織内政治 power and politics	交渉、摩擦 negotiation and conflict	組織文化 organizational culture	組織変化 organizational change
					×									
			×	×			×							
		×							×		×			
		×												
										✓				✓
										✓			✓	✓
						✓			✓					
	✓		✓		✓	✓				✓				
		✓			✓				✓	✓		✓	✓	✓
				✓		✓	✓	✓		✓		✓		
														✓
											✓			

仕事のストレス（work stress）：人は過剰に働いたり、周囲から理不尽な要求を受けたりするとストレスを感じ、自身のパフォーマンスや職場のムードに影響が出る。ストレスもOB＆HRMの重要分野だ。感情の理論などが主に応用される（第22章を参照）。

　このようにOB＆HRMの個人レベルの各分野には、様々な理論が対応する。逆に言えば、マトリックスを横方向に見た時に、「一貫してすべての現象分野を貫ける理論」がなかなか存在しない。しかし、理論とはいえないものの、唯一と言っていいほど各分野を横方向に貫ける視点がある。それは「個人の性格・個性が行動に及ぼす影響」である。人の性格の分類は1980年代、90年代にオレゴン大学のルイス・ゴールドバーグらの功績により5つに集約されている。それを「ビッグ・ファイブ」（big five）と呼ぶ[注4]。以下の5つである。

外向性（extraversion）：積極的、行動的、話し好き、陽気、活動的、楽観的などで特徴付けられる人の特性の総称のこと。

神経症（neuroticism）：物事をネガティブにとらえやすい特性の総称。この特性の強い人は、恐れ、悲しみ、罪の意識、怒りを持ちやすいことが知られている。

開放性（openness）：様々な視点、知見、経験などを受け入れやすい人の特性の総称。この特性の強い人は好奇心が強く、感受性が強い。

同調性（agreeableness）：他者に対して協力的で、信頼性が高く、紳士的で、他者に優しい特性の総称のこと。

誠実性（conscientiousness）：自分の行動に対してきちんとした方向性を持ち、それに向けて懸命に働く特性の総称。これが強い人は慎重で、思慮深く、自己抑制が利いている。

注4）ビッグ・ファイブについては、例えば Judge, T. A. et al., 2002. "Personality and Leadership: A Qualitative and Quantitative Review," *Journal of Applied Psychology*, Vol87, pp.765-780. を参照。また、第37章コラムでも、ビッグ・ファイブについて少し触れている。

心理学者による数十年に及ぶ統計解析の蓄積により、ビッグ・ファイブは人の性格を大くくりに分ける信頼性が高い基準として、学者のコンセンサスとなっている。リーダーシップ、モチベーション、ストレスなど、OB&HRMの多様な現象分野を貫いて応用されているので、関心がある方は参考文献等を当たっていただきたい。

階層2：チームレベル

　個人レベルで取り扱った態度や意思決定は、（複数の個人からなる）チームでも分析対象となる。加えて、チームレベルには以下のような分野がある。

チームワーク（teamwork）：効果的なチームワークには様々な要素が絡み合うので、複数の理論が応用される。

パワーとポリティックス(power and politics)：人が複数集まると、力関係が生じ、「社内政治」が行われる。これもOB&HRMの重要な研究分野だ。第29章で述べたように、パワーを分析する主要理論は資源依存理論であり、ここでもその関連理論が用いられる[注5]。また、パワーを発揮する人の個性差を解き明かすために、ビッグ・ファイブなども応用される。

交渉と摩擦（negotiation and conflict）：チームにおける人と人の交渉は、OB&HRMの重要イシューだ。この説明には感情の理論や認知バイアスの理論、意思決定の理論が主に用いられる。また、交渉には人の個性が反映されるため、ビッグ・ファイブなど人の性格も応用される。

階層3：組織レベル

　組織全体レベルの分野には、大きく「組織文化」と「組織変化」がある。前者は組織全体の持つ風土のことであり、後者はその風土をいかに変えていくかを探

注5) OB&HRM では dependence theory（依存理論）と呼ばれることが多い。

求する分野だ。両分野とも包括的なので、多様な理論が応用される。なかでもよく応用されるのは、リーダーシップや認知、感情に関する理論だろう。

このように、OB＆HRMでは分野ごとに独自理論が形成されがちであり、また大部分がミクロ心理学に集中している。しかし、この状況はこれから大きな転換を迎えるはずと筆者は予想する。筆者の周りの先端を行くOB＆HRM研究者の中にも、同様の予想をする方がいる。

特に変わるのはHRM（人事）である。企業は人でできているのだから、人事は企業競争力の根幹だ。人事の未来はどうなっていくのだろうか。ここからは理論を思考の軸にしながら、筆者の私見をもとに、特にHRM領域の未来に絞って、どのような変化が起きうるかを論じてみよう。

HRMの未来像① イノベーション理論との融合

第1に、これからのHRMがイノベーション領域と融合していくことは間違いない。実際、その前段階としてまず「HRMと戦略の融合」が起きつつある。長い間、日本企業の人事部門は管理業務に留まることが多く、「人事と戦略の融合」という意識は希薄だった。しかしこの競争の激しい時代に企業が生き延びるには、人材を戦略的に育て、戦略的に配置し、戦略的に管理しなければならない。「戦略人事」という言葉が近年よく聞かれるのも、この背景がある。

元ハーバード大学教授で現在は著名コンサルタントでもあるラム・チャランらは、2015年に『ハーバード・ビジネス・レビュー』に寄稿した論文で、「これからの企業はCHROをCFO、CEOと並べた3頭体制を築き、3者は頻繁に会合を持つべきだ」と主張する[6]。日本の人事界の第一人者である元LIXILグループ副社長の八木洋介氏も、「（私は）『社長になったつもりで仕事をしなさい』と言い続けている。特に人事担当者にはそれが不可欠である」と述べる[7]。このように、もはやHRMを戦略と一体化してとらえる重要性は、第一線で活躍する経営者の中でも常識になってきている。

注6）Charan, R. et al., 2015. "People Before Strategy: A New Role for the CHRO," *Harvard Business Review*, July-August（邦訳「CHROは経営者たれ」DIAMONDハーバード・ビジネス・レビュー2015年12月号）。

注7）八木洋介「守りの人事から攻めの人事へ」DIAMONDハーバード・ビジネス・レビュー2015年12月号。

|図表2|日本企業と欧米グローバル企業の人事施策

従来の日本企業	欧米のグローバル企業		イノベーションへの効果
同質人材の採用	ダイバーシティ重視	➡	組織の「知の探索」を促す
新卒一括採用・終身雇用	中途採用	➡	組織の「知の探索」を促す
平等主義	エリート抜擢主義	➡	不確実性下で意思決定できる人材を早くから育成する
部門内での抱え込み	多様な修羅場経験	➡	個人の「知の探索」を促し、意思決定の場数を踏ませる
会社のための人材育成	市場ベースの人材育成	➡	人材の市場価値を高め、流動化しやすくする
メンバーシップ型	ジョブディスクリプション型	➡	人材の市場価値を高め、流動化しやすくする

　そして、前章で筆者は「これからは戦略とイノベーションが融合する」と強調した。ということは、HRMと戦略が融合するなら、それは「HRMとイノベーションが融合する」ことと同義なのだ。変化が激しい環境では、程度の差こそあれ、企業は新しいことを生み出さなければ生き残れない。したがって人事施策もイノベーション前提でなければならないのだ。

　しかし筆者の認識では、多くの日本企業はこの点において、欧米主要企業と比べて後れを取っている。**図表2**をご覧いただきたい[注8]。これは、筆者が国内外の様々な企業と交流した経験からまとめた、日本企業と主要欧米企業の人事施策を比較したものだ。両者は対照的だ。

　例えば、欧米のグローバル企業は、ダイバーシティ施策を徹底的に進める。それが「知の探索」(第12・13章参照)を通じてイノベーションにつながることを、経営者や人事担当者が肌感覚として理解しているからだ。ユニリーバ取締役人事総務本部長の島田由香氏や、グーグルのダイバーシティ日本統括責任者の山地由里氏は、「当社のダイバーシティは、イノベーションのためにやるのだ」と明確に述べる。そしてダイバーシティが進めば、採用方式も大きく変わらなければな

注8) この図表における「欧米グローバル企業」の括りは広範なものであり、実際には各国・業界・企業ごとに濃淡があることは留意されたい。例えば欧州の企業の中には、いまだに日本企業に近い人事の仕組みを取っているところもある。ただし全体の方向性としては、多くのグローバル企業が図表右の方向に改革を進めているというのが筆者の認識である。いずれにせよポイントは、企業ごとに望ましい人事のあり方は違うはずで、その方向性を見極める「思考の軸」として経営理論を活用いただきたいということだ。

らない。新卒一括採用・終身雇用方式では、同じような人しか組織に取り込めない。

　人材育成のあり方も、日本企業と欧米企業は対照的だ。日本企業の多くは、OJTなどを通じて「自社だけで通用する人材」を育成しがちだ。しかし、イノベーションが求められる時代では、事業ポートフォリオの入れ替えで、特定事業を売却する必要に迫られることもある。その時に、売却部門の人材が「他社で通用しないスキル」しか持ち合わせていないなら、当然ながら売却に抵抗するだろう。

　一方、「どこに行っても通用するスキル」を磨けている人材なら、その人はむしろ他社での方が自分も価値を上げられるから、売却も受け入れやすくなる。実際、欧米のグローバル企業には、10%台後半のROE（自己資本比率）をコンスタントに叩き出しながらも、事業ポートフォリオを大胆に変えているところも多いことは第30章で述べたが、その背景には「自社以外のどこに行っても通用する人材育成」を、徹底させていることも大きいのだ。

　さらに言えば、経営幹部人材の育成法も大きく異なる。日本の経営者人材育成に携わる岡島悦子氏は、「リーダー育成のために大切になってくるのが、横並び人事の廃止です。むしろ抜擢、不公平、えこひいき人事、エリート・プログラムを積極的に実施していくべきなのです」と述べる[9]。そして抜擢された幹部候補者ほど、様々な国・地域や極度に異なる部署に何度も異動させられ、大変過酷な実務経験をさせられる。いわゆる「修羅場経験」である。修羅場体験の重要性は、第20章コラムの「マインドフルネス」でも触れた。

　このように考えると、従来の日本企業の人事施策は、1990年代までのキャッチアップ型経済だった時代にはフィットしていたかもしれない。しかし、いまや日本企業に求められているのは、よりインパクトの大きいイノベーションである。そして現在の日本企業の人事施策は、ことごとくそれに向いていないのだ。

　ではどうすれば、イノベーションとHRMが融合する時代における、人事施策の理論視座（思考の軸）が得られるだろうか。それは、HRMをマクロ心理学ディシプリンの理論の視点からとらえることではないだろうか。前章で述べたように、イノベーションは、認知科学をベースにしたマクロ心理学の理論でかなり説明できる。一方で、図表1のマトリックスから明らかなように、これまでのOB＆

注9）岡島悦子『40歳が社長になる日』（幻冬舎、2017年）。

|図表3| 企業行動理論とモチベーション理論の融合

企業行動理論（BTF）によると組織がサーチをするには、目線の高さが重要である。一方、ミクロ心理学では、目線の高さは自己効力感に影響される。
したがって、自己効力感を高めるために、社会的説得（ポジティブなコーチング）、代理経験（周囲の成功事例）、生理的状況（働きやすい職場）が重要になる。

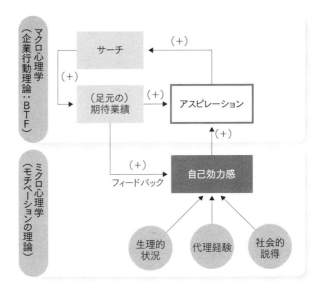

HRM領域はマクロ心理学との交差部分がほぼ完全に空白なのだ。

したがって、これからの人材育成では、マクロ心理学の視点をHRMに取り込み、ミクロ心理学の理論と組み合わせることが重要なはずだ。例えば、「知の探索理論」と「リーダーシップ理論」には補完性が期待できる。イノベーションには欠かせない知の探索だが、それは失敗もつきものだ。結果として、知の探索は停滞しがちになる。しかし、ここで組織が第18章で述べたトランスフォーメーショナル型のリーダー（TFL）に率いられていたら、状況は異なるかもしれない。ビジョン啓蒙型のTFL型のリーダーなら、多少の失敗には目をつむり、フォロワーの知の探索を支えることも期待できる。

モチベーションも同様だ。**図表3**をご覧いただきたい。例えば、第11章で解説したマクロ心理学の企業行動理論では、企業のサーチ（知の探索）には、高いアスピレーションが重要であると述べた。いわゆる「目線の高さ」である。

一方、ミクロ心理学では「目線の高さ」は、モチベーションの理論の「ゴール設定」として説明される。そして、モチベーションの理論では、ゴール設定を高めるのに必要なのは、自己効力感（self-efficacy）だった（第19章参照）。「自分はやればできる」という自己効力感を従業員に持たせれば、それが恒常的なサー

チを促せるはずだ。このように、今後のOB＆HRMでは、マクロとミクロの心理学を補完させることが、イノベーション人材・組織の施策のための思考の軸となると筆者は考える。

HRMの未来像② ビッグデータとAIの浸透

　第2の未来像は、HRMへのビッグデータ分析や人工知能（AI）技術の浸透だ。多くの伝統的な日本企業の人事部門は、せっかく人材データを収集しても活用しないことが多かった。しかしいまや、AI・ICTの進展により、人事部門向けのデータ活用が急速に浸透しつつある。

　その先端を行くのは、グーグル（アルファベット）だ。同社は採用活動において、外部の採用サイトや人材斡旋サービスをいっさい使わない。代わりに行うのは、自社データによる圧倒的なデータドリブンの採用法である。同社は社内の人材をすべてデータ分析し、同社にとっての「優秀人材」の特性を把握している。結果、例えば「アイビーリーグを平凡な成績で卒業した人より、州立大学をトップで卒業した人の方がグーグルでは高いパフォーマンスを上げられる」などがわかっていて、それを採用基準に用いているのだ。

　これ以外にも同社は、採用における最適な面接回数（同社では4回が最適）、面接の質問内容、女性社員活躍を推進する方法、働き方改革の必要性とその効果測定の方法、採用施策の評価、優秀な社員の定着率上昇策、中間管理職の貢献度の計測方法、高齢化への対応方法など、すべてデータ解析により決めている[注10]。

　このような施策はグーグルだけでなく、今後は多くの日本企業にも浸透するかもしれない。AIを搭載した人事系の業務ソフトウェアが、続々とITベンダーから提供されつつあり、採用や社員のメンタルヘルスの管理、労務管理などの業務までを担い始めているからだ。

　一見、このデータドリブンの未来は、HRMから経営理論を不要にする印象もある。しかし筆者は、逆にこのHRMの未来で経営理論の必要性はさらに高まると考える。なぜなら、機械的に算出されたAIの分析結果だけを見ても、実務担当者がそれに納得して人事方針を変更できるとは限らないからだ。仮にAI分析

注10）グーグルの人事施策に関する知見はラズロ・ボック『ワーク・ルールズ！』（東洋経済新報社、2015年）を、人事におけるデータ分析については例えば、『統計学が最強の学問である［ビジネス編］』（ダイヤモンド社、2016年）を参照。

により人事担当者が「5回配置転換した人の方が、1回しか経験がない人よりパフォーマンスが高い」という結果を提示されても、AIはそれに対して「それはなぜ（why）なのか」の説明を与えてくれない。人は納得性の生き物である。「AIがそう言っているから配置転換してくれ」と言っても、「なぜか」のロジックがなければ納得できず、なかなか受け入れられないだろう。

　一方、経営理論はこの「なぜ」に答えられる（序章参照）。もし人事担当者が経営理論を知っていれば（思考の軸を持っていれば）、データ分析の結果の「なぜ」に説明を与え、周囲にも納得性を与えられるはずだ。このように、HRM領域のビッグデータ・AIと経営理論は補完しあう関係になることが期待できる。

HRMの未来像③　経済学との重層化

　さらに言えば、人事・組織にICTが浸透していくことは、HRMの経営理論の拡張をも促すだろう。先に「イノベーションの時代には、ミクロ心理学とマクロ心理学が融合する」と述べたが、実はそれを超えて、HRMでは経済学ディシプリンや社会学ディシプリンへと理論が拡張する時代がやって来る可能性がある。

　例えば、経済学ディシプリンとの重層化である。先に述べたように、「経営学におけるOB＆HRM」は、ミクロ心理学をベースとしてきた。しかし実は、経済学でも学者が独自に人事の研究を大量に行っており、経済学理論と厳密な経済計量手法に基づいた知見が蓄積されてきている。図表1のマトリックスでは、筆者の知見をもとにその該当箇所に×を記した。

　残念ながら、経営学のHRMの研究者と経済学の人事研究者には、いまだにアカデミックな交流が少ない。背景の一つは、人事分野は企業内データの収集が難しく、結果として経営学では心理実験の研究や、質問票調査を使った分析を使う研究が多かったことが影響しているかもしれない（一方の経済学は、人事データそのものと計量経済手法を使った分析が多い）。

　しかし、今後はICTにより人事の様々なデータが可視化される。結果、経済学者と心理学者が同時に使える「ナマの人事データ」がさらに充実してくるはずだ。それは、両者の垣根を越える契機になりうるだろう。

　実際、経済学ディシプリンの人事の知見は有益なものが実に多い。日本人経済学者として同分野の第一人者である早稲田大学の大湾秀雄が2017年に刊行した『日本の人事を科学する』を眺めると、経済学の理論が様々な形で人事の諸問題

を解き明かしていることがわかる[注11]。

　例えば第5章で解説したが、採用は典型的な「情報の非対称性」を伴う現象だ。結果、企業は様々なスクリーニング手法で、適切な人材を仕分けなければならない。その時に、どのようなスクリーニングが機能するのかといった疑問は「情報の経済学」理論が大いに活用できる。今後は経済学とミクロ心理学視点の重層化が、HRMで期待されるのだ。

HRMの未来像④　社会学との重層化

　加えて期待できるのが、社会学ディシプリン理論との重層化である。図表1のマトリックスにあるように、これまでOB&HRMは社会学の視点がほぼ空白状態だった。しかし、これからはICTやビッグデータの活用により、社会学理論との親和性も高くなるはずだ。

　特に期待できるのは、ソーシャルネットワーク理論である。企業とは人と人のネットワークの集合体であり、したがって企業内の人のパフォーマンス、モチベーション、感情、職場の雰囲気などは、社内の人間関係・ネットワーク構造に多大に影響を受けているはずだ。

　OB&HRMで、ネットワーク理論を応用した研究がないわけではない。例えば、ニューヨーク州立大学バッファロー校のプラサード・バルクンディは、企業内の人材のつながり（ソーシャルネットワーク）とリーダーシップの関係などを統計解析することで、複数の業績を上げている[注12]。とはいえ、ソーシャルネットワーク理論のOB&HRMへの応用は、緒についたばかりだ。従来は、社内の人と人のネットワーク構造を可視化するデータがなかったからだ。

　しかし今後は、IoTやセンサー技術の進歩により、社内の人と人の交流データが大量に蓄積されるだろう。センサー技術で社内の人材接触を分析しようとするIT企業は、すでに存在する。名刺管理ソフトで成長しているスタートアップ企業のSansanは、「エイト」「サンサン」などのアプリを通じて、名刺交換をベースにした社内外の人脈データを膨大に蓄積させてきており、学術研究者との共同研究も始めている。今後はいよいよHRMと社会学の理論が交差する時代が来る

注11）大湾秀雄『日本の人事を科学する』（日本経済新聞出版社、2017年）

注12）例えば Balkundi, P. 2011. "Centrality and Charisma: Comparing How Leader Networks and Attributions Affect Team Performance," *Journal of Applied Psychology*, Vol.96, pp.1209-1222.

可能性は高い。

そして第5のHRMの未来像も、AIの影響を背景とする。しかし、それは研究アプローチの問題ではない。「これから実際のビジネス業務にAIが浸透することで、ビジネスパーソンに求められる役割が変化し、結果、OB&HRMで求められる理論の質も変化するのではないか」という視点である。

HRMの未来像⑤ ミクロ心理学理論の質的変化

よく主張されることではあるが、今後、AIとビッグデータの浸透が、我々の仕事のあり方を変えることはほぼ間違いない。そして仕事のあり方が変わるなら、それに対応して求められる経営理論も変わるはずだ。

重要なのは、「人間にできて、AIにできないことは何か」を理解することだ。例えばヤフージャパンCSOの安宅和人氏は、AIが得意なのは「学習」「知識」「推論」「予測」などであり、これらの能力は、今後は人間に代わってAIが代替する可能性が高いと述べる[注13]。

では逆にAIではできないことは何かといえば、それは「問題認識」「メタ認知」「定型的でない意思決定」「感情表現」などだ。例えば、AIは問いに答えることはできても、「問いを立てること」ができない。そうであれば、人間には、これからますます、「問いを立てる」能力が求められることになる。

だとすれば、それこそが未来の企業が人材に求めるべきことであり、したがってOB&HRM理論でも重視されていくはずだ。例えば、第15章で紹介したSECIモデル、第21章で紹介した直感、第20章コラムで解説したマインドフルネスなどをもとに、「問いを立てる」心理メカニズムを深掘りすることなどは、今後重要になるだろう。

リーダーシップも同様だ。AIは大量データを使って、定型化した未来に対しての意思決定は得意である。「管理型のリーダー」には、AIでもなれるのかもしれない。しかしAIは、まったく見通しの立たない不定形な世界でリーダーシップを発揮することはできない。例えば、何もデータ・情報がない新興市場でゼロからビジネスを始める時に、AIは何の支えにもなってくれない。逆に言えば、

注13) 安宅和人「人工知能はビジネスをどう変えるか」DIAMONDハーバード・ビジネス・レビュー2015年11月号。

図表4 OBとHRM領域に起こる変化

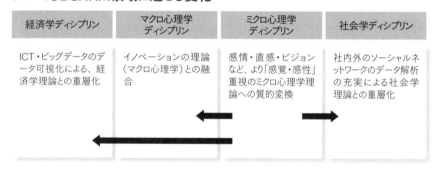

　そのような状況でもリーダーシップを発揮しうる人の能力を育成することが、HRMで重要になるはずだ。それを思考の軸で支えるのは、TFLやセンスメイキング理論かもしれない。不定形な世界で必要なのは、周囲に（主観的でいいから）ビジョンを示し、啓蒙するリーダーだからだ。

　感情の理論も注目だ。AIには感情の分析はできても、みずからが感情を持つことは当面ない。第22章で述べたが、近年は経営における感情の重要性が指摘され、感情インテリジェンスの視点も導入されている。今後もHRMでTFLやセンスメイキング、そして感情の理論の重要性がさらに高まることが予想できる。

　このように、従来はほぼミクロ心理学のみに基づいていた経営学のOB&HRM領域は、大転換を迎えると筆者は予想する。図表4「OBとHRM領域に起こる変化」はそれをまとめたものだ。まず、イノベーションの重要性が高まる中で、今後はマクロ心理学とミクロ心理学の融合が始まる。さらに、ビッグデータやAIの人事への浸透は、ミクロ心理学と経済学、そして社会学との重層化も促す。OB&HRMで求められる理論は全方位に広がっていくはずだ。

　さらに従来、OB&HRMの主要理論だったミクロ心理学理論も、今後は「問題認識」「メタ認知」「直感」「感情」など、「機械ができず、人間だけができること」を切り取る側面に焦点が当たっていくだろう。これは質的な大転換である。

　このように見ると、経営学でもOB&HRMほど、現象面でも理論面でも、今後ダイナミックに変化する領域はないのかもしれない。人事の世界はこれからさらに広がりを見せ、複雑に、そして面白くなっていくのだ。

第35章 corporate governance

企業ガバナンスと経営理論

あるべきガバナンスを考え抜く時代に、必要な理論は何か

企業ガバナンスが世界で関心を集める理由

　本章は、企業ガバナンス（corporate governance）領域を取り上げる。皆さんのガバナンスへの関心は、特に近年高まっているのではないだろうか。その背景には、相次ぐ企業のスキャンダルがある。米国では2001～2002年にかけてのエンロン、ワールドコムなどの大型不正会計事件が起き、それを受けてサーベンス・オクスリー（SOX）法が成立した[注1]。

　日本では2011年のオリンパス、2015年の東芝など、不正会計問題がいまだに相次いでいる。加えて2015年に起きた大塚家具の後継者争い、2016年のセブン&アイ・ホールディングス社長の後継者問題、さらには2019年の日産自動車の内紛によるカルロス・ゴーン氏の退任および西川廣人社長の不透明な報酬問題と退任など、企業ガバナンス不在を示すようなトラブルが頻発してきた。まさにガバナンスのあり方が問われている。

　この流れの中で、多くの日本企業がガバナンスを見直し始めている。日本では2015年にコーポレートガバナンス・コードが取り入れられ、上場企業は少なくとも2人の社外取締役を置くことが実質的に義務付けられた。一方で2014年にはスチュワードシップ・コードが導入され、投資家への規律付けも始まっている。最近では監査役会設置会社から指名委員会等設置会社への移行を進め、執行とその監視・監督をする取締役会とを明確に分ける大手企業も増えている。

注1) 日本でも2006年に金融商品取引法が成立し、新たな内部統制のルールが規定された。これを日本版SOX法（J-SOX）という。

本章の企業ガバナンスの視点には、一つの特徴がある。それは「企業ガバナンスのあり方は、必ずしも一様でない」点を強調したいことだ。経営学の企業ガバナンス研究の第一人者であるノースウェスタン大学のルース・アギレラは2015年に『アカデミー・オブ・マネジメント・アナルズ』（AMA）に掲載した論文で、以下のように述べる[注2]。

> Interestingly, because corporate governance is a socially constructed term that has evolved over time, its definition differs widely depending on one's view of the world. (Aguilera, 2015, p.485.)
> 興味深いことに、企業ガバナンスとは社会的に形成される言葉であり、それは時代によって変化する。結果、その定義は「当事者が世界をどう見ているか」によって異なりうる。(筆者意訳)

このように、実は企業ガバナンスには、「世界中どこでも、絶対にこれが正しい」というすべてを超越したものがあるわけではない。そのありようは国、地域、文化圏で異なりうるし、経済学、経営学、法学など学問分野で異なるかもしれない。本章後半で述べるように、それは企業の成長ステージや置かれた状況でも異なりうる。何より、それは時代によって変容する。「当事者が世界をどう見ているか」で、あるべきガバナンスは異なるのだ。

実際、いわゆる米国型の「株主を極度に重視するガバナンス」が、世界で常にベストとは限らない（もちろん「これがベスト」という人もいるかもしれないが、それは繰り返しだが価値観や文化・制度的背景で異なる）。そもそも米国の株主中心主義は1980年代にカルパース、フィデリティ、TIAA-CREFなどの大口の機関投資家が企業の主要株主となったために、その権利を主張し始めたことが契機になっている[注3]。株主第一主義の歴史は、米国でもまだ40年に満たないのである。

注2) Aguilera, R. V. et al., 2015. "Connecting the Dots: Bringing External Corporate Governance into the Corporate Governance Puzzle," *Academy of Management Annals*, Vol.9, pp.483-573.

注3) 米国企業の株式のうち、機関投資家の割合は1960年には6％にすぎなかったが、1987年には時価総額上位1000社の株式の47％が機関投資家に保有され、その比率は2009年には73％に上昇している（この情報は、ラム・チャラン他『取締役会の仕事』（日経BP社、2014年）を参考にしている）。

だからこそ国や時代の違いを超えて、あるべきガバナンスを皆さん自身で考え抜くための思考の軸として、経営理論に意味があるはずなのだ。本章ではまず伝統的な「従来型の企業ガバナンス」の視点と、近年注目されている「新しい企業ガバナンス」視点を分け、それぞれの思考の軸となる経営理論を解説する。その上で、企業ガバナンスの2大理論を比較しながら、なぜこれからも企業ガバナンスが難しく、奥深く、だからこそ真剣に考えていかなければならないかを論じていこう。

企業ガバナンス領域の構造

まず経営学の研究対象としての、「企業ガバナンス」の現象領域を概観しよう。とはいえ、最初に企業ガバナンス研究が進んだのは経営学ではなく、経済学、なかでもファイナンス分野である（世界のファイナンス研究者は多くが経済学者である）。ファイナンス研究の世界的権威ハーバード大学のアンドレ・シュライファーらによる企業ガバナンスの定義は、以下のようなものだ[注4]。

> corporate governance "deals with the ways in which suppliers of finance to corporations assure themselves of getting a return on their investment." (Shleifer & Vishny, 1997, p.737.)
>
> 企業ガバナンスは、資金を企業に提供する者に対して、投資に対するリターンを保証するための仕組みである。（筆者意訳）

この定義から明らかなように、ファイナンス研究者であるシュライファーらは株主・債権者などの資金提供者を、第1に重要なステークホルダー（関係者）と考える。その権利・リターンを保証するのが、ガバナンスの目的ということだ。筆者はこれが正しいとか、間違っているなどを論じるつもりはない。ポイントは、これが1990年代のハーバード大学ファイナンス研究の権威が提示した、ガバナンスの定義ということだ。

注4) Shleifer, A. & Vishny, R. W. 1997. "A Survey of Corporate Governance," *Journal of Finance*, Vol. 52, pp.737-783.

645

いずれにせよ従前の企業ガバナンス領域は、この定義に関連する多様な事象を内包し、研究が行われてきた。ここからは、企業ガバナンス領域をさらに整理しよう。同領域は、さらに「内部ガバナンス」と「外部ガバナンス」に分けられる。前者は、取締役会など企業内部における経営陣の統制メカニズムに焦点を当てる。

企業内部のガバナンス分野

アギレラ論文は、経営学の内部ガバナンスの研究トピックを、3つに分類している。

①取締役会（主要トピック：取締役会の独立性、CEOの取締役会議長兼任、取締役の自社株保有など）

取締役会の構造・独立性や、それが企業の意思決定に及ぼす影響を探究する分野である。例えば「取締役会で社外独立取締役が占める割合が企業業績に与える影響」などについては、すでに大量の研究が行われている。

②株主構成（主要トピック：株主の集中度、株主のタイプなど）

「株主構成は特定株主に集中する方がいいか、多数の小口株主に分散した方がいいか」などがテーマとなる。経営学では同族企業についての研究も盛んだが、同族企業は創業家に持ち株が集中するから、このテーマの範疇とも言える。機関投資家が果たす役割についての研究も多い。先の米国の例でも述べたように、機関投資家は企業の一定株式を持つブロック・ホルダーとして経営者の行動をモニタリングし、時に意見を言うからだ。

③経営陣へのインセンティブ付け（主要トピック：ストックオプションの効果など）

報酬制度を通じた経営陣へのインセンティブ付けが、彼らの行動に与える影響を探究する分野である。「キャッシュの報酬以外に、経営陣に自社株を持たせるべきか」「それはストックオプションにすべきか」などが研究テーマ例だ。一般に、給与・ボーナスのような「キャッシュ」の報酬は経営陣がすぐに手に入れられるので、企業の長期成長へのインセンティブが弱くなるとされる。逆にストックオプションは、長期に株価を上げないと手に入らないので、経営者が長期に経営を成長させる動機づけになる。

外部ガバナンス分野

　一方で、近年は「外部ガバナンス」の研究も盛んになっている。これは、企業を取り巻く様々な外部環境が、そのガバナンスに与える影響を探る分野だ。先のアギレラ論文は、以下の6つの外部ガバナンスを取り上げている。

①法制度

　法制度は、企業ガバナンスの規律に大きな影響を与える。例えば世界各国の経済法は、大きく「アングロサクソン（北米）系」と「大陸系」に分かれる[注5]。一般に前者は株式市場を重視し、多数の小株主が株を保有する、流動性の高い市場を念頭に置いた法体系である。米国、英国、オーストラリアなどはアングロサクソン系である。一方の大陸系（フランス、イタリア、ドイツなど）では、大株主が企業株を長期的に保有することが念頭にある。

②株式市場による統制

　株式市場が十分に機能していれば、経営者が市場から支持されない判断を下せばその企業の株価は下落し、他社からの買収リスクにさらされる。したがって株式市場が機能している国では、経営者が市場の反応を見ながら意思決定を行うように規律付けられる。

③外部の監査機関

　デロイト、KPMG、EY、PWCの四大監査法人に代表される監査機関は、言うまでもなく企業ガバナンスを規律付ける重要プレーヤーだ。裏を返せば、監査法人がモニタリング機能を果たさない場合、企業には十分な規律付けがなされない。日本でも企業の不正会計スキャンダルが生じた際に、監査法人が十分な役割を果たしていたかが問題視されることがある。

④格付け機関、アナリスト

　ムーディーズ、S&Pなど格付け機関が企業に下す格付けは、その企業の信用

注5) La Porta, R. et al., 1998. "Law and Finance," *Journal of Political Economy*, Vol.106, pp.1113-1155. を参照。

性を左右し、したがって企業ガバナンスに規律をもたらしうる。ミシガン大学のジェームズ・ウェストファルらが2010年にAMJに発表した研究では、米企業8357社の観測データを使って、「格付け機関のアナリストからネガティブな評価を受けた企業ほど、その後社外取締役を増やしたり、CEOがガバナンスの透明化に言及する場を増やしたりする」傾向を明らかにしている[注6]。

⑤アクティビスト

以前のアクティビストは企業の支配権を強引に獲得するなど、「乗っ取り屋」のイメージが強かった。近年は企業の少数株式を保有しながら、経営陣にまずは企業価値向上の施策を提言することが主流のようだ。日本でも米アクティビスト・ファンドのサード・ポイントが2016年にセブン&アイ・ホールディングスに「次期後継者は適性と能力で選ぶべき」という批判を行った事例などが知られる。

⑥メディア

広義にとらえれば、新聞、ニュース、ビジネス誌などのメディアも重要な外部ガバナンス機能の一つである。企業の不正行為は、メディアが暴くことで露見することも多い。他方で、メディアにはバイアスもある。例えば先のウェストファルらが2011年に『オーガニゼーション・サイエンス』に発表した研究では、「CEOがジャーナリストをうまく取り込めている企業ほど、企業業績が悪化してもジャーナリストからネガティブな評価を受けにくい」傾向を明らかにしている[注7]。

では、企業ガバナンスと経営理論のマトリックス関係を提示しよう。**図表1**の左列がそれである。先に述べたように、本章は「従来型の企業ガバナンス理論」と「新しい企業ガバナンス理論」に分けているのが特徴だ。まず、先に述べたように、従来型ガバナンス研究の最初の発信地は、(米国を中心とした)ファイナンス分野である。したがってその影響を受けた経営学でも、従来のガバナンス研

注6) Westphal, J. D. & Graebner, M. E. 2010. "A Matter of Appearances: How Corporate Leaders Manage the Impressions of Financial Analysts about the Conduct of Their Boards," *Academy of Management Journal*, Vol.53, pp.15-44.

注7) Westphal, J. D. & Deephouse, D. L. 2011. "Avoiding Bad Press: Interpersonal Influence in Relations Between CEOs and Journalists and the Consequences for Press Reporting About Firms and Their Leadership," *Organization Science*, Vol.22, pp.1061-1086.

|図表1| 企業ガバナンスと経営理論のマトリックス

▼本書該当章

経済学ディシプリン	章	理論	従来の企業ガバナンス	新しい企業ガバナンス	企業倫理
経済学ディシプリン	第1章	SCP理論（SCP）			
	第3章	リソース・ベースト・ビュー（RBV）			
	第5章	情報の経済学①（information economics）	✓		
	第6章	情報の経済学②（エージェンシー理論）（agency theory）	✓		
	第7章	取引費用理論（TCE）	✓		
	第8・9章	ゲーム理論（game theory）	✓		
	第10章	リアル・オプション理論（real options theory）			
マクロ心理学ディシプリン	第11章	企業行動理論（BTF）			
	第12・13章	知の探索・知の深化の理論（exploration and exploitation）			
	第14章	組織の記憶の理論（SMM & TMS）			
	第15章	組織の知識創造理論（SECIモデル）			
	第16章	認知心理学ベースの進化理論（evolutionary theory）			
	第17章	ダイナミック・ケイパビリティ理論（dynamic capabilities）			
ミクロ心理学ディシプリン	第18章	リーダーシップの理論（leadership theories）			
	第19章	モチベーションの理論（motivation theories）			
	第20章	認知バイアスの理論（cognitive bias）			✓
	第21章	意思決定の理論（decision making）			✓
	第22章	感情の理論（emotion theories）			✓
	第23章	センスメイキング理論（sensemaking）			
社会学ディシプリン	第24章	エンベデッドネス理論（embeddedness）		✓	✓
	第25章	「弱いつながりの強さ」理論（weak ties）			
	第26章	ストラクチャル・ホール理論（structural holes）			
	第27章	ソーシャルキャピタル理論（social capitals）		✓	
	第28章	社会学ベースの制度理論（institutional theory）		✓	✓
	第29章	資源依存理論（resource dependence theory）		✓	
	第30章	組織エコロジー理論（organizational ecology）			
	第31章	エコロジーベースの進化理論（evolutionary theory）			
	第32章	レッドクイーン理論（red queen theory）			

チェックマークがついているものは、経営学で各理論がよく適用されている現象分野。

究では、経済学ディシプリン理論が応用されてきた。その代表は、何と言っても
エージェンシー理論である。

エージェンシー理論は企業ガバナンスの必修理論

　エージェンシー理論は、第1部の第6章で徹底解説した。同理論ほど、企業ガ
バナンス研究に長く応用されてきた理論はない。（その示唆に賛成かどうかは別
として）ガバナンスに関心がある人が思考の軸として理解すべき、必須の理論で
ある。シカゴ大学の経済学者ユージン・ファーマ等が1970年代に提示して以来、
「経営学の企業ガバナンス研究の歴史は、エージェンシー理論の歴史」と言っても、
過言ではない。

　詳しくは第6章をお読みいただきたいが、エージェンシー理論が提示する問題
（エージェンシー問題）は、株式会社制度に本質的に内在する。この理論は、「株
主が出資することで株式会社が成立する以上、その第一義的な所有者は株主」と
見なす。

　同理論では、企業の所有者である株主をプリンシパル（主体）と呼ぶ。しかし、
現実には多くの企業で、株主ではない「経営者」が経営を執行している。したがっ
て、経営者は株主の代わりに企業経営を代行するエージェント（代理人）ととら
えられる。

　ここで問題なのは、株主と経営者の目指すことが一致するとは限らないことだ
（＝目的の不一致：interest misalignment）。一般に、株主は経営者に企業の市
場価値（株価）を高めてほしいわけだが、経営者は「自身の名声を高めたい」「自
分の地位を維持したい」など、それ以外の欲求を持ちうる。結果、企業価値に悪
影響があっても、「過剰な企業規模の追求」「無理なM&A」「損益をごまかす行為」
「不当に高い報酬をもらう」等のインセンティブが、経営陣に生じうるのだ。

　一方の株主は、その行動を十分に監視できない（＝情報の非対称性：
information asymmetry）。そうであれば、経営者は合理的な意思決定として、
企業価値を上げるという株主の期待よりも、自分の個人的な目的を優先し、結果
として株主の目的が達成されないというエージェンシー問題が生じるのだ。エー
ジェンシー理論は経済学ディシプリンであり、人の合理性を前提とする。人が合
理的だからこそ、このような問題が起こるのだ。

650　│第5部│ビジネス現象と理論のマトリックス│

逆に言えば、先に紹介した内部・外部の企業ガバナンスは、エージェンシー問題を抑制するための機能と解釈できる。ここでは内部のガバナンス機能に絞って、簡単に解説しよう。

❶エージェンシー理論から見た取締役会のあり方

　エージェンシー理論からは、取締役会のあり方にいくつもの示唆が得られる。その代表は、独立社外取締役の存在だ。社外取締役は、経営陣ではなく株主（特に少数株主）を代表するので、「目的の不一致」を解消しうる。そして、株主の代わりに外部の目の機能を果たし、「情報の非対称性」を解消することが期待できる。

　他方で、これは社外取締役の人選が極めて重要なことを意味する。社外取締役が経営者の親友だったり、経営陣側に近かったりすれば「目的の不一致」は解消しない。また、その人に社内を監視する意思と能力がなければ、「情報の非対称性」は解消しない。よく言われるとおり、「お飾り」の社外取締役ではやはり意味がないことをエージェンシー理論は示唆するのだ。

❷エージェンシー理論から見た株主構成のあり方

　エージェンシー理論からは、ある程度大口の株主がいた方が、その株主（プリンシパル）の意見が株主総会などを通じて通りやすくなり（＝目的の不一致の解消）、また社外取締役を送り込むこともできる（＝目的の不一致と情報の非対称性の解消）。実際、1990年代に米国で機関投資家がその権利を主張した際の理論的な下支えになったのが、エージェンシー理論だ。

　他方で、これは株主間のエージェンシー問題を新たに生じさせる可能性もある。規模の小さい少数株主は、大株主のような企業内部へのアクセスを持ちにくい。結果、少数株主をプリンシパル、（少数株主の代理として）企業内部にアクセスしている大株主をエージェントと見なせば、両者の間に「目的の不一致」が起きた時に、少数株主が不利になる可能性がある。

　その代表例は、日本でよく見られる「親子上場」だ。親会社と子会社の両方が、上場企業である状態を指す。親子上場は日本特有の慣習で、世界的にはほとんど見られない。その背景の一つは、この大株主と少数株主の間に生じるエージェンシー問題があるからだ。

例えば、2019年にはオフィス用品大手のアスクルを、その筆頭株主であるヤフーがやや強引とも見えるプロセスで、傘下に収める事態が起きた。これは、ECサイトを拡大させたいヤフーから見たら極めて合理的な手段だが、この意思決定にアスクルの少数株主の意見がどこまで反映されていたかはわからない（筆者はヤフーを批判しているのではない。ヤフーから見たら合理的な判断だからだ。問題は、親子上場が日本にまだ残っていること、その際の少数株主の意見を取り込む仕組みが十分にない制度に課題がある）。

❸エージェンシー理論から見た、経営陣へのインセンティブ付けのあり方

　エージェンシー問題は、株主と経営陣の目的の不一致で生じるのだから、逆に言えば経営陣の報酬を株価に連動させれば、目的の不一致は解消しうる。その理由で、「報酬を株式でもらう」「ストックオプションの付与」などが重要になる。

　例えば、経営者により積極的にリスクを取らせる（攻めの経営をさせる）ためにもストックオプションが効果的という証左は、多くの実証研究で上がっている。第21章で述べたが、一般に経営者は投資家よりもリスク回避的であり、したがって投資家が期待するような大胆な投資やリストラができないことも多い。しかし、ストックオプションは長期で株価を高めないと行使できないので、経営者がリスクを取るインセンティブを持つことが期待できる。フィンランドのアールト大学のトミ・ラーマネンらが2010年に『ストラテジック・マネジメント・ジャーナル』に発表した研究では、S&P 1500銘柄の企業1165社のデータを使った統計解析から、やはりこの命題を支持する結果を得ている[注8]。

　このように世界の経営学、およびファイナンス研究で企業ガバナンスを説明する中心が、長らくエージェンシー理論だったことは疑いない。ガバナンスに関心のある方は、思考の軸としてまず理解いただきたい。

　しかし、話はそう簡単ではない。冒頭で述べたように、あるべきガバナンスとは「当事者が世界をどう見ているか」で変わりうるからだ。特に本章では未来への視座として、主に2つのトレンドを追っていこう。第1のトレンドは「ステー

注8) Deutsch, Y. et al., 2010."A Dual Agency View of Board Compensation: The Joint Effects of Outside Director and CEO Stock Options on Firm Risk," *Strategic Management Journal*, Vol.32, pp.212-227.

652 　第 5 部 　ビジネス現象と理論のマトリックス

クホルダーの多様化」であり、もう一つが「スタートアップ企業や同族企業など、多様な企業ガバナンスへの注目」である。

株主だけが第1の時代は、終わりつつある

まず、「ステークホルダーの多様化」からだ。現在、世界の様々なところで株主や債権者に限らず、従業員、顧客、さらには地域社会、NPOなどの多様なプレーヤーをステークホルダーに位置付ける流れが起きている。

その潮流を象徴する出来事が、2019年8月に米国で起きた。米国の経団連とでもいうべきビジネスラウンド・テーブルが、「米国企業は、これからは株主第一主義を否定すべきだ」という主旨の発表を、180人の企業経営者の署名つきで発表したのだ。これは世界的に話題になった。

米国でもそうなのだから、大陸法を持つ欧州各国はすでに株主以外のステークホルダーを考慮している。例えばドイツ企業では、取締役会が上層の監査役会（aufsichtsrat）と下層の執行役会（vorstand）に分離され、そして従業員が2000人を超える企業では監査役の半分を株主が、残り半分を従業員が選出する制度になっている。会社の最高意思決定層の選出において、株主と従業員が同等の力を持っているのだ。

日本でも、外資系企業などを経験して企業経営の先端を行く方には、社内外の多様なステークホルダーを重視する方も多い。例えば、ジョンソン・アンド・ジョンソンの日本法人社長を務め、その後2009年から2018年までカルビーの会長兼CEOに就任し、同社を再建させた功労者である松本晃氏は、その一人だ。筆者は松本氏の話を何度か伺っているが、同氏は「ステークホルダーの優先順位は第1に顧客、第2に取引先、第3に従業員とその家族、第4にコミュニティ、そして最後に株主」と言ってはばからない。念のためだが、これは松本氏が株主を軽視すると言っているわけではない。実際、同氏はカルビーCEO在任時、IR活動を非常に積極的に行っていた[注9]。株主への説明責任を非常に重視されていることは間違いない。

なぜ現代は、ステークホルダーの多様化が叫ばれるのか。もちろんいままで述

注9）「カルビー松本会長が語る広報『社内でもっと評価すべき、責任の重い仕事』」『広報会議』、2018年4月号。

べたように、極度な株主中心主義は1980年代の米国に端を発した潮流だったことは押さえておきたい。加えて筆者の理解では、以下の背景も影響しているはずだ。

第1に、様々な企業・組織の間のネットワーク化が進み、その関係性が顕在化してきているからだ。現代の企業は株主、顧客、従業員等に留まらず、海外の投資先、政府、NGO、地域社会など、様々なプレーヤーとつながっている。結果、株主以外のステークホルダーの利害を、十分に考慮する必要が出てきた。

第2に、世界的な社会問題・環境問題などの行き詰まりもあるだろう。米国や、日本でも、貧困率は上昇傾向にある。加えて、欧州の経営者の間でいま一番深刻なテーマの一つは、気候変動だ。今後は、農業などに気候変動が多大な影響を及ぼし、食糧問題が深刻化する可能性もある。

第3に、グローバル化である。企業が様々な国でビジネス活動を行うようになり、ある国で通用したガバナンスが他国で通用しない、という事態が生じている。結果的に、様々な国・地域でのガバナンスのあり方が比較・検討されるようになってきた。

このように、世界の潮流は「多様なステークホルダーを前提とした時代に、どう企業ガバナンスを機能させていくか」に移ってきている。結果、世界の経営学のガバナンス研究で用いられる理論にも、新しい理論視座が台頭しつつある。そしてその多くは、社会学ディシプリンの理論なのである。

新時代のガバナンス理論は社会学ベースである

社会学ディシプリンの理論が、新しい時代の企業ガバナンスを説明しうる理由は明快だろう。企業が多数のステークホルダーとつながっていることを前提にすれば、「つながり」のメカニズムを解き明かす社会学ベースの理論が有用だからだ。この大部分の理論は、本書の第4部で十分に解説している。詳しくはそちらをお読みいただくことにして、本章ではポイントだけ概説する。図表1のマトリックスも併せてご覧いただきたい。

エンベデッドネス理論とソーシャルキャピタル理論

経済学ディシプリンのエージェンシー理論は、人の合理性と利己性を前提とした。仮に、プリンシパルとエージェントの間に「心理的な信頼関係」が成立する

なら、この前提は当てはまらないかもしれない。この可能性を説明するのがエンベデッドネス理論（第24章）や、ソーシャルキャピタル理論（第27章）である。これらの理論は「人と人が社会的なつながりに埋め込まれると、互いが心理的な信頼関係を醸成し、エージェンシー理論が説明するような精緻な制度設計を代替する」と考える。

社会学ベースの制度理論

　制度理論（第28章）は、「企業ガバナンスの基準は、その企業が拠点を持つ国・地域などの同質化プレッシャー（isomorphism）にさらされる」と主張する。例えば、一般に先進国ではコンプライアンスに対する同質化プレッシャーが強く、結果、どの企業も賄賂のような不正は行わない。しかし、社会制度が未成熟な新興市場では、賄賂がなければ商売にならないというプレッシャーがある。例えば、インドでは賄賂行為をある程度しないとスムーズにビジネスが進まないが、他方でコンプライアンスにうるさい日本の本社は、現地インド支社の袖の下行為を絶対に認めない。結果、現地法人は両方からのプレッシャーの板挟みとなり、ビジネスのスピードが落ちていくのである。

資源依存理論

　資源依存理論には、「他企業に依存して相対的にパワーが劣る企業は、相手企業の役員を自社の取締役に迎えるなどして、パワーの不均衡を是正しようとする」という命題がある。例えば、第29章でも述べたように、世界的な鉄鋼メーカーであるアルセロール・ミタルは取締役に欧州政府部門の重鎮を取り込んでいる。これはミタルを始めとした鉄鋼産業の帰趨が、各国の政策に大きく左右されるからであり、そのパワーを抑制して取り込む狙いがある。

　このように、様々なステークホルダーがつながり合う現代のビジネス環境を踏まえて、人と人、組織と組織のつながりを前提にした社会学ディシプリン理論が、企業ガバナンス研究で台頭してきているのだ。先のウェストファルとノースウェスタン大学のエドワード・ザジャックが2013年にAMAに発表した論文は、Behavioral theory of corporate governanceと称し、社会的なつながりを前提にしたガバナンス理論の重要性を提示している[注10]。

では次に、もう一つの潮流に移ろう。それは、世界的な起業のムーブメント等により、多様な成長ステージにある企業のガバナンスをどう考えていくかである。例えば一般にスタートアップ企業は、成熟した大手企業以上に、熱気に満ちている社員が多い。このような場合でも成熟した大企業と同じガバナンスを取るべきか、などだ。

加えて言えば、上場企業、非上場企業、同族企業など、この世には様々な企業の形態がある。このように、企業の置かれる状況の多様性を踏まえると、エージェンシー理論以外の説明も求められるかもしれない。ここで経営学者が注目する理論が、スチュワードシップ理論である。心理学と社会学をベースにする理論だ。

スチュワードシップ理論

スチュワードシップ理論は、ある意味でエージェンシー理論の対極に位置付けられる。ノートルダム大学のジェームズ・デイビスらが1997年にAMRに発表して以来、長く重視されている理論だ[11]。同理論は企業ガバナンスを説明する専用の理論なので、第1部～第4部ではあえて取り上げなかった。

スチュワードシップ理論の最大のポイントは、経済学が前提とする「人は自己利益のために合理的に意思決定する」という前提とは異なる「人についての前提」を持つことだ。それは、以下のようなものである[12]。

Stewardship theory recognises a range of non-financial motives for managerial behaviour. These include: the need for achievement and recognition, the intrinsic satisfaction of successful performance, respect for authority and the work ethic. (Muth & Donaldson, 1998. p.6.)

スチュワードシップ理論は、金銭目的ではない人のモチベーションを強く前提と

注10) Westphal ,J. D. & Zajac, E. J. 2013."A Behavioral Theory of Corporate Governance: Explicating the Mechanisms of Socially Situated and Socially Constituted Agency,"*Academy of Management Annals*, Vol. 7, 607-661.

注11) Davis, J. H. et al.,1997."Toward a Stewardship Theory of Management," *Academy of Management Review*, Vol.22, pp.20-47.

注12) Muth, M. M. & Donaldson,L.1998. "Stewardship Theory and Board Structure: A Contingency Approach," *Corporate Governance: An International Review*, Vol. 6, pp. 5-28.

する。それらは、「達成感」「承認欲求」「優れた実績を上げることへの本能的な満足感」「目上の者への敬意」そして「職業倫理」である。（筆者意訳）

このように人の達成感、満足感、敬意、倫理観などを前提にするのがスチュワードシップ理論だ。これもまた、人間の一側面であることは、間違いない。

そしてこの前提に立つと、エージェンシー理論とはまったく異なる示唆が得られる。なぜならこの前提に立てば、「人は自分の所属する企業のために、与えられた職責を全うする」という帰結になるからだ。stewardshipには「受託責任」という意味がある。人は責任感の生き物ということだ。

したがってスチュワードシップ理論の視点では、そもそもエージェンシー問題が希薄になる。なぜなら責任感のある経営者は、株主やステークホルダーの便益も考えながら、会社をよくしようと考えるからだ。エージェンシー問題が提示する「目的の不一致」の前提が希薄になるのである。

したがってスチュワードシップ理論からは企業ガバナンスのあり方も、エージェンシー理論と異なる帰結が得られる。ここでのポイントは、スチュワードシップ理論が当てはまりやすい企業と、そうでない企業がある可能性だ。筆者の理解では、特にスタートアップ企業や同族企業では、スチュワードシップ理論が当てはまりやすい。

❶ スチュワードシップ理論から見た取締役会のあり方

スチュワードシップ理論の前提に立てば、必ずしも独立社外取締役を大幅に増やすことは、企業にプラス効果をもたらさない。なぜなら、独立社外取締役は外部の人間なので、会社をよくしようとする「責任感」が弱いからだ。むしろ、内部の人材を取締役に多く抜擢した方が、責任感もあり、社内の事情もよくわかっているということになる。

そしてスタートアップ企業と落ち着いた上場大企業を比べれば、一般にはスタートアップ企業の方が一体感・達成感・情熱・責任感などに満ちているはずだ。スタートアップ企業の社内メンバーは、自己利益以上のインセンティブで働いているからだ。そうであれば、むしろスタートアップ企業の取締役会には内部メンバーが多い方が、自己規律も働き、パフォーマンスがいいはずだ。

この仮説を検証したのが、ルイジアナ工科大学のブルース・ウォルターズらが

2010年にAMJに発表した研究だ[注13]。この研究で対象になったのは、IPO直後のスタートアップ企業の、取締役会のメンバー構成である。1996年から1997年に米国で上場したスタートアップ企業のデータを使った統計解析から、ウォルターズらは「IPO後のスタートアップ企業では、社内から昇進した取締役の比率がある程度高い方がIPO後のパフォーマンスが高く、その最適な割合は50～75%」という結果を得ている。

❷社会学ディシプリン理論から見た株主構成のあり方

スチュワードシップ理論は、株主構成のあり方にも新たな説明を与える。なかでも重要なのは、やはり同族企業だろう[注14]。スチュワードシップ理論は、同族経営の強さを説明する理論である。

そもそも第6章でも述べたように、エージェンシー理論からみても同族企業というガバナンス形態は、必ずしも企業パフォーマンスに悪い影響を及ぼすとは限らない。同族ではプリンシパルとエージェントが一体化しているので「目的の不一致」が解消されるし、創業家から人材を経営陣に出せば、「情報の非対称性」も解消するからだ。

スチュワードシップ理論も同様に、同族経営の強さを説明する。しかし、そのメカニズムは、エージェンシー理論のそれとは異なる。人の責任感を前提とするスチュワードシップ理論では、同族はそもそも経営者が企業という「家族」に責任感を持つので、長期にその企業を成長・繁栄させることを目指すからという説明になる。

ノースイースタン大学のキンバリー・エデルストンが2007年に『ジャーナル・オブ・ビジネス・ベンチャリング』に発表した研究では、同族企業60社への質問票調査から、社内で利他主義が定着している同族企業ほど、（戦略プロセスにメンバーが互いに深く関わるプロセスを通じて）企業パフォーマンスが高まる傾

注13）Walters, B. A.et al., 2010."The Impact of TMT Board Member Control and Environment on Post-IPO Performance,"*Academy of Management Journal*, Vol. 53, pp. 572-595.

注14）より正確には、同族企業には少なくとも2つのタイプがある。第1は「同族所有」と呼ばれ、創業家は企業の株を多く保有するものの、経営陣に人材を送り込まないタイプだ。第2は「同族経営」と呼ばれ、この場合、創業家が（一般にはその企業の株を多く保有しながら）、経営陣に創業家から人材を送るタイプである。

注15）Eddleston K. A. & Kellermanns, F. W. 2007."Destructive and Productive Family Relationships: A Stewardship Theory Perspective," *Journal of Business Venturing*, Vol. 22, pp.545-565.

向を明らかにしている[注15]。

❸経営陣へのインセンティブ付け

　人の責任感を前提にするスチュワードシップ理論は、経営者は「会社の長期成長に責任を持つ」と考える。そうであれば、エージェンシー理論が主張するような、ストックオプションによる長期インセンティブ制度の使われ方も異なってくる。

　ハーバード大学のノーム・ワッサーマンが2006年にAMJに発表した、興味深い研究を紹介しよう[注16]。この研究では全米非上場企業の役員1238人のデータを使い、彼らの報酬体系に関する統計解析を行った。ここでいう報酬体系とは、「役員が報酬を給与・ボーナスのようなキャッシュで多くもらうか、それともストックオプションのようなキャッシュ以外の手段で多くもらうか」である。

　先に述べたように、ストックオプションなどの非キャッシュの報酬は、経営者の企業の長期成長への動機づけを高め、キャッシュはそれを弱める傾向がある。そしてこの統計解析からワッサーマンが示したのは、「スタートアップ企業・同族企業のように役員がまだ創業者だと、その人は報酬をキャッシュでもらう割合を低め、非キャッシュの割合を高くする傾向がある。逆に、創業者でない役員はキャッシュで報酬をより多く受け取る傾向がある」というものだ。

　スチュワードシップ理論から見ると、スタートアップ企業・同族企業などに多い創業者・創業家からの経営陣は、自社の長期成長への責任感が強い。こういう経営陣は、自身の報酬を会社の長期成長に委ねる報酬体系にする傾向があるのだ。逆に、役員が創業者・創業家出身でない場合は、そこまで企業の長期傾向に責任感を持てない。この場合、むしろエージェンシー理論が前提とするように人の合理性が顕在化するので、役員はすぐに手に入るキャッシュを選びがち、というロジックなのだ。

自社が求めるガバナンスを考え抜け

　エージェンシー理論とスチュワードシップ理論という、企業ガバナンスを説明

注16) Wasserman,N.2006. "Stewards, Agents, and the Founder Discount: Executive Compensation in New Ventures," *Academy of Management Journal*, Vol. 49, pp.960-976.

659

する2大理論の相克は、企業ガバナンスの難しさ、複雑さ、奥の深さを我々に突きつける。なぜなら、企業ガバナンスを考えることは「人はそもそもどういう動機で仕事をするのか」の根源に立ち入る必要性を、知らしめるからだ。それは自己利益を目的とする合理性からなのか、それとも責任感からなのか。

本章を読んだ方の中にも、責任感を前提にするスチュワードシップ理論が美しく聞こえる方は多いだろう。特に同族企業やスタートアップ企業の方は、そうかもしれない。他方で、「何を甘いことを言っているのだ」という印象を持つ方もいるはずだ。人は常に責任感で生きているわけではない。人は時に弱く、自己利益・自己保身のためだけに振る舞う。実際、だからこそ日本では様々なスキャンダルが起きているのだ。

米国でもそれは同様だ。特に近年は起業が過熱する一方で、創業者がスキャンダルで失脚することもある。2019年には、一時期は4兆円もの時価総額が期待されて上場準備に入っていたWeWork創業者のアダム・ニューマンが、スキャンダルもありCEOを退任した。「スタートアップ企業だから責任感に満ちている」とは限らないのだ。やはりエージェンシー理論の示唆は、どの企業にも少なからず重要だ。

やっかいなのは、人は多様な考えを同時に持つ生き物であり、「自己利益追求の合理性」と「責任感」とが常に入り交じることだ。人のその複雑性を前提にした上で、経営者・ビジネスパーソンは、自社の目的、置かれた状況、国、文化、制度背景、そして時代の変化も含めて、自分の頭で考え抜いて、最適なガバナンスを目指さなければならない。

その意味で、あえて僭越なことを言えば、日本の多くの企業ガバナンスは欧米と比べて3周遅れくらいの状態にあるかもしれないという印象を筆者は持っている。それは欧米が優れているということではなく、「自社に求められるガバナンスは何か」を、経営陣が十分に考え抜いていないことにある。

一例を挙げよう。いま日本の大手・中堅企業に求められるのは、イノベーションの追求である。そして第12・13章で述べたように、イノベーションには「知の探索」が不可欠だ。そのためには、経営者が長期に知の探索にコミットし続ける必要がある。知の探索は失敗も多く、果実がすぐに得られるわけではないからだ。

他方で日本の大手企業では、社長の任期が2年2期など、判を押したように短く決まっていることも多い。しかしそれでは社長交代の度に知の探索へのコミッ

ト度合いが変わり、イノベーションが進展するはずがない。したがって業績面で結果を出している限り、社長の任期が決まっている必要はなく、むしろ長期政権の方がいいはずなのだ。

　他方で、この制度は「業績が何年も悪いけど辞めない」タイプの社長のエージェンシー問題も生みかねない。しかし、そこで利害関係のない社外取締役だけで構成された指名委員会がガバナンスとして機能していれば、そのような社長は速やかに退任させ、逆に結果を出し続け、「責任感」を持って知の探索を進める社長だけを長期にサポートすることができる。いわゆる「攻めのガバナンス」には、このような意味もあるはずだ。

　このように、あるべきガバナンスの姿は、企業の置かれた状況や目的で異なる。だからこそ経営者やビジネスパーソン一人ひとりが、時代背景も踏まえながら、自社に合ったガバナンスを考え抜かなければならない。その思考の軸として、多様なガバナンスを貫いて説明する経営理論が有益たるはずだ。その柱はエージェンシー理論であり、近年は社会学の理論であり、そしてスチュワードシップ理論である。冒頭でアギレラがAMA論文で述べたように、企業ガバナンスは「当事者が世界をどう見ているか」で異なる。皆さんの企業のあるべきガバナンスを考え抜くために、経営理論を思考の軸としていただきたい。

column

企業倫理と経営理論

企業倫理とは何か

　本章から明らかなように、企業ガバナンスで重要なのは、結局は「ガバナンスとは、何のために、誰のために、どのような基準であるべきか」を、各人・各企業が、自身の置かれた状況を前提に真剣に考え、判断することに尽きる。その規範は時代・国・地域で変わりうる。その規範を常に考えることが求められるのだ。

　したがって、それは企業倫理を深く考えることでもある。世界の経営学では、企業ガバナンスと独立して、「企業倫理」「ビジネス倫理」（business ethics）などと呼ばれる領域がある。本コラムでは、「世界標準の企業倫理の理論」につ

いて概説しよう。

　世界的に企業倫理への注目は明らかに高まっている。2000年以降、多くの欧米主要ビジネススクールが倫理の授業を専門に設け始めており、例えばハーバード・ビジネススクールの上級管理職向けプログラムも、倫理教育に時間を割いている。

　学術的にも関心は高まっている。1980年代に『アカデミー・オブ・マネジメント・ジャーナル』（AMJ）、『アカデミー・オブ・マネジメント・レビュー』（AMR）に掲載された企業倫理に関する論文は13本にすぎなかったが（1970年代は0本だった）、2000年から2007年の8年間には、33本の論文が掲載されている。『ジャーナル・オブ・ビジネス・エシックス』という専門の学術誌もある[注1]。

　海外のMBAプログラムの代表的な教科書では、企業倫理は以下のように定義される[注2]。

> We regard the subject of business ethics as the study of business situations, activities, and decision where issues of right and wrong are addressed. (Crane & Matten, 2015, p.5.)
> 　我々は企業倫理領域を、「物事が正しいか、間違っているかを解決する必要があるビジネス状況、行動、意思決定に関する学問のこと」と定義する。（筆者意訳）

　企業倫理の研究領域は、「規範」（normative）と「実証」（descriptive）に分かれる。規範とは、「倫理的とは何か」「企業・ビジネスパーソンが倫理的に行っていいこと、悪いことは何か」の基準を追求することだ。突き詰めれば「人はどう生きるべきか」に行き着き、したがって古代の倫理哲学から続く課題である。アリストテレス、カント、ベンサムらが提示した哲学理論は、いまも規範的な企業倫理の基礎になっている[注3]。

　一方、「では、人はどうして時に倫理的に望ましくない行動を取るのか」という、行動そのものを研究するのが実証だ。人の意思決定プロセスを探究する分野といえる。本書でも、第21章「意思決定の理論」で、直感と倫理の関係につ

注1) Tenbrunsel, A. E.& Smith-Crowe, K. 2008. "Ethical Decision Making: Where We've Been and Where We're Going," *Academy of Management Annals*, Vol.2, pp.545-607. を参照。

注2) Crane, A. & Matten, D. 2015. *Business Ethics*, OUP Oxford.

注3) 詳しくは、注2で紹介した *Business Ethics* などを参照。

いて触れている。

　本コラムでは、経営学で主力になっている「ステークホルダー理論」（SHT）と「統合社会契約理論」（ISCT）を紹介しよう。

ステークホルダー理論（Stakeholder Theory：SHT）

　ステークホルダーとは「企業の行動に直接・間接的な利害関係を有する者」の総称だ。企業は様々なステークホルダーに取り囲まれている。1980年代にバージニア大学のエドワード・フリーマンらが提示して以来、企業倫理領域の「支柱」となってきたのがSHTである[注4]。

　フリーマンは、「これからのビジネスは、企業だけを単一の単位として見るべきではない。周囲を取り巻くステークホルダーすべての『関係性』を単位として、全体を広く満足させることを目指せば、グローバル化や多様なステークホルダーへの対応に、より明確な方向性が打ち出せる」と主張した。いまでは珍しくない主張だが、30年以上前は非常に革新的だったと想像できる。この主張が、本文で述べた「多様なステークホルダーを念頭に置いた企業ガバナンス」と整合的なことも明らかだ。

　他方で筆者は、SHTは「多様なステークホルダーを満足させるべき」という規範的な主張はするものの、それを超えて企業の倫理行動のメカニズムを描く理論たりえていないとも理解している。規範はあるが、実証ではないということだ。他方で、SHTを他の経営理論とつなぎ合わせて、実証的な面を提示する動きもないわけではない。

　例えば、トロント大学のティム・ロウリーが1997年にAMRに発表した論文がそれだ。同論文でロウリーは、SHTを第4部で解説したソーシャルネットワークの理論と結び付けた。企業は、「『取引先の取引先』や『買収先の買収先』」のような2次的なつながり、あるいはそれ以上の範囲を含んだ広範な企業間・組織間ネットワークに企業は埋め込まれており、企業の倫理行動はそのネットワーク構造に制約される」という視点である。

　現実でも、企業のつながりが進展する中で、一見遠い関係性から企業が倫理的事件に直面することがある。例えば2015年には、日本の大手住設企業であるLIXILグループが、買収したルクセンブルク企業のグローエが過去に買収していた中国企業ジョウユウの、不正会計問題の責任を問われることになった。買収した子会社のそのまた子会社が、本社の責任になったのである。ロウリーが

注4）Freeman, R. E. 1984. *Strategic Management*, Pitman. などを参照。

主張するにように、SHTはネットワーク理論と融合することで、さらに進展するのかもしれない。

統合社会契約理論 （Integrative Social Contract Theory : ISCT）

ISCTを提示したのは、ジョージタウン大学のトーマス・ドナルドソンとペンシルバニア大学のトーマス・ダンフィーが1994年にAMRに掲載した論文だ[5]。以降、ISCTは企業倫理の主要理論として、急速に台頭している。蘭エラスムス大学のミュエル・キャプタインらが2006年にAMRに発表した論文では、「ISCTは間違いなく、今日までの企業倫理研究で最も将来性のある理論である」とまで述べている[6]。

ISCTの貢献は、「人はどのような心理メカニズムで倫理規範を持つのか」の一端を解き明かしたことにある。同理論は、17世紀の哲学者トマス・ホッブズが提示した「社会契約論」をベースとする。ホッブズは「社会とは、個人が自身の権利を守るために他者と相互に暗黙の契約をする場であり、その契約者の大きな集団が国家である」と主張した。

ポイントは「個人が互いに合意し、暗黙の契約をすることで、国家などの『集団・コミュニティ』が成立する」という点だ。企業倫理の文脈では、その契約内容がコミュニティ（例えば、国家）内の「倫理規範」となる。そして人は、自分に好ましい規範を持つコミュニティに移動し、他者とコミュニティ内で合意しやすい規範を形成する。結果として国、地域、文化圏、業界など、特定コミュニティ内でだけ通用する企業倫理規範が形成される。ISCTでは、これをローカルノーム（local norm）と呼ぶ。

一方で、現代はグローバル化・ネットワーク化により、様々な規範を持つコミュニティがつながるようにもなっている。結果、異なる倫理規範の衝突が起こるのだ。第28章の制度理論の解説で引き合いに出した、「先進国から途上国に来たビジネスパーソンは、賄賂をしないとビジネスが成立しないという環境でどうすべきか」などが、典型例だ[7]。このような時、人はどのように自身の倫理規範に整合性をつけるのだろうか。

注5) Donaldson, T. & Dunfee, T. W. 1994. "Toward a Unified Conception of Business Ethics: Integrative Social Contracts Theory," *Academy of Management Review*, Vol.19, pp.252-284.

注6) Oosterhout, J. Van. et al., 2006. "The Internal Morality of Contracting: Advancing the Contractualist Endeavor in Business Ethics," *Academy of Management Review*, Vol.31, pp.521-539. 日本語は筆者意訳。

注7) この理由で、ISCTと制度理論は親和性が高い、と筆者は理解している。

ここでドナルドソンとダンフィーは、「人が持つ倫理規範は2段階ある」と主張した。先に述べたコミュニティ固有の規範（ローカルノーム）は、第1のレベルである。しかし、その上で彼らは「我々人類には、いかなる国家、民族、文化、宗教などを超越しても持ちうる普遍的な規範がある」と主張したのだ。これをハイパーノーム（hyper norm）と呼ぶ。

　彼らは、異なるローカルノームが衝突する場合、「人は、①まず新しく直面した現地のローカルノームがハイパーノームと整合性があるかを確認し、整合性が取れないなら、新しいローカルノームは受け入れない。②一方、もし新しいローカルノームがハイパーノームと整合的なら、むしろそれを取り入れる。③もしハイパーノームがないなら、ローカルノームを取り入れる」という命題を主張したのである。

　このように、「人は倫理規範をローカルとハイパーに分けてとらえている」というISCTの主張は、現代の企業倫理研究に大きな影響を与えている。近年はISCTに関する実証研究が多く行われ、人はISCTの命題通りに倫理規範をとらえる傾向が示されている。

　例えば、ダンフィーらが2004年にAMJに発表した研究では、米国とロシアで働く米国人250人に対する、質問票調査を行っている[注8]。ここでダンフィーは、ハイパーノームがあると予想される倫理的なビジネス・シナリオと、逆にハイパーノームが見当たらないシナリオを提示し、質問を行った。例えば、「従業員の健康に害を与える化学物質の情報を、企業は公開すべきか否か」というシナリオは、人の健康に関することなので、普遍的な倫理（ハイパーノーム）がある可能性が高い。一方、「赤字続きの企業が、地域の雇用を守る理由で、工場の運営を維持すべきか」といったシナリオは、必ずしも人類共通の基準はないかもしれない。

　そして統計解析の結果、やはり前者のシナリオでは、人々は誰もが「企業は情報提供すべき」と答え、他方で後者のシナリオでは、同じ米国人であっても働く国が米国かロシアかで回答が異なる、という結果を得たのである。前者の場合、人はハイパーノームに従い、後者の場合はハイパーノームを持たないので、ローカルノームに従うのである。

　すると関心が出てくるのは、当然ながら「ハイパーノームの基準は何か」に

注8) Dunfee, T. W. et al., 2004. "Does National Context Matter in Ethical Decision Making? An Empirical Test of Integrative Social Contracts Theory," *Academy of Management Journal*, Vol.47, pp.610-620.

なるだろう。ISCTの実証研究は緒についたばかりなので、人類共通のハイパーノームの決定版は、学術的にはまだ見いだされていない。

一方、世界を見渡せば、ハイパーノームを明示化する試みが盛んになってきているのも事実だ。

世界中で起きるハイパーノーム明示化の流れ

例えば、国際連合の「グローバル・コンパクト」（UN Global Compact）だ。これは2000年に正式発足した世界共通のイニシアティブだ。2015年時点で世界約160カ国の1万3000を超える団体が署名し、そのうち民間企業は約8300に至る。「国連グローバル・コンパクトの10原則」は、同イニシアティブが掲げた倫理規定10原則。国連はこの10原則を、「世界的に採択・合意された普遍的な価値として国際社会で認められているもの」としている。まさに、国連が主張するハイパーノームである。

投資家にハイパーノームを規律付ける動きもある。ESG投資（環境、社会、企業統治に配慮している企業を重視して行う投資）や、SRI投資（社会的責任投資）だ。

さらに、最近はSDGs（持続可能な開発目標）が脚光を浴びている。これは、2015年9月の国連サミットで採択された「持続可能な開発のための2030アジェンダ」にて記載された2016年から2030年までの国際目標で、ジェンダーの平等、保健、持続可能なインフラ整備などを掲げている。

何より近年は、多くのグローバル企業の経営者が、そのビジョンにハイパーノームの追求を掲げるようになっている。筆者の知るその筆頭は、世界的な消費財メーカー、ユニリーバのグローバルCEOを務めたポール・ポールマン氏だ。2017年に、ユニリーバ・ジャパンと筆者の属する早稲田大学ビジネススクールの共同開催でポールマン氏の講演会を早稲田大学で行ったが、そこで彼が学生に語るビジョンは、世界の社会問題を解決することそのものだった。以下は、その抜粋だ。

「私は幸運にもオランダで生まれました。蛇口をひねるといつでもきれいな水を使うことができ、トイレもありました。食べるものにも困らず、教育も与えられました。私は宝くじに当たったのです。それは皆さんも同じです。このような生活を送ることができるのは、世界の人々のうち、たった2％だけです。そこで私から皆さんにシンプルなお願いがあります。宝くじに当たった以上、皆さんには残り98％のために尽くす使命があります。そうしなければ、世界はうまく回りま

せん。（中略）世界のすべての人を貧困から救い出さない限り、私たちは使命を果たしたとはいえないのです」[注9]

　他にも、セールスフォース・ドットコムのマーク・ベニオフ氏は、2015年にダボス会議に出席した後の論考で、「著名な経済学者ミルトン・フリードマン氏は、企業の存在目的は株主の利益を追求する活動にある、と説いた。でもそれは間違っている。企業の存在目的は、株主に儲けさせることだけにあるのではない。世界のあり方をよりよくしなければならないし、それによって一般人の価値も上げなければならないのだ」と述べている[注10]。

　このように、世界トップクラスの経営者や国際機関が、人類にとって普遍的な規範を提示し始めている。これは、経営理論であるISCTからは、ローカルノームの衝突を減じるためにも、人類が明示的なハイパーノームを求めているから、とも解釈できる。こういった企業倫理の規範化が進むことで、企業ガバナンスもさらに進展していくと予想されるのだ。

注9）「ユニリーバCEOが語る、グローバル・リーダーの役割」NewsPicks、2017年7月10日。
注10）マーク・ベニオフ「求む、物言うステークホルダー」ハフィントンポスト、2015年2月5日。

第36章 | global management

グローバル経営と経営理論

「国境」の本質を見直すことが、
グローバル経営の未来を映し出す

グローバル経営には理論がない

　本章は、グローバル経営（global management）を取り上げる。同領域は、他にも「国際ビジネス」（international business）など様々な呼び方があるが、用語の使い方にはこだわらない。一般に、企業がその活動を国際化させること全般を対象とする領域、と考えていただければよい。いずれにせよ、グローバル化が進む現代では、グローバル経営の理解はビジネスパーソンに不可欠になっている。MBAプログラムでも、「国際経営」「グローバル経営」などと名のついた授業が必ずある[注1]。MBAで学ぶグローバル経営は、世に様々な本があるのでそちらをお読みいただきたい。本章では、あくまで思考の軸としての「世界標準の経営理論」が、グローバル経営をどのように切り取るのかを解説したい。

　しかし、ここで興味深い事実を提示したい。それは、世界標準の経営学には、グローバル経営固有の理論が存在しない、ということだ。これから述べるように、同領域の研究者によって生まれた「理論的な視点」は一応ある。しかし、これらも本書の第1部～第4部で紹介してきた従来の理論の応用にすぎない。

　例えば、イノベーション領域（第33章）には「知の探索・深化」のような、イノベーションのメカニズムの本質をとらえるための、ある意味固有の理論があった。組織行動・人事（HRM）領域（第34章）は「リーダーシップの理論」「モチベーションの理論」など、固有の理論であふれていた。前章（第35章）の企

注1）MBAレベルのグローバル経営の内容に関心がある方は、例えば Bartlett, C. A. & Beamish, P. W. 2013. *Transnational Management: Text, Cases and Readings in Cross-Border Management*, McGraw-Hill Education. を参照。

668　第5部 ビジネス現象と理論のマトリックス

業ガバナンス領域でも、スチュワードシップ理論という、同領域だけの固有理論がある。

　しかしグローバル経営領域は、そのような固有理論が乏しいのだ。逆に言えば、グローバル経営の理解には、実は本書で紹介してきた「(国内企業の経営を説明する) 世界標準の経営理論」を当てはめれば十分なのである。

　筆者は、この前提を押さえておくことは非常に重要だと考えている。いまの時代ほど、ビジネス誌や様々なところで「グローバル経営」「国際ビジネス」という言葉が並ぶ時はない。しかし、そもそも「企業がグローバルに活動することの本質」とは何なのだろうか。何が、グローバル経営と国内の経営を本質的に分かつのか。これから解き明かすように、経営理論のフィルターを通せば、グローバル経営と国内経営には、本質的なメカニズムの差はない。

　この視点を活用することで、これからの時代に世界のグローバル経営で何が起きるかの「ビジネスの未来」も見えてくる。本章ではこの問題意識を前提に、グローバル経営と経営理論の関係をひも解いていこう。

グローバル経営の2大「理論のようなもの」

　本章は、最初に現象と理論のマトリックスを提示してしまおう。**図表1**をご覧いただきたい。図表の行は、本書で紹介してきた世界標準の経営理論を並べている。列は、グローバル経営でよく議論され、研究される「現象分野」だ。MBAのグローバル経営の教科書を見ても、取り扱われる現象分野の内容・構成は様々だ。そこで本章では、筆者なりに現象分野を整理しよう。

現象分野① 海外進出時の意思決定 (進出タイミング、進出先、進出形態)

　グローバル経営の出発点は、企業が海外進出の際にする意思決定だ。ここでは海外進出を、「企業が海外に法人を設立して、その子会社を通じて事業を行う」と定義しよう。したがって、「輸出するだけ」「海外企業にライセンシングを供与するだけ」などは、範疇ではない。

　また、企業が海外進出する理由は、「新市場の開拓」「主要顧客の海外進出に伴う追随」「低賃金労働者の確保」「資源の獲得」「関税の回避」など、様々だ。これらは必ずしも経営理論と結び付かないので、本章では深く取り上げない。

|図表1| グローバル経営と経営理論のマトリックス

▼本書該当章

ディシプリン	章	理論	海外進出時の意思決定	多国籍企業の戦略	多国籍企業のイノベーション	多国籍企業の人材育成・HRM	多国籍企業のガバナンス
経済学ディシプリン	第1章	SCP理論（SCP）		✓			
	第3章	リソース・ベースト・ビュー（RBV）	✓	✓			
	第5章	情報の経済学①（information economics）	✓	✓			✓
	第6章	情報の経済学②（エージェンシー理論）（agency theory）	✓	✓			✓
	第7章	取引費用理論（TCE）	✓	✓			✓
	第8・9章	ゲーム理論（game theory）	✓	✓			✓
	第10章	リアル・オプション理論（real options theory）	✓	✓			
マクロ心理学ディシプリン	第11章	企業行動理論（BTF）	✓		✓		
	第12・13章	知の探索・知の深化の理論（exploration and exploitation）			✓		
	第14章	組織の記憶の理論（SMM & TMS）			✓	✓	
	第15章	組織の知識創造理論（SECIモデル）			✓		
	第16章	認知心理学ベースの進化理論（evolutionary theory）			✓		
	第17章	ダイナミック・ケイパビリティ理論（dynamic capabilities）		✓	✓		
ミクロ心理学ディシプリン	第18章	リーダーシップの理論（leadership theories）				✓	
	第19章	モチベーションの理論（motivation theories）				✓	
	第20章	認知バイアスの理論（cognitive bias）				✓	
	第21章	意思決定の理論（decision making）				✓	
	第22章	感情の理論（emotion theories）				✓	
	第23章	センスメイキング理論（sensemaking）				✓	
社会学ディシプリン	第24章	エンベデッドネス理論（embeddedness）		✓			✓
	第25章	「弱いつながりの強さ」理論（weak ties）		✓			
	第26章	ストラクチャル・ホール理論（structural holes）		✓			
	第27章	ソーシャルキャピタル理論（social capitals）		✓			✓
	第28章	社会学ベースの制度理論（institutional theory）		✓	✓		✓
	第29章	資源依存理論（resource dependence theory）					✓
	第30章	組織エコロジー理論（organizational ecology）					
	第31章	エコロジーベースの進化理論（evolutionary theory）					
	第32章	レッドクイーン理論（red queen theory）					

チェックマークがついているものは、経営学で各理論がよく適用されている現象分野。

一方、理論的な研究が進んでいるのは、「進出の時期・タイミング」「進出する国・地域」「進出形態」の3つである。まず、進出のタイミングは当然ながら重要な意思決定だ。一般に企業の多くは、国内である程度成功を収めてから、その成功経験や培った経営資源を土台に海外進出する。加えて、企業が海外のどの国・地域に進出するかという、立地選択（location choice）の研究も盛んだ。

特に研究が進んでいるのが、進出形態である。企業は、海外に完全な独自資本で進出する場合もあれば、現地企業と合弁企業を設立する場合もある。あるいは現地企業を買収したり、部分出資を通じて進出することもある。多様な進出形態のどれを選び、どの選択が現地での業績を高めるかを探究する研究が、多く行われている。

これら「進出タイミング」「進出先の選択」「進出形態」を説明するために、グローバル経営領域には、独自の「理論のようなもの」がある。それはOLIパラダイムと、ウプサラ・モデルだ。この2つこそが、グローバル経営領域で学者が取り扱う数少ない理論的な視点なので、少し紙幅を割いて解説しよう。

OLIパラダイム（Eclectic Paradigm：折衷パラダイム）

OLIパラダイムは、英レディング大学の著名経営学者ジョン・ダニングが『ジャーナル・オブ・インターナショナル・ビジネス・スタディーズ』（JIBS）に発表した論文で初めて提示された[注2]。世界のグローバル経営を専門とする学者で、OLIを知らない者はいない。その基本主張は「企業が海外に進出して法人を設立するには、強みの所有（ownership）、進出国（location）、内部化（internalization）の3つの優位性（advantage）を基準に判断すべき」というものだ。

まず強みの所有の優位性とは、技術力、ブランド、ノウハウ、経営手法など、企業が持つ固有の強みのことだ。そもそも企業の海外進出は、慣れない異国で新しくビジネスを行うことだから、現地企業と比較して根本的にハンディキャップがある（liability of foreignnessという）[注3]。そのハンディキャップを補うだけの強みを持っているかどうかを問うことが、まずは海外進出の第1条件というこ

注2）Dunning, J. 1980. "Toward an Eclectic Theory of International Production: Some Empirical Tests," *Journal of International Business Studies*, Vol.11, pp.9-31. ただし、より正確には1976年にストックホルムで行われたノーベル・シンポジウムで、ダニングが初めてOLIの考え方に言及している。

とだ。

次に進出国の優位性とは、「その企業固有の強みを活かせる進出国を選ぶべき」ということだ。例えば、企業が優れたオペレーションに強みを持つなら、進出先国にはオペレーション力を活かせる人材が豊富にいる必要がある。ブランドが強みなら、それを発揮しやすい現地代理店の存在や、感度の高い消費者が進出先の条件かもしれない[注4]。

そして、内部化の優位性とは、「その企業固有の強みを進出国へ移転する際に、企業『内部』を経由させる優位性」だ。言い換えれば、これは「企業が、輸出やライセンシングなど市場ベースの取引ではなく、あえて法人を設立して海外に進出する理由には、それなりの理由が必要」ということである。企業が自社製品・サービスを海外に売るだけなら、現地に法人や工場を設立するのは多額のコストがかかるから、輸出やライセンシングで済ませる方が安上がりだ。それでもあえて現地法人を設立して進出するには、コストを上回るだけのメリット（advantage）が必要、ということだ。

ここで重要なポイントは、この「強みの所有」「進出国」「内部化」の3つの優位性は、本書で紹介している理論ですべて説明がつくことだ。

まず「強みの所有」「進出国の優位性」を説明するのは、リソース・ベースト・ビュー（RBV：第3章）だ。強みの所有は企業が固有の経営資源を持つことだから、これはRBVと整合的だ。さらに、その経営資源は海外（location）でも価値を発揮し、現地のライバルが真似できないものである必要がある。まさに「経営資源に価値があって、稀少で、模倣困難な時に、企業は持続的な競争優位を実現する」という、RBVの命題そのものだ。

一方、「内部化」の理論的根拠は、取引費用理論（第7章）にある。詳しくは第7章をお読みいただきたいが、取引費用とは、契約など市場取引でかかるコス

注3）例えば、Zaheer, S. 1995. "Overcoming the Liability of Foreignness," *Academy of Management Journal*, Vol.38, pp.341-363. を参照。

注4）例えば、日本の自動車メーカーの強さの一端は、現場の質の高いオペレーションにあることに異論はないだろう。そのオペレーショが機能するには「勤勉な人材」が不可欠だ。そのような人材はアジアでは獲得しやすい。アジアには勤勉な人も多いし、日本企業は先行者なのでそういう人材を確保しやすかった。しかし欧州では、勤勉な人材が確保しにくい。国民性の違いもあるし、日本企業は後発だからだ。販売ディーラーの確保にも同じような難しさがある。結果、多くの日本の自動車メーカーはアジアでは成功しているが、欧州では苦戦が続くのだ。このように、企業の強み（O）は、それを発揮できる国・地域との相性がある。この点については、第3章を参照。

トの総称だ。人は将来を完全に見通すことはできないから(=限定された合理性)、「将来こういうことが起こったら、甲はこうして乙はこうする」といった条項を、契約内で完全にリストアップすることは不可能だ。したがって、特に将来の不確実性が高く、取引相手がこちらを出し抜く恐れがある時ほど、企業は相手と市場を通じて取引するよりも、相手が行っていることを自社内部に取り込んで自身で行う方が効率的になる。これが、取引費用理論の内部化 (internalization) のロジックだった。

ダニングは、このロジックを企業の海外進出の説明に応用した。国境を越えての取引は、国内での取引以上に不確実性が高く、先が読みにくい。例えば、ライセンシング契約を通じてインドでビジネスをしても、知的財産が十分に守られないかもしれない。国内での取引以上に、市場の取引コストが高い恐れがあるのだ。もしそうなら、輸出・ライセンシングなどを通じた取引より、現地法人を設立してみずから販売・生産をした方が取引コストを抑えられることになる。この点については第7章で詳しく解説しているので、そちらをお読みいただきたい。

ウプサラ・モデル

ウプサラ・モデルは、1977年にスウェーデンのウプサラ大学のヤン・ヨハンソンらがJIBSに発表した論文で提示された[注5]。OLIパラダイムと並んで、企業の国際進出メカニズムを説明する有力視点である。

ウプサラ・モデルとOLIパラダイムの最大の違いは、後者が企業の「その時点での意思決定・行動」を切り取る静態モデルなのに対して、前者はダイナミックな視点を取り込んでいることだ。特にウプサラ・モデルが重視するのは、「企業の学習」である。組織学習といえば、その基礎理論は第11章で紹介した企業行動理論 (behavioral theory of firm：BTF) だ。ウプサラ・モデルは、BTFが基盤になっている。

第11章で解説したように、「人・企業は認知に限界があり、その認知の範囲を広げること（=学習すること、サーチ）がパフォーマンス向上に欠かせない」とBTFは主張する。ウプサラ・モデルでは、海外進出企業の学習の方向性は2つある。

注5) Johanson, J. & Vahlne, J. E. 1977. "The Internationalization Process of the Firm－A Model of Knowledge Development and Increasing Foreign Market Commitments," *Journal of International Business Studies*, Vol.8, pp.23-32.

第1に、進出する国の選定である。認知に限界がある企業が、自国から文化的・制度的に離れた企業に進出するのはリスクが大きい。したがって、まずは自国と文化・制度・距離などが近い国から進出し、そこで経験を積んで学習し、徐々にサーチの範囲を広げ、「遠い」国へ進出を進めるというものだ。

第2の方向性は、進出形態である。認知に限界のある企業が、慣れない外国でのビジネスに最初から多額の資金を投下するのはリスクが大きい。そこで企業はまず輸出・フランチャイズなどリスクの小さい形態で海外ビジネスを始め、市場の状況や商慣習を学習した上で、徐々にサーチの範囲を広げ、やがて学習が進んだら現地法人による販売拠点・製造拠点の設立などを行う、という考えだ。

図表2で言えば、OLIパラダイムは、「その進出時の企業が持つ経営資源とその他の条件によって、図表のマス目全体のどこかを任意で選ぶ」という考えだ。例えば、企業の経営資源の取引コストが高く、また文化的に離れた国で活用できるなら、いきなり右下の薄いグレーのマス目の国・進出形態の組み合わせで海外進出してもかまわない。一方のウプサラ・モデルは、「どの企業も初めは左上のマス目から海外進出を始め、やがて学習を重ねることで、徐々に距離的・文化的・制度的に遠い国に進出したり（下方向へ進む）、よりコミットメント度の高い進出形態を取ったりするようになる（右方向へ進む）」と考えるのだ。

大手小売企業の米ウォルマート・ストアーズの例で、両者を考えてみよう。同社は1991年に隣国のメキシコで合弁事業を立ち上げ、初めて海外に進出した。そして1994年には、やはり隣国のカナダに完全子会社で、1995年にはブラジルに完全子会社で進出している。

OLIパラダイムは、進出時それぞれの意思決定を切り取って説明するのに向いている。例えば、「ウォルマートが1995年にブラジルに進出したのは、『大量仕入れによる低価格戦略』という同社の強みを活かしやすい国がブラジルで、その強みを活かすには完全子会社にして取引費用を抑えることが重要だから」などが、OLIの視点からの説明になる。一方でウプサラ・モデルなら、「同社がブラジルに1995年に進出したのは、より文化的・地理的に近いメキシコやカナダにまず進出して学習を重ねた後だからであり、先にメキシコで合弁を組んだ経験があるからこそ、ブラジルでは完全子会社で進出できた」と考えるのだ。

このように、OLIパラダイムとウプサラ・モデルは同じ海外進出の意思決定を異なる角度から切り取る2大視点として、長く注目されてきた。しかし、いずれ

674 第5部 ビジネス現象と理論のマトリックス

図表2 OLIパラダイムとウプサラ・モデルの関係

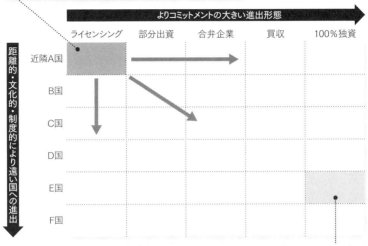

にせよ筆者が強調したいのは、この2つの視点は、本書で紹介したRBV、取引費用理論、BTFの応用にすぎないことだ。だからこそ、「パラダイム」「モデル」という言葉が使われているのかもしれない。

グローバル経営を説明する理論は、国内経営と変わらない

現象分野の概説に戻ろう。図表1を再度見ていただきたい。

現象分野② 多国籍企業の戦略

企業が一度海外に進出して現地法人を設立すれば、「多国籍企業」と呼ばれる。その企業の経営者は、複数の国の間での戦略・マネジメントを求められることになる。

多国籍企業の戦略の方向性を理解する上で、MBAの教科書で間違いなく紹介されるのが、IRフレームワークだ。ハーバード大学のクリストファー・バートレッ

図表3 | IRフレームワークの概要

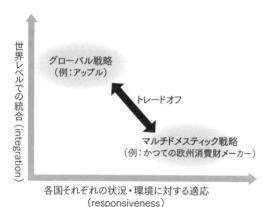

IRフレームワークによると、多国籍企業は「世界全体でのオペレーション・戦略の統合（integration）による効率化」と「各国の事情に応じた柔軟な対応（responsiveness）」という、2つの相反するプレッシャーにさらされ、そこで最適な自社の戦略を選ぶことが求められる。例えばアップルは、世界中で同じスマートフォンを販売し、生産・販売拠点も世界レベルで最適化させているので、統合を重視するグローバル戦略に近い。一方、ヨーロッパの消費財メーカーは伝統的に各国の消費者の嗜好・商習慣に適応するマルチドメスティック戦略を取ってきたといわれている。

トとロンドン・ビジネススクールのスマトラ・ゴシャールが1990年代初頭に提示したフレームワークで、現在もMBAの授業では基本中の基本フレームワークとして紹介される（**図表3**を参照）。加えて、近年は元ハーバード大学のパンカジ・ゲマワットが提示したAAAフレームワークも有名だ[注6]。

しかしIRやAAAは、あくまで「フレームワーク」であり、「経営理論」ではない。序章で述べたように、経営理論とは、企業行動のメカニズムや、そのパフォーマンスへの影響に対するメカニズムを描き出し、「なぜ企業はそのような行動を取るのか」「なぜ、このような戦略を取る企業は業績がよくなりやすいのか」など、whyの疑問に対して論理的な説明・思考の軸を与えるためにある。IRやAAAはあくまで企業の戦略パターンを整理するだけで、whyには答えてくれないのだ（したがって世界の経営学者の大部分は、IRやAAAを研究では使わない）。

では、whyに答えることを目指す経営学者は、多国籍企業の戦略を説明する上でどの理論を使うのか。実は、それは第33章で挙げた「戦略」（strategy）に応用される理論と同じだ。各国市場での競争戦略を考えるにはSCPやRBVが有用だし、垂直統合には取引費用理論やエージェンシー理論が使われる。近年は、国際的な企業間のネットワーク化が加速しており、ソーシャルネットワークの理

注6）例えば、Ghemawat, P. 2007. "Managing Differences: The Central Challenge of Global Strategy," *Harvard Business Review*, Vol.85, pp.58-68.（邦訳「トリプルAのグローバル戦略」DIAMONDハーバード・ビジネス・レビュー2007年5月号）を参照。

論も応用されている。

現象分野③　多国籍企業のイノベーション

　近年は、多国籍企業がイノベーションを起こすメカニズムも注目されている。この分野も、従来のイノベーションの理論でほぼ説明できる。例えば、先進国に本拠を置く多国籍企業が、（技術的に劣ると見なされていた）新興国のイノベーションを本国に持ち込む「リバース・イノベーション」が注目されている[注7]。米ゼネラル・エレクトリックのヘルスケア部門が中国で農村部向けに開発した超音波診断装置が、米国を含めた先進国でもヒットした事例などが知られる。このリバース・イノベーションも、「自社の本拠地から離れた知を獲得する」のだから、第12・13章で紹介した「知の探索」理論で説明が可能だ。

現象分野④　多国籍企業の人材育成・HRM

　近年は多くの企業で、グローバルな視点を持つ経営者候補の育成が求められている。この人材育成やHRMも、第34章で紹介した（国内での）人材育成・HRMの理論が応用可能だ。

現象分野⑤　多国籍企業のガバナンス

　この傾向は、多国籍企業のガバナンスでも同様だ。すなわち、第6章で述べたように、エージェンシー理論など経済学ディシプリンの理論は多国籍企業の研究に広く応用されているし、今後は多様なステークホルダーがいることを前提にすれば、前章で解説した社会学ディシプリンと関連深い理論が応用されるだろう。

　このように、グローバル経営領域における様々な現象分野は、本書でこれまで紹介した理論で説明できる。OLIやウプサラのようなグローバル経営でだけ使われる視点も、既存理論の組み合わせにすぎない。実際、JIBSのような同領域のトップ学術誌に掲載される論文のほぼすべてが、国内企業を分析する理論と同じ理論を使っている。冒頭から強調しているように、これは「グローバル経営は、理論

注7）Govindarajan, V et al., 2009 "How GE Is Disrupting Itself," *Harvard Business Review*, Vol.87, pp.56-65.（邦訳「GE リバース・イノベーション戦略」DIAMONDハーバード・ビジネス・レビュー2010年1月号）を参照。

的には国内経営のメカニズムと本質的に違いがない」ことを示唆する。

　なぜだろうか。この点を理解するカギは「国境」にある。ここからは筆者の私論をベースに、経営理論から見たグローバル経営の本質、そしてその未来像について議論しよう。

国境とは何か

　よく考えれば、グローバル経営という現象領域は、世界に「国境」があるから成立する。ここで言う国境（border）とは、「国家間で取り決めている、制度上の地理的な境界線」のことだ。国境を越えて企業がビジネスを行えば、それがグローバル経営と呼ばれる。しかし、国境は人為的に引かれたものにすぎない。長い歴史上でも、国境は様々な経緯で度々引き換えられてきた。

　一方、なぜ我々は「グローバル経営」という現象領域を、これほど重視するのだろうか。その理由は言うまでもなく、「グローバルな世界では、企業は『ビジネス環境の差異』にさらされる」と考えているからだ。国と国の間はビジネス環境に違いがあり、企業が一度国境という「線」を越えれば、ただちにその違いに直面すると考えられているからだ。

　しかし、この前提は本当に正しいのだろうか。例えば、ビジネス環境が違うだけなら、大阪の企業が東京に進出した場合も、ビジネス環境はそれなりに異なるはずだ。米国東海岸のボストンの企業が西海岸のシリコンバレーに進出すれば、直面するビジネス環境の変化は、その企業が（東海岸に近い英語圏の）カナダのトロントに進出するよりも大きいかもしれない。そうであれば、なぜ我々は前者を「グローバル経営」の範疇に入れず、後者だけを範疇に入れるのだろうか。それは言うまでもなく、前者では企業が国境を越えず、後者では企業が国境を越えるからだ。

　図表4をご覧いただきたい。この図表が、本章のカギとなる。まず、図表の軸が表すように、従来のグローバル経営を規定していたのは「国境」だった。企業が国境を越えて活動すれば、それがその瞬間にグローバル経営の範囲になった。一方、企業が実際に直面する課題は、「ビジネス環境の違い」である。そして、企業の業績や生死に直結するのはあくまでビジネス環境の違いであり、国境を越えることそのものではない。

678 　第5部 ビジネス現象と理論のマトリックス

|図表4|**グローバル経営の4分類**

ビジネス環境の違いが大きい	ビジネス環境の違いが小さい
第1象限 従来：「グローバル経営」が 　　　暗黙に仮定していた範囲 将来：ICTの進展などで国境を越え 　　　たビジネス環境の様々な違いが 　　　減る（第2象限が色濃くなる）。 　　　結果、かえって法制度など残っ 　　　た違いが際立つ ・非市場戦略の重要性の高まり ・法制度に依拠した多国籍企業の 　立地戦略の先鋭化	**第2象限** 従来：グローバル経営が 　　　重視していなかった範囲 将来：ICTの進展などによって、国境 　　　を越えてもビジネス環境が異 　　　ならない側面が増えている ・ボーン・グローバル企業の増加 ・多国籍企業内の情報・形式知の 　シームレス化 ・超国家コミュニティの台頭
第3象限 従来：グローバル経営が 　　　重視していなかった範囲 将来：国内でも、地域・都市による 　　　差が開く ・スタートアップ企業の特定都市への 　集中 ・スパイキー・グローバリゼーションの 　進展 ・これらの動きに合わせた 　多国籍企業の立地戦略の見直し	**第4象限** 「グローバル経営」の対立概念として の「国内経営」の範囲

（左：国境を越える／国境を越えない）

　しかし、従来の（ビジネス誌などで語られる）グローバル経営では、「国境を越えれば、そこではビジネス環境が大きく異なり、また逆に国内では環境はほとんど異ならない」と暗黙に仮定されていたのだ。図表4で言えば、我々が日頃思い込んでいるグローバル経営は、現実世界を左上の第1象限と右下の第4象限に押し込み、「国境を越えること」と「ビジネス環境が違うこと」を、暗黙のうちに重ねてきたのである。しかし、これらはあくまで分けて考えるべきなのだ。

　これが、「グローバル経営に独自理論がない」理由だ。なぜなら、ビジネスにとって本質的に重要なのは、「国境を越えること」ではなく、「進出したビジネス環境に違いがあるかどうか」に尽きるからだ。そして、本書で解説してきた経営理論の数々は、様々なビジネス環境の違いがもたらす影響を取り込める。したがって、

それらの理論を使えば十分なのである[注8]。

グローバル経営の5つの展望

図表4の視点の重要性は、今後さらに顕在化すると筆者は考える。なぜなら、現代の世界では、図表4の第1象限の「国境を越える＝ビジネス環境の違いが大きい」という部分が崩れて、第2象限や、第3象限に該当する事象が多くなっているからだ。これからのグローバル経営は、第1・2・3象限の変化を同時に見通す必要がある。そしてその変化は、本書で紹介してきた経営理論を思考の軸として応用すれば、十分に説明が可能だ。ここでは5つの展望を挙げておこう。

展望① 国境に縛られないスタートアップ企業の台頭→取引費用理論などで説明

まず、海外進出時の意思決定（タイミング、進出先、進出形態）は、すでに大きく変容しつつある。先に述べたように、従来、同分野は取引費用理論（あるいはそれを応用したOLIパラダイム）で説明できた。企業の海外進出時には、本国と進出先の間でビジネス環境が異なり、取引コストが高くなると考えられてきたからだ。

しかし、近年はICT（情報コミュニケーション技術）が急速に発展している。高度なICTは、海外の取引相手の情報を可視化させ、国際間の取引コストを劇的に押し下げている。結果、創業間もない段階から取引コストを大幅に抑えられたスタートアップ企業が、いっきにグローバル展開できるのだ。図表4で言えば、右上の第2象限で新たなプレーヤーが急速に台頭してきているのである。このように、創業間もなくいっきに国際化するスタートアップ企業を「ボーン・グローバル企業」と呼ぶ[注9]。この点は、第7章でも述べた。例えば、ウーバー（2009年創業、世界約70カ国・地域に展開）やエアビーアンドビー（2008年創業、世

注8) なお、筆者の理解では、これは「グローバル経済」を説明する国際経済学の理論でもある程度同様のことが言える。例えば、国際貿易論の基本であるリカードモデルは、2国間での2種類以上の財（モノ・サービス）の相対的な生産性により、「国は比較優位のある財に生産を特化させ、比較優位のない財は輸入する」という貿易パターンを描き出す。しかしこれは、「国と国のあいだで生産性（技術力）が異なる」という前提があるから言えることで、一国内で、例えば米国の西海岸と東海岸のあいだの交易にも応用可能だ。国の要素賦存の違いから貿易パターンを説明するヘクシャー＝オリーン・モデルも同様である。また、為替レートも、最適通貨圏などの議論があるように、国と国が異なる通貨を使う必要はないし（ユーロがその代表例）、逆に一国内でもマクロ経済のファンダメンタルズが大きく異なれば、異なる通貨を使う方が良いという見解もある。

680 第5部 ビジネス現象と理論のマトリックス

界192カ国・地域に展開）が代表格だ。

メルカリは、2013年に創業し、その後約1年で米国へ進出している。2019年には、2017年創業の米国の電動キックボードの大手であるLimeが日本に参入した。今後はIoTやブロックチェーン技術が、国境を越えての取引コストをさらに押し下げるだろう。結果、さらなるボーン・グローバル企業が台頭するはずだ。この台頭は、取引費用の低下として説明できるのだ。

この点を理論的に説明したのが、ジョージア州立大学のベンジャミン・オビアットとインディアナ大学のパトリシア・マクドゥーガルが1994年にJIBSに発表した論文だ[注10]。この論文も、理論的にはOLIの、なかでもIに当たる取引費用理論を使っている。同論文を契機として、世界の経営学ではインターナショナル・アントレプレナーシップ（国際アントレ）という分野が注目されている。この点については、第37章もお読みいただきたい。

展望② 制度の違いのさらなる顕在化→ゲーム理論や制度理論で説明

第2に、今後はICTによる国家間の取引費用低下など「国境を越えてのビジネス環境の違い」がある程度まで解消される一方で、解消されない違いも残ることだ。結果、違いが残る部分の克服が、多国籍企業で相対的に重視されるようになる。図表4なら、今後は右上の第2象限が色濃くなるため、かえって第1象限に残る違いが際立ち、その克服が重要になる、ということだ。

その第1象限に残る「国境をベースにしたビジネス環境の違い」の代表格は、国の法制度・社会制度だ。これまでWTOやTPPなど様々な枠組みで国家間のビジネス制度の収束が図られてきたが、TPP交渉が硬直化したことに象徴されるように、その動きは非常に遅い。何よりその法制度が適切に運営されているかは、各国の社会制度で異なる。この差異を、制度のすき間（institutional voids）と呼ぶ。

だからこそ第33章で述べたように、今後の多国籍企業には非市場戦略（non-market strategy）が欠かせない。非市場戦略とは、民間企業がその国の政府・

注9）例えば、Knight, G. A. & Cavusgil, S. T. 2004. "Innovation, Organizational Capabilities, and the Born-global Firm," *Journal of International Business Studies*, Vol.35, pp.124-141. を参照。

注10）Oviatt, B.M. & McDougall, P.P.1994. "Toward a Theory of International New ventures," *Journal of International Business Studies*, Vol. 25, pp. 45-64.

司法部門等に働きかけ、競争環境を自社に有利にすることだ。実際、多くの多国籍企業がロビイングを世界中で活発化させ、フェイスブックが大物判事を採用するように、GR（government relationship）活動を強化する企業が多いことも第33章で述べた。今後は、法・社会制度を理解し、戦略的にアプローチすることに視座を与える理論、例えば制度理論やゲーム理論がより重要になるはずだ。

展望③ 多国籍企業の立地戦略の見直し→KBVと制度理論で説明

そして展望1、2で解説した変化は、巨大な多国籍企業の立地戦略にも影響を与える。なぜなら、従来の多国籍企業は「国境を越える＝ビジネス環境の違い」（図表4の第1象限）という前提で戦略を立てていたかもしれないが、今後は第2象限が色濃くなるからだ。したがって、第1象限と第2象限を内包しながらのメリハリある立地戦略が求められる。

例えば、特に最近の欧米の大手企業は、多額のコストと時間をかけ、世界全体で共通の汎用パッケージ型の情報システムを導入しているところが多い。結果、形式知化できる情報は、企業内部では世界中でシームレスに、瞬時に共有されている。国境を越えても形式知で取れるビジネス情報環境に違いがなくなるのだから、これは多国籍企業の拠点配置戦略に柔軟性を与えるはずだ。企業を知の集合体と見なす、ナレッジ・ベース・ビュー（KBV、第15章）などが説明に有用だろう。

一方、第2象限の要素が色濃くなっている分、「国境ベースでまだ差異が大きいビジネス環境」（図表4の第1象限）に縛られる側面も先鋭化する。例えば、法人税だ。近年、多国籍企業の租税回避のための立地戦略が世界的な問題になっているが、これは多国籍企業を取り巻くビジネス環境要素の中でも、「国ごとの税格差」が際立ってきたからと考えられる。

さらに、近年は欧米大手企業の中国・インドへのR&D拠点設立が増えている。こういった新興国は法制度や規制が緩く、自動運転、シェアリングエコノミー分野、医療・バイオなどの社会実験が行いやすいからだ。これらの多国籍企業の対応は、制度理論（第28章）で説明できる。

展望④ 国境を越える人的ネットワーク・コミュニティの台頭
→エンベデッドネス理論、ソーシャルキャピタル理論で説明

　加えて、国境を越えた情報格差の低下や、交通コストの低下により（図表4の第2象限）、従来の多国籍企業とは異なるビジネス・アクターが台頭しつつある。例えば第24章で紹介した「超国家コミュニティ」（transnational community）がそれに当たる。現在は米国と台湾、インド、中国などの間で、経営者、ビジネスパーソン、投資家、エンジニア、学者など様々なプレーヤーが足しげく往復するようになり、国境を越えた人的ネットワークが形成されてきているのだ。

　その結果、超国家コミュニティを通じて、人と人のソーシャルネットワークでしか伝わらないインフォーマルな情報が、国境を越えて伝播するようになってきている。これは社会学ベースのエンベデッドネス理論（第24章）や、ソーシャルキャピタル理論（第27章）で説明できる。

展望⑤ スパイキー・グローバリゼーションの顕在化
→SECIモデル、エンベデッドネス理論、ソーシャルキャピタル理論で説明

　最後に図表4の左下の、第3象限に注目しよう。今後は、人、情報、もの、カネなどの移動がよりスムーズになる。逆に言えばそれは、一国内でも「より魅力的な都市に人、もの、カネなどが集中する」ことを示唆する。すなわち、一国内でも都市間の差異が際立つようになってきているのだ。

　例えば、起業活動だ。実際、米国ではシリコンバレーへのスタートアップ・ベンチャーキャピタル（VC）投資の集中が、いまだに止まらない。インドでもスタートアップ企業が集中するのは、バンガロール、デリー周辺、ハイデラバードなど、いくつかの都市に限られる。中国なら、深圳や蘇州、成都などだろうか。

　なぜ、起業活動は一国内の特定都市に集中するのか。それは、起業活動では特にインフォーマルな情報・暗黙知が重要だから、というのが筆者の理解だ。たしかに、展望①で述べたように、現在はICTの発達により世界中どこでも情報が取れるのも事実だ。しかし、そこで得られる知識・情報はあくまで「形式知」である。そして、RBV（第3章）が示すように、企業の競争優位に直結するのは、価値があって「稀少な」資源（この場合、情報・知識）でなければならない。インターネット上の形式知は、誰もが手に入れられるのだから、逆に言えば「価値がない」のだ。むしろインターネットが普及した時代だからこそ、ビジネスで勝負

を決めるのは、例えば都市の起業家コミュニティに入り込んで、他者と何度も顔を合わせることでのみ得られる暗黙知や、「ここだけの話だけど……」といったインフォーマル情報になるはずだ。

そして、暗黙知やインフォーマル情報を交流させるには、SECIモデルやエンベデッドネス理論、ソーシャルキャピタル理論が説明するように、人と人が顔を合わせなければ伝わらない。だからこそ、シリコンバレーにはいまもスタートアップ企業が続々と集積するのだ。その多くはネット関連の企業にもかかわらずである。そこで得た暗黙知やインフォーマル情報から革新的な製品・ビジネスモデルを生み出したスタートアップ企業は、それを形式知化させ、今度はICTでいっきにグローバル化するのである。図表4で言えば、ボーン・グローバル企業はまず図表4の第3象限で革新的な製品・サービスを生み出し、それを第2象限でスケーリングしている、と解釈できるだろう。

とはいえ、第3象限の「特定都市への集中」と、第2象限の「国境を越えたビジネス環境の格差解消」は、やはり矛盾するようにも聞こえる。この矛盾を解く一つのカギは、「今後のグローバル化は国と国の間ではなく、ある国の都市と、別の国の都市間でのみ集中的に起きる」という視点ではないだろうか。

例えば、米国と台湾の間では現在様々な起業関連のビジネス交流が進展している。しかし、それが実際に起きているのは、米国のシリコンバレーと、台湾の新竹地域の間にほぼ限られる。他にもシリコンバレーと中国の深圳の間がそうだし、イスラエルのテルアビブと米国のニュージャージーの間もそうかもしれない。筆者自身は、この都市と都市の間で集中して起きるグローバル化を「スパイキー・グローバリゼーション」（spiky globalization）と呼んでいる。

筆者はこの考えに基づき、ピッツバーグ大学のラヴィ・マドハヴァン教授らと共同で、2010年に『ストラテジック・アントレプレナーシップ・ジャーナル』に発表した論文で、1995年から2006年までの、米国の各州と世界各国の間のVC投資のデータ（観測数5万409）を解析し、各州と特定の国の間に固有の強いつながりがあることを示した[注11]。例えば、台湾はカリフォルニアと強く、インドはニューヨークと、またイスラエルはニュージャージーとの関係が特に強い。

注11) Iriyama, A. et al., 2010. "Spiky Globalization of Venture Capital Investments: The Influence of Prior Human Networks," *Strategic Entrepreneurship Journal*, Vol.4, pp.128-145.

684　第5部　ビジネス現象と理論のマトリックス

スパイキー・グローバリゼーションの研究は、緒についたばかりである。しかし、筆者はこの「特定の都市と都市の間のグローバル化」はさらに加速すると考える。それはこの現象が、暗黙知と形式知を峻別するSECIモデルやエンベデッドネス理論、ソーシャルキャピタル理論で容易に説明可能だからだ。

　このように「グローバル経営」の未来を見通すには、図表4のような「国境とは何か」を深く考えることが非常に重要になる。そしてその未来は、本書で紹介した世界標準の経営理論で十分に説明できる。グローバル経営に固有の理論は存在しないし、おそらく今後も簡単には出てこないだろう。それは、我々が「国境でグローバルをとらえる」という暗黙の前提の下に持っていた、幻想のようなものなのだ。我々はこの幻想を超え、今後の世界のビジネスを展望し、読み解く必要がある。その思考の軸となるのが、世界標準の経営理論なのだ。

第37章 entrepreneurship

アントレプレナーシップと経営理論

アントレ領域が拡張する未来に、起業家をどう育てるべきか

経営学で台頭するアントレプレナーシップ領域

　本章は、ビジネス現象としてアントレプレナーシップ領域(entrepreneurship)を取り上げる。アントレプレナーシップは、日本語で「起業家精神」と訳される（正確な定義は後述する）。

　いまほど「起業」が注目される時代もない。21世紀に入って、世界中で「起業ムーブメント」が起き始めた。いまや、アルファベット（グーグル）、フェイスブックなどを筆頭に、創業20年に満たないIT企業が時価総額で世界トップを占める時代になった。2016年時点では、世界で約4億7000万人の起業家がいて、1年間に約1億の新しいスタートアップ企業が生まれているといわれる[注1]。もはや起業は一過性のブームではなく、世界的な趨勢だ。

　学術研究としても、アントレプレナーシップ領域への注目は加速度的に高まっている。エール大学のオラブ・ソレンソンとカリフォルニア大学バークレー校のトビー・スチュアートが2008年に『アカデミー・オブ・マネジメント・アナルズ』（AMA）に掲載した論文によると、トップ学術誌に発表された論文の中でentrepreneur(ship)という言葉がタイトル、キーワード、要約のいずれかに入っている論文は1990年には50本にすぎなかったが、2006年には370本を超えた[注2]。

　同領域の代表的な学術誌である『ジャーナル・オブ・ビジネス・ベンチャリング』も、近年は多くの大学でトップ学術誌に位置付けられつつある。『ストラテジッ

注1) "How Many Startups Are There in the World?," InnMind, September 15, 2016.

注2) Sorenson, O. & Stuart, T. E. 2008. "Entrepreneurship: A Field of Dreams?," *Academy of Management Annals*, Vol.2, pp.517-543.

ク・アントレプレナーシップ・ジャーナル』（SEJ）は創刊からわずか10年後の2017年に、『フィナンシャル・タイムズ』が選ぶ、世界の経済・経営学術誌トップ50に登りつめた。

　実は、前章のグローバル経営同様、アントレプレナーシップ領域も十分に確立された「固有の理論」が存在しない。これから述べるように、アントレプレナーシップは様々な要素が入り組んでいるから、独自理論が成立する状況でないのかもしれない。逆に言えば、同領域を理論的に理解するには、まずは本書で紹介してきた経営理論で十分ということだ（少なくとも筆者はそう理解している）。

　本章では、マトリックスを使って、思考の軸としての経営理論がアントレの各分野をどう説明するかを解説する。その上で、「アントレ領域は拡張する」という間違いない未来と、そしてその上で「アントレプレナーをどう育てていけばいいのか」について、筆者の私見も交えて議論しよう。

　とはいえ、マトリックスを使った解説に入る前に、まずは多くの皆さんが誤解されているかもしれない点から整理しよう。それは「アントレプレナーシップは、起業家やスタートアップ企業だけを対象とした領域である」という誤解だ。

アントレプレナーシップとは何か

　一般に、「スタートアップ」「起業」「ベンチャー」「アントレプレナーシップ」といった言葉は、ほぼ同義に解釈されがちだ。しかし、学術的にアントレプレナーシップはより広い意味を持ち、スタートアップ、起業、ベンチャーはその一部にすぎない。「アントレプレナーシップ＝起業家精神」という日本語訳が定着してしまったために、そう誤解されている部分もあるのかもしれない。

　アントレプレナー（entrepreneur）という言葉を初めて提示したのは、フランスの経済学者リチャード・キャンティロンが1755年に刊行した書籍とされる[注3]。そこで紹介される定義は、"someone who exercises business judgment in the face of uncertainty"（不確実性に直面した時に意思決定をする人）というものだ。その後、様々な研究者によってアントレプレナーの定義付けが進んだが、

注3）Cantillon, R. *Essai sur la Nature du Commerce en Général*, 1755.（邦訳『商業試論』名古屋大学出版会、1992年）

おそらく近代経営学に最も影響を及ぼしているのは、「イノベーションの父」と呼ばれる経済学者ジョセフ・シュンペーターのそれだろう。

彼は1936年の著書 *The Theory of Economic Development*（ドイツ語原著は1912年。邦訳『経済発展の理論』）で、以下のように書き記している。

> Everyone is an entrepreneur only when he actually carries out new combinations. (Schumpeter,1936, p.78.)
> 新結合を実行する時に限り、その人はすべてアントレプレナーとなる。（筆者訳）

第12・13章で述べたが、新結合とは「既存知と既存知の新しい組み合わせ」だ。イノベーションにつながりうる新しいアイデアは、ゼロからは生まれない。いままで組み合わさってこなかった既存の何かと何かが、新しく組み合わさることで生まれる。そしてシュンペーターによると、それを実行する人すべてがアントレプレナーなのだ。さらに、1942年に刊行した *Capitalism, Socialism and Democracy*（邦訳『資本主義・社会主義・民主主義』）でシュンペーターは、"the entrepreneur as a leader and a contributor to the process of creative destruction"（アントレプレナーとはリーダーとして、創造的破壊の過程に貢献するものである）と述べている[注4]。

もちろん起業の重要性を筆者はいっさい否定しないが、このように、厳密に学術的な言葉の意味だけを考えれば、アントレプレナーの核心は「会社を立ち上げること」にあるのではない。それは、「新結合を通じて創造的破壊を引き起こす人」の総称なのだ。起業はその重要な一手段である。

逆に言えば、会社を新しく立ち上げても、それが創造的破壊を目指すものでないなら、アントレプレナーではない。誤解を恐れずに言えば、例えばコンビニエンスストアのフランチャイズ店を経営するのは「起業」ではあっても、アントレプレナーシップではないかもしれない。本章は、あくまでアントレプレナーシップ領域を対象として、その現象と理論の整理を行う。

実際、後で述べるように現代のアントレプレナーシップは、現象としても研究

注4）Schumpeter, J. A. 1947, *Capitalism, Socialism and Democracy*, Harper & Brothers.（邦訳『資本主義・社会主義・民主主義』東洋経済新報社、1995年）

領域としても、急速にその範囲を拡大させている。新結合による創造的破壊はいまや我々のビジネス・社会の様々なところに浸透しつつあり、それらが「〜アントレプレナーシップ」の名をつけて台頭しているのだ。これも、先のアントレプレナーシップの定義を踏まえれば、納得いただけるだろう。

とはいえ、我々が通常イメージする起業活動、すなわち「新しい企業を立ち上げること」が同領域の中心であることも、当然ながら事実だ。本章ではこれを便宜上、「スタートアップ・アントレプレナーシップ」（以下スタートアップ・アントレ）と呼ぶ。まずは、スタートアップ・アントレを前提としたマトリックスを解説する。**図表1**も併せてご覧いただきたい。

ヒト・コト・カネのマトリックス

スタートアップ・アントレは起業プロセスのすべてが対象であり、したがってこの第5部でも紹介してきた「戦略」「人事」「ガバナンス」など、様々な側面を含む。その特徴は安定した成熟企業と比べて変化が激しく、不確実性が高く、そして創業者・創業チームの属人的な要素が、強く深く入り込むことだ。

本章ではこの領域を、「ヒト・カネ・コト」で整理してみよう。図表1の左半分をご覧いただきたい。大企業・中堅企業のビジネス同様、スタートアップ企業でも、ヒト・カネ・コトの3要素は欠かせない。例えば米MBAのスタートアップ・アントレの授業で使われる代表的教科書、フィラデルフィア大学のステファン・スピネリらの *New Venture Creation* の構成は、以下のようなものだ[注5]。やはり、ヒト・コト・カネで構成されていることがわかる。

第1章：創業者（←ヒト）

第2章：事業機会（←コト）

第3章：創業者とチーム（←ヒト）

第4章：ファイナンス（←カネ）

第5章：その他

注5) Spinelli Jr. S. & Adams, R. 2015. *New Venture Creation: Entrepreneurship for the 21st Century 10th Edition*, McGraw-Hill Education.

|図表1| アントレプレナーシップと経営理論のマトリックス

▼本書該当章

ディシプリン	章	理論	創業者	チーム・組織	事業機会	ファイナンス
経済学ディシプリン	第1章	SCP理論（SCP）			✓	
	第3章	リソース・ベースト・ビュー（RBV）		✓	✓	
	第5章	情報の経済学①（information economics）		✓		✓
	第6章	情報の経済学②（エージェンシー理論）（agency theory）		✓		✓
	第7章	取引費用理論（TCE）		✓		✓
	第8・9章	ゲーム理論（game theory）				
	第10章	リアル・オプション理論（real options theory）			✓	✓
マクロ心理学ディシプリン	第11章	企業行動理論（BTF）			✓	
	第12・13章	知の探索・知の深化の理論（exploration and exploitation）	✓		✓	
	第14章	組織の記憶の理論（SMM & TMS）		✓	✓	
	第15章	組織の知識創造理論（SECIモデル）	✓		✓	
	第16章	認知心理学ベースの進化理論（evolutionary theory）		✓		
	第17章	ダイナミック・ケイパビリティ理論（dynamic capabilities）			✓	
ミクロ心理学ディシプリン	第18章	リーダーシップの理論（leadership theories）	✓	✓	✓	
	第19章	モチベーションの理論（motivation theories）	✓	✓		
	第20章	認知バイアスの理論（cognitive bias）	✓		✓	
	第21章	意思決定の理論（decision making）	✓		✓	
	第22章	感情の理論（emotion theories）	✓	✓	✓	
	第23章	センスメイキング理論（sensemaking）	✓	✓	✓	
社会学ディシプリン	第24章	エンベデッドネス理論（embeddedness）				✓
	第25章	「弱いつながりの強さ」理論（weak ties）		✓	✓	
	第26章	ストラクチャル・ホール理論（structural holes）			✓	
	第27章	ソーシャルキャピタル理論（social capitals）		✓		✓
	第28章	社会学ベースの制度理論（institutional theory）				
	第29章	資源依存理論（resource dependence theory）		✓		✓
	第30章	組織エコロジー理論（organizational ecology）				
	第31章	エコロジーベースの進化理論（evolutionary theory）		✓		
	第32章	レッドクイーン理論（red queen theory）				

チェックマークがついているものは、経営学で各理論がよく適用されている現象分野。

国際アントレ	社会アントレ	制度アントレ	イントラプレナーシップ
✓		✓	
✓		✓	
✓		✓	
			✓
			✓
			✓
			✓
	✓		✓
	✓		✓
✓	✓		
✓			✓
			✓
✓	✓		
		✓	✓
			✓

ヒト：創業者、創業チーム・組織

　言うまでもなくスタートアップ企業の中心は、創業者である。スタートアップ企業は多くの場合、創業者の人物像が深く反映される。加えて、創業者の引退後もその性格・思想は、会社のビジョン・風土として長く残ることもよく知られる（インプリンティング効果と呼ばれる）[注6]。

　例えば、トヨタ自動車の質実剛健で社会貢献を重視する企業風土は、同グループの創業者である豊田佐吉の没後に、息子である豊田喜一郎（トヨタ自動車の実質的創業者）が佐吉の言葉をまとめた「豊田綱領」にたどることができる。ホンダの顧客のために革新的で安い二輪車・車・飛行機などをつくる社風は、本田宗一郎と藤沢武夫が1951年に発表した「（生産者が）作って喜び、（販売会社が）売って喜び、（顧客が）買って喜ぶ」という「3つの喜び」と呼ばれる理念に遡る。

　従来の経営学では、創業者の個性や意思決定プロセスについて様々な研究が行われてきた。その多くは、意思決定・認知バイアスなど心理学ディシプリンの理論を使っている。よく研究される現象テーマは、例えば起業家の自信過剰度（over-confidence）などである。ここでは、コロラド大学ボウルダー校のマシュー・ヘイワードらが2006年に『マネジメント・サイエンス』に発表した理論研究を紹介しよう[注7]。

　ヘイワードらは意思決定の理論をベースにしながら、「起業家は一般のビジネスパーソン・経営者以上に自信過剰な傾向がある」「自信過剰な起業家ほど、経営資源が十分でなくても事業を始めたり、特定事業に偏って経営資源を投下したりする傾向がある」などの命題を打ち立てた。一方、「過剰な自信に基づく意思決定は客観性・合理性を欠くゆえに、失敗確率が高い」とも主張した。結果、起業が活発な社会では、自信過剰な起業家が様々な事業を試みるので多くの事業が生まれ、それらが高い確率で失敗する。いわゆる「多産多死」になるのだ。

　ヘイワードらは理論命題を提示しただけだが、これを裏付ける実証研究も出てきている。例えば、パデュー大学のジョン・マン・リーらが2017年に『ストラ

注6）例えば、Hsu, D. H. & Lim, K. 2014. "Knowledge Brokering and Organizational Innovation: Founder Imprinting Effects," *Organization Science*, Vol.25, pp.1134-1153. を参照。

注7）Hayward, M. L. A. et. al., 2006. "A Hubris Theory of Entrepreneurship," *Management Science*, Vol. 52, pp. 160-172.

注8）Lee, J. M. et al., 2017. "Are founder CEOs more overconfident than professional CEOs? Evidence from S&P 1500 Companies," *Strategic Management Journal*, Vol.38, pp.751-769.

テジック・マネジメント・ジャーナル』に発表した論文が、その一つだ[注8]。この論文でリーらは、S&P1500の大手企業1392社のCEOのツイッター上での発言、四半期決算での発言などをくまなく精査した。

そして統計解析の結果、「創業者CEO（＝すなわち起業家）は非創業者CEOよりも、ツイッターや四半期決算報告で、ネガティブな言葉・発言を使う確率が著しく低い（＝楽観的な発言が多い）」傾向を示したのだ。やはり創業者CEOは自信過剰な傾向にある、という証左だ。自信過剰は事業の失敗を招きやすいが、それを乗り超えて生き残った起業家は、自信過剰なまま（というよりは、むしろ自信過剰だからこそ）成功したということだ。章末コラムの「起業家の個性・特性に関する実証研究」も併せて参照いただきたい。

コト：事業機会

事業機会を研究することは、いまアントレプレナーシップ研究者にとって最もホットなテーマの一つである。スタートアップ企業に欠かせないのは、言うまでもなく新しい事業機会を見つけることだ。新しい事業機会を見つけなければ、新結合も創造的破壊も起こせない。実際、先のスピネリの教科書も「Opportunity」（事業機会）にわざわざ1章分を割いている。この事業機会については、「事業機会とはそもそも何か」という問いが重要になる。この点は、本章後半でさらに深掘りする。

カネ：ファイナンス

スタートアップ企業にとって、ファイナンス戦略が重要なことは言うまでもない。本書は経営理論に関するものなので、資金調達・財務戦略の子細には入り込まない[注9]。とはいうものの、ファイナンス理論の多くが、経済学ディシプリンの理論に基づくことは間違いない。世界的には、ファイナンスの研究の大部分が経済学者である。

例えばリアル・オプション理論（第10章）の視点は、スタートアップ企業に示唆も大きいだろう。スタートアップ企業の事業は、潜在性は高いが不確実性も高い。この状況で、不確実性を考慮しない従来のディスカウント・キャッシュフ

注9) 例えば、磯崎哲也『起業のファイナンス増補改訂版』（日本実業出版社、2015年）を参照。

ロー法で、事業の将来価値を評価するのは極めて難しい。不確実性を明示的に取り込んだリアル・オプションが、有効たりうるのだ。実際、リアル・オプションはベンチャーファイナンスに応用されている。

加えて、どのベンチャーキャピタル（VC）、企業、投資家から、どのくらい資金調達をするかも重要な意思決定だ。特定の投資家に偏って多額の資金を調達すると、その投資家の権限が強まり、事後的にトラブルとなりかねない。これらは投資家と経営者の「目的の不一致」（interest misalignment）による影響も大きいので、エージェンシー理論（第6章）などによる説明が有効だ。

一方で近年は、アーリー段階での起業家に重要なのは、投資家との信頼関係の構築や、ネットワーキングであるという研究も多く出てきている。社会学ディシプリンの理論を使った研究が台頭しているのだ。

さて、ではここからは私論も交えて、経営理論を思考の軸としながら、アントレプレナーシップの未来について論じてみよう。筆者は、今後アントレプレナーシップ領域がさらに拡大すると考えている。なぜなら冒頭で述べたように、そもそもアントレプレナーシップの本質は「新結合を起こし、創造的破壊を促す」ことだからだ。起業はその一手段である。

したがって、これから述べるように多国籍企業、政府、NPO、大手企業など、それまで無縁に思われていたプレーヤーにアントレプレナーシップが浸透し、取って代わるようになってきているのだ。未来のアントレプレナーシップは、様々な領域に広がるのである。

新時代のアントレプレナーシップ領域

筆者の理解では、少なくとも以下の4つの新しいアントレプレナーシップ領域が顕在化しつつある。**図表2**と、図表1のマトリックスの右側も、併せてご覧いただきたい。

インターナショナル・アントレプレナーシップ（国際アントレ：多国籍企業に浸透）

まず、多国籍企業・グローバル経営の領域に、急速にアントレプレナーシップ現象が入り込んでいる。この点は、第7章や第36章でも述べている。従来の多国

図表2 アントレプレナーシップの進出領域

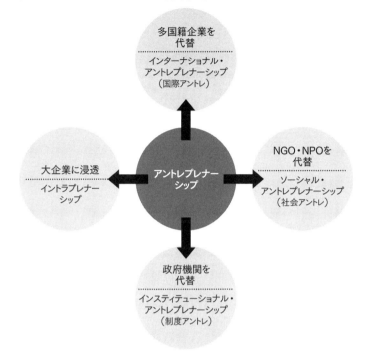

籍企業は、まずは国内市場で成功し、経験と能力を蓄積した上で、徐々に海外進出するものだった。しかし現在では、創業間もないスタートアップ企業が新結合を起こし、その創造的破壊の力がグローバルに展開しやすくなっているため、急速に多国籍化する現象が世界中で起こっている。ウーバーやエアビーアンドビーはその筆頭だ。

その背景はすでに述べているので、ここでは紙幅を割かない。簡潔に述べれば、その背景は世界的なICTの発展にある。ICTの発展は取引費用を下げる。すなわち、強いコア資源さえ内部化しておけば、小さなスタートアップ企業でも国境をまたいで活動できるのだ。したがって取引費用理論（第7章）の視点が有用だ。

加えて言えば、英語やプログラミング言語など、世界中でビジネスを行う上で必要なプロトコルが標準化してきていることも大きいだろう。人材についてなら、英語が話せてコードが書けるグローバルタレントは、もはや世界中で採用できる。シリコンバレーのIT企業の中には、AI技術を使える人材を獲得するためだけに、

拠点をインドのハイデラバード（インド工科大学ハイデラバード校がある）などに設け始めたところもある。日本人が創設したシリコンバレー・スタートアップ企業で注目されるドライブモードは東京の東新宿に拠点を設けているが、その大きな理由の一つも優秀なエンジニア獲得のためだ[注10]。

　こうした領域を、専門用語でインターナショナル・アントレプレナーシップという。前章で紹介したように、ジョージア州立大学のベンジャミン・オビアットとインディアナ大学のパトリシア・マクドゥーガルが1994年に『ジャーナル・オブ・インターナショナル・ビジネス・スタディーズ』で発表した論文を契機に、世界の経営学でも関心の高まっている分野だ[注11]。国際アントレは、さらに注目が高まるだろう。

ソーシャル・アントレプレナーシップ（社会アントレ：従来のNPOを代替する）

　加えて大きなムーブメントになっているのが、社会アントレだ。いわゆる、社会的・公共的な目的を優先して設立されたスタートアップ企業がそれに当たる。従来はNPOセクターが占有してきた領域にも、アントレプレナーシップが浸透してきているのだ。

　世界的に知られるのは、ムハマド・ユヌス氏がバングラデシュで1983年に開設したグラミン銀行だろう。日本なら、山口絵理子氏が創業したマザーハウス、慎泰俊氏が設立した五常・アンド・カンパニーなどがよく知られる。

　社会アントレ領域が進展した理由はいくつかあるが、その一つは、先進国を中心に経済的な欲求が満たされ、人々の間に社会的なモチベーションや信頼・共感などを大事にする傾向が出てきたことがあるだろう。実際、社会アントレ領域の研究でよく使われる理論は社会学ディシプリンのソーシャルネットワーク理論だ。

　クイーンズ大学のピーター・ダシンとティナ・ダシンが2010年に『アカデミー・オブ・マネジメント・パースペクティブ』に掲載した論文は同領域を包括的にレビューしているが、それによると社会起業家は通常の起業以上にネット

注10）ドライブモード共同創業者の上田北斗氏と筆者との対談による。

注11）Oviatt, B. M. & McDougall, P. P. 1994. "Toward a Theory of International New Ventures," *Journal of International Business Studies*, Vol.25, pp.45-64.

注12）Dacin, P. A. et. al., 2010. "Social Entrepreneurship: Why We Don't Need a New Theory and How We Move Forward From Here," *Academy of Management Perspectives*, Vol.24, pp.37-57.

ワークにおける信頼関係を重視する[注12]。彼らの活動は金銭関係以外のモチベーションを重視するので、心理的な信頼関係が欠かせないからだ。

この意味で、この領域を理解するには、第27章で解説したソーシャルキャピタル理論などが重要になるだろう。第19章のモチベーションの理論も重要だ。今後もSNSを通じた人と人のつながりや、地域コミュニティの活性化は進展するだろうから、社会アントレ領域はさらに活性化するはずだ。

インスティテューショナル・アントレプレナーシップ（制度アントレ：政府機関を代替）

制度アントレは、近年の経営学で特に注目されている。通常なら政府機関が主導して取り組むべき制度改革を、市井の民間人が旗振り役となって、社会ムーブメントをつくりながら進め出しているのだ。

この領域は、（社会学ベースの）制度理論（第28章）に依拠する。同理論が示すように、我々の住む世界には様々な社会上の「常識」がある。一見それは当然のように、空気のように我々の社会を規定している。しかし、実は「社会的な正当性（レジティマシー）を獲得するプレッシャーの中で、様々な組織・ビジネスパーソンの行動様式が同質化（アイソモーフィズム）している結果として、みんなが何となく従っているだけである」というのが、同理論の主張だった。

このように社会常識とは一種の幻想のようなものだから、逆に言えば、打ち破ることも不可能ではない。社会的な常識を打ち破り、新たな常識（institutional logic）を打ち立て、周囲を巻き込んで社会を動かそうという行動（movement）を起こす人を、制度アントレプレナーと呼ぶ。第28章では、例えばNPO法人フローレンスの駒崎弘樹氏が内閣府子ども・子育て会議へ委員として出席するなどの政策提言活動を行ったこともあり、小規模認可保育所が国の認可事業となった事例などを紹介している。

イントラプレナーシップ（大企業アントレ：大企業に浸透）

そして最後に注目したいのは、大企業だ。アントレプレナーシップは、大企業にも浸透しつつある。大企業の中で起業家のように振る舞う社員が増えてきたり、企業自体がそういう人材を増やそうとしたりする動きである。これをイントラプレナーシップと呼ぶ。イントラプレナーシップ自体の学術的な歴史は古く、ケー

ス・ウェスタン・リザーブ大学のロバート・ヒスリックなどが中心となって、1980年代から研究が進められてきた[注13]。現在はその派生で、コーポレート・ベンチャリングなどが注目されている。

イントラプレナーシップが注目されてきた理由は、もはや語るまでもない。大企業にイノベーションと創造的破壊が求められているからである。筆者の知る限り、日本での顕著な成功例は、遠山正道氏が三菱商事在社中に生み出したスープストックトーキョーであり、最近はパナソニックの深田昌則氏らが率いるゲームチェンジャー・カタパルトなどが注目されている。

他方で、多くの大企業でイントラプレナーシップが壁に直面しているのも事実だ。この背景には言うまでもなく、日本の大企業の硬直化した仕組みが影響している。本書でも「なぜ企業は変化できないのか」については、経営理論の視点で何度も議論してきた。第16章の認知心理学ベースの進化理論や、第31章のエコロジーベースの進化理論などがそれに当たる。加えて、知の探索・知の深化、ストラクチャル・ホール理論など、大企業のイノベーションを理解する上で重要な様々な理論が、イントラプレナーシップ活性化を検討する際に有用だろう。

このように現代のアントレプレナーシップは、様々な他領域に浸透し始めている。だとすれば、これからの時代にますます重要になるのが、アントレプレナーの育成になる。実際、大企業でも「起業家的な人材」を育成する試みをしているところが増えてきた。大学・大学院で起業家教育を行うところも、急速に増えている。他方で、このような教育機関や企業研修などで行われるアントレプレナーシップ教育は、果たして正しいのだろうか。もっと大胆に言えば、アントレプレナーとは教育できるものなのだろうか。

これは筆者の私見だが、この点を理解する手掛かりとして重要なのが、先に述べた「事業機会とは何か」を深く考えることだ。実はこのテーマは、現在の経営学者の間で意見が真っ二つに割れているのだ。論争になっていると言ってもいいかもしれない。

注13）Antoncic, B. & Hisrich, R.D.2001."Intrapreneurship: Construct Refinement and Cross-cultural Validation," *Journal of business venturing*, Vol.16 , pp.495-527.

事業機会は見つけるものか、つくり出すものか

　その論争とは、「事業機会は見つけるものか、それともつくり出すものか」というものだ。

　この論争を包括的にまとめているのが、本書で度々登場している経営学界の重鎮、ユタ大学のジェイ・バーニーらが2010年にAMAで発表した論文だ[注14]。同論文でバーニーは、前者を「事業機会の発見型」（discovery opportunity）、後者を「事業機会の創造型」（creation opportunity）と呼んだ。**図表3**は、そのイメージを図式化したものだ。

　発見型を支持する学者の主張は、「事業機会は、起業家の存在とは独立して、何かの外的な環境変化により発生する」と考える。例えば、「人工知能（AI）の台頭という技術環境の変化が、まず新しい事業機会を生み出す」といったイメージだ。この視点では、起業家と事業機会は互いに独立した存在なので、起業家は事業機会を、それが生まれた後で発見する。

　一方の創造型は、「事業機会とは起業家が行動を起こすことで、起業家によってつくられ、後になって認知される」と考える。例えば、まずは起業家がAIを使って様々なサービスを試行錯誤し、色々な潜在顧客に試しているうちに、収益化の仕掛けが見えてくる、といったイメージだ。とにかく様々な試行錯誤・アクションを行って、気がついたらそれがビジネスとなり、後から振り返れば「それが事業機会だった」というわけだ。

　皆さんの中には、両者の論争を不毛に思う方もいるかもしれない。しかし、この論争が及ぼす示唆は大きい。なぜなら、どちらの立場を取るかによって、「起業家をどう育てられるのか」への示唆がまったく異なるからだ。これはバーニーのAMA論文の主張でもある。そしてここでも思考の軸になるのは、経営理論である。

　まず、発見型から考えよう。発見型の場合、事業機会は起業家から独立した外部環境にあるから、もし起業家がこの立場を取るなら、大事なのは「周囲のビジ

注14) Alvarez, S. A. & Barney, J. B. 2010. "Entrepreneurship and Epistemology: The Philosophical Underpinnings of the Study of Entrepreneurial Opportunities," *Academy of Management Annals*, Vol.4, pp.557–583.

図表3 事業機会の発見型と創造型の違い

事業発見型

起業家と事業機会は独立したものと考え、起業家は環境変化によって生まれた事業機会を「発見する」と考える。

事業創造型

起業家と事業機会は切り離せず、その人が環境に飛び込んで行動し、環境に働きかける（試行錯誤する）ことで、事業機会が事後的に浮かび上がってくると考える。

ネス環境を精緻に分析すること」だ。したがって、例えばSCP理論（第1・2章）を使って産業構造を分析したり、RBV（第3章）を使って必要な経営資源を分析したりすることが有用だ。さらに、事業そのものの不確実性は高くとも、その不確実性は外部にあるので客観的に把握できる。したがって、リアル・オプション理論を使った事業評価も有用たりうる。

一方の創造型は、「様々な試行錯誤・行動を繰り返し、事業機会が事後的に、徐々に浮かび上がってくる」という立場だ。ここで必要な理論は、発見型とはまったく異なる。

そして本書第3部を読んだ方なら、創造型を象徴する理論こそ、第23章のセンスメイキング理論であることはお気づきだろう。センスメイキング理論は、「人とその対象（＝事業機会）は決して切り離せず、その人が行動して環境に働きかける（イナクトメント）することにより、やがて事業機会が浮かび上がり、結果として後からその事象をセンスメイク（納得）する」というものだった。まずは行動して、ビジネスに飛び込み、色々ともがいて試行錯誤しているうちに、後になって「あれが事業機会だった」と腹落ちする、ということだ。

それに加えて創造型の思考の軸たりうるのは、本書のマクロ心理学ディシプリンやミクロ心理学ディシプリンの理論の数々になるはずだ。様々な試行錯誤が重要という意味では、知の探索・深化理論（第12・13章）は欠かせない。人を腹落ち（センスメイク）させて巻き込んでいくには、感情の理論（第22章）も外せない。トランスフォーメーショナル・リーダーシップ（第18章）も関連する

だろう。そして何より、新しい知を創造するSECIモデル（第15章）が重要なはずだ。

起業家は、本当に育てられるのか

そしてやっかいなのは、この創造型の思考の軸となりうる理論群は、社内研修・学校教育などで伝えるのが容易でないことだ。

図表4は、事業の発見型と創造型それぞれの能力を高めうる手段の例を、筆者の理解でまとめたものだ。図表から明らかなように、従来のMBA関連の書籍やビジネス書、ビジネス教育機関に馴染みやすいのは、発見型の方だ。実際、従来のMBA関連の書籍の多くは、マイケル・ポーターのフレームワークやファイナンス分析などに多くの紙幅を割いてきた。ビジネススクールの授業の多くもそうだ。

なぜなら、これらは自分の外部にあることを分析・発見することだから、形式知化がしやすいからである。伝えるのが容易なのだ。

一方、センスメイキング理論に基づく創造型は、そもそも「まずはやってみなさい」ということになる。加えて言えば「ビジョンを熱く語る」「人を腹落ちさせる」「内省する」「感情を露わにして周囲を巻き込む」といったことは、極めて属人的、暗黙知的なことであり、会議室・教室の座学だけで身につくものではない。

そもそも日本の初等・中等教育でも、従来はこういったことを意図的には身につけさせてこなかった。大学受験でも、芸術系大学でも受けない限り、感情表現が重要視されることはない。だからこそ、いま多くのビジネスパーソンが、デザイン思考、マインドフルネス、ストーリーテリングなど、創造型を高めてくれそうな様々な仕掛けに注目しているのだろう。

筆者は、発見型に意味がないと言いたいのではない。ビジネス・事業機会のある程度の分析は大前提として必要であり、発見型は今後も間違いなく重要だ。ファイナンスの知見のないスタートアップ企業では、IPOにたどり着けない。しかしその上で、本当にアントレプレナーを育てたいなら（「育てられる」と仮定してだが）、そこには創造型の視点をもっと様々な社内教育、学校教育に取り入れる必要もあるはずなのだ。

|図表4|事業機会の発見型と創造型の手法

事業の発見能力を高める手段	事業の創造能力を高める手段
●客観的な事業環境分析 ●技術や経営資源の正確な評価 ●他社の参入可能性の分析 ●ファイナンス手法等を使った事業評価分析 ●会計・財務分析	●ビジョンを深く考える ●ストーリーを語り、他者を腹落ちするまで納得させる ●感情をうまく伝える 　（エモーショナル・インテリジェンス） ●内省する（マインドフルネス） ●類推力を高める、暗黙知を伝える
基礎となる理論の例 ●SCP理論（第1・2章） ●RVB（第3章） ●情報の経済学（第5章） ●ゲーム理論（第8・9章） ●リアル・オプション理論（第10章）	●知の探索・知の深化の理論（第12・13章） ●知識創造理論（第15章） ●トランスフォーメーショナル・リーダーシップ 　（第18章） ●マインドフルネス（第20章） ●感情の理論（第22章） ●センスメイキング理論（第23章）

　実は筆者自身も、「発見型」「創造型」の区分けには大きな刺激を受けた。筆者は経営学者であり、分析の得意な「発見型」だ。「創造型」を伝えることはできない。そこで代わりに筆者は、2017年から早稲田大学ビジネススクールで「トップ起業家との対話」という授業を始めた。

　この授業では、先にも登場したマザーハウス創業者の山口絵理子氏や五常・アンド・カンパニーの慎泰俊氏など、筆者の周りの素晴らしい起業家に毎回登壇いただき、「とにかくパッションだけ語る」ことをお願いしている。理論や理屈は、いっさいこの授業では出てこない。濃密なアントレ経験を積んできたトップ起業家なら、その熱いパッションを教室という限られた空間で熱く語っていただくことで、学生に伝える（＝感じてもらう）ことができるはずだからだ。授業を通じて起業家のパッションに刺激を受けて、自分からアクションを起こし始めた学生もいる。

　筆者は、この試みをまだまだ続けるつもりだ。それはアントレプレナーシップが拡大し、誰もがアントレプレナーになるこれからの時代には、発見型に加えて、創造型が求められると確信しているからである。その確信を支えるのもまた、思考の軸としての世界標準の経営理論である。

column

起業家の個性・特性に関する実証研究

　起業家の個性・特性はアントレプレナーシップ領域の研究者の主要な関心事であり、様々な実証研究が行われてきた。なかでも代表的な3つの視点を紹介する。

①ビッグ・ファイブ

　第34章で解説した、人の個性をまとめた「ビッグ・ファイブ」（big five）は、起業家分析にも応用されている。1980〜90年代にオレゴン大学のルイス・ゴールドバーグなどの様々な統計解析により、人の個性は「外向性」（extraversion）、「神経症」（neuroticism）、「開放性」（openness）、「同調性」（agreeableness）、「誠実性」（conscientiousness）の5つに集約される。

　例えば、レンセラー工科大学のハオ・チャオらが2006年に『ジャーナル・オブ・アプライド・サイコロジー』に発表した研究では、過去の研究の蓄積を使ったメタ・アナリシスから、「起業家は一般のビジネスパーソンと比べて開放性と誠実性が高く、同調性と神経症が低い傾向が示されている。

　同じく、チャオが2010年に『ジャーナル・オブ・マネジメント』に発表した研究では、メタ・アナリシスから、「開放性や誠実性の高い人ほど起業意識が高く、また起業後に成功しやすい」という結果が得られている。

②アントレプレナーシップ・オリエンテーション（EO）

　インディアナ大学のジェフリー・コービンとピッツバーグ大学のデニス・スリーバンが1980年代後半に作成して以来、起業家の特性を測る指標として、経営学者に広く使われている。

　EOは主に「革新性」（innovative：新しいアイデアを積極的に取り入れる姿勢）、「積極性」（proactive：前向きに事業を開拓する姿勢）、「リスク志向性」（risk-taking：不確実性の高い事業に好んで投資する姿勢）の3つから構成される。多くの実証研究で、「EO指数が高い起業家の方が、ビジネスを成功させやすい」といった結果が得られている。

③イノベーティブ・アントレプレナーの思考パターン

　ハーバード大学のクレイトン・クリステンセンらが2008年に『ストラテジッ

703

ク・アントレプレナーシップ・ジャーナル』に発表した研究でまとめた、「これまでに存在しなかった製品・サービス・技術を生み出した起業家」（イノベーティブ・アントレプレナー）の思考パターンである。

この研究のためにクリステンセンらはまず、世間で疑いなく「革新的な起業家」だろうと認識される起業家22人へのインタビュー調査を行った。

その22人にはジェフ・ベゾス（アマゾン）、マイケル・デル（デル・コンピュータ）、ハーバート・ケレハー（サウスウエスト航空）、ピエール・オミダイア（イーベイ）、ニクラス・ゼンストローム（スカイプ）、ピーター・ティール（ペイパル）などが含まれる。

統計分析も加えた研究の結果、クリステンセンは革新的な起業家の思考パターンとして、「クエスチョニング」（questioning：現状に常に疑問を投げかける思考パターン）、「オブザービング」（observing：興味を持ったことを徹底的にしつこく観察する思考パターン）、「エクスペリメンティング」（experimenting：それらの疑問・観察から、仮説を立てて実験する思考パターン）、「アイデア・ネットワーキング（idea networking：他者の知恵を活用する思考パターン）の4つを見いだしている。

704　│ 第 5 部 │ ビジネス現象と理論のマトリックス │

第38章 organization

企業組織のあり方と経営理論

「5つのドライビングフォース」が示す、未来の企業組織の姿

経営学とは組織の学問である

　本章では、「企業」「組織」を取り上げる。我々の大部分は、何らかの組織に所属している。ビジネスパーソンの場合、多くが属するのは企業になる。結果、言うまでもなく「企業組織のあり方」は、経営学の重要テーマであり続けている。本書でも度々「組織論」という言葉を使ってきたように、そもそも経営学とはかなりの意味で組織メカニズムを研究することでもある。海外の主要経営学術誌にもOrganization Science、Organization Studiesなど、organization（組織）が付くものが少なくない。日本の主力経営学会の一つは「組織学会」だ。組織とビジネスは、まさに一蓮托生なのだ。

　この第5部冒頭の図表2で示したように、経営学の「組織論」はマクロとミクロに分かれる。マクロ組織論とは、組織を一つの単位と見なしてそのあり方を考える分野だ。他方のミクロは組織内での個人の行動や、上司と部下の関係、チームのあり方などを探求する分野だ。すなわち、第34章の「組織行動と人事」（OB&HRM）領域そのものである。

　本章で議論したいのは、主にマクロ視点からの企業組織のあり方だ。例えば、企業には「存在範囲」（organizational boundary）がある。どの企業組織にも内と外があり、内側で行うのが企業の活動であり、外側が周辺環境になる。では、その企業組織の存在範囲すなわち「あるべき姿」は、どのように規定されるのか。そしてこの問いを突き詰めれば、「企業組織はなぜ存在するのか」という問いにすら行き着く。

　この問いを考えていくために思考の軸になるのは、やはり経営理論だ。実際、

これから述べるように本書で紹介した様々な経営理論をまとめれば、いま世界には「企業組織の存在範囲を規定する、5つのドライビングフォース（駆動力）」がある。歴史を振り返れば、各ドライビングフォースの相対的な重要性が変化し、結果として「組織の姿」が時代とともに変化してきたのだ。この思考の軸を持てば、未来の組織のあるべき姿も見えてくる。本章では、経営理論が示す5つのドライビングフォースを整理した上で、筆者の私論をもとに、やや大胆に未来の企業組織のあり方を論じてみよう。

組織とは、企業とは

まず組織の定義を確認しておこう。例えば以下のようなものだ[注1]。

> an organized group of people with a particular purpose, such as a business or government department
> 事業部門や政府部門など、特定の目的を持つ人々の組織化されたグループ（筆者訳）

この定義で「people」とあるように、組織は複数の人で構成される。次に企業の定義は以下のようなものである。

> a business organization that makes or sells goods or services
> 商品・サービスを製造・販売するビジネス組織（筆者訳）

この定義で「sells goods or services」とあるように、企業は、利益追求を一つの目標とする組織の一形態である。実際には学校、NPO、政府組織のように、利益を追求しない組織も多く存在する。本章では、「企業」「組織」「企業組織」という言葉を任意で使うが、特に言及しない限りは、それらを同義ととらえて読んでいただいて構わない。

また企業にも複数の種類があり、その有り様は各国の制度で異なる。日本の場

注1）*Oxford Dictionary of English* および *Longman Dictionary of Contemporary English* を参照。

|図表1|企業組織のあり方と経営理論のマトリックス

	▼本書該当章		企業組織
経済学ディシプリン	第1章	SCP理論（SCP）	✓
	第3章	リソース・ベースト・ビュー（RBV）	✓
	第5章	情報の経済学①（information economics）	
	第6章	情報の経済学②（エージェンシー理論）（agency theory）	
	第7章	取引費用理論（TCE）	✓
	第8・9章	ゲーム理論（game theory）	
	第10章	リアル・オプション理論（real options theory）	✓
マクロ心理学ディシプリン	第11章	企業行動理論（BTF）	
	第12・13章	知の探索・知の深化の理論（exploration and exploitation）	
	第14章	組織の記憶の理論（SMM & TMS）	
	第15章	組織の知識創造理論（SECIモデル）	
	第16章	認知心理学ベースの進化理論（evolutionary theory）	
	第17章	ダイナミック・ケイパビリティ理論（dynamic capabilities）	✓
ミクロ心理学ディシプリン	第18章	リーダーシップの理論（leadership theories）	
	第19章	モチベーションの理論（motivation theories）	
	第20章	認知バイアスの理論（cognitive bias）	
	第21章	意思決定の理論（decision making）	
	第22章	感情の理論（emotion theories）	
	第23章	センスメイキング理論（sensemaking）	✓
社会学ディシプリン	第24章	エンベデッドネス理論（embeddedness）	✓
	第25章	「弱いつながりの強さ」理論（weak ties）	✓
	第26章	ストラクチャル・ホール理論（structural holes）	
	第27章	ソーシャルキャピタル理論（social capitals）	✓
	第28章	社会学ベースの制度理論（institutional theory）	✓
	第29章	資源依存理論（resource dependence theory）	✓
	第30章	組織エコロジー理論（organizational ecology）	
	第31章	エコロジーベースの進化理論（evolutionary theory）	
	第32章	レッドクイーン理論（red queen theory）	

チェックマークがついているものは、経営学で各理論がよく適用されている現象分野。

合、言うまでもなくその多くは株式会社になる。加えて合資会社・合名会社などがあり、最近は政府の後押しもあり合同会社（日本版LLC）の設立が増えている。農協・生協に代表される組合も企業の一形態だ。本章では、これら法的な企業の定義の子細には立ち入らない（本章終盤で、少しだけこの点に触れる）。

　図表1は本書で紹介した経営理論と、企業組織のあり方という現象のマトリックスだ。図表から明らかなように、様々な経営理論がそれぞれの切り口から、企業組織のあり方に説明を与える。理論ごとに議論するのは冗長なので、本章ではそれらを「企業組織のあり方を規定する5つのドライビングフォース」としてまとめよう。そこで依拠したいのが、INSEAD（欧州経営大学院）のフィリペ・サントスとスタンフォード大学のキャスリーン・アイゼンハートが2005年に「オーガニゼーション・サイエンス」に発表した論文である[注2]。

企業の存在範囲を決める5つのドライビングフォース

　この論文は、企業組織の存在範囲を経営理論から理解するために、たいへん有用だ。同論文でサントスとアイゼンハートは、従来の経営学でも、企業の存在範囲に関する様々な理論視点が暗示されていたにもかかわらず、結局は取引費用理論による説明が大勢だった状況に問題意識を持った。そこで2人は過去の様々な経営理論を精査し、4つのドライビングフォースとしてまとめ上げたのだ。それが以下である。（5つ目のドライビングフォースは、それに続いて解説する。）

効率性（取引費用理論が中心）

　効率性のドライビングフォースを支配するのは、経済学ディシプリンである。その中心は間違いなく取引費用理論（第7章）だ。ロナルド・コースが1937年に発表した*The nature of the firm*、そしてコースの視点を70年代から80年代に大きく発展させたオリバー・ウィリアムソンによる取引費用理論は、長らく組織の存在範囲を決める決定的な理論として、経営学で君臨してきた。

　本書を通じて述べているように、経済学ディシプリンは人の合理性を仮定する。

注2) Santos, F. M. & Eisenhardt, K. M. 2005. "Organizational Boundaries and Theories of Organization," *Organization Science*, Vol. 16, pp. 491-508.

そして経済学では、企業の目的の一つは利益の最大化にあると考える。したがって、合理的な企業は利益を最大化するために売上げを追求する一方で、費用の最小化を目指す。

同理論での中心となる費用は、市場での取引にかかる費用だ。詳しくは第7章で解説しているが、「限定された合理性」を前提にすると、市場での相手との取引には、契約の手続き・交渉の手間など様々な見えないコストがかかる。もしそのコストがあまりに高いなら、むしろ相手を買収するなり、相手と同じ事業を内製化して自組織の内側で行ってしまった方が「効率的」になる。すなわち、企業と市場の境界線を決めるのが取引費用の大きさなのだ。したがって、取引費用理論が規定する企業の存在範囲は、現実の「企業法人」の範囲とほぼ同じになる。

実際、取引費用が企業の存在範囲を規定する事例は数多くある。例えば、2016年にサード・ポイントなどのアクティビストが、ソニーに半導体部門の分社化を迫った。現代はデジタル化技術の発展などにより世界的に取引費用が下がっていると考えられ、したがって「ソニーが持つ半導体部門は金融部門などと切り離して、互いが市場で取引した方が効率的だ」と解釈できる。賛否はともかくサード・ポイントからみると、現在のソニーの存在範囲は広すぎて効率が悪いとみえるのだろう。

加えてサントス＝アイゼンハートの2005年OS論文ではナレッジ・ベース・ビューも効率性のドライビングフォースに加えている。企業の知識（特に暗黙知）を効率的に行き渡らせるには、組織のメンバーが同じコードを共有している必要があり、その範囲が企業になるという考えだ。

コンピタンス（RBV、ダイナミック・ケイパビリティ、リアル・オプション）

コンピタンス（あるいはコンピテンシー）とは、企業に内在する強みのことだ。ゲイリー・ハメルとC・K・プラハラードの著書で有名な「コア・コンピタンス経営」という言葉をご存じの方も多いだろう。企業は固有の強みを持たなければ競争に勝てない。その強みを持つ範囲が、企業の存在範囲ということだ。

なかでも重要なのは、企業の経営資源（リソース）である。企業をリソースの集合体としてみなす視点の歴史は古い。経営史研究の偉人・ハーバード大学のアルフレッド・チャンドラーによる、デュポンをリソースの集合体としてみた論考などが有名だ[注3]。

したがってコンピタンス視点の中心理論は、リソース・ベースト・ビューになる（第3章）。企業はリソースの集合体であり、「リソースに価値があり、稀少で、模倣困難で、代替不可能な時に、企業は持続的な競争優位を獲得する」というのがRBVの命題だった。そのリソースを持てる範囲が、企業の存在範囲になる。先に出てきたKBVも、知識をリソースととらえればこの視点に加えてもいいだろう。

加えて、変化の激しい環境下でリソースを組み替える力が、ダイナミック・ケイパビリティである（第17章）。したがって同理論もコンピタンス視点になる。例えば、2002年に英エコノミスト誌から受けた取材で、当時のフィリップスCEOのジェラルド・クライスターリー氏は、「以前の我々は先にコア・コンピタンスを見つけ、次にそこから事業機会を見つけていた。しかしいまは先に事業機会をとらえるには何をすべきかを考え、それに必要なスキルを得るようにしている」と述べている[注4]。まさにダイナミック・ケイパビリティに近い考え方だ。

経済学ディシプリンのリアル・オプション理論も、コンピタンス視点と親和性が高い。一時期は、経営学者の間で「企業をリアル・オプションの集合体として考える」視点が注目を集めた。企業は潜在的な事業機会の塊であり、したがってリアル・オプションの塊ともいえるからだ。コロラド大学ボウルダー校のトニー・トンやジェフリー・ロイヤーが2008年に『アカデミー・オブ・マネジメント・ジャーナル』（AMJ）[注5]、2012年に『ストラテジック・マネジメント・ジャーナル』に発表した論文などの一連の研究では、企業をリアル・オプションの集合体ととらえ、企業ごとのオプション価値を実際に計算している[注6]。

パワー（SCP理論、資源依存理論）

企業は、パワーの集合体でもある。この視点を説明する理論は、経済学ディシプリンのSCP理論（第1章）と、社会学ディシプリンの資源依存理論だ（第29章）。まずSCPの中心命題は、「企業は競争環境で独占に近づくほど超過利潤を得られ

注3）Chandler, A. D. 1962. *Strategy and Structure: Chapters in the History of the American Industrial Enterprise*, MIT Press.（邦訳『組織は戦略に従う』ダイヤモンド社、2004年）

注4）注2を参照。

注5）Tong, T. W. et al., 2008. "International Joint Ventures and the Value of Growth Options," *Academy of Management Journal*, Vol. 51, pp. 1014-1029.

注6）Alessandri, T. M. et al., 2012. "Firm Heterogeneity in Growth Option Value: The Role of Managerial Incentives," *Strategic Management Journal*, Vol.33, pp.1557-1566.

る」というものだった。独占に近づけば（完全競争から離れれば）、自社で市場の価格をコントロールできるパワーを持つからだ。

　一方の資源依存理論は、周囲の他組織との相互依存関係（＝力関係）から企業の範囲を説明する。企業組織が社会に存在する以上、どの組織も他組織との力関係から逃れられない。したがって他社への依存度を低め、自社に対する他社の依存度が高まれば、自社の相対的なパワーが高まる。そのパワーの範囲が、企業組織ということだ。

　例えば、複数企業が企業間提携（アライアンス）を組むことで成立するいわゆる「企業連合」は、パワーの追求をドライビングフォースとする典型だ。最近なら、トヨタ＝ダイハツ＝スバル＝スズキ＝マツダ＝日野自動車の連合や、ルノー＝日産＝三菱自動車の連合に代表されるように、自動車業界で複数の企業が資本提携などを通じてグループ化している。その背景の一つには、連合を組んで一つの組織のように振る舞えば共同購買が可能となり、サプライヤーへの交渉力（パワー）が強くなることがある。サントス＝アイゼンハートが2009年に『AMJ』に発表した論文では、スタートアップ企業5社を対象にした事例研究から、現代の企業の存在範囲は想定以上にパワーで規定されるという結果を得ている[注7]。

アイデンティティ（認知心理学ディシプリンの理論、制度理論）

　企業はアイデンティティの集合体でもある。「私は○○社に所属している」というアイデンティティがなければ、組織メンバーの求心力は高まらない。アイデンティティは心理的なものであり、したがって説明に適しているのは心理学ディシプリンの理論になる。

　なかでも重要なのは、センスメイキング理論だ。詳しくは第23章をお読みいただきたいが、センスメイキングとは外部環境に働きかけて（＝イナクトメント）、そこで試行錯誤し、新しい情報や知見を得て、やがて自分たちのやりたいこと・進むべき道が表出してくるという一連のプロセスを描く。そのプロセスを通じて、「我々は何をすべきか」「我々は何者か」などについて、解釈の多義性を減らしていくのだ。まさに、アイデンティティを確立するプロセスである。

注7) Santos, F. M. & Eisenhardt, K. M. 2009. "Constructing Markets and Shaping Boundaries: Entrepreneurial Power in Nascent Fields," *Academy of Management Journal*, Vol. 52, pp.643-671.

加えて、アイデンティティは社会学ベースの制度理論からも説明できる。第28章で述べたように、制度理論は同質化を促すメカニズムを描いた。逆に言えば、同じ組織に所属しているメンバーはそのメカニズム（＝アイソモーフィズム）から、アイデンティティを同質化させやすい。ミシガン大学のジェーン・ダットンらが1991年にAMJに発表した研究では、米ニューヨーク州とニュージャージー州の公共バス機関であるポート・オーソリティが、世間からネガティブな印象を持たれていたことに気づいたのを皮切りに、ホームレスを同組織の施設で引き受けるといった行動で外部環境に働きかけて、結果的にそれが組織アイデンティティの確立につながった事例を分析している[注8]。

　この4つが、サントス＝アイゼンハートが2005年OS論文で提示した、企業の存在範囲を規定するドライビングフォースである。そして筆者は、ここに5つ目の視点を加えたい。それはネットワークの視点である。

ネットワーク（ソーシャルネットワークの理論が中心）

　この視点も第24〜27章で解説している。企業組織は人からなる。したがって、企業は人のネットワークの集合体ともとらえられる。この視点をネットワーク組織(network organization)ということは、第24章で述べた。エール大学のジョエル・ポドルニーらを中心に提示されてきた視点だ。

　第24章で筆者は、組織を人のネットワークとしてみる視点は、今後さらに重要になると予測した。なぜなら日本でも、既に終身雇用制が崩れつつあり、副業・複業や働き方改革の進展もあり、人が企業の範囲を超えて外部の他者とつながる機会が今後いっそう増えるからだ。結果として、企業の境界線がぼやけていくと考えられる。

　加えて、企業単体も他組織とのつながりが顕在化してきている。オープン・イノベーションが重視される現代では、企業は異業種やスタートアップ企業と連携することが常識になってきている。NPOや地域社会、あるいは政府機関と連携する動きも豊富だ。

注8) Dutton, J. E. & Dukerich, J. M. 1991. "Keeping an Eye on the Mirror: Image and Identity in Organizational Adaptation," *Academy of Management Journal*, Vol. 34, pp. 517-554.

実際、「企業の存在はネットワークでつながった部分まで拡張して考えるべき」という主張も出てきた。「メタ・オーガニゼーション」という考え方だ。ハーバード大学のランジェイ・ギュラーティとマイケル・タッシュマン、およびロンドン・ビジネススクールのパニッシュ・プラナムという3人のスター経営学者が2012年にSMJに発表した論文で提示された概念で、彼らは「これからの企業組織デザインは、ネットワーク上でつながっている組織群を含んだメタ・オーガニゼーションとしてとらえるべき」と主張している[注9]。

　ではここから、これら5つのドライビングフォースを思考の軸にして、未来の企業組織の姿について、筆者の見解を論じてみよう（より正確には、コンピタンスを除く4つを使って論じる。コンピタンスはいつの時代も重要だからだ）。実はこの論考を展開する上で、筆者が大いに刺激を受けたコンセプトがある。それはティール組織だ。

時代とともに変化する、あるべき組織の姿

　「ティール組織」（teal）という言葉を、聞かれたことのある方も多いだろう。経営思想家のフレデリック・ラルーが2014年に出版した本で提示した、未来の組織の理念型のことだ。日本でも『ティール組織』という名で2018年に刊行されて、ベストセラーになった[注10]。ティール自体はアカデミックから提示されたものではない。しかし、筆者はこの概念にはかなりの示唆があり、経営理論との親和性も十分にあると考えている。

　『ティール組織』でラルー氏は、進化心理学の視点を踏まえながら、歴史をたどれば人の心理の重要側面は変化しており、それが組織の有り様に影響を与えてきたと主張する。具体的には、①「レッド（衝動型）組織」→②「オレンジ（達成型）組織」→③「グリーン（多元型）組織」という変遷であり、さらにその先の未来の理念型として④「ティール型（進化型）組織」がある。

注9）Gulati, R. et al., 2012. "Meta-Organization Design: Rethinking Design in Interorganizational and Community Contexts," *Strategic Management Journal*, Vol.33. pp.571-586.

注10）Laloux,F.2014, *Reinventing Organizations*, Nelson Parker.（邦訳『ティール組織』英治出版、2018年）

本章はティールについて学ぶことが主旨ではないので、詳細はラルー氏の著作に当たっていただきたい。しかし、仮にこの4段階の進化を是とすると、それは先に解説した組織を説明する経営理論の4つのドライビングフォースを踏まえた視点と、見事に合致するのだ。筆者の私見では、経営理論を思考の軸とすれば、ラルー氏の主張は「人類は歴史の中で、組織の支えとなる理論のドライビングフォースが相対的に変化しており、それが組織の姿を規定してきた」と言い換えられる。それは、以下のような変遷である。

❶中世：パワーの時代（レッド組織に相当）

　まず、人類が文明を持ってから中世に至るまで、組織のドライビングフォースとなっていた中心は「パワー」だった。資源依存理論などが当てはまりやすい世界だ。例えば中世の封建制度では、力のある君主が市民から税金を取り、賦役・軍役を課す代わりに、そのパワーで市民の安全・財産を守る相互依存の関係ができていた。国家間の冊封体制などもパワーの依存関係に基づく。したがってティール組織のコンセプトで説明すると、この時代の組織は軍隊型の「レッド（衝動型）組織」に近い。

❷産業革命以後：効率性の時代（オレンジ組織に相当）

　しかしやがて、人類は資本主義を発明する。資本主義とは、「生産手段を所有する資本家が、労働者を雇用して商品を生産し利潤を追求する経済体制」のことだ。資本主義経済の起源は15～16世紀の欧州諸国の大航海時代、あるいは16～17世紀の家内制手工業から工場制手工業への移行に求められる。それは18世紀後半～19世紀中頃にかけての、産業革命を契機に爆発的に広まった。

　資本主義の隆盛に寄与したのが、株式会社制度の普及である。株式会社の起源は16世紀の東インド会社とされるが、それが実質的な効力を発揮するのは産業革命以降だ。工場制手工業や蒸気機関の発明は、大量生産の必要性を高めさせた。そのためには資本家が有限責任の株主として事業に投資をして、多額の資金を得た経営者が工場などを建設して大量生産を行い、そのリターンを株主に還元する。

　もちろん株主はリスクも大きいが、「有限責任」なのでダウンサイドは限られており、他方で投資した企業が大成功すればアップサイドの果実を巨額に得られる。そこで得た収益を別の事業投資に回すわけだ。この仕組みがイギリスの産業

革命を後押しし、19世紀以降の米国の経済的な台頭をもたらし、明治期以降の日本の経済的飛躍を促した。

　この時代に求められるのは、「効率性」のドライビングフォースである。企業（株式会社）は株主・投資家に対して高いリターンで応える必要があり、したがって組織に高い効率性が求められるからだ。ティール組織の概念では、「オレンジ（達成型）組織」に相当する。

　したがって資本主義下の企業組織のあり方は、特に経済学ディシプリン理論と親和性が高くなる。そもそも資本主義の理念的な前提は、古典経済学の基本ともいえるアダム・スミスの「神の見えざる手」（市場の価格メカニズムが需給バランスを調整するという考え）である。いまでも世界の多くの企業では、効率性の側面が支配的だ。

❸21世紀：認知・アイデンティティとネットワーク中心性の時代（グリーン組織に相当）

　しかし21世紀に入って、我々のビジネス環境には大きな変化が起こっている。それは、不確実性の高まりである。もちろん、どんな時代にもビジネスには不確実性がつきものだ。しかし第2章や第17章で述べたように、企業が寿命・競争優位を維持できる時間はますます短くなっているのは事実だ。グローバル化による競争の激化、デジタル革命による産業転換の加速などが背景にある。何より、世界中でスタートアップ企業が乱立し、企業の「多産多死」が加速する時代に入った。この変化が激しく不確実性が高い時代には、どの企業もがイノベーティブになって、新しいものを生み出さなければ生き残れない。

　この現在進行中の世界でドライビングフォースになるのは、「認知・アイデンティティ」と「ネットワーク」の組み合わせだ。先にも述べたが、現代では、人が流動的に組織内外を移動しやすくなってきている。企業組織と市場の境界線がぼやけてきているので、人と人のつながりをベースに組織をとらえる視点が必要になってきている。

　そして、この流動性が高い世界で組織を牽引するには、求心力としてのリーダーのビジョンと企業アイデンティティが欠かせない。理想的なビジョンを掲げたリーダーに共感する人たちが一つの組織に集まり、そこから「知と知の新しい組み合わせ」「知の探索」を通じて、イノベーションを引き起こしていく。

図表2 グリーン組織における人のつながり

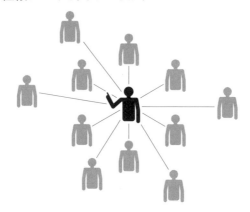

 だからこそ、現代の経営リーダーには、フォロワーが共感できるビジョンが求められる。リーダーシップで言えば、トランスフォーメーショナル型のリーダーだろう（第18章）。日本ならその筆頭が孫正義氏や永守重信氏であり、海外ならイーロン・マスク氏やジャック・ドーシー氏になる。ティール組織の文脈で言えば、「グリーン（多元型）組織」の世界だ。
 一方、このグリーン組織における人のつながりは、「リーダーを中心として放射線状に人と人がつながっている状態」に近い。図表2をご覧いただきたい。ネットワークの中心にあるのは、あくまでリーダー（のビジョン）だ。中心のはっきりしたネットワークなのである。

❹これからの未来：中心のないネットワークの時代（ティール組織に相当）

 では未来の組織はどうなるのか。筆者は、やはり未来でも「ネットワークと認知の組み合わせ」が重要なドライビングフォースと考える。ただその有り様は、グリーン型とは異なるはずだ。
 なぜなら未来の世界では、いまよりもさらに組織を超えた人の流動化が進むからだ。複業や働き方改革の流れはさらに加速するだろうから、一人が2社〜3社に所属するような状況も普通になってくる。加えてSNSなどのITサービスが、デジタル上でのつながりを加速させる。世界中で弱いつながりが広がり、スモールワールド現象がさらに進むだろう（第25章）。
 さらに、AI技術の導入なども、それを後押しするはずだ。いわゆる「ルーティ

|図表3|**自律分散ネットワークの組織（ティール組織）における人のつながり**

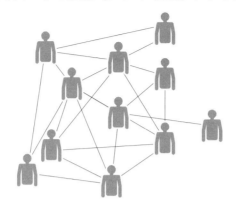

ンワーク」はこういったテクノロジーに任せられるのだから、人がやる仕事は「より自らの自由意志で、企業の境界線を超えて動き回り、そこで新しい価値を生み出す」ことになっていくはずだ。「知の深化」はAIに任せ、人は「知の探索」に専念する世界である（第12・13章）。

　図表3をご覧いただきたい。では結果として何が起きるかというと、それは図表のように、様々なネットワーク上のノード（人）が、他のノードと多様につながる組織になる。グリーン型は、カリスマリーダーを中心とした放射状のネットワークだった。他方で、それを超えて人が多様につながる世界では、結果としてネットワークから中心がなくなり、その中で人が自律分散的に動く組織になるはずなのだ。

　とはいえ、この組織をまとめる認知・アイデンティティは、やはり必要だ。そのためにグリーン型では、リーダーが「こういうビジネスをやりたい」「こう世界を変えたい」というビジョンが求められた。（筆者は「動詞的なビジョン」と呼んでいる。）

　一方、中心がない組織でのビジョンは、「全体がつながっている緩いコミュニティの範囲」をなんとなく示すような、より緩やかなものになるはずだ。すなわち、「こうしたい」という動詞の欲求よりも、「なんとなく、こっちの方向が楽しいよね」「面白いよね」などの、価値観（バリュー）ベースになるのではないだろうか。動詞ではなく、形容詞的な認知アイデンティティだ。実際、筆者の周りでも20代の若者などには、バリューを大事にする人が増えている印象だ。

そうであれば、求められるリーダーシップも異なってくるだろう。グリーン組織のリーダーがカリスマ型のトランスフォーメーショナル・リーダーシップを発揮するのに対して、中心がない組織では、仮にリーダーがいても、その役割はサーバント・リーダー的なものになるのではないだろうか（第18章コラムを参照）。

このように、中心がないネットワークでメンバーが緩やかに価値をシェアしながら、それぞれ自律分散的に動いていく組織……これは「ティール組織（進化型）」そのものだ。

中心のない自律分散ネットワークの組織

もちろん、ティール組織はあくまで理念型であり、すぐに訪れる未来というわけではない。世界中のほとんどの企業は、いまだ効率性を重視するオレンジ型の側面が非常に強い。当面はオレンジ型とグリーン型が混在する中で、世の中は動いていくはずだ。筆者自身は、ティールが進展するのは、社会にブロックチェーン技術が広く実装された後ではないかと考えている[注11]。

さらに言えば、これはレッド、オレンジ、グリーン、ティールのどれが正しい、というものでもない。本章は規範的な議論をする気はない。ただ筆者が述べたいのは、経営理論による「組織の存在範囲を規定するドライビングフォース」を思考の軸とすれば、「これからの未来には、中心のないネットワーク系で、メンバーが自律分散的に動く組織が台頭する可能性がある」ということであり、それがティール組織の概念と符合する、と言うだけだ。

実際、ティール組織そのものではないが、「ティールっぽい」組織が台頭してきているのも確かだ。海外ではザッポスがよく引き合いに出されるし、日本ではヤッホーブルーイングがそうではないか、という主張もある[注12]。

筆者が思いつく「ティールっぽい組織」は、京都府宇治市に本社があるアルミ切削加工メーカーのHILLTOPだ。いま日本中のメーカーからの訪問が後を絶たない注目企業である。

HILLTOPが興味深いのは、歴代の経営者が常に「人がすべき働き方は何か」

注11）余談だが、ブロックチェーン技術を使った仮想通貨イーサリアムを運営する組織は、非常に中心のない自律分散型で運営されていると言われる。ティール組織のように動いているのだ。

注12）「【ヤッホー井手】社員6倍、13年増収。超フラット企業の成功法」NewsPicks、2018年9月26日。

718 | 第5部 | ビジネス現象と理論のマトリックス |

を考え続けてきたことである。例えば創業家出身で、現在は経営戦略部長を務める山本勇輝氏は、AIの導入などによる、「工場の無人化」を徹底的に推し進めている。工場で職人が匠の技を使って素晴らしいものをつくり上げるのは、昔の時代なら人の尊厳を高める、ある意味で「人間らしい」仕事だったかもしれない。

　しかしいまの時代に、「油にまみれて一日中同じラインで働くのは、人のやることなのか」ということに山本氏は疑問を持ったのだ。そこでHILLTOPは自動化、ノウハウのデータ化、HILLTOP Systemの実現、24時間無人稼働を徹底的に推し進め、職人の「匠の技」もほぼすべて機械学習で置き換えた。結果、同社は月間3000種類の生産、新規5日/リピート3日の超短納期、20%を超える利益率を実現している。

　では現在の同社の従業員は何をしているかというと、それは大部分がデザイン・企画などのクリエイティブな仕事に専念しているのだ。社員は自身の意思で、自分のやりたいクリエイティブなことを探し、自律的に働いていく。これが若者の心をとらえ、現在のHILLTOPは京都大学やフランスなどからも就職希望が殺到する企業になっている。

　筆者は2018年にHILLTOP本社を訪問したが、工場にほとんど人がおらず、他方で若い社員が自律的に、楽しそうに働いているのが印象的だった。山本勇輝氏は「将来的には『部署』をなくしたい」とまで言う。確かに自律分散的な組織なら、営業、経理、企画などの垣根はもういらないのかもしれない。

　ちなみに筆者の見立てでは、山本勇輝氏はネットワークの中心にいる、いわゆるカリスマリーダーではない。筆者が山本氏に「いま一番やらなければいけないことは」と尋ねたところ、「会社のバーベキューパーティーの準備です」との答えが、明るい表情とともに返ってきた。

　では、この中心のない自律分散的な組織が仮に台頭するとして、その未来に我々が考えなければならないことは何か。これはかなり大胆な思考の飛躍だが、「これからの未来では、株式市場メカニズムを前提にした資本主義すら再考を求められるかもしれない」と、筆者は考えている。

企業は死んではいけないのか

　ティール組織は、一人ひとりが自分らしさを求める中で、中心のないネットワーク系で全体を俯瞰しながら緩やかにつながるコミュニティのようなものだ。したがって、人は組織のためでなく、自分が面白いこと、楽しいこと、やりたいことのために働くので、ほぼすべての仕事が組織単位ではなく、プロジェクトベースになっていくと考えられる。逆に言えば、プロジェクトが終了してしまえば、その組織の存在価値もないかもしれない。

　すなわち、どの生物にも死があるように、企業もビジョンややりたいことが達成できたら、そこで「死んでいい」はずなのだ。そもそもティール組織は、組織を「生命体」ととらえる。生命であれば、いつかは死が訪れて当然だ。

　一方、現代の資本主義社会では、「企業は永続を目指すべきもの」という前提がある。ゴーイングコンサーンと呼ばれるこの考えは、株式会社の基本である。企業は有限責任の株主から資金を集め、彼らにそのリターンを常に還元し続ける必要がある。上場すれば、企業価値を永続的に高めるプレッシャーに常にさらされる。

　「やりたいことが実現したから、当社は解散します」とは言えないのだ。結果として現代の企業は新たなビジョン・戦略的方向を無理やり掲げて、そちらに組織をドライブする必要に迫られる。大胆に言えば、ここに来て急に「デジタル企業」というミッションを新しく掲げて変化しようともがくゼネラル・エレクトリックはその典型例かもしれない。結果として、本来はプロジェクトが終了したのだから死んでいいはずの組織が、組織を生きながらえさせるという自己目的のために、苦しむのである。

　筆者はこれを批判したいのではない。先にも述べたように、株式会社の仕組みが産業革命以降の世界経済を発展させる原動力だったことは疑いがない。ポイントは、遠い将来において「企業は死んでいい」ことを前提にしない現在の株式資本主義は、再考を迫られる可能性があるかもしれないということだ。

　実際、そのような動きは少しずつ出てきている。例えば、キックスターターなど、最近のクラウドファンディングの動きは、企業の継続性を前提にしていない出資形態と考えられなくもない。今後はブロックチェーン技術を前提にしたICO

（イニシャル・コイン・オファリング：仮想通貨を利用した資金調達方法）など
の新しい資金調達の仕組みが、既存の株式会社のあり方に再定義を迫るかもしれ
ない。

　加えて興味深いのは、企業組織の中にも、「死」を前提にするところが出てき
ていることだ。例えばクックパッドである。料理レシピサイトとして有名な同社
のミッションは、「毎日の料理を楽しみにする」だが、実は同社は最近、その定
款に新たな一行を書き加えた。それは「世界中のすべての家庭において、毎日の
料理が楽しみになった時、当会社は解散する」というものだ。ミッションが実現
できた世界では、その存在価値は終了ということだ。

　大企業の若手人材をアジアなどの新興国の農村部に送り込む「留職」プログラ
ムで知られるクロスフィールズも同様だ。代表の小沼大地氏によると、小沼氏が
クロスフィールズを立ち上げる時に株式会社ではなくNPO法人の形態を選択し
たのは、まさに先の理由そのものだ。すなわち、「株式会社化すると、株主等か
ら同社の永続性をどうしても求められるから」だそうである[注13]。

　このように、組織を規定する5つのドライビングフォースをもとにすると、現
在の株式会社のあり方にすら、筆者の思考は飛躍するのだ。「あまりにも発想が
大胆すぎる」という人もいるかもしれない。しかし理論を思考の軸に使うとは、
こういうことだと筆者は考える。経営理論とは皆さんの思考を狭めるのでなく、
飛躍させ、解放させるためにあるのだ。

注13）興味深いのは、クックパッドもクロスフィールズも、そのミッション（＝社会課題の解決）は、自社が必ずしも
　　　達成する必要はない、としていることだ。大事なのはミッションが社会で達成されることであり、企業の存続
　　　ではない。これはコレクティブ・インパクト（collective impact）と呼ばれ、現代の社会起業分野で注目が
　　　高まっている考え方である。

第**39**章 business

ビジネスと経営理論

現代の経営理論はビジネスを説明できない

経営理論は、ビジネスを説明できない

"Law is to justice, as medicine is to health, as business is to _____."
(Donaldson,T. & Walsh, J. P. 2015, p.181.)
　法は正義のために、医学は健康のために、そしてビジネスは「　　　　」のために。
(筆者訳)[注1]

　「ビジネス現象と理論のマトリックス」の最後は、ビジネス (business) に焦点を当てる。「ビジネスと経営理論」は、同義反復のように聞こえるかもしれない。しかし、話はそう簡単ではない。経営理論が光を当てる対象として「ビジネス」ほどやっかいなものはない、と筆者は考える。さらに踏み込んで言えば、「現代の経営理論はビジネスを説明できない」とさえ理解している。その真意は、本章を読み進めていただければわかるはずだ。

　本章では「ビジネス」という言葉がつき、しかも皆さんの日頃のビジネス活動で馴染みのある3つの側面に焦点を絞り、経営学の知見を解説しながら、経営理論との交差点（＝マトリックス）を解き明かしていく。それは①ビジネスプランニング、②ビジネスモデル、③ビジネスの3つだ。

　我々が新しい事業・ビジネスを始める時にはプランニング（計画）が必要と考えることが多い。しかし、そのプランニングの前提には、目指すべきビジネスモデルがなくてはならない。さらにそのビジネスモデルを構築するには、ビジネスそのものの目的が明確でなくてはならない。しかし、以下で説明するように、こ

注1) Donaldson, T. & Walsh, J. P. 2015. "Toward a Theory of Business," *Research in Organizational Behavior*, Vol.35, pp.181-207.

れら3つの側面を、経営理論は必ずしもきれいに説明できないのだ。それはなぜか、順に解説しよう。

ビジネスプランニングと経営理論

　まず、ビジネスプランニングから始める。この理解に必要なのが、コンテンツとプランニングの違いである。本書では第10章と第33章で少し触れただけで、これまで両者の違いを明確にしてこなかった。しかし、例えば「戦略」領域で、コンテンツとプランニングの違いを知っておくことは重要だ。コンテンツとは、戦略の中身のことだ。「ライバルに対して差別化戦略を取るべきか、低価格戦略を取るべきか」「どのような経営資源を獲得すべきか」「M&A（企業の合併・買収）を行うべきか」などが、その代表例だ。

　対してプランニングとは、戦略コンテンツを策定・計画するプロセスそのものを対象とする。「どのようにして戦略は策定されるべきか」という問いに答えようとする分野である。戦略領域では戦略プランニング（strategic planning）と呼ばれる。

　これを新規事業策定やスタートアップ企業の事業策定に適用したのが、ビジネスプランニング（business planning）である。アントレプレナーシップ研究の大家であるケース・ウェスタン・リザーブ大学のスコット・シェーンらが2003年に『ストラテジック・マネジメント・ジャーナル』（SMJ）に発表した研究では、ビジネスプランニングを以下のように定義している[注2]。

　　we include as part of business planning the processes of gathering and analyzing information, evaluating required tasks, identifying risks and strategy, projecting financial developments, and documenting these things in a written plan. (Delmar & Shane, 2003, p.1165.)

　ビジネスプランニングとは、（新しい事業のために）情報を集めて分析し、必要なタスクを評価し、リスクと戦略を見つけ、ファイナンスの道筋をつけ、そしてそ

注2) Delmar, F. & Shane, S. 2003. "Does Business Planning Facilitate the Development of New Ventures?," *Strategic Management Journal*, Vol.24, pp.1165-1185.

れらを書面に書き示すことである。(筆者意訳)

　プランニングは、1970年代までの戦略領域の主要研究テーマだった。というよりも、当時の戦略論とはプランニングのことだったと言ってもいい。それが1980年代に入ってマイケル・ポーターやジェイ・バーニー、ダン・シェンデルなどの経営学者がSCP理論（第1・2章）、RBV（第3章）など、コンテンツ側の革新的な理論を次々に提示したことで、戦略領域は大転換点を迎え、1990年代以降の経営学者の大部分はコンテンツ研究を行うようになった。プランニングを研究する学者は少数で、いまも片隅に追いやられているのが現状だ。

　結果、戦略プランニングであれビジネスプランニングであれ、ここ30年ほどプランニング分野は大きな研究の進展がなかったと言っていい。実際、プランニング分野の主要研究テーマは、ここ数十年変わっていない。それは、「戦略・ビジネスプランは厳密に計画すべきものか、それともまずは計画をほとんど立てずに行動すべきか」という論争だ。それぞれの立場を支持する学者がいて、主張が対立し続けているのだ。本章では前者を計画派、後者を行動派と呼ぼう。

　計画派の代表的研究者は、経営学の父とも呼ばれたカーネギーメロン大学のイゴール・アンゾフや、ハーバード大学のロバート・アンソニーなどだ。計画派の基本主張は、企業は事前にしっかりと計画（plan）を立て、それを行動（do）に起こし、その結果を厳密に評価し（check）、そして次の計画・行動にフィードバックする（action）という、いわゆる「PDCAサイクル」を厳密にしっかりと回すべき、というものだ。

　一方の行動派は「事前の厳密な計画は意味がない」と主張する。それよりは、まずはどんどん行動を起こすことで周囲の事業環境を学び、結果として徐々に「どのような戦略が望ましいか」が湧き上がってくる、という考えである。1970年代の行動派の代表的な研究者はダートマス大学のジェームズ・クィンであり、そしてその後に台頭したのがマギル大学のヘンリー・ミンツバーグである。

　本書を読み通し続けている方なら、この計画派と行動派の違いに似た事例を何度か紹介していることに思い当たった方もいるだろう。例えば、第11章で紹介した、1960年代に本田技研工業（ホンダ）が米オートバイ市場に参入した事例である。ここでは子細を繰り返さないが、ホンダが小型バイクを売って米オートバイ市場で成功した事例は、事後的にボストン コンサルティング グループ

（BCG）などによって、「事前に巧みに戦略が計画された、差別化戦略だった」と主張された。しかし実際は、当時のホンダの米市場担当者は「とりあえず米国に行ってバイクを売ってみよう、という以外には何も考えていなかった」と述べたのである。

ホンダの担当者はみずからの行動を「行動派」のように認識していたが、BCGには「計画派」のように映ったわけだ。これは、前々章で述べた「発見型」と「創造型」の違いとも通ずる。

ただし、これは前者が望ましくて、後者が望ましくない、ということを必ずしも意味しない。実際、先のシェーンらのSMJ論文では、スウェーデンの223のスタートアップ企業とその事業のデータを使った統計解析から、創業者が事前にビジネスプランニングを行っていたスタートアップ企業の方が、製品を開発するスピードが速く、その後の生存率も高いという結果を示している。スタートアップ企業でも、無計画よりはプランニングをしっかりしている方が、目的に効率的にリソースが割けるというのが主な理由だ。

この計画派と行動派を説明できる経営理論はあるのだろうか。**図表1**を見ていただきたい。図表が示すように実は筆者の理解では、本書で紹介してきた経営理論の中で、プランニング分野を説明できる経営理論はほとんどない。なぜなら、本書で紹介した理論の大部分はコンテンツを説明するものだからだ。SCPから派生したファイブ・フォースや、RBVから派生したVRIOなどのフレームワークは、戦略策定で使われることもある。MBAの授業でも間違いなく教えられる。しかし、それらもあくまで戦略の中身を考えるためのもので、「望ましい策定プロセス」を説明するわけではない。

なかでも理論との接点がほとんど見いだせないのが、計画派だ。計画とはPDCAを回すプロセスのことだが、本書で紹介した理論の大部分は、このようなプロセスを説明しない。強いて言えば、不確実性の高い時の事業評価や意思決定プロセスに応用できる可能性があるリアル・オプション理論（第10章）が該当するくらいだ。

一方、行動派の主張と親和性が高い理論は、センスメイキング理論だ。第23章で述べたように、センスメイキングは「まず事業環境に飛び込んで行動し、事業環境に働きかけている間に、事後的に自身のやりたかったことがわかってくる」という理論である。この意味で行動派との親和性は高い。実際、ミンツバーグの

|図表1|ビジネスと経営理論のマトリックス

▼本書該当章			プランニング（計画派）	プランニング（行動派）	ビジネスモデル	ビジネス
経済学ディシプリン	第1章	SCP理論（SCP）			✓	
	第3章	リソース・ベースト・ビュー（RBV）			✓	
	第5章	情報の経済学①（information economics）			✓	
	第6章	情報の経済学②（エージェンシー理論）（agency theory）			✓	
	第7章	取引費用理論（TCE）			✓	
	第8・9章	ゲーム理論（game theory）				
	第10章	リアル・オプション理論（real options theory）	✓			
マクロ心理学ディシプリン	第11章	企業行動理論（BTF）			✓	
	第12・13章	知の探索・知の深化の理論（exploration and exploitation）			✓	
	第14章	組織の記憶の理論（SMM & TMS）			✓	
	第15章	組織の知識創造理論（SECIモデル）				
	第16章	認知心理学ベースの進化理論（evolutionary theory）			✓	
	第17章	ダイナミック・ケイパビリティ理論（dynamic capabilities）			✓	
ミクロ心理学ディシプリン	第18章	リーダーシップの理論（leadership theories）			✓	
	第19章	モチベーションの理論（motivation theories）			✓	
	第20章	認知バイアスの理論（cognitive bias）				
	第21章	意思決定の理論（decision making）				
	第22章	感情の理論（emotion theories）			✓	
	第23章	センスメイキング理論（sensemaking）		✓		
社会学ディシプリン	第24章	エンベデッドネス理論（embeddedness）			✓	
	第25章	「弱いつながりの強さ」理論（weak ties）			✓	
	第26章	ストラクチャル・ホール理論（structural holes）			✓	
	第27章	ソーシャルキャピタル理論（social capitals）			✓	
	第28章	社会学ベースの制度理論（institutional theory）			✓	
	第29章	資源依存理論（resource dependence theory）			✓	
	第30章	組織エコロジー理論（organizational ecology）				
	第31章	エコロジーベースの進化理論（evolutionary theory）			✓	
	第32章	レッドクイーン理論（red queen theory）				

チェックマークがついているものは、経営学で各理論がよく適用されている現象分野。

「戦略クラフティング」の主張が、センスメイキング理論に影響を受けている可能性は第23章で述べた。とはいえ、センスメイキングを超えて、行動派を説明する理論がないのも事実だ。

このように、現代の経営理論はビジネスプランニングを十分に説明できない。これは同分野が下火なことも理由の一つだろう。なぜビジネスプランニングは下火なのか。様々な理由があるだろうが、その背景の一つは「そもそもビジネスプランニングが目指すべき成果」が経営理論で説明しにくいからではないか、と筆者は考える。それがビジネスモデルである。そこでここからは、ビジネスモデルと経営理論の関係を解説しよう。

ビジネスモデルと経営理論

まず、現代経営学における大前提から述べておく。それは、「世界の経営学において、ビジネスモデルの研究はほとんど確立されていない」という事実だ。実際、経営学のトップ学術誌に、ビジネスモデルについて研究した論文はほとんど掲載されていない。

本書執筆に当たり、筆者は世界最高峰の経営学の学術誌である『アカデミー・オブ・マネジメント・ジャーナル』（AMJ）、『アカデミー・オブ・マネジメント・レビュー』（AMR）、『オーガニゼーション・サイエンス』（OS）、そしてSMJに発表された論文をあらためて精査したが（2018年時点）、これらの学術誌の中でタイトルに"business model"という言葉が使われていた論文は、SMJでわずか2本、OSでわずか1本であり、AMJとAMRには1本も存在しなかった。一般のビジネス界でビジネスモデルという言葉が広く使われていることを考えれば、驚くべき乏しさである。

これは、経営学者がビジネスモデルに興味がないということではない。むしろ近年はその逆だ。実は先のSMJ、OSに掲載されているビジネスモデルに関する論文3本はすべて同じ筆者、米ペンシルバニア大学のラファエル・アミットとスペインIESEのクリストフ・ゾットによって書かれたものだ。この2人が2011年に『ジャーナル・オブ・マネジメント』（JOM）に発表したレビュー論文によると、1995年から2011年までの間に、世界の査読付き学術誌に掲載されたビジネスモデル関連の研究論文は1177本に上り、しかもその数は増加傾向にある[注3]。

つまり現実社会の要請を受けて、経営学者もビジネスモデル研究への関心は明らかに高まっているのだ。それにもかかわらず、AMJ、SMJのような「トップ学術誌」に掲載されるような高いレベルの研究が出てきていない、ということが問題なのだ。

筆者は、その理由は2つあると考えている。第1に、ビジネスモデルの学術的な定義が曖昧なことだ。皆さんも日頃ビジネスモデルという言葉を使われているものの、その意味は何となくのもので、正確に「ビジネスモデルとは何か」を深く考えたことはない方がほとんどのはずだ。

実は学術的にも、ビジネスモデルの定義は定まっていない。端的な例として、過去に著名経営学者が提示した定義を列挙しよう。①はアミットとゾットの2001年SMJ論文の定義であり、②は経営史研究者として高名なカリフォルニア大学バークレー校のヘンリー・チェスブローの定義、③はハーバード大学の著名経営学者クレイトン・クリステンセンが彼の論文で示した定義である。

①A business model depicts the content, structure, and governance of transactions designed so as to create value through the exploitation of business opportunities. (Amit, & Zott, 2001, p.511.)

　ビジネスモデルとは、事業機会を活かすことを通じて、価値を創造するためにデザインされた諸処の取引群についての内容・構造・ガバナンスの総体である。(筆者意訳)[注4]

②A successful business model creates a heuristic logic that connects technical potential with the realization of economic value. (Chesbrough & Rosenbloom, 2002, p.529.)

　成功するビジネスモデルとは、技術の可能性と経済価値の実現を結び付ける経験則的なロジックのことである。(筆者意訳)[注5]

注3) Zott, C. et al., 2011 "The Business Model: Recent Developments and Future Research," *Journal of Management*, Vol.37, pp.1019-1042.

注4) Amit, R. & Zott,C. 2001. "Value Creation in E-Business," *Strategic Management Journal*, Vol.22, pp.493-520.

③A business model, from our point of view, consists of four interlocking elements that, taken together, create and deliver value. (Johnson et al., 2008, p.52.)

　我々の視点から見ると、ビジネスモデルとは4つの互いを拘束し合う要素からなり、それらが組み合わさって価値を生み出すものである（筆者意訳）[注6]

　※ちなみに、4つの要素とは、顧客への価値提案、利益を生み出す方程式、カギとなる経営資源、カギとなるプロセスである。

　ここでは、それぞれの定義の子細には立ち入らない。しかし、この3例だけを見ても、ビジネスモデルの定義がいかに学者間でバラバラかがわかるだろう。実際、先のアミットとゾットのJOM論文では、他の様々な研究者によるビジネスモデルの定義を列挙しながら、「我々経営学者は、ビジネスモデルとは何か、について合意を持っていない」（筆者意訳）と結論付けている。定義すらはっきりしていないのだから、高度な研究対象とはなりにくいのだ。

　とは言うものの、各研究者が提示するビジネスモデルの定義に共通項がないわけではない。第1に、ビジネスモデルが「価値を生み出す」ことを目指すものであることは共通している。①〜③のいずれにもvalueという言葉がある。

　第2に、それらは様々な要素・関係性を「統合的につなぎ合わせたもの」ということだ。②、③にはそれぞれconnects, interlocking, taken togetherなどの言葉があるし、①にはdesignという言葉もある。すなわち、ビジネスモデルというのは、ビジネスにおける部分部分の要素ではなく、それらをつなぎ合わせた「全体像・デザイン」を示すものということだ。そしてこの「全体像」というのが、経営理論には実にやっかいなのである。

注5) Chesbrough, H. & Rosenbloom, R. S. 2002. "The Role of the Business Model in Capturing Value from Innovation: Evidence from Xerox Corporation's Technology Spin-off Companies," *Industrial and Corporate Change*, Vol.11, pp.529-555.

注6) Johnson, M.W. et al., 2008. "Reinventing Your Business Model," *Harvard Business Review*, Vol.86, pp50-59（邦訳「ビジネスモデル・イノベーションの原則」DIAMONDハーバード・ビジネス・レビュー2009年4月号）

経営理論は全体像を描けない

　一例として、アミット＝ゾットが2001年にSMJに発表した論文を取り上げよう[注7]。この論文で彼らは アマゾン・ドットコム、イーベイ、マップクエスト、プライスライン・ドットコム、欧州のアマデウスなど、当時世界的に注目されていたeビジネス企業59社に対して、徹底的なケーススタディを行った。その結果、eビジネスにおける価値創造のためのビジネスモデル・デザインの条件として、以下の4つを帰納的に導出した。

　ここで興味深い点は、その4条件にそれぞれまったく異なる経営理論が当てはまることだ。

条件① 効率性（efficiency）：取引費用理論、情報の経済学が該当

　従来よりも取引上のコストを抑えられるビジネスモデルのこと。通常、人と人の対面取引は、相手の素性がわからないことも多く、取引に余分な交渉・契約上のコストがかかる。互いに顔がわからないオンライン上では、そのコストはさらに高まることが予想される。しかし、アマゾンや自動車取引のオートバイテル・ドットコムなどは、ウェブ上でユーザーに商品・取引相手の詳細な情報・評価を提供することで、取引コストを大幅に抑えることに成功している。

　この点は、本書で紹介した取引費用理論（第7章）や情報の経済学（第5章）が当てはまる。現在のITが取引者間の取引コストを大きく引き下げていることは明らかだ。

条件② 補完性（complementarity）：RBVが該当

　複数の取引主体を結び付けることで、単体では得られなかった効果を得る、いわゆる「シナジー効果」のこと。例えば、オンライン旅行サイトのイーブッカーズは、利用者に天気予報情報、為替レート情報、予防接種病院への予約サービスなども同時に提供することで、サイト利用者に自社を通じてのフライト予約やパッケージツアーの予約を促している。

注7) 注4を参照。

これはRBV（第3章）そのものだ。複数の事業を行うことで経営資源にシナジー効果を起こし、それを価値があり（valuable）、稀少で（rare）、模倣困難な（inimitable）ものにしているからだ。

条件③ 囲い込み（lock-in）：SCP理論が該当

顧客を同業競合他社の製品・サービスに流出しにくくすること。例えば、第1章でも述べた「ネットワーク効果」を活用したビジネスモデルがそれに当たる。なぜ多くの人々がアマゾンを使うかといえば、そのサービスの質の高さもあるが、それ以上に「アマゾンでは最も豊富な品揃えがある（＝出品する企業が圧倒的に多い）」からであり、他方でなぜ企業はアマゾンに出品するかといえば、「アマゾンでは顧客が圧倒的に多いから」にほかならない。このように、参加するプレーヤーが多くなるほどユーザーの効用が高まり、結果的に雪だるま式に顧客も出品者も増え、ユーザーがロックインされるのだ。

第1章で述べたように、これはSCPのエッセンスそのものだ。プラットフォームビジネスは一度ユーザーが雪だるま式に増え出すと、自然に独占状態に近づいていく。そしていったん独占を築くと、なかなかその優位性は崩れない。SCPが求める独占による持続的な競争優位が実現できるのだ。

条件④ 新奇性（novelty）：ソーシャルネットワークの諸理論などが該当

取引主体との関係性や構造に変革を起こすビジネスモデルのデザインのこと。例えば、それまで結び付いていなかった取引主体同士をつなげたり、あるいはその関係性を変えたりすることを指す。例えば、クラウドファンディングのビジネスモデルは、従来だったら投資できなかった小さなプロジェクトに、従来だったら投資しないような個人が投資するという意味で、新しい主体と主体をつないでいる。イーベイは、個人と個人（C2C）の間を初めてオークション取引でつないだ。

この点は、ソーシャルネットワークの諸理論が当てはまる。例えばストラクチャル・ホール（SH）理論（第26章）は、これまでつながっていなかった複数のプレーヤーの間に立って便益を得るメカニズムを説明した。実際、多くのeビジネスやプラットフォームはこのSHの位置にあるから情報のハブとなり、収益を上げている。

このようにeビジネス一つを取っても、成功するビジネスモデルには様々な条件がある。その条件の一つひとつは、経営理論で十分に説明がつく。問題は、ビジネスモデルはそれらを組み合わせた「全体」であることだ。

すべての条件が組み合わされて、一つのビジネスモデルになるのである。すなわち、①〜④の条件も、それらを説明する理論も組み合わせなければ説明がつかない。

しかし、実際にはこれらの理論を組み合わせることは難しい。なぜなら、第1にそれぞれが経済学ディシプリンや社会学ディシプリンなど違う前提に立っている理論だからであり、第2に、そもそも理論が重なり合って関係性が複雑になることは、「簡潔に本質のメカニズムだけを切り取る」という、経営理論の目的にそぐわないからだ。

このように現代の経営理論は、ビジネスモデルの部分を切り取ることには向いていても、ビジネスモデル全体を説明することには、圧倒的に不向きなのだ。

全体主義と還元主義

科学哲学には、全体主義と要素還元主義という考え方がある。要素還元主義（reductionism）とは「複雑な事象でも、その要素を細かく分解してそれぞれの本質的な法則・メカニズムを導き出せば、それらを足し合わせて全体構造の本質が導き出せるはずだ」という考え方である。経営学に限らず、多くの社会科学・自然科学はこの立場に立つことが多い。細かく分解して、その本質を見極めようとする。

まさに、先のビジネスモデルに対する考え方がそうだ。現在の経営学では、様々な還元主義の理論により、ビジネスモデルの部分のそれぞれについては、条件①〜④のような切れ味のよい説明ができる。しかし難しいのは、「部分を足し合わせたものが、全体を説明できるとは限らない」ことだ。

この「還元主義の追求と全体俯瞰の矛盾」は、経営学に限ったことではない。現代の物理学における最も細かいレベルの研究は素粒子論だが、素粒子論をいくら積み上げても古典力学のような「マクロ」の物理法則は容易に説明できない。「相対性理論のような宇宙の法則を説明する理論と、超ミクロの素粒子論を統一させることは物理学者の夢」とよくいわれるが、それは科学における要素還元主義の

限界を示すことでもあるのだ。

一方の全体主義（wholism）はその逆で、「全体をそのままとらえよう」とするアプローチだ。現代科学における全体主義視点の代表格は、複雑系（complexity）である。複雑系は例えば「波の形状」「山峰の形状」「昆虫の群れの動き」「生態系」「株価の動き」などの全体像を、power lawなどの一定法則でとらえようとする。実際、この世の中の様々な動き・形状の全体像が複雑系でとらえられることはよく知られる。

一方で難しいのは、複雑系はその全体のパターンを分析・予見することはできても、子細のメカニズムを知りえないことだ。そのような子細のメカニズムには興味がない、とすら言ってもいい。筆者は、複雑系研究の第一人者であるニューヨーク州立大学ビンガムトン校教授の佐山弘樹氏と対談したことがある[注8]。その際に筆者が「全体のパターンを理解する複雑系研究者は、細部のメカニズムをどのようにとらえるのでしょうか」といった質問をしたところ、「複雑系研究者は、細かいメカニズム、すなわち『whyに答えること』に関心がないのです」という答えが、佐山氏から返ってきた。

これは筆者にとって衝撃的な回答だった。全体のパターンを分析する複雑系は、whyに答えない（答えようとしない）のである。筆者はこれが悪いと言うのではない。全体像を知ることは明らかに重要だ。しかし、序章から何度も強調しているように、従来の経営理論とはそもそも「whyに答える」ためにあった。だからこそ還元主義アプローチで、細かく企業・組織のメカニズムを明らかにするのだ。しかしその細かい部分を寄せ集めても、「全体は説明できない」のである。

これは、ビジネスモデルも同様だ。この「ビジネス現象と理論のマトリックス」編で示してきたように、企業・組織・戦略・人材の様々な細かいメカニズムは本書で紹介した理論の数々で、多くが説明できる（図表1を参照）。しかし、それらを足し合わせた「ビジネスモデルの全体像」を説明する理論は、現時点でこの世に存在しない。だからこそ、経営学のトップ学術誌にビジネスモデル研究が載りにくいのだ[注9]。

注8）「ネットワーク科学研究者・佐山氏が語る、幼少期の『複雑なまま全体を捉える能力』が未来を創る理由」Biz/Zine、2017年10月24日。

注9）ちなみに同様の課題を抱えるテーマに、「ビジネス・エコシステム」がある。ビジネスモデル同様、世界の経営学のトップ学術誌にビジネス・エコシステムの研究論文が掲載されることは、ほとんどない。

筆者は、本書で紹介してきた経営理論を否定するつもりはまったくない。むしろその逆で、細かい理論の知見を積み重ねるからこそ、やがて「全体」を描けるはずだからだ。全体を描くための道しるべとして、思考の軸となる経営理論は間違いなく有用だ。課題は、その全体をまとめ上げるための理論視座を、現代の（還元主義である）経営学は十分に持っていないことにある。

さて、ビジネスモデルの難しい点は、この「部分追求と全体俯瞰の矛盾」だけにあるのではない。先に述べたように、研究者により定義の違いこそあれ、目的が「価値（value）を創出する」ことにあるのは疑いない。しかし、ではビジネスにおいて我々が追求すべき「価値」とは、そもそも何だろうか。言い換えれば、そもそもビジネスの目的とは何なのだろうか。実は、現代社会ではこれがはっきりしないのだ。だからこそ「ビジネスは経営理論で説明できない」のである。

ビジネスを説明できる理論がない

この問いに正面から向き合い、様々な論考を提示しているのが、ミシガン大学のジェームズ・ウォルシュである。なかでも、彼が2015年にペンシルバニア大学のトーマス・ドナルドソンと『リサーチ・イン・オーガニゼーショナル・ビヘイビア』に発表した論文は興味深い[注10]。この論文の要約部は、以下の1文で始まる。

What is the purpose of business?（ビジネスの目的とは何か？）

そして、本章の冒頭に筆者が引用した一文で、この論の本文が始まるのだ。以下、この冒頭部分を、やや長いが翻訳して引用しよう。

法は正義のために、医学は健康のために、そしてビジネスは「　　　　」のために。
我々は、ビジネススクールの学生に、上記の空欄に言葉を埋めてもらうという作業を何度も行ってきた。この問いを学生に投げかけると、きまって最初に訪れるのは「奇妙な沈黙」である。彼らは、みずからの口からその答えが出てこないことに驚くのだ。そして教室は、「我々は答えを知っているべきだ。なのに、我々はその

注10）注1を参照。

答えを持っていない」という空気に包まれるのである。それでもやがて、彼らは少しずつみずからの答えを語り出す。ある者は「ビジネスは利益、金銭、そして富のためにある」と述べる。別の者はより広範に「価値の創造や繁栄のため」などと主張する。さらに他の者は「調整、交換、生産、そしてイノベーションのため」と述べ、別の者はよりマクロ視点から「商業、経済、集合的な幸福、そして社会のため」と述べる。そしてついには「自身の欲、権力、支配力のため」と言う者さえ出てくるのだ。（筆者意訳）

　そもそも、現代社会におけるビジネスの目的は何だろうか。驚くべきことに、この根源的な問いに、我々は世界共通のコンセンサスを持っていないのだ。もちろん、ビジネスそのものに定義はあるかもしれない。例えば、オックスフォードの辞書では、ビジネスとは「生活の手段のために行う（多くの場合）商業的な活動」と書いてある[注11]。

　しかしポイントは、現代のビジネスでは必ずしも我々が経済的な収益を上げるだけが目的ではない、ということだ（さらに言えば、経済的な収益でさえも成長、利益、企業価値など様々な指標がある）。だからこそ、いまESG投資（環境・社会・企業統治を重視した投資）が着目されているのだ。創業者の自己実現なども、ビジネスの目的かもしれない。

　第7章や第40章で述べているように、経済学・経営学をはじめ社会科学の理論には、実証と規範という2つの側面がある。実証（empirical）とは、事象のメカニズムそのものを解き明かすことであり、規範（normative）とは「〜の目的のためには、〜すべき」を示すことだ。いわゆる「べき論」である。例えば古典的な経済学は「べき論」がはっきりしている。古典的な経済学では、「効率的な資源配分により世界全体の社会構成を最大化する」ことが目的とされている。目的が明確だからこそ、理論的に「完全競争がパレート効率性を実現し、世界の社会厚生を最大化する」という命題が導かれるのだ（厚生経済学の第1基本定理という）。だからこそ多くの経済学者は、程度の差はあれ、おおむね自由競争に肯定的なのだ。

　それに対してビジネスは、コンセンサスの取れた大きな目的が定まっていない。

注11）原文は a usually commercial or mercantile activity engaged in as a means of livelihood.

それは、先のウォルシュの冒頭論文を読んでいただければ明らかだ。一人ひとりは固有の目的を持っていても、それを深く考えたことも、他者と議論したこともない。そして目指すべき共有の目的がなければ、規範的な理論は描けない。したがってビジネスには（少なくとも規範的な）理論がないのだ。

「ではこの本でこれまで紹介してきた理論は何だったのか」と思う方もいるだろう。しかし、ウォルシュも同論文で書いているが、本書のここまでで紹介してきた理論の大部分は、実はビジネスの理論ではない。あくまで、「企業」「組織」「人材」などのメカニズムを解き明かす理論にすぎないのだ。

例えば取引費用理論は、あくまで企業の内部化のメカニズムを説明する理論であり、ビジネスそのものの理論ではない。RBVも同様だ。リーダーシップの理論も、そのままNPOや政府部門のリーダーシップに応用可能だ。人と人のつながりを説明するソーシャルネットワークの理論も、ビジネスに限らず様々な人と人のつながりを説明できる。

このように、本書で紹介してきた理論は、あくまで、企業・組織・人や、人と人の関係のメカニズムを解き明かす理論であって、ビジネスそのものの理論ではない。実際、ウォルシュの同論文のタイトルは、"Toward a Theory of Business"となっている。ビジネスに理論がないからこそのタイトルである。図表1のマトリックスで「ビジネス」の列が空欄になっているのはそれゆえだ。

我々がビジネスで生み出すべき「価値」は何か

同論文でウォルシュは、バリュー（value：価値）を明確に定義しようとする。そもそもバリューとは何なのか、その定義もはっきりしない。そこでウォルシュは、ビジネスが追求すべきバリューを類型化し、ビジネスの目的を学術的に明確化しようとする。これはかなり観念的な議論なので、子細に関心のある方は同論文を読んでいただきたい。

いずれにせよ論考の結果、ウォルシュはコレクティブ・バリュー（collective value）という概念を提示し、「それを最適化することこそがビジネスの目指すべきものではないか」という問題提起をしている（ただし、ウォルシュも、この提起はあくまで彼らの考えで、さらなる学者の論考を待ちたい、と述べている）。さらに同論文の結論部でウォルシュは、このコレクティブ・バリューに近い概念

がウェル・ビーイング（well-being）であると認めている。

　ウェル・ビーイングは最近聞かれることも多くなってきた。一義には「精神的・身体的・社会的に良好な状態」のことであり、そしてもっと直感的に言えば、それは「我々一人ひとりがよりよく生きる」ことであり、そして「幸せである」ことだ。実は、世界最大の経営学会であるアカデミー・オブ・マネジメントの2016年世界大会のテーマが、まさにウェル・ビーイングだった。ビジネスと幸せを同期させることに、世界の経営学者が注目を持ち始めたのである。

　一方、現実は先を行きつつあるかもしれない。第35章で触れたように、近年は多くの経営者が、「ビジネスの目的は社会の様々な人々や従業員、ステークホルダーの幸せを追求すること」だと主張し始めている。ユニリーバCEOを務めたポール・ポールマン氏やセールスフォース・ドットコムのマーク・ベニオフ氏がそうだし、日本ではヤフー前CEOの宮坂学氏や、丸井の青井浩氏などがその筆頭だろうか。ウェル・ビーイングの重要性を訴える予防医学研究者・石川善樹氏の言動も、メディアで広く注目されている。

　経営学ではウェル・ビーイングを追求する研究も、ビジネスの目的を明らかにする機運も、まだ緒についたばかりである。AOMでウェル・ビーイングがテーマになったのは2016年で、ウォルシュの論文も2015年に発表されたものだ。その道のりは長い。

　そもそも本当にウェル・ビーイングが目指すべき目的なのかも、まだわからない。今後は「ビジネスとは何のためにあるのか」について、様々な研究や論考が経営学者からも、実務家からも出てくるだろう。やがて世界全体で「ビジネスの目的とは何か」のコンセンサスが図れた時、経営理論も新しいステージを迎えるのかもしれない。

　さて皆さんなら、この文の下線部には何を入れるだろうか。

"Law is to justice, as medicine is to health, as business is to ＿＿＿＿."

第 **6** 部

経営理論の組み立て方・
実証の仕方

| 第40章 | 経営理論の組み立て方　P.742

| 第41章 | 世界標準の実証分析　P.764

学術的な理解を深めるだけでなく、ビジネスにも有益な知見

　本書ではここまで、世界で標準になっている経営理論を次々と解説してきた。言うまでもなくこれらの理論は、世界中の経営学者が生み出し、様々なビジネス現象の説明に応用しているものだ。さらに、その現実妥当性を検証するための実証研究が膨大に行われ、結果として「生き残った」ものが本書で紹介してきた経営理論である。

　他方で、では「その経営学者が、どのように理論を組み立てているか」「いかにして、学者は現実のデータ・企業事例などを使って理論を実証しているか」については、十分に述べてこなかった。そこでこの第6部ではその学術的な手法・プロセスの概要をわかりやすく解説したい。

　したがって第6部の第1の想定読者は、経営理論を論文等に応用してみたい学生（大学生、大学院生）や、本書の内容を参考としたい若手研究者になる。学術論文、アカデミックな要素を取り込んだレポートを書く必要がある方々にとって、第6部の内容は有用な手引きになりうるだろう。

　加えて、第6部は多くのビジネスパーソンにも、十分に一読の価値があると考えている。なぜなら、一見アカデミックに聞こえる「理論の組み立て方・実証の仕方」だが、実はほぼそれと同じことは、ビジネスパーソンが日頃から行っているからだ。

第40章│経営理論の組み立て方

　第40章では、経営理論の組み立て方を解説している。論文や学術的なレポートを書きたい方には、間違いなく参考になる部分があるはずだ。そしてビジネスパーソンも、実は日頃から経営理論っぽいことを組み立てて話している。理論を組み立てるとは、複雑な現実事象を抽象化して、論理的に述べることだ。したがって、「当社もこれからは攻めの経営をすべきです」「当社の管理職はおしなべて部下のモチベーションを上げるのがうまくない」など、普段から会議室なり、居酒屋なり、同僚との雑談なりで何気なく話している抽象論もまた、目指すところは経営理論と近いのだ。

740 │ 第6部│経営理論の組み立て方・実証の仕方 │

ビジネスパーソンは「論理的に物事を述べたい」わけだが、これらの会議室や居酒屋での抽象論は、空回りすることも多い。なぜなら、「論理的（＝理論的）に物事を述べるとはどういうことか」という基礎を、多くの場合、学ぶ機会がなかったからだ。

他方で経営理論は、世界中の経営学者が突き詰めてきた、ある意味で「究極の論理思考」である。したがって本章を読めば、（少なくとも学術的な意味で）ビジネスを論理的にとらえることのエッセンスが理解でき、それは明日の会議からでも応用できるかもしれない。

第41章│世界標準の実証分析

次に第41章では、実証分析の進め方を解説する。こちらも当然ながら学生・研究者の参考になるが、加えてビジネスパーソンも得る部分は大きいはずだ。なぜなら、ビジネスパーソンはレポートなどで、実証分析っぽいことをする機会も少なくないからだ。

特にこれからは、ビジネスの様々な側面に大量のデータが入って来る。誰もがデータを分析し、検証しなければならない時代ともいえる。少なくとも、ビジネスパーソンは最低条件として、データ分析から出てきた結果を理解・解釈する必要がある。他方で、逆説的だがデータが増えるこの時代だからこそ、特定のビジネス事象を丁寧に観察する「定性調査」も重要かもしれない。

そしてこのような実証分析の作業は、多少のトレーニングをすれば、ビジネスパーソンでもある程度身につけられる。なぜなら、これは筆者が早稲田大学の社会人大学院（ビジネススクール）で学生に伝えていることだからだ。彼ら・彼女らの多くはいわゆる普通のビジネスパーソンだが、半年程度のトレーニングで、見事な実証分析ができるようになっている。この第6部では、そういった社会人学生の研究成果なども紹介してみたい。

筆者自身もまだまだ学者として未熟であり、「理論の組み立て方」「実証分析の進め方」を書くのはおこがましいのだが、それでも第6部を読めば、学生・大学院生・若手の研究者そしてビジネスパーソンが得られる知見は十分にあると考えている。

741

第40章

経営理論の組み立て方

ロジックの賢人ほど、「人とは何か」を突き詰める

誰もが、「経営理論っぽい話」をしている

　本章で解説するのは「経営理論の組み立て方」と、そこから得られる示唆である。本書では様々な経営理論を紹介し、理論がいかに現実のビジネスのメカニズムを説明し、未来を読み解く思考の軸となりうるかを解説してきた。いわば、「理論の読み方・使い方」である。一方、そもそも理論はどう組み立てられるのかについては、ほとんど触れないできた。実際、「理論は学者が知的活動として組み立てるもので、自分たちには関係ない」と考える方が、特にビジネスパーソンでは大半ではないだろうか。

　経営学では理論を組み立てることを、theory buildingと呼ぶ。本書では「理論構築」と呼ぼう。序章で述べているように、そもそも「理論」について学者間の完全な定義はなく、したがって組み立て方も完璧なものはない。経営理論のトップ学術誌である『アカデミー・オブ・マネジメント・レビュー』（AMR）には、いまだに理論構築に関する論文が掲載されるほどだ。とはいえ、学者間の大まかなコンセンサスがあることも確かだ。

　「理論構築を理解することは、論文を書く学生・研究者はもとより、ビジネスパーソンの論理的思考を鍛える上でも有用な示唆をもたらす」と、筆者は考えている。なぜなら、ビジネスパーソンは日頃から知らずしらずのうちに、経営理論のようなものを考え、口にしているからだ。例えば以下は、著名経営者がメディアで発言されたものだ[注1]。

注1）順に『日経ビジネス』2015年5月18日号、『日経トップリーダー』2013年4月号、『日経ビジネス』2017年11月27日号、『日経トップリーダー』2017年12月号。役職名は雑誌掲載時のもの。

742　｜第6部｜経営理論の組み立て方・実証の仕方｜

- 業績が悪い時だからこそ、攻め続けることが重要。（中本晃氏　島津製作所会長）

- よい経営理念を、社員に毎日使わせることです。経営理念に沿って、社員は自主的に判断して仕事をしてもらう。経営理念に基づく決断ならば、結果が悪くても責任を問わない。これを繰り返せば、浸透します。（松本晃氏　カルビー会長）

- 問屋に任せてリスクを取らないところからはクリエイティブな仕事は生まれない。（堤清二氏　元セゾングループ会長）

- 小さなものの改善に効果がある。会社は常に変化がないといけない。（永守重信氏　日本電産会長兼社長）

　定義こそ多様な経営理論だが、その目的は明確だ。序章でサミュエル・バチャラクの論文から引用したように、それは「『何が』（what）を叙述するものではなく、『どのように』（how）『いつ』（when）そして『なぜ』（why）に応えることである」[注2]。前述の発言の数々は、百戦錬磨の経営者の経験から湧き上がってきた、まさに「真理法則のようなもの」だ。

　これは経営者だけではない。ビジネスパーソンの誰もが会議、打ち合わせ、日常会話、同僚とのランチ、居酒屋での飲み会等々で、「ビジネスの普遍的な、真理法則のようなもの」を日々語り合っている。目指すところは経営理論と同じなのだ。

　実際、第11章では、企業行動理論が著名経営者の「教訓」と親和性が高いことを解説した。さらには本書を通じて、様々な経営者の視点・発言と経営理論の親和性も都度述べている。

　一方で、ビジネスパーソンが「真理法則のようなもの」を話しているつもりでも、互いに話が噛み合わなくなることも多い。せっかく書いたレポートを「抽象的で意味がわからない」と、上司から突き返された経験のある方もいるだろう。筆者は、「議論が噛み合わず会議が迷走したり、上司やクライアントに自分の論理的なはずの文書が理解されなかったりする背景の一つには、厳密に『真理法則（＝理論）のようなもの』を組み立てるとはどういうことかのルールやポイントを、ビジネスパーソンが知らないことがあるのではないか」と考えている。

注2) Bacharach, S. B. 1989. "Organizational Theories: Some Criteria for Evaluation," *Academy of Management Review*, Vol.14, pp.496-515.

経営理論は、論理の集合体である。大胆に言えば、究極のロジカル・シンキングだ（実際、両者には共通する部分が多くある）。本書では経営学の理論構築のエッセンスを解説する。論文を書くことに関心のある方は理論構築の手引きとして、そしてビジネスパーソンの方々は、ご自身が「真理法則のようなもの」をうまく組み立て、他者に伝え、表現していくための視座として活用いただきたい。

一般理論と理論的記述の構築

　本題に入る前に、大前提に触れておこう。それは、理論構築には2つのレベルがあることだ。

　第1のレベルは、広範に、この世の様々な人・組織・企業などに通用する普遍的な理論をつくり出すことだ。海外の学者は、時にCapital-T-Theory（大文字のT理論）と呼ぶ。本章では「一般理論」と呼ぼう。そしてこれこそが、本書で紹介してきた「世界標準の経営理論」の数々だ。すべてを繰り返さないが「SCP理論」「取引費用理論」「知の探索・知の深化の理論」「ストラクチャル・ホール理論」などは、すべて一般理論である。

　第2のレベルは、これらの一般理論を活用してwhyを説明することで、現実の様々な事象や概念をつなぎ合わせて独自の理論的な法則を組み立てることだ。これを「理論的記述」（theoretical argument）と呼んだりする。

　両者の違いを強く意識しなくても、本章は十分に読み解ける。とはいえ、筆者の念頭に主にあるのは、後者の「理論的記述」の構築の方だ。なぜなら、ビジネスパーソンの皆さんの多くが関心あるのは、一般理論の構築よりも、ご自身のビジネスの現実から事象間の関係を見いだすことだからだ。若手の研究者や学生もそうだろう。

　加えて言えば、一般理論を新しくつくり出すことは、経営学者にとっても非常に難しい。すでに数十年の研究の歴史の中で、世界中の経営学者により様々な一般理論が提示し尽くされてきており、本当に力のある一般理論だけが「生き残っている」のが現状だからだ（だからこそ筆者は、「（一般）理論についてはまずは本書を読めば十分」と、本書のいたるところで述べている）。

　先述のAMRや『アカデミー・オブ・マネジメント・ジャーナル』（AMJ）などのトップ学術誌に掲載される論文も、大部分が理論的記述を構築する作業をし

744 ｜ 第6部 ｜ 経営理論の組み立て方・実証の仕方 ｜

ている。本章では一般理論の構築と、この理論的記述の構築を総称して「理論構築」と呼ぶことにする。

理論構築の流れと、理論の構成要素

この前提を踏まえて、まず理論構築のステップを解説しよう。先に述べたように、理論構築にきれいに定まった方法があるわけではない。現実にはどの経営学者も、試行錯誤を繰り返しながらもがいている。とはいえ、その経験則から学者間で大まかな流れが共有されているのも確かだ。

ここでは、『イノベーションのジレンマ』で世界的に高名なハーバード・ビジネススクール教授のクレイトン・クリステンセンがまとめた、理論構築についての論文から抜き出してみよう[注3]。クリステンセンによると、その流れは以下のようなものだ。

ステップ① 現実の観察

理論構築の出発点は、現実をよく観察することだ。経営理論が企業・組織・ビジネス経営者などの現実を説明するものである以上、まずは現実を直視し、深く観察することが出発点になることは言うまでもない[注4]。

ここでクリステンセンが強調するのは、アノマリー（anomaly：特異な部分）を見いだすことだ。特に、これは学術研究で重要である。なぜなら新奇性（novelty）が常に求められるアカデミックな世界では、「もうわかっていること」には価値がないからだ。「これまでの当たり前とは異なる現実」「既存の理論法則で提示されたのとは異なる事実関係」などを見いだすことで、それを論理的に説明する意義が発生する。これが学術的な理論構築の出発点である。

注3）Carlile, P. R. & Christensen, C.M. "The Cycles of Theory Building in Management Research," working paper. 同論文はあくまでハーバード・ビジネススクールのワーキング・ペーパーであり、AMRのような査読付き学術誌に掲載されたものでないことは、留意されたい。

注4）このように現実を観察して理論に落とし込むプロセスを、帰納法（induction）という。逆に、先に理論から仮説や命題を立てて、それを現実に当てはめることを演繹法（deduction）という。経営学者の中には演繹法を取る者も帰納法を取る者もいる。しかし一方で、ビジネスパーソンの場合は、現実の問題に関心があるからまずはそれを観察する帰納法が多いはずだ。本章はビジネスパーソンも念頭に置いているので、クリステンセンの論文を引用している。

745

もちろん現実のビジネスでは、常に「新奇なこと」が求められているとは限らない。それは皆さんの目的によるだろう。

ステップ② 抽象化と分類

次のステップは、その現実で見つけた事象をカテゴリー化することだ。後述する「ユニット」を明らかにするプロセスともいえる。例えば様々な組織を観察した上で、「多様性のある組織vs.同質化された組織」を分類したり、複数の経営者を観察した上で「カリスマ性の高いリーダーvs.実直なリーダー」を分類したりするなどだ。分類の仕方は無数にある。

ステップ③ 関係性の描写

分類した様々な事象（ユニット）の間に、関係性を見いだすことだ。後述する「関係性の法則」を描くことである。この関係性が十分に納得できる形で（=whyが十分に説明できた上で）描けたら、それは「理論のようなもの」になる。先に述べたように、理論的記述におけるwhyの説明には、一般理論を活用することが有用だ（具体例を後述する）。

ステップ④ 提示された理論の修正・改善

現実には、最初に提示される理論は不完全であることが多い。したがってこの後で、様々な研究者が理論を批判したり、理論から導かれた仮説が現実に当てはまったりするかを実証分析で確認するステップが重要になる。

この大まかな流れを前提として、次に「理論の構成要素」を提示したい。理論構築のゴールは理論を完成させることだから、その構成要素を知っておくことは必須である。

その知見が体系的にまとめられている本の一つが、オレゴン大学、カリフォルニア大学などで長く活躍した社会学者ロバート・ドゥービンによる*Theory Building*だ。日本では本書の存在は驚くほど知られていないが、海外の経営学者には教科書のような1冊である[注5]。ここでは同書で提示される「（経営）理論の5つの基本要素」に焦点を絞って解説しよう。

| 図表1 | RBVの基本要素例

❶ユニット（unit）

理論は様々なモノ・コト（事象）の関係性を示すものだが、これらモノ・コトを総称してドゥービンは「ユニット」と呼ぶ。

ユニットには2つの種類がある。第1に、普遍化のために事象を抽象化した、コンストラクト（construct）だ。日本語の「概念」と、ほぼ同義と考えていただいてよい。**図表1**は、第3章で解説したリソース・ベースト・ビュー（RBV）の命題の一つを図化したものだが、この図表では四角で囲まれた「経営資源」「企業の競争優位」がコンストラクトである。

一方、コンストラクトは抽象化されたものなので現実には見えず、計測できない。そこで実証分析のために、コンストラクトを計測できるものに変換したのが、変数（variable）である。図表1では、コロンビア大学のダニー・ミラーらが1996年にAMJに発表したRBVの実証研究で提示した変数である「映画スタジオが長期契約しているスターの数」「映画スタジオの利益率」を示している。米国の映画業界の文脈では、前者が「経営資源」に対応し、後者が「企業の競争優位」に対応するということだ。

❷関係性の法則（law of Interaction）

ユニットとユニットの間をつなぐ、関係性のことだ。図表1で、それぞれのコ

注5）Dubin, R. *Theory Building*, Free Press, 1964. なお、社会学分野における理論の意味付けについては、Abend, G. 2008. "The Meaning of 'Theory'," *Sociological Theory*, Vol.26, pp.73-199. がよく読まれる。

ンストラクト（あるいは変数）の間をつなぐ矢印がそれに当たる。一般に経営理論では、ユニット間は因果関係でつながれる。A→B（AならばB）などの関係だ。先のバチャラクの「理論の目的」に照らし合わせれば、「howに答える」ことである。

　ユニット間の関係性の法則（how）には、いくつかの種類がある。なかでも経営学でよく使われるのは、以下の4つである。**図表2**ではその4つを、実際にそれを使った論文例と併せて紹介しているので、ご覧いただきたい。

線形の関係（図表2－a）：

　AがBに直線的な関係で影響を与える場合である。「Aが増えればBも増える」「Aが減ればBが増える」など、比例の関係で描ける場合だ。前者の場合は、AとBにプラスの因果関係があるということであり、後者はマイナスの因果関係になる。

U字型・逆U字型の関係（図表2－b）：

　経営学でよく使われるのが、U字型、逆U字型の関係である（curve-linearの関係、とも呼ばれる）。例えばAとBが逆U字の関係にある場合、「Aがある程度まで高まる分にはBも高まるが、ある水準を超えると、Aが高まるとむしろBは低下する」ということになる。U字型は、その反対だ。

モデレーティング（調整）効果（図表2－c）：

　A→Bの関係に、別のユニットが影響を与えることである。例えば、A→Bの間にプラスの線形効果があったとする。この時、もしユニットCがこのプラスの関係をさらに強化するなら、「CはA→Bの関係に対してプラスのモデレーティング効果がある」と呼ぶ。逆に、CがA→Bのプラスの線形効果を弱めるなら、「マイナスのモデレーティング効果がある」ということだ。

ミディエーティング（媒介）効果（図表2－d）：

　A→Bの関係の間に、実は別のCが挟まっている、というものだ[注6]。

注6）モデレーティング効果、ミディエーティング効果については、R. M. Baron, & Kenny, D.A.1986. "The Moderator-Mediator Variable Distinction in Social Psychological Research: Conceptual, Strategic, and Statistical Considerations," *Journal of Personality and Social Psychology*, Vol.51, pp.1173-1182. を参照。

748 ｜ 第6部 ｜ 経営理論の組み立て方・実証の仕方 ｜

図表2 ユニット間の関係性の法則

2-a 線形の関係

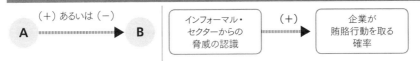

筆者が2016年に『ストラテジック・マネジメント・ジャーナル』に発表した研究では、インドなどの新興市場において企業が賄賂行動に陥りやすい条件の研究を行っている。その最初の仮説では「当該企業が現地のインフォーマル・セクターの企業を脅威と認識するほど、その企業は賄賂行動に陥りやすい」という、プラスの線形関係を提示している。

出所）Iriyama, A. et al., 2016. "Playing Dirty or Building Capability? Corruption and HR Training as Competitive Actions to Threats from Informal and Foreign Firm Rivals," *Strategic Management Journal*, Vol.37, pp.2152-2173.

2-b U字型・逆U字型の関係

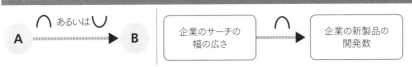

ミシガン大学のゴータム・アフージャらが2002年にAMJに発表した研究では、「企業のサーチの幅と開発する新製品数の間には、逆U字の関係がある」という仮説を提示している。ある程度まで企業がサーチの幅を広げると、その企業が生み出す新製品の数は増えるが、サーチの幅が広がりすぎるとむしろ数は減少する、ということだ。

出所）Katila, R. & Ahuja, G. "Something Old, Something New: A Longitudinal Study of Search Behavior and New Product Introduction," *Academy of Management Journal*, Vol.45, pp.1183-1194.

2-c モデレーティング（調整）効果

2-aで紹介した研究の追加の仮説として、筆者は「最初の仮説で提示されたプラスの線形関係は、特に当該企業のビジネスが特定市場に集中している場合に強くなる」という、プラスのモデレーティング効果の仮説を提示している。

2-d ミディエーティング（媒介）効果

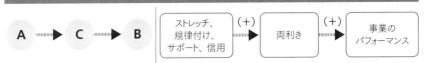

ロンドン・ビジネススクールのジュリアン・バーキンショーらが2004年にAMJに発表した研究では、『ストレッチ』『規律付け』『サポート』『信用』で事業部（ビジネス・ユニット）の文化は、その『両利き性』を高め、それが『事業部のパフォーマンス』を高める」という複合仮説を提示している。この場合、「両利き」が事業部の文化とパフォーマンスを媒介している。

出所）Gibson, C. B. & Birkinshaw, J. 2004. "The Antecedents, Consequences, and Mediating Role of Organizational Ambidexterity," *Academy of Management Journal*, Vol.47, pp.209-226.

❸バウンダリー・コンディション（boundary condition）

　序章でも触れたが、理論が通用する範囲のことだ。バチャラクの「理論の目的」で言えば、whenに答えるものである。理論は真理法則を記述しようとするが、とはいえ、それが世のすべてで通用するわけではない。

　経営学では、2つのバウンダリー・コンディションが重視される。一つは、理論バウンダリー（theoretical boundary）である。これは「理論が持つ仮定」のことと考えていただければよい。後述するように、複雑で曖昧な人間・組織・社会を扱うために、社会科学の理論は常に何かしらの「人についての仮定」を置いている。もしその仮定が通じないなら、理論も通用しない。

　もう一つは、現象バウンダリー（empirical boundary）である。現実世界で理論が通用する範囲のことだ。例えばIT産業を適切に説明する理論が、鉄鋼産業をうまく説明するとは限らない。欧米のビジネスを説明する理論も、アジアのビジネスを十分に説明できないかもしれない。

　一方で、バウンダリーが狭すぎると、そもそも「普遍性」を求める理論の目的から逸脱することは忘れてはならない。仮に「日本企業にしか通用しない経営理論」があるとすれば、その理論は世界で通用しないのだから、国際的な知的貢献がないことになる。

❹システム・ステイツ（system states）

　システム・ステイツは、バウンダリー・コンディションと同様に、理論の範囲を制限するものだ。違いは、後者が「理論が通用する範囲」だったのに対し、システム・ステイツは「理論内のユニットの関係性が変わらない範囲」であることだ。例えば、ある理論で説明される現象にA→Bの関係があった時、その現象の別の状況ではB→Aになってしまうのなら、それは理論のシステム・ステイツが成立していないということだ。

❺命題と仮説（proposition, hypothesis）

　経営理論は様々なユニットとユニットの間の、様々な関係性を体系的にまとめることで構築される。このプロセスを通じて、各研究者が特に主張したい因果関係（＝現実で検証してみたい因果関係）が提示される。それが命題と仮説だ。

　抽象性が高く、コンストラクト（概念）同士の因果関係を主張するのが、命題

750　｜第6部｜経営理論の組み立て方・実証の仕方｜

である。図表1の上部で示されているものがそうだ。しかし、コンストラクトで示される命題は現実には見えないので、実証分析ができない。したがって、コンストラクトを現実に計測できる変数に置き換え、仮説にして実証分析が行われる。

　ここまでをまとめれば、「先の『クリステンセンが提示したステップ』などを通じて、『ドゥービンがまとめた構成基準』を満たした理論を描くこと」が、理論構築といえるだろう。

　実際、世界の経営学者は程度の差こそあれ、おおむねこのようなプロセスと基準を意識して理論を組み立てているはずだ。

日本企業のローテーション人事は意味があるのか

　ここまで読んで、研究者を志望する学生ならともかく、ビジネスパーソンの中には「このような、厳密で学術的な作業は自分には関係ない」と思われた方もいるかもしれない。しかし、筆者は必ずしもそう思わない。繰り返しだが、多くの方が実は経営理論と変わらない「真理法則のようなもの」を日頃から語っているが、それが十分に論理的でないために議論が噛み合わないことが、現実では多いからだ。

　したがって、「学術的に真理法則のようなものを描き出す過程」を理解することは、ビジネスの論理思考を鍛える一助にもなるはずだ。実際、これは早稲田大学大学院（ビジネススクール）の修士論文指導で、筆者が社会人学生に対して行っていることである。

　そこで、実際に筆者が指導を担当した学生が行った理論構築（理論的記述）の一例を、ここで紹介してみよう。2018年3月に同ビジネススクールを修了した鎌田陽子氏である。鎌田氏は当時、ヤマハ発動機でIRを担当していた。

　鎌田氏はそもそもご自身の経験から、イントラパーソナル・ダイバーシティ（intrapersonal diversity、個人内多様性）に関心を持っていた。これは近年の学界で注目されている概念（コンストラクト）で、「一人が様々な経験をした結果、その人の中に様々な知見・情報・土地勘を持っている」状態のことだ。一般にダイバーシティというと、様々な人が一つの組織に集まることをいうが、この場合は「一人の中に多様性がある」ということを指す。この概念は、第13章でも紹

751

介している。

そしてこれまでの研究で「イントラパーソナル・ダイバーシティが高い人は、様々な経験・知見を持っているので、それを活かしてパフォーマンスが高くなる」傾向が、複数の実証研究から得られている[注7]。この前提をもとに、以下ではクリステンセンの理論構築のステップに沿って、鎌田氏が「理論的記述」を構築したプロセスを紹介しよう。

ステップ1 現実の観察

まず、鎌田氏は修士論文の作業に入る前に、様々な日本企業を観察したり、実際のビジネスパーソンと議論・インタビューをした。その結果、興味深いアノマリー（特異な部分）を見つけた。それは日本企業のローテーション人事制度である。筆者も経験したことがあるが、イントラパーソナル・ダイバーシティの話を日本企業の人事担当者にすると、「そういう意味では、当社はローテーション制度を取っているので、様々な部署を経験した人材を十分に育てています」という反応が返ってくることがある。しかしその割には、企業の業績が芳しくないことも多い。これがアノマリーである。

ステップ2 抽象化と分類

そこで鎌田氏は、「日本企業の人材では、イントラパーソナル・ダイバーシティにも種類があるのではないか」という洞察を得るに至った。そして、日本企業の経営者の様々なプロフィールを確認したところ、そのイントラパーソナル・ダイバーシティにタイプの違いがあることに気がついたのだ。それは、

①多様な業界・企業を渡り歩いた経験を持つ「業界横断型」
②ローテーション制度によって、一社内だけで多様な経験を積んでいる「企業内ローテーション型」
③企業間を渡り歩いているように見えるが、実は同じ企業グループの関連会社を渡り歩いているだけの「企業グループ内型」

注7）例えば、Cannella Jr. A. A. et al., 2008. "Top Management Team Functional Background Diversity and Firm Performance: Examining The Roles of Team Member Colocation and Environmental Uncertainty," *Academy of Management Journal*, Vol.51, pp.768-784. を参照。

752 第6部 経営理論の組み立て方・実証の仕方

の3種類である。イントラパーソナル・ダイバーシティを、さらに3つに分類したわけだ。

ステップ3 関係性の描写

　ここで鎌田氏は、「日本企業の経営者の3種類のイントラパーソナル・ダイバーシティの違いが、ひいてはその企業の業績にも影響を及ぼすのではないか」というリサーチ・クエスチョンを立てた。そして、3種のイントラパーソナル・ダイバーシティというユニットと、企業のパフォーマンスというユニットを関係付けることを、検討し始めた。

　ここでポイントになるのが、ユニット間の因果関係について、なぜそう言えるのか（whyの説明）である。先にも触れたがここで有効なのが、そのwhyを根本的に説明してくれそうな「一般理論」を適用することだ。

　鎌田氏の場合は、第14章で詳しく解説したトランザクティブ・メモリー・システム（TMS）理論などを適用した。同理論を端的に言えば、「組織の記憶力には、何を知っているかではなく、誰が何を知っているか（who knows what）が重要」というものだ。そして近年の研究では、TMSは組織全体に浸透するよりも一人に集約した方がいい、という指摘もあることを第14章では述べた。そう考えると、①のように企業間・業界間で多様な経験を持っている経営者は、経営の色々な諸問題にぶつかった時に、「これに困ったらあの人に聞けばいい」というwho knows whatを広く持っている可能性が高い。したがって広い視点から問題解決ができるので、その企業の業績は高まりやすいというわけだ。

　一方、②の企業内ローテーションや③の企業グループ内異動では、結局は同じようなビジネスの考え方を持った人とだけ触れることが多くなる。特に同質性の高い日本企業では、それが顕著になりがちだ。この説明に、鎌田氏は第28章で紹介した制度理論（同質化プレッシャー）などを活用した。

　同質化プレッシャーのメカニズムにより、企業内やグループ内を渡り歩いている人は一見様々な知見を得ているようだが、実は同じような仕事のやり方だけに触れてしまい、むしろ「この課題は、このように解決するのが当然だ」といった常識にとらわれることになる。結果、様々なビジネス課題に対して広範な視野からの打ち手を考えられず、企業の業績は低迷するというロジックだ。

　図表3は、仮説をまとめたものである。そして、日本の情報通信企業の165社

| 図表3 | 経営者の個人内多様性の分類と影響

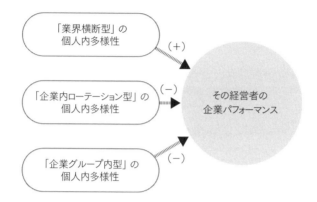

の代表権を持つ経営者798人の情報から、パネルデータを構築して統計解析を行い、鎌田氏は3つの仮説のうち2つを支持する結果を得ている[注8]。

| ステップ4 | 提示された理論の修正・改善

　鎌田氏の修士論文は、ここまでで終了である。この研究はあくまで一つの分析にすぎないから、「これが真理法則」と断定するのは時期尚早だ。何より、実証分析のさらなる精緻化が必要だろう。加えて理論の向上には、モデレーティング効果の確認が有効かもしれない。図表3の関係性は、各社の組織体制、ガバナンス体制などの別条件に左右されうるからだ。

　バウンダリー・コンディションの確認も重要だ。この研究では、日本企業に注目した理論を立て、実証分析では情報通信分野の経営者・企業のデータのみを使っている。したがって仮説が他産業に拡張できるのか、他国に当てはまるのかはわからない。逆に言えばバウンダリーを広げていければ、やがて普遍的な理論的記述になる可能性もある。

　ここまでが経営学における理論構築の流れ、理論の構成、実際の応用例である。このように理論構築には、様々なチェックポイントやルールがある。それどころ

注8) 本文でも述べたが、鎌田氏の研究はあくまでビジネススクールの修士論文であり、実証分析結果の頑健性などはさらなる検証が必要であることに留意されたい。

か、実はこのようなチェックポイントは、他にもいくつもある。章末コラム「さらに知っておくべき理論構築のチェックポイント」では、その中でも代表的で、ビジネスの論理思考を鍛える上でも重要なものをまとめている。こちらも確認いただきたい。

自然言語の理論で、曖昧さをなくすには

なぜ経営学の理論構築では、このように厳密な基準があり、様々なチェックポイントがあるのだろうか。その背景の一つは、経営学が英語・日本語などの「自然言語」を使う学問だから、と筆者は理解している。

例えば、「社会科学の女王」と呼ばれる経済学では、主に数学を使った理論構築が行われる。その理由は明確で、数学表記は自然言語と比べて、圧倒的にユニット間の関係に曖昧性がないからだ。一方、経済学ではその理由で、「人の合理性」などの仮定を置く必要がある（この仮定がないと、例えば微分が使えない）。

それに対して経営学は、経済学、心理学、社会学の3つのディシプリンを取り込む学際分野だ。したがって、すべてのディシプリンの経営学者がコミュニケーションを取るには、自然言語で表記せざるをえない。だからこそ、論理に曖昧さが残ってしまいがちなのだ。これは、会話や報告書で自然言語を使う、現実のビジネスも同じである。

このように「自然言語を使いながら、論理的でかつ曖昧性の低い思考を進め、表現する」ために筆者が強く推奨しているのは、図表1〜3のような、因果の図（ポンチ絵）を描くことだ。これは日頃のビジネスでも重要なはずだ。日本語などの自然言語のままで様々な「真理法則のようなもの」を議論していると、そこには必ず曖昧性が残る。後になって、「自分と相手でまったく違う法則を頭に思い描いていた」ということすらある。ポンチ絵にした上で、本章で述べたようなルールやチェックポイントを確認すれば、ユニット間の関係の曖昧性を大幅に減らすことができる。そうすれば、会議、打ち合わせ、報告書で起きる混乱は、かなり減るはずだ。

さて最後に、筆者が「ビジネスで理論的・論理的な思考を高める上で最も重要」と考える点を述べておこう。それはwhyである。繰り返しだが、理論の目的は「複

雑なビジネスの世界で、特定の事象間に普遍的な関係性（howとwhen）を見い
だし、それがなぜか（why）を説明すること」だった。序章でもこれは強調した。

　本章ではここまで、howとwhenについては、十分に説明してきたつもりだ。
一方のwhyについては、「一般理論を当てはめることが有用」と述べてきた。た
しかにこれは間違いないのだが、しかし、皆さんが本書の理論すべてを完璧に覚
えておくのは難しいだろう。何より、現実の優れた経営者・リーダーの中には経
営理論を学んでいないのに、鋭い論理思考をお持ちの方も多い。

　筆者は、それは彼らが「why」を突き詰め続ける賢人だからではないか、と
考えている。「ビジネスで優れた洞察力を持つ方ほど、whyを突き詰め、自分な
りのwhyを確立している」というのが筆者の仮説であり、確信だ。

Whyを突き詰めた先にあるもの

　多くのビジネスパーソンは日頃のビジネスで、「whyを突き詰めて、突き詰め
て考える」機会はそう多くないはずだ。しかし、この「whyを突き詰める」作
業が、論理的な思考力を高める上で決定的に重要と筆者は考える。

　例えば、ある人が「安くていいものを提供すれば、消費者は買ってくれる」と
言ったとする。これは「（他の条件を一定にした時）、A社がB社よりも安くてい
いものを出したら、多くの人はA社の製品を買う」という意味になる。まさに、「真
理法則のようなもの」だ。

　しかしこれは本当だろうか。なぜこう言い切れるのか。「安くていいものを売っ
たら、買ってくれるのは当たり前だ」というのでは、whyの答えになっていない。
「当たり前」と言っては、思考停止である。本来なら「では、そもそもなぜ人は、
安くていいものだったらそれを買うのか」に答えなければならない。

　このように、「経営の真理法則のようなもの」をwhyで突き詰め続けていくと、
最終的には、「人はそもそも、どう物事を考えるものなのか」という問いに、必
ず行き当たる。これは社会科学の「真理法則のようなもの」すべてに言えること
だ。しかし、我々は日常のビジネス会話で「人はそもそも、どう考えるものか」
という前提を深く議論することは、ほとんどない。

　「人がどう考えるか」は人によって異なる。何より、一人の人間でも、それは
状況で異なる。人の意思決定や考えは実に曖昧なものだし、いい加減なことも多

756　　第6部｜経営理論の組み立て方・実証の仕方｜

い。時には合理的にも振る舞うが、非合理に振る舞うこともある。感情的になる時もあるし、冷静沈着な時もある。これだけ複雑で怪奇な人間の思考を、「そもそもこういうものだ」と一元化することは、極度に難しい。

だからこそ、世界の経営学では「そもそも人間とはこういうものだ」ということについて確立された前提を持つ、他分野の理論を借りているのだ（theory borrowingという）。これこそが、本書の柱である経済学、心理学、社会学をもとにした3つの理論ディシプリンである。

もうおわかりと思うが、先の「安くていいものを出せば、消費者は買ってくれる」の場合、これを主張する人は、暗黙のうちに「人はそもそも合理的である」という前提に立っているのだ。もし人が合理的でないなら、安くていいものでもそれを買うとは限らない。経済学ディシプリンの仮定を、知らずしらずのうちに置いているのである。

冒頭の例を使ってみよう。堤清二氏は「リスクを取らないところからはクリエイティブな仕事は生まれない」と述べる。仮にこれが真理法則に近いとして、なぜそのように言えるのだろうか。我々は堤氏ではないから、ご本人のwhyへの答えはわからない。

しかし、我々には経営理論がある。例えば、「知の探索・知の深化の理論」を当てはめよう。第12・13章にあるように、創造性を高める（＝クリエイティブになる）には、知の探索が重要だった。知の探索は遠くの知見を取ることだから、コストがかかる。失敗する可能性も高い。したがってリスクが高いのであり、だからこそ「リスクを取らないとクリエイティブな仕事は生まれない」という堤氏と同じ命題は、学術的にも構築できるのだ。このように、やはり一般理論を活用することは、whyを深める上で大いに有効だ。

そして、この「知の探索」理論の大前提は「限定された合理性」にあった。「人はそもそも合理的だが、その認知には限界がある」というこの前提がなければ、同理論は成立しない。すなわち、堤氏の発言のwhyを突き詰めれば、「人はそもそも限定された合理性の生き物である」という前提がなければならないのだ。

日頃の会議、打ち合わせ、居酒屋談義、そして著名経営者の発言まで、我々は様々な「真理法則のようなもの」を日々語っている。しかし、このようにwhyを突き詰めて、突き詰めて、突き詰めていくと、実は根底では「そもそも、人はこういうものだ」という暗黙の前提を誰もが置いているのだ。日常会話で意識しな

いだけである。

　この点は非常に重要だ。我々はビジネスで議論をする時、根本的に相手と話が噛み合わないことがある。そして多くの場合、それは「そもそも人とはどう考えるものか」の前提が異なっているから、ということは実に多い。

　これは学者の世界でも同様だ。例えば同じ経営学者でも、経済学ディシプリンの専門家と心理学ディシプリンの専門家では、話が噛み合わないことも多い。その理由は、彼らの間で「そもそも人とは何か」の立脚点が異なるからだ。立脚点が違うためにそもそも対話が成立しないことを、科学哲学ではincommensurable（＝同じ基準に立っていない、という意味）という。ビジネスでも、皆さんと話が噛み合わない相手がいれば、そもそもその方とは「人とは何か」の前提が知らずしらずのうちに異なっている可能性は大いにある。だからこそ、自分にとって「人とは何か」を普段から強く意識することが重要になる。

　翻って、優れた経営者・ビジネスパーソン、この世に多大な貢献をした思想家・政治家の多くは、そもそも「人とは何か」に、自身の強い前提を持ちえているのではないだろうか。例えば、以下のような方々だ[注9]。

- 人間は「自分だけよければいい」と利己的に考えがちです。しかし本来、人間は人を助け、他の人のために尽くすことに喜びを覚える、美しい心を誰もが持っています。（稲盛和夫氏　京セラ名誉会長）
- 人間はインセンティブの奴隷です。お金がほしい人はお金の、権力がほしい人は権力の、名誉がほしい人は名誉の奴隷になります。それが友情でも、家族愛でも、集団への帰属意識でも、本人にとって重要な欲求であればインセンティブの一種です。そして、そうした欲求は本人の性格とも深く関係します。要は「人はインセンティブと性格の奴隷」なのです。（冨山和彦氏　経営共創基盤代表取締役CEO）
- 人間を動かす2つのてこは恐怖と利益である。（ナポレオン）
- 人間とは、ポリス的動物である（＝人間とポリス〈共同体〉とは切っても切り離せない強い結合の下にある、という意味）。（アリストテレス）

注9）順に「稲盛和夫オフィシャルサイト」、「人間は、インセンティブと性格の奴隷である」NewsPicks、2016年4月12日、『朝日新聞』2008年2月21日、久米郁男他『政治学 補訂版』（有斐閣、2011年）。

758　｜ 第6部 ｜ 経営理論の組み立て方・実証の仕方 ｜

このような方々は、それぞれの経験や思考から、「人とは、そもそもどう物事を考えるのか」をご自身なりに考えて、突き詰めているのだろう。だから、こういう発言が湧き出てくるのだ。自分なりの芯が通っているからこそ、常にwhyを突き詰める軸がぶれず、結果としてロジック・思考がクリアで、ひいては行動まで伴うのではないか。冒頭の経営者の方々も同様だ。

一方で、我々が急に稲盛氏やアリストテレスになれるわけではない。だとすれば、まずは先人の知見を借りて「そもそも人はこういうものである」という視点を深く考える助けを得ればいいはずだ。それこそが、経営学の一般理論であり、その基盤となる経済学、心理学、社会学ディシプリンなのである。

序章で、皆さんに「理論ドリブンの思考を身につけていただきたい」と述べた。そして本章を踏まえると、「人はそもそもどう物事を考えるのか」に芯を通すことこそが、究極の理論ドリブンであり、究極のビジネスの論理思考なのだ。

column

さらに知っておくべき理論構築のチェックポイント

本コラムでは、理論構築の際に気をつけるべきポイントをさらに5つ述べておく。これらの理解は、論文を書きたい学生はもちろん、ビジネスパーソンが論理的な議論をする際にも重要だ。論理思考を高めたい方は、日頃から意識されるとよいだろう。

1 | 実証と規範

第7章でも触れたが、理論記述には実証（positive）と規範（normative）がある。両者の違いを理解することは、経営学だけでなく、社会科学全般において重要だ。ビジネスパーソンにも両者を混同している方は多いので、ぜひ意識していただきたい。

実証的な理論とは、「ある現象のメカニズムそのもの」を説明する理論だ。「〜という条件下では、企業は〜のように行動する」というタイプである。他方で規範的な理論とは、企業・個人・社会など特定の対象にとって「〜すべき」という、望ましい方向性を導き出すものである。いわゆる「べき論」だ。

そして、「べき論」を提示するためには、「その目的となる価値基準」がなくてはならない。例えば、古典的な経済学では「社会全体で無駄なく、資源配分が行われることが望ましい」という一つの価値基準がある（パレート効率性と言う）。そして古典的な経済学では、パレート効率性が完全に満たされる状態は、市場が完全競争の時に実現するという命題がある（厚生経済学の第一基本定理という。完全競争については第1章を参照）。

すなわち、パレート効率性を価値基準とすれば、「市場は完全競争に近づくべき」という規範的な主張が提示できるのだ。逆に、経営学のSCP理論（第1章）は企業の競争優位（＝超過利潤の獲得）が価値基準なので、「周囲の競争環境・市場は完全競争から離れ、独占に近づくべき」と規範的に主張していることになる。

さらに、第7章で解説した取引費用理論（TCE）を取り上げてみよう。この理論も、どちらかといえば規範的理論に近い。その「～すべき」の価値基準は、企業の立場から見た「取引の効率性」である。第7章で紹介したGMの例なら、フィッシャーボディにプレス技術という資産特殊性が蓄積された結果として、ホールドアップによって取引コストがかかりすぎるのだから「市場で取引を続けるよりも、フィッシャーボディを買収して内部化した方が効率がよいからそうすべき」という規範的な命題が導ける。

このように考えると、「規範」「実証」の違いは、実証研究にも大きな示唆を与える。特にTCEのような規範理論の場合、本当に現実を説明するかを検証する時は、例えば「資産特殊性が高い時に、企業が実際に取引を内部化しているかどうか」を見るだけでは十分ではないからだ。それはあくまで実証的な視点にすぎない。規範的なTCEの本質を検証するには、事後的な効率性・パフォーマンスを分析することが必要になるのだ。

さらに言えば、「TCEの理論通りの行動を取ってパフォーマンスが高まった」企業を取り上げるだけでも、十分ではない。なぜなら、「資産特殊性が高い状況で（TCEの視点からは内部化すべきなのに）、内部化をしなかった企業は本当に業績が下がるのか」までを検証する必要があるからだ。

図表1を見ていただきたい。この図表で言えば②や③がそれに当たる。特定企業の成功例・失敗例だけを探究しがちなケーススタディ（事例研究）はどうしても①や④だけを見がちで、②や③（①や④に対するカウンターファクトという）がなかなか捕捉できないので、特にケーススタディをする初学者は注意されたい。これも、世界標準の経営学で統計分析が重視される理由の一つといえる（現実のビジネス分析でも、多くの方々がこのカウンターファクトを見逃

760 | 第6部 | 経営理論の組み立て方・実証の仕方 |

図表1 | TCEから予測される取引コストのパフォーマンス

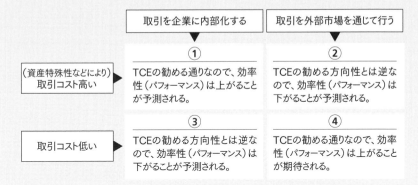

すことが多い。競合他社分析などでは、ぜひこの点を意識してみていただきたい)。

TCEの文脈でこの点を明示的に検証した先駆者は、ミシガン大学の経済学者スコット・マステンである。彼が『ジャーナル・オブ・ロー・エコノミクス・アンド・オーガニゼーション』などに発表した一連の研究は、米国の経営学Ph.D.(博士)では非常によく読まれる[注1]。

2 | 反証可能性 (falsifiability)

反証可能性とは、提示された理論命題・仮説が、現実に反証の余地があることだ。哲学者カール・ポパーが提示して以来、理論記述の重要条件となっている。

例えば、「ペンギンは空を飛べない」という命題があったとする。この時もし仮に、ペンギンの定義がそもそも「飛べない鳥」というものなら、先の命題は「飛べない鳥であるペンギンは、空を飛べない」と言っていることになる。これでは主語と述語がほとんど同義反復であり、そもそも反証のしようがない。結果、この命題は科学的に検証する意味がない。第3章では、RBVの命題でこの反証可能性が問われていることを解説した。

ビジネスパーソンも、知らずしらずのうちに同義反復を使っていることがある。報告書などで「この有望な市場に参入することは、有望な戦略だ」「彼はリー

注1) Masten, S. E.et al., 1991. "The Costs of Organization," *Journal of Law, Economics, & Organization*, vol.7, pp.1-25. および Masten, S. E. 1993. "Transaction Costs, Mistakes, and Performance: Assessing the Importance of Governance," *Managerial and Decision Economics*, vol.14, pp.119-129. を参照。

ダーシップを発揮できているので、優れたリーダーだ」などと書かれていたら、同義反復を疑った方がいいだろう。

3｜内生性（endogeneity）

A→Bの因果関係で示したものが、実は、第3のユニットCがAに影響を与え、同時にBにも影響を与えているために、実はA→Bが見せかけの因果関係だった、というものだ。**図表2**をご覧いただきたい。

例えば「CSRに積極的な企業（A）は、業績がよい（B）」という主張があったとしよう。しかし、もしかしたら、実は企業の経営者の資質（C）がこの関係に影響しているのかもしれない。例えば、経営者の手腕が優れていて業績が高く（C→B）、同時にその経営者が業績とは関係なくCSRに積極的なら（C→A）、本当の実態は違っても「CSRをすれば、業績がよくなる（A→B）」ように見えてしまう、ということだ。

実際、内生性の解消は現代経営学の重要課題であり、最近はそのための計量経済学手法を使う、実験を行うなど、実証分析で内生性を克服することが、トップ学術誌に論文を掲載する必要条件となっている。ビジネスパーソンの皆さんには、ご自身の発言の論理展開に内生性の問題がないかに気を配っていただきたい（このためにも、やはりポンチ絵を描くことをおすすめする）。

|図表2| **内生性のある因果関係**

4｜概念の曖昧性・恣意性

自分の頭にある概念（コンストラクト）を相手と完全に共有することは、実は極めて難しい。これは科学哲学的な問題でもある。

例えば、「風通しのいい組織」という言葉がある。しかし、では具体的に何をもって「風通しのいい組織」といえるのか、その定義は人によって大きく違う可能性がある。「女子力」「忖度」なども同様だ。料理をつくれれば「女子力」

が高いのか、それともインスタ映えするような写真を撮れれば女子力が高いのか……定義は定まっていない。

ビジネスにおいても、「我々は日頃から、定義が十分に共有されていない、あやふやなコンストラクトを多く使って会話をしている」事実を意識しておくべきだろう。これを意識しないと、相手と議論が噛み合わないことが多くなる。

5│全体主義と還元主義

第39章でも述べたが、様々な事象の全体像をとらえようとするのが全体主義（wholism）である。例えばビジネスモデルをとらえることは、その典型だ。しかし、ビジネスモデルの中には様々なユニットがあり、複雑に関連しているから、本来ならそれらの関係性をすべて精緻に描き出さなければならない。

けれども現実には、全体を描こうとすればするほど、部分におけるユニット間の関係は厳密でなくなっていく。逆に、特定の狭い範囲でのユニットの関係性にフォーカスした分析（＝還元主義：reductionism）は、厳密性は高まるものの、「構造の全体像を描き出せない」ということになりがちだ。

|第41章|

世界標準の実証分析

ビジネスの実証分析は
想像以上に身近で、とてつもなく深い

理論と実証は不可分である

　前章では、経営理論がどのようにして組み立てられるのか（理論構築：theory building）を解説した。

　しかし理論が真に価値を持つには、理論（あるいはそこから導かれた命題・仮説）を現実・データと照らし合わせ、ビジネスの真理（truth）を描写しているかを検証する必要がある。あるいは逆に現実を深く観察することで、新しい理論を浮かび上がらせる必要がある。

　理論と現実世界の往復がなければ、理論はただの机上の空論にすぎなくなる。この「理論と現実を突き合わせる作業」を総称して、実証分析（empirical analysis）と呼ぶ。

　理論と実証の相克は、すべての科学分野の根底といえる。実証分析は時に理論を支持し、時に否定する。物理学者アルバート・アインシュタインは、1910年代に確立した一般相対性理論に基づいて「宇宙は定常的なものである」と考え、そのつじつまを合わせるために「宇宙項」を理論モデルに加えた。

　しかし、1920年代にカリフォルニア工科大学のエドウィン・ハッブルがウィルソン山天文台の反射望遠鏡を使った天体観測から「宇宙は定常ではなく、むしろ膨張している」という事実を突き止めると、アインシュタインは宇宙項の入った自身の理論を放棄せざるをえなくなったのだ。

　しかし数十年の時を経て、アインシュタインの宇宙項は再び宇宙物理学者の注目を浴びる。1990年代にカリフォルニア大学バークレー校のソール・パールマッターらが行った観測分析の結果、宇宙の大部分が従来の理論では説明できない

764　|第6部　経営理論の組み立て方・実証の仕方|

ダークエネルギーで占められているとわかり、その説明に宇宙項が必要になってきたからだ。1920年代に観測の結果として否定されたアインシュタインの理論は、最新観測の結果、21世紀にむしろ甦りつつあるのだ[注1]。このように、理論と実証（＝この場合は観測）の絶え間ないせめぎ合いを通じて、人類は少しずつこの世の「真理」に近づいていくのである。

　同じことは、社会科学（social science）の一分野である経営学が目指すことでもある。人・組織を対象とする経営学では、実証分析の手法は自然科学のそれとは異なる。しかし、その目的が「可能な限り真理（truth）に近い法則の検証・導出」にあるのは同じだ。

　実際、本書で紹介している経営理論のほとんどは、厳しい実証研究の審査をくぐり抜けて生き残ってきた。だからこそ、真理に近いかもしれない「世界標準の経営理論」といえるのだ。他方で実証分析の種類・進め方については、本書ではここまで十分に解説してこなかった。

　何より、実証分析のプロセスを知ることは、研究者を目指す方や論文を書く学生はもとより、ビジネスパーソンにも間違いなく示唆がある。なぜなら、前章の理論構築と同様、皆さんは日頃から知らずしらずのうちに「実証分析のようなこと」を行っているからだ。例えば新規事業を実施するために、事業計画（＝仮説）が正しいかを実証実験することがある。レポート作成のために、取引先にインタビュー調査をすることもある。外部リサーチ業者からデータを購入して、顧客行動を分析することもあるだろう。

　これらはすべて皆さんが、ビジネスの「理論仮説のようなもの」を現象・データと突き合わせる作業だ。すなわち、「実証分析のようなもの」である。そして後述するように、ビジネスでの実証分析の必要性は、今後加速度的に高まっていくだろう。この問題意識をもとに、本章は世界標準の経営学における実証分析の基本から最先端までを、いっきに概説しよう。

演繹法と帰納法

　本題に入る前に実証分析の役割、なかでも「演繹」と「帰納」の違いについて

注1）吉井譲『論争する宇宙』（集英社、2006年）などを参照。

確認しておきたい。両者の違いは本章では特に重要となる。

まず演繹（deduction）とは、先に理論から命題や仮説を導き出し、それが現実に当てはまるかを検証することだ。例えば、仮に理論から「役員の多様性が高い企業ほど、業績が高い」という仮説が導かれたとして、それが一社だけにしか当てはまらないのでは「普遍的な真理法則」とはいえない。したがってその仮説が広範に多くの企業に当てはまるか（＝真理法則に近いか）を、確認する必要がある。これが、演繹的なアプローチだ。

『アカデミー・オブ・マネジメント・ジャーナル』（AMJ）、『ストラテジック・マネジメント・ジャーナル』（SMJ）など、経営学のトップ学術誌に掲載される論文の大半は、演繹法を採る。結果、世界の主要学術誌の研究では、統計解析が多くなる。

一方の帰納（induction）は演繹の逆である。すなわち、現実を深く観察することで興味深い事実・因果関係を見いだし、それをもとに「これが（誰もが見つけていなかった）真理法則ではないか」と洞察することだ。帰納法では現実のビジネスの精緻な観察が求められるので、事例分析（ケーススタディ）が多くなる。

この前提をもとに、実証分析の手法を概観しよう。

現代経営学の実証分析の6大手法

現代経営学のメジャーな実証分析手法は、大きく6つに分かれる。**図表1**も併せてご覧いただきたい。

❶統計分析：アーカイバル・データを分析

既存のデータベース会社、統計集、業界団体の年報に載っているデータなど、第三者がすでに集めたデータ（アーカイバル・データ）を入手し、それを使って統計分析を行うことだ。現代は様々なデータベース企業がアーカイバル・データを構築しており、経営学者はそれを入手して活用している。

例えば、米国で企業の財務情報を収集するのによく使われるのが、スタンダード・アンド・プアーズが作成したCompustatである。米企業を統計分析する経営学者なら、一度は使ったことがあるデータベースのはずだ。他にも、米国でM&Aの研究をしたいなら、ブルームバーグのデータベースは不可欠だ。日本企

業の財務データについては、日経NEEDSが代表格だろうか。

実は日本は様々な統計が充実している国で、データベース会社に頼らなくとも、興味深いアーカイバル・データが多く入手可能だ。例えば、業界団体の年報・団体誌だ。そこには海外の業界団体誌ではなかなか手に入らない、業界・企業の詳細なデータが整理されていることがある。

日本自動車工業会が出版する『世界自動車統計年報』では、国内外の自動車の生産・販売・保有台数や、各社の動向などの子細が記載されている。東洋経済新報社の『会社四季報』『役員四季報』『CSR企業総覧』なども、アーカイバル・データとして有用だ注2。政府統計も充実しており、例えば第29章で触れた経済産業省の『産業連関表』は、経営学でも応用価値があるだろう。

このように「日本はアーカイバル・データの宝の山」というのが、筆者の理解だ。日本では事例分析を好む経営学者が比較的多いので、データが十分に活用されてこなかったのかもしれない。逆に言えば、これだけアーカイバル・データが豊富なのだから、ビジネスパーソンも様々な実証分析ができるということだ。

アーカイバル・データを使った統計分析手法の代表格は、回帰分析だ。現代の経営学で最も多く用いられている統計手法かもしれない。これはX→Yのような因果関係を検証することを目的としており、経済学分野の計量経済学（econometrics）として飛躍的に発展してきた注3。経営学者も、計量経済学を応用しているのだ。

❷統計分析：質問票調査（アンケート調査）のデータを分析

アーカイバル・データは企業の財務情報など、対外的に公表されていることが多い。しかし真理の探究のためには、外からは見えない「従業員の心理状況」「職場の雰囲気」「経営者の性格」などを計測し、実証分析することも重要だ。そのためによく行われるのが、質問票調査（アンケート調査）である。質問票調査も学術的には、観測対象へのアプローチの仕方、質問の聞き方など、厳密な作法が

注2）実際、同社が出版している『海外進出企業総覧』は、海外の国際経営学者の貴重なデータベースとして広く使われている。

注3）厳密に言うと、回帰分析を使ったからといって、確実な因果関係が判明するわけでない。しかし、因果関係に近いかどうかの推定はできる。因果推定についての入門書としては、中室牧子、津川友介『「原因と結果」の経済学』（ダイヤモンド社、2017年）などを参照。

|図表1| 6つの実証分析の特徴

		データ	主な分析手法	一般的な観測数
1	統計分析：アーカイバル・データ	第三者が収集したアーカイバル・データを購入したり、様々な2次ソース情報を加工してデータを作成する。	計量経済学（回帰分析）の様々な手法	数百～数百万
2	統計分析：質問票調査	質問票調査（アンケート調査）を通じて、データを作成する。	●回帰分析 ●主成分分析、構造方程式モデリングなどの多変量解析の手法	数十～数百人の被質問者
3	統計分析：心理実験	被験者に心理実験を行い、その結果をデータ化する。	t検定、ANOVA、ANCOVA	数十人の被験者
4	統計分析：メタ・アナリシス	過去の統計分析で得られた回帰係数、相関係数などを集計する。	効果量（effect size）の算出	数十程度の論文
5	シミュレーション	―	エージェント・ベース・モデル システム・ダイナミクス・モデル	―
6	事例分析	実際の企業・組織に入り込んで、インタビュー・文献調査などを行う。	Replication logic、Grounded Theoryなど、厳密性と客観性を高める手法が提示されている。	以前は、1～10程度の事例が多かったが、現在は一論文で取り扱う事例の数が増えてきている。

※参考文献例は、学術誌の略称がついているものはその学術誌に掲載されている論文であり、
そうでないものは教科書などの書籍である。

ある。例えば、回答者に「はい、いいえ」といった2択の答え方をさせるよりも、「同意する」から「反対する」までを5段階にして評価してもらう手法（リカート・スケール法と呼ばれる）が好ましい、などだ。

　質問票調査から得たデータを分析する統計手法は、大きく2つある。一つは、先の回帰分析だ。この場合、質問票結果を集計して変数として用い、X→Yのような因果関係を検証する。もう一つは、回帰分析を除く多変量解析の一連の手法である。マーケティング調査でよく用いられる主成分分析、因子分析、クラスター分析などはその代表だ。加えて経営学で近年多く用いられるのが、構造方程式モ

利点	難点	近年の傾向	参考文献例※
●大規模サンプル分析が可能。 ●情報の客観性が高い。	●内生性の問題。 ●厳密な意味で「因果」とはいえない。	●内生性問題の対応のために、操作変数法を用いる。 ●厳密に因果を確認するため、傾向スコアマッチングやベイズ統計を用いる。	Wooldridge (2015)
人の心理面など、アーカイバル・データでは捕捉できない情報を捕捉できる。	従属変数と説明変数を同じ人が回答するCommon Method Bias問題。	同じ相手に複数時点で質問票調査を行い、パネルデータを作成する研究が出てきている。	Hair et al. (2016)
外界と遮断された状態で、ある条件下での純粋な効果が検証できる(因果関係が判別しやすい)。	実験という特殊環境下での分析なので、現実感が弱い。	分析対象を変えて、複数の実験結果を提示する研究が増えている。	―
これまでの実証研究の総論が分析できる。	古い研究の手法の信頼性の問題などが残る。	―	Hunter & Schmidt (2004)
理論モデルをベースに、様々な示唆が得られる。	現実のデータを用いるわけではない。	シミュレーション結果に加えて現実データの統計分析も用い、理論構築と検証を同時に行う研究が出てきている。	Carley (2001) Davis et al. (2007 AMR) Harrison et al. (2007 AMR)
現場の豊富で動態的な情報から、詳細な因果メカニズムなどを観測できる。	観測数が限定される上、研究者の主観的判断が介在するため、結果の普遍性・再現性が乏しい。	トップ学術誌に掲載される事例研究では観測数の大規模化が進んでおり、100人以上へのインタビューが普通になっている。	Eisenharst (1989 AMR) Glaser & Strauss (1967) Yin (1994)

デリング（SEM：Structural Equation Modeling）だ。これは、X→Yだけでなく、X→Y、Z→Y、Y→Wなど、複数の因果関係の集合体を検証できるのが特徴だ。

❸統計分析：心理実験のデータを分析

　経営学では、人を使った心理実験もよく行われる。被験者を数十名集めて、彼らにチーム作業をさせたり、ビジネス交渉ゲームなどを行ってもらったりする。その際に、例えば検証したい理論仮説にかなった条件を与えられた被験者のグループと、条件に当てはまらないグループ（コントロールグループ）をつくり、

共同作業や交渉ゲームの結果（作業パフォーマンス、交渉で得た金額）などを測定し、両グループ間で結果を比較するのだ。比較のための統計手法としては、ANOVA（分散分析）、ANCOVA（共分散分析）などの手法がよく用いられる。

　心理実験は、現実のビジネスデータを使うわけではない。しかし、実験という外界から遮断された環境だからこそ、余分なノイズが少なく、特定の条件下における人の心理効果が精緻に判別できる。

❹統計分析：メタ・アナリシス

　メタ・アナリシスとは、同じテーマで過去に行われた複数の実証研究の統計分析結果をまとめ上げて再度統計分析し、「過去に行われた実証分析の総合結果」を導き出す手法である。純粋にアカデミック目的の手法であることと、統計手法が特殊なことから、本章では深く取り上げない。

❺シミュレーション

　経済学ディシプリン理論や認知心理学ディシプリン理論の示唆を深く探究したい場合には、そこから導かれた数学モデルをベースに、数値例を使ったコンピュータシミュレーションを行うことがある。経営学では、エージェント・ベース・モデルという手法が頻繁に用いられる。シミュレーションは現実のデータそのものを使うわけではないので必ずしも「実証研究」とは言いがたいところもあり、本章では深くは扱わない。

❻事例分析（ケーススタディ）

　おそらくビジネスパーソンに一番馴染みがあるのが、事例分析だろう。特定の企業・組織に入り込んで、インタビュー調査などを行っていく手法だ。文献調査が組み合わされることもある。

　事例分析は一件一件の作業に時間がかかり、統計分析のように多数の企業・組織を対象とすることが難しい。他方でその利点は、現実の組織・企業に入り込むことで、より複雑で動態的なビジネス事象間の因果メカニズムを精緻に観察できることだ。したがって、事例分析は帰納法として使われることが多い。

　皆さんの中には、「事例研究は、単に企業に訪問してインタビューすればよい」程度に考えられている方もいるかもしれない。しかし、世界の経営学者が行う事

770　│ 第6部 │ 経営理論の組み立て方・実証の仕方 │

例研究は、厳密性・客観性を高めるための作法が細かく提示されており、その手順を正しく踏まない場合は「信用性が低い」と見なされかねない。例えば近年よく使われる手法は、グラウンデッド・セオリー（grounded theory）だ。インタビュー調査などから得たテキスト情報から、可能な限り客観的に情報の分類化・意味付けを行うことを目指した手法である。図表1に記載しているGlaser & Straussの書籍は、この手法を最初に提示した文献だ。

　本書では第1部から第4部で、それぞれの経営理論に対応する実証研究をつど紹介してきたが、それらはほぼすべて①から⑥のどれかに当てはまる。では次に、これらの分析手法の中からどれを選ぶべきか、基準を解説しよう。

実証分析の手法を選ぶ基準

　もちろん、どの実証分析手法を選ぶべきかは、第一義には研究の目的による。とはいえ他にも大まかな判断基準はある。重要なのは以下の2点だ。

理論ディシプリンとの相性

　第1は、理論との相性だ。それぞれの経営理論には、導かれた命題・仮説を検証するのに向く実証分析手法と、向かない手法がある。図表2は、本書で紹介している各理論について、主要学術誌の論文で主に使われる実証分析手法を整理したものだ。図表からは、経済学、心理学、社会学の理論ディシプリンごとにも使われる手法に傾向があることがわかる。

　まず、「SCP理論」「RBV」「エージェンシー理論」「取引費用理論」など経済学ディシプリンの理論は、主にアーカイバル・データを用いた統計分析（＝回帰分析）が用いられることが多い。経済学ディシプリン理論で説明できる現象には、企業の競争力（業績）、産業内での競合度合い、M&Aなど企業レベルのものが多く、アーカイバル・データが取りやすいことが理由の一つだ。

　心理学ディシプリンは、マクロ分野とミクロ分野で傾向が異なる。「企業行動理論」「知の探索・深化の理論」「トランザクティブ・メモリー」など、認知心理学を基盤としたマクロ分野では、アーカイバル・データの統計分析、質問票調査の統計分析、心理実験、シミュレーションなどが幅広く使われる。一方、「リーダー

|図表2|各経営理論に対する主な実証分析手法

	▼本書該当章		統計分析：アーカイバル・データ	統計分析：質問票調査	統計分析：心理実験	シミュレーション	事例分析
経済学ディシプリン	第1章	SCP理論（SCP）	✓				
	第3章	リソース・ベースト・ビュー（RBV）	✓				
	第5章	情報の経済学①（information economics）	✓				
	第6章	情報の経済学②（エージェンシー理論）（agency theory）	✓				
	第7章	取引費用理論（TCE）	✓	✓			
	第8・9章	ゲーム理論（game theory）	✓		✓	✓	
	第10章	リアル・オプション理論（real options theory）	✓				
マクロ心理学ディシプリン	第11章	企業行動理論（BTF）	✓			✓	
	第12・13章	知の探索・知の深化の理論（exploration and exploitation）	✓	✓		✓	✓
	第14章	組織の記憶の理論（SMM & TMS）		✓	✓	✓	
	第15章	組織の知識創造理論（SECIモデル）					✓
	第16章	認知心理学ベースの進化理論（evolutionary theory）	✓				✓
	第17章	ダイナミック・ケイパビリティ理論（dynamic capabilities）				✓	✓
ミクロ心理学ディシプリン	第18章	リーダーシップの理論（leadership theories）		✓	✓		
	第19章	モチベーションの理論（motivation theories）		✓	✓		
	第20章	認知バイアスの理論（cognitive bias）			✓		
	第21章	意思決定の理論（decision making）			✓		
	第22章	感情の理論（emotion theories）		✓	✓		
	第23章	センスメイキング理論（sensemaking）					✓
社会学ディシプリン	第24章	エンベデッドネス理論（embeddedness）	✓				✓
	第25章	「弱いつながりの強さ」理論（weak ties）	✓	✓			
	第26章	ストラクチャル・ホール理論（structural holes）	✓	✓			
	第27章	ソーシャルキャピタル理論（social capitals）	✓	✓	✓		
	第28章	社会学ベースの制度理論（institutional theory）	✓				
	第29章	資源依存理論（resource dependence theory）	✓				
	第30章	組織エコロジー理論（organizational ecology）	✓				
	第31章	エコロジーベースの進化理論（evolutionary theory）	✓				
	第32章	レッドクイーン理論（red queen theory）	✓				

シップ」「モチベーション」「感情の理論」など、深く個人の内面に入り込むミクロ分野では、質問票調査の統計分析と心理実験が使われることが多い。

社会学ディシプリンの理論では、アーカイバル・データの統計分析、質問票調査の統計分析、事例分析などが使われる。例えば「弱いつながりの強さ理論」「ストラクチャル・ホール理論」などでは、質問票調査を通じて人と人の人脈を定量化する実証分析がよく行われる。加えて、企業間提携（アライアンス）などのアーカイバル・データを収集し、企業間のソーシャルネットワーク関係を定量化することも多い。

ここまで理論と統計分析の関係を述べたが、そもそも統計分析に向かない理論もある。「知識創造理論」「ダイナミック・ケイパビリティ」「センスメイキング理論」などだ。これらの理論は、組織内の複雑な意思決定が絡み合う動態プロセスを描く。暗黙知など、データ化が難しい要素もある。その検証のためには、組織内部に深く入り込んで観察する必要があるため、事例研究が用いられがちだ。

理論のライフサイクル

実証分析手法を選ぶ第2の基準は、ハーバード大学のエイミー・エドモンドソンらが2007年に『アカデミー・オブ・マネジメント・レビュー』に掲載した論文で提示したものだ[注4]。この論文でエドモンドソンらは、理論のライフサイクルを「黎明期」「中間期」「成熟期」の3つに分け、「どの実証手法が望ましいかは、理論ライフサイクルのステージによる」と述べた。

黎明期（nascent）に必要なのは、現実のビジネスを観察することだ。前章でクレイトン・クリステンセンの論文を引用して解説したように、通常、経営理論の着想は現実の観察から生まれる。その中から誰も見つけていなかった特異点（アノマリー）を見いだし、その背景を洞察していくのだ。すなわち帰納法である。したがって黎明期に新しい理論の洞察を得るには、事例研究が向いている。

やがてその理論が注目されるようになる（＝中間期：intermediate）と、さらに深い洞察のための事例研究（帰納法）と、他方でそれが広範な企業・組織・ビジネスパーソンに当てはまるかの検証（演繹法）の両方が求められる。結果、

注4) Edmondson, A. C. & Mcmanus, S. E. 2007. "Methodological Fit in Management Field Research," *Academy of Management Review*, Vol.32, pp.1155-1179.

事例研究と統計分析の両者が用いられる。そして理論が確立し成熟期（mature）を迎えると、その徹底的な検証や、別の現象への適用（演繹法）が行われるため、実証分析手法の大勢が統計解析になっていく。

　第1部〜第4部の実証研究例をまとめた図表に端的に表れているように、経営学のトップ学術誌に掲載される実証研究は、統計分析を用いたものが非常に多い。事例研究は、極めて少数派である。例えば、ワシントン大学のダスティン・ブルームらが2011年に『ジャーナル・オブ・マネジメント・スタディーズ』に発表した論文では、1999年から2008年の10年間にAMJ、ASQなどのトップ学術誌に発表した研究における、事例研究の数を数えている[注5]。その結果によると、AMJに10年間で掲載された事例研究はわずか24本しかない。AMJは大まかに10年間で750本前後の論文が掲載されているはずなので、そのうち事例研究は約3％にすぎない、ということだ[注6]。

　一方、興味深い現象もある。それはAMJのBest Paper Winner論文（最優秀論文）である。AMJはその年に掲載された論文から最優秀論文を毎年1本選出するが、2007年から2016年の計10本の最優秀論文のうち、事例分析を全面に使った論文が3本もあり、他の3本も部分的に事例分析を採り入れているのだ。AMJに掲載される論文全体では事例分析はわずか3％なのに、最優秀論文になると半分以上が事例分析を用いているのである。

　この事実は、統計分析と事例分析の違いを明快に表しているといえるだろう。AMJでも多くの論文は「中間期」「成熟期」の理論の実証をしている。したがって、その大部分は統計分析を用いる。一方、最優秀論文は新しい理論視点を切り開くなど、後の研究に特に高いインパクトを持つものだ。結果、「黎明期」の論文が選ばれがちで、事例研究が多くなるのだ。このように、統計分析と事例研究はどちらが上・下と優劣を競うものではない。役割が違うだけなのだ。

　さて筆者は冒頭で、「実証研究は現実のビジネスに示唆がある」と述べた。実際にはビジネスパーソンも、「実証実験」「レポートのためのインタビュー調査」

注5）Bluhm, D. J. et al., 2011. "Qualitative Research in Management: A Decade of Progress," *Journal of Management Studies*, Vol.48, pp.1866-1891.

注6）AMJは毎年5回刊行されており、1回に15本ほどの論文が掲載されているので、10年間で約750本と計算した。

「顧客データ分析」など、実証分析のようなものを日々行っているからだ。しかもこの必要性は、今後さらに高まることは間違いないだろう。企業内外を取り巻く様々な情報がデータとして可視化されるようになってきており、その解析力が企業競争力に直結し始めたからだ。

現代ビジネスに浸透し始めた実証分析

例えば、人事部の持つ人材データである。この点は、第34章で述べた。少し前までの人事部には、人材に関するデータだけはそのつど収集されてはいるものの、データをまとめ上げて体系的な統計分析が行われることは、稀だった。しかしここに来て、企業の人材データ解析の重要性が注目されている。

その代表企業がグーグルである。同社はこれまで採用した人材の様々なバックグラウンド情報をデータ化し、その人のパフォーマンスとの相関を見いだし、採用の意思決定に反映させている（第34章を参照）。今後は人事系データ分析を専門とするスタートアップ企業の台頭などもあり、他の多くの企業でも人事のデータ活用は進むだろう。

同様に注目なのが、人脈データだ。第25章ではフェイスブックが同サービスを使う人々の人脈データを使って、「弱いつながりの強さ」理論に基づく分析を行っていることは述べた。また日本の名刺交換アプリ企業Sansanは、名刺交換という「人のつながり」を可視化するデータを大量に保有し、経営学者・経済学者と共同研究を行うプロジェクトも始まっている。

実証分析に強い経済学者が民間企業に引き抜かれる事例も出てきた。アマゾンジャパンは、香港科技大学で准教授を務めていた渡辺安虎（現東京大学教授）を、2017年に同社の上席エコノミストとして招聘した。渡辺氏は産業組織論を専門とする経済学者だが、データ解析手法をマーケティングに応用した研究も行っている。経済学者としての実証分析の手腕が、アマゾンに高く評価されたのだ。

なお、このトレンドは定性的な事例分析の重要性の低下を、必ずしも意味しない。むしろ今後は、「現場の事例分析から得た洞察をビジネスにフィードバックする重要性」が高まる可能性もある。

例えば、日立製作所主任研究員の原有希氏が属するグループは、電力プラント、鉄道車両など同社の製品を使うクライアントの現場におもむき、使い方・メンテ

ナンス方法を直接観察する事例分析を行っている。B2B企業がクライアントに
おもむき、現場作業の観察結果をサービス・ソリューション開発に活かすことは、
エスノグラフィーと呼ばれている。

原氏のグループは、「事例分析（エスノグラフィー）は、IoT（モノのインター
ネット）時代にこそ不可欠」と述べる。IoT時代には、電力プラント、鉄道車両
などがネットでつながり、様々なデータが吸い上げられる。しかし、仮にデータ
から問題点がわかっても、「その課題を解消するために作業員がどう行動すべき
か」は、現場での暗黙知の要素が大きい。そこで原氏たちは、現場の作業員の行
動を事例分析し、暗黙知を形式知化する作業を百数十件も繰り返しているのであ
る。今後のB2B企業では、IoT時代だからこそ事例分析の重要性も増すのかもし
れない。

実証分析は、あなたでもできる

ここまでを読むと、実証分析はとても高度なように聞こえ、「ビジネスで不可
欠と言われても、自分にはできない」と思う方もいるかもしれない。もちろん実
証分析の専門家になるには、相応の時間とトレーニングが必要だ。しかし、現代
は一般のビジネスパーソンでも、実証分析に取り組みやすい環境が十分に整って
きたことは間違いない。誰でも「実証研究の入り口」までなら、簡単に立てる時
代なのだ。

その理由は第1に、先にも述べたように様々なアーカイバル・データが容易に
取れるようになったことだ。現代は様々なデータベース企業からデータが購入で
きるし、自社内の人材・顧客データも電子化されて保存されている。これらを分
析に使わない手はない。質問票調査も同様だ。最近はQuestantやサーベイモン
キーなど、ネット上で簡単に質問票調査を展開できるサービスが充実している。

統計分析も容易になってきている。SPSSなど初心者でも使いやすい統計パッ
ケージや、Rなどの無料プログラミングパッケージ、Ucinetのようなネットワー
ク専門のソフトウェアやSEMに特化したソフトウェアもある。ビジネスパーソ
ンが精緻な実証研究を行うためのインフラは飛躍的に充実してきている。

事例研究も、以前より容易になった。録音や動画撮影はスマートフォンでもで
きる時代であり、現場での聴き漏らしはなくなり、現場の様子を動画で再確認す

776 ｜ 第6部　経営理論の組み立て方・実証の仕方 ｜

ることもできる。

このような手段を使って「実証研究の入り口に立つ」ためのトレーニングは、筆者が早稲田大学大学院（ビジネススクール）のゼミで、社会人学生に指導していることでもある。彼らは修士論文の作成の際に、数カ月程度を実証分析に充てる。短期間ではあるが、先に述べたようなツールを使いこなせば、十分に「実証研究の入り口に立った」といえる程度の成果は上げられるのだ。

筆者の過去のゼミ修了生の修士論文から3例紹介しよう（なお、所属は当時のもの）。

❶鎌田陽子氏（ヤマハ発動機勤務）の研究

鎌田氏の研究は前章でも紹介した。そこで述べたように、彼女はイントラパーソナル・ダイバーシティ（個人内多様性）を3種類に分け、「業界を横断してイントラパーソナル・ダイバーシティを高めた経営者は企業の業績を高める」が、逆に「企業グループ内を渡り歩いて、イントラパーソナル・ダイバーシティが高い経営者は、企業業績を下げる」といった理論仮説を打ち立てた。

実証分析で鎌田氏は、各社の有価証券報告書の情報などを精査し、国内情報通信分野の上場企業165社の経営者の経歴をくまなくデータ化し、各人のイントラパーソナル・ダイバーシティを複数年にわたり計測した。日経バリューサーチの企業データ等を組み合わせた回帰分析の結果、鎌田氏は先の2つの仮説を支持する結果を得ている。

❷渕上克氏（アマゾンジャパン勤務）の研究

渕上氏は、「内発的動機がクリエイティビティ（創造性）を高める関係」に注目した。第19章で紹介したペンシルバニア大学のアダム・グラントが2011年にAMJで発表した研究などでは「内発的動機の高い人は、クリエイティビティが高まる」という傾向が確認されている。一方、パナソニック、ミスミ、アマゾンの3社を経験している渕上氏は、この「内発的動機→創造性」というプラス関係には、「その人が所属している企業の環境」という視点が欠けていることに気づいた。

そこで渕上氏は、Questantを使って周囲の社会人大学院生に広く質問票調査を行い、117人から得たデータから各人の「内発的動機」「創造性」や、その人が属する組織特性を指数化した。回帰分析の結果、例えば「成功事例報告会」「階

層別研修」「メンター制度」などの習慣が組織に組み込まれている企業ほど、「内発的動機→創造性」の関係が弱まる（負のモデレーティング効果がある）という結果を得ている。「階層別研修などの仕組みは、やる気がある従業員から、むしろ創造性を奪っているかもしれない」ということだ。

❸古賀康之氏（電通勤務）の研究

古賀氏は、ミシガン大学のC・K・プラハラードが提唱して世界的に知られる「ボトム・オブ・ピラミッド」（BOP）の持続性についての事例分析を行った。BOPは新興市場などの貧困層（所得ピラミッドの最下層）に対してビジネスを行うことで、ビジネスと社会問題の解決を両立させることを指す。現在ではユニリーバ、ネスレ、プロクター・アンド・ギャンブルなどの取り組みが有名だ。

一方、「BOPビジネスの現場がどうなっているか」は、なかなかデータ化できるものではない。何よりBOPは一つの大きな視点であり、それを説明する理論がない。そこで古賀氏は帰納法による事例分析を行うため、2016年末にフィリピンの低所得者層が住む地域を現地訪問し、ネスレや味の素のBOPビジネスの現場の状況を詳細に観察した。結果、「BOPビジネスが持続するカギは、むしろ社会的な要素を排除し、経済性を追求することにあるのではないか」などの命題を打ち立てている。

彼らは普通の社会人学生であり、論文を書く1年前は、実証分析などまったく経験がなかった。それが1年も経たずして、『入り口』くらいには立てるようになっている。実証分析は座学より、自分で手を動かして作業する方が早く習得できる。いまはビジネスパーソンを意識した実証分析の書籍も多く売られている[注7]。それらを手にして「まずは習うよりも、やってみる」ことを、皆さんにはお薦めしたい。

さて、このように実証研究は我々のビジネスに浸透し、より身近になっていくと予想されるが、これは経営学者の役割が薄まることを意味しない。むしろ、その役割は増していくはずだ。なぜなら、より厳密性の高い本格的な実証分析を行うには、いままで以上に高度な知識・経験が必要だからだ。

注7）例えば、西内啓『統計学が最強の学問である［ビジネス編］』（ダイヤモンド社、2016年）を参照。

実証分析で陥りやすい罠等については、それぞれの専門書を手に取っていただきたい。図表1では、各手法の課題と最近の実証分析のトレンドについて筆者が重要と考えるものを、簡単に列記しておいた。

さらに言えば、経営学における実証分析の高度化のスピードは、今後さらに加速するだろう。なぜなら、社会科学以外の分野から様々な手法への入り口が開けており、さらに新しい実証手法が次々と提示されているからだ。そこからビジネスの真理に、いっきに近づく成果も出てくるかもしれない。そこで最後に、近年経営学で注目され始めたフロンティアの実証分析手法を紹介しよう。

経営学の実証分析の未来は大変化する

現代経営学の実証分析において、大きなブレークスルーとなりうるフロンティアは、少なくとも5つある。

機械学習（machine learning）

すでに経営学に浸透し始めているのが、機械学習である。特によく使われているのが、テキストマイニングのプロセスに機械学習の一種を取り込んで、膨大な文字情報から変数を作成する、というものだ。

先駆けとなったのは、第13章で紹介したトロント大学のサラ・カプランらが2015年にSMJに発表した研究だ。詳しくは第13章をお読みいただきたいが、この研究でカプランらは、「ブレークスルーなイノベーション」を計測するために、機械学習のトピックモデリングという手法を採用した。カプランらは米特許庁から企業に付与された2826の特許の文章にトピックモデリング手法を適用し、ブレークスルーな特許をデータ化した[注8]。そして統計分析から、「ブレークスルーな特許は、幅の狭い知の探索に影響を受けて生まれる」という結果を得ている。

最近では、「新聞記事のテキスト情報を大量に機械学習させる」といった経営学の実証研究も出てきている。機械学習は、経営学の国際学会でもワークショップが何度も行われており、今後は間違いなくさらに浸透するだろう。

注8）Kaplan, S. & Vakili, K. 2015. "The Double-Edged Sword of Recombination in Breakthrough Innovation," *Strategic Management Journal*, Vol.36, pp.1435-1457.

デジタル・フットプリント（digital footprint）

　デジタル上の人の行動・発言・活動ログなどを総称してデジタル・フットプリントと呼ぶ。これらを解析して研究に活かす手法が、経営学でも台頭しつつある。例えば、スタンフォード大学のアミール・ゴールドバーグらが2019年に『アドミニストレイティブ・サイエンス・クォータリー』に発表した研究では、グラスドアと呼ばれる米国のキャリア関連ウェブサイトから、492社の従業員の自社に関する評価の発言データ51万2246件を抽出した。その評価の発言を解析し、その企業の従業員がどれだけイントラパーソナル・ダイバーシティが高いかを計測したのだ。そして統計分析の結果、イントラパーソナル・ダイバーシティが高い従業員が所属する企業の方が業績も高い、という結果を得ている[注9]。

身体データ（physiological data）

　身体データも経営学で活用され始めている。フロリダ大学のジョイス・ボーノらが2013年にAMJに発表した研究では、米国の9つの医療クリニックに勤める61人のスタッフの、職場環境でのポジティブなイベントと、従業員の健康状態の指標の一つである血圧の関係を解析した[注10]。その結果、「ポジティブなイベントが起きた職場の従業員は血圧が低下する」という傾向が確認されている。

　加えて経営学で今後期待できるのは、人の体にセンサーを取り付けて、人の動き・脈拍などをビッグデータ解析・機械学習させることだ。ネブラスカ大学のダニエル・シャヒンらが2015年に『オーガニゼーショナル・リサーチ・メソッズ』に発表した研究では、ウェアラブル・センサーを人につけての実証研究の可能性が議論されている。

フィールド実験（field experiment）

　先に述べたように、従来の経営学で行われる「実験」とは、実験室で被験者に作業をしてもらうなど、特別な実験用の環境で行うものを意味した。一方でフィールド実験とは、実際の企業・組織に対して、（経営理論などに基づく）ある特殊

注9）Corritore, M.et al., forth coming. "Duality in Diversity: How Intrapersonal and Interpersonal Cultural Heterogeneity Relate to Firm Performance ," *Administrative Science Quarterly*, pp.1-36.

注10）George, G. et al., 2016. "Big Data and Data Science Methods for Management Research," *Academy of Management Journal*, Vol.59, pp.1493-1507.

な介入を行ったグループと、そうでないグループをランダムに分け、その効果を比較するものだ。つまり「現実のビジネスで行う実験」である。フィールド実験はランダム化比較試験（Randomized Controlled Trial）という手法が経済学で普及したことで急速に台頭してきたが、それが経営学にも応用されつつある。

　例えばペンシルバニア大学のアダム・グラントらが2019年に総合学術誌である『米国科学アカデミー紀要』（PNAS）に発表した研究がある[注11]。この研究でグラントらはある国際的な組織の男性従業員3016名に対して、ダイバーシティ振興のためのオンライン研修を通じたフィールド実験を行った。その結果、（1）実験前に女性への対応がそれほどサポーティブでなかった男性は、オンライン研修を受けると女性への「態度・気持ち」を変えることまではできるが、それを実際の「行動」に移すまでの効果はない、（2）他方で実験前から女性に対して非常にサポーティブな男性は、オンライン研修を通じてさらに女性をサポートする行動が引き出せる、といった結果が明らかになっている。

神経科学（neuroscience）

　最後に、神経科学だ。そもそも現代心理学は神経科学と不可分になっているが、その影響は経営学にも及んでいる。この点は、第13章でボッコーニ大学のマウリツィオ・ゾロらが2015年にSMJに発表した研究で、「『知の探索』型の意思決定をする時と、『知の深化』型の意思決定をする時の、人の脳の活性化の違い」をfMRIで分析していることを紹介した[注12]。

　最近の研究には、2017にアリゾナ大学のデイビッド・ワルドマンらがAMJに発表した研究がある[注13]。この研究では「倫理的なリーダーの脳神経の特性」について分析している。fMRIを使ったこの研究では、「人は右脳がデフォルト・モード・ネットワーク（ぼんやりとした安静状態にあることで、脳神経の様々なパー

注11）Chang, E. H.et al., 2019. "The Mixed Effects of Online Diversity Training," *PNAS*, Vol.116, pp. 7778-7783. PNAS（Proceedings of the National Academy of Sciences of the United States of America）は『サイエンス』『ネイチャー』と並ぶ、世界的な総合学術誌である。

注12）Zollo, M. et al., 2015. "Understanding the Exploration-Exploitation Dilemma: An fMRI Study of Attention Control and Decision-Making Performance," *Strategic Management Journal*, Vol.36, pp.319-338.

注13）Waldman, D. A. et al., 2016. "A Neurological and Ideological Perspective of Ethical Leadership," *Academy of Management Journal*, Vol.60, pp.1285-1306.

ツが同時に活動する状態）にあると、それを起点として人は倫理的なリーダーになりやすい」という傾向を見つけている。

このように経営学の実証分析手法の進化は、この数年でさらに加速度的に進化している。デジタルデータ、機械学習などコンピュータサイエンスの活用に加え、身体データ、神経科学までもが、実証分析に次々と求められる時代になってきているのだ。その進展スピードはすさまじく、最近は筆者も追い付くのに必死である（追い付けている自信はない）。筆者が経営学を米国で学び始めた十数年前には、想像もできなかった進展だ。先に述べたように、ビジネスパーソンが「実証研究の入り口には立つ」こと自体は、明らかに容易になってきている。一方でその奥行きの方は、さらに急速に深くなっているのだ。

逆に言えば、経営学にとってこれほどエキサイティングな時代もないだろう。今後も実証分析の発展によって、様々な理論が検証され、支持され、否定されていくだろう。

アインシュタインの理論も、ウィルソン山天文台の反射望遠鏡の技術の向上があったからこそ覆された。そして、1990年代にパールマッターらが「新月のたびに多くの銀河を観測することで、超新星を絞り込む」という画期的な観測手法を開発し、これがダークエネルギーの発見につながり、アインシュタインの理論を甦らせた。

物理学でも、経営学でも、そして実際のビジネスでも、実証分析の向上こそが理論・仮説を支え、磨き込み、否定し、そして復活させるのだ。

782　｜ 第6部　経営理論の組み立て方・実証の仕方 ｜

終章

経営理論のさらなる視座

経営理論こそが、あなたの思考を解放する

本書の目的と狙いは実現できたか

これが最終章である。筆者は大きな目的と狙いを持って、本書を執筆してきた。ここで言う目的とは必達すべきもので、狙いは「そうなったら素晴らしいだろうな」という筆者の願望だ。

まず「目的」の方は、言うまでもなく「世界の経営学の主要理論のほぼすべてを、経済学ディシプリン、心理学ディシプリン（マクロとミクロ）、社会学ディシプリンの3つにまたがって体系的に解説する」ことだ。序章で述べたように、本書のように世界標準の経営理論を根本から丁寧に解説することは、海外ビジネススクールのMBA（経営管理修士）プログラムでも行われない。

さらに言えば、研究者・経営学者を養成するPh.D.（博士）プログラムでも、本書ほど網羅的に経営理論を概観することはほぼ行われない。筆者は、経営学の研究者としてはまだまだ未熟である。しかし序章で書いたように、たまたまの偶然が重なって、世界の主要な経営理論を3つのディシプリンにまたがって知っており、本書を執筆できたのである。

一方の「狙い＝筆者の願望」は、経営理論を知りたい学生や研究者の方々はもとより、現実のビジネスで活躍するビジネスパーソンの皆さんに、本書で紹介した経営理論を「思考の軸」として活用してもらうことだ。序章で述べたように、現在の多くのMBA本・経営書は理論の解説が浅く、現象ドリブンで記述されている。一方、本書の仮説はまったくその逆で、これからのビジネスパーソンには理論ドリブンの思考を身につけていただくことこそ有用と考えたからだ。

この世には、ビジネス・経営の本質を切り取る「世界標準」といえる経営理論がある。にもかかわらず、そのほとんどはビジネスパーソンの目に触れないまま、

ただ学術知として学者の中だけに眠ってきた。翻って本書は、それらを現実世界に解放するため、世界標準の経営理論を網羅的に、体系的に、ダイレクトにビジネスパーソンに伝え、現実のビジネスを考えていくための思考の軸として使っていただきたい、という狙いがあった。

これらを踏まえて、この最終章では2つのことを論じていきたい。第1に、そもそも本書の「目的」が達成できたのかについての確認だ。こちらは、本書のアカデミックな質を担保する上でも重要なことで、学生や研究者にも確認いただきたい。そして第2に、本書の「狙い」である「ビジネスの思考の軸としての経営理論」を活用するために、本書を使いながらさらに何ができるか、ということだ。こちらは、ビジネスパーソンにはぜひ一読いただきたい。経営理論をさらに深め、広げ、皆さんがビジネスの未来を考える上での思考の軸とする意味がある、と筆者が考える具体的なアクションを提示して、本書を締めくくろう。

本書の目的は達成できたのか

ではまず、本書の目的が本当に達成できたのかを検証してみよう。**図表1**は世界の経営学界で、経営理論に特化した学術誌として最高峰に君臨する『アカデミー・オブ・マネジメント・レビュー』（AMR）の論文投稿用ウェブサイトの、「theory」の項目に列記されるキーワードと、本書で紹介した理論の対応表である[注1]（学術誌のランク付けについては、序章コラム2を参照）。

一般に経営学の学術誌には、指定された論文投稿用のウェブサイトがあり、研究者はそこに論文を投稿する。その際に、執筆した論文に関する複数（AMRの場合は最低3個）のキーワードを、リストから選択する必要がある。キーワードをもとに、論文のエディター（編集者）がレビューワー（査読者）の選定などをする。

AMRのキーワードリストの中でも理論（theory）の項目には、経営理論の名前がそのままキーワードとして列記される。そのうち本書の趣旨で言う理論にそぐわない7つを排除すると、42の理論キーワードが残る[注2]。念のためだが、この42がすべて「世界標準」とは限らない。AMRはその時代の主流な研究だけでなく、

注1) キーワードは2018年時点のものである。

784 | 終章

非主流の研究、あるいはまだ研究が十分に進んでいないこれからのものまで、多様な理論研究を受け入れるからだ。したがって、必ずしも「世界標準」とはいえない理論もキーワード化している可能性がある。とはいえ図表1のように、AMRの理論キーワード群と本書で紹介した理論を照らし合わせると、4つの興味深い特徴が見えてくる。

第1に、42の理論のうち33の理論キーワード（約8割）は、本書のどこかで取り上げたり、触れたりしていることだ。「エージェンシー理論」「ダイナミック・ケイパビリティ」「ソーシャルキャピタル理論」「取引費用理論」のように、AMRのキーワード名と章タイトルが同じものだけでも18もある。本書で「世界標準の経営理論」として取り上げたものは、やはりAMRでも多くが理論キーワードになっているのだ。

第2に、とはいえAMRのキーワードのうち9個は、本書で取り上げていないものであることも事実だ。しかし先に述べたように、これらの理論は「世界標準」とは言いがたい。図表1ではその理由も示しておいた。

例えば、「まだ経営学では新しすぎる」という理由で、本書が取り上げなかった理論がある。なかでもそれは34「所有権理論」、35「サーチ理論」、36「トーナメント理論」など、経済学ディシプリンに多い。経済学はいまも日進月歩で研究が進んでおり、これらの理論は経済学ではすでに確立されているものだ。逆に言えば、これらはいま経営学に「輸入」されている途上ということでもある。今後は経営学でもこれらの理論が標準になっていくかもしれない。

第3の特徴は、AMRのキーワード群では一つにまとめられているが、本書では複数回にわたって解説した理論群があることだ。それは、組織学習・イノベーションに関する一連の理論である。本書では第2部で、組織学習やイノベーションに関する様々な理論を徹底解説したが、これらはAMRでは学習（learning）や知識経営（knowledge management）というキーワードに集約されてしまっている。しかし、組織学習・イノベーションのプロセスはそう単純なものではなく、「知の獲得」「知の記憶」などそれぞれのプロセスで、様々な理論が入り組ん

注2）今回図表から外したキーワードは、「human capital theory」「microfoundation of strategy」「philosophy of science」「practical-base theory」「strategic management process」「complexity and system theory」「punctuated equilibrium theory」の7つである。うち前者5つは、本書の定義するtheoryというよりは特定の現象面をとらえた考え方の総称であり、また後者2つは複雑系などと関連するもので、Whyに直接答えるものとは必ずしもいえない、という理由で対象外とした。

|図表1| AMRの理論キーワードリストと本書理論の対応

	AMRで提示されている理論キーワード	キーワードに関連する、本書で紹介した理論
1	affective events theory	感情の理論（第22章）
2	agency theory	エージェンシー理論（第6章）
3	behavioral theory and decision making	認知バイアスの理論（第20章）、意思決定の理論（第21章）
4	behavioral theory of the firm	企業行動理論（第11章）
5	dynamic capabilities approach	ダイナミック・ケイパビリティ理論（第17章）
6	ecology	エコロジーベースの進化理論（第31章）
7	economic sociology	エンベデッドネス理論（第24章）
8	equity theory	モチベーションの理論（第19章）
9	evolutionary theory	認知心理学ベースの進化理論（第16章）
10	expectancy theory	モチベーションの理論（第19章）
11	general economic theories	ゲーム理論（第8・9章）
12	goal-setting theory	モチベーションの理論（第19章）
13	industrial organizations/economics	SCP理論（第1章）
14	institutional theory	制度理論（第28章）
15	knowledge-based view	ナレッジ・ベースト・ビュー（第15章）
16	leadership theories	リーダーシップの理論（第18章）
17	learning, knowledge managament	知の探索・深化理論（第12・13章）、組織の記憶の理論（第14章）、マインドフルネス（第20章）、SECIモデル（第15章）
18	networks and embeddedness	エンベデッドネス理論（第24章）、「弱いつながりの強さ」理論（第25章）、ストラクチャル・ホール理論（第26章）
19	population ecology theory	組織エコロジー理論（第30章）
20	power and resource dependence	資源依存理論（第29章）

※理論名が長いため、9と17は省略したものを記載している。
※34から42までの理論を取り上げなかった理由は、あくまで筆者の視点であり経営学者の総意ではない。

でいる。

　逆に言えば、これは本書のこだわりでもあるということだ。筆者は、今後のビジネスを見渡す上で、イノベーションと組織学習のメカニズムの理解は非常に重要と考えている。実際、多くの企業では最大の関心事の一つが「イノベーションを起こす」「変化・進化する」「新しいことをやる」といったことのはずだ。だからこそ、あえて紙幅を割いて徹底解説した。

　最後に、AMRのキーワードにはリストされていないが、本書ではあえて1章分を割いて紹介した理論が一つだけある。レッドクイーン理論である。その理由は第32章を参照いただきたい。

	AMRで提示されている理論キーワード	キーワードに関連する、本書で紹介した理論
21	prospect theory	意思決定の理論（第21章）
22	real options theory	リアル・オプション理論（第10章）
23	resource based view	リソース・ベースト・ビュー（第3章）
24	sensemaking and cognition	センスメイキング理論（第23章）
25	signaling theory	情報の経済学（第5章）
26	social capital theory	ソーシャルキャピタル理論（第27章）
27	social movement theory	社会学ベースの制度理論（第28章）
28	stakeholder theory	ガバナンスの理論（第35章）
29	strategic network theory	ソーシャルネットワークの理論（第25・26章）
30	transaction cost theory	取引費用理論（第7章）
31	upper echelons theory	アッパーエシュロン理論（第11章）
32	social exchange theory	エンベデッドネス理論（第24章）
33	contingency theory	リーダーシップの理論（第18章）
34	property rights theory（経済学ディシプリン）	該当理論なし：経営学ではまだ新しい
35	search theory（経済学ディシプリン）	〃
36	tournament theory（経済学ディシプリン）	〃
37	information processing theory（心理学ディシプリン）	該当理論なし：主要理論といわれるほど研究されていない
38	field theory（心理学ディシプリン）	〃
39	positioning theory（心理学ディシプリン）	〃
40	social cognitive theory（心理学ディシプリン）	〃
41	social identity theory（心理学ディシプリン）	〃
42	actor-network theory（社会学ディシプリン）	〃

　本書の執筆を始めるに当たって、筆者は国際的な学界で活躍する様々な経営学者から、彼らがビジネススクールのPh.D.プログラムで担当している授業のシラバス（履修要項）を取り寄せ、自身の知見に交えて参考にしてきた。

　一方でAMRのキーワードリストは、実は本書の執筆をほぼ終えるまであえて目に触れないようにしてきた。最後に図表1の確認作業をするためだ。結果、やはり本書で紹介した理論群とAMRのようなトップ学術誌のキーワード群は、非常に親和性が高い結果となった。先に述べたようにAMRは経営理論の唯一のトップ学術誌であり、幅広く多様な理論が取り上げられる。本書でカバーした内容範囲が完璧とまで言うつもりはないが、AMRとこれだけ親和性が高いという

ことは、本書の「目的」の方は十分に達成できたと言っていいだろう。

　次に本書の「狙い」、つまり特にビジネスパーソン（あるいはこれから社会に出る学生）の皆さんが経営理論を思考の軸として、さらに活用するための視座について考えみたい。ここでのポイントは言うまでもなく、「経営理論」と「思考の軸」だ。

　実はこの2つについて、筆者がここまで明確に述べてこなかった点が3つある。それは第1に「そもそも本当の意味で『経営理論』は存在しない」ということであり、第2に「したがって、経営理論をこれ以上深く学ぶ上で、経営学書は必要ない」ということであり、そして第3に「思考の軸に必要なのは、経営理論を信じないこと」だ。いずれも衝撃的に聞こえるかもしれない。どういう意味か、以下で順に解説しよう。

さらなる視座①：本当の意味で「経営理論」は存在しない

　まず「この世には本当の意味での経営理論は存在しない」という点を、クリアにしておこう。とはいえ、これが言わんとすることは、本書を読みこなしてきた方には、もう明らかかもしれない。なぜなら本書で紹介されてきた理論は、あくまで他ディシプリン（経済学、心理学、社会学）から派生してきたものにすぎないからだ。

　本書では「なぜ、経営学では他分野の理論を基礎（ディシプリン）とするのか」について、序章で触れただけだった。とはいえ、その理由は明快である。経営学で扱う対象は、経営・ビジネス・組織などだが、それらはあくまで「現象」にすぎないからだ。

　序章で述べたように、ではその経営・ビジネスを実際に誰が行っているかというと、それは「人」である。すなわち経営理論とは、「人・あるいは人が織り成す組織が、普段から何をどう考え、どう意思決定し、どう行動するか」を突き詰めたものにほかならない。経営学とは、人の考えを探究する分野なのだ。

　一方で、人の考えほどいい加減なものはない。人の考えは曖昧だし、気分に流されるし、悩むし、迷う。その複雑怪奇な「人の考え」をきれいに理論的に切ることは、極めて難しい。しかし、それでは経営学の発展が止まってしまうため、

788　｜終章

世界標準の経営学では「そもそも人はこのように考えるものだ」ということにはっきりとした基盤を持った、他分野の考え方を応用しているのだ。それが、経済学、心理学、社会学の3つである。

3つのディシプリンが前提とする人の行動原理については、第1章、11章、24章、辺りを振り返っていただきたい。いずれにせよ、この理由で現代の世界の経営学は、軒並み他分野の理論を借りて使っている。これを theory borrowing という[注3]。図表1のAMRの理論キーワード群を見ても、いずれの理論もほぼすべてこの3つの理論ディシプリンに当てはまる。まさに「借りている」のである。だからこそ本書でも、ディシプリンごとに理論を体系的に整理できたのだ。

しかし逆に考えれば、これを経営学の深刻な問題ととらえる者もいる。経営学は借り物の理論だけで成り立っているのだから、突き詰めて言えば「この世に経営学の独自の理論は存在しない」とさえいえるからだ。この意味で、2011年にAMR誌上で組まれた組織理論の特集号は興味深い。この号で、特集号編集者を担当したアルバータ大学のロイ・サダビーらが著した巻頭言の中には、以下のような興味深い二文がある[注4]。

Many of the authors in this STF make the observation that management research has failed to cultivate any truly indigenous theories of management and organization. (Suddaby et al., 2011, p.236.)
今回の特集号に論文を投稿した多くの研究者が共通認識しているのは、「現在の経営学分野は、経営学・組織論における真の意味で『独自の理論』を生み出すことに失敗してきた」ということだ。（筆者意訳）

as a discipline, we have failed to develop our own theories. (Suddaby et al., 2011, p.236.)
一つの学術分野として、我々（組織論および経営学）の研究者は、我々独自の理論を築き上げることに失敗してきた。（筆者意訳）

注3) Oswick, C.et al., 2011., "From Borrowing to Blending: Rethinking the Processes of Organizational Theory Building," *Academy of Management Review*, Vol.36, pp.318-337.

注4) Suddaby, R. et al., 2011. "Introduction to Special Topic Forum: Where Are the New Theories of Organization?," *Academy of Management Review*, Vol.36, pp.236-246.

二文とも「失敗」（failed）という言葉が使われていることは、かなり衝撃的だ。これまで述べたように、経営学分野の理論はすべて他分野（ディシプリン）からの借り物であり、経営学者たちは独自の理論構築ができないままで、結果として経営学固有の理論が存在しないのが現状、ということだ。

　さらに興味深い事実を提示してみよう。**図表2**は、ハーバード・ビジネススクール（HBS）の経営戦略（strategy）部門に所属する教授陣が研究論文を掲載している学術誌の例である。同校は言うまでもなく世界最高峰のビジネススクールだが、図表を見るとその経営戦略部門の教授陣の大部分は、ことごとく『アカデミー・オブ・マネジメント・ジャーナル』（AMJ）、『ストラテジック・マネジメント・ジャーナル』（SMJ）のような経営学の学術誌よりも、他分野（経営戦略部門の場合、主に経済学と一部は社会学）の学術誌に論文を掲載しているのだ。

　この傾向はマサチューセッツ工科大学でもノースウェスタン大学でも、スタンフォード大学でも同じだ。すなわち、これら超一流のビジネススクールになると、そこで戦略やマネジメント、組織行動など経営学に該当する分野に所属し、一見経営学の研究をしているように見える学者の大部分は、実はAMJやSMJのような経営学のトップ学術誌よりも、『アメリカン・エコノミック・レビュー』（AER）、『サイコロジカル・ブリテン』『アメリカン・ジャーナル・オブ・ソシオロジー』（AJS)のような各ディシプリンのトップ学術誌（経営学者はディシプリン・ジャーナルと呼んだりする）に論文を載せたがる傾向があるのだ（この点は、序章コラム2も参照）。

　この理由はもうおわかりだろう。経営理論が他ディシプリン（経済学、心理学、社会学）からの借り物だからだ。したがって、「超」のつく一流校では、より根源的に「人・組織はどう考え、行動するか」について深く洞察した研究が高く評価される。よって、ディシプリン・ジャーナルに載せられる研究者の方が、より評価されるのである。実際、あくまで筆者の肌感覚だが、SMJよりはAERに論文を載せる方が、あるいはAMJよりはAJSに論文を載せる方が「格上」という感覚は、海外の経営学者には間違いなくある。

　さらに言えば、この傾向は近年エスカレートしているかもしれない。なぜなら、多くの経営学関連の研究者が、今度は経済学や社会学のジャーナルを超えて、『サイエンス』『米国科学アカデミー紀要』（PNAS）などの「総合科学」の超トップ学術誌に論文を載せることすら始めているのだ。

|図表2| HBS戦略部門研究者の論文掲載誌

教員名（Ph.D.を取得した大学）	職位	近年の主な研究テーマ	主に論文を発表している学術誌
Juan Alcacer（ミシガン）	Professor	多国籍企業の立地戦略など	*American Journal of Sociology, Management Science*
Bharat Anand（プリンストン）	Professor	産業組織論。特に情報産業の競争戦略など	*RAND Journal of Economics, Journal of Industrial Economics*
Ramon Casadesus-Masanell（ノースウェスタン）	Professor	産業組織論。特にビジネスモデルへの応用など	*Journal of Economic Theory, Journal of Economics, Management & Strategy*
Rebecca Henderson（ハーバード）	Professor	技術経営、イノベーションなど	*American Economic Review, Quarterly Journal of Economics*
Tarun Khanna（ハーバード）	Professor	新興市場での経営など	*Journal of Financial Economics, Strategic Management Journal*
Rembrand Koning（スタンフォード）	Assistant Professor	技術の分布がビジネスエコシステムに与える影響など	*American Sociological Review, Organization Science*
Hong Luo（ニューヨーク）	Associate Professor	イノベーティブなアイデアの商業化など	*Journal of Law & Ecoomics, Journal of Economics & Management Strategy*
Alexander MacKay（シカゴ）	Assistant Professor	価格、需要、市場構造など	*Review of Industrial Organization, Economic Letters*
Cynthia Montgomery（パデュー）	Professor	企業戦略、戦略におけるリーダーの役割など	*American Economic Review, RAND Journal of Economics*
Felix Oberholzer-Gee（チューリッヒ）	Professor	競争戦略、非市場戦略など	*American Economic Review, Journal of Political Economy*
Michael Porter（ハーバード）	Professor	競争戦略、CSVなど	*Management Science, Strategic Management Journal*
Jan Rivkin（ハーバード）	Professor	企業内の組織構造など	*Academy of Management Journal, Strategic Management Journal*
Raffaella Sadun（ロンドンスクール・オブ・エコノミクス）	Associate Professor	生産性や組織変化など	*American Economic Review, Quarterly Journal of Economics*
Eric Van den Steen（スタンフォード）	Professor	戦略、リーダーなど	*American Economic Review, Management Science*
Dennis Yao（スタンフォード）	Professor	ゲーム理論など	*International Economic Review, Startegic Management Journal*

※HBS戦略部門には2018年時点で24人の教授がいるが、なかには教育・実践活動に特に注力する者も少数いる。ここでは研究活動に注力している教員に対象を絞った。

　この「経営理論がほぼすべて借り物であり、独自の理論がほとんどない」という事実を、少なくとも一部の学者は経営学の大きな課題と考えているようだ。筆者自身は、この点にこれ以上踏み込むつもりはない。人間が複雑怪奇であり、その解明には他分野のディシプリンに頼らざるをえない以上、それは仕方のないこ

とともいえるからだ。この事実は、本書の意義を否定するものではまったくない。例えば工学分野でも、その理論の多くは突き詰めれば、物理学や化学の理論の借り物といえる。翻って、「工学に存在意義がない」と言う人はいない。

　ここで筆者が論じたいのは、「ビジネスパーソンの皆さんが、本書を超えてこれから経営理論をさらに深く理解する上で必要なのは何か」である。そして、この答えはもう明らかではないだろうか。それは、経営理論を放棄することだ。経営理論に縛られている以上、それ以上は知見を深められない。経営理論は借り物でしかないのだから。

さらなる視座②：経営理論を深く知るのに、これ以上の経営学書は必要ない

　例えば、皆さんが本書を超えて、今後どのような書籍を読んでいくかだ。筆者は「経営理論を、さらに深く学ぶにはどうすればいいでしょうか」という質問をいただくことが多々ある。これに対する筆者の答えは、2つだ。1つ目は、本書で紹介された論文を原著で読むことだ。これは筆者が本来ならお勧めしたいことであり、実際に早稲田大学ビジネススクールのゼミの社会人学生に取り組んでもらっていることでもある。

　しかし、これらの論文は難解な英語で書かれているので指導教官からのガイダンスが必要だし、そもそも大学に所属していないと購入費が高い。したがってビジネスパーソンにあまねくお勧めするわけにはいかない。そこで2つ目として、日本語で書かれた書籍を読むことを推奨するのだが、そこで筆者が推薦するのはおしなべて経営学書ではなく、それぞれの理論ディシプリンの書籍だ。

　本書で解説した「SCP理論」「RBV」「エージェンシー理論」「取引費用理論」「ゲーム理論」などに関心を持ち、これらをより深く理解したい方にお勧めなのは、間違いなくミクロ経済学の教科書である。経済学の教科書は非常に充実しており、海外の大物研究者から日本のトップ研究者まで、多くの経済学者が執筆した教科書が、書店の経済学書コーナーに所狭しと並んでいる。

　例えば、第1章ではSCPを解説した。そこでも述べたように、結局のところSCPとは、「完全競争と独占という2つの両極端な競争環境では、独占の方がはるかに収益性が高く、したがって企業はいかに自社の競争環境を完全競争側から独占側の方向へ動かしていくか」を考えることが根底にある。実はこの内容は、

どのミクロ経済学の教科書でも第1章～第3章辺りに書いてある、経済学では初歩的なことだ。逆に言えば、ミクロ経済学の教科書を読めば、本書では紙幅の関係で十分に書き切れなかった「需要関数の導き方」「厚生経済学の第一基本定理」「パレート効率性」など、SCPをより深く理解するための知見を学ぶことができる。

心理学も同様だ。例えば、「意思決定の理論」（第21章）に興味がある方にお勧めなのは、心理学者ダニエル・カーネマンによる『ファスト＆スロー』だ。同書では彼が提示した二重過程理論（dual-processing theory）などのメカニズムが詳細に書かれている。日本でもベストセラーになったので、ご存じの方もいるかもしれない。

社会学ディシプリンであるエンベデッドネス理論(第24章)や、ソーシャルキャピタル理論（第27章）では、人と人が深くつながることで、両者に「信頼関係」が生まれるメカニズムがその根底にあることを述べた。この辺りの「人のつながりのミクロ的な基礎付け」に関心がある方にお勧めなのは、世界的に高名な社会心理学者である山岸俊男の一連の著作だ。

図表3には、筆者の知る範囲で、本書で紹介した各ディシプリンを深掘りするために有用と考えられる本を、いくつか紹介しておいた。実際には他にも数多くあるはずだが、筆者はそもそもあまり学術書を読まないので（筆者は書籍ではなく、学術論文を読むのに時間を割く）、十分に紹介し切れていないことはご容赦いただきたい。

さらに言えば、これら3ディシプリンに隣接する他分野の書籍も有用なはずだ。例えば、神経科学だ。現代の心理学は神経科学と不可分の関係にある。世界の経営学でも神経科学のアプローチを用いた実証研究が始まっていることは、第20章や第40章で述べた。同様にソーシャルネットワーク研究には、本書で述べた社会学アプローチ以外に、「スケール・フリーネットワーク」などに代表される物理学・数学やコンピュータサイエンスを応用した分野もある。この辺りに関心がある方は、同分野の世界的権威であるノースイースタン大学のアルバート＝ラズロ・バラバシの著作などが、興味深いはずだ。

いずれにせよポイントは、「本書を超えて、経営理論をさらに深く知るために重要なのは、経営学書やビジネス書を読むことではない」ということだ。重要なのは、経営理論の基盤となっている経済学、心理学、社会学の各ディシプリンや、それに関連する分野の書籍を読み、そこで「人の考え」へ洞察を深めることだ。

| 図表3 | 各ディシプリンの推薦図書の例

経済学	●N．グレゴリー・マンキュー『**マンキュー経済学Ⅰ　ミクロ編（第3版）**』（東洋経済新報社、2013年） ●神取道宏『**ミクロ経済学の力**』（日本評論社、2014年） ●ポール・ミルグロム、ジョン・ロバーツ『**組織の経済学**』（NTT出版、1997年）
心理学	●ダニエル・カーネマン『**ファスト&スロー（上）（下）**』（早川書房、2012年） ●スティーブン・スローマン、フィリップ・ファーンバック 『**知ってるつもり──無知の科学**』（早川書房、2018年） ●ダン・アリエリー『**予想通りに不合理**』（早川書房、2008年）
社会学	●山岸俊男『**信頼の構造**』（東京大学出版会、1998年） ●ニコラス・A・クリスタキス、ジェイムズ・H・ファウラー 『**つながり　社会的ネットワークの驚くべき力**』（講談社、2010年） ●アルバート・ラズロ・バラバシ『**新ネットワーク思考**』（NHK出版、2002年）

　第40章で、「ロジックの賢人ほど、『人とは何か』を突き詰める」と筆者は書いた。皆さんも本書を通じてお気に入りの理論を見つけたら、今度は各ディシプリンの専門書籍に当たって、「そもそも人はどう考えるのか」を突き詰めていただきたい。経営理論に関しては、研究者志望でもない限り、まずは本書でほぼ十分であろう。

　では最後に、「思考の軸」である。先ほど筆者は「思考の軸に必要なのは、経営理論を信じないこと」と述べた。その真意を明らかにして、本書を締めくくろう。

さらなる視点③：経営理論を信じてはいけない

　これは筆者の本書を通じての信念でもある。ビジネスパーソンは経営理論をけっして信じてはいけない。理論はあくまで「思考の軸」にすぎないからだ。

　2013年に日本に帰ってきてから現在まで、筆者は様々なビジネスパーソンや経営者の方々とお会いし、交流し、議論する機会が数多くあった。その経験を通じてわかってきたことは、経営学に過度な期待を寄せる方（そして結果として「裏切られた」と思って最後に「経営学は使えない」と言う方）の特徴は、「経営学が答えを出せる学問」と考えていることだ。経営理論を学べば自分が仕事で悩んでいることにすぐに答えが出る、と期待しているのだ。

　しかし、そもそも現代のビジネスに「答え」など出せるのだろうか。皆さんが日々悩んでいるビジネスに「正解」はあるのだろうか。現代は極めて複雑で、変化も激しい。経営環境は日々刻々と変わる。各社、あるいは個々人ごとに、直面

する問題は異なる。その中で、簡単に「これが正解です」と出せるものではない
はずだ。仮に唯一無二の正解があるとしても、それを見つけている間に環境は変
わってしまうだろう。

とはいえ問題は、序章でも述べたように、皆さんはこの「複雑で変化が激しく、
答えがないかもしれない世界」で、意思決定だけはしなくてはならないことだ。
何が正解かはわからなくても、ビジネスパーソンは意思決定をして前進しなけれ
ばならない。これこそが、今後の皆さんの大きな課題のはずだ。

そのために必要なことは、考え続けることだ。筆者はこれまで世間で一流と呼
ばれる数々の経営者にお会いしてきたが、これらの方々に唯一共通していること
は、「常に考え続けている」ことだ。考え続けるには、何か思考の拠り所（＝軸）
が必要だ。軸がない中でやみくもに考えても、それは羅針盤のない中で航海する
船のようなもので、思考はクリアにならない。その軸は皆さんの経験則でもいい
かもしれないし、皆さんが尊敬している上司の言葉かもしれない。あるいは、リ
スペクトしている著名経営者の言葉かもしれない。

そして経営理論も、その軸の一つにすぎないのだ。本書で述べてきたように、
世界中の大学・ビジネススクールには経営学者を職業としている人がいて、彼ら
が経営理論を組み立て、実証研究し、何とか科学的に経営・ビジネスの真理（truth）
に迫ろうとしている。その英知の結集が「世界標準の経営理論」である。したがっ
て、すべてではないかもしれないが、そのいくつかは、皆さんの思考の拠り所（＝
軸）になりうるのだ。

繰り返しだが、軸は答えではない。軸そのものを正解と思って信じ込んではい
けない。しかし軸があるからこそ、人はそれを基準に思考を飛躍させ、自分がい
ままで思いつかなかったようなことさえ考えられるのだ。

例えば、それを筆者なりに試みたのが、本書第5部の「ビジネス現象と理論の
マトリックス」である。本書では各章の最後に筆者が私論を展開することがある
が、特にそれを際立たせたのが「ビジネス現象と理論のマトリックス」だった。
例えば38章で筆者は、未来の組織のあり方を論じながら、遠い未来では「株式
会社」が不要となるかもしれない、と述べた。これはかなり大胆な予測のように
も聞こえるが、経営理論を思考の軸にすれば、そのような発想が出てくるのだ。

経営理論こそが、あなたの思考を解放する

　序章コラム1では、理論とフレームワークの違いを強調し、現在のMBAの教科書ではフレームワークが提示されがちで、それに対して本書では、Ph.D.で学ぶ経営理論を解説することを述べた。なぜなら、フレームワークは「型」にすぎず、その背後にある「なぜそう言えるのか」というwhyにはいっさい答えないからだ。

　筆者はフレームワークを否定するものではない。しかし、フレームワークはどうしても人の思考をその型に押し込めがちになる。何かと分析対象をフレームワーク（例えば2×2のマトリックス）などに無理矢理はめ込みがちになるのだ。結果、より本来は重要なはずの「なぜそう言えるのか」という理解・腹落ちが弱くなる。大胆に言えば、フレームワークは思考を停止させがちなのだ。

　一方で経営理論は、そのwhyに一つの道筋を与えるものだ。繰り返しだが、理論はけっして正解ではない。ポイントは、ディシプリンをベースに「人はそもそもこういうものである」という前提を置くことで、なぜ企業はそのような行動を取るのか、なぜ組織はそのようになるのかのwhyに一つの道筋を与え、皆さんの思考をクリアにするのだ。

　結果、クリアになった思考は、その軸を端緒にしてさらに飛躍する。軸があるからこそ、そこを出発点として、新たな考えも生み出せる。先述した企業のあり方の例のように、ある軸から別の軸に思考を飛ばしてみてもいい。あるいは、自分が心理学ベースの軸を持つなら、経済学ベースの思考の軸を持つ方と同じテーマで議論することも、思考を解放させるだろう。

　実は筆者は、2014年12月から、本書の土台となった『DIAMONDハーバード・ビジネス・レビュー』の連載の読者との勉強会を定期的に開催してきた。例えば、読者の方々と筆者が、経営理論を軸に日本企業のあり方や、読者がお勤めの会社の課題を議論するのだ。当初は「このような勉強会にどのくらい人が来るのか」という不安もあったが、ふたを開けてみると大好評で、連載終了までに延べ14回も行われた。参加者も、大企業や中小企業のビジネスパーソン、経営幹部の方、独立して事業をされている方、学生、公務員、研究者、フリーランスの方など、多士済々である。

この勉強会で行ったことは、まさに「経営理論を軸としての思考の解放」である。経営理論という抽象的だが、しかし一本筋の通ったwhyに答える軸があるからこそ、これを現実のビジネスにぶつけて多くの方々と意見交換し、思考を解放するのだ。

　そしてこれこそが、本書を使いながら誰にでもできることのはずだ。これは筆者の、本書のお勧め中のお勧めの使い方である。本書の何章かを、関心がある部分を中心に事前に読んで、それを職場の仲間や、異業種の方々や、友人や、あるいは自主勉強会などを開いて、意見交換し、議論するのだ。業界やバックグラウンドが多様でも、経営理論という思考の軸を持ってwhyに対して一つの共通理解があれば、それはいつでもどこでも誰とでも可能だ。

　世界標準の経営理論こそが皆さんの思考を解放し、皆さんのビジネスの未来を切り開く一助になることが、本書の狙いだった。その狙いは少しずつだが、すでに実現されつつある。今後はさらにその狙いが加速し、飛躍していくことが、筆者と本書の果てない願いである。

『世界標準の経営理論』を
読んでくださった方へ

　本書を読んでくださってありがとうございました。

　60万字という、とてつもない大著をほぼ書き終える目途がようやく立ったいま、東京の自宅でこの「おわりに」を書いています。

　「世界には経営理論の教科書が1冊もない」「世界の経営理論を完全網羅してビジネスパーソンに伝える本がこの世にはないのでそれをつくりたい」といったシンプルな、しかし壮大な動機から、2014年に『DIAMONDハーバード・ビジネス・レビュー』（DHBR）で連載を始めたのがこのプロジェクトの発端です。それから5年以上が経ち、ようやくそれが形になろうとしています。この本を皆さんが手にとってくださって、少しでも何かの知見や「思考の軸」になったのであれば、それほど嬉しいことはありません。

　本書が完成に至るまでは、数え切れない方の支えがありました。全員をご紹介する紙幅はないのですが、特にお世話になった方のみ、以下でお礼を書かせてください。

　まずはなんといっても、元DHBR編集長である、岩佐文夫さんです。私の同誌での連載とこの本は、岩佐さんなしには存在しえませんでした。私はまだ米国に住んでいた2012年に、初めての書籍『世界の経営学者はいま何を考えているのか』（英治出版）を刊行しました。ありがたいことに日本で大きな反響となったのですが、その時、大手メディアの中で初めに私にコンタクトをとってくださったのが、ほかでもない岩佐さんでした。

　実はその本では「『ハーバード・ビジネス・レビュー』は学術誌ではない」などと、当時としては結構挑戦的なことを書いていて（ただしこれは厳然たる事実で、本書でも序章コラム2で述べています）、その『ハーバード・ビジネス・レビュー』の編集長から、「お話しさせてください」という連絡をいただいた時は「ウ

ワッ、文句を言われるのかな……」とドキドキしたのを、いまでも覚えています。

　しかし実際に2013年の1月に米国と東京をスカイプでつないでお話ししてみると、面白いほどに話が合い、そして岩佐さんから「いつかDHBRで連載してみませんか」というお申し出をいただきました。その時に「実は世界的に見ても、経営理論を網羅した本・教科書がありません。大変なプロジェクトになるけど、それをぜひ書きたい」と答えたのです。そして翌年日本に帰国して、準備期間を経て2014年からDHBRで連載が始まりました。

　それから4年間、連載を続ける中で、岩佐さんには本当にお世話になりました。もちろん毎日岩佐さんとお会いしていたわけではないのですが、私にとって連載当初の「最初の想定読者」はいつも岩佐さんでした。いかに岩佐さんに面白がってもらえるか、納得してもらえるものにするか、驚いてもらえるか……それを常に意識しながら書いてきたのです（岩佐さんからそういうフィードバックを常に直接もらうわけではありません、あくまで私が意識していただけです）。

　ですので、岩佐さんが2017年にダイヤモンド社を退職されて、DHBR編集部を離れられると聞いた時は本当に驚きました。「えっ、この連載を最後まで伴走してくれないの!?」と思ったわけです。しかし、結果的に岩佐さんはいまもフリーな立場で軽やかに楽しく働かれていますし、何より後任の大坪亮編集長をはじめ、DHBR編集部のメンバーの皆さんが連載を素晴らしく支えてくださって、2018年4月に大団円を迎えることができました。

　そして2018年4月に、4年近く続いた連載のお祝いということで、岩佐さんが、フォーブス副編集長（当時）の九法崇雄さんや、本文でも登場しているヤフーCSOの安宅さん、そして後で紹介する永山くんなどを巻き込み、100人以上の関係者を招いて（私の家族や母親まで！）、サプライズパーティーをしてくれたのは、人生で最高の思い出の一つです。岩佐さんには、感謝以外の言葉が思いつきません。

　そして同様に、本書そしてDHBRでの連載を支えてくれたのが、永山晋くん（現法政大学准教授）です。この本（やDHBRでの連載）がアカデミックな意味でクオリティーを担保できている背景の一つに、様々な経営理論を解説する中で、その主要な実証研究のリストを掲載していることがあります。実は、この実証研究のリスト作成の大部分をサポートしてくれたのが、永山くんなのです。その意

味では、本書は彼との「共著」とすら言えるかもしれません。この本は永山くんのサポートなしには、間違いなく完成しなかったでしょう。

　面白いのは、永山くんはDHBR連載が進む中で、どんどん出世していったことです。連載では、彼に実証研究のリストを手伝ってもらうたびに、記事の最後に彼への謝辞を書いていました。その肩書きが当初「早稲田大学大学院博士課程」だったのが、やがて「早稲田大学助手」になり、「助教」になり、そしてついには「法政大学専任講師」になり、「法政大学准教授」になったわけです。もしかしたら、永山くんもこの連載の手伝いを通じて少し成長した部分があり、この本は彼の成長ストーリーでもあるのかもしれません。結果的に、永山くんはいまでは私の大切な共同研究者でもあり、これからもお世話になると思います。本当にありがとうございます。

　そして永山くんと同様に、本連載でお世話になったのが、加納紘和くん（現大分大学講師）です。永山くんが出世するにつれ忙しくなっていき、連載を手伝うのが難しくなる中で、代わりに実証研究パートのサポートをしてくれたのが、当時早稲田大学大学院生だった加納くんでした。加納くんもまた、堅実で着実な能力でサポートをしてくれて、いまでは私の共同研究者でもあります。

　加えて、本書や、その元となったDHBR連載を続ける上では、本当に多くの方にお世話になりました。まず、本書の各理論ディシプリンを、先の永山くんに加えて、早稲田大学の私の同僚である久保克行さんと村瀬俊朗さんに、くまなくチェックいただき、大変貴重なアドバイスをもらいました。早稲田大学にはいま経営学やそれに関連する分野で、世界で勝負できる本当に素晴らしい研究者が集まっており、それもまた私にとって大きな財産になっています。

　以下のような方々にも、連載でコメントをもらったり、原稿内容を確認いただいたり、あるいは実証研究パートを手伝ってもらっています。本来はお一人お一人にお礼を書きたいのですが、お名前だけ列記させていただきます（順不同）。

　琴坂将広さん（慶応大学准教授）、加藤雅俊さん（関西学院大学教授）、長内厚さん（早稲田大学教授）、山野井順一さん（早稲田大学准教授）、澤谷由里子さん（名古屋商科大学ビジネススクール教授）、伊藤秀史さん（早稲田大学教授）、奥山研さん（早稲田大学ビジネススクール生：当時）、伊藤泰生さん（早稲田大学博士課程：当時）、佐々木博之さん（早稲田大学助教）、大沼沙樹さん（獨協大学

非常勤講師）、日置圭介さん（デロイト トーマツコンサルティング）、三室彩亜さん（デロイト トーマツコンサルティング）、山崎繭加さん（IKERU代表）、牧野成史さん（香港中文大学教授）、竹内規彦さん（早稲田大学教授）、牧兼充さん（早稲田大学准教授）、根来龍之さん（早稲田大学教授）、佐宗邦威さん（BIOTOPE代表）、島雄輝さん（リクルート）、小竹貴子さん（クックパッド ブランディング担当VP）。

　加えて、特に早稲田大学ビジネススクールの素晴らしい同僚の教員の皆さん、社会人大学院生の皆さん、なかでも「入山ゼミ」のメンバーには、本当に普段から私の活動を支えてもらっています。皆に感謝したいと思います。

　さらに、私がお礼を言いたいのはDHBR連載と本書の図表のデザインをしてくださったデザイナーの皆さんです。実はDHBRのクオリティーの高さは、デザイナーさんによる部分も大きいのです。本書でも、私が手書きで描くわけのわからない絵を、見事なまでに図化してくださいました。デザインの力は本当にすごいと感服したのも、DHBR連載と本書執筆で得た大きな経験です。

　このような方々に支えられてできた本書ですが、当然ながら文責はすべて私にあります。本書にいかなる間違いがあっても、それは私の責任によるものです。

　本文の終章でも書きましたが、DHBRの連載時には、連載の中身（すなわち本書の内容）を読んだ上での勉強会を、数多く開催しました。この勉強会は、この連載を通じての、本当に思わぬ大きな成果です。

　この「『世界標準の経営理論』を使った勉強会」は、皆さんにも本当におススメです。本書の好きな章、自分たちが大事だと思う章だけをいくつかピックアップして、それを「思考の軸」としながら、様々な業界の人たち、会社の仲間、社会人大学院の仲間、その他色々な人たちと自社の状況や課題、あるいは自分のこれからやるべきことなどを語ることです。繰り返しですが、経営理論は答えではありません。ただ、それは誰もが共有できる「思考の軸」にはなるので、それを軸としながら多くの人たちと議論や意見交換ができるのです。

　実際に連載が終わるまで何度も勉強会を実施した結果、いまでは東京や京都を中心に（加えて仙台や福岡でも）、素晴らしいコミュニティができています。最近は本の執筆に専念しなければならなかったので勉強会ができていないのですが、できればこれも不定期に復活させたいと思っています（ご関心がある方は、本書

のFacebookページ〈https://www.facebook.com/sekaihyojun/〉があるので、それにご参加ください）。

そしてこの勉強会には様々なゲストスピーカーにもお越しいただきました。

曽山哲人さん（サイバーエージェント人事担当取締役）、小沼大地さん（クロスフィールズ代表）、南章行さん（ココナラ代表取締役社長）、濱松誠さん（ONE JAPAN共同発起人・共同代表）。

運営にあたっては、以下のような方々にもお世話になっています。

松浦総一さん（立命館大学准教授）、川上智子さん（早稲田大学教授）、北寿郎さん（同志社大学教授）。特に北さんには、京都で勉強会を行う上で同志社大学ビジネススクールの教室を快く貸していただき、また素晴らしい参加者を集めていただきました。

そして最後に、何と言ってもお礼を言わないといけないのは、このDHBR連載、そして本書をずっと最初から最後まで、まさに「伴走」してくださった、DHBR編集部の肱岡彩さんです。先ほど、「連載当初、私の最初の想定読者は、岩佐さんだった」と書きましたが、それはやがて、当時まだ20代の若手編集者だった肱岡さんが成長するにつれ、彼女に代わっていきました。結果的に、この本は、完全に私と肱岡さんの共著と言っていいでしょう。

どうも、極度にズボラな私と、岩佐さんいわく（見た目と違って）実はものすごい豪快キャラである肱岡さんとは、DHBR編集部内で「デコボココンビ」と呼ばれていたようです。二人で毎月「もう締め切りに間に合わない！」とギャーギャー言いながら連載をしていたのは当時の編集部内の名物だったようで、そしていまこの「おわりに」も、実は「あと30分書くのが遅れたら、本当に締め切りに間に合いません！」という肱岡さんのプレッシャーの下に書いています（それなら、もっと早く言ってくれればいいのに……と思うのですが、まあ5年も一緒に仕事をしているとお互い麻痺してきます）。

肱岡さんについてはもはやお礼の書きようもないですし、仮にセンチメンタルに色々と書いても、どうせ編集段階で彼女にカットされてしまうので、ここまでにとどめておきます。とにかく、肱岡さんには感謝しかありません。

最後の最後に、この本は当然ながら家族の支えなしにはまったく書けなかった

ものです。連載は4年間に及び、さらに書籍化する時に、実は全体の半分近く（以上？）を書き換えています。連載にはなかった章をいくつも追加しており、ほぼ書き下ろしに近い60万字の本なのです。逆に言えば、そのために週末も含め、途方もない時間を使いました。本書の執筆のために、都内でホテルを1週間借りてこもるということを、何度かやっています。

　その間、共働きであるにもかかわらず、私に文句も言わず子供たちの面倒を見てくれたのは妻の裕実です。彼女なしにもまた、本書はありえませんでした。心からお礼を言いたいと思います。そしてその子供たち、章太郎と実紗、そして高齢にもかかわらずドタバタの我が家の手伝いをしてくれている母（紗枝）にもお礼を言いたいと思います。

　そして何より、この本を手に取ってくださって、そして少なくとも本書の何章かを読んでくださって、そしてここにたどり着いた読者の皆さんに、心からお礼を言いたいと思います。本当にありがとうございました。

2019年11月　　　　　　　　　　　　　　　　　　　　　　　　　　入山章栄

事項索引

ABC

AAAフレームワーク 676
AER→『アメリカン・エコノミック・レビュー』
AI 638
AJS→『アメリカン・ジャーナル・オブ・ソシオロジー』
AMA→『アカデミー・オブ・マネジメント・アナルズ』
AMJ→『アカデミー・オブ・マネジメント・ジャーナル』
AMR→『アカデミー・オブ・マネジメント・レビュー』
AOM (アカデミー・オブ・マネジメント) 737
ASQ→『アドミニストレイティブ・サイエンス・クォータリー』
ASR→『アメリカン・ソシオロジカル・レビュー』
Aジャーナル 24
BCGマトリックス 17, 19, 21
BTF (企業行動理論) 201, 204, 215, 673
COV 59, 86
CSR (企業の社会的責任) 525
CSV 84
CVC (コーポレート・ベンチャー・キャピタル) 236, 551
DCF 181
DDP (ディスカバリー・ドリブン・プランニング) 191
default-interventionist 394
dense network→高密度なネットワーク
『DIAMONDハーバード・ビジネス・レビュー』 85, 597
ESG投資 666, 735
fMRI 250, 282
GR 531, 682
H型人材 496
HRM (人的資源管理) 627
ICC→『インダストリアル・アンド・コーポレート・チェンジ』
IO (産業組織論) 型 302, 602, 624
IO型の競争 87
IR 531
IRフレームワーク 675
JAP→『ジャーナル・オブ・アプライド・サイコロジー』
JIBS→『ジャーナル・オブ・インターナショナル・ビジネス・スタディーズ』
JOF→『ジャーナル・オブ・ファイナンス』
JOM→『ジャーナル・オブ・マネジメント』
LBDQ 325
M&A (企業買収) 7, 102, 194, 219, 311, 364, 545, 614
MD (ミューチュアル・ディペンデンス) 549
MLQ 331
MPS 346
OLI 148, 671
OS→『オーガニゼーション・サイエンス』
PANAS 400
parallel-competitive 394

PDCA 724
PNAS→『米国科学アカデミー紀要』
PR 531
QJE→『クォータリー・ジャーナル・オブ・エコノミクス』
RBV (リソース・ベースト・ビュー) 3, 22, 66, 85, 284, 296, 302, 615, 672, 700, 709, 730, 747
RDT→資源依存理論
SCP 20, 34, 50, 66, 85, 151, 302, 428, 520, 595, 615, 623, 676, 700, 710, 731
SDGs 523, 666
SECIモデル (組織の知識創造理論) 226, 269, 283, 375, 641, 684, 685, 701
SH→ストラクチャル・ホール理論
SL→シェアード・リーダーシップ
SMJ→『ストラテジック・マネジメント・ジャーナル』
SMM→シェアード・メンタル・モデル
SNS 91, 449, 513
sparse network→希薄なネットワーク
SRI投資 666
SS→『ソーシャルネットワークス』
SWOT 17, 19, 21
SWT→「弱いつながりの強さ」理論
TCE (取引費用理論) 9, 21, 133, 283, 618, 672, 695, 708, 730, 760
TFL→トランスフォーメーショナル・リーダーシップ
TMS→トランザクティブ・メモリー・システム
TQM 524
T型人材 496
『USA Today』 577
VRIO 30, 80, 725
VSRSメカニズム 575
VSRメカニズム 559
who knows what 259, 264, 753

あ

アーカイバル・データ 766
アームス・レングスなつながり 442
アイソモーフィズム 520, 525, 528
アイデンティティ 334, 346, 421, 711, 715
アウト・グループ 327
アカデミー・オブ・マネジメント (AOM) 737
『アカデミー・オブ・マネジメント・アナルズ』(AMA) 401, 417, 532, 537, 644, 686, 699
『アカデミー・オブ・マネジメント・ジャーナル』(AMJ) 24, 110, 128, 237, 244, 249, 265, 296, 332, 355, 366, 384, 392, 393, 395, 403, 405, 411, 414, 425, 468, 472, 518, 548, 648, 658, 659, 662, 665, 710, 711, 712, 727, 744, 774, 780, 781, 790
『アカデミー・オブ・マネジメント・ディスカバリー』

373

『アカデミー・オブ・マネジメント・パースペクティブ』
.... 89, 143, 395, 696

『アカデミー・オブ・マネジメント・レビュー』(AMR)
...... 2, 24, 77, 78, 87, 191, 197, 343, 500, 509, 582, 602,
662, 663, 664, 727, 742, 773, 784, 789

アカロフのレモン市場 97
アクティビティ・システム 82
アクティブ・リスニング 328
アクティビスト 648
アスピレーション 211, 408, 637
新しさの重荷 566, 579
アップサイド 184
アテンション・ベースト・ビュー 360, 368
アドバース・セレクション 99, 114
『アドミニストレイティブ・サイエンス・クォータリー』
(ASQ) 2, 9, 17, 25, 143, 219, 263, 393, 487, 491, 493,
494, 518, 524, 525, 549, 552, 561, 584, 774, 780

アナリスト 647
アノマリー（特異点）........................... 745, 773
アフェクト 401
アブダクション 277, 375, 395
『アメリカン・エコノミック・レビュー』(AER) ... 59, 790
『アメリカン・ジャーナル・オブ・ソシオロジー』(AJS)
...... 26, 442, 445, 451, 456, 493, 499, 557, 566, 790
『アメリカン・ソシオロジカル・レビュー』(ASR)
.... 446, 447, 464, 520, 525, 566, 580

アライアンス（企業間提携）.................. 146, 236
アラブの春 477
アングロサクソン（北米）系 647
アンケート調査（質問票調査）...................... 767
安心 508
安定化 289
アントレプレナーシップ 610, 686
アントレプレナーシップ・オリエンテーション 703
暗黙知 272
暗黙の共謀 43
生き残り 559
維持 576
依存のネットワーク 541
一時的な競争優位 62, 303
位置的な埋め込み 445
一般均衡分析 79
一般理論 744
移動障壁 45
意図的な変化 422
イナーシア（硬直性）..................... 296, 558, 584
イナクトメント 426, 427
イノベーション
...... 204, 223, 235, 251, 269, 465, 490, 611, 634, 677
イノベーションのジレンマ 17, 228
因果曖昧性 71
イン・グループ 327
イングループ・バイアス 365
因子分析 768

インスタグラム 449
インスティテューショナル・アントレプレナー 532
インスティテューショナル・アントレプレナーシップ
.... 533, 697
インスティテューショナル・チェンジ 532
インセンティブ（動機づけ）......... 115, 121, 125, 646
インターナショナル・アントレプレナーシップ
.... 681, 694
インターネット 449
『インターフェイシズ』............................... 180
『インダストリアル・アンド・コーポレート・チェンジ』
(ICC) 289, 293, 569
イントラパーソナル・ダイバーシティ 244, 751
イントラプレナーシップ 697
インプリンティング効果 692
ヴァライアンス 390
ウイニング・プレー 308
ウェル・ビーイング 737
薄い市場 100
ウプサラ・モデル 671, 673
埋め込まれたつながり 442, 446
埋め込み理論 442
エージェンシー理論
...... 8, 32, 114, 115, 443, 618, 650, 676, 677, 694
エゴ・セントリック・ネットワーク 481
エコノミック・ソシオロジー 440
えこひいき 327
エコロジー 437, 558
エコロジーベースの進化理論 437, 574, 698
エスカレーション・コミットメント 383
エスノグラフィー 776
エモーショナル・インテリジェンス 410
演繹 765, 773
エンジェル投資 393
エンベデッドネス理論
...... 435, 439, 442, 618, 655, 683, 684, 685
『オーガニゼーショナル・リサーチ・メソッズ』...... 780
『オーガニゼーション・サイエンス』(OS)
...... 8, 25, 221, 224, 228, 271, 282, 304, 339, 369, 371, 406,
423, 487, 490, 583, 586, 648, 708, 709, 727

オーセンティック・リーダーシップ 339
オープン・イノベーション 236, 510
大文字のT理論 744
『オックスフォード・レビュー・エコノミック・ポリシー』
.... 120

オプション価値 185
オプション行使 193
オペレーション手法 524
親子上場 651

か

カーネギー学派 204
海外進出 669
外向性 632
解釈 420, 422

805

外生的な不確実性	194
概念	747, 762
外発的動機	343
外部ガバナンス	646
外部刺激	387, 399
外部ストレス	296
外部抑圧	541
開放性	632
価格ゲーム	159
価格戦略	613
学習効果	186
学習派	618
学術誌	24
格付け機関	647
囲い込み	731
過去の自分の行動成果の認知	353
寡占	42, 50, 152
カネ	689, 693
ガバナンス（企業統治）	8, 116, 618
株式市場	647
株仲間	511, 515
株主構成	646
ガラパゴス競争	601
カリスマ	330, 717
『カリフォルニア・マネジメント・レビュー』	307
環境の感知	420
関係性の埋め込み	444
関係性のネットワーク	479
関係性の描写	746
関係性の法則	746
還元主義	763
監査	647
感情イベント理論	401
感情制御	410
感情ディスプレー	412
感情伝播	404
感情の非対称性	402
感情労働理論	412
完全競争	37, 50, 69, 96, 162, 597
完全独占	39, 50, 88
完備情報	31, 97, 100
記憶	289
機械学習	246, 779
機会主義	139
危機的な状況	421
企業	705, 706
起業家精神	686
企業間提携（アライアンス）	146
企業行動理論（BTF）	201, 204, 215, 673
企業戦略	613, 615
企業の固有群	574
企業の社会的責任→CSR	
企業の範囲	141
企業買収（M&A）	7, 102, 194, 219, 311, 364, 545, 614
企業倫理	661

帰属感情	399
期待効用	379
期待値	377
期待理論	348
帰納	765, 773
希薄なネットワーク（sparse network）	
	462, 502, 513
規範	142, 662, 735, 759
規範的圧力	523
規範的意思決定論	376
規模の経済	43
吸収能力	292
共感	276
共進化	585, 591
強制的圧力	522, 530
競争戦略論	28, 47, 595
競争の型	85, 302, 623
競争の戦略	20, 34, 84, 613, 615
共同化	274
共同体験	275
共分散分析	770
虚偽表示	98
金銭的リソース	540
金融資本	500
クールノー競争	153, 168
『クォータリー・ジャーナル・オブ・エコノミクス』	
	26, 43, 45, 97
具体性	362
苦闘	575, 582
グラウンデッド・セオリー	771
クラスター	484, 492
クラスター分析	62, 768
クリエイティビティ	355
繰り返し行動の頻度	294
『グループ・プロセス・アンド・インターグループ・リ	
レーションズ』	351
グローバル経営	610, 668
グローバル・コンパクト	666
『グローバル・ストラテジー・ジャーナル』	197
経営資源→リソース	
経営戦略	611
計画派	618
形式知	272, 283, 287, 682
ケイパビリティ	79, 303
啓蒙	330, 356, 535
経路依存症	292
ケーススタディ	760, 770
ゲーム理論	28, 32, 96, 151, 595, 615
限界収入	40
限界費用	40
検索容易性	362
現実の観察	745
研修	629
現象ドリブン	6, 22
現象バウンダリー	750

限定された合理性 134, 207, 225, 228, 558, 593
コア 470
公共財 505
交渉と摩擦 633
構造的な埋め込み 445
構造的な両利き 242
構造方程式モデリング 768
硬直化（イナーシア） 293, 296, 558, 584
行動意思決定論 376
合弁事業 614
高密度なネットワーク（dense network）
 461, 484, 503, 513
効率性 708, 714, 730
交流の頻度 457
ゴーイングコンサーン 720
コード 284
コーポレート・インベストメント・ファンド 309
『コーポレートガバナンス・アン・インターナショナル・
レビュー』 130
コーポレートガバナンス・コード 125, 523, 643
コーポレート・ディスクロージャー（情報開示）
 109
コーポレート・ファイナンス 181
コーポレート・ベンチャー・キャピタル（CVC）
 236, 551
コーポレート・ベンチャリング 698
コール・オプション 184, 187
ゴール設定理論 349
国際ビジネス 668
個人重視 330
個人内多様性→イントラパーソナル・ダイバーシティ
コスト主導戦略 54
コスト・リーダーシップ戦略 210
個体群生態学 556
個体数の限界 561
国境 678
コト 689, 693
コレクティブ・バリュー 736
コンストラクト 750, 762
コンティンジェンシー理論 325
コントロールグループ 769
コントロールの優位性 483
コンピタンス 709
コンピテンシー・トラップ 234, 235, 306, 601

さ

サーチ 211, 225, 286, 305, 406, 593, 637
サーバント・リーダー 718
サーフェス・アクティング 412, 414
サーベンス・オクスリー 643
『サイエンス』 439, 790
『サイコロジカル・ブリテン』 790
サイジング 305
最大化 206
採用 629

サティスファイシング 208
サブプロセス 201, 225, 251, 269
差別化 37, 51, 69, 88, 163, 177, 597, 612
差別化戦略 46, 54, 613, 723
産業連関表 546
参入障壁 43, 597
シェアード・メンタル・モデル（SMM）
 252, 289
シェアード・リーダーシップ（SL） 333, 356
シェアリング・エコノミー 514
ジェネリック戦略 20, 24, 30, 50, 54, 62, 87
事業環境の不確実性 181
事業機会の創造型 699
事業機会の発見型 699
シグナリング 107, 109
資源→リソース
資源依存理論（RDT） 537, 618, 633, 655, 710, 714
資源分割理論 569
自己決定理論 344
自己効力感 352, 637
自己成就（セルフ・フルフィリング） 429
仕事のストレス 632
仕事への満足度 629
資産特殊性 137
市場戦略 613
指数的な拡大 565
システム・ステイツ 750
自然言語 755
自然選択 559
持続的な競争優位 63, 73, 302
実証 142, 662, 735, 759
実証主義 419
実証分析 4, 764
質の高い交換関係 327
質の低い交換関係 327
質問票調査（アンケート調査） 767
私的情報 98, 101, 114, 446
シナジー効果 730
支配戦略 155, 169
シミュレーション 770
『ジャーナル・オブ・アプライド・サイコロジー』（JAP）
 25, 254, 260, 324, 325, 328, 346, 468, 703
『ジャーナル・オブ・インターナショナル・ビジネス・
スタディーズ』（JIBS） 25, 103, 190, 282, 364, 451,
 528, 671, 673, 681, 696
『ジャーナル・オブ・オキュペーショナル・ソーシャル・
サイコロジー』 402
『ジャーナル・オブ・コンピュータ・ミディエイテッド・
コミュニケーション』 513
『ジャーナル・オブ・ジャパニーズ・アンド・インター
ナショナル・エコノミーズ』 60
『ジャーナル・オブ・パーソナリティ・アンド・ソーシャ
ル・サイコロジー』 260
『ジャーナル・オブ・ビジネス・ベンチャリング』
 25, 192, 658, 686

807

『ジャーナル・オブ・ファイナンス』............129, 130
『ジャーナル・オブ・フィナンシャル・エコノミクス』130
『ジャーナル・オブ・マネジメント』(JOM)
........67, 72, 253, 300, 312, 339, 372, 543, 703, 727
『ジャーナル・オブ・マネジメント・スタディーズ』
....312, 774
『ジャーナル・オブ・ロー・エコノミクス・アンド・オー
ガニゼーション』............................147, 761
社会アイデンティティ理論........................364
社会学ベースの制度理論.....................518, 655
社会契約論......................................664
社会システム....................................556
社会資本(ソーシャルキャピタル)理論
.....................................436, 472, 499, 618
社会的説得......................................354
社会的複雑性.....................................71
社会認識..334
社会認知理論....................................352
社会分類理論....................................364
集合知..508
就職..101, 392
主成分分析......................................768
受託責任..657
出資と返済......................................510
需要曲線...39
需要と供給の一致の法則..........................40
シュンペーター型.....................91, 302, 602, 624
状況に応じた報酬................................329
情報..271, 540
情報開示(コーポレート・ディスクロージャー)....109
情報の経済学..................8, 31, 446, 640, 730
情報の非対称性...........31, 98, 114, 115, 640, 650
情報の優位性....................................483
情報リソース....................................540
職場の雰囲気....................................640
職務特性理論....................................345
所有と経営の一致................................131
所有と経営の分離............................118, 131
自律性..346
事例分析(ケーススタディ)..............770, 774
進化..289
進化理論....................................285, 574
新奇性......................................355, 731
神経科学..781
神経症..632
新結合(ニュー・コンビネーション)
.....................................226, 231, 235, 491, 688
新興の事業機会..................................308
人事施策..524
進出形態..671
進出国..671
進出先の選択....................................671
進出タイミング..................................671
身体データ......................................780
人的資源管理(HRM)............................627

人的資本..500
シンプル・ルール............................305, 395
信用のメカニズム................................499
信頼..444, 503
心理実験..769
心理的効果......................................458
心理的な戦略グループ.............................61
新レッドクイーン理論............................598
スイッチング・オプション........................187
推論..387
数量ゲーム......................................153
スクリーニング..............................107, 108
スケールメリット.................................43
スタートアップ・アントレプレナーシップ..........689
スチュワードシップ・コード......................643
スチュワードシップ理論..........................656
ステークホルダー............................653, 662
ストーリーテリング..........................425, 701
ストックオプション..........................126, 646
ストラクチャル・ホール(SH)
.....................................479, 500, 698, 731
『ストラテジック・アントレプレナーシップ・ジャーナ
ル』............................451, 684, 686, 703
『ストラテジック・マネジメント・ジャーナル』(SMJ)
........24, 59, 60, 62, 69, 75, 86, 102, 110, 111, 120, 197, 218,
221, 246, 250, 305, 310, 359, 368, 385, 448, 468, 504,
509, 528, 548, 551, 591, 652, 692, 710, 713, 723, 727,
779, 781, 790
ストラテジック・マネジメント・ソサエティ........310
スパイキー・グローバリゼーション................683
スペシャリスト..................................568
スモールワールド............................474, 716
スラック(余裕)................................218
『スローン・マネジメント・レビュー』..........26, 107
正確性..259
制裁..505
生産関数...66
生産者余剰.......................................40
誠実性..632
成熟期..773
生態学..556
静的(static)な理論............................597
制度アントレプレナー............................697
正当性→レジティマシー
制度のすき間................................528, 681
制度の重複......................................530
制度の論理......................................522
制度理論....................436, 518, 682, 697
生理的状態......................................354
切磋琢磨..597
説得性...4
ゼネラリスト....................................568
攻めのガバナンス................................661
セルフ・フルフィリング(自己成就)..............429
線形の関係......................................748

センシング	305
漸進的な変化	292
センスメイキング理論	
	319, 416, 622, 642, 700, 711, 725
全体主義	732, 763
選択	575
専門性	259
戦略クラフティング	428, 727
戦略グループ	50, 53, 60
戦略コンテンツ	612
戦略サファリ	89
戦略的コミットメント	174
戦略的リーダーシップフォーラム	308
戦略プランニング	612, 618, 723
想起容易性	362
相互監視	505
ソーシャル・アントレプレナーシップ	696
ソーシャルキャピタル（社会資本）理論	
	436, 472, 499, 618, 654, 683, 684, 685
ソーシャルネットワーク	434, 439, 456, 640
『ソーシャルネットワークス』	439
ソーシャルネットワーク理論	
	9, 495, 640, 663, 676, 731
ソーシャルファイナンス	510
ソシオ・セントリック・ネットワーク	481, 486
組織エコロジー理論	437, 556, 577
組織化	423
組織学習	223
組織学習の循環プロセス	224, 251
組織行動（OB）	610, 627
組織制度	525
組織の記憶	226, 251, 289, 753
組織の記憶の理論	251
組織の経済学	28, 31, 95
組織の知識創造理論→SECIモデル	
組織の知の変化	224
組織の標準化された手続き	220, 252, 287
組織文化	633
組織変化	633
存在範囲	705
損失回避性	383

た

対応バイアス	363
第3の資本	500
ダイナミック・ケイパビリティ	300, 395, 615, 624, 709
ダイバーシティ	243, 365, 519, 635
代表性バイアス	363
ダイヤモンド取引	507
大陸系	647
代理経験	226, 269, 353
対話	276
ダウンサイド	184
多義性	422
タスクSMM	254

タスク型の多様性	365
ただ乗り→フリーライダー	
多様化	559, 575
多様性	346, 579
団結	508
チームSMM	254
チームワーク	633
チェンバレン型	88, 302, 602
逐次ゲーム	167, 170
蓄積経緯の独自性	71
知識	271
知的コンバット	276, 375, 395
知的刺激	330
知の移転	226, 269
知の創造	226, 269
知の探索・知の深化	204, 223, 235, 619, 698
知の引き出し	227, 251, 252
知の保存	226, 251, 252
中間期	773
抽象化と分類	746
超過利潤	38
超国家コミュニティ	450, 451, 683
長寿の重荷	567
直感	387, 394, 641
ツイッター	449, 477, 514
つながり	435, 440, 442, 486, 640
強いつながり	456, 472, 479
強みの所有	671
ディープ・アクティング	413, 414
ティール組織	713
提携戦略	614
提示された理論の修正・改善	746
デザイン思考	278, 701
デジタル・フットプリント	780
ディシプリン・ジャーナル	25
ディスカバリー・ドリブン・プランニング（DDP）	
	191
撤退オプション	190
デモグラフィー型の多様性	365
デューデリジェンス	8, 102, 194
動機	321
動機づけ（インセンティブ）	115, 121, 125
統計分析	766, 774
統合社会契約理論	663, 664
投資	101
同時ゲーム	153, 159, 167
投資ステージ	177
同質化プレッシャー	655
同族企業	129, 658
同調性	632
動的（dynamic）な理論	597
特異点（アノマリー）	773
独占	50, 597
独占禁止法	40
独占的競争	88

『トピックス・イン・コグニティブ・サイエンス』……390
共食い……306
ドライビングフォース……706
ドライブモード……696
トランザクショナル・リーダーシップ……326, 329
トランザクティブ・メモリー・システムズ (TMS)
……227, 252, 259, 289
トランザクティブ・リトリーバル……265
トランスフォーメーショナル型……637, 716
トランスフォーメーショナル・リーダーシップ (TFL)
……326, 329, 330, 356, 622, 700
取締役会……646
取引コスト……140
取引の複雑性……137
取引費用理論 (TCE)
……9, 21, 133, 283, 618, 672, 695, 708, 730, 760

な

内生性……762
内生的な不確実性……194
内発的動機……343
内部化……139, 671
内部ガバナンス……646
内面化……279
ナッシュ均衡……155, 170
納得性……423
ナラティブ……278
ナレッジ・ベースト・ビュー……271, 282, 682, 709
ニーズ理論……345
二重過程理論……381, 386
ニュー・コンビネーション→新結合
『ニューヨークタイムズ』……577
『ニューラル・コンピュテーション』……390
認識論的相対主義……419
認知心理学ベースの進化理論……202
認知の限界性……207
認知の無限性……206
認知バイアス……359, 371, 391, 429, 629
認知評価理論……403
『ネイチャー』……439
ネガティブ感情……399, 406, 408
ネットワーク……712
ネットワーク効果……48, 50, 623, 731
ネットワーク推移性……445, 450
ネットワーク組織……452
ネットワーク中心性……445
ノーム……504, 508
ノーレイティング……243

は

『ハーバード・ビジネス・レビュー』
……26, 83, 89, 191, 195, 242, 311, 428, 634
バイアス……390
買収プレミアム……7
ハイパーコンペティション……64, 302, 332

ハイパーノーム……665
ハイブリッド・ガバナンス……146
ハイアーキー……142
バウンダリー・コンディション……3, 750
バウンダリー・スパナー……495, 496
パフォーマンス・アプレイザル……361
パフォーマンス・フィードバック……217
バリュー……736
バリューチェーン……17, 80
ハロー効果……361, 629
パワー……537, 710, 714
パワー・インバランス (PI)……550
パワーとポリティックス……633
反証可能性……761
ハンブル・リーダーシップ……339
汎用性……4
ヒエラルキー上のつながり……442
非協力ゲーム……158
非市場戦略……531, 613, 681
ビジネス……610, 722
ビジネスプランニング……618, 723
ビジネスモデル……727
ビジョン……330, 337, 642, 666
ビッグデータ……638
ビッグ・ファイブ……324, 632, 703
ヒト……689
比喩……277
ヒューリスティック……387, 388, 444, 519
評価……629
表出化……276
ファイナンス……693
ファイブ・フォース……17, 50, 86, 305, 725
フィードバック……346, 350
フィールド……520
フィールド実験……780
フィットネス・セット理論……568
『フィナンシャル・タイムズ』……687
フィンテック……298
フェイスブック……449, 477, 513, 623
フォーク定理……177
フォロワーシップ……340
不可逆性……193
不確実性……194
部下の管理・監督問題……116
複雑系……733
複占……152
部分均衡……79
不変性……4
ブラック・ショールズ方程式……180
プラットフォーマー……47, 623
フリーライダー（ただ乗り）……127, 505
ブリッジ……457, 481
ブリッジング……500
プリンシパル……115, 650
プリンシパル＝エージェント理論……115

ブルー・オーシャン戦略	17
フレーミング効果	381
フレームワーク	17, 19, 20, 21, 30, 50
ブレーンストーミング	263, 281
ブローカー	483
ブローカレッジ	483, 495, 496
プロスペクト理論	381
プロセス	206, 208
プロソーシャル・モチベーション	354
プロダクティビティ・ロス	263
ブロックチェーン	514, 718
分散分析	770
分離感情	399, 401
ペイオフ・マトリックス（利得表）	153, 168
ベルトラン競争	159, 176
ベルトラン・パラドックス	162, 176
変化	204, 285, 321
辺境	470
法制度	647
ボード・インターロック	543
ホールドアップ問題	136
ボーン・グローバル企業	149, 680
補完性	730
保険	101
ポジティブ感情	399, 406, 408
ホモフィリー	580
ボンディング	500

ま

マインドフルネス	371, 636, 641, 701
『マネジメント・サイエンス』	
	25, 60, 187, 261, 295, 362, 449, 598, 692
マルチタスク問題	128
満足度	405, 406, 408, 594
密度依存理論	561
密度効果	561
ミディエーティング（媒介）効果	748
ミューチュアル・ディペンデンス（MD）	549
ムーアの法則	57
ムード	400
無限繰り返しゲーム	177
婿養子	130
命題と仮説	750
メガトレンド	571
メタ・アナリシス	770
メタ知	252
メディア	648
目的の不一致	115, 650
モチベーション	317, 341, 406, 629, 637, 640
『モチベーション・アンド・エモーション』	406
モデレーティング（調整）効果	748
モニタリング	121, 126
物言う株主	124
模倣的圧力	523
モラルハザード問題	114, 119

問題解決型サーチ	218

や

融資	101
U字型・逆U字型の関係	748
ユーチューブ	625
有用性	346
ユニット	746
要素還元主義	732
抑圧の吸収	545, 554
抑圧の軽減	543, 553
抑圧の取り込み	543, 554
余裕→スラック	
弱いつながり	435, 455, 456, 479, 501

ら

ランダム・エラー	390
ランダム化比較試験	781
リアル・オプション理論	22, 33, 180, 693, 725
リーダーシップ・エフェクティブネス	323
リーダーシップ・エマージェンス	323
『リーダーシップ・クォータリー』	320, 332, 340, 403
リーダーの行動	324
リーダーの個性	322
リーダー・メンバー・エクスチェンジ	326
リーン・スタートアップ	190
リカート・スケール法	768
『リサーチ・イン・オーガニゼーショナル・ビヘイビア』	
	734
『リサーチ・ポリシー』	393
リスク回避的	119, 380
リスク志向的	380
リスク性向	380
リスク中立的	380
リスク・テイキング	229
リソース（経営資源）	66, 296, 538, 709
リソース・ベースト・ビュー（RBV）	
	3, 22, 66, 85, 284, 296, 302, 615, 672, 700, 709, 730, 747
立地選択	671
利得表→ペイオフ・マトリックス	
リバース・イノベーション	677
リバースエンジニアリング	284
リファラル採用	464
リファレンス・ポイント	382
利用可能性バイアス	362
両利き	232, 235, 249
両利きの経営	230, 235
理論仮説	19
理論構築	742
理論ディシプリン	13, 771
理論的記述	744
理論ドリブン	6, 10, 759
理論のライフサイクル	773
理論バウンダリー	750

811

類似推論	277
類似性	458
ルーティン	202, 220, 252, 286, 304, 567, 584, 615
例外的な管理	330
黎明期	773
レジティマシー（正当性）	519, 524, 558, 561, 579
レシプロシティ	444
レッドクイーン効果	593
レッドクイーン理論	438, 590
連結化	278
ローカルノーム	664
ローカル・ブリッジ	461
6次の隔たり	475
『ロング・レンジ・プランニング』	393
論理的思考	387

わ

『ワシントン・ポスト』	577

人名索引

あ

アイゼンハート,キャスリーン	85, 310, 395, 708
アインシュタイン,アルバート	764
アヴォリオ,ブルース	340
青井浩	737
青木昌彦	166
アカロフ,ジョージ	12, 97
アギレラ,ルース	644
朝倉祐介	336
安宅和人	336, 497, 621, 641
アドラー,ポール	500
アフージャ,ゴータム	493
アミット,ラファエル	727, 728
アメージャン,クリスティーナ	447, 524
アラル,シナン	449
アルゴーティ,リンダ	224
アンコナ,デボラ	495
アンソニー,ロバート	724
アンゾフ,イゴール	618, 724
アンダーソン,ロナルド	130
伊賀泰代	335
井阪隆一	422
伊佐山元	237, 346, 452, 496
石川善樹	737
石黒卓弥	464
稲盛和夫	201, 219, 280
井深大	281
イメルト,ジェフリー	150, 301
入山章栄	197, 451, 531, 684, 749
ウィギンズ,ロバート	63
ウィリアムズ,ケビン	403
ウィリアムソン,オリバー	133, 708
ウィンター,シドニー	220, 285, 304
ウー,ミン	450
ウールビーン,メアリー	340
ウェグナー,ダニエル	259
ウェストファル,ジェームズ	648, 655
上田北斗	696
魚谷雅彦	404
ウォルシュ,ジェームズ	734
ウォルターズ,ブルース	657
牛島辰男	60
ウッジー,ブライアン	440, 446
エッセン,マルク・ファン	130
エデルストン,キンバリー	658
エドモンドソン,エイミー	773
蛯原健	452
エプスタイン,シーモール	387
エリソン,ニコール	513
エルフェンバイン,ヒラリー	401
オーウェンズ,ブラッドリー	339

オースティン,ジョン	260
大西洋	469
大野耐一	231
大湾秀雄	639
オカシオ,ウィリアム	368, 371
岡島悦子	636
オクスリー,ジョアン	146
小倉昌男	213, 231
オビアット,ベンジャミン	681, 696
オブズフェルド,デイビッド	494
オミダイア,ピエール	704
尾山基	132
オライリー,チャールズ	242, 306
オルドリッチ,ハワード	574, 580

か

カーネマン,ダニエル	381, 385, 387, 793
カーリー,トム	242
カーン,ロバート	324
カスキアーロ,ティジアナ	549
カッツ,ダニエル	324
カティーラ,リタ	551
カトラー,ジョルダナ	531
カプラン,サラ	246, 779
カプロン,ローレンス	102, 111
ガベッティ,ジョバンニ	221, 359, 370
唐池恒二	585
川鍋一朗	336
神取道宏	28
ギーマン,スチュアート	390
ギゲレンザー,ゲルド	390, 392, 395
キム,ジェイ	219
キャズビー,ブラム	128
キャプタイン,ミュエル	664
キャロル,グレン	556, 561, 569
キャンティロン,リチャード	687
ギュラーティ,ランジェイ	110, 445, 713
ギルバート,クラーク	296
クィン,ジェームズ	724
クイン,ヘンリー	618
クール,カレル	61, 70
グラーエン,ジョージ	328
クライスターリー,ジェラルド	710
クラッカード,デイビッド	468
グラノヴェッター,マーク	12, 439, 442, 455, 481
グランディ,アリシア	411, 414
グラント,アダム	354, 781
グラント,ロバート	7, 34, 54
グリーンリーフ,ロバート	339
クリステンセン,クレイトン	228, 703, 728, 745, 773
グリント,キース	373
クルック,ラッセル	143

グレアル,ポール	531, 544
グロース,マーカス	414
グローブ,アンドリュー	583
クロパンツァーノ,ラッセル	401
ケイブス,リチャード	42, 67
ゲマワット,パンカジュ	676
ケレハー,ハーバート	704
コース,ロナルド	12, 133, 141, 708
コータ,スレッシュ	237
コートニー,ヒュー	195
コービン,ジェフリー	703
ゴールドバーグ,アミール	780
ゴールドバーグ,ルイス	632, 703
ゴールドマン,ダニエル	410
コールマン,ジェームズ	12, 499
ゴーン,カルロス	643
コグート,ブルース	181, 187, 271, 282
小島由美	245
ゴシャール,スマントラ	509, 676
小沼大地	241, 336, 721
小林せかい	244
コフ,ラッセル	8
駒崎弘樹	535, 697
古森重隆	277

さ

サーバドラ,リチャード	406
サイアート,リチャード	205
斎藤祐馬	535
サイモン,ハーバート	200, 205, 271, 285, 593
榊原健太郎	452
サクセニアン,アナリー	451
佐々木眞一	291
佐治信忠	214
ザジャック,エドワード	655
佐宗邦威	278
サダビー,ロイ	789
ザッカーバーグ,マーク	581
ザッカー,リン	518
サットン,ロバート	17, 263, 491
佐藤航陽	544
サベリン,エドゥアルド	581
佐山弘樹	733
サランシック,ジェラルド	537
サロビー,ピーター	410
ザンダー,ウド	271, 282
サントス,フィリペ	708, 709, 711
サンドバーグ,シェリル	531
シェーン,スコット	362, 723
ジェニングス,ジェニファー	425
シェン,ジュンチン	102, 111
ジェンセン,マイケル	118
シェンデール,ダン	61, 611, 724
篠田真貴子	336
島田由香	635

沈政郁	130
ジャッジ,ティモシー	325
シャピロ,デブラ	343
シャヒン,ダニエル	780
シュマレンジー,リチャード	59
シュライファー,アンドレ	645
シュンペーター,ジョセフ	
	91, 226, 231, 235, 283, 490, 688
ジョージ,ジェニファー	405
ショールズ,マイロン	180
ジョシ,アパーナ	366
シリング,メリッサ	470
シルバーマン,ブライアン	143
慎泰俊	696, 702
鈴木敏文	201, 213, 422
スチュアート,トビー	686
スティグリッツ,ジョセフ	97, 109
ステファノ,ジアーダ・ディ	393
ストウ,バリー	406
ストッグディル,ラルフ	324
ズバラキ,マーク	525
スピネリ,ステファン	689
スペンサー,ジェニファー	528
スペンス,マイケル	97, 109
スミス,ケン	128
スリーズマン,ダスティン	384
スリーバン,デニス	703
ゼティック,デボラ	351
ゼルナー,ベネット	89
ゼルマーブルーン,メアリー	295
ゼンストローム,ニクラス	704
ゾット,クリストフ	727, 728
ソレンソン,オラブ	686
ゾロ,マウリツィオ	250, 781
孫正義	277, 333, 394, 430, 716

た

ダイアー,ジェフリー	448
タイラス,バート	546
高岡浩三	248
高島宏平	336
高原豪久	132
竹内規彦	351
竹内弘高	270
竹中平蔵	544
ダシン,ティナ	696
ダシン,ピーター	696
ダスボロウ,マリー	403
タッシュマン,マイケル	242, 306, 495, 713
ダットン,ジェーン	712
田中仁	603
谷村格	336
ダニング,ジョン	671
ダンバー,ロビン	450
ダンフィー,トーマス	664, 665

チェスブロー,ヘンリー	728
チェン,ウェイ・ルー	218
チェンバレン,エドワード	88
チャオ,ハオ	703
チャラン,ラム	634
チャンドラー,アルフレッド	709
津賀一宏	385
ティース,デイビッド	305, 312
ティール,ピーター	581, 704
ディエリックス,インゲマル	70
ディエレンドンク,ディルク・ファン	339
ディコバ,デシスラバ	103
ディ・ステファーノ,ジアーダ	509
デイビス,ジェームズ	656
ディマジオ,ポール	440, 518, 520, 532
ティロール,ジャン	175
デーン,エリック	372
デ・グフト,カルロス	546
デシ,エドワード	344
デ・ファーン,マティス	492
デュラン,ロドルフ	504
デル,マイケル	704
ドゥービン,ロバート	746
ドーシー,ジャック	716
遠山正道	698
ドシュニツキー,ゲイリー	551
ドナルドソン,トーマス	664, 734
トベルスキー,エイモス	381, 385, 387
豊田章男	219, 279
豊田喜一郎	692
豊田佐吉	692
トン,トニー	190, 710

な

中村利江	603
中村龍太	453
永守重信	112, 197, 201, 220, 277, 425, 716
永山晋	597
ナッシュ,ジョン	156
ナデラ,サティア	279, 589
南場智子	336
新浪剛史	214
ニッカーソン,ジャクソン	250
ニッカーソン,ジャック	143
ニューバート,スコット	75
ニューマン,アダム	660
ネルソン,リチャード	220, 285
ノイマン,ジョン・フォン	377
ノーリア,ニティン	338
野中郁次郎	226, 269, 375
延岡健太郎	448

は

パーカー,ショーン	581
ハーガドン,アンドリュー	263, 490

バーキンショー,ジュリアン	249
バーゲルマン,ロバート	574, 582, 583
バートレット,クリストファー	675
バート,ロナルド	479
バーニー,ジェイ	
	6, 28, 66, 70, 72, 85, 191, 602, 699, 724
バーネット,ウィリアム	591
バーネット,マイケル	197
バール,クナル	450, 589
パールマッター,ソール	764
パウエル,ウォルター	440, 518, 520
ハウス,ロバート	324
ハウンスチャイルド,パメラ	9
バエアー,マーカス	468, 472
バカーロ,アントニーノ	536
バクシー,イーサン	475
パスカル,リチャード	428
ハステッド,ブライアン	110
バス,バーナード	321, 341
バチャラク,サミュエル	3, 743
ハックマン,リチャード	345
ハッブル,エドウィン	764
バティラナ,ジュリー	532
バトソン,ダニエル	354
バトラー,ジョン	76
ハナン,マイケル	556, 561, 566
ハフ,アン	62
濱松誠	454
ハメル,ゲイリー	709
林千晶	244
原田未来	241
バラバシ,アルバート=ラズロ	793
原有希	775
バルクンディ,プラサード	640
バレート,イリディオ	300, 312
バンサル,サチン	450, 589
ハンセン,モーテン	591
バンダーソン,スチュアート	244
バンデューラ,アルバート	352
ハンブリック,ドナルド	9, 369
ピアース,クレイグ	333, 334
ビーティー,ロジャー	371
ピスコルスキ,ミコワイ	549
ヒスリック,ロバート	698
ピチャイ,サンダー	589
平井一夫	426
平野正雄	336
ヒルマン,エイミー	543
ファーマ,ユージン	650
ファン,ローラ	393
ファン,ローリアン	487
フィンケルシュタイン,シドニー	219, 548
プー,ダグラス	411
フーデンバーグ,ドリュー	175
フーバー,ジョージ	271

815

フェファー,ジェフリー	537
福井義高	60
深田昌則	698
藤沢武夫	281, 692
藤沢烈	336
藤田晋	215
プラス,ダニエル	455
ブラッシュ,トーマス	120
プラナム,パニッシュ	332, 713
フラナリー,ジョン	150
プラハード,C・K	709
ブランク,スティーブ	619
フリーマン,エドワード	663
フリーマン,ジョン	556, 566
プリム,リチャード	76
フリングスタイン,ニール	525
ブルーム,ダスティン	774
ブルーム,ビクトル	348
ヘイワード,マシュー	692
ベイン,ジョー	42, 69, 86
ベゾス,ジェフ	309, 625, 704
ベッカー,マーカス	289
ベニオフ,マーク	667, 737
ヘニスツ,ウィトールド	89
ベネデット,アンソニー	393
ベブチャク,ルシアン	120
ベリースミス,ジル	468
ペロー,チャールズ	363
ペンローズ,エディス	68
ボウマン,エドワード	181
ポーター,マイケル	
13, 17, 28, 34, 45, 46, 50, 67, 83, 84, 85, 305, 428, 615, 724	
ボーノ,ジョイス	780
ホープ,オレ・クリスティアン	364
ポドルニー,ジョエル	439, 495
ポールマン,ポール	666, 737
ホクスチルド,アーリー	413
ホジキンソン,ジェラルド	385, 393, 395
星野佳路	132, 351
ホッブズ,トマス	664
ボノ,ジョイス	324
ポパー,カール	78
ポランニー,マイケル	272
ホリングスヘッド,アンドレア	260
ポルテス,アレサンドロ	451
本田宗一郎	281, 692
ポンテキス,エリザベス	598

ま

マー,ジャック	394
マーチ,ジェームズ	205, 211, 215, 223, 228, 271, 593
マートン,ロバート	180
マーマン,ヨハン	586
マイトリス,サリー	417

マイナー,アンドリュー	402
マイヤー,ジェームズ	518
マイヤーズ,スチュアート	180
マクガハン,アニータ	6, 60, 86
マクドゥーガル,パトリシア	681, 696
マクナマラ,ジェリー	62
マクミラン,イアン	181, 191
マグレイス,リタ	191
マシュー,ジョン	253, 254
マスク,イーロン	622, 716
増田宗昭	231
マステン,スコット	761
マズロー,アブラハム	345
松井忠三	290
松井道夫	132
マッケルビー,ビル	574, 585
松本晃	653
マドハヴァン,ラヴィ	197, 451, 684
ミタル,ラクシュミー	546
ミッチェルズ,テレンス	349
宮坂学	737
宮森宏和	248
ミラー,ケント	197
ミルグラム,スタンレー	475
ミンツバーグ,ヘンリー	89, 428, 619, 724
ムーア,ゴードン	583
メイヤー,ジョン	410
メル,ジュリア	265
メロトラ,ビカス	130
モーグソン,フレデリック	346
盛田昭夫	281

や

八木洋介	337, 634
ヤクボヴィッチ,ヴァレリー	464
柳井正	275
山岸俊男	793
山口絵理子	696, 702
山口文洋	603
山田邦雄	132, 469
山地由里	635
山元峯生	309
山本勇輝	719
ユヌス,ムハマド	510, 696
ヨハンセン, ヤン	673

ら

ラーマネン,トミ	652
ライ,タイラー	537
ラザーズフェルド,ポール	580
ラサム,ゲイリー	343
ラビ,ドヴェブ	230
ラ・ポルタ,ラファエル	129
ラルー,フレデリック	713
リーガー,ロンダ	62

リーガンズ,レイ	495
リー,ジョン・マン	692
リース,エリック	190
リンカーン,ジェームス	447
ルイス,カイル	261
ルエフリ,ティモシー	63
ルメルト,リチャード	59
ロイヤー,ジェフリー	107, 110, 181, 190, 710
ロウェ,ケビン	332
ロウリー,ティム	468, 663
ローブ,ダニエル	124, 150
ロック,エドウィン	343, 349
ロメッティ,ジニー	620

わ

ワーナーフェルト, バーガー	69
ワイク,カール	417, 423
ワイス,ハワード	401
渡辺安虎	775
ワッサーマン,ノーム	659
ワトソン,デイビッド	400
ワルドマン,デイビッド	781

社名索引

ABC

AMD 551
BASF 587
BHPビリントン 539
BIOTOPE 278
BMW 45
DCM 496
DeNA 237
EY 647
GE（ゼネラル・エレクトリック） 150, 301, 570, 677
GM（ゼネラルモーターズ） 120, 135, 622, 760
HILLTOP 718
IBM 120, 202, 266, 301, 306, 571, 573, 599, 620
IDEO 202, 258, 491
JFEスチール 53
JR九州 585
KDDI 237, 551
KPCB 552
KPMG 647
Lime 681
LINE 91
LIXIL 106, 663
MOOC 603
NEC 571, 601
NTTドコモ 551
One JAPAN 454, 516
OWNDAYS 603
PWC 647
Qrio 241, 346
S&P 647
Sansan 640, 775
SAP 243
TIAA-CREF 644
Uber Eats 603
USA Today 242, 577
USエアウェイズ 82
WeWork 660
WiL 237, 346, 452, 496
Zoff 603

あ

アイシン精機 448
アイロボット 471
アクセル・パートナーズ 451
アシックス 132, 598
味の素 598
アスクル 652
アップル 47, 71, 440, 601
アマゾン 47, 309, 577, 589, 625, 704, 731, 775
アリババ 47, 394, 621, 623
アルセロール・ミタル 539, 546, 655

アルファベット→グーグル
イーストマン・コダック 120
イーベイ 704, 731
インスタグラム 49, 91
インテル 237, 551, 583
インフォシス 620
ヴァーレ 539
ウーバー 47, 149, 514, 517, 534, 625, 680, 695
ウォルマート・ストアーズ 57, 148, 187, 193, 674
エアバス 51, 173
エアビーアンドビー 47, 149, 514, 533, 680, 695
エンロン 643
大塚家具 643
オムロン 237
オリンパス 127, 643

か

カーンアカデミー 603
カルチュア・コンビニエンス・クラブ 231
カルパース 644
キックスターター 720
キヤノン 125
京セラ 280, 291, 601
キンロス・ゴールド 546
グーグル（アルファベット）
47, 262, 367, 589, 621, 623, 635, 638, 775
クックパッド 565, 721
グラミン銀行 510, 696
グローエ 107, 663
クロスフィールズ 241, 375, 498, 516, 721
ゲームチェンジャー・カタパルト 698
ケロッグ 178
ゴーゴーカレー 248
コカ・コーラ 43
五常・アンド・カンパニー 696, 702
コマツ 598

さ

サード・ポイント 124, 150, 648, 709
サイバーエージェント 215
サイボウズ 453
サウスウエスト航空 82, 398, 704
佐川急便 163
ザッポス 398, 718
サムスン 57, 71, 384, 601
サムライインキュベート 452
サントリーホールディングス 7, 214
シーメンス 301, 569, 571, 572
シスコシステムズ 237, 551
資生堂 404
シフラ 187, 193
シャープ 601

818　索引

ジョウユウ	663	ニューヨークタイムズ	577
ジョンソンコントロールズ	301	ネスレ	248
ジンズ	603	ノバルティス	149
スープストックトーキョー	698		
スカイプ	704	**は**	
スズキ	45, 711	ハーバード・ビジネススクール	338
スタディサプリ	603	バイエル	587
スティール・パートナーズ	124	パナソニック	384, 601, 698
スナップチャット	49	羽田空港	469
スナップディール	450, 589	ビーム	7
スバル	711	東インド会社	490
西友	193	日立製作所	775
セールスフォース・ドットコム	667	日野自動車	711
セガサミー	263	ヒューレット・パッカード	250
セコイア・キャピタル	451, 552	ファーウェイ	510, 601
ゼネラル・エレクトリック→GE		ファーストリテイリング	275
ゼネラル・ミルズ	178	ファナック	124
ゼネラルモーターズ→GM		フィッシャーボディ	135, 760
セブン&アイ・ホールディングス		フィデリティ	644
	213, 237, 422, 643, 648	フィリップス	237, 710
セブン-イレブン	213	フィリップモリス	162
全日本空輸 (ANA)	237, 309	フェイスブック	47, 91, 475, 517, 531, 544, 581
ソニー	150, 237, 346, 384, 423, 471, 601, 709	富士通	571, 601
ソフトバンク (グループ)	277, 333	富士フイルム (ホールディングス)	277, 301
ソフトバンク・ビジョン・ファンド	394	フジ・メディア・ホールディングス	237
		ブリヂストン	598
た		フリップカート	450, 589
第一三共	106	ブリティッシュ・アメリカ・タバコ	162
タイガー・グローバル	451	フローレンス	535, 697
ダイキン	598	ペイパル	581, 704
ダイハツ	711	ヘキスト	587
ダイムラー	45	ペプシコ (ペプシ)	43, 398
ツイッター	91	ボーイング	51, 173
ティックトック	49	星野リゾート	132, 351
テスラ	622	ボストン コンサルティング グループ	210, 724
デュポン	88, 202, 288, 571, 572, 709	ポラロイド	359, 370
デル・コンピュータ	704	本田技研工業 (ホンダ)	209, 428, 598, 692, 724
デルタ航空	82	本多プラス	553
デロイト	647	ボンバルディア	51, 531
テンセント	47, 621, 623		
デンソー	291, 448	**ま**	
東芝	643	マイクロソフト	41, 48, 237, 279, 551, 589, 621, 623
東レ	301	マクロニクス	450
トーマツ・ベンチャー・サポート (TVS)	535	マザーハウス	696, 702
トヨタ自動車 (トヨタ)		松井証券	132
89, 125, 219, 231, 255, 279, 291, 448, 598, 621, 692, 711		マッキンゼー・アンド・カンパニー	335, 490
ドライブモード	696	マツダ	598, 711
		マネーフォワード	298
な		丸井	737
ナップスター	581	ミクシイ	91, 477
西村金属	554	みずほ銀行	497
日産自動車 (日産)	45, 237, 643, 711	三井	447
日本興業銀行	497	三越伊勢丹	469
日本電産	112, 197, 220, 277	三菱	447
二枚目の名刺	453, 498	三菱自動車	711

三菱商事	698
ムーディーズ	647
メタップス	298, 544
メルカリ	103, 149, 464, 514, 517, 681

や

ヤッホーブルーイング	718
ヤフー（ジャパン）	262, 497, 621, 641, 737
ヤマト運輸	163, 213, 231
ユーザベース	149
由紀精密	553
ユナイテッド航空	82
ユニ・チャーム	132, 598
ユニリーバ	635, 666
夢の街創造委員会	603

ら

楽天	237, 551
ランバクシー・ラボラトリーズ	106
リオ・ティント	539
リクルート	356
リクルートマーケティングパートナーズ	603
リブライトパートナーズ	452
良品計画	202, 290
ルノー	711
レゴ	312
レノボ	571, 601
ロート製薬	132, 452, 498, 516
ローンディール	241, 375, 454, 498

わ

ワールドコム	643
ワシントン・ポスト	577

［著者］
入山章栄（いりやま・あきえ）
早稲田大学大学院経営管理研究科（ビジネススクール）教授
慶応義塾大学経済学部卒業、同大学院経済学研究科修士課程修了。三菱総合研究所で主に自動車メーカー・国内外政府機関への調査・コンサルティング業務に従事した後、2008年に米ピッツバーグ大学経営大学院よりPh.D.を取得。同年より米ニューヨーク州立大学バッファロー校ビジネススクールアシスタントプロフェッサー。2013年より早稲田大学大学院経営管理研究科（ビジネススクール）准教授。2019年から現職。Strategic Management Journal, Journal of International Business Studiesなど国際的な主要経営学術誌に論文を発表している。著書に『世界の経営学者はいま何を考えているのか』（英治出版）、『ビジネススクールでは学べない世界最先端の経営学』（日経BP社）がある。

世界標準の経営理論

2019年12月11日　第1刷発行
2020年 2月 3日　第5刷発行

著　　者——入山章栄
発行所——ダイヤモンド社
　　　　　〒150-8409　東京都渋谷区神宮前6-12-17
　　　　　http://www.diamond.co.jp/
　　　　　電話／03·5778·7228（編集）　03·5778·7240（販売）
ブックデザイン——遠藤陽一＋中村沙蘭（design workshop jin）／金澤彩
校正————加藤義廣（小柳商店）、聚珍社
製作進行——ダイヤモンド・グラフィック社
印刷————勇進印刷
製本————ブックアート
編集担当——肱岡彩

Ⓒ2019 Akie Iriyama
ISBN 978-4-478-10957-1
落丁・乱丁本はお手数ですが小社営業局宛にお送りください。送料小社負担にてお取替えいたします。但し、古書店で購入されたものについてはお取替えできません。
無断転載・複製を禁ず
Printed in Japan